刊印古籍今注新譯叢書緣起

劉振強

人類歷史發展，每至偏執一端，往而不返的關頭，總有一股新興的反本運動繼起，要求回顧過往的源頭，從中汲取新生的創造力量。孔子所謂的述而不作，溫故知新，以及西方文藝復興所強調的再生精神，都體現了創造源頭這股日新不竭的力量。古典之所以重要，古籍之所以不可不讀，正在這層尋本與啟示的意義上。處於現代世界而倡言讀古書，並不是迷信傳統，更不是故步自封；而是當我們愈懂得聆聽來自根源的聲音，我們就愈懂得如何向歷史追問，也就愈能夠清醒正對當世的苦厄。要擴大心量，冥契古今心靈，會通宇宙精神，不能不由學會讀古書這一層根本的工夫做起。

基於這樣的想法，本局自草創以來，即懷著注譯傳統重要典籍的理想，由第一部的四書做起，希望藉由文字障礙的掃除，幫助有心的讀者，打開禁錮於古老話語中的豐沛寶藏。我們工作的原則是「兼取諸家，直注明解」。一方面熔鑄眾說，擇善而從；一方面也力求明白可喻，達到學術普及化的要求。叢書自陸續出刊以來，頗受各界的喜愛，使我們得到很大的鼓勵，也有信心繼續推廣這項工作。隨著海峽兩岸的交流，我們注譯的成員，也由臺灣各大學的教授，擴及大陸各有專長的學者。陣容的充實，使我們有更多的資源，整理更多樣化的古籍。兼採經、史、子、集四部的要典，重拾對通才器識的重視，將是我們進一步工作的目標。

古籍的注譯，固然是一件繁難的工作，但其實也只是整個工作的開端而已，最後的完成與意義的賦予，全賴讀者的閱讀與自得自證。我們期望這項工作能有助於為世界文化的未來匯流，注入一股源頭活水；也希望各界博雅君子不吝指正，讓我們的步伐能夠更堅穩地走下去。

新譯左傳讀本 目次

中冊

宣公

成公

襄公

下冊

昭公

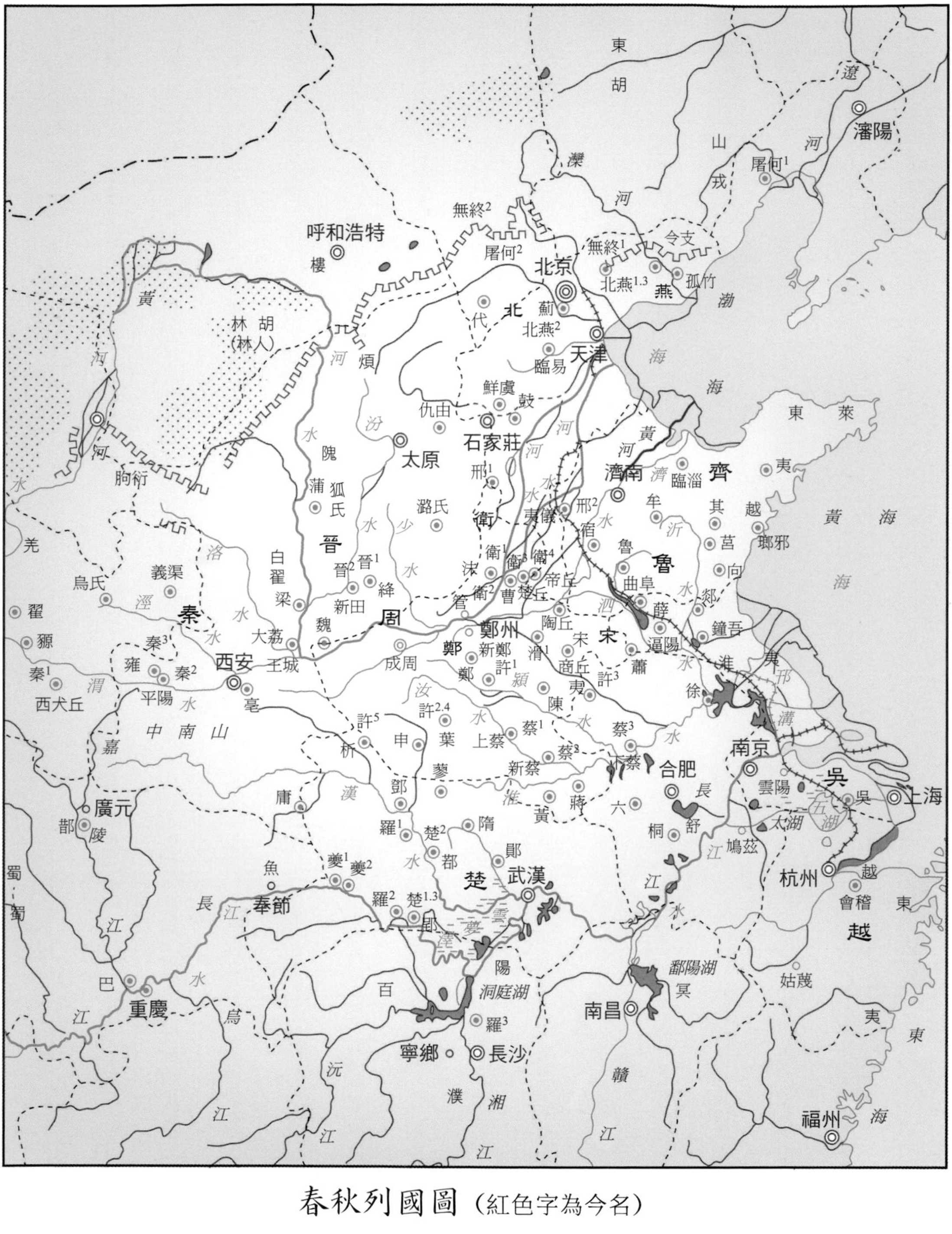

春秋列國圖（紅色字為今名）

導讀

我們的祖先為我們留下了大量的歷史著作，這些著作完整而系統地記錄了中華民族悠久而輝煌的歷史進程和活躍在歷史舞臺上的許多人物，成為我國極其珍貴的文化遺產，這是世界上任何國家都比不上的。因此，對於我們來說，繼承和弘揚中華民族的優秀文化傳統，發揚愛國主義精神，增強民族自信心和凝聚力，無疑具有十分重要的意義。

《左傳》又稱《春秋左氏傳》或《左氏春秋》。它是產生在我國先秦時期的一部編年體史書，是儒家的重要經典之一。它根據《春秋》編年記事的體例，全面記錄了春秋時期社會動蕩變革的歷史進程，成為我國先秦時期內容最豐富、體制最宏大的一部史學著作。

一、《左傳》成書的背景及其與《春秋》的關係

《左傳》與《春秋》有著密切的關係。「春秋」本是先秦時代各諸侯國對史書的一種泛稱，並非專名。大致在西周中葉以後，各諸侯國都有名為「春秋」的編年史書，如《史通・六家》所列，有《夏春秋》、《晉春秋》等。又如《墨子・明鬼》引《周之春秋》、《燕之春秋》、《宋之春秋》、《齊之春秋》等，為數不少，故當時就有「百國春秋」的說法。然而這些著作能夠留傳至今而且保持了比較完整內容的卻只有魯國《春秋》一部。《春秋》之所以名為春秋，是因為春秋代表四時，所謂四時皆備，取春秋生殺

之義，寓王者之大權。《春秋》根據周王室東遷後魯國十二位諸侯的次序，按年月順序編列史事。它約略記錄了自魯隱公元年（西元前七二二年）至魯哀公十四年（西元前四八一年）共二四二年間周王室及諸侯列國的重要歷史事件和人物活動，同時記錄了重要的自然現象，具有重要的史料價值。所以可以說，《春秋》本是魯國的史書，初具編年史的體制，是現存最早的一部編年體史書。編年體注意歷史事件的時間聯繫，有利於明白時勢；但重大史事常要連續分跨數年，而一年一月之中又常發生數事，故編年體史書記事常將一事分錄在前後數月乃至數年中，與他事交錯混雜，讀者不易看清其脈絡。

《春秋》相傳是孔子依據魯國史官所記資料加以整理修訂而成的。漢代的經今文學家出於尊經的需要，認為《春秋》一書出自孔子。所謂王者之跡熄而《詩》亡，孔子傷王政之不行，痛諸侯之專恣，於是自衛返魯，行年六十八歲時刪《詩》、《書》，修《春秋》以正王化。孔子對《春秋》所記事件，按他的觀點作了評斷，「筆則筆，削則削」，字字句句「寓褒貶，別善惡」，表示了孔子的「微言大義」。這種是非褒貶就稱之為「春秋筆法」。諸侯大夫凡得《春秋》一字之褒者，其榮過於天子之命服；得《春秋》一字之貶者，其辱過於天子之刑戮。故謂《春秋》作而亂臣賊子懼，無所逃罪於天地之間矣。孔子死後不久，儒家弟子便把《春秋》奉為經典（後列為五經之一）。因此我們現在所看到的《春秋》經文，嚴格來說，是節取了《魯春秋》而修訂成的。

但是《春秋》一書記事過於簡約，含義過於隱微，全書記述二四二年史事卻僅用一萬八千字，平均每年只用七十五字，所錄僅是春秋時期的大事記，每事只用一言兩語記其結果或結論，最少的只用一個字，最長的也不過四十餘字，沒有具體敘述，常語焉不詳。故被宋朝王安石譏為「斷爛朝報」。而且，由於《春秋》講求「微言大義」、「春秋筆法」，字斟句酌過於嚴謹，因而文義深奧，讀者難以從經文中明辨史事原委，非有注解不能通曉，何況還有許多史事漏闕失載。成公十四年傳云：「《春秋》之稱，微而顯，志而晦，婉而成章，盡而不汙，懲惡而勸善。非聖人，誰能修之？」近人錢鍾書在《管錐編》

中說：「此乃古人作史時心嚮神往之楷模，而《春秋》實不足語於此。」由於《春秋》和《詩》、《書》同被儒家尊奉為經，故在《春秋》問世以後，便有人給它作「傳」。「傳」，就是對《春秋》經文逐字逐句作注解或說明，以發揮其微言大義。由於各個經師解釋有詳有略，發揮大義有深有淺，說法也有異同，因此給《春秋》作「傳」的就有多家，據《漢書・藝文志》所載就有五家：《左氏傳》三十卷（簡稱《左傳》），《公羊傳》十一卷，《穀梁傳》十一卷，《鄒氏傳》十一卷，《夾氏傳》十一卷。後兩傳早已亡佚，前三家存留至今，合稱「春秋三傳」，並列於十三經。其中以《左傳》最為詳備，它已演進為篇幅完整的記敘文，全面、系統、周詳地記載史事發生的背景及發展過程，辨明其原委曲折，反映了春秋時期的社會面貌和歷史進程，因此成為史學名著。而《公羊》、《穀梁》二傳則全用義理去解釋「春秋筆法」、「微言大義」，因此其價值遠遜於《左傳》。

《左傳》在我國古代經學史上佔有十分重要的地位。以體例內容論，《左傳》傳注《春秋》，所記上起魯隱公元年（西元前七二二年），下迄魯哀公二十七年（西元前四六八年），前後共計二五五年，比《春秋》所記多出十三年。現將《左傳》所載史事的二五五年列表如下：

隱公元年（西元前七二二年）至十一年
桓公元年（西元前七一一年）至十八年
莊公元年（西元前六九三年）至三十二年
閔公元年（西元前六六一年）至二年
僖公元年（西元前六五九年）至三十三年
文公元年（西元前六二六年）至十八年
宣公元年（西元前六〇八年）至十八年
成公元年（西元前五九〇年）至十八年

襄公元年（西元前五七二年）至三十一年
昭公元年（西元前五四一年）至三十二年
定公元年（西元前五〇九年）至十五年
哀公元年（西元前四九四年）至二十七年

《左傳》記事最早為晉穆侯伐條之役（西元前八〇五年），最晚為魯悼公十四年（西元前四五四年）晉國卿族智伯被滅。就是說《左傳》所載史事比《春秋》晚出二十七年，前後總計逾《春秋》百年以上。而且體制宏大，字數多達十八萬餘字，篇幅超過《春秋》十倍，已演進為體制完備的編年體史著。

《春秋》記事以魯國為中心，《左傳》則全面記敘周王室及諸侯列國所發生的重大事件和人物活動，如諸侯國之間的聘問、會盟、征伐、城築、救火、賑濟等政治活動，多方面揭示各種社會矛盾的發生、發展情況，勾勒出周王室與諸侯列國治亂興衰的總體輪廓，同時還大量記錄了當時中原地區所發生或觀察到的水旱、地震、冰雹、日蝕、星變等諸多自然現象。讀者正是憑藉《左傳》方才通曉《春秋》文義的。東漢思想家桓譚在其《新論》中說：「《左氏傳》之於經（指《春秋》），猶衣之表裏，相待而成。經而無傳，使聖人閉門思之十年，不能知也。」錢鍾書先生在其《管錐編・左傳正義》中說：「經之與傳，尤類今世報紙新聞標題之與報導。」這都正確地說明了經傳的關係與傳文的重要價值。

《左傳》在內容安排上，前期較簡略，後期較詳富，尤以襄公、昭公朝記事最詳，二公在位共六十三年，約佔「春秋」時期的四分之一，而記事篇幅約佔四成左右。從敘事對象看，則對晉、楚、魯國史事撰述特詳，齊、鄭、宋、衛諸國次之，曹、陳、蔡、秦、吳諸國較略。大概因齊桓公之後，晉國長期稱霸中原，唯有強楚敢與抗衡；晉、楚成為春秋中後期南北兩大陣營之首，故作者在組織史料時，特意詳加記敘，表現出作者對當時社會發展形勢有著比較清醒的認識和把握歷史發展脈絡的能力。

把《春秋》經文和今本《左傳》相對照比較，可以看到一般有經者即有傳解。傳文大多包括記事和解經兩部分，記事部分對經文所記史事綱目詳敘其原委，解經部分對經文字句所含褒貶義理加以說明。但傳文內容與《春秋》經文並不密切配合，有時也會出現有經無傳的缺文現象。反之，也有許多史事，經文隻字未提而傳文詳加記敘，甚至常突破編年限制，集中連貫地記載史事和傳記人物。故有的學者認為《左傳》是自成其書，並非專為注《春秋》而作；認為《左傳》僅是用《春秋》的編年體例而已，與其稱之為《春秋左氏傳》，不如稱之為《左氏春秋》更好。有的學者甚至認為，今本《左傳》有關解經的文字並非當初成書時所有。這些觀點值得我們注意。

二、《左傳》的作者及其成書的年代

《左傳》的作者究竟是何許人，一直是學術界爭論不休的問題。司馬遷《史記》和班固《漢書・藝文志》都認為《左傳》是春秋末年魯國史官左丘明為解釋《春秋》經的實際需要而著作的。《史記・十二諸侯年表》云：「魯君子左丘明懼弟子人人異端，故因孔子史記（指《春秋》）具論其語，成《左氏春秋》。」此說在唐代以前多被視為定論。但後代學者對他的姓名、籍貫、時代、官職等問題，都有不同的看法。有的說他姓左，名丘明；有的說他姓左丘，名明；也有人說「左」是官名，實際是姓丘名明。《禮記・玉藻》說：「動則左史書，言則右史書。」看來這後面的說法似乎更合理些。司馬遷又說左丘明「失明」或無目。據以推測，左丘明是春秋末年出身於魯國貴族的一位具有很高學識修養的瞽史（盲史官），連孔子也對他格外的敬重（見《論語・公冶長》）。

左丘明在歷史上確有其人，這是毋庸置疑的。問題的焦點在於《左傳》是否即為左丘明所作。自唐代以後，持否定觀點者漸多。宋代鄭樵在《六經奧論》中列舉了八個證據，否認《左傳》為左丘明所作。清代經今文學家皮錫瑞《經學通論・春秋通論》甚至認為《左傳》是西漢劉歆的偽作。不可否認，《左傳》確實存在一些有待進一步廓清的問題，但總體而論，《左傳》不是漢代人偽造的《春秋》「傳」，而是一部體制比較完備的十分出色的信史。近人楊伯峻先生據各種資料研究，在精審考證的基礎上，裁定《左傳》一書是戰國初年人據各諸侯國史料編成，其成書年代當在西元前四〇三至前三八六年之間。趙光賢先生也總結為：《左傳》記事部分是彙集當時各國私人著述而成，在時間上可以界定作者是戰國時期魯國人。總之，《左傳》的成書年代已基本明瞭，而它的作者問題至今仍懸而未決，難以確考。但成書年代與春秋時期相近，就為該書記敘春秋時期史事提供了十分便利的條件，增強了記事的可信程度。

三、《左傳》在我國古代學術文化領域的重要地位

《左傳》以詳贍而珍貴的史料，嚴謹而有致的筆法和優美流暢的語言，奠定了它在我國古代學術文化領域的重要地位，為我們全方位研究中國春秋時代歷史發展的進程、社會面貌與潛質，提供了根本性的依據，這是其他任何古籍所不能替代的。首先，《左傳》是我國古代第一部內容豐富、編纂形式比較完備的史學著作，具有極其重要的史料價值。以體例而論，《左傳》上承《春秋》，共同開創了我國編年體史著的先河，與漢代司馬遷所著的紀傳體《史記》交相輝映，成為我國兩千多年歷史撰著的兩大體例。以內容而論，《左傳》不僅詳細記載了春秋時期政治、經濟、軍事、文化等各方面的重要歷史事件，重視交代史事原委，注意記錄各種歷史人物的政治主張、歷史見解和宗教觀念，成為研究和撰述春秋時期歷史的最重要的文獻依據。而且《左傳》還集錄或引述了春秋以前的歷史事實和古史傳說。如襄公四年魏絳論和戎，說明了戎族與華夏的關係，提供了夏初后羿、寒浞的歷史傳說；昭公十七年郯子論以鳥名官，提供了上古圖騰崇拜的情況；僖公二十四年、昭公二十八年論述了西周初年分封諸侯的情況；定公四年寫了西周統治夏、商遺民的政策；昭公九年記載了西周疆域範圍；文公十八年說明西周已有刑書

多篇，當時的法律已把保護私有財產如名器等作為重要任務；昭公二十六年王子朝告諸侯，又提供了西周王室興衰的史料等等。因此可以說，《左傳》是研究我國整個先秦時期社會歷史發展的一部不可或缺的重要著作。以編纂方法而論，《左傳》運用史料也表現出顯著的特色。它除了廣泛吸收各國官方史書的內容，還繼承了古代瞽史說唱的傳統，十分重視各種神話傳說、歌謠諺語等民間口頭流傳的資料，加以取捨運用，以增添行文敘事的生動性，成為我國歷史散文的奠基之作。

《左傳》特別重視和善於記錄軍事活動、敘述戰爭情況。春秋時代是我國歷史上大分裂、大兼併接踵相仍的時代，是動蕩、變革的時代；周室衰微，諸侯紛爭，大國爭霸，小國圖存；仁義不行而尚詐力；春秋中後期，卿族專權，威重於諸侯。春秋時期，前後發生大小戰爭八百餘次，影響重大的戰爭也不下數十次。戰爭的頻繁程度為歷史所僅見。《左傳》對這些戰爭無不逐一記載，故有人稱之為「相斫書」。但從積極方面說，《左傳》實無異於一部兵書。它所記敘的不少戰役，如著名的春秋五大戰役——城濮之戰、崤之戰、邲之戰、鞍之戰、鄢陵之戰，以及如莊公十年的長勺之戰、僖公十五年的韓原之戰、僖公二十二年的泓之戰等等，都已成為我國古代戰史中的有名戰例。《左傳》用大量篇幅記敘這些戰爭，從客觀的戰爭背景、戰爭發生的原因，到戰爭中表現出來的內外各種關係，敵我雙方眾多將領的主張和活動；從戰前的戰略部署，到交戰時戰略戰術的運用和具體的戰爭場面；從戰前的力量對比，到戰後政治格局的變化，無不寫得井然有序，纖細畢現。作者又善於將軍事活動、軍事思想和政治、經濟、外交等因素聯繫起來加以描述，具體分析交戰各方的正義與非正義的性質，分析人心向背，從而揭示出指導戰爭的規律和決定戰爭勝負的因素。《左傳》給後世提供了許多弱軍戰勝強軍的典型戰例和正反兩方面的經驗，闡明了深刻的軍事思想和戰略戰術原則，因而成為我國第一部包羅宏富的戰爭史、一部不朽的軍事著作，受到歷代政治家、軍事家的重視，如同《孫子兵法》一樣，至今仍是軍事院校必讀的經典著作。

《左傳》在記敘歷史事件的同時，往往在史實中表現出歷史觀，自然地表現出春秋時期激烈變革的社會思潮，反映出作者的歷史意識和進步的思想傾向，成為研究我國古代思想史的第一手重要資料。首先《左傳》反映了我國古代奴隸社會日趨崩潰、向封建社會轉變這一特定歷史階段的變革發展情況，記錄了春秋五霸先後崛起的歷史，充分肯定了齊國管仲、晏嬰、鄭國子產等政治家的進步作用，記錄了魯國臧文仲，晉國趙衰、范文子、叔向，宋國子魚、子罕，鄭國燭之武，衛國子鮮、蘧伯玉，吳國延陵季子等一批政治人物以及像曹劌這樣的鄉野庶民的遠見卓識，成為寶貴的思想遺產。其次，《左傳》對奴隸主貴族統治者的殘暴、貪婪的罪行和腐朽荒淫的生活方式作了無情的揭露，對廣大勞苦大眾飽嘗戰亂的痛苦和不幸則寄予深切的同情；對奴隸們因不堪壓迫而逃亡或組織暴動的情況也毫不隱諱地加以實錄，一再強調民心得失對政治成敗、社會治亂的決定作用。就是記敘統治集團內部你死我活的爭鬥，也能寫出其是非善惡，表現出作者的政治傾向。再次，傳文大膽闡揚「重民」思想，強調平民利益。如文公十三年說：「天生民而樹之君，以利之也。」這是強調設立君主的目的是為了有利於人民。如莊公三十二年說：「國將興，聽於民；將亡，聽於神。」僖公十九年說：「民，神之主也。」昭公十八年說：「天道遠，人道邇。」僖公十六年說：「吉凶由人」不由天。這都是敢於懷疑天道神威、重視「人事」作用。至於表現人類智慧、生活經驗和倫理道德的警句、格言、成語，更是隨文可見，如「多行不義必自斃」、「善敗由己，而由人乎哉？」、「人誰無過？過而能改，善莫大焉」等等。可以說，《左傳》的字裏行間無不洋溢著古代民主思想的風采和人文精神的底蘊。當然，由於時代的局限，《左傳》同《春秋》一樣，把一部春秋史寫成了王公貴族史；它一方面否定天命神道，但另方面又沒有擺脫天命神道的影響，常強調神冥力量的作用，或借用卜筮來預言國家、家族的興衰和個人的生死禍福，所以古人就對《左傳》有「失之巫」的批評。這是我們在閱讀時需要注意的。

文史哲一體是春秋時期散文的一大特色。《左傳》不僅是我國古代一部偉大的史學著作，而且也是一部富有文學價值的散文傑作。《左傳》善於運用各種文學手段，如實地描寫和記敘諸侯國之間和各國統治者之間驚心動魄的鬥爭，把紛繁複雜的歷史事件寫得條理清楚，脈絡分明，聲情並茂；對重大事件和重要人物，又常能突破編年體的限制，嚴密組織各種材料，集中連貫地加以記述，使故事結構完整，讀來扣人心弦。有些篇章還運用富有個性化的人物語言和細節描寫，具體而形象地刻畫歷史人物的性格，塑造出非常生動鮮明的形象。如僖公二十三年、二十四年傳，寫晉公子重耳從避難出亡到回國執政，時間跨度達二十餘年，但作者寫來卻剪裁有序，取捨精當，行文簡潔流暢，既有通貫全局的敘述，又有簡勁生動的細節描寫，使許多人物形象躍然紙上，情態畢現。又如襄公三十年、三十一年傳，對鄭國子產執政的集中記敘，充分表現出這位政治家的改革精神和奕奕風采。可以說，這許多篇章都是很好的文學作品，具有傳記文學的特色。又如寫統治集團內部鬥爭的篇章，如鄭莊公之消滅同母弟共叔段；楚莊王之滅若敖氏；楚大夫巫臣奔晉，晉用其聯吳之謀；崔杼之殺齊莊公及慶封之滅崔氏；衛獻公之出亡，十二年後圖謀復國；晉國欒盈之亂及鄭國伯有氏之亡等篇章，其情節發展都寫得淋漓盡致，各個人物形象都栩栩如生，表現出作者在組織材料、駕馭語言文字和通過文字準確表達各種複雜思想感情等方面都有很強的能力，反映出作者在文學方面有很高的修養，取得了光輝的成就。唐代劉知幾《史通》對《左傳》總結為「其言簡而要，其事詳而博」，「跌宕而不羣，縱橫而自得」。清代劉熙載《藝概》說：「《左傳》敘事，紛者整之，孤者輔之，板者活之，直者婉之，俗者雅之，枯者腴之。剪裁運用之方，斯為大備。」這些都說明《左傳》的文學成就。《左傳》的許多篇章，已成為史傳文學的經典之作，被歷代文學選本如《古文觀止》等選錄，至今傳誦不衰。

四、版本流傳情況

《左傳》一書遠在戰國中後期便已廣為流傳，受到人們的高度重視。楚威王的太傅鐸叔和趙孝成王的宰相虞卿都節錄過《左傳》，備為簡篇。先秦諸子著作如《荀子》、《韓非子》、《呂氏春秋》及《戰國策》等也常引用《左傳》的內容。但在漢代，只有《公羊》、《穀梁》二傳據口說流傳而用當時文字寫定成書，稱為今文經學，列為官學。到西漢末年，才發現用秦以前文字寫就的《左傳》，後被稱為古文經學。當時古文經學派認為《左傳》也是專為解釋《春秋》的，但今文經學派不承認。由於經學家們的門戶之見，使《左傳》長期不能立於官學，未能取得設置博士的合法地位。只是由於《左傳》本身具有重要的學術價值，使它得以在民間廣為流傳。《漢書・儒林傳》說：「漢興，北平侯張蒼及梁太傅賈誼、京兆尹張敞皆修《春秋左氏傳》。」西漢末年的學者劉向、劉歆父子更是重視《左傳》，專門以此書「教授子孫，下至婦女，無不讀誦」。東漢章帝建初元年（西元七十六年），令賈逵自選高材生二十八人，教授《左傳》；八年又詔諸儒各選儒生受業《左傳》，一時間學者趨之若鶩。東漢時最著名的學者如賈逵、服虔、馬融、鄭玄等都對《左傳》等古文經有深湛的研究，服虔曾作《春秋左氏傳解誼》（已佚）。至西晉，杜預博採漢儒諸說，考訂異同，總結前代研究成果，作《春秋左氏經傳集解》，並將《春秋》經文分別編入每年傳文之前，首開以傳附經的先例，使《左傳》成為顯赫的專門之學。此後《左傳》的地位逐漸超過《公羊》、《穀梁》二傳，一直長盛不衰。杜預《集解》本也是流傳至今的最早的《左傳》通行本。至唐代又有孔穎達為杜預《集解》作疏，稱《春秋左傳正義》。南宋時，杜注孔疏本編入《十三經注疏》，比較通行。至清代，不少學者對杜注不滿，重新輯錄和研究漢代學者的解釋。如劉文淇等撰有《春秋左氏傳舊注疏證》（止於襄公五年），基本上逐條注疏考證，具有一定的辨偽價值。洪亮吉有《春秋左傳詁》，採取經傳分行形式，重視考證舊說。姚培謙有《春秋左傳杜注補輯》，兼取眾說以補正杜注，對學者很有裨益。顧棟高著有《春秋大事表》，以《左傳》為依據，對春秋時期的史料作了系統整理，為研究《左傳》提供了方便。其他學者如顧炎武、惠棟、王念孫、王引之、章太炎、劉師培等，都對《左傳》有專門的研究和論述。

日本竹添光鴻作《左傳會箋》，成書於明治三十六年（西元一九〇四年），是以日本所存的金澤文庫本為底本，於杜注之外，彙錄了清代中日學者的研究成果。由於該底本為六朝寫本，故被認為是有參考價值的版本。

上海人民出版社在一九七七年以《四部叢刊》影印宋刻本《春秋經傳集解》為底本，更名《春秋左傳集解》，標點出版，後附《春秋左傳人名索引》，可供查檢。

楊伯峻作《春秋左傳注》，一九八一年由中華書局出版，共四冊，這是今人研究《左傳》的重要成果。該書通釋經傳，尤重考證，將文獻與考古材料相互印證，進行校刊點評，為《左傳》的整理研究作出了重大貢獻。

最後，談一下本書的撰寫情況。一九九六年，三民書局編輯部約請郁賢皓教授撰寫《新譯左傳讀本》。在擬定體例和樣稿的過程中，曾得到武秀成先生的幫助，謹致謝忱。體例和樣稿得到三民書局編輯部審定後，郁賢皓教授考慮到此書工作量很大，並有較多難點，在短時期內一個人很難完成，於是徵得三民書局編輯部同意後，決定請周福昌先生和姚曼波女士合作撰寫。具體分工是：隱公、桓公、莊公、閔公、定公、哀公由郁賢皓教授注釋譯述；僖公、文公、宣公、成公、襄公由周福昌先生注釋譯述；昭公由姚曼波女士注釋譯述。〈導讀〉由周福昌撰寫，郁賢皓修訂。在撰寫過程中，我們參考和吸取古今許多學者的研究成果，在注釋、譯白、評述時遇有異義，我們擇善而從，其中有許多是我們自己的觀點和見解。由於我們自己的水平有限，其中定有不當和錯誤之處，敬請廣大讀者批評指正。

隱公

【題解】魯隱公，名息姑，魯惠公庶長子。周平王四十九年（西元前七二二年），魯惠公死，他的嫡妻所生子名軌，時還年幼，所以魯國人共立息姑攝政，行君事。在位十一年，被公子翬（羽父）所殺。諡號隱，故稱「隱公」。《逸周書・諡法解》：「不顯尸國曰隱」、「隱拂不成曰隱」。

《春秋》記事以魯國舊史作為依據，所以以魯國國君紀年。魯國是周王室同宗，姬姓。周文王之子周公旦的後代。周公輔佐周成王，周成王封他的兒子伯禽於曲阜（今屬山東省），即為魯國。從伯禽到隱公，共十三君，隱公是伯禽的七世孫。

周朝有公、侯、伯、子、男五等諸侯爵位，但在典籍和周代彝器銘文上，稱謂多不一致。即以魯國論，有的稱「魯侯」，有的稱「魯公」。《春秋》經文記載各國諸侯之葬都稱「公」，《左傳》也常稱「公」，可知「公」是對當時諸侯的通稱，未必是公爵。

魯隱公在位十一年，始終牢記自己是攝政行君事，一心等待惠公嫡子軌長大後把國君的位置讓給他。正因為如此，所以當公子翬提出請求殺死惠公長子軌時，隱公斷然拒絕；結果反被公子翬殺死。隱公行君事期間，魯國國力較強。隱公本人除了到棠地觀魚被認為不合於禮之外，處理政事、軍事都還比較謹慎公正，與鄭國修好，所以周圍小國如滕國和薛國等都到魯國朝拜。與鄭國、齊國等強國也結好。

周王室東遷時，主要依靠晉國和鄭國。但晉國不久分裂為翼和曲沃二國，國勢漸衰。鄭國雖在莊公即位後有其弟共叔段與其母合謀的叛亂，但莊公為人精明狡詐，一舉平定叛亂，國雖小而力日強。加之鄭莊公為周王室卿士，可以王命征討諸侯。所以鄭莊公在平定共叔段之亂後，十一年中，兩次攻打衛國；一次侵周；

兩次抗擊宋、衛、陳、蔡聯軍；打敗燕軍；攻打宋國進入城郭；侵陳大獲；又以王命攻打宋國；大敗北戎；聯合齊、魯兩國攻打宋國，取得宋國二邑；敗宋、衛、蔡三國聯軍，又入宋國；會合齊、魯兩國軍隊攻入許國都城；大敗息軍；又大敗宋國軍隊等等，儼然是春秋初期的霸主。他又因周王室不專任他而不滿，曾割奪周王室的莊稼。而周王室用虢公為卿士，又以蘇忿生之地換取鄭國土地，更加劇了周王室與鄭國的矛盾。

周王室東遷後雖已失去了控制各國諸侯的能力，但仍有一定的地位和影響。鄭、虢等強國國君做周王室卿士，周王室尚能糾合諸侯討伐叛離之國，王師還有一定的力量，如派尹氏、武氏幫助曲沃莊伯攻打翼侯，後來曲沃叛王，周桓王命虢公攻打曲沃，立哀侯於翼；又如鄭莊公以王命會合諸侯，以王命討伐宋國；而不參加伐宋者，則以違王命討之。衛國州吁殺死衛桓公而自立，不能服眾，請教石碏怎樣安定君位，石碏說：「王覲為可。」朝覲周天子可以安定君位，可見周天子在諸侯心目中還有一定的地位。也正因此，鄭莊公雖與周王室有矛盾，還是要去朝見周天子。當然，由於周桓王的不禮，最後就失去了鄭國的支持。

傳　惠公❶元妃❷孟子❸。孟子卒，繼室❹以聲子❺，生隱公❻。宋❼武公❽生仲子❾。仲子生而有文❿在其手，曰「為魯夫人」，故仲子歸⓫于我⓬。生桓公⓭而惠公薨⓮，是以隱公立⓯而奉之。

【注釋】❶惠公　魯國國君。為孝公之子，隱公、桓公之父，名弗皇，或稱弗生、不皇。在位四十六年。惠，諡號。《逸周書・諡法解》曰：「愛人好與曰惠。」公，當時對諸侯的通稱。魯國為姬姓，侯爵，始封君為周公旦之子伯禽，建都曲阜（今屬山東省），戰國時變為小國，被楚國所滅。❷元妃　原配。即第一次所娶的夫人。❸孟子　宋國女子名。孟為排行，即老大。子為宋國姓。春秋時女子出嫁後，常以排行冠於姓氏之上作為名字。❹繼室　續弦；再娶。❺聲子　孟子的姪女或妹妹。春秋時婚俗，諸侯娶妻，女方常以其姪女或妹妹陪嫁，稱為「媵」，元配死後，則續娶媵，但不能視為嫡夫人。聲，諡號。

《逸周書・謚法解》曰：「不生其國曰聲。」❻隱公　魯國國君。名息姑，在位十一年。隱，謚號。《逸周書・謚法解》曰：「隱拂不成曰隱。」❼宋　國名。子姓，為成湯後裔，始封君是商紂王的庶兄微子啟，都商丘（在今河南省商丘市），戰國時為齊國所滅。❽武公　宋國國君。宋穆公之父，名司空，在位六年。武，謚號。《逸周書・謚法解》曰：「剛強直理曰武。」❾仲子　魯惠公的繼配。以排行冠於姓氏之上作為名字。❿文　字。或解作「紋」，指手紋有似「魯夫人」三字。⓫歸　出嫁。⓬我　我國。即魯國，指魯惠公。《春秋》是依據魯國舊史修撰的，《左傳》是傳述《春秋》的，其編者也都是魯國人，因此稱魯國為「我」，而稱魯君則單稱「公」。⓭桓公　魯國國君。名允，在位十八年。桓，謚號。《逸周書・謚法解》曰：「辟土服遠曰桓。」⓮薨　周代稱諸侯死為薨。⓯隱公立　指隱公攝位，代行國君之政。或認為指隱公立桓公為太子。

【語　譯】惠公的原配叫孟子。孟子死後，惠公又續娶了聲子，生下了隱公。宋武公生了個女兒叫仲子，仲子出生時她的手掌上就有文字，寫著「為魯夫人」，所以仲子就嫁給了我國。生下了桓公，惠公就去世了，所以隱公攝位而奉戴桓公。

【說　明】《左傳》是為解釋《春秋》而作的。此段就是左氏為《春秋》經文僅書「元年春王正月」，而不記載魯隱公即位一事所作的傳。傳文敘述了隱公與桓公的家世。隱公雖為惠公長子，但因其母聲子不是正妻，所以沒有被立為太子。其弟桓公為嫡出，按周代宗法制度，自當繼承君位。但惠公死的時候，桓公年尚幼小，因此由隱公攝位，代行國君之政。這就是《春秋》經文為什麼不記載隱公即位的緣故。

近代學者多認為此段當與《左傳》下文「元年春，王周正月，不書即位，攝也」合為一傳，今本將此段提前而與下文隔絕，是後人分傳附經、妄為割裂所致。

元年

己未，西元前七二二年。周平王宜臼四十九年、齊僖公祿父九年、晉鄂侯郄二年、秦文公四十四年、楚武王熊通十九年、宋穆公和七年、衛桓公完十三年、陳桓公鮑二十三年、蔡宣侯考父二十八年、曹桓公終生三十五年、鄭莊公寤生二十二年、燕穆侯七年、杞武公二十九年。

經 元年春王正月。

三月，公及邾儀父盟于蔑。

夏五月，鄭伯克段于鄢。

秋七月，天王使宰咺來歸惠公、仲子之賵。

九月，及宋人盟于宿。

冬十有二月，祭伯來。

公子益師卒。

傳 元年春，王周正月❶，不書❷即位❸，攝❹也。

三月，公❺及邾❻儀父❼盟❽于蔑❾，邾子克❿也。未王命，故不書爵⓫。曰「儀父」，貴之⓬也。公攝位，而欲求好於邾，故為蔑之盟⓭。

夏四月，費伯⓮帥師城⓯郎⓰，不書，非公命也。

【注釋】❶王周正月　即周曆正月。王，指周天子。周，指周曆。春秋時各國所用曆法不同，如晉國採用夏曆，宋國採用殷曆，魯國為周王朝最親近之國，則一直遵奉周曆。三曆歲首月建各不相同，夏曆以建寅之月（今農曆正月）為正月，殷曆以建丑之月（今農曆十二月）為正月，周曆以建子之月（今農曆十一月）為正月。❷不書　指《春秋》經文不記載。依《春秋》體例，魯國十二國君在其元年正月，都應記載國君即位一事，凡不書「公即位」者，皆各有非常之事。❸即位　古代指天子或諸侯開始就職。❹攝　攝政；代替君王處理政務。❺公　指魯隱公。❻邾　國名。又稱邾婁、鄒，曹姓，傳為顓頊後裔挾所建立，初都於邾（今山東省曲阜市東南南陬村），後遷都於繹（今山東省鄒城市東南紀王城），為魯國的附庸國，戰國時為楚國所滅。❼儀父　邾國國君。名克，字儀父。❽盟　在神前立誓締約。❾蔑　魯國地名。本稱姑蔑，當時史官為避隱公諱而略「姑」字。在今山東省泗水縣東。❿邾子克　即儀父。子是邾君的爵位。⓫爵　爵位。為古代君主國家分封貴族的等級。春秋時有公、侯、伯、子、男五等爵。⓬貴之　附庸國之君未正式接受周王室冊封之命，依慣例當稱名而不稱字，此稱邾子字，以示尊重。⓭盟　盟約。⓮費伯　魯國大夫。清代江永《春秋地理考實》以為即費庈父。費，食邑名。在今山東省魚臺縣舊治西南。⓯城　築城。⓰郎　魯國邑名。在今山東省魚臺縣舊治東北。

【語譯】隱公元年春季，周曆正月，《春秋》經文不記載隱公即位一事，這是因為他只是攝政的緣故。

三月，隱公與邾儀父在姑蔑結盟，儀父就是邾子克。由於邾子尚未受到周天子的冊封，所以《春秋》經文不稱他的爵位；稱他的字「儀父」，是為了尊重他。隱公攝政而想與邾國親善友好，因此在姑蔑舉行會盟。

夏季四月，費伯率領軍隊在郎地修築城牆。《春秋》經文不記載此事，是由於費伯築城不是奉隱公之命的緣故。

【說明】此大段很突出地顯示了《左傳》為解釋《春秋》經文而作的特性。第一節解釋《春秋》於隱公元年正月何以「不書」隱公即位一事的原因；第二節解釋《春秋》記載隱公與邾子結盟一事時何以稱其字而「不書爵」的緣故，以及隱公與邾子結盟的用意；第三節則是左氏據魯國舊史所補充的一件史實，同時也說明了《春秋》「不書」此事的緣由。《春秋》經文記事簡約，義法隱晦，若無傳解說，則頗難明瞭。所謂「義法」，包括兩個方面。義，指經文中所包含的「微言大義」；法則指「書法」，又稱「書例」，也就是經文的記事體例。各種「書法」，都寄寓了作者的某種褒貶態度，較常見的如「爵號名氏褒貶說」。《左傳》闡發經文書法，一般用「凡」字來解釋，即所謂通例。用「書」、「不書」等等來表示經文書法的，不包括在「凡」之內，即所謂變例。西晉杜預在《左傳》注釋中對這些「書例」作了解釋，而且還著有《春秋釋例》一書，以作詳盡的闡述。但杜氏在釋例上存在牽強附會的地方也不少，讀者參考時應加以注意。

傳 初[1]，鄭[2]武公[3]娶于申[4]，曰武姜[5]，生莊公[6]及共叔段[7]。莊公寤生[8]，驚姜氏，故名曰寤生，遂惡之。愛共叔段，欲立之，亟[9]請於武公，公弗許。及莊公即位，為之請制[10]。公曰：「制，巖邑[11]也，虢叔[12]死焉[13]。佗[14]邑唯命[15]。」請京[16]，使居之，謂之京城大叔[17]。祭仲[18]曰：「都[19]城[20]過百雉[21]，國之害也。先王[22]之制，大都不過參國之一[23]，中五之一[24]，小九之一。今京不度[25]，非制也，君將不堪[26]。」公曰：「姜氏[27]欲之，焉[28]辟[29]害？」對曰：「姜氏何厭之有[30]，不如早為之所[31]，無使滋蔓[32]。蔓，難圖也。蔓草猶不可除，況君之寵弟乎！」

公曰：「多行不義，必自斃[33]。子[34]姑待之。」

既而[35]大叔命西鄙[36]、北鄙[37]貳於己[38]。公子呂[39]曰：「國不堪貳，君將若之何[40]？欲與大叔，臣請事[41]之；若弗與，則請除之，無生民心。」公曰：「無庸[42]，將自及[43]。」大叔又收貳[44]以為己邑，至于廩延[45]。子封[46]曰：「可矣！厚將得眾。」公曰：「不義，不暱[47]，厚將崩。」大叔完[48]聚[49]，繕[50]甲兵[51]，具[52]卒[53]乘[54]，將襲鄭[55]，夫人[56]將啟之[57]。公聞其期，曰：「可矣！」命子封帥[58]車二百乘[59]以伐京。京叛大叔段，段入于鄢[60]。公伐諸[61]鄢，五月辛丑[62]，大叔出奔共[63]。書曰：「鄭伯克[64]段于鄢。」段不弟[65]，故不言弟；如二君，故曰克；稱鄭伯，譏失教也[66]，謂之鄭志[67]。不言出奔[68]，難之[69]也。

遂寘[70]姜氏于城潁[71]，而誓之[72]曰：「不及黃泉[73]，無[74]相見也。」既而悔之。潁考叔[75]為潁谷[76]封人[77]，聞之，有獻於公。公賜之食，食舍肉[78]。公問之，對曰：「小人[79]有母，皆嘗小人之食矣，未嘗君之羹[80]，請以遺[81]之。」公曰：「爾有母遺，繄[82]我獨無。」潁考叔曰：「敢[83]問何謂也？」公語之故，且告之悔。對曰：「君何患焉？若闕[84]地及泉，隧[85]而相見，其[86]誰曰不然？」公從之。公入而賦[87]：「大隧之中，其樂也[88]融融[89]！」姜出而賦：「大隧之外，其樂也洩洩[90]。」遂為母子如初。君子曰[91]：「潁考叔，純[92]孝也！愛其母，施[93]及莊公。《詩》[94]曰：『孝子不匱[95]，永錫[96]爾類。』其是之謂[97]乎！」

【注釋】❶初　當初。❷鄭　國名。姬姓，伯爵，周宣王母弟桓公友之後，初封於鄭（在今陝西省華縣東），後遷移到虢、鄶之間，都新鄭（今屬河南省），戰國時為韓國所滅。❸武公　鄭國國君。名掘突。❹申　國名。姜姓，侯爵，伯夷之後，故城在今河南省南陽市。❺武姜　武公之妻，莊公之母。武為其夫之謚號，姜為母家之姓。以丈夫之謚冠於母家之姓，這是春秋時稱呼諸侯之妻的一種習慣。❻莊公　鄭國國君。武公之子，名寤生。在位四十三年。❼共叔段　莊公同母弟，名段。叔為排行，共為國名。段失敗後逃亡於共，故稱為共叔段。或以「共」為謚號。❽寤生　逆生。即生產時腳先出。寤，通「牾」。

抵逆。❾亟　屢次。❿制　鄭國邑名。又稱為虎牢，在今河南省滎陽城市西北。原當為東虢國的屬地。⓫巖邑　險要的城邑。巖，險要。邑，古代的城市或城鎮。⓬虢叔　東虢國君，姬姓。虢，國名。春秋時有東、西二虢，皆伯爵，始封君都是周文王之弟。東虢故城在今河南省滎陽城市東北，後為鄭武公所滅。西虢國故城在今河南省三門峽市。⓭焉　於此。⓮佗　同「他」。⓯唯命　服從您的命令。為「唯命是從」的省略語。⓰京　鄭國邑名。在今河南省滎陽城市東南。⓱大叔　叔段的尊稱。大，同「太」。叔段為鄭莊公的第一個弟弟，故稱之為太叔。⓲祭仲　鄭國大夫。又稱祭足。祭，食邑名，在今河南省中牟縣境內。⓳都　古代的城邑皆可稱為都，一般區別是：大者稱「都」，小者稱「邑」。⓴城　城牆。㉑百雉　城牆高一丈、長三百丈。古代侯爵、伯爵國大都的定制為城方一里又二百步，每面城牆長百雉。雉，古代計算城牆面積的單位，長三丈、高一丈為一雉。㉒先王　上古賢明的君王。㉓參國之一　國都的三分之一。即一百雉。參，通「叁」。國，國都。古代侯爵、伯爵國都城的定制為城方五里，每面長三百雉。㉔五之一　五分之一。㉕不度　不合法度。與下文「非制」義同。㉖不堪　受不了。謂無法控制。堪，經得起；受得住。㉗姜氏　莊公稱其母。這是當時的習慣稱謂。如僖公四年，太子申生稱庶母驪姬為姬氏。㉘焉　怎麼。㉙辟　同「避」。躲開。㉚何厭之有　即「有何厭」。謂有什麼滿足。厭，滿足。之，結構助詞。㉛早為之所　早為他安排地方。謂及早處置。之，他。指太叔。所，處所；地方。㉜滋蔓　滋長蔓延。㉝自斃　謂自取滅亡。斃，仆倒。引申為敗亡。㉞子　您。古代對人的尊稱。㉟既而　不久。㊱西鄙　西部邊境的城邑。鄙，邊邑。㊲北鄙　北部邊境的城邑。㊳貳於己　兩屬於自己。即一面屬莊公管轄，同時又歸屬於共叔段自己。貳，兩屬；從屬二主。㊴公子呂　鄭國大夫，字子封。㊵若之何　怎麼辦；對(把)它怎麼辦。㊶事　侍奉。㊷無庸　不用；無須。庸，用。㊸將自及　謂禍將自動降臨。㊹貳　指兩屬之邑。㊺廩延　鄭國邑名。在今河南省延津縣北。或以為在今河南省滑縣東。㊻子封　即公子呂。㊼不暱　謂民眾不肯親附。暱，黏附；親附。㊽完　謂修好城郭。完，修治。㊾聚　聚集糧草。或以為聚集民眾。㊿繕　修治補充。(51)甲兵　鎧甲、兵器。(52)具　準備；備辦。(53)卒　步兵。此泛指士兵。(54)乘　戰車。古代以一車四馬為一乘。(55)襲鄭　偷襲鄭國國都。(56)夫人　指武姜。(57)啟之　為接應共叔段而開城門。啟，開。(58)帥　率領；帶領。(59)二百乘　春秋時兵車卒乘之制難於詳考，後人多有爭議。晉杜預注謂一乘有甲士三人、步卒七十二人，則二百乘共配備兵士一萬五千人。此據《司馬法》立說。今人以為《司馬法》成書於戰國時，所言未必合於春秋制度。《司馬法》又載另一說：「革車一乘，士十人，徒二十人。」則二百乘配有兵士六千人。後人以為此說近實(詳參童書業《春秋左傳研究・春秋左傳考證・車戰》)。(60)鄢　本為古國名，妘姓，後為鄭武公所滅，收為鄭國之邑。其地在今河南省鄢陵縣北。(61)諸　「之於」的合音、合義。(62)五月辛丑　五月二十三日。

古代以十干（甲、乙、丙、丁、戊、己、庚、辛、壬、癸）與十二支（子、丑、寅、卯、辰、巳、午、未、申、酉、戌、亥）相配，組成六十干支（如甲子、乙丑、丙寅等），用以紀日、紀年。據清顧棟高《春秋大事表・春秋朔閏表》推算，五月辛丑為五月二十三日（以下注釋干支，均據顧氏〈春秋朔閏表〉推算，不再一一說明）。63共　國名。其地在今河南省輝縣市。64克　戰勝；攻下。65不弟　不像弟弟。謂不守為弟之道。或以為「弟」同「悌」。舊稱弟弟順從兄長為「悌」。66稱鄭伯二句　謂兄長本有教弟之責，但莊公對叔段不加教誨，養成其惡，自有其過，所以不稱其兄而書其爵。67謂之鄭志　認為這是鄭莊公的意志、本心。此言鄭莊公故意放縱其弟叔段，養成其罪，意在殺之，《春秋》這樣記載，正是為了表現莊公的本意。68出奔　出逃；逃亡在外。《春秋》凡言「出奔」，多為有罪者。69難之　以之為難。謂若改書作段出奔共，則有專罪叔段之嫌（實則莊公也有縱容不教、養成其惡的罪責），因而史官感到難於下筆。70寘　同「置」。安排。71城潁　地名。在今河南省臨潁縣西北。72誓之　對姜氏發誓。73黃泉　地下的泉水。指墳墓。74無　不要。75潁考叔　鄭國臣子。曾任潁谷封人。76潁谷　鄭國邊境邑名。在今河南省登封市西南。77封人　官名。掌管疆界等事務，如在封域的四面邊界掘溝、堆土、植樹等。封，疆界。78舍肉　把肉放在一邊。舍，放置。79小人　潁考叔對自己的謙稱。80羹　帶汁的肉。81遺　饋贈；給予。82緊　語氣助詞，常用於句首。83敢　謙詞，表示冒昧。84闕　通「掘」。挖。85隧　隧道。此用作動詞，挖隧道。86其　語氣副詞，表示反問。87賦　誦詩；吟詩。88也　句中語氣助詞，表示語氣的停頓或延緩。89融融　和樂的樣子。90洩洩　舒暢的樣子。洩，同「泄」。「洩」與上句「外」字為韻，古音同在「曷」部。91君子曰　這是《左傳》、《國語》、《戰國策》等先秦典籍中作者用來發表評論的一種常見的方式。「君子」之語，或為作者自己的議論，或為作者引用他人的言論。後代史書中的「論」、「贊」等形式即起源於此。君子，古代稱具有道德修養的人。92純　大。93施　延及；擴展。94詩　指《詩經》。引文見於《詩經・大雅・既醉》。95匱　缺乏；竭盡。96錫　賜給。97其是之謂　猶言「其謂是」。其，句首語氣副詞，表示推測，相當於「大概」。之，結構助詞，表示賓語提前。

【語　譯】當初，鄭武公從申國娶了一位夫人，名叫武姜，生了莊公與共叔段。莊公難產而生，驚嚇了其母姜氏，所以取名叫寤生，因而厭惡莊公。姜氏寵愛共叔段，想立他為太子，屢次向武公請求，武公沒有答應。等到莊公即位，姜氏請求把制地封給共叔段。莊公說：「制這個地方，是個險要的城邑，虢叔就曾死在那裏。如果要其他的地方，我唯命是從。」姜氏又為共叔段請求京邑，莊公就讓他居住在那裏，稱他為京城太叔。

祭仲對莊公說：「凡是都邑，每面城牆超過了三百丈，就會成為國家的禍害。先王規定的制度，大的都邑不超過國都的三分之一，中等的不超過五分之一，小的不超過九分之一。現在京城超過了規定，不符合先王的制度，您將會受不了的。」莊公說：「姜氏要這樣做，我哪裏能躲開這個禍害呢？」祭仲回答說：「姜氏有什麼滿足的！不如趁早為他另做安排，不要使他像野草一樣滋生蔓延。一旦蔓延，就難以對付了。蔓延的野草尚且不能鏟除，何況是您受寵的弟弟呢！」莊公說：「不義之事做多了，必然會自取滅亡。您暫且等著瞧吧！」

不久，太叔就命令西部與北部的兩個邊境城鎮同時也歸屬於自己管轄。公子呂說：「一個國家不能容忍有兩位君主，您將怎樣處理這件事情呢？如果您想把君位交給太叔，那麼請讓我去侍奉他；如果不給，那麼就請您把他除掉，不要讓百姓產生二心。」莊公說：「不用這樣，災禍自然會降臨到他頭上。」太叔又把兩方面共管的城邑收歸自己所有，並一直擴張到廩延。子封又說：「可以動手了！勢力雄厚將會得到更多民眾的支持。」莊公說：「他行為不義，人們就不會親附他。勢力擴大了將必然崩潰。」太叔修治城郭，聚集糧草，修理補充武器裝備，備足士兵與戰車，將要偷襲鄭國國都，夫人姜氏將開啟城門接應他們。莊公獲悉了太叔作亂的日期，說：「現在可以了！」命令子封率領二百輛戰車去攻打京邑。京邑的人反對太叔段，太叔段逃入鄢地。莊公又到鄢地討伐他。五月二十三日，太叔段又逃到共國去了。

《春秋》記載說：「鄭伯克段於鄢。」太叔不像弟弟的樣子，所以不稱他為「弟」；像兩個國君交戰一樣，所以稱為「克」；稱莊公為「鄭伯」，是譏諷他對弟弟有失教誨，《春秋》這樣用詞正表現了鄭莊公志在殺弟的本意。不說太叔「出奔」，是因為史官有難以下筆之處。

於是莊公把姜氏安置在城潁，並對她發誓說：「不到黃泉路上，我們不要再相見了！」不久莊公對這種做法又後悔起來。

潁考叔在潁谷任封人，聽到了此事，就向莊公進貢了一些禮物。莊公賜宴款待潁考叔，可是他卻把肉放在一邊不吃。莊公問他為什麼，他說：「小人家有老母，小人的食物她都嘗過了，卻沒有嘗過君王的肉羹，請讓我把它帶回去給她嘗嘗。」莊公說：「你有母親可以送禮物，我卻偏偏沒有！」潁考叔說：「斗膽問一下，您為什麼這麼說？」莊公對他說明了緣故，並且告訴他自己很後悔。潁考叔回答說：「君王對此有什麼擔心的呢？如果挖地見到泉水，通過隧道相見，難道有誰能說這不對麼？」莊公聽從了潁考叔的建議。莊公走進隧道，吟著詩說：「寬闊的隧道之中，心情多麼和樂輕鬆！」姜氏走出隧道，也吟著詩說：「寬大的隧道之外，心情多麼舒暢愉快！」於是他們母子便和好如初。君子評論說：「潁考叔，真是個大孝子！愛他自己的母親，還擴展到了莊公身上。《詩經》說：『孝子的德行沒有窮盡的時候，可以永遠把它賜給自己的同類。』大概說的就是這種情況吧！」

【說　明】《左傳》雖然是一部為「釋經」而作的編年史，但它的敘事結構、敘事語言及敘事態度都與《春秋》有很大的不同。《左傳》敘事委曲詳盡、起伏跌宕，語言生動，形象富贍華麗，態度愛憎明朗、取捨有節，所以它同時又是一部傑出的敘事文學著作。上面這段文字，就是其中著名的一篇，古往今來的古文選本，少有不選錄此文的，題作「鄭伯克段於鄢」（篇名一律為後人所加，或依《春秋》經文而定，或據內容概括而成）。此文記載的是一段兩兄弟為爭奪君位而互相殘殺的歷史故事。鄭莊公因是嫡長子而得以繼承君位，但因出生時難產，沒有得到其母武姜的歡心。同母弟叔段則深得母親的寵愛。莊公未即位之前，武姜便屢次請求武公立叔段為太子，企圖廢長立幼。到莊公即位之後，又為叔段請求地勢險要的封邑「制」，以圖日後發難。制邑沒有得到莊公的許可，又為叔段請求京邑作為封地。叔段倚仗其母的昵愛而日漸驕橫跋扈，先是超越常制，修建都城；然後逐步擴土聚民，「收貳以為己邑」；並進一步「繕甲兵，具卒乘」。待一切準備就緒，最後方定下起兵「襲鄭」的日期，其內應不是別人，正是莊公的母親姜氏。對姜氏與叔段陰謀叛逆的這一過程，讀者看來雖然已歷歷在目，但作者著墨並不多；莊公如何對待其母與其弟的反叛行跡，這才是作者所要著力表現的。莊公對姜氏與叔段的過錯，一味地採取退讓遷就、不聞不問的態度。大臣祭仲勸誡他不可讓叔段「都城過百雉」，應「早為之所，無使滋蔓」，但莊公卻以「姜氏欲之，焉辟害」，「多行不義，必自斃」為藉口而搪塞之。大臣子封勸誡他「國不堪貳」，「請除之，無生民心」，而莊公又以「無庸，將自及」為藉口而置之不管。這並不是他認為大臣之言不對，也不是他心存孝友，更不是他懦弱怕事。實則他對姜氏與叔段的陰謀早有成算，這只不過是他玩弄的一種欲擒故縱的手法而已。莊公表面上的姑息遷就，正是為了助長他們的貪欲，養成他們的罪惡，以達到一舉誅殺叔段的目的，從而徹底解決君權旁落的危機。叔段正是在莊公設定的這個圈套中一步步滑向深淵、走向滅亡的。莊公的老謀深算，還表現在他唯一的一次婉謝姜氏的請求上。因為制邑地勢險峻，易守難攻，莊公不敢冒險答應把制邑封給叔段，所以藉口「虢叔死焉」，以愛護弟弟為理由而謝絕了。在這短短的數百字中，作者把姜氏與叔段的貪婪，莊公的奸詐、狠毒、虛偽，都鮮明地刻畫出來了。此文最後還敘述了後來發生的一個耐人尋味的故事：叔段敗逃之後，莊公處置其母，把姜氏幽禁在城潁，並發誓說：「不及黃泉，無相見也。」後在孝子潁考叔的感化、啟發下，「闕地及泉」，與被他幽禁的母親姜氏相見，從此與母親和好如初。這個故事，是在稱讚莊公呢，還是在譏諷他呢？讀者自己去體會左公的用心吧。

傳 秋，七月，天王❶使宰咺❷來歸❸惠公、仲子❹之賵❺，緩❻，且子氏未薨❼，故名❽。天子七月而葬❾，同軌❿畢至；諸侯⓫五月⓬，同盟⓭至；大夫⓮三月，同位⓯至；士⓰踰月，外姻⓱至。贈死⓲不及尸⓳，弔生⓴不及哀㉑，豫凶事㉒，非禮也。

八月，紀㉓人伐夷㉔，夷不告，故不書。有蜚㉕，不為災，亦不書。

惠公之季年㉖，敗宋師于黃㉗，公立，而求成㉘焉。九月，及宋人盟㉙于宿㉚，始通㉛也。

冬十月庚申㉜，改葬惠公。公弗臨㉝，故不書。惠公之薨也，有宋師㉞，太子㉟少，葬故有闕㊱，是以改葬。

衛㊲侯來會葬㊳，不見公，亦不書。

鄭共叔㊴之亂，公孫滑㊵出奔衛。衛人為之伐鄭，取廩延。鄭人以㊶王師㊷、虢㊸師，伐衛南鄙㊹。請師於邾，邾子㊺使私㊻於公子豫㊼。豫請往，公弗許，遂行，及邾人、鄭人盟于翼㊽。不書，非公命也。

新作南門，不書，亦非公命也。

十二月，祭伯㊾來，非王命也㊿。

眾父(51)卒(52)，公不與(53)小斂(54)，故不書日(55)。

【注釋】❶天王　指周平王。周朝的君主，或稱「王」，或稱「天子」，或稱「天王」。❷宰咺　周王室大臣。宰，官名，孔穎達《正義》以為即宰夫（掌管百官的考核、升降）。咺，人名。❸歸　通「饋」。贈送。❹惠公仲子　惠公，魯惠公。仲子，惠公夫人。《穀梁傳》則認為惠公仲子是惠公之母、孝公之妾，為一個人。❺賵　送給喪家助喪用的車馬束帛等東西。❻緩　遲緩。此言惠公已經死去很久，才派人送來助喪的物品，為時太晚。❼子氏未薨　仲子此時尚健在，人未死卻先給她送來助喪的東西，很不合禮法。子氏，即仲子。❽名　指直書宰咺的名字。依《春秋》體例，天子的卿大夫不應稱名，此稱宰咺，即因助喪遲緩與未死助喪之故。❾七月而葬　自死的當月算起，經歷七個月份才下葬。❿同軌　車轍寬度相同。此指諸侯。⓫諸侯　西周、春秋時周王分封的各國國君。規定要服從王命，定期朝貢述職，同時有出軍賦與服役的義務。⓬五月　即五月而葬。「而葬」二字承前省略。⓭同盟　指締結盟約的諸侯。⓮大夫　官爵名。西周、春秋時由諸侯所分封的貴族為大夫，其封地世襲，世代掌管封地內的軍政大權。⑮同位　官位相同者。即同為大夫者。⑯士　商、西周、春秋時最低一級的貴族階層。位居卿大夫之下，士以下為平民及奴隸。春秋時，士多為卿大夫的家臣，有的有食田，有的以俸祿為生。士本身又分為上士、中士、下士。⑰外姻　由婚姻而結成的親戚。⑱贈死　向死者贈送東西。⑲不及尸　沒有趕在下葬之前。尸，指未葬的靈柩。⑳弔生　向死者家屬弔喪。㉑不及哀　沒有趕在葬後返回祖廟哭哀結束之前。哀，指自死至反哭（古代喪禮稱葬後返回祖廟哭哀為「反哭」）之時。㉒豫凶事　人未死而預先贈送有關喪事的東西。豫，通「預」。㉓紀　國名。姜姓，故城在今山東省壽光市南紀臺村，後為齊國所滅。㉔夷　國名，妘姓，故城在今山東省即墨市西。㉕蜚　一種有害的小飛蟲。橢圓形，生於草中，其氣惡臭，專食稻花，又叫蜚盤蟲、香娘子。㉖季年　晚年；末年。㉗黃　宋國邑名。故城在今河南省民權縣東。㉘成　和解；講和。㉙及宋人盟　句首省略了「魯」字。《春秋》本據魯國舊史修成，故其行文常略主語「魯」字。㉚宿　國名。風姓，故地在今山東省東平縣東南。㉛通　交往；通好。㉜十月庚申　十月十四日。㉝弗臨　不臨喪哭泣。禮制，喪主須臨喪而哭。惠公改葬，有太子桓公為喪主，隱公只是攝位，不敢以喪主自居，故沒有臨喪哭泣。㉞有宋師　即上文所言「敗宋師于黃」之役。孔穎達《正義》以為是宋人報復黃役之敗而興師討伐。㉟太子　即桓公。㊱闕　缺失；不完備。㊲衛　國名。姬姓，始封君為周文王子康叔，建都朝歌，即今河南省淇縣，後屢遷都，戰國時為秦國所滅。㊳會葬　參加葬禮。㊴共叔　即共叔段。㊵公孫滑　共叔段之子。㊶以　帶領；率領。㊷王師　周天子的軍隊。㊸虢　指西虢國。故城在今河南省三門峽市境內。此時東虢國已經滅亡，所以西虢不必稱「西」，後為晉國所滅。㊹南鄙　南部邊境的城邑。㊺邾子　即邾子克。㊻私　私下；祕密。謂私下商量。㊼公子豫　魯國大夫。㊽翼　邾國地名。在今山東省費縣西南。㊾祭伯　周王朝的卿士。祭為食邑，在今河南省鄭州市東北。伯為排行。杜預注以為祭為國名，伯為爵位。㊿非王命也　此句解釋《春秋》經文為什麼書作「祭伯來」而不書作「天王使祭伯來聘」，因為這是私行，而不是奉天子之命。(51)眾父　公子益師的字。為魯孝公之子，後為眾氏。(52)卒　周代稱大夫死為「卒」。(53)與　參加。(54)小斂　古代稱給死者穿上衣服、裹上包被為小斂，把死者裝入棺材叫大斂。大夫去世，小斂、大斂時國君親臨現場，這是當時的禮儀。斂，給死者穿衣、入棺。後來字也寫作「殮」。(55)不書日　不記載死亡日期。《春秋》記載大夫之卒而不書日期，僅隱公時有三次，宣公時有一次，其餘的都載有日期。

【語　譯】秋季七月，周天子派宰咺來魯國饋贈惠公與仲子的喪葬禮品。惠公早已去世，現在才贈送，太晚了；而仲子還沒有去世，現在贈送又為時過早，所以《春秋》記載此事逕稱宰咺的名字。天子去世過七個月下葬，諸侯全都來參加葬禮；諸侯去世過五個月下葬，結盟的諸侯要來參加葬禮；大夫去世過三個月下葬，官位相同的要來參加葬禮；士死後過一個月下葬，姻親要來參加葬禮。向死者贈送東西沒有趕在下葬之前，向活著的人弔喪沒有趕在主人返廟哭哀結束之前，人沒死而先贈送喪葬禮品，這都是不合禮法的。

八月，紀國人討伐夷國，夷國沒有報告魯國，所以《春秋》對此不加記載。魯國發現有蜚盤蟲，但沒有造成災害，所以《春秋》也沒有記載此事。

惠公末年，在黃地打敗了宋國軍隊。隱公即位，希望與宋國講和。九月，魯國與宋人在宿國結盟，兩國開始通好。

冬季十月十四日，改葬惠公。隱公沒有以喪主的身分到場哭喪，所以《春秋》不作記載。惠公去世的時候，正遇上宋國對魯國有軍事行動，太子年少，所以葬禮不太完備，因此現在改葬。

衛侯來參加葬禮，未能見到隱公，所以《春秋》也沒有記載此事。

鄭國共叔段叛亂，公孫滑出逃到衛國。衛國人為他攻打鄭國，奪取了廩延。鄭國人率領周天子的軍隊與虢國的軍隊，攻打衛國南部的邊境地區。鄭國又請求邾國出兵，邾子派使者私下與公子豫商量。公子豫請求出兵，隱公不同意，公子豫便自己走了，與邾國、鄭國在翼地結盟。《春秋》不記載此事，因為這不是隱公的命令。

魯國重新建造了國都的南門，《春秋》對此不作記載，因為這也不是隱公的命令。

十二月，祭伯來魯國，並不是奉周天子的命令。

眾父去世，小斂時隱公沒有親自到場，所以《春秋》不記載他去世的日期。

【說　明】此大段第一節解釋《春秋》何以大違常例地逕稱周平王使者之名，這是因為其助喪不是太遲就是過早，皆不合禮法之故，並補敘了當時不同階層有關葬禮的一些制度。第二節與第四、五、六、七節所記紀國討伐夷國、惠公改葬、衛侯赴魯參加葬禮、衛鄭交戰及其原因、魯重建都城南門等內容，則皆為經文所缺載，是為補充經文而作的，同時也不忘說明一下經文對這些事件不作記載的原因。第三節所載雖不離經文，但追敘了魯、宋結盟的背景，遠較經文為詳細，這對瞭解這一事件及魯、宋邦交自然大有幫助。《左傳》解說經文「不書」的原因未必完全可信，但這類補敘之文及所謂有傳無經者，正是《左傳》的重要價值所在，也體現了《左傳》與《公羊》、《穀梁》二傳的主要區別：《左傳》傳事（謂解釋史事）不傳義（謂闡明「微言大義」），《公羊》、《穀梁》則傳義不傳事。當然這是就其主要方面而言，實則《公羊》、《穀梁》也有傳事之處，而《左傳》傳義的地方也不少。

二年

庚申，西元前七二一年。周平王五十年、齊僖公十年、晉鄂侯三年、秦文公四十五年、楚武王二十年、宋穆公八年、衛桓公十四年、陳桓公二十四年、蔡宣侯二十九年、曹桓公三十六年、鄭莊公二十三年、燕穆侯八年、杞武公三十年。

經 二年春，公會戎于潛。

夏五月，莒人入向。

無駭帥師入極。

秋八月庚辰，公及戎盟于唐。

九月，紀裂繻來逆女。

冬十月，伯姬歸于紀。

紀子帛、莒子盟于密。

十有二月乙卯，夫人子氏薨。

鄭人伐衛。

傳 二年春，公會戎❶于潛❷，修惠公之好❸也。戎請盟，公辭❹。

莒子❺娶于向❻，向姜❼不安莒而歸。夏，莒人入❽向，以姜氏還。

司空❾無駭❿入極⓫，費庈父⓬勝之⓭。

戎請盟。秋，盟于唐⓮，復修戎好也。

九月，紀⓯裂繻⓰來逆⓱女⓲，卿為君逆也。

冬，紀子帛⓳、莒子盟于密⓴，魯故也。

鄭人伐衛，討公孫滑之亂㉑也。

【注釋】❶戎　戎人。原為我國西部諸少數民族，西周後期，一部分進入中原，與華夏族雜處。❷潛　魯國地名。在今山東省濟寧市西南。❸修惠公之好　謂重新建立惠公時代與戎人結成的友好關係。古人稱兩國之間結成友好關係為「修好」。❹辭　謝絕。❺莒子　莒國國君。莒，國名。己姓，舊都介根，在今山東省膠州市西南，後遷都莒，即今山東省莒縣。❻向　國名。姜姓，故城在今山東省莒縣南。❼向姜　所娶向國女子名。這是以本國國名冠於姓上的方式來取名的。❽入　率兵侵入他國。❾司空　官名。春秋時周王室與魯、鄭、陳等國均設有此官，掌管土地管理、土木工程等。❿無駭　魯國卿大夫。為公子展之孫，展禽（即柳下惠）之父。⓫極　魯國的附庸國。故城當在山東省金鄉縣南。⓬費庈父　魯國大夫。費，食邑名，在今山東省魚臺縣舊治西南。⑬勝之　猶滅之。謂滅極。⑭唐　魯國地名。在今山東省魚臺縣舊治東北。⑮紀　國名。⑯裂繻　紀國大夫。字子帛。⑰逆　迎。⑱女　指魯惠公女。嫁給紀國之君。⑲紀子帛　即紀裂繻。⑳密　莒國地名。在今山東省昌邑市東。㉑公孫滑之亂　指公孫滑因其父共叔段之敗而逃亡衛國，衛人為他攻打鄭國並侵佔廩延一事。

【語　譯】魯隱公二年春天，隱公在潛地會見戎人，這是為了恢復惠公時代結成的友好關係。戎人請求結盟，但隱公謝絕了。

莒子從向國娶了向姜為妻，向姜在莒國住得不安心又回到向國。夏天，莒國人率兵進入向國，又把向姜帶了回來。

司空無駭率兵進入極國，費庈父於是把極國滅掉了。

戎人請求與魯國結盟。秋天，兩國在唐地結盟，這是魯國為了重新建立與戎人的友好關係。

九月，紀國裂繻來魯國迎接隱公的女兒，這是卿大夫為國君來迎親的。

冬天，紀子帛與莒子在密地結盟，這是為了調解魯國與莒國之間的不和。

鄭國人攻打衛國，為的是討伐公孫滑的叛亂。

【說　明】《左傳》為解釋補充《春秋》而作，但也有「有經而無傳」的現象。如本年《春秋》載「冬十月，伯姬歸于紀」、「十有二月乙卯，夫人子氏薨」兩條，即屬於無傳的經文。左氏為什麼不為《春秋》作傳呢？這主要是因為經文無須解釋，也無所補充。《春秋》所言「子氏」，杜預以為即桓公之母仲子，近是。《穀梁傳》以為是隱公之妻，《公羊傳》以為是隱公之母，恐不可信。

三　年

辛酉，西元前七二〇年。周平王五十一年、齊僖公十一年、晉鄂侯四年、秦文公四十六年、楚武王二十一年、宋穆公九年、衛桓公十五年、陳桓公二十五年、蔡宣侯三十年、曹桓公三十七年、鄭莊公二十四年、燕穆侯九年、杞武公三十一年。

經 三年春王二月，己巳，日有食之。

三月庚戌，天王崩。

夏四月辛卯，君氏卒。

秋，武氏子來求賻。

八月庚辰，宋公和卒。

冬十有二月，齊侯、鄭伯盟于石門。

癸未，葬宋穆公。

傳 三年春，王三月壬戌❶，平王❷崩❸。赴❹以庚戌❺，故書之❻。

夏，君氏❼卒。——聲子❽也。不赴❾於諸侯，不反哭❿于寢⓫，不祔⓬于姑⓭，故不曰「薨」⓮。不稱夫人，故不言葬⓯。不書姓⓰，為公故，曰「君氏」。

【注釋】❶三月壬戌　三月二十四日。❷平王　周平王。名宜臼。姬姓。周幽王之子。西元前七七〇年即天子位，在位五十一年。平，諡號。《逸周書・諡法解》：「治而無眚曰平」、「執事有制曰平」、「布綱治紀曰平」。❸崩　古代稱天子死為「崩」。❹赴　即今「訃」字。訃告；報喪。❺庚戌　三月十二日。比「壬戌」早十二天。❻書之　記載這一天。指《春秋》經文記載平王崩日為庚戌。❼君氏　君夫人氏；小君氏。指魯隱公之母。魯隱公母不是魯惠公的正夫人；隱公雖為魯國國君，但他自稱代桓公攝位，有讓位給桓公之志。所以上年桓公之母仲子死，以夫人之禮葬。《春秋》經文也記載「夫人子氏薨」。隱公母不是正夫人，按慣例應稱「子氏卒」，但當時隱公實際上是魯國國君，所以就稱「君氏卒」。❽聲子　魯隱公之母。子，姓。

聲，諡號。❾不赴　不發訃告。❿反哭　葬後其子返回祖廟痛哭。反，同「返」。⓫寢　帝王和諸侯宗廟的後殿。⓬祔　新死者的神主附祭於祖姑。⓭姑　婆母。此處指婆母的神主。以上三句都是說不以夫人之禮為聲子治葬。⓮薨　周代諸侯及其夫人死都稱「薨」。聲子死稱「卒」而不稱「薨」，說明是不以夫人之禮對待。⓯不言葬　不記載下葬的情況。⓰不書姓　不記載姓氏。聲子姓子，按禮應稱「夫人子氏」，但因不以夫人之禮，如單稱其姓「子氏」，或者有傷隱公之心。

【語　譯】魯隱公三年春天，周曆三月二十四日，周平王逝世。因為訃告上寫的是庚戌日，所以《春秋》記載他的死日為「三月庚戌」十二日。

夏天，君氏去世。——君氏就是聲子。沒有向各諸侯發訃告，安葬後隱公沒有回到祖廟號哭，也沒有把聲子的神主安放在婆母神主旁邊，所以《春秋》稱之為「卒」而不稱「薨」。又因為不稱她為夫人，所以不記載下葬的情況。《春秋》不記載她的姓，因為她是隱公生母的緣故，所以稱她為「君氏」。

【說　明】《春秋》經文記載的第一件事「王二月，己巳，日有食之」，《左傳》沒有解釋。因為無須解釋，也沒有什麼可補充。這類有「經」而無「傳」的情況，在《左傳》中是很多的。

周平王崩的日子實際上是三月壬戌，《春秋》卻記載為「庚戌」，提早了十二天。《左傳》解釋說《春秋》是根據訃告上寫的死亡日期記載的。那麼，訃告為什麼將死日提早十二天呢？杜預《春秋左氏傳注》說：「欲諸侯之速至，故遠日以赴。」這恐怕是臆測之辭，不足信。我們從下文的同樣事例中得到啟發：《春秋・襄公二十八年》記載：「十有二月甲寅，天王崩。」而《左傳》則記載：「癸巳，天王崩。未來赴，亦未書，禮也。」「王人來告喪，問崩日，以甲寅告，故書之，以徵過也。」周靈王實際死日是十一月二十五日癸巳，《春秋》卻根據「王人來告喪」所說的「崩日」記載為十二月十六日甲寅，《左傳》認為《春秋》這樣記載是為了懲戒告喪的錯誤。由此可證知《春秋》在此處也是為了懲戒訃告的錯誤。

按照周代諸侯夫人喪禮的規定：一、初死時應向同盟諸侯發訃告報喪；二、安葬後主祭人應回到祖廟號哭，迎祭死者之魂使其安樂；三、葬後三月應將死者神主祔於祖姑神主之旁。三禮皆備，史書就記載「夫人某氏之薨」，還要記載「葬我小君某氏」等。但隱公母親聲子不是魯惠公正妻，而是妾媵，所以她死後既未向同盟諸侯發訃告，葬後隱公也未返回祖廟號哭，葬祭後三月又未把她的神主祔於祖姑。三者皆不備，說明不以夫人之禮治喪，也說明隱公嚴守禮制。所以《春秋》稱她死為「卒」而不稱「薨」，不記載下葬情況。只是為了照顧隱公體面，才稱她為「君氏」。

傳 鄭武公[1]、莊公[2]為平王卿士[3]。王貳[4]于虢[5]。鄭伯[6]怨王。王曰：「無之。」故周、鄭交質[7]。王子狐[8]為質於鄭，鄭公子忽[9]為質於周。王崩[10]，周人將畀[11]虢公[12]政[13]。四月[14]，鄭祭足[15]帥師[16]取溫[17]之麥。秋[18]，又取成周[19]之禾[20]。周、鄭交惡[21]。君子曰：「信[22]不由中[23]，質無益[24]也。明恕[25]而行，要[26]之以禮[27]，雖無有質，誰能間[28]之？苟[29]有明信[30]，澗、谿[31]、沼、沚[32]之毛[33]，蘋[34]、蘩[35]、薀藻[36]之菜[37]，筐、筥[38]、錡、釜[39]之器，潢、汙[40]、行潦[41]之水，可薦[42]於鬼神，可羞[43]於王公，而況君子結二國之信[44]，行之以禮，又焉[45]用質？〈風〉[46]有〈采蘩〉[47]、〈采蘋〉[48]，〈雅〉[49]有〈行葦〉[50]、〈泂酌〉[51]，昭[52]忠信[53]也。」

武氏子[54]來求賻[55]，王未葬也。

【注釋】[1]鄭武公　鄭國國君。名掘突。周平王元年（西元前七七〇年）即位，周平王二十七年（西元前七四四年）卒。在位二十七年。[2]莊公　鄭莊公。武公之子。名寤生。周平王二十八年（西元前七四三年）即位，周桓王十九年，魯桓公十一年（西元前七〇一年）卒，在位四十三年。莊，諡號。《逸周書・諡法解》：「兵甲亟作曰莊」、「勝敵志強曰莊」。❸卿士　輔佐天子的執政官。❹貳　兩用；同時任用。❺虢　國名。又名西虢。姬姓。伯爵。周文王弟虢仲的後代。初封地在今陝西省寶雞市。西周滅亡時隨平王東遷到上陽，即今河南省三門峽市。西元前六五五年被晉國所滅。❻鄭伯　指鄭莊公。伯，爵位名。❼交質　互相以人為抵押品。質，人質。❽王子狐　周平王之子，名狐。❾公子忽　鄭莊公之子，名忽。後即位為鄭昭公，在位前後不滿三年。❿王崩　周平王死在本年三月。見前。⓫畀　授予；託付。⓬虢公　虢國國君。名不詳。⓭政　朝政。執政之權。⓮四月　指夏曆四月，即周曆六月。《左傳》往往用不同的曆法記月，記周王室事用周曆，記宋國事用殷曆，此處記鄭國事，用夏曆。⓯祭足　鄭國大夫。即隱公元年的祭仲。足，名。仲，排行。⓰帥師　率領軍隊。帥，同「率」。⓱溫　周王畿內邑名。在今河南省溫縣西。⓲秋　此處也指夏曆秋天。⓳成周　城名。在東周王城以東。故址在今河南省洛陽市東郊白馬寺以東，即漢魏洛陽城一帶。周成王時周公旦所築，遷殷民居此。西元前五一六年周敬王因王子朝之亂曾由王城遷都於此，赧王時又還都王城。戰國時改名雒陽。⓴禾　泛指稷類穀物。㉑交惡　互相仇恨。㉒信　誠信；信用。㉓由中　出自內心。中，同「衷」。內心。㉔無益　無用。㉕明恕　光明磊落，互相體諒。㉖要　約束。㉗禮　禮儀。儒家主張的社會道德規範。㉘間　離間；從中挑撥使之不和。㉙苟　如果。㉚明信　昭著的誠信。㉛澗谿　都是兩山間的流水。谿，同「溪」。㉜沼沚　都是池塘。㉝毛　指花草等植物。㉞蘋　草名。多年生淺水草本植物。㉟蘩　草名，即白蒿。菊科多年生草本植物。㊱薀藻　水草名。即金魚藻。㊲菜　指蘋、蘩、薀藻都生長在澗、谿、沼、沚之中，都可做菜吃。㊳筐筥　兩種用以盛物的竹器。方的稱「筐」，圓的稱「筥」。㊴錡釜　兩種金屬烹飪器。有足的稱「錡」，無足的稱「釜」。㊵潢汙　停積的水。大水稱「潢」，小水稱「汙」。㊶行潦　路上的積水。㊷薦　祭獻。㊸羞　進獻。㊹信　信任。㊺焉　何。疑問副詞。㊻風　指《詩經》中的〈國風〉。〈國風〉有周南、召南、邶、鄘、衛、王、鄭、齊、魏、唐、秦、陳、檜、曹、豳十五國風，即十五個地區的歌謠。㊼采蘩　《詩經・召南》中的詩篇名。詩中寫公侯夫人用蘩祭祀。㊽采蘋　也是《詩經・召南》中詩篇名。詩中讚美貴族女子將嫁時用蘋告祭祖廟。此處引用二詩，取其不嫌物薄的意思。㊾雅　指《詩經》中的〈大雅〉。《詩經》分〈風〉、〈雅〉、〈頌〉三個部分。〈風〉又分十五國風；〈雅〉又分〈小雅〉、〈大雅〉；〈頌〉又分〈周頌〉、〈魯頌〉、〈商頌〉。㊿行葦　《詩經・大雅》中詩篇名。〈毛詩序〉認為此詩歌頌周王室忠厚，仁及草木，所以能內睦九族，外尊老人。(51)泂酌　也是《詩經・大雅》中的詩篇名。此詩大意是說，「君子」應使「民」歸附自己。(52)昭　顯示；表明。(53)忠信　忠誠信實；言不欺詐。《左傳》認為上引四詩都是表彰忠誠不欺。(54)武氏子　周王室大臣武氏之子。(55)求賻　求取助喪的財物。賻，以財物助人辦喪事。

【語　譯】鄭武公、鄭莊公相繼擔任周平王的卿士。平王又私下信用虢公。鄭莊公怨恨，責問平王。平王說：「沒有這樣的事。」所以周王室和鄭國相互以人作抵押品。周平王的王子狐到鄭國去作為人質，鄭莊公的公子忽到周王室去作為人質。平王死，周人準備把朝政交付給虢公。四月，鄭國大夫祭足率領兵士割取周王室在溫地的麥子。秋天，又割取成周地方的穀子。於是，周王室和鄭國互相結下了深仇。君子評議說：「信任不出自內心，即使有人質也是沒有用的。如果行事光明磊落，互相體諒，又用禮儀加以約束，那麼，即使沒有人質，又有誰能夠離間他們呢？如果有顯著的誠信，即使是山溝、池塘裏生長的植物，蘋、蘩、蘊藻等野菜，方圓竹器和金屬烹具，停積的水和路上的水，都可以用來祭獻鬼神，進奉王公，何況君子締結兩國之間的信任，按照禮儀行事，又何須用人質？《詩經・國風》有〈采蘩〉、〈采蘋〉詩，〈大雅〉有〈行葦〉、〈泂酌〉詩，都是表明忠信不欺的。」

周王室的武氏大夫之子來求取助喪用的財物，因為周平王還沒有下葬。

【說　明】周王室東遷後，鄭國成為東邊距離周王室最近的諸侯國，鄭武公又與周平王同年即位，故周平王讓鄭武公為卿士，執掌朝政，是很自然的。但從鄭武公到鄭莊公長期執掌朝政，必然會產生一些矛盾。而虢國又是西邊距離周王室最近的諸侯國，當周、鄭有些矛盾時，周平王不專任鄭莊公，而偶以政權託付虢公，這也是很自然的。鄭莊公為此怨恨平王，平王又畏鄭國強大，只能否認信用虢公，於是產生了周鄭互相交換人質，矛盾暫時得到緩和。但平王死後，周人卻把政權託付給虢公，周、鄭矛盾又激化，鄭國就連續兩次掠取周王室的麥穀，於是周、鄭互相仇恨，從「交質」到「交惡」，是必然的過程。《左傳》用君子的評議，闡明了交換人質本身就是互不信任的表現。因為只要做事光明磊落，不欺詐，互相體諒，又用禮儀約束，就能保持互相信任，根本不需要交換人質的。交換人質後仍互不信任，必然造成互相仇恨。

本段末一小節只是對《春秋》「武氏子來求賻」的解釋，說明當時周平王尚未下葬。

傳 宋穆公[1]疾[2]，召大司馬[3]孔父[4]而屬殤公焉[5]，曰：「先君[6]舍[7]與夷[8]而立寡人[9]，寡人弗敢忘[10]。若[11]以[12]大夫[13]之靈[14]，得保首領以沒[15]，先君若問與夷，其[16]將何辭以對[17]？請子[18]奉之[19]，以主[20]社稷[21]。寡人雖死，亦無悔[22]焉。」對曰[23]：「羣臣願奉[24]馮[25]也。」公[26]曰：「不可。先君以寡人為賢，使主[27]社稷。若棄德[28]不讓[29]，是[30]廢[31]先君之舉[32]也，豈曰能賢？光昭[33]先君之令德[34]，可不務[35]乎？吾子[36]其[37]無廢[38]先君之功[39]！」使公子馮出居[40]於鄭[41]。八月庚辰[42]，宋穆公卒，殤公即位[43]。

君子曰：「宋宣公[44]可謂知人[45]矣。立穆公，其子饗之[46]，命以義夫[47]！〈商頌〉[48]曰：『殷[49]受命[50]咸宜[51]，百祿是荷[52]。』其[53]是之謂[54]乎！」

冬，齊[55]、鄭盟于石門[56]，尋[57]盧之盟[58]也。庚戌[59]，鄭伯之車僨[60]于濟[61]。

【注釋】❶宋穆公　宋國國君。子姓，名和。宋武公之子，宋宣公之弟。宋國第十四位國君。宋宣公有太子與夷，但他臨死前叮囑立其弟和為國君，不立太子與夷為國君。故宣公死後，弟和立，是為穆公。據《史記・十二諸侯年表》，宋穆公於周平王四十一年（西元前七二八年）即位，在位九年。宋穆公七年入春秋之世。穆，諡號。《逸周書・諡法解》曰：「布德執義曰穆。」❷疾　病；得病。❸大司馬　宋國官名，主管國家軍政大事。❹孔父　名嘉。又稱孔父嘉。為正考父之子，孔丘的祖先。❺屬殤公焉　以立殤公囑託於他。屬，通「囑」。囑託；託付。殤公，宋宣公的太子，名與夷，宋國第十五位國君，在位十年。殤，諡號。《逸周書・諡法解》曰：「短折不成曰殤」、「未家短折曰殤」。焉，語末助詞。❻先君　已去世的國君。

此處指宋穆公之兄宋宣公。❼舍　同「捨」。捨棄。❽與夷　即後來的宋殤公。宋宣公之子。❾寡人　古代諸侯對下自稱的謙詞。❿弗敢忘　不敢忘記宣公立自己而捨棄太子的美德。弗，不。⓫若　如果。⓬以　依賴。⓭大夫　此處指孔父嘉。⓮靈福。⓯保首領以沒　保住腦袋而死。這是當時的習慣用語，指不遭殺戮而得善終。首領，頭頸。沒，終。⓰其　那。⓱何辭以對　用什麼話來回答。⓲子　您。對人表示敬意的稱呼。⓳奉之　事奉他（與夷）。⓴主　主持。㉑社稷　國家。社，土地神。稷，穀神。國非土不立，民非穀不食，所以古代諸侯都祭祀社稷，國滅則社稷祭祀絕，所以社稷可代指國家。㉒無悔　沒有悔恨。㉓對曰　指孔父嘉回答說。古代漢語在敘述互相對話時常可省略主語。㉔願奉　願意事奉；希望立……為君。㉕馮　同「憑」。宋穆公之子。即後來的宋莊公。㉖公　指宋穆公。㉗使主　讓我主持。「使」下省略「之」字。㉘棄德　丟棄美德。㉙不讓　不讓國君之位給宣公之子與夷。㉚是　此；這是。㉛廢　廢棄。㉜舉　選賢的舉動。㉝光昭　光大顯揚。㉞令德　美德。㉟務　致力。㊱吾子　稱對方的代詞，您。表示恭敬而又親暱。前文稱對方為「子」，此處又稱對方為「吾子」，表示囑託的深重。㊲其　請。表示祈請和命令的副詞。㊳無廢　不要廢棄。無，同「毋」。不要。㊴功　功業。㊵出居　出國居住。㊶鄭　鄭國。見隱公元年。㊷八月庚辰　八月初五日。㊸即位　就登國君之位。㊹宋宣公　名力，穆公之兄，殤公之父。宋國第十三位國君。西元前七四七年即位，前七二九年卒，在位十九年。㊺知人　能鑑察別人品行和才能。㊻饗之　享有君位。饗，同「享」。㊼命以義夫　遺命出於道義吧。命，指宋宣公立弟不立子為國君的遺命。夫，語氣詞。㊽商頌　指《詩經・商頌・玄鳥》篇。是敘述殷商開國以至中興的詩篇。㊾殷　朝代名。即商朝。商王盤庚從奄（今山東省曲阜市）遷到殷（今河南省安陽市），故商朝又稱殷代、殷朝、殷商。春秋時宋國是殷商的後代，所以引〈商頌〉來稱讚。㊿受命　受天命。指傳授君位。殷朝早期多是兄終弟繼，宋宣公也不立子而讓弟為國君，所以引此詩。(51)咸宜　都合於道義。宜，通「義」。(52)百祿是荷　即「荷百祿」的倒裝。是，表示賓語提置於動詞前的標誌詞。荷，承受。百祿，多福。(53)其　殆；大概。(54)是之謂　即「謂是」的倒裝。之，表示賓語提置於動詞前的標誌詞。謂，說；指。是，此；這種情況。(55)齊　國名。姜姓。始封之君是呂尚，世稱姜太公。都城營丘，後稱臨淄，在今山東省淄博市東北臨淄鎮。春秋後田氏奪齊國，稱為田齊。(56)石門　齊國地名。在今山東省長清縣西南。(57)尋　重溫；修舊好。(58)盧之盟　在盧地結的盟約。杜預注：「盧盟在春秋前。」盧，齊國地名。在今山東省長清縣西南。(59)庚戌　按本年十二月無庚戌日，此處記日有誤。(60)僨　翻倒；傾覆。(61)濟　水名。古代四瀆之一。按今濟水的河道與古代濟水不同。《讀史方輿紀要》云：「大清河在長清縣西南二十里，自平陰縣流入境，又東北入齊河縣境，即濟水也。鄭伯之車僨于濟，蓋在縣界。」

【語　譯】宋穆公得病，召見大司馬孔父嘉而把立殤公為國君的事囑託給他，說：「先君宣公捨棄自己的兒子與夷而立我為國君，我不敢忘記。如果依賴您的福氣，我得以保全腦袋而善終，在地下先君宣公如果向我問起與夷，那我將用什麼話來回答呢？請您事奉與夷，來主持國家。我雖然死去，也沒有什麼悔恨了。」孔父嘉回答說：「羣臣都願意事奉您的兒子公子馮啊！」穆公說：「不可。先君宣公認為我是賢人，讓我主持國家。如果我丟棄德行不讓位，這就是廢棄先君舉賢的選拔了，哪裏還能說我有賢德？發揚光大先君宣公的美德，能不致力從事嗎？請您不要廢棄先君宣公的功業！」於是讓公子馮出國居住在鄭國。八月初五日，宋穆公去世，殤公與夷就登上國君之位。

君子評議說：「宋宣公可以說是善於鑑察人的品行和才能了。立弟穆公為國君，他自己的兒子卻仍能享有君位，這是他的遺命出於道義的緣故吧！《詩經・商頌・玄鳥》說：『殷朝傳授天命都合於道義，所以承受許多福祿。』大概說的就是這種情況吧！」

冬天，齊國和鄭國在石門會盟，這是為了重溫以前在盧地結盟的友好關係。庚戌日，鄭莊公乘坐的車翻倒在濟水中。

【說　明】在中國歷史上，各朝代帝王多父傳子，子傳孫，而商朝卻有很多代都是兄傳弟。如帝外丙死，立弟仲壬；帝沃丁死，立弟太庚；帝小甲死，立弟雍己；帝雍己死，立弟太戊；帝仲丁死，立弟外壬；帝外壬死，立弟河亶甲；帝祖辛死，立弟沃甲；帝陽甲死，立弟盤庚；帝盤庚死，立弟小辛；帝小辛死，立弟小乙；帝祖庚死，立弟祖甲；帝廩辛死，立弟庚丁等。商朝滅亡後，周天子封紂王庶兄微子為諸侯，立國於宋，所以宋國國君是殷商的後代。但實際上宋國國君多為父死子繼了。而宋宣公卻在臨終時傳位給弟和，沒有傳位給子與夷。到宋穆公和臨死時，又囑託大司馬孔父嘉立其兄宋宣公的太子與夷為國君，並讓自己的兒子馮出居到鄭國，終使宣公之子殤公即位。這一段兄傳弟、弟傳兄之子的歷史，受到當時「君子」的讚美。認為這是讓賢的美德。其實，無論是父傳子，還是兄傳弟，都是私親的繼承，在當時自然不可能讓民眾來推舉真正有賢德和才能的人來當國君。所以關鍵在於繼承者品德較好，民眾擁護，能治理好國家，那麼，傳子傳弟都好；反之則都不好。

本段後一小節是說明《春秋》「齊侯、鄭伯盟于石門」的原因，指出這是為了重修前盟，並補敘鄭伯之車傾覆於濟水的細節。

傳 衛莊公❶娶于齊東宮得臣❷之妹，曰莊姜❸。美而無子，衛人所為賦❹〈碩人〉❺也。又娶于陳❻，曰厲嬀❼，生孝伯❽，早死。其娣❾戴嬀❿，生桓公⓫，莊姜以為己子⓬。

公子州吁⓭，嬖人⓮之子也。有寵而好兵⓯，公弗禁⓰。莊姜惡之⓱。石碏⓲諫曰：「臣聞愛子，教之以義方⓳，弗納⓴于邪㉑。驕㉒、奢㉓、淫㉔、泆㉕，所自邪㉖也。四者㉗之來，寵祿過㉘也。將立州吁，乃定之㉙矣；若猶未㉚也，階之為禍㉛。夫㉜寵而不驕，驕而能降㉝，降而不憾㉞，憾而能眕㉟者，鮮㊱矣。且夫㊲賤妨貴㊳，少陵長㊴，遠間親㊵，新間舊，小加㊶大，淫破義㊷，所謂六逆㊸也；君義㊹，臣行㊺，父慈，子孝，兄愛，弟敬，所謂六順㊻也。去順效逆㊼，所以速禍㊽也。君人者㊾，將㊿禍是務去(51)，而速之(52)，無乃(53)不可乎？」弗聽。

其子厚(54)與州吁游(55)，禁之(56)，不可(57)。桓公立，乃老(58)。

【注　釋】❶衛莊公　衛國國君。名揚。衛武公之子。衛國第十二位國君。據《史記・十二諸侯年表》，衛莊公於周平王十四年（西元前七五七年），即春秋前三十五年即位，在位二十三年。莊，諡號。《逸周書・諡法解》曰：「兵甲亟作曰莊」、「叡圉克服曰莊」。❷東宮得臣　齊莊公的太子名得臣。東宮，太子所居的宮室。大約得臣死於齊莊公前，所以沒有嗣位為國君。齊莊公死，齊僖公得以繼位。此處不稱僖公之妹，而稱「東宮得臣之妹」，可知得臣為嫡長子，其妹也一定是嫡女。《詩經・衛風・碩人》稱為「東宮之妹」，《左傳》當是本於《詩經》。❸莊姜　「莊」是其夫衛莊公的諡號，「姜」是母家的姓，以丈夫的諡號冠於母家之姓的前面，這是春秋時對諸侯之妻的一般稱呼。❹所為賦　為她寫作。❺碩人　《詩經・衛風》詩篇名。相傳是春秋時衛國人所作，詩中主要是描寫莊姜的美麗以及出嫁時車從之盛。❻陳　國名。媯姓。始封之君為胡公，名滿，相傳是虞舜的後裔。建都宛丘，在今河南省淮陽縣。西元前四七九年被楚國所滅。❼厲媯　衛莊公夫人。厲，她的諡號。媯，母家的姓。❽孝伯　衛莊公之子，厲媯所生。❾娣　女弟；妹妹。❿戴媯　衛莊公夫人，厲媯的妹妹。戴，她的諡號。媯，母家的姓。⓫桓公　衛桓公。衛莊公之子，名完。戴媯所生。衛桓公於周平王三十七年（西元前七三四年）即位為衛國第十三位國君，在位十六年。魯隱公四年（西元前七一九年）為州吁所殺。⓬以為己子　以之為己子。省略「之」字。將他（桓公）當作自己的兒子。《史記・衛康叔世家》：「陳女女弟亦幸於莊公，而生子完。完母死，莊公命夫人齊女子之，立為太子。」按「陳女女弟」即指厲媯妹戴媯，「齊女子之」即指莊姜以完作為己子養育。「完母死」、「立為太子」則誤，當時戴媯未死，完尚未立為太子。⓭州吁　衛莊公的庶子，名州吁。⓮嬖人　受寵愛的人。指衛莊公的寵妾。⓯好兵　喜歡武事。⓰弗禁　不加禁止。⓱惡之　討厭他。⓲石碏　衛國大夫。⓳義方　道義；正道。⓴弗納　不使他步入。㉑邪　邪路。㉒驕　驕傲。㉓奢　奢侈；揮霍。㉔淫　無節制；過度。㉕泆　放蕩。㉖所自邪　邪所由來。謂自驕、奢、淫、泆必至於邪。㉗四者　指驕、奢、淫、泆。㉘寵祿過　寵愛和俸祿太過分。㉙乃定之　就定他下來。㉚若猶未　如果還不定。㉛階之為禍　一步步走向禍亂；成為禍亂的階梯。階，階梯。此處作動詞用。㉜夫　語氣助詞，表示下文進一步申述。㉝降　安於地位下降。㉞憾　恨。㉟眕　鎮定貌。指自安自重。㊱鮮　少。㊲且夫　況且。夫，語氣助詞，表示下文再進一步申述。㊳賤妨貴　地位低的妨害高的。公子完是夫人所養育，地位貴；州吁是寵妾之子，地位賤。㊴少陵長　年齡小的侵陵大的。陵，同「凌」。欺凌。完年長，州吁年少。㊵遠間親　疏遠的人（指州吁）離間親近的人。間，離間。㊶加　陵駕。㊷淫破義　淫慾破壞道義。㊸六逆　六種違反正道的行為。㊹君義　國君行事合於道義。㊺臣行　臣下奉行君主之命。㊻六順　六種順應倫理規範的關係。㊼去順效逆　丟棄正道而效法逆道。㊽所以速禍　是使禍害很快到來的原因。速，召。㊾君人者　作為統治人民的人。君，用作動詞。㊿將　應該。51禍是務去　即「務去禍」的倒裝句，「是」字是賓語提置於動詞前的標誌詞。務去禍，致力於消除禍患。52速之　加速它（禍患）的到來。53無乃　恐怕是。表示委婉測度的語氣。54厚　石厚。石碏的兒子。55游　交往；結交。56禁之　禁止他與州吁交往。57不可　禁止不住；無用。58老　告老致仕；交還官職退休。

【語　譯】衛莊公從齊國娶了太子得臣的妹妹為夫人，名叫莊姜。莊姜長得很美麗但沒有生兒子，衛國人為她創作了〈碩人〉詩篇。衛莊公又從陳國娶了一位夫人，名叫厲嬀，生孝伯，很早就死了。她的妹妹戴嬀，生了桓公，莊姜把他養作自己的兒子。

公子州吁，是衛莊公寵妾生的兒子。得到莊公的寵愛而喜歡弄武，莊公不加禁止。莊姜則很討厭他。大夫石碏勸諫莊公說：「我聽說真正愛護兒子，就用道義教育他，不使他步入於邪路。驕傲、奢侈、不加節制、放蕩，這是走上邪路的由來。這四種惡行的由來，是因為寵愛和祿位過度的緣故。如果將要立州吁為繼承人，就定他下來；如果還不定下來，將會一步步地釀成禍亂。受寵而不驕傲，驕傲而能安於地位下降，地位下降而不怨恨，怨恨而能鎮定自重的人，是很少的。況且低賤的妨害尊貴的，年少的欺凌年長的，疏遠的離間親近的，新人離間舊人，渺小的陵駕強大的，淫慾破壞道義，這就叫做六種違反正道的行為；國君行事合於道義，臣下受命奉行，父親慈祥，兒子孝順，兄長和愛，弟弟恭敬，這就叫做六種順應倫理規範的關係。丟棄正道而效法逆道，這就是使禍害很快到來的原因。作為統治人民的人，應該致力於消除禍患，而現在卻使它加速到來，恐怕是不妥當的吧！」莊公不聽從。

石碏的兒子石厚與州吁有交往，石碏禁止這種交往，但禁止不住。當衛桓公立為國君後，石碏就告老退休了。

【說　明】這一大段是追敘衛桓公即位以前及其即位初石碏告老的事。這些事都發生在春秋以前。因為衛桓公十三年才入春秋之世，魯隱公三年時衛桓公已即位十五年。這段文字應與下年開頭「四年春，衛州吁弒桓公而立」的傳文連接為一段，是為了說明「州吁弒桓公」的緣由而作的追敘。後人妄將傳文割裂，致使這段傳文沒有著落，與本年毫無關係。讀者只要將此段文字與下年開頭連讀，意思就可完全瞭解。

四年

壬戌，西元前七一九年。周桓王林元年、齊僖公十二年、晉鄂侯五年、秦文公四十七年、楚武王二十二年、宋殤公與夷元年、衛桓公十六年、陳桓公二十六年、蔡宣侯三十一年、曹桓公三十八年、鄭莊公二十五年、燕穆侯十年、杞武公三十二年。

經 四年春王二月，莒人伐杞，取牟婁。

戊申，衛州吁弒其君完。

夏，公及宋公遇于清。

宋公、陳侯、蔡人、衛人伐鄭。

秋，翬帥師會宋公、陳侯、蔡人、衛人伐鄭。

九月，衛人殺州吁于濮。

冬十有二月，衛人立晉。

傳 四年春，衛州吁❶弒❷桓公❸而立❹。

公❺與宋公❻為會❼，將尋❽宿之盟❾。未及期❿，衛人來告亂⓫。夏，公及宋公遇于清[12]。

宋殤公之即位也[13]，公子馮[14]出奔鄭。鄭人欲納之[15]。及衛州吁立，將修[16]先君之怨[17]于鄭，而求寵[18]於諸侯，以和[19]其民。使[20]告於宋曰：「君若伐鄭，以除君害[21]，君為主，敝邑[22]以賦[23]與陳[24]、蔡[25]從[26]，則衛國之願也。」宋人許之。於是[27]陳、蔡方睦[28]於衛，故宋公、陳侯[29]、蔡人、衛人伐鄭，圍其東門，五日而還。公問於眾仲[30]曰：「衛州吁其[31]成乎？」對曰：「臣聞以德[32]和民[33]，不聞以亂[34]。以亂，猶[35]治絲[36]而棼之[37]也。夫[38]州吁，阻[39]兵而安忍[40]。阻兵，無眾[41]；安忍，無親[42]。眾叛[43]、親離[44]，難以濟[45]矣。夫兵[46]，猶火[47]也；弗戢[48]，將自焚也。夫州吁弒其君，而虐用[49]其民，於是乎[50]不務[51]令德[52]，而欲以亂成[53]，必不免[54]矣。」

秋，諸侯[55]復伐鄭。宋公使來[56]乞師[57]，公辭之[58]。羽父[59]請以師會之，公弗許。固請[60]而行。故書[61]曰「翬帥師」，疾之[62]也。諸侯之師敗鄭徒兵[63]，取其禾[64]而還。

州吁未能和其民，厚[65]問定君[66]於石子[67]。石子曰：「王覲[68]為可。」曰：「何以[69]得覲？」曰：「陳桓公[70]方[71]有寵於王[72]。陳、衛方睦，若朝陳使請[73]，必可得[74]也。」厚從州吁如[75]陳。石碏使告于陳曰：「衛國褊小[76]，老夫[77]耄[78]矣，無能為也。此二人者[79]，實弒寡君[80]，敢即圖之[81]。」陳人執之[82]，而請涖於衛[83]。

九月，衛人使右宰醜[84]涖殺州吁于濮[85]。石碏使其宰[86]獳羊肩[87]涖殺石厚于陳。君子曰：「石碏，純臣[88]也。惡州吁而厚與[89]焉。『大義滅親』[90]，其[91]是之謂[92]乎！」

衛人逆[93]公子晉[94]于邢[95]。冬十二月，宣公[96]即位。書曰「衛人立晉」，眾[97]也。

【注釋】❶州吁　見隱公三年傳注。❷弒　古代稱臣殺君、子殺父母為弒。❸桓公　衛桓公。名完。見隱公三年。❹立　自立。州吁立自己為衛國國君。《史記．衛康叔世家》云：「（桓公）十六年，州吁收聚衛亡人，以襲弒桓公，州吁自立為衛君。」按此句本緊接上年末傳文，為後人所割裂。❺公　指魯隱公。❻宋公　指宋殤公與夷。❼為會　約會；預約會見。❽尋　重溫；重修。❾宿之盟　在宿地的盟約。魯隱公與宋穆公在宿結盟，見隱公元年九月。❿期　約定的日子。⓫告亂　告知發生州吁殺死衛桓公之亂。⓬遇于清　在清地非正式地會見。清，衛國地名，在今山東省東阿縣南。⓭宋殤公之即位也　宋殤公即位的時候。句中「之」字與句末「也」字連用，是取消句子獨立性的標誌詞，使此句成為下句的時間狀語從句。⓮公子馮　宋穆公之子，名馮。宋穆公讓自己的兒子馮出居到鄭國，見隱公三年。⓯欲納之　想把他送回去當國君。納，送入。⓰修　整治；報復。⓱先君之怨　前代國君結下的怨仇。鄭國與衛國在此之前屢有戰爭，這裏的「先君」包括衛莊公、衛桓公。⓲求寵　討好。⓳和　安定。⓴使　使使；派使者。省略一「使」字。㉑君害　您的禍害。指鄭國欲送公子馮回宋國與宋殤公爭君位。㉒敝邑　衛國的謙稱。㉓賦　兵賦。指戰爭所需的人力物力。㉔陳　國名。媯姓。見隱公三年。㉕蔡　國名。姬姓。始封之君是周武王弟叔度，因隨武庚反叛，被周公放逐。後改封其子蔡仲（名胡），建都上蔡（今屬河南省）。春秋時常受楚國逼迫，多次遷都，平侯時遷至新蔡（今屬河南省），昭侯時遷至州來（今安徽省鳳臺縣），稱為下蔡。西元前四四七年為楚所滅。㉖從　隨從；跟隨。㉗於是　在這個時候。㉘方睦　正當友好。方，正。睦，和睦；友好。㉙陳侯　指陳桓公。㉚眾仲　魯國大夫。㉛其　將。㉜以德　用德；施行德政。㉝和民　安定民眾。㉞以亂　用作亂的辦法。㉟猶　如同；就像。㊱治絲　整理亂絲。㊲棼之　使它紛亂。㊳夫　此；這個。㊴阻　倚仗。㊵安忍　安於殘忍。㊶無眾　沒有羣眾。指失去羣眾的擁護。㊷無親　沒有親信。㊸眾叛　民眾反叛。㊹親離　親信離去。㊺濟　成功。㊻兵　用兵；戰爭。㊼猶火　好像用火。

(48)戢　制止。(49)虐用　殘暴地使用。(50)於是乎　如此地；這樣的。(51)不務　不致力於。(52)令德　修美德；積善德。(53)以亂成用作亂的辦法取得成功。(54)不免　不能免於禍難。古代常稱免禍為「免」。(55)諸侯　指前文所說宋、衛、陳、蔡等諸侯國。(56)使來　派使者到魯國來。「使」下省一「使」字。《春秋》和《左傳》都是魯國的編年史，所以凡到魯國都稱「來」。(57)乞師　請求出兵幫助。按《春秋》經文，凡他國來魯乞師，除晉國外，都未記載。(58)辭之　託辭謝絕出兵。(59)羽父　魯國大夫，又稱公子翬。名翬，字羽父。(60)固請　堅決要求。(61)書　指《春秋》記載。(62)疾之　憎惡他。這是解釋《春秋》寫「翬帥師」的原因。因為隱公不願意出兵攻打鄭國，而公子翬不聽從，堅請而由他帶兵去會合宋、衛等國軍隊攻打鄭國，所以不書「魯出師」而書「翬帥師」。(63)徒兵　步兵。古代戰爭都用車戰，此處只說打敗步兵，說明鄭軍雖敗，但尚未受重創。(64)取其禾　割取鄭國的莊稼。(65)厚　指石厚。州吁的黨羽，石碏之子。即上年傳文所謂「與州吁游」者。(66)定君　使君位安定。(67)石子指石碏。州吁雖得君位，但不能使國民安定和睦，所以派石厚向他的父親請教安定君位的辦法。時石碏已告老退休，見上年末傳文。(68)王覲　即覲王。朝見周天子。古代諸侯朝見天子稱「覲」。(69)何以　以何；用什麼辦法。(70)陳桓公　陳國第十二位國君，名鮑。陳文公之子，在位三十八年。當時正在位。桓，謚號。《逸周書・謚法解》曰：「辟土服遠曰桓」、「克敬勤民曰桓」。按當時陳桓公未死，不當稱「桓公」，這在《左傳》中是個疏誤。(71)方　正。(72)有寵於王　被天子所寵信。「於王」是介賓結構，作補語。(73)朝陳使請　朝見陳桓公而讓他向周天子請求。朝，古代諸侯見天子、臣見君、子見父以及諸侯間相見的通稱。(74)可得　可以達到目的。(75)如　往。(76)褊小　地方狹小。這是當時對自己國家謙稱的常用語。(77)老夫　石碏自稱。據《禮記・曲禮》記載，大夫七十歲以上自稱老夫。(78)耄　泛指年老。《禮記・曲禮上》：「八十、九十曰耄。」(79)者　表提示的語氣助詞。(80)寡君　古代臣子對別國稱自己國家君主的謙稱。(81)敢即圖之　敢請就此機會謀殺他們。敢，敢煩；敢請。自言冒昧之詞。即，就；就此機會。圖，謀劃；設法解決。(82)執之　抓住他們。(83)請涖於衛　請衛國派人蒞臨陳國。涖，臨；到。(84)右宰醜　衛國大夫，名醜。右宰，本為衛國官名，後以官為氏。(85)濮　陳國地名。在今安徽省亳州市東南。(86)宰　家臣之長。古代卿大夫有家臣，家臣之長稱宰。(87)獳羊肩　石碏家宰之名。(88)純臣　完全忠於國之臣。此與隱公元年傳文稱潁考叔「純孝」的句法相同。純，完全、純粹之意。臣，指事君不貳。(89)與　連帶對付。(90)大義滅親　這是古代成語。指為了大義而除掉不義的親人。(91)其　大概。(92)是之謂　「謂是」的倒裝。謂，說的就是。是，此；這種情況。(93)逆　迎接。(94)公子晉　衛莊公之子，名晉，即後來的衛宣公。按《史記・衛康叔世家》：「迎桓公弟晉於邢而立之。」認為公子晉是衛桓公之弟。(95)邢　國名。姬姓。最早受封的國君是周公旦第四子。古邢國地約在今河北省邢臺市一帶。其時衛公子晉可能因避亂而出奔在邢國。96宣公　衛宣公。即公子晉。共在位十九年。宣，謚號。《逸周書・謚法解》：「聖善周聞曰宣。」按古代禮節，新君即位必在舊君死後的次年。這裏不等到第二年就稱新君即位，孔穎達《左傳正義》云：「賊討乃立，自繼前君，故不待踰年也。」這是說宣公直接繼承桓公。97眾　羣眾。這是解釋《春秋》記載的「衛人立晉」四字。是說衛國人立公子晉為國君是出於民眾的意願。

【語　譯】魯隱公四年春天，衛國的州吁殺害了衛桓公而自立為國君。

魯隱公與宋殤公預約會見，想要重溫當年在宿地盟會所建立的友好關係。還沒有到預定的日子，衛國人到魯國來通報衛國發生了叛亂。夏天，魯隱公和宋殤公在清地非正式地會面。

宋殤公即位的時候，宋國的公子馮逃奔到鄭國。鄭國人想送他人宋國當國君。等到衛國州吁自立為國君，打算向鄭國報復前代國君結下的怨仇，以此向各國諸侯討好，以此來使他本國民眾安定。他派使者向宋國國君報告說：「您如果攻打鄭國，用以除掉您的禍害，您作為主人，我國用兵賦與陳、蔡兩國跟隨您作屬軍，這是衛國的願望。」宋國人答應這樣做。在此時，陳、蔡兩國正與衛國友好和睦，所以宋殤公、陳桓公、蔡國人和衛國人聯合攻打鄭國，包圍了鄭國都城的東門，五天以後才撤軍回去。魯隱公向大夫眾仲詢問說：「衛國的州吁將會成功嗎？」眾仲回答說：「我聽說施行德政才能安定民眾，沒聽說用作亂的方法可以安定民眾的。用作亂的方法，就好像理亂絲而使它更加紛亂。這個州吁，倚仗武力而安於殘忍。倚仗武力，就失去民眾；安於殘忍，就失去親信。民眾背叛，親信離去，難以成功了。這用兵之事，就像用火一樣，不加制止，將會焚燒自己。這州吁殺了他的國君，而且殘暴地役使他的民眾，在這樣的情況下不致力於修善積德，而想用武力作亂來取得成功，就一定不能免於災難了。」

秋天，各諸侯的軍隊又攻打鄭國。宋殤公派使者到魯國來請求出兵，魯隱公託辭謝絕。羽父請求隱公帶兵去會合諸侯軍，隱公不允許。羽父堅決請求而帶兵前往。所以《春秋》記載說「翬帥師」，這是表示厭惡他。諸侯的軍隊打敗了鄭國的步兵，割取了鄭國的莊稼而歸。

州吁沒有能使他的民眾安定和睦，石厚向他父親石碏詢問安定君位的辦法。石碏說：「朝覲周天子是可以取得合法地位的。」石厚問：「用什麼辦法才能朝見周天子？」石碏說：「陳桓公正被周天子所寵信。陳國和衛國現在正和睦友好，如果去朝見陳桓公讓他代向周天子請求，一定可以達到目的。」石厚跟隨州吁往陳國去。石碏派人向陳國密告說：「衛國地方狹小，我已年邁了，不能有所作為。這兩個人，確實殺害了我國的國君，我冒昧地請求您們乘機處置他們。」陳國人就抓住了兩人，而向衛國請求派人蒞臨陳國去處理。九月，衛國派右宰醜蒞臨陳國的濮地殺了州吁。石碏派他的家臣獳羊肩到陳國殺死了石厚。君子評議說：「石碏，是一位純粹忠於國家的大臣。他憎惡州吁而連帶憎惡參預州吁作亂的石厚。『大義滅親』這句成語，說的就是這種情況吧！」

衛國人到邢國迎接公子晉回國。冬天十二月，衛宣公登上國君之位。《春秋》記載「衛人立晉」，這是說立公子晉為國君是出於民眾的意願。

【說　明】本年主要記敘衛國的州吁殺死桓公自立到自己被殺的過程。對於《春秋》提到的「莒人伐杞，取牟婁」則略而不敘。可見《左傳》對《春秋》並非每條都進行解釋的。

這大段包括六個小節。

第一小節簡明記敘本年春天發生了衛國州吁弒君自立的事。實際上還應包括上年追敘衛桓公即位以前及其即位初石碏告老的事，因為那一段就是為了說明「州吁弒桓公」的緣由而作的追敘，被後人割裂而置於上年的。將那一段移正到本年，州吁弒君的原因以及此人的面目就非常清楚了。

第二小節敘魯隱公與宋殤公重溫盟好，未到會見日期就有衛國來報告發生叛亂，這就把兩件事緊密聯繫了起來。這兩小節從結構上看是事件的開端。

第三小節是本大段重點之一。記敘州吁利用宋殤公害怕公子馮回宋國的心理，挑撥宋殤公攻打鄭國。州吁的這一陰謀有三個目的：一是報復以往鄭、衛兩國的怨仇；二是想通過戰爭來討好宋國等諸侯，求得各國諸侯對他好感；三是利用戰爭來轉移國內人民的視線，消除對他的不滿。於是就發生了宋、陳、蔡、衛聯合攻打鄭國的戰爭。但這場戰爭實際上沒有什麼結果，只是包圍了鄭國都城東門五天就各自回去了。接著就記敘了魯隱公與大夫眾仲討論州吁篡位能否成功的問題。眾仲認為要使國內人民安定只能施行德政，州吁殺死國君，殘虐人民，不施德政，反而想發動戰爭來轉移人民的視線，必定要失敗。這實際上就是當時民眾對州吁的譴責。這一節在結構上是事件的發展。

第四小節記敘四國再次攻打鄭國，宋殤公還請魯國也參加戰爭，雖遭魯隱公拒絕，但魯國大夫羽父卻帶著軍隊去參加了攻打鄭國的戰爭，這說明這次戰爭規模擴大了。但結果也只打敗了鄭國的步兵和割取了鄭國的莊稼，鄭軍主力未受重創。這一節是上一節的補充，說明事件的進一步發展。

第五小節是本大段最重要的內容，是正義和邪惡的正面交鋒。州吁發動戰爭並沒有使國內人民安定，他的君位就難以保住，於是石厚向其父請教安定君位的辦法。石碏作為正義力量的代表，對州吁和助紂為虐的石厚早就深惡痛絕，於是乘機採用引蛇出洞和借人除凶的兩個計謀。石碏提出朝覲周天子可取得合法地位顯然是正當而誘人的，所以石厚和州吁深信不疑；而請陳桓公代向周天子請求也切實可行，因為當時衛國和陳國正友好和睦，所以州吁和石厚果然往陳國去了。這就實現了引蛇出洞的計謀。於是石碏就實施第二步請陳國擒拿凶手的計畫，派使者告訴陳國三句話：一是自己年老無力為國消禍；二是說明兩人是弒君的凶手；三是請求陳國處置凶手。終於感動了陳國，將兩人擒住，轉請衛國派人來處理。衛國終於派人去殺了州吁，石碏還親自派家臣去殺了自己的兒子石厚。《左傳》用「君子」的話讚揚了石碏「大義滅親」的「純臣」行為。正義終於戰勝了邪惡，凶手州吁得到了應有的懲罰。從結構上看，這一小節是本大段事件發展的高潮和結局。

最後一小節記載衛國人從邢國迎接公子晉回來當國君，滿足了衛國大多數人的願望。說明衛國終於安定了民心，恢復了平靜。從結構上看，這一小節是整個事件的餘波。

從本年記敘衛國發生的一段曲折歷史可以看出，《左傳》敘事的結構非常嚴密，層次非常清晰。人物對話生動，穿插議論自然妥貼，所以說《左傳》的文學性是很強的。

五年

癸亥，西元前七一八年。周桓王二年、齊僖公十三年、晉鄂侯六年、秦文公四十八年、楚武王二十三年、宋殤公二年、衛宣公晉元年、陳桓公二十七年、蔡宣侯三十二年、曹桓公三十九年、鄭莊公二十六年、燕穆侯十一年、杞武公三十三年。

經 五年，春，公矢魚于棠。

夏，四月，葬衛桓公。

秋，衛師入郕。

九月，考仲子之宮，初獻六羽。

邾人、鄭人伐宋。

螟。

冬，十有二月，辛巳，公子彄卒。

宋人伐鄭，圍長葛。

傳 五年，春，公❶將如棠❷觀魚者❸。臧僖伯❹諫曰：「凡物不足以講大事❺，其材不足以備器用❻，則君不舉❼焉。君，將納民於軌、物者也❽。故講事❾以度軌量⑩謂之軌，取材以章物采⑪謂之物，不軌⑫不物⑬，謂之亂政⑭。亂政亟⑮行，所以⑯敗也。故春蒐⑰、夏苗⑱、秋獮⑲、冬狩⑳，皆於農隙以講事㉑也。三年而治兵㉒，入而振旅㉓，歸而飲至㉔，以數㉕軍實㉖。昭文章㉗，明貴賤㉘，辨等列㉙，順少長㉚，習威儀㉛也。鳥獸之肉不登於俎㉜，皮革㉝、齒牙㉞、骨角㉟、毛羽㊱不登於器㊲，則公不射㊳，古之制也。若夫㊴山林、川澤之實㊵，器用㊶之資㊷，皁隸㊸之事，官司㊹之守㊺，非君所及㊻也。」公曰：「吾將略地㊼焉。」遂往。陳魚㊽而觀之，僖伯稱疾㊾不從㊿。書51曰「公矢魚52于棠」，非禮53也，且言遠地54也。

【注釋】❶公　指魯隱公。❷如棠　往棠地。如，往。棠，魯國地名，在今山東省魚臺縣。❸魚者　捕魚的人。❹臧僖伯　即公子彄，字子臧，惠公之弟，隱公之叔。臧，是其後代的姓氏。僖，是其謚號。按古代諸侯之子稱公子，公子之子稱公孫，公孫之子即以祖父的字為氏。此處「僖伯」之上已加「臧」字，大概因為僖伯是臧氏之祖，寫傳的作者追加上去的。❺大事　指祭祀和兵戎之事。❻器用　此處特指用於大事的器用。❼舉　舉動。❽君將納民於軌物者也　國君是將百姓納入於「軌」和「物」的人。「者」、「也」兩字連用，是判斷句的標誌。❾講事　講習大事。❿度軌量　測正法度。度，揆正。軌量，法則。⓫章物采　明確物用。章，明。物采，本義是雜色。此處指物用。⓬不軌　指舉事不符合禮制法度。⓭不物　指無關大事器用之物濫用。⓮亂政　敗壞政事。⓯亟　屢次。⓰所以　表示原因之詞。此處即指敗亡的原因。⓱蒐　打獵。此處特指春獵。⓲苗　夏獵名。⓳獮　秋獵名。⓴狩　冬獵名。㉑講事　講習武事。㉒治兵　練兵。按古代練兵平時每季小演習，三年大演習。㉓入而振旅　進入國都而整頓軍隊。入，指進入國都，因平時演習都在郊外。振，整頓。旅，軍隊。㉔飲至　古代的一種典禮，諸侯在出外朝、會、盟、伐或習武等完畢歸來，都要祭告宗廟，宴飲犒賞羣臣。㉕數　計算。㉖軍實　俘獲的東西。㉗昭文章　文采鮮明。昭，明。文章，文采。此指車服旌旗。㉘明貴賤　分清貴賤。㉙辨等列　辨別等級。㉚順少長　使少長有序。順，順序。此指年齡。古代軍事行動，出兵時年輕的、地位低的在前面，回來時年老的、地位高的在前面。㉛習威儀　講習威武的禮儀。以上是就講事而已。㉜俎　古代祭祀時用來載牲的禮器。㉝皮革　有毛稱皮，去毛稱革。皮可製車中墊褥和箭袋，革可製成甲冑。㉞齒牙　指獸的牙齒。象牙可用在弓末彎曲處。㉟骨角　指獸的骨和角。獸骨可用來裝飾弓的兩頭，獸角可以製弓弩。㊱毛羽　毛指旄牛尾，可以掛在竿頭。羽指鳥羽，可以製旌旗。㊲不登於器　不用於禮器和兵器。指上面所舉之物可以有各種用處，但都不能用來製作祭祀和軍國的重要器物。以上是就取材而言。㊳不射　不用箭射鳥獸。意謂鳥獸若不是用於祭祀和軍國的大事，國君是不會去射牠的。也就是說，國君的舉動，一定要與國家大事有關。㊴若夫　至於。更換說法的開端。㊵實　產品。㊶器用　這裏指一般器物。㊷資　材料。㊸皁隸　古代從事雜役的下等人。㊹官司　有關官吏。㊺守　職守；應管的事。㊻及　涉及；干預。㊼略地　巡行視察邊境。按棠為魯、宋兩國交界之地，所以隱公以「略地」為藉口。㊽陳魚　讓捕魚人陳設漁具捕魚。陳，設。㊾稱疾　推說有病。㊿從　跟隨。(51)書　指《春秋》經文。(52)矢魚　即陳設漁具捕魚而觀之。矢，通「施」。陳設。(53)非禮　不合於禮。(54)遠地　魯國國都曲阜距離棠很遠，約一百餘公里。

【語譯】五年春天，魯隱公將要到棠地去觀看漁人張網捕魚。臧僖伯勸諫說：「凡是物品不能用於講習祭祀和兵戎的大事上，它的材料不能製作禮器和兵器，那麼國君對它就不會有什麼舉動。國君是要把百姓納入於『軌』、『物』的人。所以講習大事以測正法則叫做『軌』，選取材料來明確物用叫做『物』。辦事不合於『軌』和『物』，叫做敗壞政事。屢次敗壞政事，就是國家敗亡的原因。所以春蒐、夏苗、秋獮、冬狩這四種打獵儀式，都是利用農閒時講習。每三年而舉行一次大演習，要進入國都整頓軍隊，回來要祭告宗廟而宴賞羣臣，並計算俘獲的東西。要文采鮮明，貴賤分明，等級不亂，少長有序，這就是講習威武的禮儀。如果鳥獸的肉不能放到宗廟祭祀的禮器裏，牠的皮革、牙齒、骨角、毛羽不能用來製作祭祀和軍國所需的重要器物，國君就不去射牠，這是古代的制度。至於山林、河澤的產品，一般器物的材料，下等人所做的事情，以及官吏的職掌，都不是國君所應該干預的事。」隱公說：「我是要到那裏視察邊境啊！」於是隱公就到那裏去，讓捕魚人張網捕魚而觀賞。僖伯推說有病而沒有隨從。《春秋》說「公矢魚于棠」，這是因為隱公這一舉動不合於禮，而且棠距離國都很遠。

【說　明】魯隱公到棠觀魚，是春秋時諸侯的一次旅遊活動。《春秋》經文只有一句話：「公矢魚于棠。」《左傳》則較詳細而生動地記載了當時為此活動而爭論的過程。隱公的叔父臧僖伯認為國君的一舉一動，都應合於禮，國君應該管理宗廟祭祀、軍事行動等大事，一般小事由下等人和下級官吏去處理，國君不應該干預。按照這一原則，觀魚是個人私欲，不是大事，國君當然不應有這種舉動。臧僖伯的勸諫完全是天經地義的正確道理，隱公不能反駁。但他立即找到了藉口：到棠地巡察。棠在魯、宋交界處，到邊境視察是國君應做的軍國大事，所以這是個冠冕堂皇的理由，僖伯也就無法再勸諫了。於是隱公實現了觀魚的願望，僖伯則推託有病而不跟隨。這樣，把隱公的狡詐和僖伯的正直性格都生動地刻畫出來了。

傳 曲沃❶莊伯❷以鄭人、邢❸人伐翼❹，王❺使尹氏❻、武氏❼助之。翼侯❽奔隨❾。

夏，葬衛桓公，衛亂，是以緩❿。

四月，鄭人侵衛牧⓫，以報⓬東門之役⓭。衛人以燕師⓮伐鄭，鄭祭足⓯、原繁⓰、洩駕⓱以三軍軍其前⓲，使曼伯⓳與子元⓴潛軍㉑軍其後㉒，燕人畏鄭三軍而不虞㉓制人㉔，六月，鄭二公子㉕以制人敗燕師于北制㉖。君子曰：「不備不虞㉗，不可以師㉘。」

曲沃叛王㉙。秋，王命虢公㉚伐曲沃，而立哀侯㉛于翼。

衛之亂也，郕㉜人侵衛，故衛師入郕。

【注釋】❶曲沃　晉國邑名，在今山西省聞喜縣東北。西元前七四五年，晉昭侯封叔成師（即桓叔）於此，至成師孫稱滅晉而代為晉君。此後曲沃仍為別都，又名新城、下國，簡稱沃。❷莊伯　成師（桓叔）之子，名鱓，周平王四十年，魯惠公三十八年（西元前七三一年），曲沃桓叔（成師）卒，鱓繼立，史稱曲沃莊伯。周平王四十七年，魯惠公四十五年（西元前七二四年），曲沃莊伯弒晉孝侯，晉人立孝侯子郄為君，是為晉鄂侯。其事詳見本書桓公二年。莊，是鱓死後的諡號。按《左傳》記載晉國之事始於此。❸邢　國名。姬姓。始封之君為周公旦之子（名失傳）。國都在今河北省邢臺市。後遷都夷儀（今山東省聊城市西南），西元前六三六年為衛所滅。❹翼　晉國都城，又名絳，在今山西省翼城縣東。❺王　指周桓王，名林，西元前七一九年繼平王即位，在位二十三年，至魯桓公十五年（西元前六九七年）去世。❻尹氏　周世族大夫，名不詳，大概是食邑於尹而為氏。在夏、商、周時代，姓和氏是不同的。姓是標誌有血緣關係的稱號，氏是由姓派生出來的分支，只有貴族才有。男子稱氏，女子稱姓。氏用來區別貴賤，貴者有氏，賤者無氏。姓用來區別婚姻，同姓不能通婚。氏往往以封地、職官、職業、祖先的諡號等為氏。秦漢以後，姓和氏就混用不分了。❼武氏　也是周世族大夫，名不詳。❽翼侯　翼是晉國都城，翼侯即晉侯，指晉鄂侯。晉鄂侯，名郄，周平王四十八年（西元前七二三年）即位，周桓王二年，魯隱公五年（西元前七一八年）卒。在位五年。❾隨　晉國地名，在今山西省介休市東南。❿是以緩　因此推遲。是以，因此。衛桓公被州吁所殺在上年四月，至此已一年多。按古代禮儀，諸侯死後五月就應安葬，這是因為衛國有州吁之亂，所以延遲安葬。⓫衛牧　衛國郊外。牧，郊外。⓬報　報復。⓭東門之役　指隱公四年宋、陳、蔡、衛聯合攻打鄭國，包圍其東門的戰役。⓮以燕師　帶領燕國軍隊。燕，當時有北燕和南燕。北燕為姬姓，始封之君為西周初的召公奭，都薊（今北京市）。南燕為姞姓，始封之君為西周初的伯儵，相傳為黃帝後裔，其國都在今河南省延津市東北。此處即指南燕。⓯祭足　鄭國大夫，即隱公元年的「祭仲」，名足。⓰原繁　鄭國大夫。⓱洩駕　鄭國大夫。⓲軍其前　陳列軍隊在燕軍的前面。軍，動詞。駐；列。⓳曼伯　鄭莊公之子忽的字，即後來的鄭昭公。⓴子元　鄭莊公之子突的字，即後來的鄭厲公。㉑潛軍　埋伏軍隊。㉒軍其後　駐軍於燕軍的後面。㉓虞　戒備。㉔制人　制地的軍隊，即曼伯和子元暗中繞道埋伏在燕師後面的軍隊。制，鄭國邑名，在今河南省鄭州市北。㉕鄭二公子　即指曼伯和子元。㉖北制　即制。㉗不備不虞　不防備意外。備、虞為同義詞。㉘以師　用兵；率軍作戰。㉙叛王　背叛周天子。不久前，周桓王派尹氏、武氏幫助曲沃莊伯攻打晉國，此時曲沃莊伯又背叛周桓王。㉚虢公　即隱公三年周平王崩後，「周人將畀虢公政」的虢國國君。㉛哀侯　名光，晉鄂侯之子。時鄂侯已奔隨，故立其子光，在位六年，後被曲沃武公所逐。㉜郕　國名，亦作「盛」、「成」。姬姓，始封之君為周文王之子叔武，其國都在今山東省寧陽縣東北。

【語　譯】曲沃莊伯帶領鄭國、邢國的軍隊攻打晉國都城翼，周天子派尹氏、武氏幫助他。在翼地的晉鄂侯逃往隨地。

夏天，安葬衛桓公。由於衛國發生動亂，因此安葬延遲了。

四月，鄭國人侵襲衛國郊外，以報復去年衛國等聯軍包圍鄭國東門這一戰役。衛國人率領南燕軍隊攻打鄭國，鄭國的祭足、原繁、洩駕帶領三軍駐紮在燕軍的前面，曼伯和子元暗中率軍埋伏在燕軍後面的制地。燕國人害怕鄭國的三軍，卻沒有防備制地的伏軍。六月，鄭國的兩位公子曼伯和子元在制地打敗了燕軍。君子說：「不防備意外，就不可用兵作戰。」

曲沃莊伯背叛周天子。秋天，周桓王命令虢公攻打曲沃，而在翼地立哀侯為晉國國君。

在衛國動亂的時候，郕人曾侵襲衛國，所以衛國的軍隊攻入郕國。

【說　明】這五小節中「葬衛桓公」和「衛師入郕」兩小節是簡單解釋《春秋》經文的，而用較多文字敘述的其他三節，《春秋》經文都未記載。這說明《左傳》的內容比《春秋》要豐富得多。第一節敘述曲沃莊伯率領鄭國、邢國的軍隊攻打晉國的都城翼，還得到周桓王的幫助，結果是晉鄂侯逃奔隨地。這是晉國的一次內亂。《左傳》記載晉國的事即從這裏開始。晉國五世有內亂，可能此次來不及通報魯國，故《春秋》未記載。第四節是與此有聯繫的：曾得到周桓王幫助的曲沃莊伯很快背叛周天子，於是周桓王派虢公攻打曲沃，同時在晉國國都立鄂侯之子光為國君。這實際上又是晉國的內亂，也說明曲沃莊伯品質很壞。第三節敘述鄭國與衛、燕兩國的戰爭。先是鄭國為報去年東門之仇而侵襲衛國，接著是衛國率領燕軍攻打鄭國，而鄭國巧妙地使用前後夾擊和擊其不備的戰略戰術，終於打敗了燕軍。用君子的話總結經驗教訓是：沒有戒備，不可用兵作戰。這對任何戰爭都是有意義的。

傳 九月，考❶仲子❷之宮❸，將萬❹焉。公問羽數❺於眾仲❻，對曰：「天子用八❼，諸侯用六❽，大夫四❾，士二❿。夫舞，所以節⓫八音⓬，而行⓭八風⓮，故自八以下⓯。」公從之⓰，於是初獻⓱六羽⓲，始用六佾⓳也。

宋人取邾田⓴，邾人告於鄭曰：「請君釋憾㉑於宋，敝邑㉒為道㉓。」鄭人以王師㉔會之。伐宋，入其郛㉕，以報東門之役㉖。宋人使來告命㉗。公㉘聞其入郛也，將救之。問於使者曰：「師何及㉙？」對曰：「未及國㉚。」公怒，乃止㉛，辭使者曰：「君命寡人㉜同恤社稷之難㉝，今問諸使者，曰：『師未及國。』非寡人之所敢知㉞也！」

冬，十二月辛巳㉟，臧僖伯卒。公曰：「叔父㊱有憾㊲於寡人，寡人弗敢忘。」葬之加一等㊳。

宋人伐鄭，圍長葛㊴，以報入郛之役也。

【注釋】❶考　落成祭禮。古時宗廟、宮室或重要器物初成，必舉行祭禮，或稱考，或稱成，或稱落。❷仲子　惠公的夫人，桓公之母。隱公本代桓公執政，實奉桓公為君，所以為桓公尊其母，為之別立一廟。❸宮　廟。❹萬　舞名。萬舞包括文舞和武舞。文舞執籥與翟，故亦名籥舞、羽舞。武舞執干與戚，故亦名干舞。❺羽數　執羽的人數。❻眾仲　魯國大夫。❼八　八佾，八行舞人，八八六十四人。佾，古時樂舞的行列。❽六　六佾，六行舞人，六八四十八人。見隱公四年。❾四　四佾，四行舞人，四八三十二人。❿二　二佾，二行舞人，二八十六人。⓫節　調節。⓬八音　指金、石、絲、竹、匏、土、革、木八種不同材料所製的樂器之音。⑬行　傳播。⑭八風　八方之風。《左傳》杜預注：「八方之風，謂東方谷風，東南方清明風，南方凱風，西南方涼風，西方閶闔風，西北方不周風，北方廣莫風，東北方融風。」《呂氏春秋・有始覽》：「何謂八風？東北曰炎風，東方曰滔風，東南曰熏風，南方曰巨風，西南曰淒風，西方曰飂風，西北曰厲風，北方曰寒風。」說法不同。⑮自八以下　唯天子用八佾，諸侯以下應在此以下逐層減少。⑯從之　聽從他的意見。⑰初獻　第一次獻演。⑱六羽　六羽樂舞。⑲六佾　六行四十八人的樂舞。⑳邾田　邾國的土地。邾，國名。見隱公元年。㉑釋憾　解恨。意謂請鄭國出兵報復宋國。㉒敝邑　邾國人對自己國家的謙稱。㉓道　同「導」。嚮導。㉔王師　周天子的軍隊。鄭莊公是周王朝的卿士，所以能請周王朝的軍隊會合。㉕入其郛　進入宋國的外城。郛，外城，即「郭」。㉖報東門之役　報復去年宋國等圍攻鄭國東門戰役的仇。㉗告命　以國君之命告急求救。㉘公　指魯隱公。㉙師何及　軍隊到了哪裏。何及，及何。㉚未及國　還沒有到國都。國，指國都。㉛乃止　就停止出兵。㉜寡人　古代諸侯對自己的謙稱。㉝恤社稷之難　為宋國的危難憂慮。社稷，土神和穀神，古代用作國家的代稱。恤，憂慮。㉞之所敢知　敢知道的事情。㉟十二月辛巳　十二月二十九日。㊱叔父　臧僖伯是惠公之弟，也就是隱公的親叔父。㊲有憾　有怨恨。指春天向隱公勸諫觀魚，而隱公不聽。㊳加一等　按原來等級加一級。㊴長葛　鄭國邑名。在今河南省長葛市東北。

【語　譯】 九月，舉行仲子廟落成祭典，又將在廟內獻演萬舞。隱公向眾仲詢問執羽舞的人數。眾仲回答說：「天子用八行，諸侯用六行，大夫用四行，士用二行。舞是用來調節八種樂器的樂音而傳播八方之風的，所以人數在八行以下。」隱公聽從了他的話。於是魯國從第一次獻演六羽樂舞，就開始使用六行舞人。

宋國人掠取邾國的土地。邾國人告訴鄭國人說：「請君王對宋國報復解恨，敝邑願意做嚮導。」鄭國人帶領周天子的軍隊會合邾國軍隊，攻打宋國，進入了它的外城，以此報復去年宋國包圍鄭國東門戰役之仇。宋國人派使者來魯國用國君名義告急求救。魯隱公聽說鄭、邾軍隊已經進入宋國外城，打算出兵救援宋國，詢問使者說：「鄭、邾兩國軍隊到了哪裏？」使者欺騙說：「還沒有到國都。」隱公很惱怒，就停止出兵。辭謝使者說：「君王命令寡人一同為宋國的危難憂慮，現在向使者詢問，說『軍隊還沒有到國都』，這就不是寡人所敢知道的了。」

冬天，十二月二十九日，臧僖伯去世。隱公說：「叔父對寡人有怨恨，寡人不敢忘記。」於是按照原等級加一級安葬他。

宋國人攻打鄭國，包圍了長葛，以報復鄭國人攻入宋國外城這一戰役之仇。

【說明】這四小節都是對《春秋》經文的解釋和補充。值得注意的是《春秋》經文孤立地記敘了「邾人、鄭人伐宋」和「宋人伐鄭，圍長葛」兩件事，看不出相互間有何關係。而《左傳》則詳細敘述了邾國、鄭國軍隊攻入宋國外城以及宋國向魯國求救的經過，而且交代了「宋人伐鄭，圍長葛」就是為了報復鄭、邾軍隊攻入宋國外城之仇。這就把兩件事有機地聯繫起來，使讀者清楚地理解了前因後果的關係。

還有一點需說明，《春秋》經文中有一個「螟」字，可知本年魯國曾發生螟害。而《左傳》大概對此事無補充材料，所以沒有涉及。

六年

甲子，西元前七一七年。周桓王三年、齊僖公十四年、晉哀侯光元年、秦文公四十九年、楚武王二十四年、宋殤公三年、衛宣公二年、陳桓公二十八年、蔡宣侯三十三年、曹桓公四十年、鄭莊公二十七年、燕穆侯十二年、杞武公三十四年。

經 六年春，鄭人來渝平。

夏五月辛酉，公會齊侯盟于艾。

秋七月。

冬，宋人取長葛。

傳 六年春，鄭人來渝平❶，更成❷也。

翼九宗五正❸頃父❹之子嘉父❺，逆晉侯❻于隨，納諸鄂❼，晉人謂之鄂侯❽。

夏，盟于艾❾，始平❿于齊也。

五月庚申⓫，鄭伯侵陳，大獲⓬。往歲，鄭伯請成⓭于陳，陳侯不許。五父⓮諫曰：「親仁⓯善鄰⓰，國之寶⓱也。君其許鄭⓲。」陳侯曰：「宋、衛實難⓳，鄭何能為⓴！」遂不許。君子曰：「善㉑不可失，惡㉒不可長㉓，其陳桓公之謂㉔乎！長惡不悛㉕，從自及㉖也。雖㉗欲救之，其將㉘能乎？〈商書〉㉙曰：『惡之易㉚也，如火之燎㉛于原㉜，不可鄉邇㉝，其㉞猶可撲滅？』周任㉟有言曰：『為㊱國家者，見惡，如農夫之務㊲去草焉，芟夷㊳蘊崇㊴之，絕其本根㊵，勿使能殖㊶，則善者信㊷矣。』」

秋㊸，宋人取長葛㊹。

冬，京師㊺來告饑㊻，公為之請糴㊼於宋、衛、齊、鄭，禮也㊽。

鄭伯如周㊾，始朝桓王㊿也。王不禮(51)焉。周桓公(52)言於王曰：「我周之東遷(53)，晉、鄭焉依(54)。善鄭(55)以勸來者(56)，猶懼不蔇(57)，況不禮焉(58)？鄭不來矣。」

【注釋】❶渝平　改變態度重新修好。渝，改變。按魯隱公為公子時，曾與鄭國人戰於狐壤，被鄭國人俘獲，後賂尹氏而逃歸，可見魯與鄭結仇已久。隱公四年，宋、陳、蔡、衛諸國伐鄭，魯公子翬堅請而率師參與伐鄭。宋國和鄭國為世仇，而魯卻與宋屢結同盟，也可見魯與鄭為仇怨之國。此次鄭國派人來要求棄前怨而修新好，大約因鄭莊公見上年魯隱公拒絕救援宋國的緣故。❷更成　即渝平，變更前怨而成為和好。❸九宗五正　本指九個宗族和五官之長，此處為官名。❹頃父　大概是當時晉國極有聲望的人，事跡不詳。❺嘉父　晉國大夫。❻晉侯　即上年奔逃到隨地的晉國國君翼侯，也就是晉鄂侯。❼納諸鄂　將他安置在鄂地。納，進入。鄂，晉國地名，在今山西省鄉寧縣。按當時晉國已立哀侯於國都翼，所以鄂侯不能再入翼。❽鄂侯　即上年被曲沃莊伯攻打翼都而逃往隨地的翼侯，名郄。此處說明「鄂侯」這一稱呼的由來。按《史記・晉世家》及〈十二諸侯年表〉，鄂侯已卒於上年周桓王立晉哀侯之前，此時不應與其子哀侯光並立。大概《史記》另有所據。❾艾　地名，約在齊、魯之間，今山東省新泰市西北。❿始平　開始結好。春秋前，魯國與齊國不和，至此才棄舊仇而結新好。⓫五月庚申　五月十一日。⓬大獲　獲得很多俘虜和財物。⓭請成　請求講和。⓮五父　名佗，陳文公之子，陳桓公之弟。或稱陳佗、陳公子佗、五父佗。⓯親仁　親近仁義。⓰善鄰　和睦鄰居。⓱國之寶　國家的重要措施。⓲其許鄭　請您允許鄭國的請求。其，表示祈請和命令的副詞。⓳宋衛實難　宋衛是患。實，結構助詞，相當於「是」。難，禍患。⓴何能為　能幹什麼。這是陳桓公輕視鄭國的口氣。㉑善　友好。㉒惡　怨仇；惡行。㉓長　滋長。㉔其陳桓公之謂　即「其謂陳桓公」。大概說陳桓公這樣的人吧。其，測度副詞。㉕悛　悔改。㉖從自及　跟著就禍及自己。從，隨從；跟隨。㉗雖　即使。㉘其將　其，豈。反詰副詞。將，語氣助詞。㉙商書　指《尚書・商書》，自〈湯誓〉至〈微子〉，共十一篇。㉚易　延；蔓延。㉛燎　焚燒。㉜原　原野。㉝鄉邇　靠近。鄉，通「嚮」、「向」。接近。邇，近。㉞其　豈；難道。按今《尚書・商書・盤庚》僅有後二句，無「惡之易也」二句。㉟周任　古代的良史。有人認為是周朝的大夫，名任。也有人認為即《尚書・商書・盤庚》中的遲任。㊱為　治理。㊲務　必定。㊳芟夷　鋤掉；刈除。㊴蘊崇　堆積；積聚。㊵本根　指草的根。㊶殖　生長。㊷信　同「伸」。伸展；發展。㊸秋　按《春秋》經文稱「冬」，而《左傳》卻稱「秋」，因為《春秋》用周曆，而《左傳》用夏曆。周曆以子月為正月，夏曆以寅月為正月。㊹取長葛　攻佔長葛。取，佔領。長葛，鄭國邑名，在今河南省長葛市東北。按上年冬包圍長葛，本年冬佔領長葛。㊺京師　都城。指東周王朝的都城，在今河南省洛陽市。㊻告饑　報告發生饑荒。㊼糴　購買穀物。㊽禮也　這是解釋魯隱公得知京師饑荒後，因自己國內糧食不足，故代周王朝向宋、衛、齊、鄭購買糧食，這是合於禮的。㊾如周　到周王朝都城洛陽去。㊿始朝桓王　開始朝覲周桓王。古代稱諸侯拜見天子為「朝」。杜預注：「桓王即位，周、鄭交惡，至是乃朝，故曰始。」桓王，名林，周平王之孫，太子泄父之子，在位二十三年。桓，諡號。(51)不禮　不以禮接待。據《史記・鄭世家》記載，鄭莊公二十七年，始朝周桓王，桓王因鄭莊公曾割取成周之禾而發怒，所以對他不加禮遇。(52)周桓公　即周公黑肩。其事詳見本書桓公十八年。(53)周之東遷　指西元前七七〇年周平王遷都洛陽。(54)晉鄭焉依　猶言晉鄭是依。意謂依靠晉國和鄭國。焉，是；之。杜預注：「周幽王為犬戎所殺，平王東徙，晉文侯、鄭武公左右王室，故曰晉、鄭焉依也。」(55)善鄭　友好地對待鄭國。(56)勸來者　鼓勵後來之人。(57)蔇　來；至。(58)焉　之。

【語　譯】魯隱公六年春天，鄭國人來魯國要求棄怨結好，當時叫做「更成」。

晉國翼都的九宗五正頃父的兒子嘉父到隨地迎接晉侯，將他安置在鄂邑，晉國人稱他為鄂侯。

夏天，魯國與齊國在艾地結盟，開始和齊國結好。

五月十一日，鄭莊公的軍隊侵襲陳國，獲得許多俘虜和財物。往年，鄭莊公曾請求和陳國媾和，陳桓公不允許。五父勸諫說：「親近仁義，和睦鄰居，是國家的重要措施，請您允許鄭國的請求！」陳桓公說：「我憂患的是宋國和衛國，鄭國能幹什麼！」於是就沒有答應。君子說：「友善不可丟失，惡行不可滋長，大概就是說陳桓公這樣的行為吧！滋長了惡行而不悔改，跟著就會自遭禍害。那時即使想挽救它，難道還能辦到嗎？〈商書〉上說：『惡行的蔓延，就像大火燎原，不可以靠近，難道還能撲滅？』周任有話說：『治理國家的人，見到惡行，就像農夫務必除草一樣，鋤掉它，將它堆積起來，挖掉它的老根，不要使它再生長，那麼善良就能得到伸展。』」

秋天，宋國人佔領鄭國的長葛。

冬天，京城派人來魯國報告發生饑荒，隱公代周王朝向宋、衛、齊、鄭諸國請求購買穀物，這是合於禮的。

鄭莊公到周王朝都城，開始朝覲周桓王，周桓王不以禮相待。周公黑肩對周桓王說：「我周王室東遷的時候，依靠的就是晉國和鄭國。友好地對待鄭國以鼓勵後來的人，還恐怕人家不來，何況對他不加禮遇？鄭國不會來了。」

【說明】本年《春秋》經文書寫「秋七月」，卻無具體事情記載。這是《春秋》的體例之一，雖然某一季無事可記載，亦必須書寫季節與其首月。據李廉《春秋諸傳會通》統計，《春秋》經文中無事而書「春正月」的有二十四次，自隱公元年開始；無事而書「夏四月」的有十一次，自桓公九年開始；無事而書「秋七月」的有十七次，自隱公六年開始；無事而書「冬十月」的有十一次，自桓公元年開始。周曆的正月、四月、七月、十月各自為春、夏、秋、冬季節的第一個月，就是夏曆（今農曆）的十一月、二月、五月、八月，也是冬至、春分、夏至、秋分所在之月。但《春秋》經文也有不寫季節和首月的，如桓公四年和七年都沒有寫「秋七月」，成公十年沒有寫「冬十月」，桓公十七年只寫「五月」而不寫「夏」，昭公十年只寫「十月」而不寫「冬」。杜預注認為這是史之闕文。

還有一點必須說明的是《春秋》經文說「冬，宋人取長葛」，而《左傳》說「秋，宋人取長葛」，這是因為《春秋》經文用的是周曆，而《左傳》往往取各國史書的記載，對於宋國可能用殷曆，此處則用夏曆。

七年

乙丑，西元前七一六年。周桓王四年、齊僖公十五年、晉哀侯二年、秦文公五十年、楚武王二十五年、宋殤公四年、衛宣公三年、陳桓公二十九年、蔡宣侯三十四年、曹桓公四十一年、鄭莊公二十八年、燕穆侯十三年、杞武公三十五年。

經 七年春王三月，叔姬歸于紀。

滕侯卒。

夏，城中丘。

齊侯使其弟年來聘。

秋，公伐邾。

冬，天王使凡伯來聘。戎伐凡伯于楚丘，以歸。

傳 七年春，滕侯❶卒。不書名❷，未同盟也。凡諸侯同盟，於是稱名❸，故薨則赴以名❹，告終❺稱嗣❻也，以繼好❼息民❽，謂之禮經❾。

夏，城中丘❿，書⓫，不時⓬也。

齊侯使夷仲年⓭來聘⓮，結⓯艾之盟⓰也。

秋，宋及鄭平。七月庚申⓱，盟于宿⓲。公伐邾，為宋討⓳也。

初，戎朝于周，發幣⓴于公卿，凡伯㉑弗賓㉒。冬，王使凡伯來聘。還，戎伐之㉓于楚丘㉔，以歸㉕。

陳及鄭平，十二月，陳五父㉖如鄭涖盟㉗。壬申㉘，及鄭伯盟，歃㉙如忘㉚。洩伯㉛曰：「五父必不免㉜，不賴盟㉝矣。」鄭良佐㉞如陳涖盟，辛巳㉟，及陳侯盟，亦知陳之將亂㊱也。

鄭公子忽在王所㊲，故陳侯請妻之㊳，鄭伯許之，乃成昏㊴。

【注釋】❶滕侯　滕國國君。滕，國名。始封之君為周文王之子錯叔繡，侯爵，故稱滕侯。國都在今山東省滕州市西南。西元前四一四年為越所滅，不久復國，後為宋王偃所滅。此處滕侯名字、諡號不詳。❷不書名　指《春秋》經文未記載滕侯的名。❸稱名　結盟時以名告於神靈。❹赴以名　以名訃告同盟諸侯。❺告終　報告國君之卒。❻稱嗣　報告繼位者是誰。❼繼好　繼續同盟之友好。❽息民　安定民心。❾禮經　禮的大法。❿城中丘　在中丘築城。城，動詞。築城。中丘，魯國地名，在今山東省臨沂市東北。⓫書　指《春秋》經文記載此事。⓬不時　妨礙農時。⓭夷仲年　齊僖公之弟，名年。仲，是他的排行。夷，是他的諡號。經文只稱其名年，傳則用全稱。⓮聘　古代國與國之間遣使訪問。⓯結　續；鞏固。⓰艾之盟　即指上年魯齊在艾地的會盟。⓱七月庚申　七月十七日。⓲宿　地名，在今山東省東平縣東南。⓳為宋討　這是解釋經文「公伐邾」的原因。隱公五年，邾、鄭兩國曾聯合伐宋，宋國向魯國求援，遭隱公拒絕；隱公六年初，魯國又與鄭國棄舊怨而媾和；今鄭國又與宋國結盟，魯國懼怕宋國而討伐邾國，因為宋國尚未報邾國攻打之仇，所以說為宋國討伐邾國。⓴發幣　致送財物。幣，孔穎達疏云：「玉、馬、皮、圭、璧、帛，皆稱幣。」㉑凡伯　周王室世卿。凡，國名，周公的後裔。㉒弗賓　不以貴賓對待。㉓伐之　截擊凡伯。凡伯出使魯國，當有不少隨從人員，戎人攔截，必用較多兵力，所以稱「伐」。㉔楚丘　戎人地名，在今山東省曹縣東南。㉕以歸　以之歸。省「之」字。指拘俘凡伯而歸。㉖陳五父　即陳公子佗，陳桓公弟。㉗涖盟　參加結盟。㉘壬申　（十二月）初二。㉙歃　微飲牲血。古代結盟時必宰牛羊，割其左耳取血，置盛器中，與盟的人一一微飲其血。按：此「歃」字前省略主語「五父」。㉚如忘　指臨歃而心不在盟。㉛洩伯　名駕，鄭國大夫。㉜不免　不能免於禍難。按五父於桓公六年為蔡人所殺。㉝不賴盟　不以結盟作為利益。賴，利。㉞良佐　人名，鄭國大夫。㉟辛巳　（十二月）十一日。㊱陳之將亂　按陳亂在桓公五年與六年。㊲公子忽在王所　隱公三年，周、鄭交質，鄭公子忽為質於周。王所，在周王室處。㊳請妻之　請求將女兒嫁給他為妻。「妻之」前省略「以女」二字。㊴成昏　舉行訂婚儀式。成，定。昏，古「婚」字。古代娶妻必在黃昏時，故稱「昏禮」。據《儀禮・士昏禮》記載，古代結婚有六種儀式：納采、問名、納吉、納徵、請期、親迎。納徵即納幣。納幣之後，婚姻就算訂了。此處稱「成昏」，即男家已向女家納幣，也就是婚姻已定。

【語譯】魯隱公七年春天，滕侯去世。《春秋》沒有記載滕侯的名字，是因為他沒有和魯國結成同盟。凡是諸侯結同盟，在當時必稱名以告神靈，所以死後在訃告上也就寫上名字，這是為了向同盟國報告國君的死亡和報告繼位的人是誰，用以繼續過去的友好關係和安定民心，這叫做禮的大法。

攻打的。

夏天，在中丘築城。《春秋》記載此事，是因為它妨礙農時。

齊僖公派夷仲年來魯國訪問，這是為了鞏固去年在艾地的盟會。

秋天，宋國與鄭國講和。七月十七日，在宿地結盟。魯隱公攻打郳國，這是因懼怕得罪宋國而為宋國去

起初，戎人到周都朝拜，向公卿致送財物，凡伯不以貴賓待他。冬天，周桓王派凡伯到魯國來訪問。在回去的路上，戎人在楚丘截擊凡伯，將他俘捕了回去。

陳國和鄭國講和。十二月，陳國的五父到鄭國參加結盟。初二，與鄭伯盟誓，五父在歃血時心不在焉。洩伯說：「五父必定不免於禍難，因為他不以結盟作為國家的利益。」鄭國的良佐到陳國參加結盟。十一日，與陳桓公盟誓，良佐也看出了陳國將要發生動亂。

鄭國的公子忽在周王朝處，所以陳桓公請求把女兒嫁給他為妻。鄭莊公同意，於是就舉行了訂婚儀式。

【說　明】本年的傳文大部分是對經文的解釋。如「滕侯卒」、「城中丘」、「齊侯使夷仲年來聘」、「公伐邾」、「王使凡伯來聘。還，戎伐之于楚丘，以歸」等，或解釋原因，或進一步補充事情的原委。唯「宋及鄭平」、「陳及鄭平」以及「陳侯以女妻鄭公子忽」三件事，經文沒有記載，《左傳》則具體地記載了這三件事的情況，尤其是「陳及鄭平」的過程中，敘述了鄭國大夫看出陳國將亂的徵兆，為後文敘陳國之亂埋下了伏筆。同時，「陳侯以女妻鄭公子忽」舉行訂婚儀式，也為次年四月公子忽迎娶先作了交代。由此可見《左傳》敘事都做到前後呼應，結構嚴密。

《春秋》經文中有「王三月，叔姬歸于紀」的記載，《左傳》則無。按古代諸侯嫁女，常以姪女或妹陪嫁，叫做媵。《春秋》隱公二年已記載「伯姬歸于紀」，而此時叔姬又歸于紀，《左傳》杜預注、《公羊傳》何休注、《穀梁傳》范寧注都認為此叔姬即伯姬之妹而為媵者。昔年未隨伯姬同行，當是年幼之故。

八年

丙寅，西元前七一五年。周桓王五年、齊僖公十六年、晉哀侯三年、秦寧公元年、楚武王二十六年、宋殤公五年、衛宣公四年、陳桓公三十年、蔡宣侯三十五年、曹桓公四十二年、鄭莊公二十九年、燕穆侯十四年、杞武公三十六年、曲沃武公稱元年。

經 八年春，宋公、衛侯遇于垂。

三月，鄭伯使宛來歸祊。庚寅，我入祊。

夏六月己亥，蔡侯考父卒。辛亥，宿男卒。

秋七月庚午，宋公、齊侯、衛侯盟于瓦屋。

八月，葬蔡宣公。

九月辛卯，公及莒人盟于浮來。

螟。

冬十有二月，無駭卒。

傳 八年春，齊侯將平宋、衛❶，有會期❷。宋公以幣❸請於衛，請先相見，衛侯許之，故遇❹于犬丘❺。

鄭伯請釋[6]泰山之祀[7]而祀周公[8]，以泰山之祊[9]易許田[10]。三月，鄭伯使宛[11]來歸[12]祊，不祀泰山也。

夏，虢公忌父[13]始作卿士[14]于周。

四月甲辰[15]，鄭公子忽如陳逆婦嬀[16]。辛亥[17]，以嬀氏歸[18]。甲寅[19]，入于鄭。陳鍼子[20]送女[21]，先配而後祖[22]。鍼子曰：「是不為夫婦[23]，誣[24]其祖矣，非禮也，何以能育[25]？」

齊人[26]卒[27]平宋、衛于鄭[28]。秋，會于溫[29]，盟于瓦屋[30]，以釋[31]東門之役[32]，禮也。

八月丙戌[33]，鄭伯以[34]齊人[35]朝王，禮[36]也。

公及莒人盟于浮來[37]，以成紀好[38]也。

冬，齊侯使來告成三國[39]。公使眾仲[40]對曰：「君釋三國之圖[41]，以鳩[42]其民，君之惠[43]也。寡君聞命[44]矣，敢[45]不承受君之明德。」

無駭[46]卒，羽父[47]請諡[48]與族[49]。公問族於眾仲。眾仲對曰：「天子建德[50]，因生[51]以賜姓，胙之土[52]而命之氏[53]，諸侯以字為諡[54]，因以為族[55]，官有世功[56]，則有官族[57]。邑亦如之[58]。」公命以字為展氏[59]。

【注釋】❶平宋衛　使宋、衛兩國與鄭國和好。平，和好。「宋衛」下省「于鄭」二字。❷會期　結盟的日期。即指下文「會于溫，盟于瓦屋」的日期。❸幣　財物。❹遇　非正式會見。❺犬丘　衛國地名，即經文的「垂」，在今山東省曹縣北之句陽店。一說在今鄄城縣東南十五里。❻釋　捨棄。❼泰山之祀　對泰山的祭祀。❽周公　姬姓，周武王之弟，名旦，因采邑在周（今陝西省岐山縣東北），故稱周公。曾助武王滅殷。武王死後，成王年幼，由他攝政。並擊敗武庚和管叔、蔡叔以及東方夷族的叛亂，建築洛邑（今河南省洛陽市），建立周朝典章制度，鞏固了西周的統治。❾祊　鄭國助祭泰山時的湯沐之邑，在今山東省費縣東。❿許田　在許地的田。許，地名，在今河南省許昌市南。按：鄭桓公是周宣王之弟，所以賜給他祊地，使他在天子祭祀泰山時，作為助祭的湯沐之邑。而周成王在經營王城（今洛陽市）時曾有遷都之意，所以賜周公在許的田，作為魯君朝見周王時的朝宿之邑。今鄭莊公見周王泰山之祀廢棄已久，助祭湯沐之邑已無用，祊地離鄭國又遠隔；而許地則離鄭國較近，所以鄭莊公想用祊地換許田。許地有周公之廟，所以鄭莊公以「祀周公」為託辭。⓫宛　人名，鄭國大夫。⓬歸　通「饋」。贈送，致送。按：此時魯國尚未把許田給鄭國，而鄭國先把祊地送給魯國。至桓公元年，鄭國才用璧來交換許田。⓭忌父　虢公之名。⓮始作卿士　始作執政官。按：隱公三年周平王崩，「周人將畀虢公政」，可知周王室有意讓虢公為卿士已久，至此才實現，所以稱「始」。⓯四月甲辰　四月初六日。⓰逆婦嬀　迎娶妻子嬀氏。逆，迎。婦，妻。嬀，陳國姓。春秋時習慣以國姓稱呼諸侯之女。⓱辛亥　（四月）十三日。⓲歸　啟程回國。⓳甲寅　（四月）十六日。⓴鍼子　人名。陳國大夫。㉑送女　送陳國之女。鄭公子忽雖然到陳國迎娶妻子，按春秋時的禮節，陳國也必須派人送女到鄭國。㉒先配而後祖　新婚夫婦先同房而後告祭祖廟。此處省略主語。配，指同床共寢。祖，指告祭祖廟。按當時禮儀，新婚夫婦應先祭祖廟，報告迎娶歸來之事，然後同居。㉓是不為夫婦　這不能算是夫婦。是，這樣。此句意思是說，必須一切依夫婦婚娶的禮辦事，才能稱為夫婦；公子忽先配後祖，違背禮節，所以不能稱為夫婦。㉔誣　欺騙。㉕育　使子孫蕃育為善。㉖齊人　指齊僖公。㉗卒　終於。㉘平宋衛于鄭　使宋、衛兩國與鄭國講和。平，使……講和。于，與。㉙溫　周地名，在今河南省溫縣西南。㉚瓦屋　周地名，在今河南省溫縣西北。㉛釋　消除；捐棄舊怨。㉜東門之役　指隱公四年宋、衛等國包圍鄭國東門的戰役。㉝八月丙戌　按《春秋》經文七月有庚午，九月又有辛卯，則八月不應有丙戌。此處「丙戌」當有誤。㉞以　帶領。㉟齊人　指齊僖公。㊱禮　鄭莊公是周王朝卿士，所以他帶領別的諸侯朝見周天子，是合於禮的。㊲浮來　地名，在今山東省莒縣西。《公羊傳》、《穀梁傳》皆作「包來」。包、浮古音相近，可以借用。㊳以成紀好　為了達成與紀國的友好。按：隱公二年記載：「紀子帛、莒子盟于密，魯故也。」紀、莒兩國既然為魯國而盟會，那麼，魯國與莒國結盟，也是與紀國友好的表示，所以說「以成紀好」。㊴告成三國　報告宋、衛與鄭國講和的事。㊵眾仲　見隱公四年傳注。㊶釋三國之圖　使三國消除侵伐報復的謀議。㊷鳩　安聚。㊸惠　恩惠。㊹聞命　聽命。㊺敢　豈敢。謙詞。㊻無駭　人名，魯國卿大夫，官司空。見隱公二年。㊼羽父　人名，即公子翬，魯國大夫。見隱公四年。㊽諡　古代在人死後按其生前行事評定褒貶而賜予的稱號。㊾族　與姓氏的「氏」同義。下面三個「族」字同。㊿建德　以建立有德之人為諸侯。(51)因生　依照出生的情況。按古代賜姓情況很複雜，如夏禹祖先因其母吞薏苡而生，故夏姓苡（《史記》作姒）；殷朝祖先契，其母簡狄吞燕子（卵）而生，故殷姓子；周朝祖先棄，其母姜嫄踐大人腳跡，懷孕而生棄，故周姓姬；這都是因祖先孕之所由而得姓。而舜生於嬀汭，其後胡公滿有德，周朝因此賜他姓嬀；姜姓因居於姜水而得姓，這是以祖先所生之地賜姓。也有以其德行而賜姓的。(52)胙之土　分封給他土地。胙，賜。(53)命之氏　命賜給他氏。(54)以字為諡　以字作為諡號。按一般認為諡法起於周共王、懿王以後，最初唯天子、諸侯有諡號，東周後，卿大夫才漸漸有之。(55)因以為族　（他的後人）就以此為氏族。按：此即以字為氏，多用於公族。春秋時代，諸侯之子稱公子，公子之子稱公孫，公孫之子即以其祖父之字為氏。如鄭穆公之子公子去疾，字子良，其子為公孫輒，其孫良霄即以祖父字為氏，良霄之子即名良止，其後代即以良為姓氏。(56)官有世功　累世做一種官職而建立功績。(57)官族　（他的後人）以官名為氏。按古代以官名為氏者很多，如士氏、司馬氏、司徒氏、司空氏等等。(58)邑亦如之　封邑也是這樣。即以封邑為氏。如晉國的韓氏、趙氏、魏氏等。(59)以字為展氏　以祖父的字作為氏而為展氏。按杜預注：「無駭，公子展之孫也。」

【語　譯】魯隱公八年春天，齊僖公打算讓宋、衛兩國與鄭國講和，已經有了會盟的日期。宋殤公用財物向衛國請求，希望能先見面，衛宣公同意，所以宋、衛先在犬丘非正式會見。

鄭莊公請求捨棄對泰山的祭祀而祭祀周公，用泰山旁的祊地交換魯國的許田。三月，鄭莊公派大夫宛來魯國致送祊地，表示不再祭祀泰山了。

夏天，虢公忌父開始在周王朝做卿士。

四月初六日，鄭公子忽到陳國迎娶妻子嬀氏。十三日，帶著嬀氏啟程回國。十六日，進入鄭國。陳國派鍼子送女到鄭國。鄭公子忽和嬀氏先同床共寢，然後告祭祖廟。鍼子說：「這不能算是夫婦，欺騙他的祖先了，這不合於禮，怎麼能蕃育子孫為善呢？」

齊僖公終於讓宋、衛兩國與鄭國講和。秋天，在溫地會見，在瓦屋訂立盟約，捐棄了過去包圍鄭國東門這一戰役的舊怨，這是合於禮的。

八月某日，鄭莊公帶領齊僖公去朝覲周桓王，因為鄭莊公是周朝卿士，所以這是合於禮的。

魯隱公與莒子在浮來結盟，這是響應六年前紀、莒兩國為魯國而結盟，以達成對紀國的友好。

冬天，齊僖公派人來魯國報告宋、衛與鄭三國講和的事。魯隱公派眾仲回答說：「君王使三國捨棄舊怨的謀議，以此安定他們的人民，這是君王的恩惠。我已經聞命了，豈敢不承受君王的明德！」

無駭去世，羽父為他請求諡號和氏族。魯隱公向眾仲詢問有關氏族的事。眾仲回答說：「天子建立有德行的人為諸侯，依照他祖先出生的情況而賜姓，分封土地而又賜給他氏。諸侯以字作為諡號，他的後代因此而以為氏族。累世做一種官職而有功績的，他的後代就以官名為氏族。也有的是以封邑為氏族的。」魯隱公就命令以無駭祖父的字作為氏族，即為展氏。

【說　明】本年經文有「六月己亥，蔡侯考父卒。辛亥，宿男卒。」「八月，葬蔡宣公。」以及九月「螟」，而《左傳》因無所補充，故皆無記載。蔡侯即蔡宣侯，名考父。《史記・管蔡世家》作「措父」。今傳世器有正考父鼎，阮元謂即蔡侯考父器，可信。《左傳》在本年中主要對四件事作了較詳細的記載：一是齊僖公促成宋、衛與鄭國講和的過程；二是鄭莊公要求將泰山旁的祊地換取魯國許田的原因；三是鄭公子忽娶媯氏為妻未按禮節辦事；四是羽父請求給無駭賜諡號和氏族，並以眾仲的話說明諡號及姓氏的由來。可以看出，傳文詳細記載的都是重大的事件。

九　年

丁卯，西元前七一四年。周桓王六年、齊僖公十七年、晉哀侯四年、秦寧公二年、楚武王二十七年、宋殤公六年、衛宣公五年、陳桓公三十一年、蔡桓侯封人元年、曹桓公四十三年、鄭莊公三十年、燕穆侯十五年、杞武公三十七年、曲沃武公二年。

經 九年春，天王使南季來聘。

三月癸酉，大雨，震電。庚辰，大雨雪。

挾卒。

夏，城郎。

秋七月。

冬，公會齊侯于防。

傳 九年春王三月癸酉❶，大雨霖❷以震❸，書始❹也。庚辰❺，大雨雪❻，亦如之❼。書❽，時失❾也。凡雨，自三日以往為霖，平地尺❿為大雪。

夏，城郎⓫。書，不時⓬也。

宋公不王⓭，鄭伯為王左卿士⓮，以王命討之。伐宋。宋以入郛之役⓯怨公，不告命⓰，公怒，絕宋使⓱。

秋，鄭人以王命來告⓲伐宋。

冬，公會齊侯于防⑲，謀⑳伐宋也。

北戎㉑侵鄭。鄭伯禦㉒之，患㉓戎師。曰：「彼徒㉔我車㉕，懼其侵軼㉖我也。」

公子突㉗曰：「使勇而無剛者㉘，嘗寇㉙而速去㉚之。君為三覆㉛以待之。戎輕㉜而不整㉝，貪㉞而無親㉟；勝不相讓，敗不相救。先者㊱見獲㊲，必務進㊳；進而遇覆㊴，必速奔㊵。後者㊶不救，則無繼㊷矣！乃可以逞㊸。」從之。

戎人之前遇覆者㊹奔，祝聃㊺逐之㊻，衷㊼戎師，前後擊之，盡殪㊽。戎師大奔㊾。十一月甲寅㊿，鄭人大敗戎師(51)。

【注釋】①王三月癸酉　周曆三月初十。②霖　久雨。③以震　與雷震。以，與。④書始　《春秋》經文只記載了開始的日子。即指「癸酉」為久雨與雷震開始的一天。⑤庚辰　（三月）十七日。⑥大雨雪　下大雪。雨，動詞。下。⑦亦如之　也是如此。指大雪不止一天，《春秋》經文也只記載了「庚辰」日開始下雪的日子。⑧書　指《春秋》經文之所以記載。⑨時失　是因為節候不正。按周曆三月為夏曆正月，不當有雷電；既有雷電，則不當再有大雪。今雷電之後八日又有大雪，是節候不當，所以說「時失」。⑩平地尺　平地雪深一尺。這是傳解釋經的「大雨雪」。⑪城郎　在郎築城。按隱公元年春，費伯已在郎築城；而今又在郎築城，大概魯國有兩個郎地。此郎地大概在魯國都城曲阜近郊之邑。⑫不時　妨礙農時。按周曆夏天，正當夏曆春耕農忙季節，不是應大興土木的時間，所以說「不時」。⑬不王　不朝見天子。王，用作動詞。朝覲天子。⑭左卿士　最高執政官之一。周王朝最高執政官稱左卿士、右卿士。⑮入郛之役　指隱公五年鄭國伐宋入其郛，宋使求救於魯，隱公辭謝未救之事。⑯不告命　不向魯國報告。⑰絕宋使　斷絕和宋國使者來往。這是指從此以後之事。⑱以王命來告　用周桓王命令的名義來告知。⑲防　魯國地名，在今山東省費縣東北。⑳謀　商量；策劃。㉑北戎　春秋時有大戎、小戎（約在今山西省交城縣）和茅戎（約在今山西省平陸縣），離鄭國不遠，此處「北戎」不詳是哪一戎。㉒禦　抵抗。㉓患　憂慮；

擔心。㉔彼徒　他們是步兵。徒，步兵。㉕車　車兵；用車作戰。㉖侵軼　從後面超越到前面來侵犯。軼，自後越至前。㉗公子突　鄭莊公次子，即後來的鄭厲公。㉘使勇而無剛者　派遣勇敢而不強毅的人。按此乃誘敵之兵。勇則敢於前往；無剛則不以後退為恥。㉙嘗寇　試探敵人。㉚速去　急速退卻。㉛為三覆　設三處伏兵。㉜輕　輕率。㉝不整　無秩序。㉞貪　貪婪小利。㉟無親　不相親；不團結。㊱先者　走在前面的士兵。㊲見獲　見到有所虜獲。㊳務進　只顧前進。㊴遇覆　遇到伏兵。㊵速奔　急速奔逃。㊶後者　走在後面的士兵。㊷無繼　沒有後繼部隊。㊸逞　得逞；解除憂患。㊹戎人之前遇覆者　北戎的先頭部隊遇到伏兵的人。㊺祝聃　鄭國大夫。當是統率伏兵的人。㊻逐之　追擊奔逃的戎兵。㊼衷　包圍。㊽盡殪　全部消滅。殪，殺死。按：此指戎師的先行部隊遇到埋伏者。㊾戎師大奔　北戎部隊狂奔而逃。按此指戎師的後軍。㊿十一月甲寅　十一月二十六日。(51)大敗戎師　按：此總言戰役全勝。包括盡殪其先前部隊遇伏者及後行部隊大敗狂奔者。

【語　譯】魯隱公九年春周曆三月初十日，大雨成霖並有雷震，《春秋》只記載了開始的日子。十七日，下大雪，《春秋》也像前面一樣，只記開始的日期。《春秋》之所以記載，是由於節候不正的緣故。凡是下雨，連續下三天以上就叫「霖」，平地雪深一尺就叫「大雪」。

夏天，在郎地築城。《春秋》所以記載，是因為它妨礙農時。

宋殤公不朝覲周桓王，鄭莊公作為周王朝的卿士，用周天子命令的名義討伐他。鄭國攻打宋國。宋國由於四年前鄭國攻入宋國外城那次戰役隱公不救而怨恨隱公，所以沒有向魯國報告。隱公很惱怒，就斷絕了和宋國使者的往來。

秋天，鄭國人用天子命令的名義來魯國報告攻打宋國。

冬天，魯隱公和齊僖公在防地會面，謀劃攻打宋國。

北戎人侵襲鄭國。鄭莊公抵抗戎兵，又擔心戎軍兇猛，說：「他們是步兵，我們是車兵，我害怕他們從後面突然超越到我軍前面侵襲我們。」公子突說：「派遣一些勇敢而不強毅的士兵，試探敵人後就急速退走。君王您設三處伏兵等待他們。戎人輕率而無秩序，貪圖小利而不團結，戰勝則各不相讓，戰敗則各不相救。先行部隊見到有所俘獲，必然只顧前進；前進而遇到伏兵，必然急速奔逃。走在後面的部隊不加救援，敵兵就沒有後繼的了。這樣我們就可以得逞而解除鄭國的憂患了。」鄭莊公聽從了他的計謀。

戎兵的先行部隊遇到埋伏者就奔逃，祝聃追擊他們，包圍了北戎部隊，前後夾擊，全部殲滅。後面的戎軍狂奔敗逃。十一月二十六日，鄭國人全面地把戎軍打得大敗。

【說　明】 本年經文「天王使南季來聘」和「挾卒」無傳文。天王指周桓王。南季是周王朝大夫，氏南，字季。挾是魯國大夫之名。本年秋季無事，經文仍記「秋七月」三字，這是《春秋》的體例之一。本年傳文除「大雨霖」、「大雨雪」、「城郎」解釋經文外，著重敘述兩件事：一是鄭莊公以周天子命令的名義伐宋；一是北戎侵鄭而被鄭打敗。

對於伐宋，鄭莊公做得名正言順。伐宋的理由是「宋公不王」。按《禮記・王制》：「諸侯之於天子也，比年一小聘，三年一大聘，五年一朝。」鄭玄注：「比年，每歲也。小聘，使大夫；大聘，使卿；朝，則君自行。然此大聘與朝，晉文霸時所制也。虞夏之制，諸侯歲朝。周之制，侯、甸、男、采、衛、要服六者各以其服數來朝。」謂周朝制度侯服一年一朝，甸服二年一朝，餘各遞加一年。宋殤公不朝覲周天子，自然不合於禮制，討伐是師出有名。而鄭莊公是周王朝的左卿士，由他來行使周天子的命令，也完全是正當的。這是從理論上說名正言順。而其實際情況是，當春秋之世，周王室地位下降，諸侯朝覲天子者極少。就以魯國而論，隱公、桓公在位二十九年間，兩公從未朝覲過周天子。所以鄭莊公責宋殤公不朝天子而伐宋，只不過是一個藉口而已。主要還是因為鄭、宋怨深，雖於去年由齊僖公調解講和，而鄭莊公內心仍未完全消除怨恨。

北戎侵鄭，鄭莊公本來憂心忡忡，因為北戎步兵矯健，容易超前；而鄭國車戰難於進退周旋。後來公子突分析了北戎士兵的弱點是輕率而不整肅，貪利而不團結，勝不相讓，敗不相救，先前者見獲必冒進，遇伏兵必速奔，後行者不相救而無繼，所以提出了誘敵急退與埋設三處伏兵的計謀。鄭莊公採納了公子突的謀劃，果然大獲全勝：殲滅了戎師的先行部隊，擊潰了戎師的後行部隊。這是《左傳》中第一次詳細敘述用計謀誘敵和設置伏兵戰勝敵人的戰例，寫得很有聲勢。而這卻是《春秋》經文未記載的大事。

十年

戊辰，西元前七一三年。周桓王七年、齊僖公十八年、晉哀侯五年、秦寧公三年、楚武王二十八年、宋殤公七年、衛宣公六年、陳桓公三十二年、蔡桓侯二年、曹桓公四十四年、鄭莊公三十一年、燕穆侯十六年、杞武公三十八年、曲沃武公三十年。

經 十年春王二月，公會齊侯、鄭伯于中丘。

夏，翬帥師會齊人、鄭人伐宋。

六月壬戌，公敗宋師于菅。辛未，取郜。辛巳，取防。

秋，宋人、衛人入鄭。宋人、蔡人、衛人伐戴。鄭伯伐取之。

冬十月壬午，齊人、鄭人入郕。

傳 十年春王正月，公會齊侯、鄭伯于中丘❶。癸丑❷，盟于鄧❸，為師期❹。

夏五月，羽父❺先會❻齊侯、鄭伯伐宋。

六月戊申❼，公會齊侯、鄭伯于老桃❽。壬戌❾，公敗宋師于菅❿。庚午⓫，鄭師入郜⓬，辛未⓭，歸于我⓮。庚辰⓯，鄭師入防⓰，辛巳⓱，歸于我。君子謂：「鄭莊公於是⓲乎可謂正⓳矣。以王命討不庭⓴，不貪其土，以勞㉑王爵㉒，正㉓之體㉔也。」

蔡人、衛人、郕人不會王命㉕。

秋七月庚寅㉖，鄭師入郊㉗。猶在郊㉘，宋人、衛人入鄭㉙。蔡人從之伐戴㉚。八月壬戌㉛，鄭伯圍戴。癸亥㉜，克之，取三師焉㉝。宋、衛既入鄭㉞，而以伐戴召蔡人㉟，蔡人怒，故不和而敗。

九月戊寅㊱，鄭伯入宋㊲。

冬，齊人、鄭人入郕，討違王命㊳也。

【注　釋】❶中丘　魯國地名，在今山東省臨沂市東北。見隱公七年。❷癸丑　二月二十五日。❸鄧　魯國地名，在今山東汶河以南、運河以北地區。❹為師期　決定出師的日期。❺羽父　即公子翬，見隱公四年。❻先會　在隱公之前先會見。❼六月戊申　按本年六月無戊申日。杜預注：「六月無戊申；戊申，五月二十三日。日誤。」孔穎達疏：「長曆推六月丙辰朔，三日戊午，五日庚申，未知二者孰是。」❽老桃　宋國地名。具體地點不詳。大概羽父已率師先與齊僖公、鄭莊公攻打宋國，魯隱公後至，故在宋地會見。❾壬戌　（六月）初七日。❿菅　宋國地名，在今山東省單縣北。⓫庚午　（六月）十五日。⓬郜　宋國邑名，在今山東省成武縣東南古北郜城南二里。⓭辛未　（六月）十六日。⓮歸于我　歸屬於魯國。⓯庚辰　（六月）二十五日。⓰防　此為西防，原為宋地，在今山東省金鄉縣西。隱公九年「公會齊侯于防」之「防」為東防。⓱辛巳　（六月）二十六日。⓲於是　在此。⓳正　合於正道。⓴不庭　不朝；不向周天子朝覲的諸侯。㉑勞　慰勞；犒賞。㉒王爵　受天子爵位的諸侯。指魯國國君。㉓正　通「政」。政事。㉔體　本；本體。按鄭莊公為周王左卿士，以王命討宋，不宜接受土地，故將土地歸魯國，這是得治政的根本。㉕不會王命　不按周天子的命令會師伐宋。按去年鄭莊公以王命伐宋，曾遍告各國諸侯，而蔡、衛、郕三國未出師會同討伐。㉖七月庚寅　七月初五日。㉗郊　國都的遠郊。㉘猶在郊　還在遠郊。指停留而不進入國都。㉙入鄭　謂乘虛而入鄭國。㉚戴　古國名，姬姓。春秋時被宋國所滅，後入於鄭。在今河南省蘭考縣、杞縣、封丘縣間。㉛八月壬戌　八月初八日。㉜癸亥　（八月）初九日。㉝取三師焉　在戴地俘獲了三國的軍隊。三師，指宋、衛、蔡三國軍隊。當時三國軍隊都在戴地。焉，於彼；在那裏。㉞既入鄭　已經攻入鄭國。這是補充說明在鄭師圍戴以前之事。㉟以伐戴召蔡人　即「召蔡人以伐戴」的倒裝。召集蔡國軍隊共同攻打戴地。㊱九月戊寅　按九月無戊寅，戊寅，八月二十四日。孔穎達疏：「經有十月壬午，長曆推壬午十月二十九日，戊寅在壬午之前四日耳。故九月不得有戊寅。上有八月，下有冬，則誤在日也。」㊲入宋　攻入宋國。這是鄭國對宋國的報復。㊳違王命　違背周天子的命令。指不會師伐宋。

【語　譯】魯隱公十年春正月，隱公在中丘會見齊僖公、鄭莊公。二月二十五日，在鄧地結盟，決定出兵的日期。

夏季五月，羽父先期會合齊僖公、鄭莊公攻打宋國。

六月某日，魯隱公在老桃會見齊僖公、鄭莊公。初七日，隱公在菅地打敗宋國軍隊。十五日，鄭國軍隊攻入郜地。十七日，（鄭莊公將郜地）歸屬於魯國。二十五日，鄭國軍隊攻入防地。二十六日，鄭莊公將防地歸屬於魯國。君子評論說：「鄭莊公在這裏可以說合於正道了。用天子的命令討伐不朝覲的諸侯，不貪求宋國的土地，而將它犒賞受天子爵位且鄰近宋地的國君，符合治理政事的本體了。」

蔡國、衛國、郕國沒有按照周天子的命令會師討伐宋國。

秋季七月初五日，鄭國軍隊進入本國的遠郊。鄭軍還停留在郊外時，宋軍、衛軍乘虛而攻入鄭國。蔡軍跟隨宋、衛軍隊攻打戴地。八月初八日，鄭莊公包圍了戴地。初九日，攻克戴地，在那裏俘獲了三國的軍隊。當宋軍、衛軍已經攻入鄭國時，召集蔡國軍隊共同攻打戴地，蔡國人發怒，所以三國軍隊不合作而失敗。

九月某日，鄭莊公攻入宋國。

冬天，齊軍、鄭軍攻入郕國，這是討伐它違背周天子的命令。

【說　明】本年記敘的內容就只有「伐宋」一件事。早在去年鄭莊公就以周天子的命令通告諸侯討伐宋國，後因北戎侵鄭國而中止。本年第一節敘魯隱公與齊僖公、鄭莊公「會于中丘」、「盟于鄧」，都是為了伐宋決定日期。第二節敘魯國大夫羽父先於隱公會合齊僖公、鄭莊公伐宋。這是事件的開端。第三節敘隱公會合齊僖公、鄭莊公於老桃，接著便敘戰爭的進程：先是魯軍敗宋軍於菅，接著是鄭軍攻入郜、又攻入防，鄭莊公將這兩地都交給魯國，接著作者以「君子謂」的形式進行議論，讚揚鄭莊公的這個舉動是得治政之本。這是事件的發展。第四節敘蔡、衛、郕三國未遵王命伐宋，這是一個補充說明。第五節敘宋、衛、蔡三國見鄭國軍隊還停留在遠郊時，乘虛而攻入鄭國，並攻戴地，但鄭軍很快包圍戴地，反將三國軍隊全部俘獲，取得全勝。三國軍隊之所以失敗，由於內部不和。這是事件的高潮。第六節敘鄭軍攻入宋國，第七節敘齊軍、鄭軍攻入郕國，討伐它違背王命不參加伐宋。這是事件的結局。由此可見，本年的敘事都是圍繞「伐宋」展開的，中間有波瀾曲折，就是宋、衛、蔡曾反攻鄭國，但很快被鄭軍擊敗，從而進入高潮。整個伐宋戰爭敘述得層次非常清晰，結構非常完整。

還需說明的是本年春魯隱公於中丘會見齊僖公、鄭莊公，經稱「王二月」，傳稱「王正月」，很可能是經用丑正（以丑月為正月），而傳用寅正（以寅月為正月）。

十一年

己巳，西元前七一二年。周桓王八年、齊僖公十九年、晉哀侯六年、秦寧公四年、楚武王二十九年、宋殤公八年、衛宣公七年、陳桓公三十三年、蔡桓侯三年、曹桓公四十五年、鄭莊公三十二年、燕穆侯十七年、杞武公三十九年、曲沃武公四年。

經 十有一年春，滕侯、薛侯來朝。

夏，公會鄭伯于時來。

秋七月壬午，公及齊侯、鄭伯入許。

冬十有一月壬辰，公薨。

傳 十一年春，滕❶侯、薛❷侯來朝❸，爭長❹。薛侯曰：「我先封❺。」滕侯曰：「我，周之卜正❻也。薛，庶姓❼也，我不可以後之❽。」

公使羽父請❾於薛侯曰：「君與滕君辱❿在⓫寡人，周諺有之⓬曰：『山有木，工則度⓭之；賓有禮，主則擇之。』周之宗盟⓮，異姓為後。寡人若朝于薛⓯，不敢與諸任齒⓰。君若辱貺⓱寡人，則願以滕君為請⓲。」

薛侯許之，乃長滕侯⓳。

【注釋】❶滕　國名。姬姓。見隱公七年。❷薛　國名。任姓。祖先奚仲為夏代車正，相傳為車的創造者，居於薛（今山東省滕州市東南）。傳到仲虺，曾為殷湯助手。周朝初分封其後裔為諸侯。侯爵。戰國初為齊國所滅，成為田嬰、田文的封地。此處薛侯名字、諡號不詳。❸朝　春秋時諸侯間拜訪也稱朝。《大戴禮記・朝事》有「諸侯相朝之禮」。❹爭長　爭居首位。指行禮的先後。❺我先封　薛的祖先為夏朝車正官，在夏代就受封，在滕之先。❻卜正　官名，卜官之長。《周禮・春官》有太卜，當即此官。❼庶姓　非周王室同姓，即不姓姬。❽後之　後於異姓諸侯。❾請　告訴；勸導。❿辱　承蒙。表示敬意的副詞。⓫在　存問；省視。⓬周諺有之　周人有這樣的俗話。⓭度　度量；揣量。⓮宗盟　會盟。一說同宗之盟。⓯若朝于薛　如果到薛國去朝見薛君。⓰與諸任齒　和各位任姓諸侯並列。按當時姓任的諸侯有十國。齒，並列。⓱貺　加惠。⓲以滕君為請　以滕君之請向薛君請求。即允許滕君的請求。⓳長滕侯　以滕侯為長。長，動詞。

【語譯】魯隱公十一年春天，滕侯和薛侯來朝見魯隱公，爭執行禮的先後。薛侯說：「我薛國是在你滕國之先受封的。」滕侯說：「我滕國的先人是周朝的卜正；你薛國，是異姓國，我不能落在非姬姓諸侯的後面。」

隱公派遣羽父向薛侯勸導說：「承蒙您和滕君來問候我，周人有這樣的俗語說：『山上有樹木，工匠就度量它的用處。賓客來訪，主人就選擇合適的禮儀。』周朝的會盟制度規定，異姓的在後面。我如果到薛國去朝見薛君，就不敢和各位任姓諸侯並列爭先後。如果承蒙您加惠於我，那麼就希望您以滕君的請求為是而允許他的請求。」

薛侯接受了魯隱公的勸告，於是以滕侯為長而先行禮。

【說　明】周朝有許多禮儀，《左傳》中反映很多。這一大段敘滕、薛二侯爭執進見魯隱公的先後，也有個禮節，那就是魯隱公派羽父勸說薛侯的一段話：根據周代會盟的制度，同姓在前，異姓在後；所以諸侯間相見時行禮也應同姓在前，異姓在後。但這只是在爵位相同的情況下而言。因滕、薛都是侯爵。而且這也只通行至春秋初期。後來的會盟，實際上往往是大國主盟，就未必是姬姓在前了。

傳 夏，公會鄭伯于郲❶，謀伐許❷也。鄭伯將伐許，五月甲辰❸，授兵❹于大宮❺。公孫閼❻與潁考叔❼爭車❽，潁考叔挾輈❾以走❿，子都⓫拔棘⓬以逐之。及大逵⓭，弗及⓮，子都怒。

秋七月，公會齊侯、鄭伯伐許。庚辰⓯，傅⓰于許。潁考叔取鄭伯之旗蝥弧⓱以先登⓲，子都自下射之，顛⓳。瑕叔盈⓴又以蝥弧登，周麾㉑而呼曰：「君登矣！」鄭師畢登㉒。壬午㉓，遂入許。許莊公㉔奔衛。

齊侯以許讓公[25]。公曰：「君謂許不共[26]，故從君討之。許既伏其罪矣，雖君有命，寡人弗敢與聞[27]。」乃與鄭人[28]。

鄭伯使許大夫百里[29]奉[30]許叔[31]以居許東偏[32]，曰：「天禍許國，鬼神實不逞[33]于許君，而假手[34]于我寡人，寡人唯[35]是一二父兄[36]不能共億[37]，其[38]敢以許自為功[39]乎？寡人有弟[40]，不能和協[41]，而使餬其口於四方[42]，其況[43]能久有許[44]乎？吾子[45]其[46]奉許叔以撫柔[47]此民也，吾將使獲也[48]佐[49]吾子。若寡人得沒于地[50]，天其[51]以禮悔禍于許[52]，無寧[53]茲[54]許公復奉其社稷[55]，唯我鄭國之有請謁焉[56]，如舊昏媾[57]，其[58]能降以相從[59]也。無滋[60]他族[61]實偪[62]處此，以與我鄭國爭此土[63]也。吾子孫其覆亡之不暇[64]，而況能禋祀許[65]乎？寡人之使吾子處此，不唯許國之為[66]，亦聊[67]以固吾圉[68]也。」乃[69]使公孫獲處許西偏[70]，曰：「凡而[71]器用財賄[72]，無寘於許[73]，我死，乃亟[74]去之[75]！吾先君[76]新邑[77]於此，王室而[78]既卑[79]矣，周之子孫[80]日失其序[81]。夫[82]許，大岳[83]之胤[84]也。天而既厭[85]周德矣，吾其[86]能與許爭乎？」君子謂：「鄭莊公於是乎[87]有禮。禮，經[88]國家、定[89]社稷、序民人[90]、利後嗣[91]者也。許，無刑[92]而伐之，服[93]而舍之[94]，度德[95]而處之，量力[96]而行之。相時[97]而動，無累[98]後人，可謂知禮矣。」

鄭伯使卒[99]出豭[100]，行[101]出犬、雞，以詛[102]射潁考叔者[103]。君子謂：「鄭莊公失政刑[104]矣。政以治民，刑以正邪[105]。既無德政[106]，又無威刑[107]，是以[108]及邪[109]。邪而詛之，將何益[110]矣！」

【注釋】❶郲　鄭國地名，即經文的「時來」，在今河南省滎陽市東釐城故址。❷許　國名。姜姓。西周初分封伯夷之後裔文叔為許國諸侯。國都在今河南省許昌市東。春秋時為鄭、楚等國所逼，多次遷都，戰國初被楚國所滅。一說被魏國所滅。❸五月甲辰　五月二十四日。❹授兵　分發兵器。❺大宮　太廟；祖廟。❻公孫閼　鄭國大夫，字子都。❼潁考叔　鄭國大夫，見隱公元年。❽爭車　爭奪兵車。❾挾輈　夾車槓於腋下，用手把托住。輈，駕車所用的車槓。朱駿聲《說文通訓定聲・孚部》：「按大車左右兩木直而平者謂之轅，小車居中一木曲而上者謂之輈。」❿走　跑。古代稱慢行為「步」，急行為「趨」，快趨為「走」。⓫子都　即公孫閼的字。⓬棘　通「戟」。古代兵器，為戈和矛兩種兵器的合體，既有直刃能刺敵人，又有橫刃能勾啄敵人。⓭大逵　寬闊而四通八達的大路。⓮弗及　沒有趕上。⓯庚辰　（七月）初一日。⓰傅　通「附」。附著；貼近。⓱蝥弧　鄭莊公用來指揮戰爭的旗名。⓲先登　率先登城。⓳顛　墜下。指潁考叔中箭自城上墜下而死。⓴瑕叔盈　鄭國大夫。㉑周麾　向四周揮動（旗幟）。麾，通「揮」。揮動；指揮。㉒畢登　全部登城。畢，盡數；全部。㉓壬午　（七月）初三日。㉔許莊公　名茀，許國第十君，在位二十年。㉕讓公　讓給魯隱公。㉖不共　不恭；不法。違反法度。一說，共通「供」，不供職責，指不向周天子進貢。㉗與聞　參與聽聞。㉘乃與鄭人　就（將許國土地）給予鄭國。㉙百里　人名，許國大夫。㉚奉　事奉。㉛許叔　許莊公之弟。姚彥渠《春秋會要》：「（許）穆公，名新臣，莊公弟，即許叔。魯桓公十五年立，在位四十二年，諡曰穆。」一說許叔為許莊公弟，名鄭，諡桓公。㉜許東偏　許都城的東部。㉝不逞　不快意；不滿。㉞假手　借手。假，借。㉟唯　雖；即使。㊱一二父兄　一兩個父老兄弟。㊲共億　共安；相安。億，安。㊳其　豈。㊴以許自為功　以討伐許國作為自己的功勞。㊵弟　指共叔段。見隱公元年。㊶和協　和睦相處。㊷使餬其口於四方　使他在各處謀生。餬其口，以薄粥供他的口食。餬口，也可作寄食、乞食解。四方，各處。當時共叔段逃亡在外。㊸其況　難道還。其，豈。況，表示推進一層的意思。㊹有許　佔有許國。㊺吾子　您。表示尊敬而又親近的對稱代詞。㊻其　祈請和命令副詞。請；應當。(47)撫柔　撫安；安撫。(48)獲也　公孫獲，鄭國大夫。按：「獲」下加「也」字，表示鄭重語氣。(49)佐　輔助。(50)沒于地　指以壽善終。(51)其　大概；或可。(52)悔禍于許　懊悔降禍於許。即因悔而撤回加於許的禍害。(53)無寧　寧願。無，發語詞，無義。(54)茲　使。(55)復奉其社稷　再來治理他的國家。(56)唯我鄭國之有請謁焉　只要我鄭國對它有所請求的時候。請謁，請求。焉，語末助詞。(57)舊昏媾　舊日的互通婚姻。昏，同「婚」。媾，親上結親。(58)其　大概。語氣副詞，表示不肯定。(59)降以相從　降心而同意。(60)無滋　不使。無，毋；不要。(61)他族　他姓；別國。(62)實偪　逼迫。實，語中助詞。相當於「是」，無義。偪，同「逼」。(63)爭此土　爭奪這塊土地。指許國。(64)其覆亡之不暇　將不暇挽救危亡。其，將。時間副詞。不暇，沒時間；來不及。按此句乃承上而言，意謂如果使他族逼近而處於此，以與鄭國相爭，則鄭國將忙於挽救危亡。(65)禋祀許　敬祭許國祖先；為許國敬祭祖先。禋，古代祭天神的典禮。此處泛指祭祀。(66)不唯許國之為　不只為許國。之，是。(67)聊　姑且。(68)圉　邊疆。(69)乃　於是。(70)許西偏　許國都城西部。(71)而　同「爾」。你。第二人稱代詞。(72)財賄　財貨。(73)無寘於許　不要放在許城。無，毋；不要。寘，同「置」。放置。(74)亟　急速。(75)去之　離開這裏。(76)先君　前代君主。(77)新邑　指新鄭一帶。鄭國在西周初封時，國土在今陝西省華縣東北。周室東遷後，鄭桓公伐虢、檜而併其地，就立國於此。(78)而　乃。(79)既卑　已經衰微。(80)周之子孫　指鄭國等姬姓國。(81)日失其序　一天天丟失掉自己的功業。(82)夫　提起連詞。表示別起一層意思的開端。(83)大岳　太嶽。對四嶽的尊稱。舊說許是堯時四岳伯夷之後，不可信。(84)胤　後代。(85)厭　厭棄。(86)其　豈。(87)於是乎　在這件事情上。乎，語尾助詞。(88)經　治理。(89)定　安定。(90)序民人　使人民有序。序，用作致使性動詞。(91)利後嗣　使後代有利。利，用作致使性動詞。(92)無刑　無法度；違背法度。刑，同「型」。法度。(93)服　服罪。(94)舍之　捨棄懲罰；寬恕它。舍，同「捨」。(95)度德　揣度德行厚薄。(96)量力　衡量力量強弱。(97)相時　看準時機。(98)無累　不連累。(99)卒　一百人。杜預注：「百人為卒。」(100)豭　公豬。(101)行　二十五人。杜預注：「二十五人為行，行亦卒之行列。」(102)詛　詛咒。按：古人用豕、犬、雞三物祭神以詛咒，使之加禍於某人。(103)射潁考叔者　射殺潁考叔的人。從上文可知，射潁考叔的人就是子都，即公孫閼。有人認為公孫閼就是《詩經・鄭風・山有扶蘇》「不見子都，乃見狂且」的子都，此人貌美，受鄭莊公寵幸，莊公不想給他加刑，但為了平息眾怒，所以用詛咒的辦法。(104)失政刑　失掉政治和法治。(105)正邪　糾正邪惡。(106)德政　有道德的政治。(107)威刑　威嚴的刑法。(108)是以　以是；因此。(109)及邪　發生邪惡。指大臣不睦而於戰陣射殺先登的人。(110)將何益　將有什麼益處。

【語　譯】夏天，魯隱公在郲地會見鄭莊公，謀劃攻打許國。鄭莊公將要出兵攻打許國。五月二十四日，在鄭國祖廟裏分發兵器。子都與潁考叔爭奪兵車，潁考叔將車槓挾在腋下而跑，子都拔起戟而去追趕他。追到大路上，沒有趕上，子都很惱怒。

秋季七月，魯隱公會合齊僖公、鄭莊公攻打許國。初一日，三國的軍隊貼近許國都城。潁考叔拿著鄭莊公的蝥弧旗率先登城，子都從城下用箭射他，潁考叔中箭墜下而死。瑕叔盈又舉著蝥弧旗登城，向四周揮動旗幟而大喊說：「國君登城了！」於是鄭國的軍隊全部登上了城牆。初三這一天，就進入了許國都城。許莊公奔逃到衛國。

齊僖公將許國土地讓給魯隱公。隱公說：「您認為許國違反法度，所以我跟隨您一起討伐他。許國既然已經伏罪，雖然您有這樣的命令，我不敢聽從。」於是將許國的土地給予鄭國。

鄭莊公讓許國大夫百里事奉許叔並命他們住在許都的東部，說：「上天降禍於許國，鬼神確實對許國君主不滿，而借我的手懲罰他。我即使是一兩個父老兄弟都不能相安，豈敢把討伐許國作為自己的功績呢？我有個弟弟，不能和睦相處，而使他寄食於四方，我難道還能長久佔有許國嗎？您應當事奉許叔來安撫這裏的民眾，我將派公孫獲來幫助您。如果我得以壽終，上天大概會依禮撤回加於許國的禍害，寧願使許公再來治理他的國家，那時候只要我鄭國有請求於許國，如同舊時的通婚之國，許君大概能降心而同意的。不要使異族逼迫而住在這裏，來與我鄭國爭奪這塊土地。否則我的子孫將不暇挽救危亡，難道還能替許國敬祭祖先嗎？我讓您住在這裏的原因，不僅只是為了許國，也是姑且鞏固我的邊境。」於是讓公孫獲住在許國都城的西部，說：「凡是你的器用財貨，不要放在許城。我死後，就急速離開這裏！我的祖先在這裏新建城邑，周王室已經衰微了，我們這些周王室的子孫一天天丟失自己的功業。而許國，是四嶽的後代，上天已經厭棄了周朝，我哪裏能與許國爭奪呢？」君子評論說：「鄭莊公在這件事上做得合於禮。禮，是治理國家、安定社稷、使百姓有序、使後代有利的大法。許國違背法度而討伐他，服罪而寬恕他，揣度德行而處理，衡量力量而施行，看準時機而行動，不連累後人，可以說是知禮了。」

鄭莊公命軍中一百人出一頭公豬，二十五人出一隻狗和雞，來祭神詛咒射潁考叔的人。君子評論說：「鄭莊公失掉了政治和刑治。政是用來治理百姓，刑是用來糾正邪惡的。既缺乏有道德的政治，又沒有威嚴的刑法，因此才發生邪惡。出現邪惡而祭神詛咒它，將會有什麼益處呢！」

【說　明】這一大段是敘述攻打許國的戰爭。第一節是戰爭的準備。但在分發武器的過程中，揭示了潁考叔與子都兩位大臣間的矛盾，為後來子都射死潁考叔埋下了伏筆。第二節正面寫戰爭，雖然著墨不多，卻寫得有聲有色。當三國軍隊到達許都城下時，潁考叔率先登城，卻被子都用暗箭將他射中墜下而死。接著是瑕叔盈舉旗登城大喊，終於使鄭軍全部登城。第三天就獲得勝利而結束戰爭。許國君主逃亡，鄭軍進入許都。第三節敘魯隱公不接受許國的土地，因此許國土地就歸於鄭莊公。

以上三節已把伐許戰爭一事全部寫完，但卻不是本大段的重點。本大段的重點是在第四節，即詳細敘寫鄭莊公如何處置許國淪亡後的事。鄭莊公沒有把許國土地劃入鄭國範圍，而是讓許國大夫百里事奉許叔來治理許國。鄭莊公還作了一番檢討，說自己與弟弟都不能和睦相處，讓他寄食四方，怎麼還能長久佔有許國？但另一方面他又派公孫獲住在許國都城的西部，表面上說是幫助百里事奉許叔，實際上顯然是對許國的監視。他自己也說得很清楚：寧願讓許公將來再來治理他的國家，那時候鄭國有什麼請求，許國都可能會同意；決不要讓異姓別國住在這裏，與鄭國爭奪許國這塊土地。否則，將來鄭國連挽救自己的危亡都來不及，更談不上管許國的事了。所以他說讓許叔安撫許國百姓不僅是為了許國，也是為了鞏固自己的邊境。同時他又警告公孫獲不要把器用財貨放在許城，叫公孫獲在自己死後趕快離開，說是周朝已衰微，周朝的子孫一天天在丟掉自己的功業，不可能再和許國爭奪了。這些都充分說明鄭莊公的深謀遠慮，同時也夾雜著他的狡詐和虛偽。但總的說來，鄭莊公在這件事的處理上是比較合乎情理的，所以作者用「君子謂」的形式進行議論，讚揚了他的行為，說他是「知禮」的。

第五節是伐許戰爭的餘波。潁考叔在戰爭中被子都射箭墜下而死，按理應該對射箭的人進行刑法處理，但鄭莊公沒有這樣做。他卻用祭神詛咒的辦法來平息眾怒，不顧對自己寵幸的子都加刑。這又充分顯示出鄭莊公的狡詐、虛偽和自私。所以作者又用「君子謂」的形式，對鄭莊公進行了批評，說他是失掉了政和刑。說他既缺乏有道德的政治，又沒有威嚴的刑法，所以才發生子都射殺穎考叔的邪惡之事，發生了邪惡之事又不加刑，卻用詛咒辦法欺騙臣民，這有什麼好處呢？這些評論，對讀者都是有啟發作用的。

傳 王取鄔❶、劉❷、蔿❸、邘❹之田于鄭，而與❺鄭人蘇忿生❻之田：溫❼、原❽、絺❾、樊❿、隰郕⓫、欑茅⓬、向⓭、盟⓮、州⓯、陘⓰、隤⓱、懷⓲。君子是以⓳知桓王⓴之失鄭也。恕㉑而行之，德之則㉒也，禮之經㉓也。己弗㉔能有，而以㉕與人，人之不至，不亦宜㉖乎？

鄭、息㉗有違言㉘，息侯㉙伐鄭。鄭伯與㉚戰于竟㉛，息師大敗而還。君子是以知息之將亡也。不度德㉜，不量力，不親親㉝，不徵辭㉞，不察有罪㉟，犯五不韙㊱，而以伐人，其喪師㊲也，不亦宜乎？

冬十月，鄭伯以虢師㊳伐宋。壬戌㊴，大敗宋師，以報其入鄭㊵也。宋不告命㊶，故不書㊷。凡諸侯有命㊸，告則書，不然㊹則否㊺。師出臧否㊻，亦如之㊼，雖㊽及滅國，滅不告敗，勝不告克，不書于策㊾。

【注釋】❶鄔　鄭國邑名，在今河南省偃師市西南。❷劉　鄭國邑名，在今河南省偃師市南，鄔之東北。❸蔿　鄭國邑名，在今河南省孟津縣東北。❹邘　鄭國邑名，在今河南省沁陽市西北。❺與　給予。❻蘇忿生　周武王時司寇，受封於溫。❼溫　即隱公三年「取溫之麥」的「溫」，在今河南省溫縣西。❽原　在今河南省濟源市西北。❾絺　在今河南省沁陽市西。❿樊　又名陽樊，在今河南省濟源市西南。⓫隰郕　即隰城，在今河南省武陟縣西南。⓬欑茅　在今河南省修武縣。⓭向　在今河南省濟源市南。⓮盟　在今河南省孟縣南。⓯州　在今河南省沁陽市東南。⓰陘　在今河南省沁陽市西北，邘之北。⓱隤　在今河南省獲嘉縣北。⓲懷　在今河南省武陟縣西南，隰城之北。⓳是以　以是；因此。此指下文而言。⓴桓王　周桓王。名林，平王之孫，平王死後即位，在位二十三年。㉑恕　恕道。《論語・衛靈公》以「己所不欲，勿施於人」為「恕」。周桓王把己所不能有者給予鄭莊公，是失掉了恕道。㉒則　準則。㉓經　常規；規則。㉔弗　不。㉕以　以之。此處省略「之」字。之，代指上面所說的給鄭的田。㉖宜　適當；應該。㉗息　國名。一作「鄎」。西周分封的諸侯國。姬姓。都城在今河南省息縣。西元前六八〇年為楚所滅。㉘違言　表示不滿的違忤之言。杜預注：「以言語相違恨也。」即今所謂口舌之爭。㉙息侯　息國國君。名和謚號不詳。㉚與　與之。省略「之」字，指息侯。㉛竟　同「境」。邊境。㉜度德　揣度德行。㉝親親　親近親戚。前一「親」字為動詞，後一「親」字為名詞。按鄭國和息國都是姬姓國，所以說親戚。㉞徵辭　審辨言辭（的是非）。㉟不察有罪　不查察是否有罪。㊱不韙　不是；過錯。韙，是。㊲喪師　喪失軍隊。㊳以虢師　帶著虢國的軍隊。以，介詞。㊴壬戌　（十月）十四日。㊵報其入鄭　報復宋國攻入鄭國的怨仇。按指上年宋、衛兩國軍隊乘鄭軍在郊而入鄭事。㊶不告命　不來報告這件大事。㊷不書　指《春秋》不加以記載。㊸有命　有國之大事政令。㊹不然　不這樣。指不來報告。㊺否　不記載。㊻臧否　好壞；順逆；得失。㊼如之　也像這樣。㊽雖　即使。㊾策　簡策。古代用竹片記事著書，將竹片編紮在一起，稱簡策，亦稱簡冊。

【語　譯】周桓王在鄭國取得鄔、劉、蔿、邘的土地，而給予鄭國原來屬於蘇忿生的土地：溫、原、絺、樊、隰城、欑茅、向、盟、州、陘、隤、懷。君子因此知道周桓王會失去鄭國了。按恕道來行事，是德的準則，禮的常規。自己不能保有，而拿它給予別人，別人不肯來朝，不也是理所當然的嗎？

鄭國和息國之間有了不滿情緒的口舌之爭，息國國君攻打鄭國。鄭莊公和息君在邊境上作戰，息國軍隊大敗而回。君子因此知道息國將要滅亡了。不揣度德行，不衡量力量，不親近親戚，不辨明言辭是非，不查察是否有罪，犯了這五種錯誤，而要去討伐別人，他的喪師辱國，不也是應該的嗎？

冬季十月，鄭莊公帶著虢國的軍隊攻打宋國。十四日，把宋國的軍隊打得大敗，以報復去年宋國軍隊攻入鄭國的怨仇。宋國沒有來魯國報告這件大事，所以《春秋》不記載。凡是諸侯有大事，來魯國報告就記載，不然就不記載。出兵順逆得失，也是這樣。即使涉及滅亡國家的大事，被滅的不來報告戰敗，勝利的不來報告戰勝，也不記載在魯國的簡冊上。

【說　明】這一大段三個小節，分別記敘了三件事：第一節敘周桓王取鄭國的四塊土地，而把原屬蘇忿生的十二塊土地給予鄭國。表面上看是公平交易，但作者通過君子的看法指出：這是違背恕道的。因為這些土地本來就是周王朝保不住的，所以拿來送人。這樣鄭國當然不會來朝見周天子了。第二節敘息國為一點口舌之爭貿然攻打鄭國，結果大敗而回。作者也通過君子的看法指出息國快要滅亡了。因為它不自量力，犯了五種錯誤，還要攻打別人，當然會喪師辱國。這樣缺乏自知之明的國家離滅亡也就不遠了。第三節敘鄭莊公攻打宋國，大敗宋國軍隊，以報去年宋國攻入鄭國之仇。著重解釋《春秋》不記載這件大事的原因。

傳 羽父請殺桓公❶，將以❷求大宰❸。公曰：「為其少故也❹，吾將授之❺矣。使❻營❼菟裘❽，吾將老焉❾。」羽父懼，反譖❿公于桓公，而請弒之⓫。公之為公子也⓬，與鄭人戰于狐壤⓭，止⓮焉。鄭人囚諸尹氏⓯，賂⓰尹氏，而禱⓱於其主⓲鍾巫⓳，遂與尹氏歸，而立其主⓴。十一月，公祭鍾巫㉑，齊㉒于社圃㉓，館㉔于寪氏㉕。壬辰㉖，羽父使賊㉗弒公于寪氏㉘，立桓公，而討寪氏，有死者㉙。不書葬㉚，不成喪㉛也。

【注　釋】❶桓公　魯惠公的嫡子、魯隱公的異母弟。名軌（一作「允」）。惠公死時年尚幼，故由惠公庶長子息姑攝政，即魯隱公。魯桓公在位十八年。諡號桓，故稱桓公。❷以　以之。省略「之」字。之，代指「請殺桓公」事。❸大宰　太宰；執政的卿。按魯國本無「太宰」官名，此處借用指百官之長，相當於後代的宰相。《史記・十二諸侯年表》敘此事云：「大夫翬請殺桓公，求為相。」〈魯周公世家〉亦云：「公子揮（翬）諂謂隱公曰：『百姓便君，君其遂立，吾請為君殺子允，君以我為相。』」皆以「相」解釋「大宰」，是。❹為其少故也　因為他年幼的緣故。按此句下有省略。據《史記・魯周公世家》，此下當有「故由我攝代。今允長矣」的話。❺授之　（將君位）交付給他。❻使　派人。❼營　經營；營造；建築。❽菟裘　魯國邑名，在今山東省泰安市東南樓德鎮。❾老焉　終老在那裏。老，養老；終老。焉，兼詞，相當於「於彼」兩字的意思。❿譖　以言語誣陷；進讒言。⓫弒之　殺掉隱公。⓬公之為公子也　魯隱公為公子的時候。按古代諸侯之子，凡未繼承君位或立為太子的，都稱為公子。⓭狐壤　鄭國地名，在今河南省許昌市北。⓮止　被俘獲。杜預注：「內諱獲，故言止。」⓯尹氏　杜預注：「尹氏，鄭大夫。」⓰賂　賄賂；以財物買通人而有所請託。⓱禱　祈禱；禱告。⓲主　祭祀的神主。⓳鍾巫　神名。尹氏家族立以為祭祀的神主。⓴立其主　（在魯國）立鍾巫的神主。㉑公祭鍾巫　魯隱公將要祭祀鍾巫。省略「將」字。㉒齊　同「齋」。齋戒。古人在祭祀前，要穿整潔衣服，不喝酒，不吃葷，表示虔誠。㉓社圃　魯國園名。㉔館　住宿。㉕寫氏　魯國大夫。㉖壬辰　（十一月）十五日。㉗使賊　派壞人。㉘寫氏　寫家。㉙有死者　（寫氏家）有被枉殺的人。㉚不書葬　《春秋》不記載安葬隱公。㉛不成喪　指桓公沒有按國君的規矩為隱公舉行喪禮。杜預注：「桓弒隱篡立，故喪禮不成。」

【語　譯】羽父請求魯隱公殺掉桓公，想要以此求得最高執政的官職。隱公說：「因為他年幼的緣故，所以我代為攝政。現在他已成長，我打算把國君的位置交付給他了。我派人在菟裘建築房屋，我打算在那裏終老。」羽父很害怕，就反過來在桓公那裏誣陷隱公，而且請求桓公殺掉隱公。當隱公還是公子的時候，曾在狐壤與鄭國人作戰，在那裏被俘虜。鄭國人把他囚禁在尹氏那裏。隱公賄賂尹氏，並且在尹氏的祭主鍾巫神前禱告，於是就和尹氏一起回到魯國，而在魯國立了鍾巫的神主。十一月，魯隱公將要祭祀鍾巫，在社圃齋戒，住在魯國大夫寫氏那裏。十五日，羽父派壞人在寫家刺殺隱公，立桓公為國君，而且討伐寫氏，寫氏家有人被枉殺。《春秋》不記載安葬隱公，是因為桓公沒有按國君的規矩為隱公舉行喪禮。

【說　明】這一段記敘魯隱公被殺的經過。公子翬（羽父）是一個有野心的壞人，在此以前曾不聽隱公的話，擅自率師助宋伐鄭；又曾先於隱公會齊、鄭之師伐宋；說明他好表現自己，企圖以此顯示他在魯國有非同尋常的地位。而隱公卻一再容忍，以致使他發展到要挾隱公讓他當最高執政官作為條件，他請求殺掉桓公，讓隱公由攝政變為正式國君。但隱公是個恪守禮節的正派人，他時刻不忘自己是惠公庶子，不應當正式為國君，當年之所以攝政，因為桓公年幼。如今桓公已成長，應當把君位交付給他；自己就退隱到外地養老至終。這樣一來，羽父不但沒有達到目的，卻使他處於危險境地。因為一旦桓公即位，隱公將羽父請殺桓公之事告訴桓公，羽父立即會遭殺身之禍，所以羽父非常恐懼。但他畢竟是個慣會使用陰謀詭計的壞人，為了保護自己，他施展卑鄙手段，反過來在桓公面前說隱公的壞話，誣陷隱公，而且請求桓公殺掉隱公。這充分暴露了羽父陰險毒辣的手腕和卑劣齷齪的心靈。

傳文接著回顧記載了隱公在未攝政前當公子時的一件事：在一次與鄭國作戰的戰役中隱公曾被俘，被鄭國人囚禁在尹氏處。隱公賄賂尹氏，並於尹氏祭主鍾巫前禱告，終於使自己與尹氏一起回到魯國，而在魯國立了鍾巫神主。這是為了說明隱公祭祀鍾巫而作的補充交代。

隱公被殺的時間是本年十一月，地點是在寪氏家，當時的情景是隱公將要祭祀鍾巫，已在社圃齋戒過。就在這月十五日，羽父派賊在寪氏家刺殺了隱公。立桓公為國君，並假禍於人，討伐寪氏，因此寪氏家就有人被冤枉誅殺。

這一段文字不多，但對隱公被殺的經過敘述得非常清楚。先寫被殺的原因，再插敘隱公祭祀鍾巫的緣由，然後寫被殺的時間、地點和環境，最後交代隱公被殺後的情況。情節曲折，文字精鍊，層次井然，結構完整，是一篇非常精彩的好文章。

桓公

【題　解】魯桓公，名軌。一說名允。魯惠公之子，魯隱公之異母弟。桓，謚號。《逸周書・謚法解》：「辟土服遠曰桓」、「克敬勤民曰桓」。魯桓公於周桓王九年（西元前七一一年）即位，在位十八年。

魯桓公在位期間，魯國國力還較強，桓公與各國諸侯能通好，所以魯國太平無事。但他娶了齊襄公的妹妹文姜為妻，文姜與其兄通姦，被桓公發覺，結果齊襄公就派公子彭公把魯桓公殺死。這是齊、魯兩國歷史上的醜事。

在這十八年中，最重要的一件事是周桓王解除了鄭莊公的卿士職位，不讓他執周王室政，鄭莊公從此就不朝見周天子，周桓王帶領諸侯之兵攻打鄭國，繻葛之戰，王師大敗，周桓王都受了箭傷。從此以後，周王室一蹶不振，在諸侯心目中的地位就大大降低了。

在此期間，各諸侯國之間和多於戰。唯楚國在此期間不甘於小國地位，侵隨、圍鄾、敗鄖、伐絞、伐羅，竭力擴張。而諸侯國內部的鬥爭也很激烈。如宋國發生華父督弒殤公，立莊公。晉國發生曲沃武公殺晉君小子。鄭國在莊公死後，內亂不斷。先是發生立昭公忽和立厲公突的鬥爭，結果是昭公忽出逃到衛國；不久，忽又回鄭國，厲公突奔蔡國；昭公被殺，立公子亹；齊人殺子亹，又立子儀。衛國也發生左公子洩、右公子職立公子黔牟為國君，衛惠公出奔到齊國。這些都說明春秋初期各諸侯國內部爭奪君位的鬥爭是很殘酷而激烈的。

元年

庚午，西元前七一一年。周桓王九年、齊僖公二十年、晉哀侯七年、秦寧公五年、楚武王三十年、宋殤公九年、衛宣公八年、陳桓公三十四年、蔡桓侯四年、曹桓公四十六年，鄭莊公三十三年、燕穆侯十八年、杞武公四十年、曲沃武公五年。

經 元年春王正月，公即位。

三月，公會鄭伯于垂，鄭伯以璧假許田。

夏四月丁未，公及鄭伯盟于越。

秋，大水。

冬十月。

傳 元年春，公❶即位❷，修好❸于鄭。鄭人請復祀周公❹，卒❺易祊田❻。公許之。三月，鄭伯以璧假許田❼，為周公、祊故❽也。

夏四月丁未❾，公及鄭伯盟于越❿，結祊成⓫也。盟⓬曰：「渝⓭盟，無享國⓮！」

秋，大水。凡平原出水⓯為大水。

冬，鄭伯拜盟⓰。

宋華父督⑰見孔父⑱之妻于路，目逆而送之⑲，曰：「美而艷。」

【注釋】❶公 指魯桓公。魯桓公名軌，魯惠公的嫡子，魯隱公的異母弟。在位十八年。謚號桓。❷即位 古代指天子或諸侯登位正式就職。❸修好 指國與國之間建立友好關係。❹復祀周公 鄭莊公請求捨棄泰山的祭祀而祭祀周公。見隱公八年。❺卒 完成。❻易祊田 交換祊的土地。按隱公八年記載鄭國已派宛來魯國將祊地歸於魯國，魯國已接受祊地，但魯國沒有將許地給予鄭國。所以鄭國又請祭祀周公而完成以祊換許的交易。❼以璧假許田 用（增加）玉璧來交換許田。按當初魯國接受祊地而沒有把許田給予鄭國，可能因為祊地小而許田大，不足抵償的緣故，所以鄭國又增加玉璧來交換。假，借。這是諱言交換而用的辭令。❽為周公祊故 猶言為鄭國請求祭祀周公和以祊田歸魯換許田的緣故。❾四月丁未 四月初二日。❿越 約在今山東省曹縣附近。⓫結祊成 為交換祊地之事結好。⓬盟 盟誓。⓭渝 違背。⓮無享國 不能享有國家。⓯出水 淹水。⓰拜盟 拜謝結盟。⓱華父督 宋國太宰（最高執政官），名督，字華父。古人名和字連敘時，先字後名。其孫以祖父字為氏，「華父」始成為姓氏。⓲孔父 宋國大司馬，名嘉。見隱公三年。⓳目逆而送之 以目迎之而又以目送之。即看著她過來又看著她過去。

【語譯】魯桓公元年春天，魯桓公登國君位，對鄭國重修友好。鄭國人請求再祭祀周公，完成祊田的交換。桓公應允了他。三月，鄭莊公用增加玉璧來交換許田，這是為了請求祭祀周公和以祊田交換許田的緣故。

夏季四月初二日，魯桓公和鄭莊公在越地結盟，這是為了祊田的交換而結好。盟辭說：「如果違背盟約，就不能享有國家！」

秋天，發大水。凡是平原淹了水，就叫做大水。

冬天，鄭莊公來魯國拜謝結盟。

宋國的華父督在路上遇見孔父的妻子，目光迎著她走過來又目送她走過去，說：「既漂亮，又艷麗。」

【說明】本年主要敘述鄭國以祊田與魯國交換許田而訂盟的事。因為祊田小而又遠離鄭國，許田大而又鄰近鄭國，所以鄭莊公對這一交換非常積極，早在隱公八年先把祊田送給魯國。而魯隱公對此事則一直拖延著，既接受了祊田，卻不主動把許田送給鄭國。如今魯桓公新即位，急於想跟鄭國友好，聰明狡猾的鄭莊公認定了這是一個絕好的機會，所以又重提以祊換許的事。他也看出魯桓公的猶豫態度，所以又以增加玉璧的條件來換取許田。交換成功，又訂了盟辭，終於滿足了鄭莊公的願望，所以在冬天又主動來魯國表示拜謝結盟。這裏還需說明的是經文稱「公會鄭伯于垂」，傳文只說「修好于鄭」，這是傳文省略了會見的地點。

這一年的最後一節「宋華父督見孔父之妻于路」，現代學者多認為應與下年傳文「二年春，宋督攻孔氏，殺孔父而取其妻」連接，合為一傳，文意才連續而顯豁。今本將此段提前而與下文隔絕，可能是後人分傳附經而割裂所致。

二年

辛未，西元前七一〇年。周桓王十年、齊僖公二十一年、晉哀侯八年、秦寧公六年、楚武王三十一年、宋莊公馮元年、衛宣公九年、陳桓公三十五年、蔡桓侯五年、曹桓公四十七年、鄭莊公三十四年、燕宣侯元年、杞武公四十一年、曲沃武公六年。

經 二年春，王正月戊申，宋督弒其君與夷及其大夫孔父。

滕子來朝。

三月，公會齊侯、陳侯、鄭伯于稷，以成宋亂。

夏四月，取郜大鼎于宋。戊申，納于大廟。

秋七月，杞侯來朝。

蔡侯、鄭伯會于鄧。

九月，入杞。

公及戎盟于唐。

冬，公至自唐。

傳 二年春，宋督❶攻孔氏❷，殺孔父而取其妻。公❸怒，督懼，遂弒殤公。

君子以督為有無君之心❹，而後動於惡❺，故先書弒其君❻。會于稷❼，以成❽宋亂❾，為賂故❿，立華氏⓫也。

宋殤公立，十年十一戰⓬，民不堪命⓭。孔父嘉為司馬⓮，督為大宰⓯，故因民之不堪命，先宣言⓰曰：「司馬則然⓱。」已⓲殺孔父而弒殤公，召莊公⓳于鄭而立之⓴，以親鄭。以郜㉑大鼎㉒賂公㉓，齊、陳、鄭皆有賂，故遂相宋公㉔。

【注釋】❶宋督　宋國的華父督。❷孔氏　孔父嘉。按此時孔父尚未以孔為氏，「孔氏」是其孫以祖父字為氏才開始。此為後人追寫之辭。❸公　指宋殤公。❹以督為有無君之心　認為華父督是早有無視國君之心。❺動於惡　出於惡念的行動。❻先書弒其君　《春秋》先寫「弒其君」。按這三句是對《春秋》記載的解釋。督殺孔父在前，弒君在後；而《春秋》則將「弒其君與夷」放在前面，然後寫「及其大夫孔父」。孔父是宋穆公臨終時的託孤大臣（見隱公三年），督竟敢擅殺他，說明他心目中早無國君了。所以《春秋》將「弒其君」放在前面。❼會于稷　指《春秋》記載的「公會齊侯、陳侯、鄭伯于稷」。稷，宋國地名，約在今河南省商丘市境內。❽成　成就；成全。❾宋亂　宋國的叛亂。❿為賂故　因為接受了賄賂的緣故。⓫立

華氏　建立了華父督掌權的宋國。按華父督此時也未以華為氏，此處乃後人追寫之辭。⓬十一戰　十一次戰爭。指隱公四年兩次，隱公五年三次，隱公九年一次，隱公十年四次，隱公十一年一次。⓭不堪命　不能忍受宋殤公的命令。⓮司馬　官名，西周始置，春秋時沿用，掌管軍政和軍賦。⓯大宰　官名，亦作「太宰」。見隱公十一年。⓰宣言　揚言；宣傳。⓱則然　就這樣。指頻繁地發動戰爭。⓲已　隨後；旋即。⓳莊公　宋莊公。名馮，宋穆公之子，（宋穆公臨終時出住鄭國，見隱公三年。）宋國第十六位國君，在位十八年。⓴立之　立他為國君。㉑郜　國名。姬姓。始封之君為周文王之子，國都在今山東省成武縣東南。春秋時早被宋國所滅。見隱公十年。㉒鼎　古代以為立國的重器。多用青銅製成，圓形，三足兩耳。夏、商、周三代以九鼎為傳國重器，故稱定國都為「定鼎」。㉓賂公　賄賂魯桓公。㉔相宋公　輔佐宋莊公；為宋公相。

【語　譯】魯桓公二年春，華父督攻打孔父，殺死了孔父嘉而佔有他的妻子。宋殤公發怒，華父督害怕，就殺死了宋殤公。

君子認為華父督是早有不把國君看重的心，而後才有出於惡念的行動殺死託孤大臣，所以《春秋》先記載「弒其君」。《春秋》記載魯桓公在稷地會見齊僖公、陳桓公、鄭莊公，為了成全宋國的叛亂，這是因為接受了賄賂的緣故，於是建立了華父督執政的宋國政權。

宋殤公即位以來，十年中發生了十一次戰爭，百姓不能忍受。孔父嘉是掌管軍事的司馬，華父督是掌管行政的太宰，所以華父督就趁百姓的不堪命，早就揚言說：「司馬就是這樣頻繁地發動戰爭。」隨後就殺了孔父嘉而又殺了殤公，把莊公從鄭國召回而立他為國君，以此親近鄭國。華父督還用郜國的大鼎賄賂魯桓公，對齊、陳、鄭諸國也都有賄賂，所以就讓他輔佐宋莊公了。

【說　明】華父督殺死孔父嘉，是因為貪色，見孔父嘉的妻子「美而艷」，想佔為己有。接著他又弒君，是因為害怕宋殤公會懲罰他。這種為了個人自私目的而殺死託孤大臣乃至弒君，在當時是大逆不道的事，為什麼沒受到嚴懲，卻得到各國的承認並支持他「相宋公」呢？表面上看是因為各國受了他的賄賂。其實這裏面還有深層的原因。首先是宋殤公在十年中發動十一次戰爭，「民不堪命」，不得民心。而華父督正是利用這一點，向百姓宣傳「司馬則然」，表明他自己「則不然」，自己沒有責任，以此誘惑百姓。其次，更重要的原因在於：

宋殤公發動的十一次戰爭，只有一次「取邾田」與鄭國無關，其他十次都是與鄭國戰爭。宋、鄭戰爭的根本原因，就在於宋公子馮出居在鄭國，鄭莊公一直想把他送回宋國立為國君，而宋殤公和孔父嘉當然是不能接受的，所以戰爭不斷，怨仇不解。如今華父督殺孔父、弒殤公而迎立公子馮，正符合鄭莊公的願望，所以魯、齊、陳、鄭在稷會見，實欲成全此事，且讓華父督輔佐公子馮，所以華父督對各國都有賄賂。由此可見，殺宋殤公和孔父嘉而立莊公，乃當時宋國內外形勢發展的必然結果。

傳 夏四月，取郜大鼎于宋。戊申❶，納❷于大廟❸，非禮也。臧哀伯❹諫曰：「君人者❺，將昭德❻塞違❼，以臨照❽百官，猶懼或失之❾，故昭令德❿以示⓫子孫。是以⓬清廟⓭茅屋⓮，大路⓯越席⓰，大羹⓱不致⓲，粢食⓳不鑿⓴，昭其儉㉑也。袞㉒、冕㉓、黻㉔、珽㉕，帶㉖、裳㉗、幅㉘、舄㉙，衡㉚、紞㉛、紘㉜、綖㉝，昭其度㉞也。藻㉟、率㊱、鞞㊲、鞛㊳，鞶㊴、厲㊵、游㊶、纓㊷，昭其數㊸也。火㊹、龍㊺、黼㊻、黻㊼，昭其文㊽也。五色㊾比象㊿，昭其物(51)也。鍚(52)、鸞(53)、和(54)、鈴(55)，昭其聲也。三辰(56)旂旗(57)，昭其明也。夫德(58)，儉(59)而有度(60)，登降(61)有數(62)，文(63)、物(64)以紀(65)之，聲(66)、明(67)以發(68)之，以臨照百官。百官於是乎戒懼(69)，而不敢易(70)紀律。今滅德(71)立違(72)，而寘(73)其賂器(74)於大廟，以明示(75)百官。百官象之(76)，其又何誅(77)焉？國家之敗，由官邪(78)也；官之失德，寵賂(79)章(80)也。郜鼎在廟，章孰甚焉(81)？武王(82)克商(83)，遷九鼎(84)于雒邑(85)，義士(86)猶或非之(87)，而況(88)將昭違亂(89)之賂器於大廟，其若之何(90)？」公不聽。周內史(91)聞之(92)，曰：「臧孫達(93)其有後於魯(94)乎！君違(95)，不忘諫之以德(96)。」

【注　釋】❶戊申　（四月）初九日。❷納　放入。❸大廟　太廟；諸侯的祖廟。❹臧哀伯　魯國大夫，名達，臧僖伯之子。又稱臧孫達。哀，是他死後的諡號。《逸周書·諡法解》：「恭仁短折曰哀。」❺君人者　統治人民的人。❻昭德　使德行昭著；發揚德行。❼塞違　杜塞邪惡。違，錯失；邪惡。❽臨照　照臨。比喻察視。❾或失之　有時有失誤的地方。❿令德　美德。⓫示　示範。按「示」後省略介詞「于」字。⓬是以　以是；因此。⓭清廟　太廟；天子、諸侯的祖廟。因其清淨肅然，故稱。⓮茅屋　以茅草覆蓋屋頂。⓯大路　即大輅，古代天子祭天時乘的車。⓰越席　用蒲草編的席子。⓱大羹　肉羹；肉汁。⓲不致　不以酸、苦、辛、鹹、甘五味調和。即不放調料。⓳粢食　以黍稷稻粱麥苽六穀做成的飯。猶言主食。⓴不鑿　不舂掉黍稷等穀物的殼。即用糙米而不用精米。㉑昭其儉　表明他的節儉。昭，明示；表明。㉒袞　古代天子及上公祭祀時穿的禮服，上畫有卷曲的龍，稱袞服。㉓冕　古代天子、諸侯、卿大夫戴的禮帽。後為帝王專用。㉔黻　通「韍」或「芾」。用熟皮革製成的蔽膝。㉕珽　玉笏；古代天子朝見羣臣時所持的狹長板子。天子所用玉笏，長三尺，又名大圭。諸侯的笏用象牙製成，大夫與士的笏用竹製成，但大夫笏有鮫魚皮裝飾。㉖帶　用絲織成用以束腰的大帶。天子、諸侯都是生帛帶，全帶兩側飾繒彩，天子大帶還以紅色為裏。㉗裳　下衣。即裙子。㉘幅　古人用布從足背纏至膝，逼束小腿，纏時邪（斜）行而上，所以又名邪幅。類似今之綁腿。㉙舄　古代雙層底的鞋子。㉚衡　用來固定冠的橫簪。長一尺二寸，天子的橫簪用玉製成，諸侯的用似玉之石製成。㉛紞　懸瑱的繩。用織線製成。垂於冠的兩旁，對準兩耳，下端繫瑱。瑱是用似玉的美石製成的。紞和瑱都可稱為充耳。㉜紘　繫冠冕的繩。以一頭先結於左端簪上，另一頭繞過頤下，屈而向上，結於右端簪上。㉝綖　古代冕以版為質，用黑布裹起來，覆於冕上的布稱為綖。杜預注：「綖，冠上覆。」㉞度　制度。以上十二物皆說祭服，尊卑上下都有制度。昭明制度來表明德行。㉟藻　墊玉的彩色板。以木板製作，外包熟皮，畫有色彩。又名繅藉。㊱率　通「帨」。佩巾。㊲鞞　刀鞘。㊳鞛　同「琫」。佩刀刀把處的裝飾。㊴鞶　皮革製的束衣帶。㊵厲　帶飾；鞶帶下垂的裝飾物。㊶游通「旒」。古代旒旗附著下垂的飄帶。㊷纓　馬鞅。即駕車時套在馬頸上的皮帶。㊸昭其數　表明各級的數量。按以上八物各以尊卑地位高低規定佩飾不同的數量，不能逾越。杜預注：「尊卑各有數。」㊹火　畫火形。即半環形。㊺龍　畫龍形。㊻黼　用白黑兩色所刺繡的一對斧頭形。㊼黻　用黑青二色刺繡的似兩弓相背形的花紋。以上四種，都是禮服上繪繡的花紋。㊽文　文采：文飾。㊾五色　指青、黃、赤、白、黑五種顏色。古代以此為正色。㊿比象　繪出山、龍、花、蟲等物象。(51)物　物色。(52)錫　馬額上的金屬裝飾物，行走時發出聲響。(53)鸞　通「鑾」。古代置於馬嚼子或車衡上方的車鈴。(54)和　裝在車前橫木上的小鈴。(55)鈴　旌旗上的小鈴。(56)三辰　日、月、星。(57)旂旗　旗的總稱。(58)德　即前文的「昭德」。發揚美德。(59)儉　節儉。承上「大羹不致，粢食不鑿」。(60)度　法度；制度。承上「袞、冕、黻、珽」等十二物。(61)登降　增減。(62)有數　有一定的數量。承上「昭其數」。(63)文　文飾。承上「昭其文」。(64)物　物色。承上「昭其物」。(65)紀　記錄。(66)聲　聲音。承上「昭其聲」。(67)明　明亮。承上「昭其明」。(68)發　發揚。(69)戒懼　警戒和畏懼。(70)易　違反。(71)滅德　消除道德。與上文「昭德」相反。(72)立違　樹立邪惡。與上文「塞違」相反。(73)寘　同「置」。放。(74)賂器　賄賂的器物。指郜鼎。(75)明示　明顯示範。(76)象之　效法它；摹擬它。(77)其又何誅　那還能懲罰誰。其，那。指示形容詞。何誅，誅何；懲罰誰。(78)由官邪　由於官吏的邪惡。指官吏橫行霸道，壓榨百姓。(79)寵賂　受寵而接受賄賂。(80)章　彰明；明顯。(81)章孰甚焉　還有什麼比這更明顯的呢。章，明顯的賄賂。孰，什麼。甚，更。焉，兼詞。於此。(82)武王　周武王。周王朝的建立者。姬姓，名發。(83)克商　滅亡商朝。(84)九鼎　相傳夏禹收九州所貢之金而鑄，象徵九州，夏、商、周三代奉為傳國之寶。商湯遷之於商邑，周武王遷之於洛邑。(85)雒邑　即洛邑，周公築城，稱東都。平王東遷，以此為都，稱王城。戰國後改名洛陽。在今河南省洛陽市。(86)義士　指伯夷、叔齊。《漢書・王吉貢禹傳序》：「昔武王伐紂，遷九鼎於雒邑，伯夷、叔齊薄之，餓于首陽，不食其祿。」(87)非之　以之為非；認為他不對。(88)而況　更何況。(89)昭違亂　昭明邪惡叛亂。(90)其若之何　那把它怎麼辦。其，那。指示形容詞。若何，如何；怎樣。之，代詞。指將郜鼎置於大廟。(91)內史　周王室官名，或稱作冊內史、作命內史，掌管著作簡冊，策命諸侯卿大夫，以及爵祿的廢置。(92)之　代詞。指臧哀伯勸阻魯桓公納郜鼎於大廟事。(93)臧孫達　即臧哀伯。(94)其有後於魯　他必有後代在魯國長享爵祿。杜預注：「僖伯諫隱觀魚，其子哀伯諫桓納鼎，積善之家必有餘慶，故曰其有後於魯。」(95)違　違背當時禮制。(96)諫之以德　以德諫之。用道德來勸諫他。

【語　譯】夏季四月，從宋國取得郜國的大鼎。初九日，放進太廟，這是不合於禮的。臧哀伯勸諫說：「作為統治人民的國君，要發揚道德而阻塞邪惡，以統領百官，還怕有時有失誤的地方，所以發揚美德來向子孫示範。因此太廟用茅草蓋頂，大輅用蒲席鋪墊，肉羹不放調料，主食不吃精米，這是為了表示他的節儉。禮服、禮帽、蔽膝、大圭、大帶、裙子、綁腿、鞋子、橫簪、瑱繩、冠繫、冕布，尊卑各有規定是為了表示他的制度。繅藉、佩巾、刀鞘、鞘飾、革帶、帶飾、飄帶、馬鞅，各等多少不同是為了表示規定的數量。畫火、畫龍、繡黼、繡黻，是為了表示文飾。五種顏色繪出各種物象，是為了表示色彩。錫鈴、鑾鈴、和鈴、旗鈴，是為了表示聲音。畫有日月星的旌旗，是為了表示明亮。所謂發揚美德，必須節儉而有制度，增減有一定的數量，用文飾、色彩來記錄它，用聲音、光亮來發揚它，以此向百官作明顯的表示。百官在此情況下才有所警戒畏懼而不敢違反紀律。現在消除道德而樹立邪惡，而把受賄的器物放置在太廟裏，以此向百官作明顯的壞榜樣。百官效法這樣做，那還能懲罰誰呢？國家的衰敗，是由於官吏的邪惡，官吏的失德，是由於受寵而賄賂公行。郜鼎放在太廟裏，還有什麼比這更明顯的受賄呢？武王滅亡商朝，把九鼎遷到王城，像伯夷、叔齊等義士尚且認為這樣做不對，更何況將表明邪惡叛亂的賄賂器物放在太廟裏，那又該把它怎麼辦？」魯桓公不聽從。周朝的內史聽到這件事，說：「臧孫達他必有後代在魯國長享爵祿吧！國君違背禮制，沒有忘記用道德來勸諫他。」

【說　明】這一段主要記敘魯桓公把宋國賄賂的郜國大鼎放入太廟，大夫臧哀伯進行勸諫，但魯桓公不聽。臧哀伯的勸諫，其出發點是維護當時的禮制，認為將受賄的大鼎放進太廟不合禮制，是向百官作出了壞榜樣。在臧哀伯的勸諫中，有些話在今天看來還是有意義的。那就是：作為國君，應該「昭德塞違」。就是說應該發揚道德，阻塞邪惡，以此來監察百官。還要發揚美德向子孫示範。這樣才能使百官戒懼而不敢違反，百姓才能安定，國家政權才能鞏固。如今將受賄的器物放入太廟，那就是消除道德而樹立邪惡，這正是國君最不應該做的。因為這樣做就是向百官作出了壞榜樣。如果官吏們都效法而受賄，那又怎樣懲罰呢？國家的衰敗，往往由於官吏的邪惡引起的。而官吏的失德，又正因為受寵而賄賂公行造成的。這些言論，不但在當時是合於禮的，所以受到周內史的稱讚。實際上在各個朝代，這些言論也都是屬於正當而合理的。而且即使在文明時代的今天，對於各個國家的所有領導人來說，都還是有借鑑作用的。

傳 秋七月，杞侯❶來朝❷，不敬。杞侯歸，乃謀❸伐之。

蔡侯、鄭伯會于鄧❹，始懼楚❺也。

九月，入杞，討不敬也。

公及戎盟于唐❻，修舊好❼也。

冬，公至自唐❽，告于廟❾也。凡公行，告于宗廟。反行❿，飲至⓫、舍爵⓬、策勳⓭焉，禮也。特⓮相會，往來⓯稱地⓰，讓事⓱也。自參⓲以上，則往⓳稱地，來⓴稱會，成事㉑也。

【注釋】❶杞侯　杞武公。杞，國名。姒姓。本為舊封國，周武王滅商，求夏禹之後代，得東樓公，封於杞，侯爵。此為重封，故又稱「夏」。國都雍丘，在今河南省杞縣。杞成公時遷緣陵（今山東省昌樂縣東南），杞文公時遷淳于（今山東省安丘市東北），西元前四四五年為楚國所滅。❷來朝　來魯國會見魯桓公。❸謀　商議；策劃。❹鄧　蔡國邑名。在今河南省郾城縣東南。❺楚　國名。羋姓。始祖鬻熊。原是商的盟國。周成王封熊繹於荊山一帶，子爵，是楚國受封之始。自稱顓頊之後。雖服從周，但常與周發生戰爭，周人稱之為荊蠻。熊渠為國君時，疆土擴大到長江中游。後建都於郢（今湖北省荊州市江陵區西北）。本年為楚武王三十一年，中原諸國害怕楚國從此開始。杜預注：「楚武王始僭號稱王，欲害中國。蔡、鄭，姬姓，近楚，故懼而會謀。」❻唐　魯國地名。即棠邑。在今山東省魚臺縣。❼修舊好　魯隱公二年曾與戎人結盟，今又結盟，所以說「修舊好」。❽至自唐　自唐地返至國都。❾告于廟　回來祭告了宗廟。按這句是解釋《春秋》記載「至自唐」的原因。⑩反行　返回。⑪飲至　古代的一種典禮：諸侯朝、會、盟、伐回來，都要祭告宗廟，飲宴臣下，叫做「飲至」。⑫舍爵　置杯（飲酒）。舍，設置。爵，古雀字，形狀似雀的酒杯。⑬策勳　記載功勳於簡策上。策，用作動詞。⑭特　單獨。⑮往來　前去別國或別國國君來。⑯稱地　記載會見的地點。⑰讓事　謙讓誰為會主的會見。杜預注：「特相會，公與一國會也。會必有主，二人獨會，則莫肯為主，兩讓，會事不成，故但書地。」⑱參　同「叁」。即「三」。⑲往　魯國前往。⑳來　他國來魯國。㉑成事　與上文「讓事」相對成文。三國以上相會，必有一國擔任主人，主人已定，就完成會見。

【語　譯】秋季七月，杞武公來魯國朝見魯桓公，不恭敬。杞武公回國後，魯國就策劃討伐他。

蔡桓侯、鄭莊公在鄧地會見，這是因為他們開始對鄰近的楚國有所畏懼。

九月，魯軍攻入杞國，這是為了討伐杞武公對魯桓公的不恭敬。

魯桓公和戎人在唐地結盟，這是為了重溫過去魯國和戎人的友好關係。

冬天，魯桓公從唐地回來，《春秋》所以記載是因為回來後祭告了宗廟。凡是國君出去，要向宗廟祭告。返回後，祭告宗廟然後宴請臣下，置杯勸酒，在簡策上記載功勳，這是合於禮的。單獨與別國國君相會，無論前去別國或別國國君來魯國，都記載會見的地點，這因為是互相謙讓誰為會主的會見。三個以上國君的會見，那就前往別國時記載會見的地點，別國國君來魯國就只記載會見而不記載會見的地點。因為這是已經定了主人，完成手續的會見。

【說　明】這一大段，全部是對《春秋》經文的解釋。一是說明「杞侯來朝」的情況是「不敬」，所以魯國準備討伐他。二是解釋「蔡侯、鄭伯會于鄧」的原因是開始懼怕楚國。三是說明魯國「入杞」的原因是討伐他對魯國的不敬。四是解釋「公及戎盟于唐」的目的是為了修舊好。五是解釋《春秋》記載「公至自唐」，是表示魯桓公回來向宗廟作了祭告。並說明當時諸侯出行和歸來應該履行的禮節以及《春秋》記載諸侯會見的規則。

傳 初，晉①穆侯②之夫人姜氏③，以條之役④生大子⑤，命⑥之曰仇⑦。其弟⑧以千畝之戰⑨生，命之曰成師⑩。師服⑪曰：「異⑫哉，君之名子⑬也！夫⑭名以制義⑮，義以出禮⑯，禮以體政⑰，政以正民⑱，是以⑲政成⑳而民聽㉑。易㉒則生亂。嘉耦㉓曰妃，怨耦㉔曰仇，古之命㉕也。今君命大子曰仇，弟曰成師，始兆㉖亂矣。兄其替㉗乎！」

惠之二十四年㉘，晉始亂，故封桓叔㉙于曲沃㉚。靖侯㉛之孫欒賓㉜傅之㉝。師服曰：「吾聞國家之立也，本㉞大而末㉟小，是以能固㊱。故天子建國㊲，諸侯立家㊳，卿置側室㊴，大夫有貳宗㊵，士㊶有隸子弟㊷，庶人㊸、工㊹、商㊺各有分親㊻，皆有等衰㊼。是以民服事㊽其上㊾，而下㊿無覬覦(51)。今晉，甸侯(52)也；而建國(53)，本既弱(54)矣，其(55)能久乎？」

惠之三十年(56)，晉潘父(57)弒昭侯(58)而納桓叔，不克(59)。晉人立孝侯(60)。

惠之四十五年(61)，曲沃莊伯(62)伐翼(63)，弒孝侯。翼人立其弟鄂侯(64)，鄂侯生哀侯(65)，哀侯侵陘庭(66)之田。陘庭南鄙(67)啟(68)曲沃伐翼。

【注釋】①晉　國名。姬姓。侯爵。始封之君為周成王的弟弟叔虞。國都翼，今山西省翼城縣。②穆侯　名費生，一作費王。晉獻侯之子。晉國第九位國君，在位二十七年。謚號穆，故稱穆侯。《逸周書・謚法解》：「布德執義曰穆。」③姜氏齊國之女。齊國姜姓，故稱姜氏。《史記・晉世家》：「穆侯四年，取齊女為夫人。」❹以條之役　在伐條戎的戰役中。以，於；在。條，條戎。約在今山西省舊安邑縣治。《竹書紀年》：「王師及晉穆侯伐條戎、奔戎，王師敗逋。」❺大子　太子。❻命　命名；取名。❼仇　因伐條失敗，故為兒子取名為仇。後即位，為晉文侯。文，是仇的諡號。《史記・晉世家》：「(穆侯)七年，伐條，生太子仇。」按穆侯七年為周宣王二十三年，魯孝公二年，西元前八〇五年。❽其弟　仇的弟弟。❾千畝之戰　在千畝地方的戰役。千畝，晉國地名，在今山西省安澤縣北。《史記・晉世家》：「(穆侯)十年，伐千畝，有功，生少子，名曰成師。」❿成師　因作戰勝利，故取名叫成師。⓫師服　晉國大夫。⓬異　奇怪。⓭名子　為兒子取名。⓮夫　發語辭。表示議論的開始。⓯制義　表示義；合於義。⓰義以出禮　禮由義出；義是禮的根源。⓱體政　政事的骨幹。⓲正民　端正百姓。⓳是以　以是；因此。⓴政成　政事成功。㉑民聽　百姓服從。㉒易　違反。㉓嘉耦　美好的配偶。耦，同「偶」。㉔怨耦　怨恨的配偶。㉕命　命名。㉖始兆　開始預兆。㉗其替　大概要衰微。其，殆；大概。替，衰微。按《史記・晉世家》記載師服語略有不同：「異哉，君之命子也！大子曰仇，仇者，讎也。少子曰成師，成師大號，成之者也。名，自命也；物，自定也，今適(嫡)庶名反逆，此後晉其能毋亂乎？」㉘惠之二十四年　魯惠公二十四年。即周平王二十六年，西元前七四五年。惠，魯惠公，隱公、桓公之父，魯國第十三位國君，在位四十六年。惠，諡號。《逸周書・諡法解》：「柔質慈民曰惠。」㉙桓叔　即成師。《史記・晉世家》：「文侯仇卒，子昭侯伯立。昭侯元年，封文侯弟成師于曲沃。曲沃邑大於翼。翼，晉君都邑也。成師封曲沃，號為桓叔。……桓叔是時年五十八矣，好德，晉國之眾皆附焉。君子曰：『晉之亂其在曲沃矣。末大於本而得民心，不亂何待！』」㉚曲沃　邑名。在今山西省聞喜縣東北。㉛靖侯　晉國第六位國君，名宜臼，在位十八年。是桓叔的高祖父。晉厲侯之子。靖，諡號。㉜欒賓　晉靖侯的庶孫，桓叔的叔祖。㉝傅之　輔佐他。㉞本　根本。㉟末　枝葉。㊱固　鞏固。㊲建國　建諸侯國。按周朝分封子弟及功臣為公、侯、伯、子、男五等諸侯國。㊳立家　諸侯分采邑給卿大夫。卿大夫稱家。㊴側室　庶子；非嫡妻所生之子。杜預注：「側室，眾子也，得立此一官。」孔穎達疏引鄭玄曰：「正室，適(嫡)子也。正室是適子，故知側室是眾子，言其在適子之旁側也。」此謂卿立庶子之長者為側室之官。㊵貳宗　大夫的嫡子為小宗，其次者為貳宗，以相輔佐。㊶士　周代最低等級的貴族。春秋時，士多為卿大夫的家臣。㊷隸子弟　以子弟為僕隸。隸，奴僕。㊸庶人　從事農業生產的勞動者。㊹工　從事手工的技藝人。㊺商　從事貨物流通的人。㊻分親　以親疏為分別。㊼等衰　等差；級次。㊽服事　事奉。原指五服(以距離首都遠近分為五等)之內所封諸侯，各以服數事奉天子，故稱。㊾其上　他的上級。上，居上位的人。㊿下　居下位的人。(51)覬覦　非分的希望和企圖。(52)甸侯　在甸服內的諸侯國。甸服，五服之一，天子王城外方千里以內，距王城各面各五百里。53建國　又建侯國。54本既弱　根本已經衰弱。此指晉國已經衰弱，又割出曲沃，則更弱小。55其　通「豈」。56惠之三十年　魯惠公三十年。即周平王三十二年，西元前七三九年。57潘父　晉國大夫。58昭侯　名伯。文侯仇之子。晉國第十二位國君，在位七年。昭，是他的謚號。《逸周書・謚法解》：「昭德有勞曰昭。」又曰：「容儀恭美曰昭；聖聞周達曰昭。」59不克　未成功。60孝侯　名平，昭侯之子。晉國第十三位國君，在位十五年。孝，是他的謚號。《逸周書・謚法解》：「慈惠愛親曰孝。」又曰：「協時肇享曰孝；秉德不回曰孝。」61惠之四十五年　魯惠公四十五年。即周平王四十七年，西元前七二四年。62莊伯　名鱓，桓叔之子。見隱公五年。63翼　晉國都城。在今山西省翼城縣。64鄂侯　名郄。孝侯弟《史記・晉世家》及〈十二諸侯年表〉等都稱郄為孝侯子）。晉國第十四位國君，在位六年。65哀侯　名光。鄂侯之子。晉國第十五位國君，在位九年。哀，是他的謚號。按曲沃莊伯曾伐翼，鄂侯奔隨，周桓王立哀侯於翼，見隱公五年。66陘庭　晉都翼城南部邊境的城邑，在今山西省垣曲縣東北，翼城縣東南。67南鄙　南部邊境的人。68啟　開啟；引導。

【語譯】當初，晉穆侯的夫人姜氏在伐條戎的戰役中生了太子，因戰爭失敗而給兒子命名為仇。仇的弟弟是在千畝之戰的時候生的，因戰爭勝利而給兒子命名為成師。晉國大夫師服說：「奇怪啊！國君為兒子這樣命名！命名用來表示義，義產生禮，禮作為政事的骨幹，政事用來端正百姓，因此政事成功而百姓聽從，違反它就發生動亂。好的配偶叫做妃，怨恨的配偶叫做仇，這是古代的名稱。現在國君命名太子為仇，他的弟弟為成師，這就開始預兆動亂了。做哥哥的大概要衰微吧！」

魯惠公二十四年，晉國開始動亂，所以封桓叔在曲沃，由靖侯的孫子欒賓輔佐他。師服說：「我聽說國家的建立，根本大而枝葉小，因此能夠鞏固。所以天子分封土地建立諸侯，諸侯分采邑給卿大夫建家，卿設置側室，大夫有貳宗，士有僕隸子弟，農民、工人、商人各以親疏來分別，都有等差。因此百姓盡心事奉上位的人，在下位的人就沒有什麼非分的希望。現在晉國，是個甸服的侯國，而又另建侯國，它的根本已經衰弱，難道還能長久嗎？」

魯惠公三十年，晉國的大夫潘父殺了晉昭侯而接納桓叔，沒有成功。晉國人立了孝侯為國君。

魯惠公四十五年，曲沃莊伯攻打翼城，殺了晉孝侯。翼城人立孝侯的弟弟鄂侯為君。鄂侯生哀侯。哀侯侵襲陘庭的土地。陘庭南部邊境的人引發了下一年曲沃攻打翼城的事件。

【說　明】這一大段追敘晉國自穆侯以來的歷史。從穆侯生仇和成師起，預示著晉國開始進入動亂時期。尤其是文侯仇死後，其子昭侯伯封其叔成師（即桓叔）於曲沃，儼然成了兩個政權。而且曲沃這邑比晉都翼城還大，桓叔又能「好德」而「得民心」，這就使晉國的動亂不可避免了。第一次動亂是晉國大夫潘父弒昭侯而接納桓叔成師，但沒有成功，桓叔被晉國人打敗而返回曲沃，晉國人立了孝侯。隔了十五年，發生第二次動亂，桓叔之子曲沃莊伯攻打翼城，弒孝侯，但又沒有成功，晉國人又把曲沃莊伯打敗，莊伯又返回曲沃，晉國人立了鄂侯。第三次動亂就是隱公五年發生的曲沃莊伯又攻翼，結果鄂侯奔隨。但周桓王立晉哀侯於翼，所以莊伯又未得逞。此事見隱公五年。但本年這次「哀侯侵陘庭之田」，卻導致陘庭人引導曲沃伐翼。所以這一大段的敘述實際上是為下年「曲沃武公伐翼」作鋪墊。

三　年

壬申，西元前七〇九年。周桓王十一年、齊僖公二十二年、晉哀侯九年、秦寧公七年、楚武王三十二年、宋莊公二年、衛宣公十年、陳桓公三十六年、蔡桓侯六年、曹桓公四十八年、鄭莊公三十五年、燕宣侯二年、杞武公四十二年、曲沃武公七年。

經　三年春正月，公會齊侯于嬴。夏，齊侯、衛侯胥命于蒲。

六月，公會杞侯于郕。

秋七月壬辰朔，日有食之，既。

公子翬如齊逆女。

九月，齊侯送姜氏于讙。

公會齊侯於讙。

夫人姜氏至自齊。

冬，齊侯使其弟年來聘。

有年。

傳 三年春，曲沃武公❶伐翼，次❷于陘庭。韓萬❸御戎❹，梁弘❺為右❻。逐翼侯❼于汾隰❽，驂❾絓❿而止，夜獲之⓫，及欒共叔⓬。

【注釋】❶武公　曲沃武公，名稱，莊伯之子。在位三十九年。❷次　留宿三天以上。古代凡停宿一夜稱「舍」，兩夜為「信」，宿三夜以上稱「次」。❸韓萬　桓叔之子，曲沃莊伯之弟，武公之叔父。受封於韓，為戰國時韓國之祖。韓，當在今山西省河津市東。❹御戎　駕馭兵車。戎，指戰車。❺梁弘　曲沃大臣。❻為右　為車右。按古代兵車，主將居中，御者在左，武裝侍衛在右，稱車右，也稱戎右，掌戎車之兵革。戰時與君同車，在車之右，執戈盾，備制非常，並充兵革使役，如執兵器、著鎧甲及其他在車中的役使。❼翼侯　即在翼城的晉哀侯。❽汾隰　汾水邊低濕之地。汾，汾水。黃河第二大支流。在今山西省中部。源出寧武縣管涔山，經太原市南流到新絳縣折向西，在河津市西入黃河。隰，低下的濕地。❾驂　驂馬。

古代一車駕四馬，中間兩馬叫做服馬，兩旁的馬叫做驂馬。❿絓　絆住；糾結。⓫獲之　俘虜了晉哀侯。⓬欒共叔　晉大夫，名成。桓叔傅欒賓之子。按《國語・晉語一》：「（曲沃）武公伐翼，殺哀侯，止欒共子曰：『苟無死！吾以子見天子，令子為上卿，制晉國之政。』共子辭而死之。」《史記・晉世家》：「哀侯九年，伐晉于汾旁，虜哀侯。」可知哀侯與欒共叔一起被俘而死。

【語譯】魯桓公三年春天，曲沃武公攻打翼城，軍隊在陘庭駐紮了多天。韓萬為武公駕車，梁弘做車右。在汾水旁的低濕地追趕晉哀侯。由於哀侯的驂馬被樹條絆住而停了下來。夜裏俘獲了晉哀侯以及欒共叔。

【說明】本段內容應與上年的末一段文字連讀。上年的末一段說到晉哀侯侵襲陘庭的土地。陘庭南部邊境的人引導曲沃攻打翼城。所謂曲沃攻打翼城，就是指本段所敘述的內容。曲沃武公這次攻打翼城，軍隊駐紮在陘庭，顯然是得到陘庭百姓的支持的。看來，晉哀侯當時因戰敗而逃出翼城，被曲沃軍隊追逐到汾水邊。結果是晉哀侯和他的大夫欒共叔一起被俘而死。這是曲沃武公取得的最後勝利。從魯惠公三十年（西元前七三九年）潘父弒晉昭侯而接納桓叔失敗起，經過整六十年，其間又經歷兩次曲沃莊伯攻打翼城失敗，終於在本年由曲沃武公攻打翼城取得了成功。說明百姓支持是成功的關鍵。

傳 會于嬴❶，成昏❷于齊也。

夏，齊侯、衛侯胥命❸于蒲❹，不盟❺也。

公會杞侯于郕❻，杞求成❼也。

秋，公子翬如齊逆女❽，修先君之好，故曰「公子」❾。

齊侯送姜氏于讙❿，非禮也。凡公女⓫嫁于敵國⓬，姊妹，則上卿送之，以禮⓭

於先君；公子⓮，則下卿送之。於⓯大國，雖⓰公子，亦上卿送之。於天子，則諸卿皆行，公不自送。於小國，則上大夫送之。

冬，齊仲年⓱來聘⓲，致夫人⓳也。

芮伯萬⓴之母芮姜惡芮伯之多寵人㉑也，故逐之，出居于魏㉒。

【注釋】❶嬴　齊國邑名。在今山東省萊蕪市西北。❷成昏　訂婚。見隱公七年。❸胥命　諸侯相見，約言而不歃血。謂約言可信，不須盟誓。❹蒲　衛國地名，在今河南省長垣縣東。❺不盟　沒有盟誓。按：這是解釋《春秋》寫「胥命」的原因。❻郕　一作「成」，魯國地名，在今山東省寧陽縣東北。❼求成　請求講和。按桓公二年魯軍入杞討伐其不敬，故今來講和。❽逆女　迎接齊國之女。❾公子　這是解釋《春秋》寫「公子翬」的原因。在此以前如隱公四年、十年，《春秋》只寫「翬」，不稱「公子」。❿齊侯句　齊國姓姜，故稱齊女為姜氏。舊本無「于讙」二字，按：楊守敬所藏六朝人手寫《左氏傳》及日本金澤文庫本，在「姜氏」下都有「于讙」二字，今據補。讙，魯國地名，約在今山東省寧陽縣北。⓫公女　公室女子。⓬敵國　地位和力量相等的國家。⓭禮　禮敬；尊敬。⓮公子　女公子。指諸侯的女兒。⓯於　嫁於。承前省略動詞。以下各「於」字同。⓰雖　即使。⓱仲年　即夷仲年，齊僖公之弟。⓲聘　訪問。按：古代諸侯嫁女，又使大夫隨加聘問，即所謂「存謙敬，序殷勤」。⓳致夫人　春秋時諸侯女出嫁三月，又使大夫隨加聘問，稱作「致女」。意思是致成婦禮，篤婚姻之好。此處「致夫人」亦即「致女」之意。⓴芮伯萬　芮國國君名萬。芮，國名。姬姓。周初分封的諸侯國，在今陝西省大荔縣東南。㉑寵人　寵姬；寵愛之妾。㉒魏　古國名。姬姓。周初分封的諸侯國，在今山西省芮城縣。西元前六六一年被晉獻公攻滅，把它封給畢萬。芮城西三十里鄭村有芮伯城，當即芮伯萬被逐所居之地。

【語譯】魯桓公和齊僖公在嬴地會見，這是由於和齊女訂婚。

夏季，齊僖公、衛宣公在蒲地相見約言，《春秋》寫「胥命」是由於沒有盟誓。

魯桓公和杞武公在郕地會見，這是因為杞國請求講和。

秋天，公子翬到齊國迎接齊女，重修前代國君的舊好，所以《春秋》稱翬為「公子」。

齊僖公護送姜氏到讙地，這是不合於禮的。凡是本國公室之女出嫁到地位相等的諸侯國，如果是國君的姊妹，就由上卿護送她，用以表示對前代國君的尊敬；如果是國君的女兒，就由下卿護送她。出嫁到大國，即使是國君的女兒，也由上卿護送她。出嫁給天子，就由六卿一起去送行，但國君不親自護送。出嫁到小國，就由上大夫護送她。

冬天，齊國夷仲年來聘問，這是為了向夫人致慰問之意、篤婚姻之好的禮節。

芮國國君萬的母親芮姜厭惡芮伯寵姬太多，所以把芮伯趕走，讓他出住在魏城。

【說　明】這一大段除最後一小節外，都是對《春秋》記載的文字進行解釋。第一小節解釋「公會齊侯于嬴」的原因是在於要與齊女訂婚。第二小節解釋《春秋》寫「胥命」二字是由於不結盟而沒有盟誓。第三小節解釋「公會杞侯于郕」的原因是杞侯請求講和。第四小節解釋《春秋》稱翬為「公子」是因為他「修先君之好」。第五小節評論「齊侯送姜氏于讙」的「非禮」，因為無論嫁姊妹或嫁女兒，無論嫁給天子、大國、小國或同等諸侯國，都不應該由國君親自護送。第六小節解釋「齊侯使其弟年來聘」的原因是為了行「致夫人」的禮節。

至於芮伯萬被母親趕走一節，則是《左傳》的補充記事。

而《春秋》記載的七月發生日全食（既，盡），以及本年「有年」（豐收），《左傳》因無補充，故省略。

四　年

癸酉，西元前七〇八年。周桓王十二年、齊僖公二十三年、晉小子侯元年、秦寧公八年、楚武王三十三年、宋莊公三年、衛宣公十一年、陳桓公三十七年、蔡桓侯七年、曹桓公四十九年、鄭莊公三十六年、燕宣侯三年、杞武公四十三年、曲沃武公八年。

經 四年春正月，公狩于郎。

夏，天王使宰渠伯糾來聘。

傳 四年春正月，公狩❶于郎❷，書，時❸，禮也。

夏，周宰❹渠伯糾❺來聘。父在❻，故名❼。

秋，秦❽師侵芮，敗焉❾，小之❿也。

冬，王師、秦師圍魏，執芮伯以歸⓫。

【注　釋】❶狩　打獵。❷郎　魯國邑名，在今山東省魚臺縣舊治東北。❸時　周曆正月正是冬季農閒可以狩獵之時，所以說「時」。❹宰　官名。掌王室內外事務，有的在王左右贊王命。❺渠伯糾　渠是周王室的地名，渠伯糾大概是以邑為氏。伯是他的排行老大，名糾。古人常將排行的行次冠在名字之上，如孔子字仲尼，仲即為排行第二。❻父在　父親還活著，也在周王朝做官。❼名　稱他的名字。❽秦　國名。嬴姓。周孝王封伯益之後非子於秦邑，在今陝西省隴縣南，為秦代祖先。文公後卜居汧渭之間，寧公二年，即魯隱公九年，徙平陽，在今陝西省眉縣。德公元年，即魯莊公十七年，徙居雍，今陝西省鳳翔縣。獻公十二年徙櫟陽，今陝西省臨潼縣北五十里。至孝公時徙都咸陽，今陝西省咸陽市東。❾焉　語末助詞，無義。❿小之　小看它；認為它是小國；輕敵。⓫執芮伯以歸　拘捕芮伯而回。杜預注：「三年，芮伯出居魏，芮更立君。秦為芮所敗，故以芮伯歸，將欲納之。」

【語　譯】魯桓公四年春季正月，桓公在郎地打獵。《春秋》記載這件事，是因為在冬閒狩獵得時，合於禮。

夏天，周王室的宰官渠伯糾來魯國聘問。因為他的父親還活著，也在周王室做官，所以《春秋》記載他的名字。

秋天，秦國的軍隊侵襲芮國，打了敗仗。這是由於秦國輕敵，小看芮國的緣故。

冬天，周王室的軍隊、秦國的軍隊包圍魏城，拘捕了去年起出居在魏城的芮伯而回，目的是想把他送回芮國去。

【說　明】本年《春秋》只記載春、夏兩件事，秋、冬無事記載，按體例應書「秋七月」、「冬十月」，本年闕此六字。

《左傳》前兩小節解釋《春秋》，後兩小節是補敘《春秋》未記載的事。上年的最後一小節，敘及芮伯萬被其母趕走而出居魏城，實際上是為本年秦國侵襲芮國張本。換句話說，本年秦國侵襲芮國，是去年芮伯萬被母趕走而出居魏一事的連屬。秦國作為一個大國，卻被小小的芮國打敗，是由於輕敵的緣故。但秦國決不甘心失敗，所以在冬季請周天子的軍隊協助，而且這次不直接攻打芮都城，卻去包圍魏城，因為芮伯此時正出居在魏城，終於將芮伯萬拘捕而去，為以後秦人把他送入芮國埋下了伏筆。

五　年

甲戌，西元前七〇七年。周桓王十三年、齊僖公二十四年、晉小子侯二年、秦寧公九年、楚武王三十四年、宋莊公四年、衛宣公十二年、陳桓公三十八年、蔡桓侯八年、曹桓公五十年、鄭莊公三十七年、燕宣侯四年、杞武公四十四年、曲沃武公九年。

經 五年春正月，甲戌、己丑，陳侯鮑卒。

夏，齊侯、鄭伯如紀。

天王使仍叔之子來聘。

葬陳桓公。

城祝丘。

秋，蔡人、衛人、陳人從王伐鄭。

大雩。

螽。

冬，州公如曹。

傳 五年春正月，甲戌❶、己丑❷，陳侯鮑❸卒。再赴❹也。於是❺陳亂，文公子佗❻殺太子免❼而代之。公疾病❽而亂作❾，國人分散，故再赴。

夏，齊侯、鄭伯朝于紀❿，欲以⓫襲之⓬。紀人知之⓭。

【注釋】❶甲戌　上年十二月二十一日。❷己丑　本年正月初六日。❸陳侯鮑　陳桓公，名鮑。陳文公之子，在位三十八年。桓，是他的謚號。《逸周書・謚法解》：「辟土服遠曰桓。」又曰：「克敬勤民曰桓。」「辟土兼國曰桓。」❹再赴　發布兩次訃告。這是解釋《春秋》記載兩個日子的原因。按：據《公羊傳》和《穀梁傳》的解釋，陳桓公在甲戌日一人出走，經十六日而得其屍，不知其死之日，故舉二日以包括。《左傳》則以為「再赴」，較為可信。❺於是　於此之時；當時。❻文公子佗　即五父，名佗。陳文公之子，陳桓公之弟。杜預注：「稱文公子，明佗非桓公母弟也。」❼免　陳桓公太子，名免。❽疾病　急病；病危。❾亂作　動亂發生。❿朝于紀　向紀國朝見。紀，國名。見隱公元年。⓫以　介詞，省略賓語「此」。以此，乘這機會。⓬之　代詞。代指紀國。⓭知之　知道齊、鄭的目的。

【語譯】魯桓公五年春季正月，去年十二月二十一日，今年正月初六日，陳桓公鮑死。《春秋》記載相距十六天的兩個日子是因為發布兩次訃告的日期不同。當時陳國發生動亂，文公的兒子佗殺了太子免而取代他。陳桓公病危而動亂發生，國人分散，所以發了兩次訃告。

夏天，齊僖公、鄭莊公到紀國朝見，想乘機襲擊紀國。紀國人覺察出他們的企圖。

【說　明】這一大段都是對《春秋》的解釋。第一小節解釋《春秋》記載陳桓公死為什麼有兩個日子，是因為陳國向魯國發了兩次訃告，而兩次訃告上寫的日期不同。接著還進一步解釋為什麼發兩次訃告，是因為陳國發生動亂。第二小節解釋《春秋》記載的「齊侯、鄭伯如紀」。齊國、鄭國是當時的兩個大國，齊僖公、鄭莊公是當時的雄主，而紀國是一個小國，兩個大國的雄主去朝見一個小國國君，他們顯然別有用心，那就是想乘機襲擊紀國。而這一企圖，紀國人心裏也非常明白。這又是後來紀國請魯國解救的前奏。

傳 王奪鄭伯政❶，鄭伯不朝❷。秋，王以諸侯❸伐鄭，鄭伯禦❹之。

王❺為中軍❻；虢公林父❼將❽右軍，蔡❾人、衛人屬焉❿；周公黑肩⓫將左軍，陳人屬焉。

鄭子元⓬請為左拒⓭，以當⓮蔡人、衛人；為右拒，以當陳人。曰：「陳亂⓯，民⓰莫有鬬心。若先犯之⓱，必奔。王卒⓲顧之⓳，必亂。蔡、衛不枝⓴，固㉑將先奔。既而㉒萃㉓於王卒，可以集事㉔。」從之，曼伯㉕為右拒，祭仲足㉖為左拒，原繁㉗、高渠彌㉘以中軍㉙奉公㉚，為魚麗㉛之陳㉜。先偏㉝後伍㉞，伍承彌縫㉟。戰于繻葛㊱。命二拒㊲曰：「旝㊳動而鼓㊴！」蔡、衛、陳皆奔，王卒亂㊵，鄭師合以攻之㊶，王卒大敗。祝聃㊷射王㊸中肩㊹，王亦能軍㊺。祝聃請從之㊻。公曰：「君子不欲多上人㊼，況敢陵㊽天子乎？苟自救也，社稷無隕㊾，多矣㊿。」

夜，鄭伯使祭足勞王(51)，且問左右(52)。

【注釋】❶奪鄭伯政　解除鄭莊公的卿士職務。政，執掌王政。❷不朝　不向周天子朝覲。❸以諸侯　率領諸侯。實指陳、蔡、衛、虢四國諸侯。❹禦　抵抗。❺王　周桓王。❻中軍　古代軍制編為左、右、中三軍，主將為中軍統帥，施發號令。❼虢公林父　虢國國君字林父，名仲。時為周王卿士。❽將　統率。❾蔡　國名。姬姓。侯爵。始封之君為周武王弟叔度，因隨同武庚反叛，被周公放逐。後改封其子蔡仲（名胡），建都上蔡（今河南省上蔡縣）。春秋時常受楚國逼迫，多次遷都。平侯遷新蔡（今河南省新蔡縣），昭侯遷州來（今安徽省鳳臺縣），稱下蔡。西元前四四七年被楚所滅。❿屬焉　屬於右軍。焉，兼詞。於之。⓫周公黑肩　周桓公，名黑肩，當時代鄭莊公為周王卿士。⓬子元　鄭莊公之子，名突，字子元。即後來的鄭厲公。⓭為左拒　設左邊的方形陣勢。⓮當　抵擋；抵禦。⓯陳亂　指當時陳桓公新死，國內爭殺動亂。⓰民　指陳國士兵。⓱犯之　攻擊他們。⓲王卒　周王的士兵。⓳顧之　看到陳軍逃跑。顧，看。⓴不枝　不能支撐；支持不住。枝，通「支」。支持；支撐。㉑固　必定；必然。㉒既而　然後再。㉓萃　聚集（兵力）。㉔集事　成事；成功大事。㉕曼伯　鄭莊公之子。見隱公五年。㉖祭仲足　鄭國大夫。即隱公元年的祭仲，名足。㉗原繁　鄭國大夫。㉘高渠彌　鄭國大夫。㉙以中軍　率領中軍。㉚奉公　拱衛侍奉鄭莊公。㉛魚麗　軍事陣勢名。㉜陳　同「陣」。陣勢。㉝偏　戰車二十五乘。㉞伍　步兵五人。一說一百二十五乘戰車。㉟伍承彌縫　步卒五人（或一百二十五乘戰車）承二十五乘戰車之隙而彌縫闕漏。杜預注：「《司馬法》：車戰二十五乘為偏，以車居前，以伍次之，承偏之隙而彌縫闕漏也。五人為伍。此蓋魚麗陳（陣）法。」而江永引《司馬法》曰：「二十五乘為偏，百二十五乘為伍。」㊱繻葛　即長葛，鄭國邑名。在今河南省長葛市東北。㊲命二拒　鄭莊公命令左右二拒。㊳旝　大將所用軍旗；作為號令的帥旗。㊴鼓　鳴鼓。用作動詞。㊵王卒亂　周王的士兵混亂。㊶合以攻之　聚合兵力來攻擊周王軍隊。㊷祝聃　鄭國大夫。㊸射王　用箭射周桓王。㊹中肩　射中肩膀。㊺亦能軍　還能指揮軍隊。㊻從之　追逐他們。㊼上人　凌駕人之上。㊽陵　欺凌。㊾無隕　不被顛隕；不被滅亡。㊿多矣　足夠了。(51)勞王慰問周桓王。[52]且問左右　而且問候周王的左右隨從人員。

【語　譯】周桓王解除了鄭莊公執掌王政的卿士職務，鄭莊公不再向周天子朝覲。秋天，周桓王率領諸侯的軍隊討伐鄭國，鄭莊公率兵抵抗。

周桓王親自率領中軍為統帥，由卿士虢公林父率領右軍，蔡國軍隊、衛國軍隊隸屬於他；由卿士周公黑肩率領左軍，陳國軍隊隸屬於他。

鄭國的公子突請鄭莊公設左邊一方陣，來抵擋蔡軍和衛軍；設右邊一方陣，來抵擋陳軍。說：「陳國最近發生動亂，士兵沒有戰鬥意志。如果先攻擊他們，他們必定奔逃。周王的軍隊看到陳軍逃跑，必定發生混亂。蔡軍、衛軍支持不住，也必定要爭先奔逃。然後再集中兵力於專攻周王的中軍，就可以成功大事了。」鄭莊公聽從了他的建議。鄭國公子忽擔任右方陣的主將，祭仲足擔任左方陣的主將，大夫原繁、高渠彌帶領中軍拱衛侍奉鄭莊公，擺設了魚麗的戰陣。前面有戰車二十五乘，後面有步卒五人，步卒彌縫戰車的漏隙。

在繻葛地方展開戰鬥。鄭莊公命令左右方陣的主將說：「帥旗揮動，就擊鼓進軍！」鄭國的軍隊一進攻，蔡、衛、陳三國軍隊都奔逃了，周王的士兵也就混亂了，鄭國的軍隊聚合而攻打周王軍隊，周王軍隊大敗。鄭國大夫祝聃用箭射周桓王，射中了他的肩膀，但他還可以指揮軍隊。祝聃請求追逐他們。鄭莊公說：「君子不想常凌駕於人之上，何況豈敢欺凌天子呢！如果能挽救自己，國家免於危亡，就足夠了。」

夜間，鄭莊公派祭仲足去慰問周桓王，並且問候他的左右隨從人員。

【說　明】周王室與鄭莊公之間的矛盾，由來已久。隱公三年時周平王就想分政給虢公，不再讓鄭莊公專掌執政。周平王死後，周人就想讓虢公執政，結果周、鄭關係惡化。直到隱公八年「虢公忌父始作卿士于周」，開始與鄭莊公共同執政。本年周桓王解除鄭莊公的右卿士職務，把政權全讓虢公執掌，矛盾激化，戰爭就不可避免了。

周桓王是以鄭莊公不朝覲天子的罪名討伐鄭國的，實際上這罪名不能成立。因為當時許多諸侯國不朝覲天子，周天子並沒有出師討伐，為什麼獨對鄭國不朝覲就要討伐呢？所以這次討伐並不理直氣壯，說穿了只是為了報宿怨。此其一。其二，這次出兵除派周公黑肩、虢公林父分率左右軍之外，只有蔡、衛、陳三國相隨出兵，其他諸侯國都沒有響應；而且陳國剛發生動亂，士兵沒有戰鬥意志。這說明討伐兵的實力並不強大，已可預料處於不利地位。再從鄭國方面看，有足智多謀的公子突詳細分析敵情，提出設左右拒以抵擋、為魚麗之陣的建議，鄭莊公採納建議，派精兵良將各負其責。目標是：先擊薄弱環節的陳軍，陳軍必奔逃；再擊蔡、衛軍，他們支撐不住，也必定奔逃；最後集合兵力攻周王軍隊，就可取得全勝。戰前的布置已預示出鄭軍必勝。

戰鬥在繻葛地方展開，鄭莊公統一指揮：「帥旗揮動而擊鼓進軍！」果然不出公子突之所料，三國軍隊都奔逃了，周王的軍隊大敗，周桓王的肩膀上還中了箭。正當鄭軍大獲全勝之時，鄭國大夫祝聃請求追逐敗兵，卻被鄭莊公制止了。鄭莊公還說出了很有政治遠見的話，表示不能欺凌天子，只要使自己的國家不致滅亡就足夠了。反映出鄭莊公決不願意做被後人唾罵的亂臣賊子。

不僅如此，鄭莊公還故意做出高姿態，夜裏派大夫祭足去慰問戰敗的周桓王，並且問候周王左右的隨從人員，這又一次充分表現出鄭莊公的政治手腕和老謀深算。

傳 仍叔❶之子來聘❷，弱❸也。

秋❹，大雩❺。書，不時❻也。凡祀，啟蟄❼而郊❽，龍見❾而雩，始殺❿而嘗⓫，閉蟄⓬而烝⓭。過⓮則書。

冬，淳于公⓯如曹⓰。度⓱其國危，遂不復⓲。

【注釋】❶仍叔　周王室大臣。❷來聘　原無「來聘」二字。清代劉文淇《舊注疏證》據杜預注之說而補。❸弱　年少；年幼。❹秋　前文已有「秋，王以諸侯伐鄭」，此處又寫「秋」，兩次出「秋」字，大概因「仍叔之子來聘」乃夏季事，至秋才返，夾在中間，故又出「秋」字。❺雩　古代求雨的祭禮。❻不時　不是按時節的例行祭祀。❼啟蟄　即驚蟄，節氣名。表示昆蟲驚動的季節。古代啟蟄在雨水前，為夏曆正月的中氣。《淮南子・天文》避漢景帝諱，改啟蟄為驚蟄，並置於雨水後。❽郊　郊祭；在郊外舉行祭天地之禮。❾龍見　蒼龍七宿中的角、亢二宿黃昏時出現於東方。見，同「現」。此時當夏曆四月。❿始殺　秋氣開始肅殺寒冷。⓫嘗　祭名。夏曆七月孟秋，農穀登場，天子嘗新，先薦寢廟之祭。⓬閉蟄　昆蟲蟄伏的節氣。時當夏曆孟冬十月。⓭烝　冬祭名。杜預注：「建亥之月，昆蟲閉戶。萬物皆成，可薦者眾，故烝祭宗廟。」⓮過　過了時節舉行祭禮。⓯淳于公　即《春秋》的「州公」。國名州，都淳于。此處以都代國。姜姓。在今山東省安丘市東北。春秋時被杞國所併，為杞都。⓰曹　國名。姬姓。始封之君為周武王弟叔振鐸，建都陶丘（今山東省定陶縣西南），西元前四八七年被宋所滅。⓱度　估計。⓲復　返回；回國。

【語譯】仍叔的兒子來魯國聘問，《春秋》記載「仍叔之子」而不記他的名字，是因為他年紀小。

秋天，為求雨而舉行大雩祭。《春秋》記載這件事，是因為它不是按時節舉行的例行祭禮。凡是祭祀，驚蟄節氣昆蟲驚動而舉行郊祭，蒼龍七宿中的角、亢二宿出現而舉行雩祭，秋氣開始肅殺寒冷而舉行嘗祭，昆蟲蟄伏而舉行烝祭。如果過了時節舉行祭禮，《春秋》就要記載。

冬天，淳于公到曹國。估計他的國家危險，就不回國去了。

【說明】這一大段都是對《春秋》記事的解釋。記載「仍叔之子」而不記名是因為他年小。記載「秋，大雩」是因為它不是按時節的例行祭禮。記載「州公如曹」是因為他不回國了。

六　年

乙亥，西元前七〇六年。周桓王十四年、齊僖公二十五年、晉小子侯三年、秦寧公十年、楚武王三十五年、宋莊公五年、衛宣公十三年、陳厲公躍元年、蔡桓侯九年、曹桓公五十一年、鄭莊公三十八年、燕宣侯五年、杞武公四十五年、曲沃武公十年。

經 六年春正月，寔來。

夏四月，公會紀侯于成。

秋八月壬午，大閱。蔡人殺陳佗。

九月丁卯，子同生。

冬，紀侯來朝。

傳 六年春，自曹來朝[1]。書曰「寔[2]來」，不復[3]其國也。

楚武王[4]侵隨[5]，使薳章[6]求成焉[7]，軍[8]於瑕[9]以待之。隨人使少師[10]董成[11]。鬬伯比[12]言于楚子[13]曰：「吾不得志[14]於漢東[15]也，我則使然[16]。我張[17]吾三軍[18]，而被[19]吾甲兵[20]，以武臨[21]之。彼[22]則懼而協[23]以謀我[24]，故難間[25]也。漢東之國，隨為大[26]。隨張[27]，必棄[28]小國。小國離[29]，楚之利也。少師侈[30]，請羸師[31]以張之[32]。」熊率且比[33]曰：「季梁[34]在，何益？」鬬伯比曰：「以為後圖[35]，少師得其君[36]。」王毀軍[37]而納[38]少師。

少師歸，請追[39]楚師。隨侯將許之。季梁止之[40]曰：「天方授楚[41]，楚之羸[42]，其[43]誘我也。君何急焉[44]？臣聞小之能敵大也，小道[45]大淫[46]。所謂道，忠於民而信[47]於神也。上思利民[48]，忠也；祝史[49]正辭[50]，信也。今民餒[51]而君逞欲[52]，祝史矯舉[53]以祭，臣不知其可[54]也。」公[55]曰：「吾牲牷[56]肥腯[57]，粢盛[58]豐備[59]，何則不信[60]？」對[61]曰：「夫民，神之主也，是以[62]聖王先成民[63]而後致力於神[64]。故奉牲[65]以告曰：『博碩[66]肥腯』，謂民力[67]之普存[68]也，謂其畜[69]之碩大蕃滋[70]也，謂其不疾[71]瘯蠡[72]也，謂其備腯咸有[73]也；奉盛[74]以告曰：『絜粢[75]豐盛[76]』，謂其三時[77]不害[78]而民和年豐也；奉酒醴[79]以告曰：『嘉栗旨酒[80]』，謂其上下[81]皆有嘉德[82]而無違心[83]也。所謂馨香[84]，無讒慝[85]也。故務[86]其三時，修其五教[87]，親其九族[88]，以致其禋祀[89]，於是[90]乎民和而神降之福。故動[91]則有成[92]。今民各有心[93]，而鬼神乏主[94]；君雖獨豐[95]，其何福之有[96]？君姑修政[97]，而親兄弟之國[98]，庶免[99]於難[100]。」隨侯懼而修政，楚不敢伐。

【注釋】❶自曹來朝　（淳于公）從曹國來魯國朝見魯桓公。按：這一節應與上年最後一節連讀。上年最後一節說：「冬，淳于公如曹。度其國危，遂不復」，這一年接著說：「六年春，自曹來朝」，省略了主語「淳于公」。❷寔　「實」的異體字。此；此人。指淳于公。❸復　返回。❹楚武王　名熊通，霄敖之子，蚡冒之弟。楚國第十七位國君。其十九年入春秋之世（即隱公元年）。按楚國始封之君熊繹，本為子爵，至楚武王熊通，始僭稱王。在位五十一年。⑤隨　國名。姬姓。西周初分封的諸侯國，侯爵。都城在今湖北省隨州市。戰國初被楚國所滅。⑥薳章　又作「蔿章」，楚國大夫。⑦求成焉　向隨國求和。焉，於之；向隨國。⑧軍　駐軍。用作動詞。⑨瑕　隨國地名。在今湖北省隨州市境。⑩少師　官名。姓名不詳。⑪董成　主持和談。董，主持。⑫鬬伯比　楚國大夫。令尹子文之父。鬬氏，芈姓。⑬楚子　指楚武王。因楚國始封之君為子爵，故稱楚國國君為楚子。⑭得志　得逞其志。指擴張國土。⑮漢東　指漢水以東諸小國。⑯使然　使之如此；造成這樣。⑰張　擴張；擴大。⑱三軍　左、中、右三軍。此泛指軍隊。⑲被　同「披」。披帶；披戴。⑳甲兵　鎧甲兵器。㉑臨　面對；凌駕。㉒彼他們。指漢東諸小國。㉓協　協力；聯合。㉔謀我　計算對付我們。㉕間　離間。㉖大　最大。㉗張　驕傲。㉘棄　輕視。㉙離　離心（於隨）。㉚侈　侈大；傲慢。㉛羸師　隱藏精銳而以衰弱的軍隊出現。羸，弱。㉜張之　使他驕傲。㉝熊率且比　楚國大夫。㉞季梁　隨國賢臣。㉟以為後圖　為以後打算。㊱得其君　此三字前省略表示將來的時間副詞「將」。將得其君，將得到其國君的寵信。㊲毀軍　毀損軍容。即聽從鬬伯比之計，故意用老弱殘兵陳列。㊳納　接納；迎接；接待。㊴追追逐；追趕。㊵止之　阻止他。㊶方授楚　正在付予楚國（強盛）。㊷羸　羸師；衰弱軍隊。㊸其　將。㊹何急焉　何必急於此事。焉，於之。㊺小道　小國有道。㊻大淫　大國荒淫無度。㊼信　誠。㊽利民　使百姓有利。㊾祝史　主持祭神祈禱的官員。㊿正辭　不虛稱君美的真實之辭。(51)餒　飢餓。(52)逞欲　放縱私慾；肆行私慾。欲，通「慾」。(53)矯舉　假報功德。矯，詐。(54)其可　那是可以（成功）。(55)公　指隨侯。(56)牲牷　純色全牲。杜預注：「牲，牛、羊、豕也。牷，純色完全也。」(57)肥腯　肥壯。(58)粢盛　盛在祭器中供祭祀的黍稷。(59)豐備　豐厚完備。(60)何則不信　為何就不能取信於神靈。(61)對　回答。(62)是以　以是；因此。(63)成民　使百姓有成；使百姓富足。(64)致力於神　致力於事神靈。(65)奉牲　奉獻犧牲。(66)博碩　兩字同義，大。(67)民力　百姓的財力。(68)普存　普遍富有。按：此句解釋「博」字。(69)畜　牲畜。(70)蕃滋　繁殖生長。按：此句解釋「碩」字。(71)不疾　不病。(72)瘯蠡　瘦羸；瘦弱。按：此句解釋「肥」字。(73)備腯咸有　各種牲畜都肥壯齊備。按：這句解釋「腯」字。(74)奉盛　奉獻黍稷。(75)絜粢　潔淨的黍稷。絜，同「潔」。(76)豐盛　豐滿；在盛器中滿滿的。(77)三時　指春、夏、秋三季，都是務農之時。(78)不害　沒有災害。(79)醴　甜酒。(80)嘉栗旨酒　又好又清的美酒。嘉，好。栗，通「洌」。清；潔。旨，美。(81)上下　指君臣百姓。(82)嘉德　美德。(83)違心　邪心；反叛之心。(84)馨香　（祭品）芳香。馨，散布很遠的芳香。(85)讒慝　讒諛邪惡。(86)務　致力從事。(87)五教　父義，母慈，兄友，弟恭，子孝。(88)九族　杜預注：「九族謂外祖父、外祖母、從母子及妻父、妻母、姑之子、姊妹之子、女子之子並己之同族，皆外親有服而異族者也。」按各家對「九族」

的解釋多不同。89禋祀　祭祀。90於是　因此。91動　活動；做事。92有成　成功。93各有心　各懷異心；不和睦。94乏主　沒有主人。95獨豐　一個人祭祀豐盛。96其何福之有　其有何福；那有什麼福氣。之，賓語置於動詞前的標誌詞。97姑修政　姑且修明政事。98兄弟之國　指漢東諸姬姓小國。99庶免　差不多可以避免。庶，庶幾；差不多。100難　禍難。指楚國侵襲滅亡隨國的災禍。

【語　譯】魯桓公六年春天，淳于公從曹國來魯國朝見魯桓公。《春秋》記載說「寔來」，是因為他不再回他的國家了。

楚武王侵襲隨國，派遣薳章向隨國求和，駐軍在瑕地以等待結果。隨國派少師主持和談。

楚國大夫鬬伯比對楚王說：「我國在漢水東邊不能得志，是我們自己造成這樣的。我們擴張三軍而披甲帶兵，用武力面對他們。他們就害怕而聯合起來算計我們，所以就難以離間他們了。在漢水以東的國家中，隨國為最大。如果隨國自傲，必然輕視小國。小國對隨離心，就是楚國的利益了。少師這人很傲慢，請君王隱藏精銳之師而讓他看到疲弱的士卒而使他更驕傲。」熊率且比說：「隨國有季梁在，這樣做有什麼好處？」鬬伯比說：「這是為以後打算，因為少師將得到他們國君的信任。」於是楚武王故意毀損軍容而接待少師。

少師回去，請求追逐楚國軍隊。隨侯將要應允少師的請求。賢臣季梁阻止他說：「上天正在授予楚國強盛，楚國陳列的疲弱士兵，將引誘我們中計。君王何必急於對付楚國？我聽說小國之所以能抵抗大國，是因為小國有道而大國荒淫無度。所謂道，就是忠於百姓而誠信於神靈。在上位的人想到使百姓有利，這是忠；主持祭祀祈禱的祝史真實地祝禱，這是信。現在百姓飢餓而國君肆縱私慾，祝史假報功德來祭祝，我不知那怎麼可以成功。」隨侯說：「我祭祝用的牲口都純色完全，又很肥壯，祭器中的黍稷也都豐盛完備，為什麼就不能取信於神靈？」季梁回答說：「百姓，是神靈的主人。因此聖王先使百姓富有而後才致力於事神靈。所以奉獻犧牲而祝告說：『牲畜又大又肥。』這是說百姓財力的普遍富有，這是說他們的牲畜肥大而繁殖生長，這是說牲畜沒有病而瘦弱，這是說各種牲畜都肥壯而齊備。奉獻黍稷而祝告說：『潔淨的黍稷盛得滿滿的。』這是說春、夏、秋三季沒有災害，百姓和睦而收成很好。奉獻甜酒而祝告說：『又好又清的美酒。』

這是說君臣百姓都有美德而沒有違逆的邪心。所謂祭品的芳香散布很遠，就是沒有讒諛邪惡。所以致力於農時，修明五種教化，親近他的九族，而又致力於祭祀神靈，因此百姓和睦而神靈給他們降福。所以做事就都能成功。現在百姓各懷異心，而鬼神沒有主人，君王雖一個人祭祀豐盛，那會求得什麼福氣？君王姑且修明政事，而親近兄弟國家，這樣差不多可以免於禍難。」隨侯聽後感到害怕而修明政事，楚國就沒有敢來攻打隨國。

【說明】這一大段主要記敘楚國和隨國之間的一場智鬥。楚國侵襲隨國未能得志而求和，隨國派少師去主持和談。楚國大夫鬬伯比給楚武王分析了侵隨不得志的原因，主要是由於楚國太相信用武力征服別國，這樣就使漢水以東的小國都與隨國聯合起來對付楚國，也就不能離間他們，結果楚國不得志。他認為隨國在漢水以東諸小國中最大，讓他自傲，就會輕視小國，那些小國就會與隨國離心，這對楚國有利。目前隨國有賢臣季梁，可能會識破楚國之計，但從長遠看，少師將會受到隨侯信任，所以請楚王在接待少師時，故意用疲弱軍兵向少師示弱。少師果然中計，和談結束回國後立即請隨侯追逐楚師，結果被季梁說破而中止。季梁還勸說隨侯要忠於百姓而取信於神靈，致力農時，修明教化，親近九族，使百姓和睦而使神靈降福。隨侯聽從季梁的話而從事修明政事，楚國就不敢攻打。這裏說明少師的愚昧，險遭暗算；季梁的賢明，使隨國沒有中計。但後來「隨少師有寵」又說明鬬伯比的遠見卓識，已在此埋下伏筆。

傳 夏，會于成❶，紀❷來諮謀❸齊難❹也。

北戎❺伐齊，齊侯❻使乞師❼于鄭。鄭大子忽❽帥師❾救齊。六月，大敗戎師，獲其二帥❿大良、少良⓫，甲首⓬三百，以獻於齊。於是⓭諸侯之大夫戍⓮齊，齊人饋⓯之餼⓰，使魯為其班⓱。後鄭⓲。鄭忽⓳以其有功⓴也，怒，故有郎之師㉑。

公㉒之未昏於齊㉓也，齊侯欲以文姜㉔妻㉕鄭大子忽。大子忽辭㉖。人問其故，大子曰：「人各有耦㉗，齊大㉘，非吾耦㉙也。《詩》㉚云：『自求多福。』㉛在我㉜而已㉝，大國何為？」君子曰：「善自為謀。」㉞及其敗戎師也，齊侯又請妻之㉟。固辭㊱。人問其故，大子曰：「無事於齊㊲，吾猶不敢㊳；今以君命㊴，奔㊵齊之急㊶，而㊷受室㊸以歸，是㊹以師昏㊺也，民其㊻謂我何？」遂辭諸鄭伯㊼。

【注釋】❶成　又作「郕」，魯國邑名。在今山東省寧陽縣東北。❷紀　國名。姜姓。後為齊國所滅。見隱公元年。此處指紀侯。據《春秋》隱公二年「伯姬歸于紀」，可知紀侯為魯國甥。❸諮謀　商量。❹齊難　齊國想滅亡紀國的禍難。按當時魯國新與齊國成婚，所以紀侯來與魯桓公商討。❺北戎　即後來莊公三十年齊桓公所伐之山戎。❻齊侯　指齊僖公，名祿父（一作甫），齊莊公之子，齊國第十三位國君，在位三十三年。❼使乞師　派人求救兵。「使」下省略賓語兼主語的「人」字。❽大子忽　即太子名忽。即後來的鄭昭公。❾帥師　帶領軍隊。帥，同「率」。帶領。❿二帥　兩位主將。⓫大良少良　北戎二主將名。⓬甲首　披甲人的腦袋。⓭於是　當此之時。介語和賓語結構，非連詞。⓮戍　防守。⓯饋　贈送。⓰餼　牛、羊、豕、黍、稷、禾等食物。⓱為其班　為他們排定先後次序。班，排列等級次序。⓲後鄭　把鄭國排在後面。⓳鄭忽　鄭國太子忽。⓴以其有功　認為他大敗戎師有功。㉑郎之師　鄭國進攻郎地的戰役。郎，魯國邑名，在今山東省魚臺縣東北。按郎地戰役在桓公十年。㉒公　指魯桓公。㉓未昏於齊　沒有向齊國求婚之前的時候。昏，通「婚」字。按此句中「之」、「也」二字，表示取消句子獨立性，成為時間狀語從句。㉔文姜　齊僖公之女，齊襄公之妹。魯桓公三年娶其為妻。姜姓，謚號文，故稱文姜。㉕妻　嫁。動詞。㉖辭　推辭。㉗耦　同「偶」。配偶。㉘齊大　齊國強大。㉙非吾耦　不是吾的配偶。後來凡因門第不相當而辭婚，常用「齊大非耦」作成語，表示不敢仰攀。㉚詩　指《詩經・文王》篇。㉛自求多福　求於自己，多受福德。㉜在我　靠我自己。㉝而已　罷了。㉞善自為謀　善於為自己打算。按：此乃讚美鄭太子忽。因文姜淫亂，致使魯桓公後來被殺。㉟又請妻之　又請求把齊國別的女子嫁給他。㊱固辭　堅決推辭。㊲無事於齊　指往年沒有為齊國做什麼事情。㊳猶不敢　尚且不敢娶齊女。㊴以君命　由於國君之命。㊵奔　奔救。㊶急　急難。㊷而　反而。㊸受室　接受妻室。㊹是　此乃；這是。㊺以師昏　利用出兵成婚。㊻其　將。㊼辭諸鄭伯　辭之於鄭伯；以鄭莊公的名義辭掉婚議。

【語　譯】夏天，魯桓公和紀侯在成地相會，這是由於紀侯來魯國商議如何對付齊國想滅紀國的禍難。

北戎攻打齊國，齊僖公派人向鄭國求救兵。鄭國的太子忽率領軍隊救援齊國。六月，大敗戎兵，擒獲北戎的兩位主將大良、少良，斬了帶甲戎兵三百人的腦袋，把他們獻給齊僖公。當時各諸侯國的大夫都領兵在齊國防守邊境，齊國人贈送他們各種食物，讓魯國為他們排定先後次序。魯國把鄭國排在後面。鄭太子忽認為他有功勞，發怒，所以後來有郎地的戰役。

魯桓公沒有向齊國求婚之前，齊僖公想把文姜嫁給鄭太子忽。太子忽推辭。有人問他緣故，太子說：「人各有合適的配偶，齊國強大，不是我合適的配偶。《詩經》說：『求於自己，多受福德。』婚事靠我自己罷了，要大國做什麼？」君子評議說：「太子忽善於為自己打算。」等到他打敗戎軍的時候，齊僖公又請求把齊國別的女子嫁給他。太子忽又堅決推辭。有人問他緣故，太子說：「往年我沒有為齊國做什麼事情，我尚且不敢娶齊女；現在由於國君的命令，奔救齊國的急難，反而接受妻室而回國，這是利用戰爭而成婚，百姓將會議論我什麼呢？」於是以鄭莊公的名義辭謝掉婚議。

【說　明】這一大段主要記載鄭太子忽的幾件事。一是率兵打敗了北戎的軍隊，為齊國解救了危難。說明他英勇善戰。二是齊僖公犒賞各國大夫的幫助，請魯國排定先後次序，結果魯國把鄭國排在後面，而實際上鄭太子忽在幫助齊國打敗北戎的戰爭中功勞最大，太子忽因此而發怒，這為後來鄭國請齊國率領衛國軍隊幫助他攻打魯國的郎地戰役埋下了伏筆。三是鄭太子忽前後兩次辭謝齊國的請婚：前一次辭婚的理由是「齊大非耦」，表明他善於為自己打算。後一次辭婚的理由是不能利用戰爭救人急難而娶人之女，表示他深明大義。從這三件事上可以大體上看出鄭太子忽的為人。即：作戰英勇；不能忍受凌辱；善於為自己打算而又深明大義。這性格對他後來即位後又失國具有一定的影響。

傳 秋，大閱❶，簡❷車馬也。

九月丁卯❸，子同❹生。以大子❺生之禮舉之❻：接❼以太牢❽，卜士❾負之❿，士妻⓫食之⓬，公與文姜⓭、宗婦⓮命之⓯。公問名於申繻⓰。對曰：「名有五：有信，有義，有象，有假⓱，有類。以名生⓲為信，以德命⓳為義，以類命⓴為象，取於物㉑為假，取於父㉒為類。不以國㉓，不以官㉔，不以山川㉕，不以隱疾㉖，不以畜牲㉗，不以器幣㉘。周人以諱事神㉙，名，終㉚將諱之㉛。故以國則廢名㉜，以官則廢職㉝，以山川則廢主㉞，以畜牲則廢祀㉟，以器幣則廢禮㊱。晉以僖侯廢司徒㊲，宋以武公廢司空㊳，先君獻、武廢二山㊴，是以㊵大物㊶不可以命㊷。」公曰：「是㊸其生也，與吾同物㊹。命之曰同。」

冬，紀侯來朝，請王命㊺以求成于齊㊻。公告不能㊼。

【注釋】❶閱　檢閱軍隊。❷簡　通「檢」。檢查；檢閱。❸丁卯　(九月)二十四日。❹同　魯莊公名，魯桓公之子，在位三十二年。❺大子　太子。❻舉之　舉行儀式。❼接　父親接見其子。❽太牢　古代用牛、羊、豕三牲祭祀稱「太牢」，用羊、豕二牲祭祀稱「少牢」，同一牲祭祀稱「特」。《禮記・內則》云：「接子，庶人特豚，士特豕，大夫少牢，國君世子大牢，其非冢子則皆降一等。」可知只有國君世子在接見儀式上用太牢。❾卜士　用占卜的辦法選擇士人。卜，用龜甲占卜吉凶。❿負之　背他；抱他。⓫士妻　指用占卜的辦法選擇士人的妻子。⓬食之　使之食；餵奶給他吃。《禮記・內則》：「卜士之妻、大夫之妾使食子。」按：太子的母親不乳其子，而是用占卜的辦法選擇士人之妻或大夫之妾之有乳汁者，其吉者使她乳太子。⑬文姜　魯桓公夫人，太子同之母。齊國之女，姓姜，謚號文，故稱文姜。⑭宗婦　同宗的婦人。⑮命之　為他取名。命，同「名」。⑯申繻　魯國大夫。⑰假　借；假借。⑱以名生　用出生時的情況命名。按：古代傳說唐叔虞出生時手掌有「虞」字形，故命名虞。魯季友出生時手掌有「友」字形，故名之曰友。這就是用出生時的情況命名。⑲以德命　用祥瑞的字眼命名。如周文王名昌（昌盛周國）、周武王名發（發兵誅暴），都屬此類。⑳以類命　用相類似的字眼命名。如孔子頭像尼丘，故取名丘，字仲尼。㉑取於物　從萬物的名稱那裏借來命名。如宋昭公名杵臼，孔子為其子取名鯉。㉒取於父　從父親有關之事取名。按魯莊公與其父桓公生日相同，故取名曰同。㉓不以國　不用本國國名為子取名。㉔不以官　不用本國的官名為子取名。㉕不以山川　不用本國的山川名為子取名。㉖不以隱疾　不用疾病的名稱為子取名。隱、疾，兩字同義。㉗畜牲　指馬、牛、羊、豕、狗、雞等。養時稱畜，祭祀時為牲，合稱畜牲。㉘器幣　指禮器玉帛。㉙以諱事神　用避諱事奉神靈。指生時不避忌諱，死後避忌。按：殷商時代沒有避諱。周朝開始有避諱，但不像漢朝以後那樣國君活著的時候他的名字就要避諱。周朝只在天子、國君死後，他的名字要避忌，所以說以諱事神。如衛襄公名惡，他的大臣有石惡，君臣同名，不以為嫌。說明周代國君活著的時候，他的名字不避忌。諱，避忌。㉚終　死；死後。㉛將諱之　將要避忌它。㉜以國則廢名　用國名為人名，國名不可廢，就只能廢改人名。㉝以官則廢職　用官名為人名，為避死人諱，就要改官名。㉞以山川則廢主　用山川名為人名，為避死人諱，就要改山川之主名。按：這裏說「廢職」、「廢主」，是極言其不可。㉟以畜牲則廢祀　用畜牲名為人名，為避死人名諱，就不能用牛羊豕為犧牲，這是廢除祭祀了。㊱以器幣則廢禮　器幣本是用作行禮儀之物，用作人名，為避諱而不用其物，這是廢棄禮儀。㊲晉以僖侯廢司徒　晉國因為僖侯名司徒，他死後為避諱而廢除司徒之官名，改稱中軍。㊳宋以武公廢司空　宋國因為武公名司空，他死後為避諱而廢除司空的官名，改稱司城。㊴先君獻武廢二山　魯國以前的國君獻公名具、武公名敖，為避他們的諱而廢具山、敖山之名，改以其鄉名為山名。《國語・晉語九》：「范獻子聘於魯，問具山、敖山，魯人以其鄉對。獻子曰：『不為具、敖乎？』對曰：『先君獻、武之諱也。』」具山，在今山東省蒙陰縣東北。敖山，在今蒙陰縣西北。㊵是以　以是；因此。㊶大物　包括以上所言國、官、山川、隱疾、畜牲、器幣。㊷命　命名。㊸是　此人。指兒子。㊹同物　同日。古代稱歲、時、日、月、星、辰為六物，故日子亦可稱「物」。㊺請王命　請魯國轉求周天子之命。㊻求成于齊　向齊國求和。㊼不能　做不到。

【語　譯】秋天，舉行盛大的閱兵儀式，這是為了檢查戰車和駕車的馬匹。

九月二十四日，魯桓公的兒子同出生。用太子出生的禮儀舉行儀式：父親接見兒子時用太牢，用占卜的辦法選擇士人來背他，用占卜選擇士人的妻子給他餵奶，桓公與夫人文姜、同宗婦人為他命名。魯桓公向大夫申繻詢問命名的事。申繻回答說：「取名有五種：有信，有義，有象，有假，有類。用出生時的情況來命名是信，用祥瑞的字眼來命名是義，用類似的字眼來命名是象，從萬物的名稱那裏假借來命名是假，從父親有關之事來取名是類。命名不用本國國名，不用本國官名，不用本國的山川名，不用疾病名，不用牲畜名，不用禮器玉帛名。周朝人用避諱來事奉神靈，名，在死後將要避諱。所以用國名命名就會廢除人名，用官名命名就會廢改官名，用山川名命名就會廢改山川名，用牲畜命名就會廢棄祭祀，用禮器玉帛命名就會廢棄禮儀。晉國因為僖侯名司徒而廢司徒官名，宋國因為武公名司空而廢司空官名，我國因為先君獻公名具、武公名敖而廢具山、敖山二山之名，因此大物不可以用來命名。」桓公說：「這孩子他的出生與我在同一個日子，就給他命名叫同。」

冬天，紀侯來魯國朝見，請魯國轉求周天子之命去向齊國求和。魯桓公告訴他說做不到。

【說　明】這一大段前後兩小節只是對《春秋》經文的簡單解釋，而中間一節關於魯莊公的出生，則作了詳細記載。主要是舉行太子出生的儀禮。這裏面包括四個內容：首先是父親接子的儀式。據《禮記·內則》「接子擇日」鄭玄注：「雖三日之內，尊卑必皆選其吉焉。」可知接子儀式是在初生三天之內。而國君接見太子，用太牢祭祀，足見儀式隆重。其次是占卜選士背負的儀式。《禮記·內則》云：「三日，卜士負之。吉者宿齊（齋），朝服寢門外，詩（持）負之。射人以桑弧蓬矢六射天地四方，保（媬姆）受乃負之。」說明「卜士負之」是第三天的事情。儀式也十分隆重：挑選士人中的吉祥者先前齋戒，然後穿朝服立於內門之外，背著太子。射人用桑樹做的弓和蓬草做的箭射向天地和東南西北四方，表示有天地四方之志。然後由媬姆接受而背他。第三是占卜選擇士之妻或大夫之妾有乳汁者，其中吉祥者使她乳養太子。第四是最重要的，就是由國君與其夫人、同宗婦人舉行為太子命名的禮儀。這點在文章中作了最詳盡地插敘，就是桓公向申繻問命名的事，這事必定發生在命名禮舉行之前，所以這插敘實際上是倒敘。申繻向桓公闡釋了五種取名的方式。又提出了六種不能用來取名的「大物」，理由是「周人以諱事神，名，終將諱之」，如果用六種「大物」命名，都會在避諱時發生問題，並有先例為訓，所以不可以命名。這一番道理說得非常透徹，桓公完全領會了他的意思，所以桓公最後決定採納他提的五種取名方式中的「取於父為類」的方式為子取名，即因與父同日生，故取名「同」。

七年

丙子，西元前七〇五年。周桓王十五年、齊僖公二十六年、晉小子侯四年、秦寧公十一年、楚武王三十六年、宋莊公六年、衛宣公十四年、陳厲公二年、蔡桓侯十年、曹桓公五十二年、鄭莊公三十九年、燕宣侯六年、杞武公四十六年、曲沃武公十一年。

經 七年春二月己亥，焚咸丘。

夏，穀伯綏來朝。鄧侯吾離來朝。

傳 七年春，穀[1]伯[2]、鄧[3]侯來朝，名[4]，賤之[5]也。

夏，盟、向[6]求成于鄭，既而[7]背[8]之。

秋，鄭人、齊人、衛人伐盟、向。王遷盟、向之民于郟[9]。

冬，曲沃伯[10]誘晉小子侯殺之[11]。

【注釋】❶穀 國名。不知何姓。《通志・氏族略》以為嬴姓。都城在今湖北省穀城縣西北。❷伯 爵位名。周代五等爵位中第三等。❸鄧 國名。曼姓。都城在今湖北省襄樊市北。一說在今河南省鄧州市。西元前六七八年被楚國所滅。❹名 指《春秋》稱穀伯之名綏、鄧侯之名吾離。❺賤之 賤視他們;輕視他們。這是解釋《春秋》稱他們名的緣故。❻盟向 二邑名。見隱公十一年。按周桓王曾以盟、向等十二邑易鄭田,君子謂桓王不能自有,故把它交給鄭國,鄭國雖在名義上接受盟、向諸邑,實際上未必能佔有。大概鄭對盟、向有用兵之事,所以盟、向二邑向鄭國求和。❼既而 不久。❽背 違背;背叛。❾郟 即郟鄏,又稱王城,在今河南省洛陽市。❿曲沃伯 即指曲沃武公。⓫誘晉小子侯殺之 按《史記・十二諸侯年表》繫此事於桓公六年,云:「曲沃武公殺小子。周伐曲沃,立晉哀侯弟緡為晉侯。」但〈晉世家〉云:「曲沃益彊,晉無如之何。晉小子之四年,曲沃武公誘召晉小子殺之。」小子侯四年,則應是桓公七年。

【語　譯】魯桓公七年春天,穀伯綏、鄧侯吾離來魯國朝見。《春秋》記載他們的名字,是賤視他們。

夏天,盟、向二邑向鄭國求和,不久又背叛鄭國。

秋天,鄭軍、齊軍、衛軍攻打盟邑、向邑。周桓王把盟邑、向邑的百姓遷到王城。

冬天,曲沃武公誘騙晉小子侯,而殺死了他。

【說　明】本年經和傳的記載有較多不同處。首先是《春秋》經文有「春二月己亥(二十八日),焚咸丘」的記載,傳文無。咸丘,魯地,在今山東省巨野縣東南。所謂「焚」,是指用火燒地,驅使野獸外逃,然後羅網圍取牠們。傳文因不需要補充,所以無文。其次是穀伯、鄧侯來朝,《春秋》記載是「夏」,而《左傳》記載是「春」,這是因為《左傳》用夏曆,《春秋》用周曆。夏曆三月是春天,周曆已是五月夏天了。第三是《左傳》記載鄭國與盟邑、向邑之間發生的戰爭,以及周桓王遷二邑之民至王城,《春秋》沒有記載。第四是曲沃武公誘殺晉小子侯,下年春又滅晉都翼城,這樣的大事,《春秋》也無記載。說明《左傳》並非專門為《春秋》作傳的書,它的記事比《春秋》要翔實得多。

八　年

丁丑，西元前七〇四年。周桓王十六年、齊僖公二十七年、晉侯緡元年、秦寧公十二年、楚武王三十七年、宋莊公七年、衛宣公十五年、陳厲公三年、蔡桓侯十一年、曹桓公五十三年、鄭莊公四十年、燕宣侯七年、杞武公四十七年、曲沃武公十二年。

經 八年春正月己卯，烝。

天王使家父來聘。

夏五月丁丑，烝。

秋，伐邾。

冬十月，雨雪。

祭公來，遂逆王后于紀。

傳 八年春，滅翼❶。

隨少師有寵。楚鬬伯比曰：「可矣。讎❷有釁❸，不可失❹也。」夏，楚子❺合諸侯于沈鹿❻。黃❼、隨不會。使薳章讓❽黃。楚子伐隨。軍❾於漢、淮之間❿。季梁請下之⓫：「弗許而後戰，所以⓬怒我⓭而怠寇⓮也。」少師謂隨侯曰：「必速戰。不然，將失楚師⓯。」隨侯禦之⓰。望⓱楚師。季梁曰：「楚人上左⓲，君⓳必左⓴，無㉑與王遇㉒。且㉓攻其右㉔。右無良㉕焉，必敗。偏㉖敗，眾乃攜㉗矣。」

少師曰：「不當王㉘，非敵㉙也。」弗從。戰于速杞㉚，隨師敗績㉛。隨侯逸㉜。鬬丹㉝獲其戎車㉞，與其戎右㉟少師。秋，隨及楚平㊱，楚子將不許㊲。鬬伯比曰：「天去其疾㊳矣，隨未可克㊴也。」乃盟而還。

冬，王命虢仲㊵立晉哀侯之弟緡㊶於晉。

祭公㊷來，遂逆㊸王后㊹于紀，禮㊺也。

【注釋】❶滅翼　曲沃武公滅亡晉都翼城。按：此句本與上年末「曲沃伯誘晉小子侯殺之」連接，故省略主語。後人為分年附經，遂將其文割裂。❷讎　「仇」的異體字。仇人。指隨國。❸有釁　指少師得寵於君，便有空隙可鑽，是楚國進攻的大好機會。釁，瑕隙。❹失　失掉機會；錯過機會。❺楚子　指楚武王，子爵。❻沈鹿　楚國地名，在今湖北省鍾祥市東。❼黃　國名。嬴姓。都城在今河南省潢川縣西。西元前六四八年被楚國所滅。❽讓　責備。❾軍　駐紮軍隊。用作動詞。❿漢淮之間　漢水、淮水之間。按隨國在淮河之南、漢水之東，故楚軍駐紮在兩水之間。⓫下之　在他之下。猶言服從、投降。⓬所以　可以以此。⓭怒我　激怒我軍。⓮怠寇　使敵人懈怠。⓯失楚師　失去戰勝楚軍的機會。⓰禦之　抵禦楚軍。⓱望　遠望。⓲上左　以左為上；以左為貴。按春秋時各諸侯國多以右為上，唯有楚國以左為上。⓳君　指楚王。⓴必左　必定處在左軍之中。㉑無　通「毋」。不要。㉒遇　敵。㉓且　姑且。㉔右　右軍。㉕良　良將良兵。㉖偏　偏師；非主力軍。指右軍。㉗攜　離。㉘當王　正面抵敵楚王。㉙非敵　不是對等作戰。㉚速杞　隨國地名。約在今湖北省廣水市西。㉛敗績　潰敗。㉜逸　逃跑。㉝鬬丹　楚國大夫。㉞戎車　兵車。㉟戎右　車右。少師受隨侯寵信，所以隨侯讓他做車右。㊱平　媾和。㊲將不許　將要不允許。意思是想消滅隨國。㊳天去其疾　上天已去掉他的疾病。指少師已經為楚國所獲，隨國去掉了少師這個疾患。㊴克　戰勝；攻克。㊵虢仲　即虢公林父。周王卿士。㊶緡　晉哀侯弟，周桓王立他為晉侯，在位二十七年。《史記・晉世家》：「周桓王使虢仲伐曲沃武公。武公入于曲沃。乃立晉哀侯弟緡為晉侯。」㊷祭公　周王室大臣。名不詳。隱公元年有祭伯，當即其人，此時或已為三公，故稱祭公。㊸逆　迎接。㊹王后　即紀季姜，周桓王娶之為后。㊺禮　杜預

注：「天子娶於諸侯，使同姓諸侯為之主。祭公來，受命於魯，故曰禮。」按：古代通婚，男女雙方必須地位相當。周王室雖衰微，但名義上仍是天子，與諸侯通婚，地位不同，所以天子不自主婚，而託同姓諸侯代為主持。周王娶后，不親自迎娶，而是由王室派遣公卿來魯國，然後迎王后直接歸京師。這就是祭公迎接王后必須來魯國的緣故。

【語　譯】魯桓公八年春天，曲沃武公滅亡了晉都翼邑。

隨國的少師得到隨侯的寵信。楚國大夫鬬伯比說：「可以了。仇人已有空隙可鑽，我國不可錯過這個機會。」夏天，楚武王在沈鹿會合各諸侯國的軍隊。黃、隨兩國不來參加會合。楚王就派薳章去責備黃國。楚武王親自討伐隨國。在漢水、淮水之間駐紮軍隊。隨國大夫季梁建議向楚國表示降服，「等他們不允許而然後作戰，可以激怒我軍而使敵軍懈怠。」少師對隨侯說：「必須速戰。不這樣，將喪失戰勝楚軍的機會。」隨侯出兵抵禦楚軍。遠望楚國的軍隊。季梁說：「楚人以左為尊，國君一定在左軍之中，不要與楚王正面對敵。姑且攻擊他的右軍。右軍沒有精兵良將，必然失敗。他們的偏師一敗，眾軍就都會離散了。」少師說：「不正面與楚王作戰，就表示不是對等了。」隨侯就不聽從季梁的話。在速杞作戰，隨軍大敗。隨侯逃跑。楚國大夫鬬丹俘獲了隨侯的戰車和他的車右少師。秋天，隨國將和楚國媾和，楚武王打算不同意。鬬伯比說：「上天已經去掉了他們的疾患少師了，隨國未必可以攻克了。」於是就訂立了盟約而回國。

冬天，周桓王命令虢仲在晉國立晉哀侯之弟緡為國君。

祭公來到魯國，接著就到紀國迎接王后，這是合於禮的。

【說　明】本年傳文對經文多未加補充和解釋。只對「祭公來，遂逆王后于紀」加了「禮也」二字的解釋。傳文主要記載兩件事，一是春天曲沃武公滅了翼邑，而在冬天，周桓王又命虢公打敗了曲沃武公，又在晉國立了新國君。這都只是簡單的交代。另一件事是楚國對隨國的戰爭，記載得非常詳細。

早在兩年前即桓公六年，楚國就曾侵襲隨國，並進行了一場智鬥：當時鬬伯比已預料到少師將會得隨侯的信任，所以在接待少師和談時建議楚王故意示弱，以促使少師的自滿。現在鬬伯比的預言果然實現了，少師得到隨侯的寵信，這就是此次楚國出兵攻打隨國的原因。

其實，隨國也有賢能之臣，那就是季梁。他對楚國的軍事陣勢看得很清楚，並一再向隨侯提出正確的建議。首先是在作戰前，季梁建議向楚王表示降服，等他們不允許後再作戰，這樣可以起到激憤自己的軍隊而使敵軍懈怠的作用。可是少師卻錯誤估計形勢，自滿地提出相反意見：必須速戰，否則會失掉戰勝楚國的機會。結果隨侯不聽季梁的建議而接受少師的錯誤意見，就因為少師得到隨侯的寵信。其次在出兵以後，季梁認為楚人尊左，楚王必在左軍中，建議避開鋒銳，不與強兵正面對敵，而攻其薄弱環節的右軍，右軍失敗，眾軍就會離散。但少師卻又狂妄地提出「不當王，非敵也」的錯誤主張。結果隨侯又不聽季梁的建議而接受少師的錯誤主張。結局當然是一戰而隨軍大敗。隨侯逃跑而少師被俘。由此可見，隨軍之敗的關鍵是國君不能信用賢能之臣。這對後代的戰爭都是有借鑑作用的。

九年

戊寅，西元前七〇三年。周桓王十七年、齊僖公二十八年、晉侯緡二年、秦出子元年、楚武王三十八年、宋莊公八年、衛宣公十六年、陳厲公四年、蔡桓侯十二年、曹桓公五十四年、鄭莊公四十一年、燕宣侯八年、杞靖公元年、曲沃武公十三年。

經 九年春，紀季姜歸于京師。

夏四月。

秋七月。

冬，曹伯使其世子射姑來朝。

傳 九年春，紀季姜❶歸❷于京師❸。凡諸侯之女行❹，唯王后書。

巴子❺使韓服❻告于楚，請與鄧❼為好。楚子使道朔❽將巴客以聘於鄧，鄧南鄙❾鄾❿人攻而奪之⓫幣，殺道朔及巴行人⓬。楚子使薳章讓於鄧⓭。鄧人弗受⓮。夏，楚使鬬廉⓯帥師及巴師圍鄾。鄧養甥⓰、聃甥⓱帥師救鄾。三逐⓲巴師，不克。鬬廉衡陳⓳其師於巴師之中，以戰，而北⓴。鄧人逐之，背巴師㉑；而夾攻㉒之。鄧師大敗。鄾人宵潰㉓。

秋，虢仲㉔、芮伯㉕、梁㉖伯、荀㉗侯、賈㉘伯伐曲沃。

冬，曹大子㉙來朝。賓之㉚以上卿㉛，禮也。享㉜曹大子。初獻㉝，樂奏而歎。施父㉞曰：「曹大子其㉟有憂㊱乎！非歎所㊲也。」

【注釋】❶紀季姜　即去年祭公所迎接的周桓王后。紀，國名。季，她在姊妹中排行最小。姜，姓。古代同姓不婚，故女子必稱姓。來迎時稱王后，歸時稱她的母家姓，是當時的習慣寫法。❷歸　女子出嫁。❸京師　指周王室都城洛邑。❹行　指出嫁。❺巴子　巴國國君。巴，國名。姬姓。子爵。都城約在今湖北省襄樊市附近，在楚國西北。❻韓服　巴國派出的使者。❼鄧　國名。曼姓。都城在今湖北省襄樊市北。一說在今河南省鄧州市。見桓公七年。❽道朔　楚國大夫。❾鄙　郊野；邊境。❿鄾　地名，在今湖北省襄陽舊城東北。⓫之　其。⓬行人　古代官名。掌賓客之禮儀及朝覲聘問。又用作使者的通稱。⓭讓於鄧　猶讓鄧。責備鄧國。⓮弗受　拒不接受楚國的責備。⓯鬬廉　楚國大夫。⓰養甥　鄧國大夫。⓱聃甥　鄧國大夫。⑱三逐　三次衝擊。⑲衡陳　列為橫陣。即將巴師分為前後二部，鬬廉橫陳於其間以與鄧軍戰。⑳北　敗。此處乃偽裝敗走。㉑背巴師　巴軍處於鄧軍背後。㉒夾攻　指楚師回軍攻鄧軍於前，巴師在後前進攻鄧軍後部。㉓宵潰　夜間潰散。㉔虢仲　即虢公林父，周王卿士。㉕芮伯　即桓公三年之芮伯萬。㉖梁　國名。嬴姓。都城在今陝西省韓城市南。西元前六四一年被秦國所滅。㉗荀　國名。姬姓。故城在今山西省新絳縣東北。㉘賈　國名。姬姓。始封之君為唐叔虞少子公明。故城在今山西省襄汾縣東。後為晉所滅。㉙大子　太子。㉚賓之　接待他。賓，用作動詞。㉛以上卿　以本國上卿的禮。㉜享　通「饗」。用大牢款待賓客之禮。㉝初獻　酒始獻。㉞施父　魯國大夫。㉟其　將。表將來的時間副詞。㊱憂　父母之喪。此為下年其父死作預言。㊲非歎所　歎息不當。古諺曰：「唯食亡（無）憂。」曹太子當食而歎，所以說「非歎所」。

【語　譯】 魯桓公九年春天，紀國的季姜出嫁到達京師。凡是諸侯的女兒出嫁，只有做王后的才記載。

巴國國君派韓服向楚國報告，請求與鄧國結好。楚武王派大夫道朔帶領巴國的使者到鄧國聘問。鄧國南部邊境的鄾地人攻擊並搶走了他們的聘問禮物，殺死了道朔和巴國的使者。楚武王派遣大夫薳章去譴責鄧國，鄧國人拒不接受楚國的責備。夏天，楚國派遣大夫鬬廉率領楚軍和巴軍包圍鄾地。鄧國的大夫養甥、聃甥率領鄧軍救援鄾人。鄧軍三次衝擊巴軍，未能得勝。鬬廉在巴軍之中列為橫陣，與鄧軍作戰，而偽裝敗走。鄧軍追逐楚軍，巴軍就處在他們的後面；楚軍回師與巴軍前進夾攻鄧軍，鄧軍大敗。鄾地人在夜裏都潰散了。

秋天，虢仲、芮伯、梁伯、荀侯、賈伯攻打曲沃。

冬天，曹國太子來魯國朝見魯桓公。魯國用上卿的禮節接待他，這是合於禮的。魯國用饗禮款待曹國太子。開始獻酒，奏樂而曹國太子歎氣。魯國大夫施父說：「曹國太子將有喪事吧！因為他不當歎而歎啊！」

【說　明】 本年主要有兩件事作了詳細記載：一是楚、巴兩國對鄧國的戰爭；一是曹國太子來魯國朝見。

關於前一件事，起因是巴國請求與鄧國結好，這本是好事，所以楚武王派大夫道朔帶領巴國使者去聘問鄧國。不料剛進鄧國邊境，道朔和巴國使者就被鄾人殺害，聘禮被搶走，這顯然是鄧國鄾人無理。但當楚武王派人去譴責鄧國時，鄧國居然拒不接受責備，這就更加無禮。於是楚、巴兩國出兵包圍鄾地，而鄧國又派軍隊來救援鄾人，這樣戰爭就不可避免，而這戰爭是無理的鄧國挑起的。鄧軍在作戰中不自量力，首先表現在主動對巴軍發動三次衝擊，結果是不能取勝。其次表現在楚國大夫鬬廉把軍隊列為橫陣偽裝敗走時，居然還去追逐楚軍，結果是遭到楚軍回師和巴軍前進兩面夾攻，全軍大敗。這是鄧軍的必然下場。從簡短的記載中，讀者可以清楚地看到鄧國君臣的愚蠢無理而又狂妄自大的神態。

關於後一件事，其實內容很簡單，就是曹國太子來魯國朝見魯桓公，魯國對他隆重接待。但傳文不僅記載這件事，還特意記載了曹太子在開始進行獻酒、奏樂歡樂的禮儀時，他卻歎氣這一細節，並用魯國大夫施父的話對這一不正常行為作了預言。這就為下年春曹桓公之死預作鋪墊。

本年第一節只是對《春秋》「紀季姜歸于京師」的解釋。第三節只是關於周王卿士虢仲率領芮、梁、荀、賈四國國君討伐曲沃的簡單交代。

十年

己卯，西元前七〇二年。周桓王十八年、齊僖公二十九年、晉侯緡三年、秦出子二年、楚武王三十九年、宋莊公九年、衛宣公十七年、陳厲公五年、蔡桓侯十三年、曹桓公五十五年、鄭莊公四十二年、燕宣侯九年、杞靖公二年、曲沃武公十四年。

經 十年春王正月，庚申，曹伯終生卒。

夏五月，葬曹桓公。

秋，公會衛侯于桃丘，弗遇。

冬，十有二月丙午，齊侯、衛侯、鄭伯來戰于郎。

傳 十年春，曹桓公①卒。

虢仲譖②其大夫詹父③於王。詹父有辭④，以王師伐虢。夏，虢公出奔虞⑤。

秋，秦人納芮伯萬⑥于芮。

初，虞叔⑦有玉，虞公⑧求旃⑨。弗獻。既而⑩悔之，曰：「周諺有之：『匹夫⑪無罪，懷璧其罪。』吾焉⑫用此，其⑬以賈害⑭也⑮？」乃獻之。又求其寶劍。叔曰：「是⑯無厭⑰也。無厭，將及我⑱。」遂伐虞公。故虞公出奔共池⑲。

冬，齊、衛、鄭來戰于郎⑳，我有辭也。初，北戎病齊㉑，諸侯救之，鄭公子忽有功焉㉒。齊人餼㉓諸侯，使魯次㉔之。魯以周班㉕後鄭㉖。鄭人怒，請師於齊。齊人以衛師助之，故不稱侵伐㉗。先書齊、衛，王爵㉘也。

【注釋】①曹桓公　名終生，在位五十五年。桓，諡號。②譖　進讒言；說人的壞話。③詹父　虢仲的大夫。按：虢仲為周王卿士，他的下屬有大夫。④有辭　猶言有理。⑤虞　國名。姬姓。始封之君為周太王古公亶父之子虞仲的後代。都城在今山西省平陸縣東北。西元前六五五年被晉國襲滅。⑥芮伯萬　芮國君主名萬，在桓公三年被母趕走，出居於魏；桓公四年被秦所執。見桓公三年、四年。⑦虞叔　虞國國君之弟，名不詳。⑧虞公　虞國國君。名不詳。公，爵位名。為周代五等爵的第一等爵位。⑨求旃　向他索取。旃，「之焉」合音。⑩既而　不久。⑪匹夫　平民百姓中的男子。⑫焉　何；哪裏。疑問副詞。⑬其　豈；難道。反詰副詞。⑭賈害　買來禍患。⑮也　耶。疑問語氣詞。⑯是　此；這。指示代詞。下面省略判斷詞「是」。⑰無厭　貪得無厭；不滿足。⑱將及我　「禍難將及我」的省略語。⑲共池　地名。當在今山西省平陸縣境內。⑳郎　魯國都城曲阜近郊之邑。見桓公六年。㉑病齊　使齊國困頓。病，動詞使動用法。按北戎伐齊，見桓公六年。㉒焉於之；在那次戰役中。㉓餼　牛、羊、豕、黍、稷等食物。此處用作動詞。饋送食物。㉔次　排定饋送的次序。㉕周班　周朝封爵等級的次序。班，排列等級次序。㉖後鄭　把鄭國排在後面。㉗不稱侵伐　指《春秋》記載此事不稱「侵伐」。㉘王爵　周王室分封的爵位。

【語　譯】魯桓公十年春天，曹桓公死。

虢仲在周桓王面前誣陷他的大夫詹父。詹父有理，帶領周王室的軍隊攻打虢國。夏天，虢公逃亡到虞國。

秋天，秦國人把芮伯萬送入芮國。

當初，虞國國君虞公的弟弟虞叔有美玉，虞公向他索取，他沒有進獻。不久又後悔這件事，說：「周朝的諺語有這樣的話：『百姓沒有罪，懷藏玉璧他就有罪。』我哪裏用得著這美玉，難道用它來買個禍患嗎？」於是就獻給了虞公。虞公又索取他的寶劍。虞叔說：「這就是貪得無厭了。他貪得無厭，將把禍難落到我身上。」於是就攻打虞公。所以虞公逃奔到共池。

冬天，齊、衛、鄭三國軍隊來到魯國與我軍在郎地交戰。我們魯國是有理的。當初在桓公六年時，北戎使齊國困頓，各國諸侯派兵救援齊國，鄭國公子忽是有功勞的。但當齊國給各諸侯的軍隊饋送食物時，請魯國來確定饋送的次序，魯國卻用周王室封爵的排列次序而把鄭國排在後面。為此鄭國人發怒，向齊國請求出兵。齊國人率領了衛國的軍隊來幫助鄭國，所以《春秋》不稱這次戰爭為「侵伐」。《春秋》先寫「齊、衛」，後寫「鄭」，這也是按照周王室封爵的排列次序而這樣書寫的。

【說　明】本年記載了五件事：一是曹桓公死。這與上年末曹國太子在魯國招待他的宴會典禮上歎氣一事是緊密相連的，前後呼應。二是虢仲誣陷他的大夫，結果自己反被攻打而逃亡到虞國。三是秦國將芮伯萬送回國，這與桓公三年芮伯萬被母趕走，出居於魏，桓公四年秦國攻芮圍魏而執芮伯萬之事又是前後照應的。四是虞公的貪得無厭，終於遭到其弟的攻打而逃亡。五是鄭國請齊、衛二國一起幫助他攻打魯國，這是為了報復桓公六年鄭公子忽救齊有功而魯國卻把他排在後面的怨恨。又是前後呼應。由此可見，本年發生的幾件事至少有三件事與前幾年的事有聯繫。所以，讀者閱讀《左傳》，不能只讀一年的事，必須把每件事的前後連接起來讀，這樣才能把事情理清楚。

十一年

庚辰，西元前七〇一年。周桓王十九年、齊僖公三十年、晉侯緡四年、秦出子三年、楚武王四十年、宋莊公十年、衛宣公十八年、陳厲公六年、蔡桓侯十四年、曹莊公射姑元年、鄭莊公四十三年、燕宣侯十年、杞靖公三年、曲沃武公十五年。

經 十有一年春正月，齊人、衛人、鄭人盟于惡曹。

夏五月癸未，鄭伯寤生卒。

秋七月，葬鄭莊公。

九月，宋人執鄭祭仲，突歸于鄭，鄭忽出奔衛。

柔會宋公、陳侯、蔡叔，盟于折。

公會宋公于夫鍾。

冬十有二月，公會宋公于闞。

傳 十一年春，齊、衛、鄭、宋盟于惡曹❶。

楚屈瑕❷將盟貳❸、軫❹。鄖❺人軍❻於蒲騷❼，將與隨、絞❽、州❾、蓼❿伐楚師。莫敖⑪患之。鬬廉曰：「鄖人軍其郊，必不誡⑫。且日虞⑬四邑⑭之至也。君⑮次⑯於郊郢⑰，以禦四邑；我以銳師宵加⑱于鄖。鄖有虞心⑲而恃其城⑳，莫有鬬志。若敗鄖師，四邑必離㉑。」莫敖曰：「盍㉒請濟師㉓於王㉔？」對曰：「師克㉕在和㉖，不在眾。商、周之不敵，君之所聞也㉗。成軍㉘以出，又何濟㉙焉？」莫敖曰：「卜之㉚？」對曰：「卜以決疑㉛。不疑，何卜？」遂敗鄖師於蒲騷，卒㉜盟㉝而還。

【注釋】❶惡曹　地名。又作烏巢，在今河南省延津縣西南。❷屈瑕　楚國大夫。封於屈，名瑕。以封邑為氏。❸貳　國名。在今湖北省廣水市南。後為楚所滅。❹軫　國名。在今湖北省應城市西。後為楚所滅。❺鄖　亦作「䢵」。國名。子爵。在今湖北省安陸市。一說在湖北省鄖縣。後為楚所滅。❻軍　駐軍。動詞。❼蒲騷　鄖國邑名。在今湖北省應城市西北。❽絞　國名。在今湖北省鄖縣西北。❾州　國名。偃姓。在今湖北省洪湖市東北。後為楚國所滅。❿蓼　國名。古飂國，在今河南省唐河縣南。⓫莫敖　楚國官名。相當於司馬。此時屈瑕居此官。⓬誡　通「戒」。戒備。⓭虞　望。⓮四邑　指前文隨、絞、州、蓼四國。⓯君　您。指屈瑕。⓰次　停留；駐紮。⓱郊郢　地名。今湖北省鍾祥市郢州故城。⓲加　凌駕；攻擊。⓳虞心　希望四國救援之心。⓴恃其城　依恃他們的蒲騷城郭。㉑離　離散。㉒盍　何不。㉓濟師　增兵。㉔王　指楚武王。㉕克　戰勝；獲勝。㉖和　和睦。㉗商周之不敵二句　商，指商紂王眾多軍隊。周，指周武王較少軍隊。這兩句是一個判斷句。上、下句的「之」字都是取消句子獨立性，「商周不敵」作主語。下句省略判斷詞；「君所聞」作謂語。㉘成軍　整軍；全軍。㉙何濟　何必增兵。㉚卜之　占卜一下出兵的吉凶。㉛決疑　決斷疑惑。㉜卒　終於。㉝盟　與貳、軫兩國訂立盟約。

【語譯】魯桓公十一年春天，齊國、衛國、鄭國、宋國在惡曹地方結盟。

楚國大夫屈瑕將要與貳國、軫國結盟。鄖國人把軍隊駐紮在蒲騷，將要與隨、絞、州、蓼四國一起攻打楚國軍隊。莫敖屈瑕憂慮這件事。鬭廉說：「鄖國人把軍隊駐紮在他們的郊區，一定不戒備，並且天天盼望著四國軍隊的到來。您駐紮在郊郢，用以抵禦四國；我率領精銳部隊夜間攻擊鄖國。鄖國存有期望四國援兵之心而又依仗他們的城郭，沒有戰鬥意志。如果打敗鄖國軍隊，四國的軍隊必定離散。」莫敖屈瑕說：「何不向君王請求增兵？」鬭廉回答說：「軍隊打勝仗在於上下和睦一心，不在於兵多。商紂王眾多的軍隊敵不過周武王少量的軍隊，這是您所知道的。整軍而出，又何必增加兵力呢？」莫敖屈瑕說：「占卜一下出師的吉凶？」鬭廉回答說：「占卜是用來決斷疑惑的，沒有疑惑，何必占卜？」於是就在蒲騷打敗了鄖國的軍隊。終於和貳、軫兩國訂立了盟約而回國。

【說　明】這段主要記述楚國大將軍屈瑕聽從鬭廉建議，以少量軍隊襲擊鄖國駐蒲騷大軍的事情。屈瑕的目的是要與貳、軫兩國結盟，但鄖國卻要與隨、絞、州、蓼四國攻打楚軍。貳國在鄖國之北、隨國東南；軫國在鄖國駐軍蒲騷之南很近，這不但使屈瑕無法與貳、軫兩國聯繫，而且楚國還將受圍攻之危。鬭廉分析了鄖師無戒備的弱點，不向楚王求增兵，即以少量兵力突擊鄖軍，結果鄖軍大敗。屈瑕終於完成了與貳、軫兩國結盟的任務。這是一次以少勝多的戰例。這次戰爭也意味著楚國把自己的勢力伸到了隨國和鄖國周圍，為後來滅鄖、隨等國創造了條件。

傳 鄭昭公❶之敗北戎❷也，齊人將妻之❸。昭公辭。祭仲曰：「必取之❹。君❺多內寵❻，子❼無大援❽，將不立❾，三公子❿皆君⓫也。」弗從⓬。

夏，鄭莊公卒⓭。初，祭封人仲足⓮有寵於莊公，莊公使為卿。為公⓯娶鄧曼⓰，生昭公。故祭仲立之⓱。宋⓲雍氏⓳女於鄭莊公⓴，曰雍姞㉑，生厲公㉒。雍氏宗㉓，有寵於宋莊公㉔，故誘祭仲而執之㉕，曰：「不立突，將死。」亦執厲公而求賂焉㉖。祭仲與宋人盟㉗，以厲公歸而立之。

秋九月丁亥㉘，昭公奔衛。己亥㉙，厲公立。

【注　釋】❶鄭昭公　即鄭莊公之子公子忽。昭，諡號。《逸周書・諡法解》：「昭德有勞曰昭。」❷敗北戎　見桓公六年。按此句中「之」、「也」字為取消句子獨立性的標誌詞，使之成為時間狀語從句。❸妻之　嫁女給他為妻。❹必取之　一定要娶她。取，通「娶」。❺君　指國君鄭莊公。❻內寵　內宮的寵妾。❼子　您。表示敬意的對稱。❽大援　大國的援助。❾不立　不能被立為國君。❿三公子　指鄭莊公之子子突、子亹、子儀，其母皆得鄭莊公寵愛。⓫皆君　都可能成為國君。⓬弗從　不聽從；不同意。⓭卒　死。⓮祭封人仲足　封人祭仲足。祭，封邑，其地約在今河南省鄭州市東北。封人，官名，掌典守封疆。仲，兄弟間排行為第二。足，人名。⓯公　指鄭莊公。⓰鄧曼　鄧國之女，鄧國姓曼，故稱鄧曼。⓱立之　立他為國君。指莊公死後立公子忽（昭公）為國君。⓲宋　宋國。子姓。公爵。見隱公元年前之傳文。⓳雍氏　宋國大夫。⓴女於鄭莊公　以女嫁於鄭莊公。女，動詞。㉑雍姞　雍氏姓姞，故稱雍姞。㉒厲公　即公子突。鄭莊公子，鄭國第五位國君。前後在位十一年。厲，諡號。《逸周書・諡法解》：「殺戮無辜曰厲。」㉓宗　為人所敬仰。㉔宋莊公　即宋公子馮，宋穆公之子，宋國第十六位國君。在位十八年。莊，諡號。《逸周書・諡法解》：「叡圉克服曰莊。」「勝敵志強曰莊。」㉕執之　拘囚他。㉖求賂焉　向他索取財貨。焉，於之；向他。㉗盟　立盟誓辭。㉘丁亥　（九月）十三日。㉙己亥　（九月）二十五日。

【語　譯】鄭昭公打敗北戎的時候，齊僖公打算把女兒嫁給他，昭公託辭拒絕。祭仲說：「您一定要娶她。國君的姬妾很多，您如果沒有大國的援助，將不能立為國君。其他三位公子都可能成為國君的。」昭公沒有聽從。

夏天，鄭莊公死。當初，封人祭仲足受到鄭莊公的寵信，莊公讓他做鄭國的卿。祭仲為莊公娶了鄧曼為夫人，生了昭公。所以祭仲在鄭莊公死後就立他為國君。宋國的雍氏把女兒嫁給鄭莊公，名叫雍姞，生了厲公。雍氏為人所敬重，受到宋莊公的寵信，所以誘騙祭仲而把他拘囚起來，說：「不立突為國君，你將丟掉生命。」雍氏又拘囚厲公而向他索取財貨。祭仲只得與宋國訂立盟誓，答應讓厲公回國而立他為國君。

秋季九月十三日，鄭昭公忽逃亡到衛國。二十五日，厲公突立為國君。

【說　明】 這一大段記載鄭國的奪位鬥爭。

第一小節回顧桓公六年時發生的事。當時公子忽救齊，北伐有功，齊僖公想把女兒嫁給他，但公子忽拒絕了。當時大夫祭仲為公子忽的前途著想，勸他一定要娶齊國之女，因為鄭莊公寵愛的姬妾多，所生之子都可能爭奪君位，如果公子忽沒有大國的援助，雖然他是長子，也很難取得君位。應該說祭仲是很有遠見的，可惜當時公子忽沒有聽從，這就為他後來的失國逃亡埋下了伏筆。《詩經・鄭風・有女同車序》云：「有女同車，刺忽也。鄭人刺忽之不昏（婚）于齊。太子忽嘗有功于齊，齊侯請妻之。齊女賢而不取（娶），卒以無大國之助，至於見逐，故國人刺之。」說的就是這件事。

第二節敘鄭莊公死後，祭仲立公子忽為國君，是為昭公。祭仲之所以立昭公，是因為他是受莊公寵信的卿大夫，而且昭公之母也是祭仲為莊公娶的。但是，公子突的母族是宋莊公寵信的大夫，決不甘心自己的甥輩屈居人下，於是採取卑劣手段，拘囚威脅祭仲，要他廢昭公而立公子突為君，否則就殺死他，同時又拘囚公子突而索取賄賂，更顯示其卑鄙無恥。祭仲在被逼之下與宋人盟誓，讓公子突回國而立他為國君，是為厲公。這又為下年魯國攻打宋國以及後來厲公出奔、祭仲重立昭公埋下了伏筆。

第三小節敘昭公聽說祭仲答應宋國要立突為君而出奔衛國，厲公得以即位。

十二年

辛巳，西元前七〇〇年。周桓王二十年、齊僖公三十一年、晉侯緡五年、秦出子四年、楚武王四十一年、宋莊公十一年、衛宣公十九年、陳厲公七年、蔡桓侯十五年、曹莊公二年、鄭厲公突元年、燕宣侯十一年、杞靖公四年、曲沃武公十六年。

經 十有二年春正月。

夏六月壬寅，公會杞侯、莒子盟于曲池。

秋七月丁亥，公會宋公、燕人盟于穀丘。

八月壬辰，陳侯躍卒。

公會宋公于虛。

冬十有一月，公會宋公于龜。

丙戌，公會鄭伯，盟于武父。

丙戌，衛侯晉卒。

十有二月，及鄭師伐宋。丁未，戰于宋。

傳 十二年夏，盟于曲池❶，平杞、莒❷也。

公欲平宋、鄭❸。秋，公及宋公盟于句瀆之丘❹。宋成❺未可知也，故又會于虛❻；冬，又會于龜❼。宋公辭平❽，故與鄭伯❾盟于武父❿，遂帥師而伐宋，戰焉⓫，宋無信⓬也。君子曰：「苟信不繼，盟無益也。《詩》⓭云：『君子屢盟⓮，亂是用⓯長⓰。』無信也。」

楚伐絞⓱，軍⓲其南門⓳。莫敖屈瑕曰：「絞小而輕⓴，輕則寡謀㉑。請無扞采樵者㉒以誘之。」從之。絞人獲三十人。明日㉓，絞人爭出㉔，驅楚役徒㉕於山中。楚人坐其北門㉖，而覆諸山下㉗。大敗之。為㉘城下之盟㉙而還。

伐絞之役，楚師分涉㉚於彭㉛。羅㉜人欲伐之。使伯嘉㉝諜㉞之，三巡㉟數㊱之。

【注釋】❶盟于曲池　指《春秋》「公會杞侯、莒子盟于曲池」。曲池，魯國地名。在今山東省寧陽縣東北。❷平杞莒　為杞、莒兩國媾和。按：自隱公四年莒人伐杞以來，兩國一直不和，魯國與兩國相鄰，所以為他們調解媾和。❸平宋鄭　使宋、鄭兩國和好。按：因宋國不斷向鄭國索取貨財，鄭國不堪應付，所以不和。❹句瀆之丘　即穀丘。宋國邑名。在今河南省商丘市東南。❺宋成　宋國能否媾和。❻虛　宋國地名。疑在今河南省睢縣境。❼龜　宋國地名。疑亦在今河南省睢縣境。❽辭平　拒絕媾和。❾鄭伯　指鄭厲公，名突。鄭莊公之子。鄭國第五位國君，前後在位十一年。❿武父　鄭國地名，在今山東省東明縣西南。⓫戰焉　戰於此；戰於宋國；在宋國作戰。⓬無信　沒有信用。⓭詩　指《詩經・小雅・巧言》篇。⓮屢盟　多次結盟。⓯是用　是以；因此。⓰長　滋長。⓱絞　國名。在今湖北省鄖縣西北。見桓公十一年。⓲軍　駐紮軍隊。動詞。⓳南門　絞國南門。⓴小而輕　國小而輕浮。㉑寡謀　缺少謀略。㉒扞采樵者　保衛打柴的人。扞，保衛。采樵，打柴。古代行軍必有砍柴的役夫，打柴時必有保衛人員。㉓明日　第二天。㉔爭出　爭搶出城。㉕役徒　即打柴的人。㉖坐其北門　坐守在他們（絞國）的北門。㉗覆諸山下　埋設伏兵於山下。覆，埋設伏兵。㉘為　簽訂。㉙城下之盟　因敵軍兵臨城下受脅迫而訂的盟約。古代以此為奇恥大辱。㉚分涉　分兵渡水。㉛彭　水名。後改稱筑水，即今漢水支流南河及其支流馬欄河。㉜羅　國名。熊姓。在今湖北省宜城市西。後來楚使其遷於湖北省舊枝江縣。㉝伯嘉　羅國大夫。㉞諜　偵察。㉟巡　遍。㊱數　計數。

【語　譯】魯桓公十二年夏天，桓公和杞侯、莒子在曲池結盟，這是為了使杞國和莒國媾和。

桓公想使宋國和鄭國和好。秋天，桓公和宋莊公在穀丘結盟。由於不知道宋國是否真想媾和，所以又在虛地會見；冬天，又在龜地會見。宋莊公拒絕媾和，所以桓公和鄭厲公在武父結盟，盟後就率領軍隊而攻打宋國，在宋國戰鬥，因為宋國沒有信用。君子評論說：「如果信用不能繼續，結果就沒有好處。《詩經》上說：『君子多次結盟，禍亂因此滋長。』這就是因為沒有信用。」

楚國攻打絞國，軍隊駐紮在絞國南門。莫敖屈瑕說：「絞國地小而人輕浮，輕浮就缺少謀略。請不要保衛砍柴的人來引誘他們。」楚武王聽從了他的意見。絞軍俘獲了三十個楚國的砍柴人。第二天，絞軍爭著出城，在山中驅趕楚國的砍柴人。楚軍坐等在絞國的北門，在山下埋設了伏兵。大敗絞軍，簽訂了城下之盟而回國。

在攻打絞國的戰役中，楚軍分兵在彭水渡河。羅國想攻擊楚軍，派遣大夫伯嘉去偵察，三次遍數楚軍人數。

【說　明】這大段四個小節。第一小節是對《春秋》「公會杞侯、莒子盟于曲池」的解釋，所以省略主語。第二節須與上年宋國拘囚鄭厲公逼他賄賂聯繫考察，宋國貪得無厭地求索，鄭國不堪重負，兩國關係必然緊張。魯桓公進行調解自然是好事。但經與宋國多次結盟和會見，宋莊公沒有誠意，最後竟拒絕媾和。於是魯桓公轉而與鄭國結盟，並領兵攻打宋國，這是對不講信用者的懲罰。第三節又須與去年「鄖人軍於蒲騷，將與隨、絞、州、蓼伐楚師」參讀，方可理解楚國伐絞戰役當是對去年的報復。莫敖屈瑕用小計即把絞軍打得大敗，逼他們簽訂城下之盟，說明絞國的愚蠢和不自量力。第四節乃敘楚國伐羅戰役，當與下年緊接連讀。後人割裂置於本年，又誤連上節，文意不完整。

十三年

壬午，西元前六九九年。周桓王二十一年、齊僖公三十二年、晉侯緡六年、秦出子五年、楚武王四十二年、宋莊公十二年、衛惠公朔元年、陳莊公林元年、蔡桓侯十六年、曹莊公三年、鄭厲公二年、燕宣侯十二年、杞靖公五年、曲沃武公十七年。

經 十有三年春二月，公會紀侯、鄭伯。己巳，及齊侯、宋公、衛侯、燕人戰。齊師、宋師、衛師、燕師敗績。

三月，葬衛宣公。

夏，大水。

秋七月。

冬十月。

傳 十三年春，楚屈瑕伐羅❶，鬬伯比送之。還，謂其御❷曰：「莫敖❸必敗。舉趾❹高，心不固❺矣。」遂見楚子❻曰：「必濟師❼！」楚子辭焉❽。入告夫人鄧曼。鄧曼曰：「大夫❾其❿非眾之謂⓫，其謂君撫小民⓬以信，訓⓭諸司⓮以德，而威⓯莫敖以刑也。莫敖狃⓰於蒲騷之役⓱，將自用⓲也，必小羅⓳。君若不鎮撫，其⓴不設備㉑乎！夫㉒固謂君訓眾㉓而好鎮撫㉔之，召諸司而勸㉕之以令德，見莫敖而告諸㉖天之不假易㉗也。不然，夫豈不知楚師之盡行㉘也？」楚子使賴㉙人追之，不及。

莫敖使徇㉚于師曰：「諫者有刑㉛！」及鄢㉜，亂次㉝以濟㉞，遂無次㉟。且不設備。及㊱羅，羅與盧戎㊲兩軍㊳之，大敗之。莫敖縊㊴于荒谷㊵。羣帥㊶囚于冶父㊷以聽刑㊸。楚子曰：「孤㊹之罪也！」皆免之。

宋多責賂㊺於鄭。鄭不堪命，故以紀、魯及齊與宋、衛、燕戰。不書所戰㊻，後㊼也。

鄭人來請修好。

【注釋】❶羅　國名，熊姓。參見桓公十二年。按：上年末節須與本年伐羅戰役連讀。❷御　御者；駕駛車馬的人。❸莫敖　楚國官名。參見桓公十一年。❹舉趾　抬腳。❺不固　不堅固；浮動。❻楚子　指楚武王。子爵。❼濟師　增派軍隊。❽辭焉　拒絕他的請求。焉，之。❾大夫　指鬬伯比。❿其　大概。擬議副詞。⓫非眾之謂　不是說人數的眾多。⓬小民　普通百姓。⓭訓　訓誡。⓮諸司　諸有司；各官員。⓯威　使之畏懼。⓰狃　習慣。⓱蒲騷之役　指桓公十一年莫敖屈瑕聽從鬬伯比之言，不請增兵，最後在蒲騷大敗鄖軍的戰役。⓲自用　自以為是；獨斷專行。⓳小羅　輕視羅國。⓴其　將。㉑備　防備。㉒夫　彼。代詞。指鬬伯比。㉓訓眾　訓誡眾官。㉔好鎮撫　善於督察。㉕勸　勉勵。㉖諸　之。代詞。指莫敖。㉗假易　寬縱；饒恕。㉘盡行　全部出征。㉙賴　國名，又作「厲」。在今湖北省隨州市東北。㉚徇　宣令。㉛有刑　受刑罰。㉜鄢　水名。即今湖北中部漢水支流蠻河。楚軍渡水處當在今宜城市南。㉝亂次　混亂次序；混亂而不守秩序。㉞濟　渡河。㉟無次　沒有次序。㊱及　到達。㊲盧戎　又作「廬戎」。南蠻國，嬀姓。在今湖北省襄陽西南，南漳縣東北。後為楚國所滅，成為廬邑。㊳兩軍　兩面進軍夾擊。㊴縊　上吊自勒而死。㊵荒谷　楚國地名。在今湖北省荊州市江陵區西。㊶羣帥　其他各將領。㊷冶父　楚國地名。在今湖北省荊州市江陵區東南。㊸聽刑　聽候處罰。㊹孤　諸侯的自稱。㊺責賂　責求貨財。責，索取；責求。㊻所戰　戰爭處所。㊼後　晚。指魯桓公在約期後才到達。

【語　譯】魯桓公十三年春天，楚國的莫敖屈瑕攻打羅國，大夫鬭伯比送他。鬭伯比回來時，對他的駕車人說：「莫敖一定失敗。他走路時腳抬得很高，防敵之心不堅固了。」於是鬭伯比進見楚武王，說：「一定要增派軍隊！」楚武王拒絕了他的請求。楚武王回宮告訴夫人鄧曼。鄧曼說：「鬭伯比大夫大概不是說要眾多軍隊，他說的是君王要以信用來安撫普通百姓，以美德來訓誡各官員，而以刑法來使莫敖有所畏懼。莫敖習慣於蒲騷戰役的勝利，將會自以為是而獨斷專行，一定會輕視羅國。君王如果不加督察，他將會不設防備吧！鬭伯比大夫本來是說君王要訓誡眾官而善於督察他們，召集各官員而以美德勉勵他們，見到莫敖而告訴他上天不會寬恕他的錯誤。不是這樣的話，鬭伯比大夫難道不知道楚國軍隊已全部出征了？」楚武王派賴國人去追趕屈瑕，沒有追上。

莫敖屈瑕派人在軍中宣告：「進諫的人要受刑罰！」到達鄢水，混亂無秩序地渡河，於是軍隊就沒有按次序排列。而且又不設防。到達羅國，羅國和盧戎的軍隊從兩面夾擊楚軍，大敗楚軍。莫敖屈瑕吊死在荒谷。其他各將領自己囚禁在冶父以聽候處刑。楚武王說：「這是我的過錯。」都赦免了將領們。

宋國多次向鄭國責求財貨。鄭國不能忍受，所以率領紀、魯兩國的軍隊與齊、宋、衛、燕四國軍隊交戰。《春秋》沒有記載戰爭的場所，是因為魯桓公在約期以後才到達。

鄭國派人來魯國請求解怨結好。

【說　明】本年主要記載楚軍攻打羅國遭到慘敗之事。上年最後一節應緊接本年開頭連讀。從上年最後一節已可看出，當楚軍渡彭水時，羅國已有了準備，派大夫伯嘉偵察，反覆計算楚國的人數。而楚軍則因主帥屈瑕的自滿驕傲、拒諫而獨斷專行，輕視羅國而不設防，所以楚軍大敗是必然的。而《左傳》記事的重點卻並不放在戰爭過程的詳細敘述，而著重敘述在戰爭以前，大夫鬭伯比早已看出楚軍必敗，所以請求楚王增兵；更重要的是楚王夫人鄧曼完全理解大夫鬭伯比請求增兵的真正用意。所以，《列女傳》卷三〈仁智傳・楚武鄧曼〉

在全文轉載《左傳》這段文字後說：「君子謂鄧曼為知人。《詩》云：『曾是莫聽，大命以傾。』此之謂也。」對鄧曼作了很高的評價。可惜，楚王聽從她的話後派人去追趕屈瑕已經來不及了。

後面一小節是解釋《春秋》的記載。實際上，上年已敘及宋國與鄭國的不和，魯國曾與宋國作戰，本年當是去年戰爭的繼續與發展。

本年的最後一句當與下年「十四年春，會于曹」相連接，後人割裂而置於此。

十四年

癸未，西元前六九八年。周桓王二十二年、齊僖公三十三年、晉侯緡七年、秦出子六年、楚武王四十三年、宋莊公十三年、衛惠公二年、陳莊公二年、蔡桓侯十七年、曹莊公四年、鄭厲公三年、燕宣侯十三年、杞靖公六年、曲沃武公十八年。

經 十有四年春正月，公會鄭伯于曹。

無冰。

夏五，鄭伯使其弟語來盟。

秋八月壬申，御廩災。乙亥，嘗。

冬十有二月丁巳，齊侯祿父卒。

宋人以齊人、蔡人、衛人、陳人伐鄭。

傳 十四年春，會于曹❶。曹人致餼❷，禮❸也。

夏，鄭子人❹來尋盟❺，且修曹之會。

秋八月壬申❻，御廩❼災❽。乙亥❾，嘗❿。書⓫，不害⓬也。

冬，宋人以諸侯⓭伐鄭，報宋之戰⓮也。焚渠門⓯，入⓰，及大逵⓱。伐東郊，取牛首⓲。以大宮⓳之椽⓴歸為盧門㉑之椽。

【注釋】❶會于曹　即《春秋》的「公會鄭伯于曹」。上年傳文「鄭人來請修好」應連接本年開頭，故「會于曹」承前省略相會的人。❷致餼　饋送牛、羊、豕、黍、稷、禾等食物。❸禮　按春秋時諸侯之會，所在地的主人都要在會畢饋贈食物。此次魯、鄭兩國諸侯在曹國會見，曹國是所在地主人，所以說「曹人致餼，禮也」。❹子人　名語，字子人，鄭莊公之子，厲公之弟。其後裔以其字為氏，故後有子人氏。❺尋盟　重溫舊盟。即指桓公十二年在武父的盟約。❻壬申　（八月）十五日。❼御廩　諸侯儲藏祭祀糧食的倉庫。❽災　火災。《左傳・宣公十六年》：「凡火，人火曰火，天火曰災。」所謂「天火」，當指雷電所擊等自然發生的火災。❾乙亥　（八月）十八日。❿嘗　秋祭名。夏曆七月孟秋，農穀登場，天子、諸侯嘗新，先薦寢廟之祭。⓫書　指《春秋》記載。⓬不害　不以御廩之火災為害。古人迷信，常將天災與人事相聯繫，凡有災害，即認為上天警告，於是君主就懼而反省。壬申日御廩災，現在乙亥僅隔三天仍舉行秋祭，不以天災為懼，所以《春秋》記載。⓭諸侯　即指經文中的齊、蔡、衛、陳四國諸侯。⓮宋之戰　指桓公十二年魯、鄭兩國因宋國無信而「盟于武父，遂帥師而伐宋」，以及桓公十三年「宋多責賂於鄭」，鄭不堪命，故以紀、魯及齊與宋、衛、燕戰。⓯渠門　鄭國都城的城門名。⓰入　指入城。⓱大逵　大路。指都城內四通八達的寬闊街道。⓲牛首　鄭國東郊地名，在今河南省通許縣稍東北。⓳大宮　太宮。指鄭國祖廟。⓴椽　安在梁上支架屋面和瓦片的木條。㉑盧門　宋國郊城的城門名。

【語譯】魯桓公十四年春天，桓公和鄭厲公在曹國會見。曹國人贈送食物，這是合於禮的。

夏天，鄭國的子人來魯國重溫友好的舊盟，並且也是重溫今年在曹國的會見。

秋季八月十五日，儲藏祭祀穀物的倉庫發生火災。十八日，舉行秋季的嘗祭。《春秋》所以記載這件事，是表示不以火災為懼。

冬天，宋莊公率領齊、蔡、衛、陳四國諸侯攻打鄭國，這是為了報復在宋國的那次戰爭。宋軍焚燒了鄭國都城的渠門，進入城內，到達城內的大街。又攻打東郊，佔領了牛首。把鄭國太廟的椽子拿回去做宋國盧門的椽子。

【說　明】《左傳》是為解釋《春秋》而作的，本年的傳文就都是對經文的補充和解釋。經文中「夏五」下當有闕文。傳文第一節補充了魯桓公與鄭厲公在曹國會見時曹國人曾贈送食物的細節，由此可推知曹莊公也可能參加了會見。第二節補充說明鄭厲公派他的弟弟子人來魯國不但是重溫友好的舊盟，也是表示重溫本年在曹國的會見。第三節解釋八月十五日發生倉庫火災，而三天後的十八日仍然舉行秋天嘗祭，《春秋》記載此事，說明不以火災為害。第四節則詳細補充了宋國率諸侯攻打鄭國的過程，並說明原因是為了報復前兩年攻宋之怨仇，從「焚渠門」和「以大宮之椽歸為盧門之椽」的行為中，可見宋莊公的殘忍和卑鄙。

十五年

甲申，西元前六九七年。周桓王二十三年、齊襄公諸兒元年、晉侯緡八年、秦武公元年、楚武王四十四年、宋莊公十四年、衛惠公三年、陳莊公三年、蔡桓侯十八年、曹莊公五年、鄭厲公四年、燕桓公元年、許穆公新臣元年、杞靖公七年、曲沃武公十九年。

經 十有五年春二月，天王使家父來求車。

三月乙未，天王崩。

夏四月己巳，葬齊僖公。

五月，鄭伯突出奔蔡。

鄭世子忽復歸于鄭。

許叔入于許。

公會齊侯于艾。

邾人、牟人、葛人來朝。

秋九月，鄭伯突入于櫟。

冬十有一月，公會宋公、衛侯、陳侯于袲，伐鄭。

傳 十五年春，天王❶使家父❷來求車❸，非禮也。諸侯不貢❹車、服❺，天子不私求❻財。

祭仲專❼，鄭伯❽患❾之，使其壻❿雍糾⓫殺之。將享諸郊⓬。雍姬⓭知之⓮，謂其母曰：「父與夫孰親⓯？」其母曰：「人盡夫⓰也，父一⓱而已，胡⓲可比也？」遂告祭仲曰：「雍氏⓳舍其室⓴而將享子於郊㉑，吾惑之㉒，以告㉓。」祭仲殺雍糾，尸諸㉔周氏之汪㉕。公載以出㉖，曰：「謀及婦人㉗，宜其死㉘也。」夏，厲公出奔蔡。

六月乙亥㉙，昭公㉚入㉛。

許叔㉜入于許㉝。

公會齊侯㉞于艾㉟，謀定許㊱也。

秋，鄭伯㊲因櫟㊳人殺檀伯㊴，而遂居櫟。

冬，會于袲㊵，謀伐鄭，將納厲公也。弗克而還㊶。

【注釋】❶天王　周天子。指周桓王。❷家父　周王室大夫。❸求車　求取車輛。❹貢　把物品進獻給天子。❺車服　車子和章服。古代在上位者常以車服賜給在下位者，如天子賜車服給諸侯，諸侯賜車服給大夫。所以諸侯不用車服來貢獻給天子。❻不私求　不私自求取。❼專　專權；個人把持政權。❽鄭伯　指鄭厲公。見桓公十一年。❾患　憂慮。❿其壻　他（祭仲）的女婿。⓫雍糾　鄭國大夫。⓬享諸郊　在郊外宴請他（祭仲）而殺之。⓭雍姬　祭仲之女，雍糾之妻。⓮之　指代郊宴而殺祭仲之事。⓯孰親　哪一個更親。孰，何；誰。⓰人盡夫　指女子未嫁前，人人皆可能為其丈夫。⓱父一　父親只有一個。⓲胡　何；怎麼。⓳雍氏　指雍糾。⓴舍其室　捨棄他的家；不在他的家裏。㉑享子於郊　在郊外宴請您。子，對父親的敬稱。㉒惑之　懷疑這件事；對此事很迷惑。㉓以告　所以來告訴您。㉔尸諸　尸之於；將屍體陳之於。尸，動詞。陳屍。㉕周氏之汪　鄭國大夫周氏的水池。汪，水池。㉖公載以出　鄭厲公用車裝載雍糾的屍體而出奔。㉗謀及婦人　與婦人謀劃。㉘宜其死　其死應該。㉙六月乙亥　六月二十二日。㉚昭公　鄭昭公，名忽。鄭莊公長子。鄭莊公死，太子忽曾即位為鄭國國君，是為鄭昭公；同年即因宋國逼祭仲立鄭莊公次子突為國君，昭公出奔衛國。見桓公十一年。㉛入　從衛國入鄭國復即位。《史記・鄭世家》：「祭仲迎昭公忽。六月乙亥，復入鄭，即位。」㉜許叔　許穆公，名新臣，許莊公之弟，在位四十二年。按：魯、齊、鄭三國伐許，許莊公奔衛，鄭伯使許大夫百里奉許叔以居許東偏，見隱公十一年。㉝入于許　許叔自許東偏進入許都。㉞齊侯　指齊襄公。名諸兒。齊僖公之子。去年十二月，齊僖公祿父卒，太子諸兒即位，是為襄公。在位十二年。襄，諡號。《逸周書・諡法解》：「辟地有德曰襄。」「甲胄有勞曰襄。」㉟艾　地名。約在齊、魯之間，今山東省新泰市西北。㊱謀定許　商量安定許國。㊲鄭伯　指鄭厲公突。本年春出奔蔡國。㊳櫟　鄭國別都。本為鄭莊公置以封其子突之地。為鄭厲公舊邑。在今河南省禹州市。㊴檀伯　鄭國守櫟的大夫。㊵袲　宋國地名。在今安徽省宿州市西。㊶弗克而還　不能取勝而回。《史記・鄭世家》：「諸侯聞厲公出奔，伐鄭，弗克而去。宋頗予厲公兵，自守於櫟。鄭以故亦不伐櫟。」

【語　譯】魯桓公十五年春天，周桓王派大夫家父來魯國求取車輛，這是不合於禮的。因為諸侯只將車和服賜給下位的人，所以不能向天子進貢車輛和禮服的，天子不能私自求取財物。

祭仲在鄭國專權，鄭厲公很憂慮，派祭仲的女婿雍糾去殺他。雍糾將要在郊外宴請祭仲。雍姬知道這件事，對她的母親說：「父親和丈夫哪一個最親？」她的母親說：「妳出嫁前人人都可能做妳的丈夫，父親只有一個罷了，怎麼能夠相比呢？」於是雍姬就告訴祭仲說：「雍糾不在他的家裏而將到郊外去宴請您，我很疑惑這件事，所以把它告訴您。」祭仲就殺了雍糾，將屍體陳於周氏的水池。鄭厲公裝載了雍糾的屍體而出逃，說：「與婦人商量大事，難怪會死。」夏天，鄭厲公逃亡到蔡國。

六月二十二日，鄭昭公回到鄭國。

許叔進入到許國都城內。

魯桓公和齊襄公在艾地會見，是為了商量安定許國之事。

秋天，鄭厲公依靠櫟都的人殺了檀伯，於是就居住在櫟地。

冬天，魯桓公和宋莊公、衛惠公、陳莊公在袲地會見，謀劃攻打鄭國，準備護送鄭厲公回國都。不能取勝而撤兵回去了。

【說　明】本年記載了三件事：一是解釋周桓王向魯求取車輛不合禮儀的原因。二是許叔入許都，魯、齊商量安定許國。這兩事都比較簡單。三是鄭國發生政變，此事比較複雜。早在魯桓公十一年，祭仲在宋國的逼迫下才立鄭莊公次子突為國君，是為鄭厲公。迫使已即位的鄭昭公忽出奔。但祭仲畢竟是心向鄭昭公的，所以必然成為鄭厲公的心腹之患。於是鄭厲公派祭仲的女婿雍糾去殺祭仲，而雍糾卻把此事告訴妻子，這都顯示出兩人的愚蠢，結果是祭仲先殺了雍糾，鄭厲公也就只得出奔蔡國，祭仲自然地把逃亡在衛的鄭昭公忽迎回來重新即位。但鄭厲公不甘心失敗，先是殺了守櫟的檀伯而住到了自己的舊邑櫟。接著是得到各國諸侯支持而攻打鄭國，但沒有成功。說明鄭國內亂尚未結束。

十六年

乙酉，西元前六九六年。周莊王佗元年、齊襄公二年、晉侯緡九年、秦武公二年、楚武王四十五年、宋莊公十五年、衛惠公四年（黔牟元年）、陳莊公四年、蔡桓侯十九年、曹莊公六年、鄭昭公忽元年、燕桓公二年、許穆公二年、杞靖公八年、曲沃武公二十年。

經 十有六年春正月，公會宋公、蔡侯、衛侯于曹。

夏四月，公會宋公、衛侯、陳侯、蔡侯伐鄭。

秋七月，公至自伐鄭。

冬，城向。

十有一月，衛侯朔出奔齊。

傳 十六年春正月，會于曹，謀伐鄭也。

夏，伐鄭。

秋七月，公至自伐鄭❶，以飲至❷之禮也。

冬，城向❸。書，時❹也。

【注釋】❶至自伐鄭　從攻打鄭國之地回到魯國。❷飲至　古代的一種典禮：諸侯朝、會、盟、伐完畢，回來到宗廟飲酒慶賀。❸向　本為國名，姜姓，在今山東省莒縣西南。春秋初年為莒國所併，見隱公二年「莒人入向」。如今已成為魯國之地。❹時　適合時宜。按冬季是農閒時節，故曰適時。

【語譯】魯桓公十六年春天正月，桓公和宋莊公、蔡桓侯、衛惠公在曹國會見，又策劃攻打鄭國。

夏天，攻打鄭國。

秋季七月，魯桓公從攻打鄭國之地回到國內，舉行了祭告宗廟宴請群臣的禮儀。

冬季，在向地築城。《春秋》記載這件事，是因為不妨礙農時。

【說明】這四小節記敘春、夏、秋、冬四件事，實際上都是對《春秋》經文的解釋。正月，《春秋》記載魯桓公與宋、蔡、衛三國諸侯在曹國會見，《左傳》解釋說：這是為了商量攻打鄭國的事。四月，《春秋》又記載魯桓公會四國諸侯伐鄭，《左傳》解釋說：這是會合攻打鄭國。說明兩次「會」是不同的：一是會見商量謀劃；一是會合攻打。七月，《春秋》記載「公至自伐鄭」，《左傳》解釋說：這意思就是回到國內舉行了祭祀飲宴之禮。《春秋》記載「冬，城向。」《左傳》解釋說：《春秋》記載此事的原因，說明此事不影響農時，是適合時宜的。由此可以看出，《春秋》記事非常簡單，有時不太清楚；而《左傳》則把事情的原委以及《春秋》的言外之意都闡釋明白了。

傳 初，衛宣公❶烝❷於夷姜❸，生急子❹。屬諸❺右公子❻。為之娶於齊，而美，公⑦取⑧之。生壽⑨及朔⑩。屬壽於左公子⑪。夷姜縊⑫。宣姜⑬與公子朔構⑭急子。公使諸齊⑮，使盜⑯待諸莘⑰，將殺之。壽子⑱告之，使行⑲。不可⑳，曰：「棄父之命，惡㉑用子矣？有無父之國則可也。」及行，飲以酒㉒。壽子載其旌㉓以先㉔，盜殺之㉕。急子至，曰：「我之求㉖也，此㉗何罪？請殺我乎！」又殺之。二公子㉘故怨惠公㉙。十一月，左公子洩、右公子職立公子黔牟㉚。惠公奔齊㉛。

【注釋】①衛宣公　名晉。衛莊公之子，衛桓公之弟，魯隱公五年（西元前七一八年）即位，在位十九年，魯桓公十二年（西元前七〇〇年）卒。宣，謚號。《逸周書・謚法解》：「聖善周聞曰宣。」②烝　指與母輩發生性關係。③夷姜　衛莊公之妾，衛宣公的庶母。夷，國名。姜姓。故稱夷姜。按宣公與庶母通姦，必在莊公或桓公時，故本段開頭用「初」字。宣公即位後，立夷姜為夫人。《史記・衛康叔世家》：「初，宣公愛夫人夷姜。夷姜生子伋，以為太子，而令右公子傅之。」④急子　《詩經・邶風・新臺序》及〈二子乘舟序〉、《史記・衛康叔世家》、《新序・節士》、《漢書・古今人表》都作「伋」。急、伋同音通假。⑤屬諸　囑之於；把他託付給。屬，通「囑」。囑付；託付。⑥右公子　名職。杜預注：「左右媵之子，因以為號。」孔穎達疏：「此左右公子，蓋宣公之兄弟也。」⑦公　指衛宣公。⑧取　通「娶」。⑨壽　衛宣公之子，衛惠公之兄，宣姜（即齊國之女）所生。⑩朔　即衛惠公。衛宣公之子，壽之弟。宣姜所生。⑪左公子　名洩。⑫縊　上吊而死。⑬宣姜　衛宣公夫人。齊國之女。宣，是夫的謚號。姜，是母家的姓。以丈夫之謚冠於母家之姓前，是春秋時稱呼諸侯之妻的一種習慣。⑭構　陷害；進讒言挑撥離間。⑮使諸齊　派他出使到齊國去。⑯盜　壞人；盜賊。⑰待諸莘　等待他於莘。莘，衛國地名，在今山東省莘縣北。是衛、齊兩國交界處。地勢狹窄，便於行刺。《詩經・邶風・二子乘舟》毛傳云：「公令伋之齊，使賊先待於隘而殺之。」⑱壽子　即宣姜所生長子壽。⑲使行　讓他逃走。「使」下省略「之」字。行，逃走。⑳不可　不同意。㉑惡　何。㉒飲以酒　用酒讓他飲醉。㉓載其旌　（車上）舉著急子的旗幟。旌，旗幟。㉔以先　在前面先行。㉕之　指壽子。㉖我之求　求我；（他們）要殺的是我。㉗此　此人。指壽子。㉘二公子　指左右二公子。㉙惠公　即公子朔，衛宣公子，宣姜所生。魯桓公十三年（西元前六九九年）即位。至本年已在位四年。㉚黔牟　衛宣公之子。《史記・衛康叔世家》：「惠公四年，左右公子怨惠公之讒殺前太子伋而代立，乃作亂，攻惠公，立太子伋之弟黔牟為君，惠公奔齊。」㉛奔齊　逃亡到齊國。按齊國乃惠公朔母舅家。

【語　譯】當初，衛宣公和他的庶母夷姜私通，生了急子。衛宣公把他囑託給右公子。又為他在齊國娶妻，而這位齊國之女很美，衛宣公就自己娶了她，生了壽和朔。衛宣公把壽囑託給左公子。夷姜上吊自勒而死。宣姜和公子朔誣陷急子。衛宣公派急子出使到齊國去，讓盜賊在莘地等著，將要殺死他。壽子把這件事告訴急子，讓他逃走。急子不同意。說：「丟棄父親的命令，哪裏還用得著用兒子呢？要是有沒有父親的國家就可以逃去了。」等到急子臨走時，壽子用酒把急子灌醉。壽子在車上插著太子的旗幟先走，賊人就殺了壽子。急子趕到，說：「他們要殺的是我呀！此人有什麼罪？請你殺我吧！」賊人又殺了急子。左、右二公子因此而怨恨惠公。本年十一月，左公子洩、右公子職立公子黔牟為君。衛惠公逃奔到齊國。

【說　明】衛宣公是歷史上著名的貪色淫蕩的無恥之君。在即位前就與庶母夷姜通姦，生下了急子，即位後立夷姜為夫人，立急為太子。這件醜事到此也就可結束了。但他好色的本性並未結束，反而變本加厲地發展了。當他為兒子急從齊國娶妻時，發現新娘齊姜長得很美，居然不顧廉恥地把齊姜佔為己有。據說當時衛國人就寫了一首詩諷刺他，那就是《詩經・邶風・新臺》。〈毛詩序〉說：「〈新臺〉，刺衛宣公也。納伋（急）之妻，作新臺于河上而要（邀）之。國人惡之，而作是詩也。」詩中把衛宣公比喻為怪獸和蟾蜍，揭示出他的醜陋面貌。說明當時衛國人對宣公厭惡之極。衛宣公和宣姜生下了壽和朔兩個兒子，又迫使夷姜自殺，立宣姜為夫人。不但如此，宣姜和公子朔又向衛宣公進讒言，想害死急。其實，宣公自己也有不可告人的隱私，《史記・衛康叔世家》就揭示了出來：「宣公自以其奪太子妻也，心惡太子，欲廢之。及聞其惡，大怒，乃使太子伋（急）於齊而令盜遮界上殺之，與太子白旄，而告界盜見持白旄者殺之。」衛宣公因為他奪了太子的妻，心中有鬼，就討厭太子。等到聽了宣姜和朔的讒言，居然用陰謀詭計想殺死太子：表面上冠冕堂皇地派太子急到齊國出使，暗地裏卻叫邊界的盜賊在邊界上殺死太子。還故意給太子一個白色旗幟，以便讓盜賊認識太子的標誌。這用心又是多麼險惡！可是事情並沒有按照衛宣公的陰謀順利發展，此陰謀被宣公和宣姜的另一個兒子壽知道了，告訴了太子，並讓他逃走。但正直忠厚的太子急卻不肯逃走，於是壽設法在餞行時把太子急灌醉，壽代替太子急舉著白旗幟驅車先行，結果盜賊殺死了壽。這是一個弟代兄死的震撼人心的悲劇，深刻顯示出壽的仁義之心。但悲劇並未到此結束。當太子急趕到，看見壽已代自己被殺，他並沒有因此而脫身逃走，卻大義凜然地聲明壽是無辜被殺，自己才是他父親要殺的人。於是盜賊又殺了太子急。充分說明太子急是個正直的人，並不是貪生怕死之人。這與他父親的貪色、險惡、殘忍的性格正好形成鮮明對照。對於壽和急的被殺，衛國人都感到非常悲憤。傳說《詩經・邶風・二子乘舟》就是悼念他們兩人的。〈毛詩序〉說：「〈二子乘舟〉，思伋（急）、壽也。衛宣公之二子，急相為死，國人傷而思之，作此詩也。」不管這傳說是否正確，衛國人因此而怨恨衛宣公、懷念太子急和公子壽卻是真實的。不過衛宣公在魯桓公十二年（西元前七〇〇年）即去世，公子朔即位，是為衛惠公，於是衛國人把怨恨轉移到曾向宣公進讒言而害死太子急的衛惠公身上，終於在本年發生了「左公子洩、右公子職立公子黔牟，惠公奔齊」的事。這可以說是衛宣公一生的所作所為造成的必然結果。所以，《左傳》在本年記載衛國發生的事時，用較多篇幅回顧追敘了衛宣公之事，說明這是「惠公奔齊」的原因。

十七年

丙戌，西元前六九五年。周莊王二年、齊襄公三年、晉侯緡十年、秦武公三年、楚武王四十六年、宋莊公十六年、衛黔牟二年（惠公五年）、陳莊公五年、蔡桓侯二十年、曹莊公七年、鄭昭公二年、燕桓公三年、許穆公三年、杞靖公九年、曲沃武公二十一年。

經十有七年春正月丙辰，公會齊侯、紀侯盟于黃。

二月丙午，公會邾儀父，盟于趡。

夏五月丙午，及齊師戰于奚。

六月丁丑，蔡侯封人卒。

秋八月，蔡季自陳歸于蔡。

癸巳，葬蔡桓侯。

及宋人、衛人伐邾。

冬十月朔，日有食之。

傳十七年春，盟于黃❶，平齊、紀❷，且謀衛❸故也。

及邾儀父❹盟于趡❺，尋蔑之盟❻也。

夏，及齊師戰于奚❼，疆事❽也。於是❾齊人侵魯疆，疆吏❿來告。公曰：「疆埸⓫之事，慎守其一⓬，而備⓭其不虞⓮。姑盡⓯所備⓰焉。事⓱至而戰，又何謁⓲焉？」

蔡桓侯⓳卒。蔡人召蔡季⓴于陳。

秋，蔡季自陳歸于蔡，蔡人嘉㉑之也。

伐邾，宋志㉒也。

冬，十月朔㉓，日有食之㉔。不書日，官㉕失之也。天子有日官㉖，諸侯有日御㉗。日官居卿㉘以底㉙日，禮也。日御不失日㉚，以授百官㉛于朝。

初，鄭伯㉜將以高渠彌㉝為卿，昭公㉞惡之㉟，固諫㊱，不聽㊲。昭公立，懼其殺己也，辛卯㊳，弒昭公，而立公子亹㊴。君子謂「昭公知所惡矣」。公子達㊵曰：「高伯㊶其㊷為戮㊸乎！復惡㊹已甚㊺矣。」

【注釋】❶黃　齊國邑名。在今山東省淄博市淄川鎮附近。為魯國至齊國所經之地。❷平齊紀　使齊國與紀國和好。按齊欲滅紀，魯桓公十三年紀國又隨魯國、鄭國打敗齊軍，所以魯國為之調解以使兩國和好。❸謀衛　商量對付衛國之事。按上年衛國立黔牟為國君，衛惠公奔齊。齊國想護送衛惠公回國重立為君。❹邾儀父　邾國國君。見隱公元年。❺趡　魯國地名。在今山東省泗水縣和鄒城市之間。❻蔑之盟　見隱公元年。蔑，魯國地名。本稱姑蔑，史官為避隱公諱而略「姑」字。在今山東省泗水縣東。❼奚　地名。在今山東省滕州市南。❽疆事　邊境的軍事衝突。❾於是　在此之時。❿疆吏　邊境的地方官吏。⓫疆場　兩字同義。邊境；疆界。⓬其一　指自己一邊；本國邊界。⓭備　戒備。⓮不虞　意料不到之事；意外。⓯姑盡　姑且盡力。⓰所備　防備一切。⓱事　軍事。指他國武力。⓲謁　請示；報告。⓳蔡桓侯　名封人。蔡國第十二位國君。魯隱公九年（西元前七一四年）即位，在位二十年。桓，諡號。《逸周書・諡法解》：「辟土服遠曰桓」，「克敬勤民曰桓」。⓴蔡季　蔡桓侯之弟。名獻舞。杜預注：「桓侯無子，故召季而立之。」《史記・管蔡世家》：「桓侯卒，弟哀侯獻舞立。」哀，諡號。《逸周書・諡法解》：「蚤（早）孤短折曰哀」，「恭仁短折曰哀」。㉑嘉　讚許。㉒宋志　宋國的意願。這是解釋魯國違背趡地的盟約參預伐邾的原因，是屈從宋國意願。宋國伐邾，當是報復隱公五年邾、鄭伐宋的戰役。㉓朔　農曆每月的第一天，即初一日。㉔日有食之　日蝕。㉕官　掌管天象的史官。㉖日官　為天子掌天文曆數的官員。即太史。㉗日御　諸侯的史官。㉘居卿　居於卿的地位。杜預注：「日官，天子掌曆者，不在六卿之數而位從卿，故言居卿也。」㉙厎　致；

推算。㉚不失日　不遺漏日子（指每月的大小和每日的干支）。㉛授百官　天子的日官定曆來頒發給諸侯，諸侯的日御則按曆來傳授給百官。㉜鄭伯　指鄭莊公。㉝高渠彌　鄭國大夫。魯桓公五年周王率諸侯伐鄭時，高渠彌曾以中軍奉侍鄭莊公。見桓公五年。㉞昭公　鄭昭公，名忽。㉟惡之　討厭他。㊱固諫　堅決勸阻。㊲不聽　不聽從。㊳辛卯　（十月）二十二日。㊴公子亹　鄭莊公之子，昭公之弟。在位一年。㊵公子達　魯國大夫。㊶高伯　高渠彌之字。㊷其　將。㊸為戮　被誅殺。㊹復惡　報復怨仇。惡，怨仇。㊺已甚　太過分。已，太。

【語　譯】魯桓公十七年春天，魯桓公和齊襄公、紀侯在黃地結盟，這是為了調解齊、紀之間的關係使他們和好，並且為了商量對付衛國的事情。

魯桓公和邾儀父在趡地結盟，這是為了重申二十七年前在蔑地的盟約。

夏天，魯國軍隊與齊國軍隊在奚地發生戰爭，這是邊境軍事衝突。當時齊國人侵犯魯國邊境，邊境官吏前來報告。魯桓公說：「邊境上的事情，謹慎地防守我們一邊，而戒備那意料之外的事。姑且盡力防備一切罷了。軍事發生就迎戰，又何必請示呢？」

蔡桓侯死。蔡國人把蔡季從陳國召回。

秋天，蔡季從陳國回到蔡國，蔡國人讚許他而立他為國君。

進攻邾國，這是宋國的意願。

冬季十月初一，日蝕。《春秋》沒有記載干支日期，這是史官漏記這個日期。天子設有日官，諸侯設有日御。日官居於卿的地位而推算曆日，這是合於禮的。日御不遺漏干支日期，在朝廷上把曆象授給百官。

當初，鄭莊公將要用高渠彌做卿，昭公討厭他，堅決勸諫，莊公不聽從。昭公即位後，高渠彌害怕昭公會殺掉自己，十月二十二日，殺了昭公，而立公子亹為國君。君子認為昭公瞭解他所討厭的人。公子達說：「高渠彌將要被誅戮的吧！報復怨仇做得太過分了。」

【說　明】本年記載的事分八小節，前七小節都是對《春秋》經文的解釋。只有最後一小節《春秋》沒有記載，卻是本年發生的最重要的史事。鄭國自六年前莊公死後，動亂不斷。昭公忽在莊公死後即位，但當年就被宋國所逼，立厲公突為君，昭公忽出奔衛國。二年前厲公突欲殺祭仲未成而出奔蔡國，昭公忽從衛國回來重新即位。可是才即位二年，昭公忽又被高渠彌所殺，立公子亹為君。但鄭國的動亂尚未結束，公子達的話為下年高渠彌和公子亹的被殺埋下了伏筆。

十八年

丁亥，西元前六九四年。周莊王三年、齊襄公四年、晉侯緡十一年、秦武公四年、楚武王四十七年、宋莊公十七年、衛黔牟三年（惠公六年）、陳莊公六年、蔡哀侯獻舞元年、曹莊公八年、鄭子亹元年（厲公七年）、燕桓公四年、許穆公四年、杞靖公十年、曲沃武公二十二年。

經 十有八年春王正月，公會齊侯于濼。公與夫人姜氏遂如齊。

夏四月丙子，公薨于齊。

丁酉，公之喪至齊。

秋七月。

冬十有二月己丑，葬我君桓公。

傳 十八年春，公將有行❶，遂與姜氏❷如齊❸。申繻❹曰：「女有家❺，男有室❻，無相瀆❼也。謂之有禮。易❽此，必敗。」公會齊侯❾于濼❿，遂及文姜如齊。齊侯通⑪焉。公謫之⑫。以告⑬。

夏四月丙子⑭，享公⑮。使公子彭生乘公⑯，公薨于車⑰。

魯人告于齊曰：「寡君⑱畏君之威，不敢寧居⑲，來修舊好。禮成⑳而不反㉑，無所歸咎㉒，惡於諸侯㉓。請以彭生除㉔之。」齊人殺彭生。

【注　釋】❶行　外出；出行。❷姜氏　即文姜。魯桓公夫人，齊襄公之妹。❸如齊　到齊國去。❹申繻　魯國大夫。❺家　夫家；丈夫。❻室　妻室；妻子。❼無相瀆　不要互相輕慢褻瀆。無，通「毋」。不要。瀆，輕慢。杜預注：「女安夫之家，夫安妻之室，違此則為瀆。」❽易　違反；違背。❾齊侯　齊襄公。名諸兒。齊僖公之子。魯桓公十五年（西元前六九七年）即位，在位十二年。❿濼　齊國地名。在今山東省濟南市附近。⓫通　私通；通姦。⓬謫之　譴責她。之，指文姜。⓭以告　以之告。省略「之」字。把魯桓公譴責她之事告訴齊襄公。按「以之告」前又省略主語文姜。⓮丙子　（四月）初十日。⓯享公　用酒食款待魯桓公。享，通「饗」。用酒食款待。⓰乘公　幫助桓公登車。⓱薨于車　死在車中。⓲寡君　臣子對別國謙稱自己國家的國君。⓳寧居　安居。⓴禮成　禮儀完成。㉑不反　不歸；不返。㉒歸咎　歸罪；追究罪責。㉓惡於諸侯　在諸侯中造成惡劣影響。㉔除　消除。

【語　譯】魯桓公十八年春天，桓公將有外出的活動，於是就和夫人姜氏到齊國去。大夫申繻說：「女子有丈夫，男人有妻子，不要互相輕慢，這稱它為有禮。違背了這一點必然會壞事。」魯桓公在濼地會見齊襄公，於是就與夫人文姜到了齊國。齊襄公和文姜通姦。魯桓公責罵文姜。文姜把這事告訴了齊襄公。

夏季四月初十日，齊襄公設宴招待魯桓公。派公子彭生幫助桓公登車。結果桓公死在車中。

魯國人向齊國訴說：「我國國君畏懼貴國國君的威嚴，不敢安居，所以來到貴國重修舊好。但禮儀完成卻沒有回國，又沒有地方追究罪責，在諸侯中造成了惡劣影響。請求貴國用彭生來消除這種影響。」齊國人就殺死了彭生。

【說明】齊襄公與文姜兄妹通姦並殺死魯桓公的事，《管子·大匡》有相同記載。《史記·齊太公世家》記載更清楚：「(襄公)四年，魯桓公與夫人如齊。齊襄公故嘗私通魯夫人。魯夫人者，襄公女弟也，自釐(僖)公時嫁為魯桓公婦，及桓公來而襄公復通焉。魯桓公知之，怒夫人，夫人以告齊襄公。齊襄公與魯君飲，醉之，使力士彭生抱上魯君車，因拉殺魯桓公，桓公下車則死矣。魯人以為讓(譴責)，而齊襄公殺彭生以謝魯。」

齊襄公和文姜的亂倫無恥，《詩經·齊風》的〈南山〉、〈敝笱〉、〈載驅〉等詩進行了辛辣的諷刺和抨擊。〈毛詩序〉說：「〈南山〉，刺襄公也。鳥獸之行，淫乎其妹。大夫遇是惡，作詩而去之。」「〈敝笱〉，刺文姜也。齊人惡魯桓公微弱，不能防閑文姜，使至淫亂，為二國患焉。」「〈載驅〉，齊人刺襄公也。無禮義，故盛其車服，疾驅於通道大都，與文姜淫播其惡於萬民焉。」這些詩把齊襄公比喻為「雄狐」，揭露他的淫亂；揭露文姜的淫蕩，招搖過市，恬不知恥；也諷刺魯桓公放任文姜，不能防備禁止，致使她放蕩自恣。以上資料，可以參讀。

傳 秋，齊侯❶師❷于首止❸，子亹❹會之❺，高渠彌相❻。七月戊戌❼，齊人殺子亹，而轘❽高渠彌。祭仲逆❾鄭子❿于陳而立之。是行⓫也，祭仲知之⓬，故稱疾⓭不往。人曰：「祭仲以知⓮免⓯。」仲曰：「信⓰也。」

【注釋】❶齊侯 齊襄公。❷師 駐紮軍隊。動詞。❸首止 衛國地名。在今河南省睢縣東南。鄰近鄭國。❹子亹 鄭國國君，去年弒昭公而即位。❺會之 會見齊襄公。❻相 輔助；相禮。古代舉行朝聘、盟會、享宴、祭祀等禮儀，必有一個襄助的人，叫做相。主要負責接待賓客和入贊禮儀，叫做相禮。❼戊戌 (七月)初三日。❽轘 用車分裂人的肢體。❾逆迎接。⑩鄭子　昭公忽之弟，即公子嬰，又名子儀。在位十四年。⑪是行　此行。指子亹赴首止之行。⑫知之　知道此行的後果。⑬稱疾　稱病。⑭知　預見。指祭仲預料子亹此行將被殺，所以稱病不去。⑮免　免禍。⑯信　真；確實。

【語　譯】秋天，齊襄公駐紮軍隊在首止。鄭國國君子亹前去會見齊襄公，高渠彌作為贊禮的相。七月初三日，齊國人殺死了子亹，而把高渠彌車裂分屍。祭仲到陳國去迎接鄭公子子儀回國而立他為國君。

這次首止之行，祭仲預料到會出事，所以假稱有病而沒有去。有人說：「祭仲因有先見之明而避免了災禍。」祭仲說：「那是真的。」

【說　明】這一大段應與上年末一段聯繫起來讀。上年高渠彌弒鄭昭公而立子亹為國君，公子達曾預言高渠彌將被誅戮，因為他報仇太過分了。本年就應了這個預言，高渠彌得到車裂分屍的慘酷下場。而祭仲卻有先見之明而免禍。這一點，《史記·鄭世家》記載得很詳細：子亹在齊襄公為公子之時，兩人曾經互相打鬥而結仇。所以這次子亹臨行前，祭仲曾請求他不要去。但子亹認為齊國強盛，而鄭厲公突居住在櫟邑，如果不去，齊國會帶領諸侯討伐鄭國而送厲公入鄭都立為國君。不如前去，去了還不至於一定會受辱。因此沒有聽從祭仲的勸阻而前往。到了首止，又不向齊襄公謝罪。齊襄公發怒，就埋伏甲兵而殺了子亹。但《史記·鄭世家》卻沒有記載車裂分屍高渠彌，而說「高渠彌亡歸，歸與祭仲謀，召子亹弟公子嬰於陳而立之。」與《左傳》不同。這件事說明鄭國的動亂尚未結束，仍在繼續發展。

傳 周公①欲弒莊王②而立王子克③。辛伯④告王，遂與王殺周公黑肩。王子克奔燕⑤。

初，子儀⑥有寵於桓王，桓王屬諸⑦周公。辛伯諫⑧曰：「并后⑨，匹嫡⑩，兩政⑪，耦國⑫，亂之本⑬也。」周公弗從，故及⑭。

【注　釋】❶周公　即周公黑肩，周王室卿士。❷莊王　周莊王，名佗。周桓王太子，西元前六九六年（魯桓公十六年）即位，在位十五年。❸王子克　即周莊王之弟子儀。❹辛伯　周王室大夫。❺燕　國名。姞姓。始封之君為伯儵，相傳為黃帝後裔。周初始封。國都在今河南省汲縣東南，亦稱南燕。❻子儀　即王子克。❼屬諸　囑之於。屬，同「囑」。囑託；託付。諸，「之於」的合音。之，指王子克子儀。❽諫　指向周公勸告。❾并后　指妾媵地位等同於王后。❿匹嫡　指庶子地位相等於嫡子。⓫兩政　兩個卿士掌握同等的權力。⓬耦國　兩個國都。指大城和國都並列一樣。⓭本　本源；原因。⓮及　及於禍難；遭到殺戮。

【語　譯】周公黑肩打算殺掉周莊王而立王子克。大夫辛伯報告莊王，於是就幫助周莊王殺了周公黑肩。王子克逃奔到燕國。

當初，王子克受到周桓王的寵信，桓王把他託付給周公黑肩。辛伯向周公黑肩勸諫說：「妾媵地位等同於王后，庶子地位相等於嫡子，兩卿掌握同等權力，大城規模和都城一樣像兩個國都，這些都是禍亂的根源。」周公黑肩不聽從勸告，所以遭受禍難。

【說　明】周公黑肩是周王室卿士，與虢公同掌朝政。自從魯桓公十年虢公出奔虞國後，周公黑肩就獨掌周王室朝政。於是他利令智昏，竟想殺周莊王而立王子克為王。這是因為王子克是當年周桓王託付給他輔導長大的，王子克一旦為王，那周公黑肩的權力當然就更大，可以為所欲為。周公黑肩的野心，大夫辛伯早有察覺，並曾勸諫過他。但周公黑肩聽不進去，最後終於落得個被殺的下場，王子克也只得逃亡。

值得注意的是辛伯勸諫的話，在春秋戰國時代都被作為名言，作為告誡君主之用。如《左傳・閔公二年》狐突就引用了辛伯的話，《管子・君臣下》、《韓非子・說疑》都有類似的話。說明當時把等級次序的混亂，在下位的僭越與上位的等同，都看成是國家禍亂的根源。周公黑肩就被看作是歷史的鏡子。

莊公

【題解】魯莊公，名同。魯桓公之子，母為文姜，生於桓公六年（西元前七〇六年）。西元前六九三年即位，時為十四歲。在位三十二年。莊，謚號。《逸周書・謚法解》：「兵甲亟作曰莊」、「勝敵志強曰莊」。

莊公在位期間，因母親文姜有殺夫之罪且與齊襄公繼續通姦，所以斷絕了母子關係。時魯國國力尚強，常會諸侯師出征。但莊公務修德行，故得到君子好評。如魯師和齊師圍郕，郕降於齊師，仲慶父請伐齊師，被莊公制止，認為齊師無罪。在諸多戰爭中，魯國僅在乾時之戰中敗於齊師，但當次年齊師再伐魯國時，莊公能虛心傾聽曹劌的意見，終於在長勺之戰中大敗齊師。其他如乘丘之戰中敗宋師，鄑之戰中再敗宋師；但就在兩敗宋師之後，宋國遇大水，魯莊公卻派使者去弔慰。在打敗齊軍後，魯莊公又開始在柯地與齊國訂盟。這些都說明魯莊公在處理軍事和外交方面都很得當。唯臨終時在立嗣君問題上未能採取果斷措施，以致發生內亂。其子子般立為國君不到兩月即被仲慶父所殺，終於立了閔公。

在這三十二年中，楚國伐隨、伐申、滅鄧、虜蔡、滅息、克權、伐黃，力圖擴張勢力。而周王室和不少諸侯國卻發生了內亂。首先是衛國，衛惠公朔在魯桓公十六年出奔到齊國，衛國立公子黔牟為國君，至魯莊公五年，魯國會合齊、宋、陳、蔡諸國之師伐衛，又將衛惠公朔送回衛國即位，殺了左公子洩、右公子職，放逐了黔牟。其次是齊國，齊襄公不僅與妹通姦淫亂，謀殺魯桓公後又殺死直接凶手公子彭生，而且他在處理政事上沒有準則，以致被殺。立公孫無知為國君，不久又被殺。魯國將公子糾送入齊國，卻被齊軍打敗；時齊桓公小白已先從莒進入齊國即位。從此齊國進入逐漸強大稱霸時期。第三是宋國，南宮長萬殺宋閔公，大亂，宋國人以曹師討伐，立了宋桓公，誅殺了叛亂者。第四是鄭國，鄭厲公突在魯桓公十五年出奔蔡國，後入居櫟；鄭昭公忽即位，但不久被殺，公子亹即位，又被齊人所殺。鄭國又立子儀為國君。至魯莊公十四年，鄭厲公又從櫟地攻入鄭都，殺子儀而重新即位。第五是周王室有子頹之亂，衛軍和南燕之軍攻打周惠王，立子頹為王。周惠王在鄭厲公帶領下處櫟、入鄔，又入成周。在虢公幫助下，終於重新進入王城，殺了子頹及其黨羽。第六是晉國，早在春秋前的周平王二十八年（西元前七四三年），晉國封桓叔於曲沃，傳曲沃莊伯，又傳曲沃武公，儼然變成兩國；後晉國日衰，而曲沃日益強盛，曲沃武公經常襲擊晉都，魯桓公七年即誘殺晉小子，八年滅晉都翼，周天子命虢仲立晉哀侯之弟緡於晉。至魯莊公十六年，曲沃武公滅晉侯緡，吞併晉地，周僖王始命曲沃武公代晉國為國君。其時曲沃武公已在曲沃即位三十八年，為晉君後不改元，改稱晉武公三十八年。這是晉國的一大變化。晉武公死後，其子獻公詭諸即位，忌曾祖、祖父的子孫眾多，聽士蔿之言，先殺富子，再殺游氏二子，繼而盡殺游氏之族，最後盡殺羣公子；獻公又寵信驪姬，排擠太子申生出居曲沃，重耳、夷吾出居蒲城和屈，立驪姬所生子奚齊為太子，為後來晉國的長期動亂埋下了隱患。

以上情況都說明，在這三十二年中，許多諸侯國的內部動亂都很激烈。

元 年

戊子，西元前六九三年。周莊王四年、齊襄公五年、晉侯緡十二年、秦武公五年、楚武王四十八年、宋莊公十八年、衛黔牟四年（惠公七年）、陳莊公七年、蔡哀侯二年、曹莊公九年、鄭子儀元年（厲公八年）、燕桓公五年、許穆公五年、杞靖公十一年、曲沃武公二十三年。

經 元年春王正月。

三月，夫人孫于齊。

夏，單伯送王姬。

秋，築王姬之館于外。

冬十月乙亥，陳侯林卒。

王使榮叔來錫桓公命。

王姬歸于齊。

齊師遷紀郱、鄑、郚。

傳 元年春，不稱即位❶，文姜❷出❸故也。

三月，夫人❹孫❺于齊。不稱姜氏，絕❻不為親❼，禮也。

秋，築王姬❽之館❾于外❿。為外⓫，禮也。

【注釋】❶不稱即位　指《春秋》沒有記載莊公即位一事。按《春秋》體例，魯國國君在其元年正月，都應記載國君即位。如魯桓公元年正月，即記載「公即位」三字。凡不記載「公即位」者，皆有非常之事。❷文姜　魯桓公夫人，魯莊公的生母。❸出　外出。《史記・魯周公世家》：「莊公母夫人因留齊，不敢歸魯。」可知去年桓公死，文姜沒有隨喪回魯國，直到今年正月莊公即位時，文姜還未回來。❹夫人　指文姜。❺孫　通「遜」。逃奔、流亡的婉辭。大概莊公即位後文姜曾回魯國，此時復奔齊國。《詩經・齊風・南山序》鄭玄箋：「夫人久留於齊，莊公即位後乃來。」文姜回魯不見記載，前人認為因為她不祭告祖廟。❻絕　斷絕關係。❼親　母子之親。按文姜因與其兄齊襄公通姦，而致使魯桓公被殺，文姜是有罪的。莊公為父之死而悲傷，故不認其母為親。❽王姬　周王之女的通稱。此王姬大概是周平王的孫女，嫁到齊國去。按周朝禮儀，天子嫁女給諸侯，自己不主婚，而由同姓諸侯為他主婚，因為天子與諸侯有尊卑之分，所以天子派卿單伯送王姬到魯國，等待出嫁。

⑨館　房舍。⑩外　城外。一說宮外。⑪為外　因為是外女，不是魯國之女。

【語譯】魯莊公元年春天，《春秋》沒有記載莊公即位，這是因為他的生母文姜外出沒有回國的緣故。

三月，夫人又逃奔到了齊國。《春秋》不稱她為姜氏而稱夫人，這是因為斷絕了母子關係不作為親屬，這是合於禮的。

秋天，魯國在城外建造王姬的行館。因為王姬是外來女，不是魯國之女，這是合於禮的。

【說明】本年《左傳》只是對《春秋》記載的三件事作解釋，文字還不及《春秋》多。《春秋》還記載了陳莊公嬀林卒、周莊王派大夫榮叔到魯國送賜魯桓公的追命之辭、王姬嫁到齊國、齊國的軍隊逼迫紀國郱地（在今山東省臨朐縣東南）、鄑地（在今山東省昌邑市西北）、郚地（在今山東省安丘市西南）的百姓遷走而奪了他們的土地。這四件事《左傳》都未解釋和補充，大概因為沒有其他的材料，所以對《春秋》記載的這四件事也無需要解釋。

二年

己丑，西元前六九二年。周莊王五年、齊襄公六年、晉侯緡十三年、秦武公六年、楚武王四十九年、宋莊公十九年、衛黔牟五年（惠公八年）、陳宣公杵臼元年、蔡哀侯三年、曹莊公十年、鄭子儀二年（厲公九年）、燕桓公六年、許穆公六年、杞靖公十二年、曲沃武公二十四年。

經　二年春王二月，葬陳莊公。

夏，公子慶父帥師伐於餘丘。

秋七月，齊王姬卒。

冬十有二月，夫人姜氏會齊侯于禚。

乙酉，宋公馮卒。

傳 二年冬，夫人姜氏❶會齊侯❷于禚❸，書，姦❹也。

【注釋】❶姜氏　指文姜。魯桓公之夫人，魯莊公之生母，齊襄公之妹。❷齊侯　齊襄公。❸禚　齊國地名。在今山東省長清縣境內，為齊、魯、衛三國分界之地。❹姦　通姦。杜預注：「姦，在夫人文姜。」意為出自文姜主動。

【語譯】魯莊公二年冬天，夫人姜氏和齊襄公在禚地相會。《春秋》記載這件事，是因為他們通姦。

【說明】本年傳文只解釋《春秋》記載的一件事：文姜與齊襄公在禚地相會是通姦。對《春秋》記載的葬陳莊公、公子慶父率領軍隊在餘丘（今山東省臨沂市境）攻戰、嫁到齊國的王姬去世、宋莊公馮卒，這四件事《左傳》都未加以解釋和補充，因為這四件事很清楚，不需要解釋，也無補充材料。

三年

庚寅，西元前六九一年。周莊王六年、齊襄公七年、晉侯緡十四年、秦武公七年、楚武王五十年、宋閔公捷元年、衛黔牟六年（惠公九年）、陳宣公二年、蔡哀侯四年、曹莊公十一年、鄭子儀三年（厲公十年）、燕桓公七年、許穆公七年、杞靖公十三年、曲沃武公二十五年。

經 三年春王正月，溺會齊師伐衛。

夏四月，葬宋莊公。

五月，葬桓王。

秋，紀季以酅入于齊。

冬，公次于滑。

傳 三年春，溺❶會齊師伐衛，疾❷之也。

夏五月，葬桓王❸，緩❹也。

秋，紀季❺以酅❻入于齊❼，紀於是❽乎始判❾。

冬，公次❿于滑⓫，將會鄭伯⓬，謀紀⓭故也。鄭伯辭以難⓮。凡師，一宿為舍，再宿⓯為信，過信為次。

【注釋】❶溺 公子溺。魯國大夫。❷疾 厭惡；討厭。杜預注：「疾其專命而行，故去氏。」❸桓王 周桓王，名林。魯隱公四年（西元前七一九年）即位，魯桓公十五年（西元前六九七年）卒，在位二十三年。❹緩 遲。❺紀季 紀國國君的弟弟。❻酅 紀國地名。在今山東省青州市西北。❼入于齊 歸入於齊國作為附庸。❽於是 從此。❾判 分；分裂。❿次 停宿三夜。⓫滑 鄭國地名。在今河南省睢縣西北。⓬鄭伯 指鄭國國君子儀。⓭謀紀 商量紀國的事情。按紀國處於齊國都城臨淄東南僅百里，齊早欲滅紀，紀多次向魯求援。今紀危在旦夕，故魯求助於鄭國。⓮辭以難 以本國有難推辭。⓯再宿 住宿兩夜。再，兩次。

【語譯】魯莊公三年春天，公子溺會合齊國的軍隊攻打衛國，《春秋》稱他名字溺而不稱公子，是因為討厭他。

夏季五月，安葬周桓王，下葬遲緩了。

秋季，紀國國君的弟弟帶著酅地歸入齊國作為附庸，紀國從此開始分裂。

冬天，莊公在滑地住了多天，將要會見鄭國國君子儀，商量幫助紀國的事情。子儀用國內有難為由加以推辭。凡是軍隊在外，住一夜叫做舍，住兩夜叫做信，超過兩夜叫做次。

【說明】本年的傳文都是對《春秋》經文的解釋。第一節說明公子溺會合齊軍伐衛是擅自作主，未經莊公同意，所以《春秋》只稱他的名字，不稱公子，表示厭惡他。這也說明《春秋》筆法是寓褒貶於字裏行間，必須細心體會。第二小節記載葬周桓王。桓王在魯桓公十五年卒，至本年已有六年，所以說是遲緩了。第三小節記載紀國國君的弟弟把酅地歸入齊國，酅是紀國最靠近齊國都城臨淄的邊境之邑，說明紀國從此就分裂了。因為當時酅雖入齊國，但仍奉紀國的祭祀，《國語・齊語》記載齊桓公初年的邊境時稱「東至於紀酅」可證。紀國國君在紀邑，弟弟在酅邑作為齊的附庸，所以說開始分裂。最後一節解釋魯莊公住在滑地多天的原因，是想和鄭國國君商量挽救紀國的危亡，但遭到鄭國的拒絕。因為當時鄭厲公在櫟，時刻在想重新入鄭復位，子儀不敢與齊國為敵，所以說國內有「難」。

四年

辛卯，西元前六九〇年。周莊王七年、齊襄公八年、晉侯緡十五年、秦武公八年、楚武王五十一年、宋閔公二年、衛黔牟七年（惠公十年）、陳宣公三年、蔡哀侯五年、曹莊公十二年、鄭子儀四年（厲公十一年）、燕莊公元年、許穆公八年、杞靖公十四年、曲沃武公二十六年。

經 四年春王二月，夫人姜氏享齊侯于祝丘。

三月，紀伯姬卒。

夏，齊侯、陳侯、鄭伯遇于垂。

紀侯大去其國。

六月乙丑，齊侯葬紀伯姬。

秋七月。

冬，公及齊人狩于禚。

傳 四年春王正月，楚武王❶荊尸❷，授師子❸焉，以伐隨。將齊❹，入告夫人鄧曼曰：「余心蕩❺。」鄧曼歎曰：「王祿盡❻矣。盈而蕩❼，天❽之道❾也。先君❿其⓫知之矣，故臨武事⓬，將發大命⓭，而蕩王心焉。若師徒⓮無虧⓯，王薨於行⓰，國之福也。」王遂行，卒於樠木⓱之下。令尹⓲鬬祁、莫敖⓳屈重除道⓴、梁溠㉑，營軍㉒臨隨㉓，隨人懼，行成㉔。莫敖以王命㉕入盟隨侯㉖，且請為會㉗於漢汭㉘，而還㉙。濟漢㉚而後發喪㉛。

紀侯不能下齊㉜，以與紀季㉝。夏，紀侯大去㉞其國，違㉟齊難㊱也。

【注釋】❶楚武王　羋姓，熊氏，名通。楚國第十七位國君。西元前七四〇年即位，在位五十一年。武，諡號。《逸周書・諡法解》：「剛強理直曰武。」❷荊尸　楚國軍陣名。荊，楚國舊邑，後用以代稱楚國。尸，陳列。此指陳列陣勢。❸子通「戟」。兵器名。青銅製，將戈、矛合為一體，前有刃可以直刺，旁有橫刃可以勾啄橫擊。❹齊　通「齋」。齋戒。在祭祀前沐浴更衣，戒其嗜慾，表示誠敬。按：此處因要到太廟授兵器，所以先要齋戒。❺心蕩　心跳；心悸不安。❻祿盡　福祿完了。將死的婉辭。❼盈而蕩　滿而動蕩。❽天　自然。❾道　道理。❿先君　前代的國君。⓫其　大概。擬議副詞。⓬臨武事　面臨戰爭之事。⓭大命　重大的命令。此指征伐的命令。⓮師徒　軍隊；將卒。⓯無虧　沒有損失。⓰於行　在行軍路上。行，路。⓱樠木　樹名。其心如松，又稱松心木。⓲令尹　楚國官名。執掌國家政務的長官，相當於宰相。⓳莫敖　楚國執掌軍事的長官，相當於司馬，見桓公十一年。⓴除道　開路。㉑梁溠　在溠水上架橋。梁，橋。此處作動詞用。修築橋梁。溠，水名，亦名扶恭河，源出湖北省隨州市西北雞鳴山，東南流入溳水。㉒營軍　為軍隊築營壘。營，用作動詞。築營壘。㉓臨隨　兵臨隨國都城下。㉔行成　求和。㉕以王命　以楚武王的名義。㉖入盟隨侯　進入隨國與隨國國君結盟。㉗請為會　邀請隨侯為會見之禮。㉘漢汭　漢水的轉彎處。汭，水彎曲處。㉙而還　而後回國。㉚濟漢　渡過漢水。㉛發喪　發布楚武王死的消息。㉜下齊　屈服於齊之下；屈己屬於齊國。㉝以與紀季　把紀國交給了弟弟。按上年其弟已以酅歸入齊為附庸，紀國已一分為二；此時紀侯又把自己統治之地給與其弟。㉞大去　去而不返；永遠離開。㉟違　避。㊱齊難　齊國滅紀的禍難。

【語　譯】魯莊公四年春天夏曆正月，楚武王使用「荊尸」的楚國軍陣法，把戟頒發給軍隊士兵，用來攻打隨國。將要齋戒的時候，進入內宮告訴夫人鄧曼說：「我的心砰砰跳。」鄧曼歎息說：「君王的福祿完了。物滿了就會動搖，這是自然的道理。先君大概知道這事了，所以面臨軍事，將要發布重大命令，而使君王心跳了。如果軍隊將卒沒有損失，君王死在行軍的路上，那就是國家的福氣了。」楚武王於是就出征，結果死在樠樹的下面。令尹鬬祁、莫敖屈重祕不發喪，繼續開路前進，在溠水上架橋，為軍隊築營壘，兵臨隨都城下。隨國人害怕，請求媾和。莫敖以楚武王的名義進入隨國與隨侯結盟，而且邀請隨侯在漢水轉彎處為會見之禮。而後退兵回國。渡過漢水以後才發布楚武王死的消息而舉辦喪事。

紀侯不能屈服於齊國，把自己統治的土地給予了他的弟弟。夏天，紀侯永遠離開了他的國家，以避開齊國滅紀的禍難。

的。

【說　明】本年的傳文記載了楚軍在國君去世的情況下，祕不發喪，不退兵，反而繼續前進，直逼隨都城下，使隨國畏懼而求和結盟。反映了楚國將相的機智和果敢，正是他們的大智大勇，才使楚軍在喪失國君總指揮後，不但沒有損失一兵一卒，而且大獲全勝而還。這是中國歷史上第一次記載死主將嚇降敵國的故事，後代史書記載兵不厭詐的故事，特別是英明的主將死後假裝活著而嚇退敵軍的故事，可以說都是從這裏得到啟發的。

值得注意的是楚武王在這次出征前，首次使用了楚國軍陣法「荊尸」，給戰士發了銳利武器戟，這無疑是加強了楚軍的戰鬥力，因此隨國見到楚軍的威武和武器的精良，畏懼而求和結盟，這也是一個重要原因。

楚武王出師前已經患病，所謂「心蕩」，實際上是病症的一種表現。所以夫人鄧曼已預料到武王會死在行軍途中。她當時已提出楚王雖死而將卒不受損失，這是國家之福。可以推想楚武王在臨死前對他死後的軍事行動是作了安排的。所以這次楚軍的勝利也是楚武王策劃而成的。

本年傳文還記載了紀侯不能屈服於齊國，所以把國土交給了弟弟，而他的弟弟紀季上年已把酅地歸入齊作附庸。最後因齊國的攻打，紀侯永遠地離開了紀國，至此紀國實際上已亡。這件事也是對經文「紀侯大去其國」的解釋。

除此之外，本年傳文對經文的記載多未解釋和補充。這裏對經文中記載的事略作說明：「夫人姜氏享齊侯于祝丘」，是說文姜在祝丘（地名，具體地點不詳）款待她的哥哥齊襄公。享，通「饗」，設宴招待。《春秋》記載此事，表示不合於禮。「紀伯姬卒」，紀國伯姬，即隱公二年紀國派大夫裂繻來迎接的魯隱公的女兒。「齊侯、陳侯、鄭伯遇于垂」，是說齊襄公、陳宣公、鄭子儀在垂（在今山東省曹縣北）地非正式會見。「六月乙丑，齊侯葬紀伯姬」，是說六月二十三日，齊襄公為紀國安葬伯姬。因為此時襄公攻打紀國，紀侯永遠離開了紀國，齊襄公進入紀國都城而為之葬伯姬。「公及齊人狩于禚」，是說魯莊公與齊襄公在禚（齊國地名，在今山東省長清縣境）地打獵。杜預注「齊人」為齊國地位低之人，恐非。魯莊公不至於與齊國賤吏共同打獵。

五年

壬辰，西元前六八九年。周莊王八年、齊襄公九年、晉侯緡十六年、秦武公九年、楚文王熊貲元年、宋閔公三年、衛黔牟八年（惠公十一年）、陳宣公四年、蔡哀侯六年、曹莊公十三年、鄭子儀五年（厲公十二年）、燕莊公二年、許穆公九年、杞靖公十五年、曲沃武公二十七年。

經 五年春王正月。

夏，夫人姜氏如齊師。

秋，郳犁來來朝。

冬，公會齊人、宋人、陳人、蔡人伐衛。

傳 五年秋，郳❶犁來❷來朝。名❸，未王命❹也。

冬，伐衛，納惠公❺也。

【注釋】❶郳　國名。亦作「倪」、「兒」。亦稱小邾、小邾婁。曹姓。開國國君是邾文公之子友（一說名肥）。在今山東省滕州市東。一說在山東省棗莊市西北。戰國時被楚所滅。❷犁來　郳國國君名。肥之曾孫。其後附從齊桓公以尊周王室，周王室命之為小邾子。❸名　《春秋》稱他的名字。❹未王命　當時郳為附庸國，尚未得到周王室的爵命。❺納惠公　使衛惠公進入衛國。按衛惠公名朔，在魯桓公十六年時因國內動亂奔齊。

【語譯】魯莊公五年秋天，郳國國君犁來到魯國朝見魯莊公。《春秋》記載他的名字，是因為他還沒有得到周天子的封爵。

冬天，魯莊公會同齊、宋、陳、蔡四國攻打衛國，這是為了護送衛惠公回國。

【說明】本年傳文兩小節都是對《春秋》經文的解釋。一是解釋《春秋》稱郳國國君名字的原因，一是解釋魯莊公與四國伐衛的原因。

六 年

癸巳，西元前六八八年。周莊王九年、齊襄公十年、晉侯緡十七年、秦武公十年、楚文王二年、宋閔公四年、衛黔牟九年（惠公十二年）、陳宣公五年、蔡哀侯七年、曹莊公十四年、鄭子儀六年（厲公十三年）、燕莊公三年、許穆公十年、杞靖公十六年、曲沃武公二十八年。

經 六年春王正月，王人子突救衛。

夏六月，衛侯朔入于衛。

秋，公至自伐衛。

螟。

冬，齊人來歸衛俘。

傳 六年春，王人❶救衛❷。

夏，衛侯入❸，放❹公子黔牟❺于周❻，放甯跪❼于秦，殺左公子洩、右公子職，乃即位。君子以二公子之立黔牟為不度❽矣。夫能固位❾者，必度於本末❿，而後立衷⓫焉。不知其本⓬，不謀⓭；知本之不枝⓮，弗強⓯。《詩》云：「本枝百世。」⓰

冬，齊人來歸⓱衛寶⓲，文姜請之也。

【注　釋】❶王人　周王室的官員。《春秋》稱「王人子突」，「子突」當是此官員的名或字。❷救衛　此段應當與上年「冬，伐衛，納惠公也」連讀。❸衛侯入　衛惠公（名朔）進入衛國。❹放　放逐；驅逐。❺公子黔牟　衛國國君，魯桓公十六年即位。❻周　周王室所在地洛陽。❼甯跪　衛國大夫。甯速之子。❽不度　即不度於本末。度，揣度；衡量。❾固位　鞏固地位。❿本末　事情的始末。⓫衷　適當。⓬本　根本。⓭不謀　不為他出謀劃策。⓮本之不枝　有根而無枝葉。比喻人雖可立為君，但孤立無援，不能安國家，固後世。之，結構助詞。⓯弗強　不勉強。⓰本枝百世　《詩經・大雅・文王》篇原句。根和枝葉百世不凋謝。比喻本宗和支子百世不絕。⓱歸　歸還。⓲衛寶　衛國的寶器。按《春秋》作「衛俘」，「俘」當為誤字。

【語　譯】魯莊公六年春天，周王室的官員率軍救援衛國。

夏天，衛惠公回到衛國，把公子黔牟放逐到周王室所在地，把大夫甯跪放逐到秦國，殺了左公子洩、右公子職，於是又即位為國君。君子認為兩位公子立黔牟為君是沒有衡量開端和結果。能夠鞏固自己地位的人，必須對開始和結果認真衡量，然後選擇適當的人立為國君。不知道他的根本，就不為他謀策；知道他有根本而沒有枝葉，就不能勉強立他為君。《詩經》說：「有本有枝，才能百代強盛。」

冬天，齊國人來魯國歸還衛國的寶器，這是因為文姜請求這樣做。

【說　明】上年冬天，魯莊公與齊、宋、陳、蔡四國攻打衛國，目的是為了讓衛惠公朔重新回國當國君。本年春天，周王室卻派子突率軍救衛，但沒有成功。衛惠公終於在流亡八年後重新回國即位。放逐了公子黔牟和大夫甯跪，殺了左右公子，因為當年立黔牟為君就是左右二公子所為，所以《左傳》藉君子的評議譏刺二公子沒有衡量本末。

《左傳》中經常引用《詩經》上的詩句，來說明自己的觀點，但往往是斷章取義的。例如這一段中引用《詩經・大雅・文王》篇的詩句，原詩說：「文王孫子，本支百世。」原來「本」的意思是指本宗，「支」的意思是指支子、庶子。整句意思是說文王的子孫本宗旁支百代繁盛。而《左傳》引「本枝百世」的意思卻是指國君本人是否當立和是否得到眾助。這與《詩經》的原意是不同的。所以《左傳》賦詩斷章取義，也只是取得自己所需要的意思就是了。

齊國人將衛國的寶器歸於魯國，因為魯莊公親自參加了伐衛戰爭，文姜是魯莊公生母，文姜又與齊襄公私通，所以求齊襄公將所獲寶器歸魯國。

傳 楚文王❶伐申❷，過鄧❸。鄧祁侯❹曰：「吾甥❺也。」止❻而享之❼。騅甥、聃甥、養甥❽請殺楚子❾，鄧侯弗許。三甥❿曰：「亡⓫鄧國者，必此人也。若不早圖⓬，後君噬齊⓭。其⓮及⓯圖之⓰乎！圖之，此為時矣⓱。」鄧侯曰：「人將不食吾餘。」⓲對曰：「若不從三臣⓳，抑⓴社稷㉑實㉒不血食㉓，而君焉㉔取餘？」弗從。還年㉕，楚子伐鄧。十六年㉖，楚復㉗伐鄧，滅之。

【注釋】❶楚文王　名貲。楚武王之子。楚國第十八位國君，在位十五年。文，諡號。《逸周書・諡法解》：「慈惠愛民曰文。」❷申　國名。姜姓。侯爵。參見隱公元年。❸鄧　國名。曼姓。侯爵。見桓公七年。❹祁侯　鄧國國君。祁，鄧侯的謚號。祁，大。❺吾甥　我的外甥。楚文王是武王夫人鄧曼所生，鄧曼是鄧祁侯的姊姊或妹妹，所以稱「吾甥」。❻止　留住。❼享之　設宴招待他。享，通「饗」。用酒食款待。❽騅甥聃甥養甥　外甥騅、外甥聃、外甥養。皆為鄧國大夫。杜預注：「皆鄧甥仕於舅氏也。」❾楚子　指楚文王。子爵。❿三甥　指騅甥、聃甥、養甥。⓫亡　滅亡。⓬圖　圖謀；打算。⓭噬齊　咬肚臍。噬，咬。齊，通「臍」。肚臍。噬臍，當時俗語，人不能咬自己的肚臍，比喻不能做到而後悔莫及。⓮其　通「豈」。⓯及　猶言來得及。⓰圖之　謀取他；設法解決他。⓱為時矣　是時候了。⓲人將不食吾餘　此句前有省略語，意思是說，如果我在此時殺楚文王，人們將會賤視唾棄我。不食餘，當時俗語，不吃剩餘的東西，即鄙視唾棄之意。⓳三臣　即指前文的三甥。⓴抑　語首助詞。無義。㉑社稷　土地神和穀神。㉒實　實在。副詞。㉓血食　享受祭祀。㉔焉　何；哪裏。㉕還年　討伐申國回來的那年。㉖十六年　魯莊公十六年。即西元前六七八年。㉗復　又。

【語　譯】楚文王攻打申國，路過鄧國。鄧祁侯說：「他是我的外甥。」把他留住並設宴招待他。在鄧國做大夫的外甥騅、聃、養請求殺掉楚文王。鄧侯不答應。三位外甥說：「滅亡鄧國的，必定是這個人。如果不早打算，以後您就好比咬自己肚臍那樣做不到了。哪裏來得及圖謀他呢！圖謀殺他，現在正是時候了。」鄧侯說：「如果這樣做，人們就將唾棄我而不吃我剩下的東西。」三人回答說：「如果不聽從我們三人的話，土地神和五穀神實在不能享受祭祀，而君王從哪裏去取得祭神的剩餘？」鄧侯仍不聽從。楚國攻打申國回來的那年，楚文王攻打鄧國。魯莊公十六年，楚國又攻打鄧國，滅亡了它。

【說　明】這段主要記敘鄧祁侯不聽三位大臣的勸告，結果造成國家被消滅。楚文王是鄧祈侯的親外甥，楚文王的母親是鄧祁侯的親姊妹，按照古代傳統的道德觀念，外甥是不能攻打舅父的。何況鄧祁侯對楚文王這位外甥非常親熱，盛情款待。但楚文王卻完全不領舅父的情，伐申回來就攻打舅父之國，十年後又一次攻打舅父之國，終於把鄧國滅亡，併入了楚國的版圖。這從一個側面反映出春秋時代傳統道德觀念的淪喪，說明春秋時代確實是禮崩樂壞、爾虞我詐的時代。

七　年

甲午，西元前六八七年。周莊王十年、齊襄公十一年、晉侯緡十八年、秦武公十一年、楚文王三年、宋閔公五年、衛惠公十三年、陳宣公六年、蔡哀侯八年、曹莊公十五年、鄭子儀七年（厲公十四年）、燕莊公四年、許穆公十一年、杞靖公十七年、曲沃武公二十九年。

經 七年春，夫人姜氏會齊侯于防。

夏四月辛卯，夜，恆星不見。夜中，星隕如雨。

秋，大水。

無麥、苗。

冬，夫人姜氏會齊侯于穀。

傳 七年春，文姜❶會齊侯❷于防❸，齊志❹也。

夏，恆星❺不見，夜明❻也。星隕❼如雨，與雨偕❽也。

秋，無麥、苗❾，不害嘉穀❿也。

【注釋】❶文姜　魯桓公夫人姜氏，魯莊公之母。❷齊侯　齊襄公。文姜之兄。❸防　魯國地名，在今山東省費縣東北。❹齊志　齊襄公的意願。❺恆星　常見的星。❻夜明　因流星雨而夜明，因夜明而不見星。❼隕　墜落。❽偕　俱；同。❾苗　禾初生。❿嘉穀　指黍稷。因黍稷可供祭祀，故稱嘉穀。杜預注：「黍稷尚可更種，故曰不害嘉穀。」

【語譯】魯莊公七年春天，文姜和齊襄公在防地相會，這是出於齊襄公的意願。

夏天，常見的星看不到，這是因為夜空明亮的緣故。流星墜落像下雨般，這是看起來像下雨一樣。

秋天，麥子沒有收成，禾苗漂沒，但不影響黍稷的再種植。

【說　明】 本年《左傳》記述的三件事都是對《春秋》經文的解釋。第一小節，文姜與齊襄公相會，往年記載過多次，都在齊國，出於文姜主動，所以《左傳》都說「姦也」。這次是在魯地相會，出於齊襄公主動，所以《左傳》說「齊志也」。這些細微的差別，讀者須仔細體會。第二小節寫流星雨景況。《春秋》記載「夏四月辛卯」是四月初五日。法國天文數學家俾俄 (Jean Baptiste, 1774–1862)《中國流星》推定此為西元前六八七年三月十六日所發生的流星雨，並斷定此為世界上最早的天琴座流星雨記載。第三小節是解釋《春秋》的「無麥、苗」，從經文可知這是「秋，大水」造成的。但《左傳》補充說明黍稷還可以再種植，沒有造成大災難。

八　年

乙未，西元前六八六年。周莊王十一年、齊襄公十二年、晉侯緡十九年、秦武公十二年、楚文王四年、宋閔公六年、衛惠公十四年、陳宣公七年、蔡哀侯九年、曹莊公十六年、鄭子儀八年（厲公十五年）、燕莊公五年、許穆公十二年、杞靖公十八年、曲沃武公三十年。

經 八年春王正月，師次于郎，以俟陳人、蔡人。

甲午，治兵。

夏，師及齊師圍郕。郕降于齊師。

秋，師還。

冬十有一月癸未，齊無知弒其君諸兒。

傳　八年春，治兵❶于廟❷，禮也。夏，師❸及齊師圍郕❹。郕降于齊師。仲慶父❺請伐齊師。公曰：「不可。我實❻不德❼，齊師何罪？罪我之由❽。〈夏書〉❾曰：『皐陶❿邁⓫種德⓬，德⓭，乃降⓮。』姑務修德，以待時乎！」秋，師還。君子是以⓯善⓰魯莊公。

【注　釋】❶治兵　指授兵器給軍隊。按《左傳》說「治兵」有多種意思，有時指大講武，有時指戰前習武，有時作為用兵的婉辭等。此處「治兵于廟」，與隱公十一年的「授兵于大宮」相同，「治兵」即「授兵」。❷廟　太廟；魯國國君的祖廟。❸師　魯師；魯國軍隊。❹郕　國名。姬姓。都城在今山東省寧陽縣東北。參見隱公五年。❺仲慶父　即共仲，亦稱孟氏、慶父。魯桓公之子，魯莊公之弟（一說是莊公庶兄）。其後裔即孟孫氏，一作仲孫氏。❻實　其實；實在。❼不德　缺乏德行。❽罪我之由　即「罪由我」的倒裝。罪由我招致而來。之，賓語提置於動詞前的標誌詞。❾夏書　指《尚書》中夏代文獻，即〈禹貢〉、〈甘誓〉、〈五子之歌〉、〈胤征〉四篇。近人多認為〈禹貢〉為戰國時人假託，〈五子之歌〉和〈胤征〉為《古文尚書》，〈甘誓〉可能是〈商書〉的一部分。這裏所引句子，見今本《尚書・虞書・大禹謨》篇。❿皐陶　一作「咎繇」。傳說中東夷族領袖。偃姓。相傳是虞舜的賢臣，被舜任命為掌刑法的官。⓫邁　通「勱」。勉力。孔穎達疏：「言皐陶能勉力種樹功德。」⓬種德　培育德行。⓭德　具備德行。動詞。⓮乃降　（他人）就會降服。⓯是以　以是；因此。⓰善　讚美。

【語　譯】魯莊公八年春天，在太廟裏授兵器給軍隊，這是合於禮的。夏天，魯軍和齊軍包圍郕國。郕國向齊軍投降。仲慶父請求攻打齊軍。莊公說：「不可。我其實缺乏德行，齊軍有什麼罪？罪是由我造成的。〈夏書〉說：『皐陶勉力培育德行，德行具備，別人於是會來降服。』我們姑且致力於修養德行，用以等待時機吧！」秋天，魯國軍隊回國。君子因此讚美魯莊公。

【說明】齊、魯兩國聯合攻打郕國，齊國單方面接受郕國投降，從道義上說，齊國是不對的，魯國當然是不能忍受的。所以仲慶父提出要攻打齊國，也是可以理解的。但魯莊公卻不同意跟齊國爭吵，不但認為齊國沒有罪，而且自我檢討說自己缺乏德行。認為如果自己德行具備，別人就會向自己投降。所以決定要加強自己的德行修養。這說明魯莊公有自知之明，有謙虛謹慎、顧全大局的美德。因此君子讚美他。也為後來齊魯長勺之戰魯國勝利奠定了基礎。

傳 齊侯使連稱①、管至父②戍③葵丘④，瓜時⑤而往，曰：「及瓜⑥而代⑦。」期戍⑧，公問⑨不至。請代⑩，弗許，故謀作亂。

僖公⑪之母弟⑫曰夷仲年⑬，生公孫無知⑭，有寵於僖公，衣服禮秩⑮如適⑯。襄公絀⑰之。二人⑱因之⑲以作亂。

連稱有從妹⑳在公宮㉑，無寵，使間公㉒。曰：「捷㉓，吾以汝㉔為夫人。」

冬十二月，齊侯游于姑棼㉕，遂田㉖于貝丘㉗。見大豕㉘。從者曰：「公子彭生㉙也。」公怒曰：「彭生敢見㉚！」射之。豕人立㉛而啼㉜。公懼，隊㉝于車。傷足，喪屨㉞。反㉟，誅屨㊱於徒人㊲費㊳。弗得，鞭之，見血。走出㊴，遇賊㊵于門。劫而束之㊶。費曰：「我奚御㊷哉？」袒㊸而示之背㊹。信之㊺。費請先入㊻。伏公㊼而出，鬭㊽，死于門中㊾。石之紛如㊿死于階下。遂入(51)，殺孟陽(52)于牀。曰：

「非君也，不類[53]。」見公之足于戶下[54]，遂弒之，而立無知[55]。

初，襄公立，無常[56]。鮑叔牙[57]曰：「君使民慢[58]，亂將作[59]矣。」奉公子小白[60]出奔莒[61]。亂作，管夷吾[62]、召忽[63]奉公子糾[64]來奔[65]。

初，公孫無知虐于雍廩[66]。

【注釋】❶連稱　齊國大夫。❷管至父　齊國大夫。❸戍　駐兵守衛。❹葵丘　齊國地名。在今山東省淄博市臨淄區西。❺瓜時　瓜熟的時候。按《詩經・豳風・七月》：「七月食瓜。」可知瓜時在夏曆七月，周曆九月。❻及瓜　到明年食瓜的時候。❼代　代替。即換兵防守。❽期戍　一年的防守期滿。期，一週年。❾問　音訊。指換防的命令。❿請代　請求派人來替代。⓫僖公　齊僖公。名祿父，齊國第十三位國君。西元前七三〇年即位，前六九八年（魯桓公十四年）卒，在位三十三年。僖，諡號。《逸周書・諡法解》：「有伐而還曰釐（僖）。」「質淵受諫曰釐。」⓬母弟　同母所生的弟弟。⓭夷仲年　齊襄公的叔父。名年。夷，可能是他的字，或者是諡號。《逸周書・諡法解》：「克殺秉政曰夷。」「安心好靜曰夷。」仲，是他兄弟間排行。⓮公孫無知　齊莊公之孫，故稱「公孫」。名無知。⓯禮秩　禮儀待遇的等級。秩，俸祿等級。⓰適　通「嫡」。嫡子：正妻所生之子。按古代嫡子的服飾、禮儀與庶子不同。⓱絀　通「黜」。削減；貶低。⓲二人　指連稱、管至父。⓳因之　憑藉公孫無知。之，指公孫無知。⓴從妹　堂妹。即同祖父的伯叔妹。㉑公宮　齊襄公的宮中為妾。㉒使間公　無知使之間公。省略主語「無知」和賓語「之」（連稱從妹代稱）字。無知派她偵察齊襄公的情況。間，偵察；窺探。㉓捷　勝利；成功。㉔汝　你。㉕姑棼　齊國地名。即薄姑，在今山東省博興縣附近。㉖田　同「畋」。打獵。㉗貝丘　齊國地名。在今山東省博興縣南。㉘豕　豬；野豬。㉙公子彭生　即受齊襄公指使害死魯桓公者。後因受魯國譴責，齊襄公殺死他以謝魯國。見桓公十八年。此處意思是說，公子彭生變成大豕來向齊襄公索命。㉚敢見　怎敢出現在我面前。敢，豈敢；怎敢。㉛人立　像人一樣站起來。即後兩足立地，前兩足懸空，如人站立。㉜啼　鳴叫。㉝隊　同「墜」。跌下。㉞喪屨　丟失了鞋子。屨，麻、葛等製的單底鞋。㉟反　回去。㊱誅屨　責求尋鞋。誅，責求。㊲徒人　從事勞役的人。㊳費　人名。㊴走出　費跑出宮門。省略主語「費」。走，跑。㊵賊　指作亂的人。㊶劫而束之　劫持而綑綁了他。束，綑綁。之，指代費。㊷奚御　怎會抵抗。奚，何；哪裏。御，同「禦」。抵禦。按：作亂的人以為費是抵禦者而把他捉住綑綁，費則解釋說自己不是抵抗他們的人。㊸袒　脫下衣服裸露身體。㊹示之背　讓他們看背上的傷痕。按古人鞭打都施之於背。示，使人看。背，指背上剛被齊襄公鞭打的傷痕。㊺信之　賊信之，省略主語「賊」。作亂的人相信了他。㊻費請先入　這是費假意表示願和他們一起作亂而請求先進宮探索。㊼伏公　把齊襄公藏匿起來。㊽鬬　與作亂的人格鬥。㊾門中　宮門內。㊿石之紛如　人名。齊襄公的侍從小臣。51遂人　省略主語「賊」，意思是說：作亂的人於是進入宮中。52孟陽　人名。齊襄公的侍從小臣。假裝襄公臥於床上。53不類　不像。指不像齊襄公。54戶下　門下。55立無知　立無知為國君。56無常　言行無準則。《史記・齊太公世家》：「初襄公之醉殺魯桓公，通其夫人，殺誅數不當，淫於婦人，數欺大臣。」這是司馬遷對「無常」的解釋。實際上上文所述瓜期不代也是「無常」的表現。57鮑叔牙　齊國大夫。以知人著稱。少年時和管仲友善。後為公子小白的師傅。因齊亂，隨公子小白出奔莒，管仲隨公子糾出奔魯。齊襄公被殺，糾和小白爭奪君位，小白得勝即位，即齊桓公。桓公命他為宰，他辭謝，保舉管仲。後齊國經管仲治理而富強稱霸。58慢　鬆弛放縱。59作　發生；興起。60公子小白　齊僖公庶子，齊襄公弟。即後來的齊桓公。61莒　國名。己姓。參見隱公二年。62管夷吾　即管仲。名夷吾，字仲。初事奉公子糾，後由鮑叔牙推薦，被齊桓公任命為相，助桓公成霸業，桓公尊稱他為仲父。63召忽　齊國大夫，與管仲同為公子糾的師傅。64公子糾　齊僖公庶子，齊襄公弟，公子小白之兄。65來奔　逃來魯國。66雍廩　齊國大夫。

【語譯】齊襄公派遣大夫連稱、管至父領兵防守葵丘，瓜熟的時候前去，說：「到明年瓜熟的時候派人去代換你們。」一年的防守期滿了，齊襄公關於替換的命令卻沒有到。連稱、管至父請求派人來替代，齊襄公不答應。所以連稱、管至父就謀劃發動叛亂。

齊僖公的同母弟叫夷仲年，生了公孫無知，受到僖公的寵信，衣服禮儀等待遇都如同嫡子一樣。齊襄公即位後就降低了他的待遇。連稱、管至父二人就憑藉公孫無知而發動叛亂。

連稱有個堂妹在齊襄公的後宮，沒有得到襄公的寵愛。公孫無知就派她偵察齊襄公的情況。說：「事情成功，我立你為夫人。」

冬季十二月，齊襄公到姑棼遊玩，就在貝丘打獵。看到一頭大野豬，有個隨從的人說：「這是公子彭生啊！」齊襄公發怒說：「彭生怎敢出現！」就用箭射牠。野豬像人一樣站立起來啼叫，齊襄公很害怕，從車上跌落下來，跌傷了腳，丟失了鞋子。回去以後，責令侍從小臣費尋鞋子。費找不到鞋子，齊襄公就鞭打他，打得出現鮮血。費跑出宮門，在宮門口遇到作亂的人。作亂者把費劫持並綑綁起來。費說：「我怎麼會抵抗你們呢？」脫下衣服讓他們看自己的後背，作亂者相信了他。費請求先進宮去。他進去以後把齊襄公藏匿起來然後出宮，與作亂者格鬥，死在宮門中。石之紛如死在臺階下。作亂者於是進入宮中，在床上殺死了孟陽，然後說：「不是國君，不像他。」他們看到齊襄公的腳露在門下，於是就把他拖出來殺了他，而立公孫無知為國君。

當初，齊襄公即位以後，行為沒有準則。大夫鮑叔牙說：「國君使百姓放縱輕慢，禍亂將要發作了。」就事奉公子小白出逃到莒國。動亂發生後，管夷吾、召忽事奉公子糾逃到魯國來。

當初，公孫無知對雍廩曾虐待過。

【說　明】這一大段敘齊國動亂和齊襄公被殺，結構嚴密，情節生動，是《左傳》中優秀的敘事文學篇章之一。齊襄公被殺的根本原因，是他的行為沒有準則。他即位後，繼續與妹文姜通姦，派彭生殺死魯桓公，後又殺死彭生以謝魯國，這當然會引起國人的不滿。而他降低公孫無知的待遇，讓後宮有失寵的人，致使這些人又對他怨恨。這些都使他的被殺埋下了禍根。這些行為使有遠見的齊國人已經預感到將發生禍亂，所以鮑叔牙早在動亂發生前就事奉公子小白逃奔莒國。而導致齊國動亂和襄公被殺的直接原因，則是一件具體的齊襄公言行不一的事。他派大夫連稱、管至父防守葵丘時明說一年後替換，可是到期滿時卻不派人去替換，當連稱、管至父請求派人替換時，他又不答應，於是這就成了動亂的導火線。這就是本大段情節的開端。

發動叛亂的人把一切怨恨齊襄公的人聯合起來，包括公孫無知和連稱的堂妹（失寵的宮女）。他們密謀策劃，偵察襄公的行動，尋找時機對齊襄公下手。這是情節的發展。

齊襄公在貝丘打獵時遇到一頭野豬，隨從人員稱是公子彭生的化身，齊襄公怒而射牠，牠卻人立而叫，致使齊襄公從車上跌下來，傷了腳，丟了鞋。這雖帶有迷信色彩，但卻是情節的重要發展。彭生來索命報仇，這也可能是發動叛亂的人故意設置的一個圈套。

接著便是情節的高潮，正當齊襄公責令侍從人員尋鞋找不到而鞭打侍從時，發動叛亂的人已殺進宮來了。儘管侍從人員忠於襄公而把他藏匿起來，讓孟陽代替襄公臥在床上，侍從人員還與作亂者格鬥，但這些都已無濟於事，不但侍從人員和替身都被殺，藏匿的襄公也被作亂者找到而被殺。最後作亂者便立公孫無知為國君。這便是情節的結局。在情節發展到高潮時，齊襄公只有幾個侍從人員在保衛他，卻沒有一位大臣站出來率兵與叛亂者戰鬥，這也說明齊襄公已完全喪失了大臣們的擁戴。

最後是情節的餘波，補充交代了叛亂發生前鮑叔牙事奉公子小白奔莒和叛亂發生後管夷吾事奉公子糾奔魯之事，為下文小白和糾爭奪君位埋下伏筆。

本大段最後一句「公孫無知虐于雍廩」應與下年開頭「九年春，雍廩殺無知」連讀。後人妄將傳文割裂，致使文意不完整。

九年

丙申，西元前六八五年。周莊王十二年、齊桓公小白元年、晉侯緡二十年、秦武公十三年、楚文王五年、宋閔公七年、衛惠公十五年、陳宣公八年、蔡哀侯十年、曹莊公十七年、鄭子儀九年（厲公十六年）、燕莊公六年、許穆公十三年、杞靖公十九年、曲沃武公三十一年。

經 九年春，齊人殺無知。

公及齊大夫盟于蔇。

夏，公伐齊，納子糾。齊小白入于齊。

秋七月丁酉，葬齊襄公。

八月庚申，及齊師戰于乾時，我師敗績。

九月，齊人取子糾殺之。

冬，浚洙。

傳 九年春，雍廩殺無知❶。

公❷及齊大夫❸盟于蔇❹，齊無君❺也。

夏，公伐齊，納子糾❻。桓公❼自莒❽先入❾。

秋，師❿及齊師戰于乾時⓫，我師⓬敗績⓭。公喪⓮戎路⓯，傳乘⓰而歸。秦子、梁子⓱以公旗⓲辟⓳于下道⓴，是以㉑皆止㉒。

鮑叔帥師來言㉓曰：「子糾，親㉔也，請君討之㉕。管、召，讎㉖也，請受㉗而甘心㉘焉。」乃殺子糾于生竇㉙。召忽死之㉚。管仲請囚㉛，鮑叔受之㉜，及堂阜㉝而稅㉞之。歸㉟而以告㊱曰：「管夷吾治㊲於高傒㊳，使相㊴可也。」公㊵從之。

【注釋】❶雍廩殺無知　按：上年末「初，公孫無知虐于雍廩」應與本年開頭「九年春，雍廩殺無知」連讀。《左傳》凡記今事而追溯過去，就用「初」字。上年末的「初」字正是本年追溯過去之明證，是後人為了分傳附經，妄為割裂。過去公孫無知虐待大夫雍廩，故本年春雍廩殺公孫無知。此時公孫無知已即位為君，《春秋》和《左傳》都不稱他為「君」，說明不把他當作國君看待。❷公　魯莊公。❸齊大夫　齊國大夫，沒有記載名字，當指公子糾之黨。❹蔇　魯國地名。在今山東省棗莊市東南。❺無君　時公孫無知已被殺，齊國沒有國君。❻納子糾　使公子糾進入齊國即位。按去年冬，齊國亂，管夷吾、召忽事奉公子糾逃來魯國。❼桓公　即齊桓公，名小白。齊襄公庶弟。本年從莒回國即位，任用管仲為相，使國力富強。多次大會諸侯，訂立盟約，成為春秋時第一個霸主。桓，謚號。《逸周書・謚法解》：「辟土服遠曰桓」、「克敬勤民曰桓」、「辟土兼國曰桓」。❽莒　國名。己姓。見隱公二年。按公子小白（即齊桓公）於上年冬齊國動亂前由鮑叔牙事奉逃奔莒國。❾先入　先回到齊國即位。❿師　魯國軍隊。⓫乾時　齊國地名。在今山東省桓臺縣南。按：時，水名。一名耏水，一作如水。上游即今發源山東省淄博市臨淄區西南的烏河。自臨淄西北而下，古分二支，一支西流經今桓臺縣西北入濟水，旱時乾涸，故稱乾時。一支北流折東略循今小清水合淄水入海。⓬我師　指魯國軍隊。⓭敗績　大潰敗。⓮喪　丟棄。⓯戎路　即戎輅。諸侯乘的兵車。⓰傳乘　轉乘他車。⓱秦子梁子　兩個人名。為魯莊公的戎路之御者及戎右。⓲以公旗　用魯莊公的帥旗誘引齊軍。⓳辟　通「避」。故意躲避。⓴下道　小道；旁道。㉑是以　以是；因此。㉒止　被擒；被俘。㉓來言　來到魯國轉告齊桓公的話。㉔親　子糾乃小白（齊桓公）之兄，故稱「親」。㉕討之　殺掉他。㉖讎　同「仇」。管仲為公子糾爭君位，曾向齊桓公射過一箭，故稱「讎」。㉗請受　請交給我。㉘甘心　快意。指親手殺他以快心意。㉙生竇　魯國地名。在今山東省菏澤市北。按：此句省略主語「魯莊公」。㉚死之　為之自殺；為子糾之死而自殺。㉛請囚　請求將自己囚禁而送回齊國。㉜受之　接受請求而囚管仲回齊國。㉝堂阜　齊國地名。在今山東省蒙陰縣西北。㉞稅　同「脫」。解脫囚縛；釋放。㉟歸　回到齊國。㊱以告　將此事告訴齊桓公。㊲治　治理政事的才能強。㊳高傒　即高敬仲，齊國上卿。㊴使相　使他為國相。㊵公　齊桓公。

【語譯】魯桓公九年春天，雍廩殺死了公孫無知。

魯莊公與齊國大夫在蔇地結盟，這是因為齊國沒有國君。

夏天，魯莊公攻打齊國，為了將公子糾送入齊國即位。但齊桓公已從莒國搶先回到齊國即位。

秋天，我魯國軍隊與齊國軍隊在乾時地方打仗，我軍大敗。魯莊公丟棄了自己的兵車，轉乘別的戰車而回國。魯莊公的車御秦子、車右梁子故意打著魯莊公的帥旗躲避在小道上引誘齊軍，因此都被齊軍所擒。

鮑叔率領齊軍來到魯國轉告齊桓公的話說：「公子糾是親兄，請您把他殺掉。管仲、召忽是仇人，請把他們交給我，讓我親自殺他們才快意。」於是魯國就在生竇地方把公子糾殺死。召忽為公子糾被殺而自殺。管仲自請囚縛而送齊國，鮑叔接受請求，到了齊國堂阜而把管仲釋放。鮑叔回到齊國，把此事告訴齊桓公說：「管仲治理政事的才能比高傒強，可以用他為國相。」齊桓公聽從了他的話。

【說　明】本年記敘的是春秋時期，也是中國歷史上的一件大事：春秋五霸的第一位霸主齊桓公登上歷史舞臺。應當說齊桓公登上國君之位是不容易的，全靠鮑叔的幫助。本年春齊國國君公孫無知被雍廩所殺，齊國處於無國君的狀態，此時魯國與齊國大夫結盟，就想把逃亡在魯國的公子糾送回齊國即位。但鮑叔卻輔助公子小白（即齊桓公）搶先回到了齊國即位。於是公子糾和公子小白兩兄弟出現了奪君位的鬥爭，也就是齊、魯之間發生了戰爭。結果是魯軍大敗。鮑叔以齊桓公的名義，逼迫魯莊公殺死了公子糾，召忽自殺，又用計將管仲送到了齊國，並請求齊桓公用管仲為相。從此，齊國的歷史翻開了新的一頁。由於管仲的精心治理，齊國國力大振，幫助齊桓公以「尊王攘夷」為號召，使他成為春秋時代第一個霸主。而管仲之所以能施展才能，首先要歸功於鮑叔的推薦。鮑叔不愧是古代最知人的人。

十　年

丁酉，西元前六八四年。周莊王十三年、齊桓公二年、晉侯緡二十一年、秦武公十四年、楚文王六年、宋閔公八年、衛惠公十六年、陳宣公九年、蔡哀侯十一年、曹莊公十八年、鄭子儀十年（厲公十七年）、燕莊公七年、許穆公十四年、杞靖公二十年、曲沃武公三十二年。

經 十年春王正月，公敗齊師于長勺。

二月，公侵宋。

三月，宋人遷宿。

夏六月，齊師、宋師次于郎。

秋九月，荊敗蔡師于莘，以蔡侯獻舞歸。

冬十月，齊師滅譚，譚子奔莒。

傳 十年春，齊師伐我❶。公❷將戰，曹劌❸請見❹。其鄉人❺曰：「肉食者❻謀之❼，又何間焉❽？」劌曰：「肉食者鄙❾，未能遠謀❿。」乃入見，問何以戰⓫。公曰：「衣食所安⓬，弗敢專⓭也，必以分人⓮。」對曰：「小惠未徧⓯，民弗從也。」公曰：「犧牲⓰、玉帛⓱，弗敢加⓲也。必以信⓳。」對曰：「小信未孚⓴，神弗福㉑也。」公曰：「小大之獄㉒，雖不能察㉓，必以情㉔。」對曰：「忠㉕之屬㉖也，可以一戰㉗。戰，則請從㉘。」

公與之乘㉙。戰于長勺㉚。公將鼓之㉛，劌曰：「未可。」齊人三鼓㉜，劌曰：「可矣！」齊師敗績㉝。公將馳之㉞，劌曰：「未可。」下㉟，視其轍㊱，登軾㊲而望之，曰：「可矣！」遂逐㊳齊師。

既克㊴，公問其故㊵。對曰：「夫㊶戰，勇氣也。一鼓作氣㊷，再㊸而衰㊹，三而竭㊺。彼㊻竭我盈㊼，故克之㊽。夫大國㊾，難測㊿也，懼有伏(51)焉。吾視其轍亂(52)，望其旗靡(53)，故逐之。」

【注　釋】❶我　指魯國。❷公　指魯莊公。❸曹劌　魯國人。或以為即《史記・刺客列傳》之曹沫，疑非。❹請見　請求進見。❺鄉人　同鄉人。❻肉食者　食肉者。當時習語，指官位高的人。大夫以上每日食肉，庶民七十以上可以食肉，見《孟子・梁惠王》。❼謀之　謀劃迎戰齊軍之事。❽間焉　參與這件事。焉，兼詞，兼有介詞「于」和代詞「之」的意思。❾鄙　淺陋；目光短淺。❿遠謀　深遠打算。⓫何以戰　以何戰；憑什麼去與齊軍作戰。⓬衣食所安　所賴以安身的衣服和食物。⓭專　獨自享用。⓮必以分人　一定把它分給人們。以，以之。省略「之」字，指代衣食。⓯未徧　未能遍施；不能遍及。⓰犧牲　祭祀用的牛、羊、豬等牲畜。⓱玉帛　祭祀用的玉器和絲織品。⓲加　增加；超過規定。⓳信　誠信；真實。⓴未孚　不能取得神靈信任。孚，相信；信任。㉑福　降福；保佑。動詞。㉒獄　訴訟案件。㉓察　洞察；明斷無冤。㉔以情　按實際情況真心誠意地處理。㉕忠　盡力為民辦事。㉖屬　類。㉗可以一戰　即「可以戰」。一，助詞，無義。㉘請從　請讓我跟從作戰。㉙與之乘　與他（曹劌）同乘一輛兵車。㉚長勺　魯國地名。因商遺民長勺氏居此而得名。故址在今山東省萊蕪市東北。㉛鼓之　擊鼓進軍。之，助詞，無義。㉜三鼓　三次擊鼓。鼓，動詞。㉝敗績　大潰敗。㉞馳之　馳車追逐齊軍。㉟下　下車。㊱轍　車輪碾過的痕跡。㊲軾　車廂前供乘者倚扶的橫木。㊳逐　追擊。㊴既克　戰勝以後。既，已經。克，戰勝。㊵其故　戰勝的緣故。其，代詞。指打勝仗。㊶夫　句首語氣詞。㊷作氣　振作勇氣。㊸再　第二次；二鼓。㊹衰　衰退。㊺竭　盡。指勇氣盡。㊻彼　他們。第三人稱代詞。㊼盈　旺盛。指士氣。㊽克之　戰勝他們。之，代詞。指齊軍。㊾大國　指齊國。㊿難測　難以推測預料。(51)伏　埋伏；伏兵。(52)轍亂　車跡紊亂。(53)旗靡　旗幟倒下。

【語　譯】魯莊公十年春天，齊國的軍隊攻打我魯國。魯莊公將要出兵迎戰的時候，曹劌請求進見莊公。他的同鄉人說：「做大官的人會謀劃這件事，你又何必參與呢？」曹劌說：「做大官的人目光短淺，不能作深遠的打算。」

於是入宮進見，問莊公憑什麼與齊軍作戰。莊公說：「所賴以安身的衣食，我不敢獨自享用，一定分給別人。」曹劌回答說：「小恩小惠未能遍及大眾，百姓不會跟從去作戰的。」莊公說：「祭祀用的牛、羊、豬和玉器、絲綢，不敢擅自增加超過規定，一定用誠信真實。」曹劌回答說：「小小的誠信不能取得神靈的信任，神靈不會降福保佑的。」莊公說：「大大小小的訴訟案件，雖然不能一一洞察無冤，但一定按實情真誠地處理。」曹劌回答說：「這是屬於為民盡力辦事的一類，可以憑這點打一仗。作戰時，就請讓我跟隨前去。」

魯莊公和曹劌同乘一輛兵車，在長勺作戰。莊公準備擊鼓，曹劌說：「還不可。」齊軍三次擊鼓，曹劌說：「可以了！」齊軍大敗。莊公準備驅車追逐齊軍，曹劌說：「還不可。」他下了車，細看齊軍的車轍，然後登上車倚橫木遠望齊軍，說：「可以了！」於是就追逐齊軍。

戰勝以後，魯莊公問他戰勝的緣故。曹劌回答說：「作戰這件事，全靠戰士的勇氣。第一次擊鼓時振作起勇氣，第二次擊鼓勇氣就衰退了，第三次擊鼓勇氣就消盡了。他們的勇氣消盡而我們的勇氣正旺盛充滿，所以戰勝他們。齊國是個大國，難於捉摸他們的詭計，害怕他們有伏兵。我細看他們的車轍雜亂，遠望他們的旗幟倒下，所以追逐他們。」

【說　明】《左傳》不僅是解釋《春秋》的一部歷史著作，而且由於它敘事清晰詳盡，情節曲折，描寫人物形象鮮明，語言生動，所以它又是一部文學著作。這一大段文字，就是一篇優秀的散文作品，《古文觀止》和各種古代文學作品選，都把它選為範作。題作「曹劌論戰」或「長勺之戰」，這些題目都是後人加上去的。這一大段文字，可分四個小節。

第一小節是情節的開端。首先是敘述背景：齊師伐魯。這次戰爭實際上是上年齊魯乾時之戰的繼續。那次戰爭魯國大敗，齊國逼迫魯莊公殺了公子糾。但齊國還不肯罷休，還發動這次戰爭，以報魯國送公子糾回國搶奪君位之仇。當時魯國是小國、弱國，齊國是大國、強國。魯國要打勝這場保衛戰是很不容易的。但魯莊公卻未作充分謀劃，即將迎戰。在這緊張形勢下，曹劌主動來請求進見魯莊公。當鄉人勸阻他不要參與此事，讓大官們去謀劃作戰時，曹劌公然認為大官們目光短淺，沒有深謀遠見。反映出他是個有識見的人，也表現出他對大官們的鄙視，突出了曹劌的性格，寫得如聞其聲，如見其人。

第二小節寫曹劌與魯莊公的對話，是情節的發展。曹劌見莊公後並不是直接獻計，而是問莊公作戰憑什麼條件。莊公連續提出了三個條件。前兩個條件都被曹劌否定，因為把衣食分給別人的小惠不能遍及人民，百姓不可能跟隨去作戰；祭祀誠信的小事也不能取得神靈的保佑。只有第三個條件對訴訟案件盡力按實處理是為人民辦事，會得到百姓的支持，所以可以憑此一戰。他願意跟隨參戰。這三次問答，說明曹劌是以人民的支持與否作為戰爭勝負的先決條件的，這正是他的遠見卓識。他並沒有訊問軍隊的數量、裝備的優劣等，因為他很清楚這些肯定不如齊國，但這並不是決定戰爭勝負的主要條件。在他看來，人心向背的政治條件才是決定戰爭勝利的主要條件。這一段一問一答排列整齊的句子，波瀾起伏，引人入勝。

第三小節正面寫兩軍作戰，是情節的高潮。魯莊公與曹劌同乘一輛車，表明曹劌處於輔助莊公指揮的地位，得到莊公的重用。又交代了他們選擇有利的作戰地點長勺。戰爭開始，莊公就要擊鼓進軍，曹劌阻止說：「不可以」。等齊軍三次擊鼓也就是三次衝鋒後，曹劌才說：「可以了」。兩軍交戰，齊軍大敗。這是戰略戰術上的後發制人所取得的勝利。這時莊公又急於要下令追擊，曹劌又阻止說：「不可以」。等他下車仔細觀察了敵車的車跡，又登上車遠望了齊軍的陣勢，才說「可以了」。於是魯軍追逐齊軍，取得徹底勝利。這裏略去了戰場的一切情況，只用五十二個字寫了擊鼓和逐師兩件事，而這兩件事主要也只寫了曹劌說的八個字：兩個「未可」和兩個「可矣」，就寫出了曹劌的沉著果斷的指揮和足智多謀的性格。這種剪裁藝術說明作者的文學水準很高。特別是在這一節中描寫了一個生動的細節：「下，視其轍，登軾而望之」，反映出曹劌指揮戰爭善於調查研究，在充分瞭解敵情的基礎上作出正確的判斷。這才保證了這次戰爭的勝利。

第四小節寫曹劌論述戰爭勝利的原因，是本大段的中心，也是情節的結局。戰爭結束了，莊公還不明白怎麼會取勝的，正反映出「肉食者鄙，未能遠謀」。曹劌主要論述了兩點：一是戰爭靠戰士的勇氣，所以選擇出擊的時機必須在「彼竭我盈」，即敵人士氣低落我軍士氣旺盛之時，採取「敵疲我打」的方針，才能保證勝利。二是追擊敵軍必須調查清楚敵人是真敗還是假敗，因為齊國是大國，一般不會一擊即退，很可能會假敗誘敵，而以伏兵反擊。所以他要視察車轍和旗幟，只有在看到「轍亂」「旗靡」的情況下，才斷定敵軍是真敗，才追擊敵軍，所以使戰役取得全勝。這一戰略戰術思想，在第三小節的作戰過程中已體現出來了，但把它放在最後寫出，也反映出作者構思的匠心獨運。一則戰場上作戰時氣氛緊張，必須一氣直下，如果插入議論，勢必使戰事隔斷而不連貫。二則放在最後論述還可使戰場上的事形成懸念，不知曹劌為何如此指揮，到最後才使讀者有恍然大悟之感。這正是作者的高明之處。同時，使讀者先接觸感性材料，瞭解戰爭經過，再讀曹劌的論述，上升到理性認識，也符合人們的認識規律。

這段文章所顯示出的戰略戰術，如弱國、小國面對強國、大國的進攻時，先採取戰略防禦，後發制人，當敵人士氣衰竭時，再發起一鼓作氣的進攻；當敵軍敗退時，必須先調查清楚虛實真偽，才決定追擊與否。這些原則，對今天的戰爭仍然具有借鑑意義。

傳 夏六月，齊師、宋師次于郎❶。公子偃❷曰：「宋師不整，可敗也。宋敗，齊必還。請擊之❸。」公弗許。自雩門❹竊出❺，蒙❻皐比❼而先犯之。公從之❽。大敗宋師于乘丘❾。齊師乃還。

蔡哀侯❿娶于陳，息侯⓫亦娶焉⓬。息嬀⓭將歸⓮，過蔡。蔡侯曰：「吾姨⓯也。」止⓰而見之，弗賓⓱。息侯聞之，怒，使⓲謂楚文王⓳曰：「伐我⓴，吾求救於蔡㉑而伐之㉒。」楚子㉓從之。秋九月，楚敗蔡師于莘㉔，以㉕蔡侯獻舞歸。

齊侯之出也㉖，過譚㉗，譚不禮焉㉘。及其入也㉙，諸侯皆賀，譚又不至。冬，齊師滅譚㉚，譚無禮也。譚子㉛奔莒㉜，同盟故也。

【注　釋】❶次于郎　駐紮在郎地。次，停留；駐紮。郎，魯國邑名，在今山東省曲阜市近郊。參見隱公九年。❷公子偃　魯國大夫。❸之　代詞。指宋軍。❹雩門　魯國南城西門。南城有三門：正南門為稷門，東門為鹿門，西門為雩門。❺竊出　私自出擊。❻蒙　裹上；包上。❼皋比　虎皮。指把馬蒙上虎皮。❽公從之　魯莊公率軍隨其後。❾乘丘　魯國地名。在今山東省兗州市境內。❿蔡哀侯　名獻舞，宣侯之子，桓侯之弟，魯桓公十八年（西元前六九四年）即位，在位二十年。哀，諡號。《逸周書・諡法解》：「蚤（早）孤短折曰哀」，「恭仁短折曰哀」。⓫息侯　息國國君。名不詳。⓬焉　於此；於彼。⓭息嬀　息侯夫人。陳國之女，姓嬀，故稱息嬀。⓮歸　出嫁。⓯姨　妻的姊妹稱姨。⓰止　留住。⓱弗賓　不按禮相待；不禮貌。指有輕佻行為。⓲使　使使；派使者。省略一個「使」字。⓳楚文王　熊氏，名貲，魯莊公五年（西元前六八九年）即位，在位十三年。⓴伐我　假裝攻打我國。㉑求救於蔡　向蔡國求救。㉒伐之　攻打他（蔡國）。㉓楚子　指楚文王。子爵。㉔莘　蔡國地名。約在今河南省汝南縣境。㉕以　拿住；俘獲。動詞。㉖齊侯之出也　齊桓公逃亡的時候。㉗譚　國名。在今山東省濟南市東龍山鎮附近。㉘不禮焉　不禮之；對他不加禮遇。㉙及其入也　等到他回到齊國的時候。㉚滅譚　滅亡了譚國。㉛譚子　譚國國君。名不詳。㉜莒　國名。己姓。在今山東省莒縣。西元前四三一年被楚所滅。

【語　譯】夏季六月，齊軍、宋軍駐紮在魯國郎地。公子偃說：「宋軍的軍容不整齊，可以打敗的。宋軍敗了，齊軍必然回國。請您攻打宋軍。」莊公不答應。公子偃從雩門私自出擊，把馬裹上虎皮而先去攻打宋軍，莊公率兵跟在他的後面進攻，在乘丘地方大敗宋軍，齊軍也就回國去了。

蔡哀侯在陳國娶妻，息侯也在陳國娶妻。息嬀將出嫁時，路過蔡國。蔡哀侯說：「她是我的小姨子。」把她留住而與她見面，不按禮相待而有輕佻行為。息侯聽到這件事，很惱怒，派人對楚文王說：「請您假裝攻打我息國，我向蔡國求救而您就去攻打他蔡國。」楚文王聽從了他的意見。秋季九月，楚軍在莘地打敗了蔡軍，俘虜了蔡侯獻舞回國。

齊桓公逃亡的時候，經過譚國，譚國對他不加禮遇。等到他回到齊國即位的時候，各國諸侯都去祝賀，譚國又不到。冬天，齊軍滅亡了譚國，這是因為譚國沒有禮貌。譚子逃亡到莒國，這是因為兩國是同盟的緣故。

【說　明】這一大段記載的三件事，都是對《春秋》經文的補充。

第一節記載當齊、宋軍隊已到魯國都城近郊郎地駐紮的時候，公子偃提出先擊宋軍的建議，還未得魯莊公同意，他就私自出擊，把馬裹上虎皮去攻擊宋軍，魯莊公也就率軍隨他之後進攻宋軍，結果在乘丘把宋軍打敗，齊軍也就退兵回國，魯國解除了危機，取得勝利。

第二節解釋經文「荊敗蔡師于莘，以蔡侯獻舞歸」的原因，原來是蔡侯獻舞自己引來的災難。因為他對小姨息媯不禮貌，息侯發怒而引楚軍攻打蔡國，使他當了俘虜。《春秋》的「荊」就是指楚國，因楚原建國於荊山一帶。

第三節解釋經文「齊師滅譚」和「譚子奔莒」的原因。前者因為譚國對齊桓公一直以來都不加禮遇，後者因為譚、莒兩國是同盟。

《春秋》記事過於簡略，經《左傳》解釋和補充，就把事件的來龍去脈和曲折過程都呈顯得非常清晰，而且文字也生動流暢，可讀性強。

十一年

戊戌，西元前六八三年。周莊王十四年、齊桓公三年、晉侯緡二十二年、秦武公十五年、楚文王七年、宋閔公九年、衛惠公十七年、陳宣公十年、蔡哀侯十二年、曹莊公十九年、鄭子儀十一年（厲公十八年）、燕莊公八年、許穆公十五年、杞靖公二十一年、曲沃武公三十三年。

經 十有一年春王正月。

夏五月，戊寅，公敗宋師于鄑。

秋，宋大水。

冬，王姬歸于齊。

傳 十一年夏，宋為乘丘之役❶故，侵我。公禦之❷。宋師未陳❸而薄❹之，敗諸鄑❺。凡師❻，敵未陳曰敗某師，皆陳❼曰戰，大崩❽曰敗績，得儁❾曰克，覆❿而敗之曰取某師，京師⓫敗曰王師敗績于某。

秋，宋大水。公使⓬弔焉⓭，曰：「天作⓮淫雨⓯，害于粢盛⓰，若之何⓱不弔？」對曰：「孤⓲實不敬⓳，天降之災，又以為君憂⓴，拜命之辱㉑。」臧文仲㉒曰：「宋其興乎㉓！禹㉔、湯㉕罪己㉖，其興也悖㉗焉；桀㉘、紂㉙罪人㉚，其亡也忽㉛焉。且列國㉜有凶㉝，稱孤㉞，禮也。言懼㉟而名禮㊱，其庶乎㊲！」既而㊳聞之曰：「公子御說㊴之辭也。」臧孫達㊵曰：「是㊶宜為君㊷，有恤民㊸之心。」

冬，齊侯㊹來逆共姬㊺。

乘丘之役，公以金僕姑㊻射南宮長萬㊼，公右㊽歂孫㊾生搏㊿之。宋人請之(51)。宋公(52)靳之(53)，曰：「始吾敬子(54)；今子，魯囚(55)也，吾弗敬子矣。」病之(56)。

【注　釋】❶乘丘之役　即上年「大敗宋師于乘丘」。❷禦之　抵禦他（宋軍）。❸未陳　尚未擺開陣勢。陳，通「陣」。❹薄迫；逼近。按：「薄」上省略主語「魯軍」。❺敗諸鄑　敗之於鄑；在鄑地打敗了宋軍。鄑，魯國地名。約在今山東省汶上縣以南。❻凡師　凡是軍隊作戰。❼皆陳　都擺開陣勢。❽大崩　大崩潰；大潰敗。❾得儁　獲得敵方的雄俊之士。儁，同「俊」。❿覆　埋設伏兵。⓫京師　周天子的軍隊。⓬使　使使；派使者。省略一「使」字。⓭弔焉　弔之；向他們慰問。弔，慰問。焉，之。⓮作　造作；降下。⓯淫雨　久雨；過量的雨。⓰粢盛　盛在祭器內供祭祀的穀物。此處泛指莊稼百穀。⓱若之何　如何；為什麼。⓲孤　諸侯遇凶禮時的自稱。⓳不敬　對上天不誠敬。⓴以為君憂　以此讓貴國國君擔憂。以，以之，省略「之」字。㉑拜命之辱　當時習語，「拜君命之辱」，猶言「承蒙關注，實不敢當」。辱，謙詞，猶言「承蒙」。㉒臧文仲　即臧孫辰。魯國大夫。文，謚號。仲，兄弟間排行第二。㉓其興乎　大概要振興吧。其，大概。測度副詞。㉔禹　夏后氏部落領袖。姒姓，名文命，亦稱大禹、夏禹、戎禹。鯀之子。奉舜命治理洪水十三年，三過家門而不入。因治水有功，被舜選為繼承人，舜死後擔任部落聯盟領袖。其子啟建立了夏朝。㉕湯　又稱武湯、武王、天乙、成湯。子姓。商朝的建立者。原為商族領袖，任用伊尹執政，經十一次出征，成為強國，一舉滅夏，建立商朝。㉖罪己　歸罪於自己。㉗悖　通「勃」。突然興起貌。㉘桀　夏朝最後一個君主。名履癸。暴虐荒淫，為商湯所敗，夏朝滅亡。㉙紂　一作受，亦稱帝辛。商朝最後一個君主。殘酷暴虐，被周武王所滅。㉚罪人　責罪別人。㉛忽　迅速；突然。㉜列國　各國。㉝有凶　發生災荒。㉞稱孤　國君自稱「孤」。㉟言懼　言語惶恐。指宋國自稱不敬而天降災的話。㊱名禮　名稱合於禮。指宋君自稱孤。㊲其庶乎　大概差不多了吧。其，大概。測度副詞。庶，庶幾；差不多。㊳既而　不久。㊴公子御說　宋莊公之子，宋閔公之弟，名御說。即後來的宋桓公。宋國第十八位國君。魯莊公十三年即位，在位三十一年。㊵臧孫達　即臧哀伯。名達。魯國大夫。臧僖伯之子。參見桓公二年。㊶是　此人。指公子御說。㊷宜為君　適合當國君。宜，適合；應該。㊸恤民　愛護百姓。㊹齊侯　齊桓公。㊺逆共姬　迎娶共姬。共姬，周王室之女。由魯國主婚，故來魯國迎娶。㊻金僕姑　箭名。㊼南宮長萬　南宮氏，名萬，字長。宋國大夫。㊽公右　魯莊公的車右。㊾歂孫　魯國大夫。㊿生搏　生擒；活捉。搏，同「捕」。(51)請之　請求釋放南宮長萬回宋國。(52)宋公　宋閔公。(53)靳之　以戲言使他慚愧。靳，嘲笑；奚落。(54)子　您。表敬意的對稱。指南宮長萬。(55)魯囚　魯國的囚徒。(56)病之　以之為病；因此而懷恨閔公。

【語　譯】魯莊公十一年夏天，宋國因為去年乘丘之役的緣故，侵襲我魯國。莊公抵禦宋軍。宋軍還沒有擺開陣勢而魯軍就逼近他們，在鄑地打敗了宋軍。凡是軍隊作戰，敵方沒有擺開陣勢叫做「敗某師」，都擺開了陣勢叫做「戰」，大潰敗叫做「敗績」，獲得敵方的雄俊之士叫做「克」，埋設伏兵而打敗敵軍叫做「取某師」，周天子的軍隊被打敗叫做「王師敗績於某」。

秋天，宋國發大水。魯莊公派使者去向他們慰問，說：「上天降下過量大雨，對莊稼百穀產生了危害，怎麼能不慰問？」宋閔公回答說：「我實在是對上天不誠敬，上天降下的災難，還以此讓貴國國君擔憂，承蒙關注，實不敢當。」臧文仲說：「宋國大概要振興了吧！夏禹、商湯把罪歸於自己，於是勃然興起；夏桀、商紂歸罪於別人，於是猝然地滅亡了。況且各國發生災荒，國君稱『孤』，這是合於禮的。言語惶恐而稱『孤』，也是合於禮的。大概差不多了吧！」不久又聽到這樣的說法：「這是公子御說說的話。」臧孫達說：「這個人適合做國君，因為他有愛護百姓的心意。」

冬天，齊桓公到魯國來迎娶共姬。

在乘丘的戰役中，魯莊公用金僕姑箭射中南宮長萬，莊公的車右歂孫活捉了他。宋國人請求釋放南宮長萬回宋國。宋閔公嘲笑他，說：「過去我尊敬您；現在您，是魯國的囚徒，我不尊敬您了。」南宮長萬因此而懷恨閔公。

【說　明】本年傳文記載了四件事。

第一件事補充《春秋》經文「公敗宋師于鄑」的背景。說明此次戰爭是宋國為了報去年乘丘之役失敗之仇，故來侵襲魯國，而魯國軍隊在宋軍尚未擺開陣勢的情況下直逼宋軍而取勝的。然後傳文對《春秋》經文記載戰爭勝敗的一些寫法作了解釋。其實這些解釋都不太正確。如說「敵未陳曰敗某師」，「皆陳曰戰」，對這次戰爭是正確的。但上年與齊國的長勺之戰，齊人三次擊鼓以後，魯軍才一鼓作氣衝鋒，當時齊軍是早已擺開了陣勢的，而《春秋》經文仍記載說「敗齊師」，不說「戰」。又如說「得儁曰克」，但隱公元年「鄭伯克段于鄢」，是因為「如二君，故曰克」，並非「得儁」。而去年乘丘之役得宋國的南宮長萬，卻沒有記載「克」字。

所以《左傳》的解釋不全合事實。

第二件事記載宋國大水，魯莊公派人去慰問，說明莊公不記仇。而宋閔公的答謝也彬彬有禮，並能把罪責歸於自己，用凶禮自稱「孤」，所以臧文仲認為這是宋國振興的預兆。後來才瞭解宋閔公說的話是出於其弟公子御說之辭，於是臧孫達就認為公子御說是適合當國君的，因為從這些辭中可看出他有愛護體恤百姓的心意。這是為公子御說即位埋下伏筆。

第三件事是記載齊桓公到魯國來迎娶周王室之女共姬。在周代，天子之女出嫁到諸侯國，天子不主婚，而讓同姓諸侯主婚，所以在婚前先把王女送到同姓諸侯國。魯國長期為王女主婚，所以共姬先到魯國，然後，由齊桓公親自到魯國來迎娶。

第四件事是倒敘上年乘丘之役時，宋國的大夫南宮長萬曾被魯莊公用箭射傷，並被莊公的車右歂孫活捉。宋國人請求釋放他回國。但宋閔公又嘲笑他是魯國的囚徒，使南宮長萬懷恨在心。這就為南宮長萬弒宋閔公作了情節上的鋪墊。其實，這一節應與下年「十二年秋，宋萬弒閔公于蒙澤」連讀，本為一傳，後人妄析成兩截，應將此節移至下年合讀。《左傳》記當時事，牽涉到以往的原因，都先要倒敘一下過去發生的事，交代原委，使事件的來龍去脈都記載清楚，這正是《左傳》與《春秋》不同的顯著特點之一，也可以說是《左傳》作為敘事散文的優點之一。

十二年

己亥，西元前六八二年。周莊王十五年、齊桓公四年、晉侯緡二十三年、秦武公十六年、楚文王八年、宋閔公十年、衛惠公十八年、陳宣公十一年、蔡哀侯十三年、曹莊公二十年、鄭子儀十二年（厲公十九年）、燕莊公九年、許穆公十六年、杞靖公二十二年、曲沃武公三十四年。

經 十有二年春王三月，紀叔姬歸于酅。

夏四月。

秋八月甲午，宋萬弒其君捷及其大夫仇牧。

冬十月，宋萬出奔陳。

傳 十二年秋，宋萬❶弒閔公❷于蒙澤❸。遇仇牧❹于門，批❺而殺之。遇大宰督❻于東宮❼之西，又殺之。立子游❽。羣公子奔蕭❾，公子御說❿奔亳⓫。南宮牛⓬、猛獲⓭帥師圍亳。

冬十月，蕭叔大心⓮及戴、武、宣、穆、莊之族⓯，以曹師⓰伐之⓱。殺南宮牛于師⓲，殺子游于宋⓳，立桓公⓴。猛獲奔衛。南宮萬奔陳，以乘車㉑輦㉒其母，一日而至㉓。

宋人請猛獲于衛㉔。衛人欲勿與㉕。石祁子㉖曰：「不可。天下之惡一也㉗，惡於宋㉘而保於我㉙，保之何補㉚？得一夫㉛而失一國㉜，與惡㉝而棄好㉞，非謀㉟也。」衛人歸之㊱。亦請㊲南宮萬于陳，以賂㊳。陳人使婦人飲之酒㊴，而以犀革㊵裹之。比及㊶宋，手足皆見㊷。宋人皆醢之㊸。

【注　釋】❶宋萬　宋國大夫南宮長萬。南宮氏，名萬，字長。❷閔公　宋閔公，名捷。魯桓公三年（西元前六九一年）即位，在位十年。閔，諡號。《逸周書‧諡法解》：「在國逢難曰愍（閔）」、「禍亂方作曰愍（閔）」。❸蒙澤　宋國澤名。在今河南省商丘市東北。❹仇牧　宋國大夫。❺批　手擊。❻大宰督　太宰華督。太宰，官名。宋國最高執政官。華督，名督，字華父。見桓公元年、二年。❼東宮　諸侯小寢之宮。❽子游　宋國公子。❾蕭　宋國的附庸國名。子姓。在今安徽省蕭縣西北。西元前五九七年被楚所滅。後仍為宋邑。❿公子御說　即宋桓公。名御說。見上年傳文。⓫亳　宋國邑名。在今河南省商丘市北。⓬南宮牛　杜預注：「牛，長萬之子。」按《史記‧宋微子世家》謂南宮長萬之弟。「萬弟南宮牛將兵圍亳。」⓭猛獲　南宮萬的黨羽。⓮蕭叔大心　宋國蕭邑大夫，名大心。叔，兄弟間排行第三。因大心此次討南宮萬有功，所以宋國以蕭邑為附庸國。⓯戴武宣穆莊之族　宋戴公、武公、宣公、穆公、莊公的子孫。戴公、武公、宣公都在春秋前。武公是戴公之子，宣公是武公之子，穆公是宣公之弟，莊公是穆公之子。⓰以曹師　率領曹國軍隊。⓱伐之　討伐叛亂者。⓲于師　在軍中。當時軍隊在亳地。⓳于宋　在宋國都城。⓴桓公　宋桓公。即公子御說。宋莊公之子，宋閔公之弟。宋國第十八位國君。在位三十一年。桓，諡號。《逸周書‧諡法解》：「辟土服遠曰桓」、「克敬勤民曰桓」。㉑乘車　乘人的車，非兵車。㉒輦　用人挽車。指南宮萬自己挽車。㉓一日而至　杜預注：「宋去陳二百六十里，言萬之多力。」㉔請猛獲于衛　向衛國請求交出猛獲。㉕勿與　不給。㉖石祁子　衛國大夫。㉗一也　一樣的。㉘惡於宋　在宋國作惡。㉙保於我　在我國得到保護。㉚何補　有什麼補益。補，補益；好處。㉛一夫　一個人。㉜一國　一個國家。㉝與惡　親附邪惡。與，親附；幫助。㉞棄好　丟棄友好。按宋國與衛國本為同盟。㉟非謀　不是好計謀；失策。㊱歸之　歸還猛獲（給宋國）。㊲亦請　宋國又請求歸還。㊳以賂　用財禮賄賂。㊴飲之酒　使南宮萬飲酒。之，指南宮萬。因為他力氣大，所以讓他酒醉後才能擒住。㊵犀革　犀牛皮。㊶比及　等到抵達。㊷手足皆見　手和腳都露出在外。說明他的力氣能破犀牛皮。見，同「現」。顯露。㊸醢之　把他們剁成肉醬。醢，古代的一種酷刑，將人剁成肉醬。

【語　譯】魯莊公十二年秋天，宋國南宮萬在蒙澤殺死了宋閔公。在門口遇見仇牧，用手打死了他。在東宮的西邊遇見太宰華督，又殺了他。立公子游為國君。諸公子都逃亡到蕭邑，公子御說逃奔到亳邑。南宮牛、猛獲率領軍隊包圍了亳邑。

冬季十月，蕭叔大心和宋戴公、宋武公、宋宣公、宋穆公、宋莊公的子孫，率領曹國軍隊討伐叛亂者。

在戰鬥中殺死了南宮牛，在宋國都城殺死了公子游，立宋桓公為國君。猛獲逃亡到衛國，南宮萬逃亡到陳國，自己挽車載著他的母親，只用一天就到達。

宋國人向衛國請求將猛獲交還宋國。衛國人想不給。衛國大夫石祁子說：「不可。天下的邪惡是一樣的，在宋國作惡而在我國得到保護，保護他有什麼益處？得一個人而失一個國家，親附邪惡的人而丟棄友好的國家，這不是好計謀。」於是衛國人把猛獲歸還了宋國。宋國又向陳國請求歸還南宮萬，並用財禮賄賂。陳國人就讓婦女勸南宮萬飲酒，灌醉後，用犀牛皮把他包裹起來。等到抵達宋國時，他的手腳已掙破犀牛皮露在外面了。宋國人把他們都剁成了肉醬。

【說　明】本年的傳文只記載了一件事——宋國的動亂。這次動亂的起因，《左傳》只記載宋閔公嘲笑南宮萬曾為魯國俘虜，南宮萬懷恨而弒閔公。《史記·宋微子世家》參用《公羊傳》的說法記載說：「十一年秋，湣（閔）公與南宮萬獵，因博爭行，湣公怒，辱之，曰：『始吾敬若；今若，魯虜也。』萬有力，病此言，遂以局殺湣公於蒙澤。」不管是哪種起因，南宮萬弒閔公，又殺大夫仇牧、太宰華督，擅自立公子游為國君，他的行為是殘暴而邪惡的。終於引起宋國公室的全面反擊，衛國、陳國也不願保護邪惡的人，叛逆者最後落得被剁成肉醬的下場。應該說這是正義的勝利。

本年經文有「紀叔姬歸于酅」的記載，《左傳》沒有解釋。酅是紀國邑名，莊公三年紀季已將酅邑入於齊國，此時叔姬回到酅邑。

十二年

庚子，西元前六八一年。周僖王胡齊元年、齊桓公五年、晉侯緡二十四年、秦武公十七年、楚文王九年、宋桓公御說元年、衛惠公十九年、陳宣公十二年、蔡哀侯十四年、曹莊公二十一年、鄭子儀十三年（厲公二十年）、燕莊公十年、許穆公十七年、杞靖公二十三年、曲沃武公三十五年。

經 十有三年春，齊侯、宋人、陳人、蔡人、邾人會于北杏。

夏六月，齊人滅遂。

秋七月。

冬，公會齊侯盟于柯。

傳 十三年春，會于北杏❶，以平宋亂❷。遂❸人不至。夏，齊人滅遂而戍❹之。

冬，盟于柯❺，始及❻齊平❼也。

宋人背❽北杏之會。

【注釋】❶北杏　齊國地名，在今山東省東阿縣境。❷宋亂　指上年南宮萬弒宋閔公之亂。❸遂　國名。嬀姓。舜的後裔。都城在今山東省肥城市南。❹戍　防守。❺柯　齊國邑名。在今山東省陽穀縣東。❻及　與。❼平　媾和。❽背　違背。

【語譯】魯莊公十三年春天，魯莊公與齊、宋、陳、蔡、邾各國國君在北杏會見，為了平定宋國的動亂。遂國國君沒有到會。夏天，齊國滅了遂國而派人防守遂地。

冬天，魯莊公和齊桓公在柯地結盟，這是魯國開始與齊國媾和。

宋國人違背了北杏的盟約。

【說明】本年的傳文只是對《春秋》經文的解釋。《春秋》將「會于北杏」和「齊人滅遂」作為兩件事記載，看不出兩者之間有什麼聯繫。而《左傳》把兩者合併在一起敘述，說明北杏之會遂國國君未到，這就是「齊人滅遂」的原因。把兩者的關係說清楚了，而且還交代齊國派人防守遂地，強調了遂已成為齊國之邑。可以看出《左傳》記事比《春秋》詳明得多。

對於《春秋》記載的「公會齊侯盟于柯」，《左傳》也作了補充說明：這是開始與齊國媾和。而在此之前，齊、魯兩國曾發生多次戰爭，所以這個說明是很必要的。

傳文的最後一句「宋人背北杏之會」，應與下年傳文的開頭「十四年春，諸侯伐宋」合在一起連讀。後人割裂在此，致使孤文意義不明。

十四年

辛丑，西元前六八〇年。周僖王二年、齊桓公六年、晉侯緡二十五年、秦武公十八年、楚文王十年、宋桓公二年、衛惠公二十年、陳宣公十三年、蔡哀侯十五年、曹莊公二十二年、鄭子儀十四年（厲公二十一年）、燕莊公十一年、許穆公十八年、杞共公元年、曲沃武公三十六年。

經 十有四年春，齊人、陳人、曹人伐宋。

夏，單伯會伐宋。

秋七月，荊入蔡。

冬，單伯會齊侯、宋公、衛侯、鄭伯于鄄。

傳 十四年春，諸侯伐宋❶。齊請師于周❷。夏，單伯❸會之❹。取成❺于宋而還。

鄭厲公❻自櫟❼侵鄭❽，及大陵❾，獲傅瑕❿。傅瑕曰：「苟⓫舍⓬我，吾請⓭

納君⑭。」與之盟⑮而赦之⑯。六月甲子⑰，傅瑕殺鄭子⑱及其二子⑲，而納厲公⑳。

初，內蛇㉑與外蛇㉒鬭於鄭南門中，內蛇死。六年㉓而厲公入。公㉔聞之，問於申繻㉕曰：「猶㉖有妖㉗乎？」對曰：「人之所忌㉘，其氣燄以取之㉙。妖由人興㉚也。人無釁㉛焉㉜，妖不自作㉝。人棄常㉞，則妖興㉟，故有妖。」

厲公入㊱，遂殺傅瑕。使㊲謂原繁㊳曰：「傅瑕貳㊴，周有常刑㊵，既㊶伏其罪㊷矣。納我而無二心者，吾皆許之上大夫之事㊸，吾願與伯父㊹圖之㊺。且寡人㊻出㊼，伯父無裏言㊽，入㊾，又不念㊿寡人，寡人憾焉(51)。」對曰：「先君桓公(52)命我先人(53)典司(54)宗祏(55)，社稷有主(56)，而外其心(57)，其何貳如之(58)？苟(59)主社稷(60)，國內之民，其(61)誰不為臣？臣無二心，天之制(62)也。子儀在位，十四年矣；而謀召君者(63)，庸(64)非貳乎？莊公(65)之子猶有八人(66)，若皆以官爵行賂勸貳(67)而可以濟事(68)，君其(69)若之何？臣聞命(70)矣。」乃縊(71)而死。

【注釋】❶伐宋　攻打宋國。原因就是上年傳文的末一句「宋人背北杏之會」。上年傳文的末句應連接在本年開頭。❷齊請師于周　齊桓公向周天子請求出兵。杜預注：「齊欲崇天子，故請師，假（借）王命以示大順。」❸單伯　周王室大夫。❹會之　會合諸侯。❺取成　取得媾和。成，媾和。❻鄭厲公　名突。鄭莊公之次子。魯桓公十二年即位，在位四年，祭仲殺雍糾，厲公出奔蔡國，是年秋又進入鄭國櫟地居住。見桓公十五年。❼櫟　鄭國的別都。在今河南省禹州市。❽鄭　指鄭國都城。❾大陵　鄭國地名。約在今新密市至新鄭市之間。一說在今河南省臨潁縣北，恐不確。❿傅瑕　鄭國大夫。⓫苟如果。⑫舍　同「捨」。放。⑬請　願意。⑭納君　使您回國再為國君。⑮與之盟　鄭厲公與傅瑕盟誓。省略主語厲公。之，代詞。指傅瑕。⑯赦之　赦免他（傅瑕）。⑰六月甲子　六月二十日。⑱鄭子　指子儀。鄭國第七位國君，已即位十四年。因無諡號，故稱鄭子。⑲二子　兩個兒子。⑳納厲公　接納厲公回國即位。㉑內蛇　城門內的蛇。㉒外蛇　城門外的蛇。㉓六年　過六年。㉔公　指魯莊公。㉕申繻　魯國大夫。㉖猶　還。㉗妖　妖孽；反常的現象。指兩蛇相鬥預兆鄭厲公回國之事。㉘所忌　忌畏、顧忌的事。㉙其氣燄以取之　以其氣燄取之；由他的氣燄所決定的。取，取決；決定。㉚由人興　從人的氣燄不能勝而興起來的。㉛釁　瑕疵；破綻。㉜焉　於此。㉝自作　自己起來。㉞棄常　丟棄常道。㉟妖興　妖孽產生。興，興起；產生。㊱入　進入國都即位。㊲使　派人。㊳原繁　鄭國大夫。㊴貳　有二心。㊵常刑　固定的刑罰。㊶既　已經。㊷伏其罪　受到他應得的懲處。伏，通「服」。罪，懲處；受罪。㊸許之上大夫之事　答應給他上大夫的職務。上一「之」字是代詞，他。下一「之」字是結構助詞，的。上大夫，即卿。事，職務。㊹伯父　指原繁。㊺圖之　商量這件事。㊻寡人　諸侯對下的自稱。㊼出　指逃亡在外。㊽裏言　以國內情況告訴在外之厲公。㊾入　指回國再即位。㊿念　親附。(51)憾焉　憾之；對此感到遺憾。(52)桓公　鄭桓公，名友。鄭國始封之君。西元前八〇六年即位，前七七一年卒，在位三十六年。(53)先人　祖先。(54)典司　掌管。(55)宗祏　宗廟石室。祏，宗廟中藏神主的石室。(56)有主　有君主。指子儀為國君。(57)外其心　他的心在國外。指背叛國君而親附逃亡在外的人。(58)其何貳如之　有什麼貳心及得上這樣的嗎。如之，及得上這樣。(59)苟　如果。(60)主社稷　主持國家。指國家有國君。(61)其　抑或；還有。(62)制　規定。(63)謀召君者　策劃召您回國即位的人。(64)庸　豈；難道。(65)莊公　鄭莊公。厲公之父。(66)猶有八人　尚有八人在。猶，尚；還。按莊公子子忽、子亹、子儀已死，唯厲公在，其他人名不詳。(67)以官爵行賂勸貳　用官爵做賄賂勸誘別人懷二心。(68)濟事　成事。(69)其　將。(70)聞命　猶言知道你的意思了。(71)縊　上吊自勒。

【語　譯】魯莊公十四年春天，各國諸侯攻打宋國。齊桓公向周天子請求出兵。夏天，周天子派單伯領兵來會合諸侯。與宋國取得媾和而回朝。

鄭厲公從櫟地率兵侵襲鄭國都城，到達大陵時，俘獲了傅瑕。傅瑕說：「如果放了我，我願意接納您回國再即位為國君。」鄭厲公與他盟誓而赦免了他。六月二十日，傅瑕殺死鄭國國君子儀以及子儀的兩個兒子，而接納厲公回國即位。

當初，在鄭國都城南門中，一條門內的蛇和一條門外的蛇相鬥，門內的蛇被咬死。過六年而厲公回國即位。魯莊公聽到這件事，就向申繻問道：「還有妖孽的事嗎？」申繻回答說：「一個人的顧忌之事，是由他的氣燄盛衰而決定的。妖孽是由於人的氣燄不能勝而興起的。人沒有瑕疵可乘，妖孽不能自己起來。人丟棄了常道，就有釁隙可乘，妖孽就會興起，所以才有妖孽。」

厲公進入國都即位後，就殺了傅瑕。他派使者對原繁說：「傅瑕對國君有二心，周朝對此有固定的刑罰，已經受到了他應得的懲處了。接納我回國而沒有二心的人，我都答應他們給予卿的職務。我希望與伯父商量這件事。而且我離國在外時，伯父沒有告訴我國內的情況；回國以後，又不親附我。我對此感到遺憾。」原繁回答說：「前代國君鄭桓公命令我的祖先掌管宗廟石室。國家有君主而自己的心向著國外，還有什麼貳心及得上這樣的嗎？如果有人主持國家，國內的百姓還有誰不是他的臣下？臣下不能有二心，這是上天的規定。子儀在位，已經十四年了；而謀劃召您回國即位的人，難道不是二心嗎？鄭莊公的兒子還有八個人存在，如果都用官爵作為賄賂勸說別人懷二心而可以成大事，您將怎麼辦？我知道您的意思了。」於是自己上吊而死。

【說　明】這裏記載了兩件事：一件是諸侯伐宋時，齊桓公向周天子請示出兵。這是齊桓公實施他的「尊王攘夷」主張的開始，為他成為春秋時第一個霸主作準備。另一件事用了較多篇幅，詳敘鄭厲公回國重新即位前後的所作所為。首先是他利用傅瑕的求生慾望，讓傅瑕殺死了國君子儀和子儀的兩個兒子，接納厲公回國重新即位。但他一登上國君寶座，立即把傅瑕殺掉，理由是：傅瑕對他這位國君懷有二心。其實傅瑕的二心正表現在對他的忠心而對子儀的不忠，鄭厲公把事情完全說顛倒了。接著鄭厲公又派人對他的伯父原繁進行利誘和威脅。一方面說凡是接納他回國而對他無二心的，他答應讓他做上大夫。這是利誘。另一方面又責備伯父在他逃亡時期沒有向他報告國內情況，在他回國以後又不親附他，所以他有遺憾。這顯然是威脅。而原繁的回答則大義凜然。首先他指出自己的祖先曾受到前代國君的信任，表示他家對公室是忠誠的。接著就駁斥鄭厲公的所謂二心。指出國家有君，那麼百姓都是他的臣下，就應忠於他，不應有二心，這是上天的規定。

如果不忠於君而心向國外之人，那還有比這更大的二心嗎？而子儀為鄭國君主已有十四年，有人不忠於子儀而策劃召厲公回國即位，難道不是有二心嗎？如果現在有人也用上大夫等官爵賄賂勸說別人對您厲公懷有二心，您又將怎麼辦？這正是以子之矛，攻子之盾，說得淋漓盡致。把鄭厲公的遁辭駁斥得體無完膚。而原繁也知道鄭厲公的話是醉翁之意不在酒，所以最後說一句「臣聞命矣」就自殺了。實際上鄭厲公的目的也正在此。

在敘述這事件的過程中，《左傳》還插敘了鄭國都城南門兩蛇相鬥的傳說，以及魯莊公與申繻的對話。從申繻的話中可看出，《左傳》的作者不相信有妖孽預兆的說法，指出這是由於人氣不勝而造成的。是比較進步的觀點。

傳　蔡哀侯❶為莘故❷，繩❸息媯❹以語楚子❺。楚子如息❻，以食入享❼，遂滅息。以息媯歸❽，生堵敖❾及成王❿焉。未言⓫。楚子問之。對曰：「吾一婦人，而事二夫⓬，縱⓭弗能死，其⓮又奚言⓯？」楚子以蔡侯⓰滅息，遂伐蔡。秋七月，楚入蔡。君子曰：「《商書》⓱所謂『惡之易⓲也，如火之燎⓳于原，不可鄉邇⓴，其㉑猶可撲滅』者，其㉒如蔡哀侯乎！」

冬，會于鄄㉓，宋服㉔故也。

【注釋】❶蔡哀侯　名獻舞。蔡宣侯考父之子，蔡桓侯封人之弟，蔡國第十三位國君。魯桓公十八年即位。魯莊公十年被楚國俘虜，留楚國九年，死於楚國。哀，諡號。《逸周書・諡法解》：「蚤（早）孤短折曰哀」、「恭仁短折曰哀」。❷為莘故　因為莘地戰役被俘的緣故。見莊公十年傳。❸繩　稱讚；讚美。❹息媯　息侯之妻，陳國之女。見莊公十年傳。❺以語楚子以此告訴楚文王。❻如息　到息國。❼以食入享　設宴招待息侯。❽以息嬀歸　帶息嬀回楚國。❾堵敖　一作「杜敖」。名囏。後在莊公二十年（西元前六七四年）即位，在位三年，被其弟成王所殺。❿成王　名頵。魯莊公二十三年（西元前六七一年）即位，在位四十六年，被其子商臣所殺。成，謚號。《逸周書・謚法解》：「安民立政曰成。」⓫未言　沒有主動說過話。⓬事二夫　侍候兩個丈夫。指息侯和楚文王。⓭縱　即使。⓮其　豈；難道。⓯奚言　言何；說什麼。奚，何。⓰以蔡侯　因為蔡哀侯的緣故。⓱商書　指《尚書・商書》。自〈湯誓〉至〈微子〉，共十一篇。以下引文見《尚書・商書・盤庚》篇，但無「惡之易也」一句。⓲易　延；蔓延。⓳燎　焚燒。⓴鄉邇　靠近。鄉，通「嚮」、「向」。接近。邇，近。㉑其　豈；難道。㉒其　大概。㉓鄄　衛國邑名。在今山東省鄄城縣北舊城。㉔服　順服。

【語　譯】蔡哀侯因為在莘地戰役中被俘，用稱讚息嬀美麗來告訴楚文王。楚文王到息國，用設宴招待的辦法殺死息侯，就滅亡了息國。他帶息嬀回到楚國，生下了堵敖和成王。息嬀沒有主動說過話。楚文王問她為什麼。她回答說：「我是一個女人，而侍候兩個丈夫，即使不能死，難道還能說什麼嗎？」楚文王因為蔡哀侯的緣故才滅亡了息國，於是攻打蔡國。秋季七月，楚軍進入了蔡國。君子評議說：「〈商書〉所說的『惡的蔓延，就像火的焚燒原野，不可以靠近，難道還可以撲滅』的話，大概就像蔡哀侯吧！」

冬天，單伯和齊桓公、宋桓公、衛惠公、鄭厲公在鄄地會見，這是因為宋國順服的緣故。

【說　明】這大段主要記敘蔡哀侯害人害己的事。四年前，即魯莊公十年，他因調戲小姨子息嬀，引起息侯大怒，引楚軍攻打蔡國，結果他被俘虜到楚國。如今他又要報復，故意在楚文王面前讚美息嬀，誘使楚文王滅了息國，佔有了息嬀，還為楚文王生了兩個兒子。但息嬀的沉默不言無異是無聲的反抗，這又使楚文王想到這是蔡哀侯造成的，於是又攻打蔡國。所以《左傳》通過君子的話指出蔡哀侯的邪惡行為就像野火燎原，一發而不可收拾，給蔡、息兩國帶來一連串的災難。

另一小節是解釋《春秋》記載的單伯會合諸侯的原因：宋國順服，伐宋終止。

十五年

壬寅，西元前六七九年。周僖王三年、齊桓公七年、晉侯緡二十六年、秦武公十九年、楚文王十一年、宋桓公三年、衛惠公二十一年、陳宣公十四年、蔡哀侯十六年、曹莊公二十三年、鄭厲公二十二年、燕莊公十二年、許穆公十九年、杞共公二年、曲沃武公三十七年。

經十有五年春，齊侯、宋公、陳侯、衛侯、鄭伯會于鄄。

夏，夫人姜氏如齊。

秋，宋人、齊人、邾人伐郳。

鄭人侵宋。

冬十月。

傳十五年春，復會焉❶，齊始霸也。

秋，諸侯為宋伐郳❷。鄭人間之❸而侵宋。

【注　釋】❶復會焉　又會於鄄。指《春秋》記載的齊、宋、陳、衛、鄭各國諸侯會於鄄。因上年冬天已在鄄會過一次，所以這次說「復」。焉，於此。❷郳　國名。又作「倪」、「兒」。亦稱小邾、小邾婁。曹姓。始封之君是邾文公之子友（一說名肥），都城在今山東省滕州市東。一說在今山東省棗莊市西北。戰國時被楚國所滅。❸間之　乘這間隙；乘隙。

【語　譯】魯莊公十五年春天，齊桓公、宋桓公、陳宣公、衛惠公、鄭厲公再次在鄄地會見，這是齊國開始稱霸。

秋天，各國諸侯為宋國進攻郳國。鄭國人乘這空隙而侵襲宋國。

【說　明】本年《左傳》只是對《春秋》記的事作說明。《春秋》記載「春，齊侯、宋公、陳侯、衛侯、鄭伯會于鄄」，《左傳》說「復會焉」（復會於鄄），這就指出了與上年冬天會見的關係。同時指出兩次會見的不同：上年冬會見是單伯主持，內容是宋國順服。而這次是齊桓公主持，是齊國開始稱霸，所以「齊侯」放在第一位。這是一件事。另一件事是《春秋》記載「宋人、齊人、邾人伐郳」，《左傳》則指出這是「諸侯為宋伐郳」，是宋人的主意。《春秋》還記載「鄭人侵宋」，似乎又是另一件事。但《左傳》指出，這是「鄭人間之而侵宋」，就是說正當宋國在攻打郳國時，鄭國乘機侵襲宋國。這又把兩件事的關係聯結起來。可見《左傳》記事脈絡非常清楚。

十六年

癸卯，西元前六七八年。周僖王四年、齊桓公八年、晉侯緡二十七年（武公稱三十八年）、秦武公二十年、楚文王十二年、宋桓公四年、衛惠公二十二年、陳宣公十五年、蔡哀侯十七年、曹莊公二十四年、鄭厲公二十三年、燕莊公十三年、許穆公二十年、杞共公三年。

經 十有六年春王正月。

夏，宋人、齊人、衛人伐鄭。

秋，荊伐鄭。

冬十有二月，會齊侯、宋公、陳侯、衛侯、鄭伯、許男、滑伯、滕子同盟于幽。

邾子克卒。

傳十六年夏，諸侯伐鄭，宋故❶也。

鄭伯❷自櫟入❸，緩告于楚❹。秋，楚伐鄭，及櫟，為不禮❺故也。

鄭伯治❻與❼於雍糾之亂❽者，九月，殺公子閼❾，刖❿強鉏⓫。公父定叔⓬出奔衛。三年而復之⓭，曰：「不可使共叔⓮無後⓯於鄭。」使⓰以⓱十月入，曰：「良月⓲也，就盈數⓳焉。」君子謂：「強鉏不能衛其足⓴。」

冬，同盟㉑于幽㉒，鄭成㉓也。

王使虢公命曲沃伯㉔以一軍㉕為晉侯㉖。

初，晉武公㉗伐夷㉘，執夷詭諸㉙。蔿國㉚請而免之。既而㉛弗報㉜，故子國㉝作亂，謂晉人曰：「與我伐夷而取其地。」遂以晉師伐夷，殺夷詭諸。周公忌父㉞出奔虢。惠王㉟立而復之㊱。

【注　釋】❶宋故　鄭國侵襲宋國的緣故。按鄭人侵宋見上年傳文。❷鄭伯　指鄭厲公。❸自櫟入　從櫟地進入鄭都即位。事在莊公十四年。❹緩告于楚　很晚才通知楚國。鄭厲公入國已兩年，沒有及時通知楚國。❺不禮　不敬。指鄭厲公對楚國不禮貌。❻治　查辦；懲處。❼與　參與；參預。❽雍糾之亂　見桓公十五年傳。❾公子閼　祭仲黨羽。陸德明《經典釋文》以為當作「公孫閼」。❿刖　砍去足部。古代的一種酷刑。⓫強鉏　祭仲黨羽。⓬公父定叔　共叔段之孫，公孫滑之子。定，諡號。《逸周書・諡法解》：「純行不二曰定。」按古代不但國君有諡號，公族世卿也有諡號。⓭復之　讓他回國。⓮共叔指共叔段。參見隱公元年。⑮無後　沒有後代。⑯使　使之；讓他。省略「之」字。⑰以　於；在。⑱良月　好月份。按古代以奇（單）數為忌，偶（複）數為良，十月是偶數，故稱「良月」。⑲盈數　滿數。十為滿數。⑳衛其足　保住他的腳。㉑同盟　一起結盟。指《春秋》經文的莊公「會齊侯、宋公、陳侯、衛侯、鄭伯、許男、滑伯、滕子」一起結盟。㉒幽　地名。實際地點不詳。㉓鄭成　與鄭國媾和。㉔曲沃伯　即曲沃武公。㉕一軍　建立一軍。小國的軍隊。按《周禮・夏官・司馬》：「凡制軍，萬有二千五百人為軍。王六軍，大國三軍，次國二軍，小國一軍。軍將皆命卿。」此時晉國是小國，為一軍，至閔公元年增為二軍，後又增為三軍，最後增為六軍。㉖為晉侯　此時曲沃武公已全部吞併晉國，故周天子命他為晉侯。㉗晉武公　即曲沃武公，本年已被周天子命為晉侯，故稱晉武公。按晉武公，名稱，晉穆侯曾孫，曲沃桓叔孫，曲沃莊伯子。從桓叔初封曲沃，到武公滅晉侯緡而代晉為諸侯，前後共六十七年。㉘夷　周大夫采邑名。實際地點不詳。㉙夷詭諸　周大夫名，以采邑為氏。㉚蔿國　周大夫名。王子頹之師。又稱「子國」。㉛既而　後來；已後。㉜報　報答；酬謝。㉝子國　即蔿國。㉞周公忌父　周王室卿士。㉟惠王　周惠王。據《史記・周本紀》，周僖王於明年崩，子惠王閬立。此處乃探後而言。㊱復之　恢復周公忌父的卿士之位。按惠王恢復周公忌父位也在明年。

【語　譯】魯莊公十六年夏天，宋、齊、衛國諸侯攻打鄭國，這是因為鄭國侵襲宋國的緣故。

鄭厲公從櫟地回到國都的時候，沒有及時向楚國通知。秋天，楚國攻打鄭國，到達櫟地，這是因為鄭厲公對楚國不禮貌的緣故。

鄭厲公懲辦在雍糾之亂中參預的人，九月，殺死公子閼，砍掉強鉏的腳。公父定叔逃奔到衛國。三年而後讓他回國，鄭厲公說：「不能讓共叔在鄭國沒有後代。」讓公父定叔在十月回到國內，說：「這是個好月份，十就是滿數呢。」君子說：「強鉏不能保住他的腳。」

冬天，魯莊公會合齊侯、宋公、陳侯、衛侯、鄭伯、許男、滑伯、滕子一起在幽地結盟，這是為了與鄭國媾和。

周僖王派虢公命令曲沃武公建立一軍，做晉國的國君。

當初，晉武公攻打夷地，拘捕了夷詭諸。蔿國替他請求而赦免了他。而後夷詭諸沒有酬謝報答，所以蔿國就作亂，對晉國人說：「和我一起攻打夷地並佔領那塊土地。」於是帶領晉國軍隊攻打夷地，殺死夷詭諸。周公忌父為避難而逃奔到虢國。等到周惠王即位而讓周公忌父回來恢復他的卿士之位。

【說　明】本年傳文可分六個小節。第一小節解釋《春秋》記載的夏天宋、齊、衛三國伐鄭的原因，是因為上年鄭國曾侵襲宋國。第二小節解釋《春秋》記載「秋，荊伐鄭」的原因，是因為鄭厲公對楚國不禮貌，他回國即位沒有及時通知楚國。第三小節是《春秋》未記載的事，《左傳》作了詳細敘述；那就是鄭厲公重新即位後查辦十九年前祭仲的黨羽。魯桓公十五年，鄭厲公厭惡祭仲專權，派雍糾殺祭仲，結果雍糾反被祭仲所殺，迫使厲公出逃到蔡國，不久據櫟地居住。厲公退位十七年後重新回國即位，報仇之心非常強烈。他殺了公子閼，砍去強鉏的腳，迫使公父定叔逃亡到衛國。說明報復手段是很殘忍的。但他又假惺惺地讓公父定叔過三年後回國，並指定月份，說是不能使共叔在鄭國沒有後代。反映出鄭厲公的性格與他的父親鄭莊公一樣狡詐。

第四小節是解釋《春秋》記載的魯莊公會合齊、宋、陳、衛、鄭、許、滑、滕各國諸侯在幽地一起結盟的原因，是為了與鄭國媾和。第五、六兩小節又是《春秋》未記載的兩件事。一是周僖王派虢公命令曲沃武公為晉國諸侯，但只建一軍，說明此時晉國還是個小國。桓公二年《左傳》曾記載師服說的一番話：「本既弱矣，其能久乎？」至此應驗了。一是周王室大夫蔿國帶領晉軍攻打夷地，殺周大夫夷詭諸，周公忌父逃奔虢國，其原因是夷詭諸沒有報答蔿國救過他的恩情。《左傳》敘事為了使脈絡清楚，常用「初」表示追敘以往發生的事，又常將後來發生的事情提前交代結果。如本年最後敘周公忌父在周惠王即位後又回來恢復卿士之位即一例。

十七年

甲辰，西元前六七七年。周僖王五年、齊桓公九年、晉武公三十九年、秦德公元年、楚文王十三年、宋桓公五年、衛惠公二十三年、陳宣公十六年、蔡哀侯十八年、曹莊公二十五年、鄭厲公二十四年、燕莊公十四年、許穆公二十一年、杞共公四年。

經 十有七年春，齊人執鄭詹。

夏，齊人殲于遂。

秋，鄭詹自齊逃來。

冬，多麋。

傳 十七年春，齊人執鄭詹❶，鄭不朝也。

夏，遂❷因氏、領氏、工婁氏、須遂氏❸饗齊戍❹，醉而殺之，齊人殲焉❺。

【注　釋】❶鄭詹　鄭國執政大臣，名詹。鄭厲公之子，鄭文公之弟。❷遂　國名。一作「隧」。嬀姓。舜的後裔。都城在今山東省肥城市南。已在莊公十三年被齊國所滅，齊國派兵戍守遂地。參見莊公十三年。❸因氏領氏工婁氏須遂氏　這四族原是遂國的強大家族。❹饗齊戍　用酒食招待齊國戍守的士兵。❺殲焉　將四族全部殺盡。殲，殺盡。焉，之。指遂國因氏等四族。

【語　譯】魯莊公十七年春天，齊國人拘繫鄭詹，這是因為鄭國不朝見齊桓公。

夏天，遂國的因氏、領氏、工婁氏、須遂氏用酒食招待齊國戍守遂地的士兵，灌醉而殺了他們，齊國人將因氏等四族全部殺盡。

【說　明】本年只記載兩件事：一是齊人拘鄭詹，因為鄭國不朝見齊國。一是齊國人將遂國的四大家族殺盡，因為這四族殺了齊國戍遂的士兵。這兩件事《春秋》都有記載，但沒有說明原因，《左傳》則把事件的原因說清楚，也可以看作是對《春秋》的解釋。

十八年

乙巳，西元前六七六年。周惠王閬元年、齊桓公十年、晉獻公詭諸元年、秦德公二年、楚文王十四年、宋桓公六年、衛惠公二十四年、陳宣公十七年、蔡哀侯十九年、曹莊公二十六年、鄭厲公二十五年、燕莊公十五年、許穆公二十二年、杞共公五年。

經 十有八年春王三月，日有食之。

夏，公追戎于濟西。

秋，有蜮。

冬十月。

傳 十八年春，虢公①、晉侯②朝王③，王饗醴④，命之宥⑤。皆賜玉五瑴⑥，馬三匹，非禮也。王命諸侯，名位⑦不同，禮亦異數⑧，不以禮假⑨人。

虢公、晉侯、鄭伯使原莊公⑩逆⑪王后⑫于陳。陳媯⑬歸于京師，實⑭惠后。

夏，公追戎⑮於濟西⑯，不言其來⑰，諱⑱之也。

秋，有蜮⑲，為災也。

【注　釋】❶虢公　名醜。詳見僖公五年傳文及注。❷晉侯　晉獻公，名詭諸。晉武公之子。獻，諡號。《逸周書・諡法解》：「聰明睿哲曰獻。」❸王　周惠王。名閬。周僖王子。惠，諡號。《逸周書・諡法解》：「柔質慈民曰惠。」本年即位，在位二十五年。❹饗醴　用甜酒招待。醴，甜酒。❺宥　通「侑」。向主人回敬勸酒。❻瑴　本作「玨」，白玉一雙。❼名位　官爵品位。❽異數　等差；等級不同。❾假　給予。❿原莊公　周王室卿士。《通志・氏族略》：「周有原莊公，世為周卿士，故以邑為氏。」⓫逆　迎接。⓬王后　周惠王后。⓭陳嬀　指周惠王后，陳國之女，嬀姓，故稱陳嬀。⓮實　此；這就是。⓯追戎　追逐戎寇。戎，即隱公二年之「戎」，亦即「己氏之戎」，今山東省曹縣西南為其所居之地。⓰濟西　濟水之西。⓱其來　戎軍來進攻。⓲諱　忌諱。⓳蜮　同「蜮」。一種食禾苗的害蟲。

【語　譯】魯莊公十八年春天，虢公和晉獻公朝覲周惠王。周惠王盛情用甜酒招待，又命令他們向自己回敬勸飲。對他們都賞賜白玉五對，馬三匹，這是不合於禮的。周天子策命諸侯，按照官爵名位不同，禮儀也有不同的等差，不能把禮儀隨便給與人。

虢公、晉獻公、鄭厲公派原莊公到陳國去迎接王后。陳嬀嫁到京城，這就是惠王后。

夏天，魯莊公在濟水之西追逐戎人。《春秋》沒有記載戎人來進攻，這是因為忌諱。

秋天，發現蜮蟲。《春秋》所以記載此事，因為牠造成了災害。

【說　明】這一大段四小節，前兩節是《春秋》沒有記載的事，後兩小節是對《春秋》經文的解釋。

本年是周惠王即位，同時也是晉獻公初即位。所以虢公和晉獻公去朝覲周惠王，惠王盛情招待，以致對晉獻公的賞賜超越了禮儀，《左傳》對此提出了批評。周惠王娶陳國之女為王后，此事由虢公、晉獻公、鄭厲公出面派原莊公去迎接，這實際上也是討好周王室的一次行動。這兩件事對後來形勢發展很重要，所以《左傳》補充記敘是很必要的。

傳 初，楚武王❶克權❷，使鬬緡❸尹之❹，以叛❺，圍而殺之❻。遷權❼於那處❽，使閻敖❾尹之。及文王❿即位，與巴⓫人伐申⓬，而驚其師⓭。巴人叛楚而伐那處，取之，遂門于楚⓮。閻敖游涌⓯而逸⓰。楚子⓱殺之。其族為亂。冬，巴人因之⓲以伐楚。

【注釋】❶楚武王　熊氏，名通，諡號武。楚國第十七位國君。西元前七四〇年即位，在位五十一年，西元前六九〇年（魯莊公四年）卒。傳位於子楚文王。❷權　國名。子姓。商朝武丁的後裔。都城在今湖北省當陽市東南。被楚國所滅。❸鬬緡　楚國大夫。❹尹之　治理權邑。尹，治理。之，代詞。指權邑。❺以叛　以之叛；據權邑而叛楚國。省略「之」字。❻圍而殺之　楚武王包圍權邑而殺死鬬緡。❼遷權　遷移權邑的百姓。❽那處　楚國地名，在今湖北省荊門市東南。❾閻敖　楚國大夫。❿文王　楚文王，名貲。楚武王熊通子。魯莊公五年（西元前六八九年）即位。文，諡號。⓫巴　國名。約在今湖北省襄陽附近。⓬伐申　楚國攻打申國，見莊公六年。⓭驚其師　驚嚇申國的軍隊。一說閻敖戮辱巴人以驚懼之，故致叛。⓮門于楚　攻打楚國的城門。按其時楚文王已遷都於郢，在今湖北省荊州市江陵區北之紀南城，那處即在其北。⓯涌　水名。首起今湖北省荊州市沙市區南，分江水東流，下流仍入江。久湮。即今監利縣東乾港湖。⓰逸　逃走。⓱楚子　指楚文王。子爵。⓲因之　趁此。指趁閻敖族人作亂的機會。

【語譯】當初，楚武王攻克權國，派鬬緡治理權邑。鬬緡據權邑而叛變，楚軍包圍權邑，殺掉鬬緡。楚國又將權邑的百姓遷到那處，派閻敖治理。等到楚文王即位，和巴國人一起攻打申國而驚嚇了巴國的軍隊。巴國人背叛楚國而攻打那處，佔領了那處，於是又攻打楚國都城的城門。閻敖從涌水中游泳而逃走。楚文王殺了閻敖。閻敖的族人作亂。冬天，巴國人趁此機會而攻打楚國。

【說明】這一大段都是追敘以前楚國發生的事情。按《左傳》的體例，凡本年發生的事件與以往的事有牽連，就加「初」字先追敘過去發生的事，再接著敘本年的事。因此，本大段應與下年開頭「十九年春，楚子禦之」

合為一段連讀。否則，下年開頭所敘就意義不明。這是後人割裂所致。

本大段所敘之事涉及兩個階段：一個是楚武王的階段，一個是楚文王的階段。在楚武王階段，楚國佔領了權國，使它成為楚國的一個邑，派鬬緡治理。結果鬬緡叛變，楚武王殺了他。又把權邑的百姓遷到那處，派閻敖治理。這個階段的特點主要是楚國官員據權邑叛變，可能像周朝初年派管、蔡監殷而管、蔡以殷叛的情況相似，所以楚武王將權地百姓都遷移到那處。在楚文王階段，楚國與巴國在伐申戰役中發生矛盾，巴人叛楚並佔領楚邑那處，還攻打楚國都城。楚文王殺了閻敖，引起閻敖的族人作亂，於是巴人趁此機會攻打楚國。這又是楚國的內亂給巴人以可趁之機。從兩個階段發生的事件中可以看出，當時楚國官員的叛亂是比較頻繁的。說明楚國的統治並不穩固，君臣之間矛盾較多。

十九年

丙午，西元前六七五年。周惠王二年、齊桓公十一年、晉獻公二年、秦宣公元年、楚文王十五年、宋桓公七年、衛惠公二十五年、陳宣公十八年、蔡哀侯二十年、曹莊公二十七年、鄭厲公二十六年、燕莊公十六年、許穆公二十三年、杞共公六年。

經 十九年春王正月。

夏四月。

秋，公子結媵陳人之婦于鄄，遂及齊侯、宋公盟。

夫人姜氏如莒。

冬，齊人、宋人、陳人伐我西鄙。

傳 十九年春，楚子禦之❶，大敗於津❷。還，鬻拳❸弗納❹，遂伐黃❺，敗黃師于踖陵❻。還，及湫❼，有疾。夏六月庚申❽，卒。鬻拳葬諸夕室❾。亦自殺也，而葬於絰皇❿。

初，鬻拳強諫⓫楚子，楚子弗從。臨之以兵⓬，懼而從之。鬻拳曰：「吾懼君⓭以兵，罪莫大焉⓮。」遂自刖⓯也。楚人以為大閽⓰，謂之大伯⓱。使其後⓲掌之⓳。

君子曰：「鬻拳可謂愛君矣：諫⓴以自納於刑㉑，刑猶不忘納君於善㉒。」

【注釋】❶禦之　即指抵禦上年冬巴人伐楚之師。❷津　楚國地名，在今湖北省枝江市西。❸鬻拳　楚國同姓，當時為楚國大閽（官名），主管城門。❹弗納　不讓楚文王進入城門。❺黃　國名。嬴姓。在今河南省潢川縣西。僖公十二年（西元前六四八年）為楚所滅。❻踖陵　黃國地名。在今河南省潢川縣南。❼湫　楚國地名。在今湖北省鍾祥市北。❽六月庚申　六月十五日。❾夕室　猶言柩臺。楚國君主冢墓所在地。❿絰皇　亦作「窒皇」。墓門內庭中之甬道。按楚文王陵墓必有地下宮殿，鬻拳之屍葬於殿庭中之道，表示願在地下為君守衛。⓫強諫　極力勸諫。⓬臨之以兵　以兵臨之；用兵器對準楚文王。⓭懼君　使國君害怕。⓮焉　於此。⓯自刖　自己砍去雙腳。⓰以為大閽　以之為大閽；讓他擔任大閽職務。省略「之」字。大閽，守衛都門的官。⓱大伯　太伯。⓲使其後　讓他的後代子孫。⓳掌之　執掌這個官職。⓴諫　指以兵器對準楚文王勸諫。㉑自納於刑　自己使自己受刑。㉒納君於善　使國君歸入正道。

【語譯】魯莊公十九年春天，楚文王抵禦巴人的進攻，在津地大敗。回國時，鬻拳不開城門接納，楚文王就轉而進攻黃國，在踖陵打敗了黃國的軍隊。楚文王回國，到達湫地，得了疾病。夏季六月十五日去世。鬻拳把楚文王葬在夕室。他也自殺，葬在地宮前庭甬道裏。

當初，鬻拳曾堅決勸諫楚文王，楚文王不聽。鬻拳拿起兵器對準楚文王，楚文王害怕而聽從了他。鬻拳說：「我用兵器使國君害怕，罪沒有比這更大的了。」於是就自己砍去自己的雙腳。楚國人就讓他擔任守衛都城大門的官職，稱他叫太伯。並讓他的子孫後代世代執掌這個官職。

君子評議說：「鬻拳可以稱得上愛護國君了：由於以兵勸諫而自己給自己加刑，受刑後還不忘記使國君歸入正道。」

【說明】本大段第一小節應與上年的末段連讀。巴國人趁楚國內亂攻打楚國，楚文王出兵抵禦，卻在津地戰役中大敗，回國時被守門人鬻拳阻於都門之外。迫使楚文王轉而攻打黃國，取得勝利，但在回國途中得病而亡。鬻拳也自殺殉葬。這是古代臣下對國君忠誠的一種表示，顯示出鬻拳獨特的性格。

第二小節追敘鬻拳以往的事跡。他曾強諫國君，甚至拿兵器對準國君迫使聽從自己的意見，事後卻認為自己有罪而砍掉自己的雙腳。後來楚國就讓他當了都城守衛大門的官，並尊稱他為「太伯」，讓他的子孫後代都執掌這個官職。這一小節既交代了他當都城守門人的來歷，又進一步展示了鬻拳的性格。

第三小節通過君子的評議，讚揚鬻拳的行為是真正愛護國君。

《左傳》是記敘史事的書，很少刻畫人物的性格。而本大段通過記敘本年的史事和追敘以往的史事，生動而具體地展示鬻拳這個小人物的性格，在《左傳》中是比較少見的。說明作者既擅長敘事，也善於刻畫人物性格。

傳 初，王姚❶嬖❷于莊王❸，生子頹❹。子頹有寵，蔿國❺為之師❻。及惠王❼

即位，取蒍國之圃❽以為囿❾。邊伯❿之宮⓫近於王宮，王取之。王奪子禽祝跪⓬與詹父⓭田，而收膳夫⓮之秩⓯，故蒍國、邊伯、石速⓰、詹父、子禽祝跪作亂，因⓱蘇氏⓲。秋，五大夫⓳奉子頹以伐王，不克，出奔溫⓴。蘇子㉑奉子頹以奔衛。衛師、燕㉒師伐周。冬，立子頹。

【注釋】❶王姚　周莊王之妾。姚，其母家的姓。王的妻妾以「王」字加母家的姓作為稱呼。❷嬖　寵愛。❸莊王　周莊王，名佗。周桓王之子。魯桓公十六年（西元前六九六年）即位，魯莊公十二年（西元前六八二年）卒，在位十五年。莊，諡號。❹子頹　周莊王之子。❺蒍國　周王室大夫。❻為之師　做他的老師。❼惠王　周惠王，名閬。周僖王之子。魯莊公十八年（西元前六七六年）即位，魯僖公八年（西元前六五二年）卒，在位二十五年。❽圃　菜園。❾囿　古代帝王畜養禽獸的園林。❿邊伯　周王室大夫。⓫宮　古代房屋的通稱。秦以後才專指帝王的住所。⓬子禽祝跪　周王室大夫。⓭詹父　周王室大夫。⓮膳夫　官名。掌王之食飲膳羞。這裏指下文的石速。⓯秩　俸祿。⓰石速　周王室大夫。即上文的「膳夫」。⓱因　依靠。⓲蘇氏　周王室大夫。周桓王曾奪蘇忿生十二邑之田給與鄭國，見隱公十一年傳。蘇氏因此而不滿王室，與王室不和。⓳五大夫　指上文的蒍國、邊伯、石速、詹父、子禽祝跪。⓴溫　蘇氏邑名。在今河南省溫縣西。㉑蘇子　即蘇氏。㉒燕　國名。指南燕。姞姓。始封之君為伯儵，相傳為黃帝後裔。都城在今河南省衛輝市東南。

【語譯】當初，王姚被周莊王所寵愛，生了子頹。子頹也受到寵愛，大夫蒍國做他的老師。等到惠王即位，奪取蒍國的菜園子作為王室畜養禽獸的園林。大夫邊伯的房屋在王宮附近，惠王也奪取了它。惠王還奪取大夫子禽祝跪和詹父的田地，而且收回了膳夫石速的俸祿，所以蒍國、邊伯、石速、詹父、子禽祝跪發動叛亂，依靠蘇氏。秋天，五位大夫事奉子頹而攻打惠王，沒有取勝，逃亡到溫地。蘇氏事奉子頹逃亡到衛國。衛國、南燕國的軍隊攻打周都城。冬天，立子頹為周天子。

【說明】這一段是記敘周王室的一次政變。政變的遠因是周莊王寵妾王姚生下的子頹深受莊王寵愛，派大夫蔿國做他的老師，這就為政變奠定了基礎。而政變的直接原因則是周惠王即位後不斷地侵奪五大夫的實際利益，加上周桓王時曾奪蘇氏十二邑之田給予鄭國，蘇氏早就與王室不和。遠因和近因加在一起，促使受損害的各種人聯合起來，矛盾激化。發動政變的五大夫，依靠蘇氏，事奉子頹而攻打周惠王。但僅靠這些人的力量發動政變，顯然是不可能成功的，結果是政變失敗，五大夫逃亡到溫地，蘇氏事奉子頹逃亡到衛國。這是第一個回合的較量。接著是第二個回合的較量，那就是發動政變的一方依靠衛國與南燕國的軍隊攻打周王室。衛國為什麼要幫助發動政變者，《左傳》沒有說明，但《史記・衛康叔世家》說得很清楚：衛惠公因為怨恨當年周王室曾容許黔牟當衛國國君（見桓公十六年），使衛惠公逃亡在外十年後才復位。可見也是有原因的。由於衛國和南燕國幫助政變發動者進攻周王室，終於使政變獲得成功，周惠王逃亡，子頹登上周天子的寶座。周王室的動蕩也從此開始。

還需說明的是，本年《春秋》記載的三件事，《左傳》都沒有解釋；而《左傳》記載的事，也都是《春秋》所沒有的。所以有的研究者認為《左傳》是一部獨立的史書，並不是為解釋《春秋》而作的。這種意見當然也可備一說。這裏附帶說明一下本年《春秋》的經文。「公子結媵陳人之婦于鄄」，是說魯國大夫公子結送魯國之女作為陳宣公夫人的陪嫁到達鄄地。古代諸侯娶一國之女為夫人，二國以庶出之女陪嫁，叫做「媵」。這是衛國之女嫁給陳宣公為夫人，魯國以女陪嫁，派公子結去送女。本應送到衛國都城，使她與衛國之女同行。鄄，衛國邑名，在今山東省鄄城縣北舊城。「遂及齊侯、宋公盟」，是說公子結送魯國之女到達鄄邑時，聞齊桓公與宋桓公有盟會，就改變計畫，派別人送女，自己就代表魯國參加盟會。這是《春秋》記載的第一件事。第二件事「夫人姜氏如莒」，「夫人姜氏」即指魯桓公夫人文姜。「如莒」，到莒國。莒國，己姓，一說曹姓。春秋時都城在今山東省莒縣。文姜為什麼到莒國，《春秋》沒有說。此時文姜當已年老。第三件事：「齊人、宋人、陳人伐我西鄙」，是說齊、宋、陳三國軍隊攻打魯國西部邊境。鄙，邊境。三國為何攻打魯國，《春秋》也未說。自此開始，《春秋》記載「齊伐我」有十四次之多。

二十年

丁未，西元前六七四年。周惠王三年、齊桓公十二年、晉獻公三年、秦宣公二年、楚堵敖熊囏元年、宋桓公八年、衛惠公二十六年、陳宣公十九年、蔡穆侯肸元年、曹莊公二十八年、鄭厲公二十七年、燕莊公十七年、許穆公二十四年、杞共公七年。

經 二十年春王二月，夫人姜氏如莒。

夏，齊大災。

秋七月。

冬，齊人伐戎。

傳 二十年春，鄭伯❶和王室❷，不克❸。執燕仲父❹。夏，鄭伯遂以王歸❺。王處于櫟❻。

秋，王及鄭伯入于鄔❼。遂入成周❽，取其寶器而還。

冬，王子頹❾享❿五大夫⓫，樂及徧舞⓬。鄭伯聞之，見虢叔⓭曰：「寡人聞之：哀樂⓮失時⓯，殃咎⓰必至。今王子頹歌舞⓱不倦，樂禍⓲也。夫司寇⓳行戮⓴，君為之不舉㉑，而況敢樂禍乎？奸㉒王之位，禍孰大焉㉓？臨禍㉔忘憂，憂必及之㉕。盍㉖納王㉗乎！」虢公曰：「寡人之願㉘也。」

【注釋】❶鄭伯　指鄭厲公。❷和王室　調和周王室。指在周惠王與子頹之間調解。❸不克　不能。指調解不成功。❹燕仲父　南燕國君。❺以王歸　帶領周惠王回鄭國。❻櫟　鄭國別都。參見桓公十五年。❼鄔　原為鄭邑，周桓王於隱公十一年（西元前七一二年）取為周邑。在今河南省偃師市西南。❽成周　城名。周成王時周公所築，遷殷民居此。故址在今河南省洛陽市東郊白馬寺之東，漢魏雒（洛）陽城故址一帶。即在當時王城之東。其時子頹在王城。❾子頹　周莊王子，周惠王叔。上年五大夫之亂，衛、南燕兩國攻打周惠王，惠王出奔，子頹被立為周天子。❿享　通「饗」。用酒食招待。⓫五大夫　指上年發動叛亂的蔿國、邊伯、石速、詹父、子禽祝跪。⓬樂及徧舞　奏樂遍及所有的舞樂。指黃帝時的〈雲門〉、〈大卷〉、堯時的〈大咸〉、舜時的〈大韶〉、禹時的〈大夏〉、湯時的〈大濩〉、周武王時的〈大武〉等六代舞樂。⓭虢叔　即虢公醜。⓮哀樂　悲哀和快樂。⓯失時　不合時宜。⓰殃咎　災禍。⓱歌舞　觀賞歌舞。⓲樂禍　以禍為樂；以災難為高興。⓳司寇　官名。掌管刑獄之事。⓴行戮　行刑殺戮犯人。㉑不舉　不舉行宴會，不舉行音樂歌舞。即貶損膳食、撤除音樂。㉒奸　同「干」。侵犯；篡奪。㉓孰大焉　還有什麼比這更大呢。孰，什麼。焉，於此。㉔臨禍　面臨禍患。㉕及之　到達他的身上。㉖盍　何不。㉗納王　讓周惠王回朝復位。㉘願　願望。

【語譯】魯莊公二十年春天，鄭厲公調解周王室的衝突，沒有成功。抓住了燕仲父。夏天，鄭厲公就帶了周惠王回國。惠王居住在櫟地。

秋天，周惠王和鄭厲公進入到鄔地。於是就進入成周，取得成周所藏的寶器而回去。

冬天，周王子頹設宴款待五位大夫，奏樂遍及六代所有舞曲。鄭厲公聽說這件事，見到虢叔說：「我聽說過這樣的話：悲哀和高興不合時宜，災禍一定會到來。現在子頹觀賞歌舞不厭倦，這是以災禍為快樂。司寇行刑殺人，國君為此要減膳撤樂，而何況敢以災禍為快樂呢？篡奪天子的位置，災禍還有什麼比這更大的呢？面臨災禍而忘記憂愁，憂愁一定會到達他的身上。何不讓周惠王回朝復位呢！」虢公說：「這是我的願望啊！」

【說明】本年傳文主要記載鄭厲公與虢公醜商議讓周惠王復位的事。這也是《春秋》經文沒有記載的事。開始時鄭厲公想調解周惠王與子頹之間的矛盾。因為周惠王已於上年被衛、南燕軍隊攻打而離開王城，子頹登上了天子寶座。調解沒有成功，鄭厲公就讓周惠王住在鄭國別都櫟地，並曾到成周取寶器而回。當鄭厲公聽說子頹與五大夫享樂不止時，預感到子頹必將有災禍降臨，就同虢公商議讓周惠王復位。虢公的想法也正與鄭厲公相同。本年的記事到此為止。實際上意思沒有完結。本年傳文應與下年傳文貫穿連讀，一氣呵成。由此可知原本《左傳》是不載《春秋》經文的，本年與下年緊接敘事。後人因將經、傳按年相配，所以將緊接的傳文被下年的經文所隔開，意思就不連貫了。

二十一年

戊申，西元前六七三年。周惠王四年、齊桓公十三年、晉獻公四年、秦宣公三年、楚堵敖二年、宋桓公九年、衛惠公二十七年、陳宣公二十年、蔡穆侯二年、曹莊公二十九年、鄭厲公二十八年、燕莊公十八年、許穆公二十五年、杞共公八年。

經 二十有一年春，王正月。

夏五月辛酉，鄭伯突卒。

秋七月戊戌，夫人姜氏薨。

冬十有二月，葬鄭厲公。

傳 二十一年春，胥命❶於弭❷。夏，同伐王城❸。鄭伯將王❹自圉門❺入。虢叔自北門入。殺王子頹及五大夫。

鄭伯享王❻于闕西辟❼，樂備❽。王與之❾武公之略❿，自虎牢⓫以東。原伯⓬曰：「鄭伯效尤⓭，其⓮亦將有咎⓯！」五月，鄭厲公⓰卒。

王巡⓱虢守⓲，虢公為王宮⓳于玤⓴，王與之酒泉㉑。

鄭伯之享王也，王以后㉒之鞶鑑㉓予之。虢公請器㉔，王予之爵㉕。鄭伯㉖由是㉗始惡㉘於王。

冬，王歸自虢㉙。

【注釋】❶胥命　諸侯相見會談而不歃血。按此句本連接上年傳文，所以主語省略。從上年傳文可知，「胥命」的主語是「鄭伯」與「虢公」。❷弭　鄭國地名，在今河南省新密市境內。❸王城　自周平王東遷至景王共十一世所居的朝廷。故址在今河南省洛陽市舊城西部。自敬王遷成周，王城廢。至赧王復遷居王城。❹將王　事奉周惠王。將，事奉。❺圉門　王城南門。❻享王　用太牢招待賓客之禮招待周惠王。享，通「饗」。饗禮：有太牢、有酒，致肅敬，行九獻或七獻、五獻之禮。❼闕西辟　宮門的西邊城闕。闕，古代宮殿前的高建築物，左右各一座，建成高臺，臺上建樓觀。因兩樓觀之間有闕，故稱「闕」或「雙闕」。辟，通「僻」。偏；邊。❽樂備　六代之樂齊備。❾與之　給予鄭厲公。與，給予。❿武公之略　鄭武公時代的舊土疆界。武公，鄭武公。鄭莊公之父，西元前七七〇年至前七四四年在位。略，疆界。⓫虎牢　邑名。在今河南省滎陽城市汜水鎮。杜預注：「鄭武公傳平王，平王賜之自虎牢以東，後失其地，故惠王今復與之。」⓬原伯　即原莊公。世為周卿士，故以邑為氏。參見莊公十八年。⓭效尤　倣效錯誤。指子頹「樂及徧舞」，而鄭厲公「享王」時也齊備六代之樂。⓮其　大概。⓯咎　災禍。⓰鄭厲公　名突。鄭莊公次子。魯桓公十二年（西元前七〇〇年）即位，在位四年，失位逃亡十七年後，於魯莊公十五年（西元前六七九年）重新即位，又在位七年。⓱巡　往來視察。⓲虢守　虢公所守之地。⓳為王宮　為周惠王建造行宮。宮，動詞。建宮。⑳玤　虢國地名。在今河南省澠池縣境。㉑酒泉　周王室邑名，實際地點不詳。㉒后　王后。㉓鞶鑑　以銅鏡為飾的束衣皮革帶。㉔請器　請求賞賜器物。㉕爵　青銅製的酒器。有流、柱、鋬和三足，用以溫酒和盛酒。比鞶鑑貴重。㉖鄭伯　此指鄭厲公之子鄭文公，名捷。魯莊公二十二年（西元前六七二年）即位，在位四十五年。㉗由是　從此。㉘惡　怨恨。㉙歸自虢　從虢國回到王城。

【語　譯】魯莊公二十一年春天，鄭厲公和虢公在弭地會談。夏天，共同攻打王城。鄭厲公事奉周惠王從王城南門進城。虢叔從北門入城。殺死了子頹和五個大夫。

鄭厲公在宮門西闕設饗禮招待周惠王，六代樂舞齊備。周惠王賜給他鄭武公時代的疆土，自虎牢以東的土地。原莊公說：「鄭厲公倣效子頹的錯誤，大概也將有災禍。」五月，鄭厲公死。

周惠王視察虢公所守的地方，虢公為惠王在玤地建造行宮，惠王把酒泉地方賜給了虢公。

鄭厲公設饗禮招待周惠王的時候，惠王把王后的鞶鑑賜給他。虢公請求賞賜器物，惠王把青銅製的酒器賜給他。鄭文公從此開始對周惠王怨恨。

冬天，周惠王從虢國回到王城。

【說　明】本年傳文應與上年傳文連讀，是上年事件的發展和結局。上年傳文說到鄭厲公與虢公商議讓周惠王回朝復位，本年傳文即舉行會談，接著就攻打王城，終於實現了周惠王復位的目的。

在慶祝勝利的宴會上，鄭厲公卻倣效子頹的做法遍奏六代樂曲，原莊公就預感到鄭厲公將有災禍。果然不久鄭厲公就死了。這雖然帶有迷信色彩，但作者的主要意圖是在批判鄭厲公的居功奢傲。

本年最重要的一件事是周惠王給鄭厲公只賞賜鞶鑑，而給虢公卻賞賜貴重的青銅酒器，這引起了鄭國的不滿和怨恨。實際上周惠王賞賜的土地也不同。賜給鄭國的土地原是鄭武王時代鄭國的舊地，而賜給虢公的則是新擴大的土地。這時鄭厲公雖已死亡，但給他的兒子鄭文公則籠上了陰影，為後來在魯僖公二十四年鄭文公執周王埋下了伏筆。

二十二年

己酉，西元前六七二年。周惠王五年、齊桓公十四年、晉獻公五年、秦宣公四年、楚堵敖三年、宋桓公十年、衛惠公二十八年、陳宣公二十一年、蔡穆侯三年、曹莊公三十年、鄭文公捷元年、燕莊公十九年、許穆公二十六年、杞惠公元年。

經 二十有二年春王正月，肆大眚。

癸丑，葬我小君文姜。

陳人殺其公子御寇。

夏五月。

秋七月丙申，及齊高傒盟于防。

冬，公如齊納幣。

傳 二十二年春，陳人殺其大子❶御寇❷，陳公子完❸與顓孫❹奔齊。顓孫自齊來奔。

齊侯使敬仲❺為卿。辭❻曰：「羈旅❼之臣，幸❽若獲宥❾，及❿於寬政⓫，赦其不閑⓬於教訓，而免於罪戾⓭，弛⓮於負擔⓯，君之惠也。所獲多矣，敢⓰辱高位[17]以速官謗[18]？請[19]以死告。《詩》[20]曰：『翹翹[21]車乘[22]，招我以弓[23]。豈不欲往？畏我友朋。』使為工正[24]。

飲桓公酒[25]，樂[26]。公曰：「以火[27]繼之[28]。」辭[29]曰：「臣卜[30]其晝，未卜其夜，不敢[31]。」君子曰：「酒以成禮[32]，不繼以淫[33]，義[34]也；以君成禮，弗納於淫，仁[35]也。」

初，懿氏[36]卜妻敬仲[37]。其妻占之，曰：「吉[38]。是[39]謂『鳳凰[40]于飛[41]，和鳴[42]鏘鏘[43]，有媯[44]之後，將育于姜[45]。五世[46]其昌[47]，並[48]于正卿[49]。八世[50]之後，莫之與京[51]。』」

陳厲公[52]，蔡出[53]也，故蔡人殺五父[54]而立之[55]。生敬仲。其少[56]也，周史[57]有以《周易》[58]見陳侯[59]者，陳侯使筮之[60]，遇〈觀〉䷓之〈否〉䷋[61]，曰：「是謂『觀國之光[62]，利用賓于王[63]』。此其[64]代陳有國[65]乎？不在此[66]，其在異國；非此其身[67]，在其子孫。光，遠而自他[68]有耀者[69]也。〈坤〉[70]，土也；〈巽〉[71]，風也；〈乾〉[72]，天也。風為天[73]於土上[74]，山也[75]。有山之材[76]，而照之以天光，於是[77]乎居土上，故曰『觀國之光，利用賓于王[78]』。庭實[79]旅百[80]，奉之以玉帛[81]，天地之美具焉[82]，故曰『利用賓于王』。猶有觀焉[83]，故曰其在後[84]乎！風行而著於土[85]，故曰其在異國乎！若在異國，必姜姓[86]也。姜，大嶽[87]之後也。山嶽則配天[88]。物莫能兩大[89]。陳衰，此[90]其昌[91]乎！」

及陳之初亡也[92]，陳桓子[93]始大於齊[94]；其後亡也[95]，成子[96]得政。

【注釋】❶太子　太子。❷御寇　陳宣公的太子。據《史記・陳杞世家》：「（陳宣公）二十一年，宣公後有嬖姬生子款，欲立之，乃殺其太子禦寇。」「禦」、「御」字通。❸公子完　即田敬仲。陳厲公之子，名完。《史記・陳杞世家》：「禦寇素愛厲公子完，完懼禍及己，乃奔齊。」逃到齊國後，改為田氏，死後，謚為敬仲。他的後世陳恆（田常）殺齊簡公而專齊國之政；至田和終於代齊為諸侯。❹顓孫　陳國公子。與太子御寇同黨。逃到齊國後又奔魯國，遂為顓孫氏。❺敬仲　即陳公子完。逃到齊國後改為田氏。死後被謚稱敬仲。❻辭　推辭；辭謝。❼羈旅　在外作客；客居外地。亦作「羇旅」。❽幸　表敬副詞。有幸。❾宥　寬恕。❿及　趁。⓫寬政　寬厚的政治。⓬閑　通「嫻」。熟習。⓭罪戾　罪過。⓮弛　放下；解除。⓯負擔　身上的壓力；包袱。⓰敢　豈敢。⓱辱高位　玷辱卿的高位。辱，謙詞。⓲以速官謗　而很快招引官員們的指責。⓳請　敬詞。謹。⓴詩　此詩不見於《詩經》，當是逸詩。㉑翹翹　高貌。㉒車乘　車子。比喻齊桓公。㉓招我以弓　古代用弓為禮品招士，此處敬仲自謙稱自己在士之下，意謂羈旅之人已失祿位。㉔工正　掌管百工的官員。㉕飲桓公酒　敬仲宴請齊桓公飲酒。㉖樂　高興。㉗以火　使用燈火。㉘繼之　繼續白晝的飲酒。㉙辭　推辭；辭謝。㉚卜　本指占卜。古代臣將招待君主，必占卜，以表示慎戒。此處當是虛說假託。㉛不敢　不敢奉命。㉜酒以成禮　用酒完成禮儀。㉝淫　過度。㉞義　得事君之宜。㉟仁　得愛君之仁。㊱懿氏　陳國大夫。㊲卜妻敬仲　要把女兒嫁給敬仲而占卜吉凶。㊳吉　指占卜的結果是吉利。㊴是　此；這。㊵鳳凰　古代傳說中的百鳥之王。雄的叫「鳳」，雌的叫「凰」，通稱「鳳凰」。其形狀據《爾雅・釋鳥》郭璞注：「雞頭，蛇頸，燕頷，龜背，魚尾，五彩色，高六千許。」常用以指祥瑞。㊶于飛　飛翔。于，語助詞，常置於動詞前，無義。㊷和鳴　雌雄鳴聲相和。㊸鏘鏘　狀聲詞，形容和鳴之聲。以上兩句是說夫妻一定能和好。㊹有嬀　嬀姓。陳國為舜之後，嬀姓。古代常於姓前或朝代名前加「有」字作為詞頭，以足音節。㊺姜　姜姓，齊國姓姜。㊻五世　第五代。據《史記・田敬仲完世家》記載，敬仲生穉孟夷，穉孟夷生湣孟莊，湣孟莊生文子須無，文子生桓子無宇。可知第五代為桓子田無宇。㊼其昌　將要昌盛。其，將。㊽並　同；齊。㊾正卿　卿之長稱正卿，為春秋時通語。按據《左傳・昭公二年》，陳無宇為上大夫，上大夫位即卿，故此處稱「並于正卿」。㊿八世　第八代。據《史記・田敬仲完世家》記載，無宇生武子開與釐子乞，乞生成子常，成子常即殺齊簡公的田常，即陳恆。田常於敬仲為七世。按其相代在位則為八世。51莫之與京　無人可與他爭強。之與，與之。京，大；強。52陳厲公　名躍，田敬仲完之父。魯桓公六年（西元前七〇六年）即位，魯桓公十二年（西元前七〇〇年）卒，在位七年。53蔡出　蔡國女子所生。54五父　即公子佗。蔡人殺公子佗，見《春秋・桓公六年》。55立之　立陳厲公為國君。56其少　他年少的時候。其，他。指敬仲。57周史　周王室的太史官。58周易　亦稱《易經》，簡稱《易》。儒家重要經典之一。主要是六十四卦和三百八十四爻，卦、爻各有說明（卦辭、爻辭），作為占卦之用。59陳侯　指陳厲公。60使筮之　讓他用蓍草為敬仲占卦。使，使之。省略「之」字。筮，用蓍草占卦。61遇觀䷓之否䷋　得到〈觀〉卦變成〈否〉卦。觀䷓，卦名。六十四卦之一，由坤（下）、巽（上）兩卦組成。之，到；變成。否䷋，卦名。六十四卦之一，由坤（下）、乾（上）兩卦所組成。62觀國之光　觀他國之盛德光輝。63利用賓于王　猶言利於為君主之上客。用，於。按這兩句是《周易・觀》卦六四的爻辭。64其　大概。65有國　享有國家；為諸侯。66不在此　不在陳國。67非此其身　不在這個人他自身。68自他　從別的地方。69有耀者　照耀過來的。70坤　〈坤〉卦。《周易》八卦，兩卦相重變為六十四卦，所以六十四卦都是由八卦中的兩卦構成。八卦都有象徵之物。〈觀〉卦和〈否〉卦的下卦都是〈坤〉卦，〈坤〉卦可以象徵土地。71巽　〈巽〉卦。〈觀〉卦的上卦是〈巽〉卦，〈巽〉卦象徵風。72乾　〈乾〉卦。〈否〉卦的上卦是〈乾〉卦，〈乾〉卦象徵天。按《周易》卦辭、爻辭都是自下而上，所以先說下卦〈坤〉而及上卦〈巽〉；先說本卦〈觀〉而及變卦〈否〉，所以〈乾〉在後。73風為天　風變為天。即〈巽〉變為〈乾〉。74於土上　在地上。即〈坤〉卦未變，仍在〈坤〉之上。75山也　〈否〉卦的第二爻至第四爻，古代認為是互體，即為〈艮〉卦，〈艮〉卦象徵山，所以說「山也」。76山之材　山上的物產。77於是　在這種情況下。78利用賓于王　此五字為衍文，因為前文都只是解釋「觀國之光」，下文才解釋「利用賓于王」。79庭實　庭中的禮物。實，物資。80旅百　陳列數以百計。旅，陳列。按古代諸侯朝見天子或互相聘問，都將禮物陳列於庭內。81奉之以玉帛　另外用束帛玉璧進奉給他。按乾為金玉，坤為布帛。82具焉　完備於此。焉，於此。83猶有觀焉　還有觀他人之所為的。84其在後　他的昌盛大概在後代。85風行而著於土　〈觀〉卦的巽（風）在坤（土）上。行，落；自此處而落於他處。著，附著。86姜姓　姜姓之國。指齊國。87大嶽　太嶽。即四嶽，傳說為堯舜時四方部落首領。88山嶽則配天　山嶽高大就能與天相配。89兩大　兩者一樣大。90此　指敬仲在齊國的氏族。91其昌　大概就昌盛。92陳之初亡也　陳國第一次被滅亡的時候。按魯昭公八年（西元前五三四年）楚國滅陳國，為第一次。93陳桓子　名無宇，敬仲五世孫。94大於齊在齊國日漸強大。這與前文「五世其昌，並于正卿」相應。95其後亡也　陳國最後被滅亡的時候。按魯哀公十七年（西元前四七八年）陳國再次被楚滅亡。96成子　即田常。名恆，漢代避文帝諱改恆為常，敬仲八世孫。田常殺齊簡公而專國政。其孫田和，篡齊國君位，變姜氏國為田氏國。這與前文「八世之後，莫之與京」相應。

【語　譯】魯莊公二十二年春天，陳國人殺了他們的太子御寇。陳國的公子完（即敬仲）和顓孫逃奔到齊國。顓孫又從齊國逃奔到魯國來。

齊桓公使敬仲做卿，敬仲辭謝說：「寄居外地的小臣，如果有幸獲得寬恕，趁在寬厚的政治下，赦免他不熟習於教訓，而免去罪過，放下包袱，這是國君的恩惠。我所得到的已經很多了，豈敢玷辱卿的高位而很快招引官員們的指責？謹昧死上告。《詩》說：『高高的車子，用弓來招我。難道我不想前去？怕的是我的朋友。』」於是齊桓公讓他做了工正。

敬仲請齊桓公飲酒，桓公很高興。桓公說：「點上燈火繼續飲酒。」敬仲辭謝說：「我占卜只有那白天飲酒，沒有占卜那晚上的飲酒，不敢奉命。」君子評議說：「酒是用來完成禮儀的，不能繼續而過度，這是義；因為和國君飲酒完成了禮儀，不使他陷於過度，這是仁。」

當初，陳國大夫懿氏要嫁女兒給敬仲而占卜吉凶。他的妻子占卦，說：「吉利。這叫做『鳳凰飛翔，相和的鳴聲動聽嘹亮。嬀氏的後代，將養育在齊姜。第五代將會昌盛，官位並列於正卿之行。第八代以後，沒有人可以與他爭強。』」

陳厲公，是蔡國女子所生，所以蔡國人殺了五父而立他為陳國國君。生了敬仲。在敬仲年少的時候，周王室有一位太史拿了《周易》去見陳厲公。陳厲公讓他為敬仲占筮，占到〈觀〉卦䷓變成〈否〉卦䷋，說：「這叫做『出聘觀他國之盛德光輝，利於做君主的上賓』。這個人大概要代替陳國而享有國家吧？但不在這裏，大概在別的國家；不是在這個人他自身，而是在他的子孫。光，是遠處而從別的地方照耀過來的。〈觀〉卦和〈否〉卦的下卦坤，是土；〈觀〉卦的上卦巽，是風；〈否〉卦的上卦乾，是天。風變為天（〈巽〉卦變為〈乾〉

卦），在土（〈坤〉卦）上，這就是山（〈艮〉卦）。有了山上的物產，而又有天光照耀他，在這種情況下居於土地上，所以說『出聘觀他國之盛德光輝』。庭中的禮物陳列著數以百計，另外用束帛玉璧進奉給他，天上地下的美好物品都完備於此，所以說『利於作君主的上賓』。還有觀他人之所為的，所以說昌盛大概在後代吧！風行而仍落在土上，所以說昌盛大概在別的國家吧！如果在別國，一定是姜姓之國。姜姓是太嶽的後代。山嶽高大就能與天相配。但事物不能兩個同樣大。陳國衰亡，這個氏族大概就昌盛吧！」

等到陳國第一次滅亡的時候，陳桓子開始在齊國昌盛；在那之後陳國再次被楚國滅亡的時候，陳成子取得了齊國的政權。

【說　明】《左傳》是一部編年體史書，但為了使事件的前因後果敘述完整，在記敘當年史事的過程中，又常追敘往年發生的事，或將後來數年、數十年乃至數百年後的結果提前敘述。本年的記敘就是如此。

本年發生的事是陳國人殺了太子御寇，致使陳公子敬仲逃奔到齊國。齊桓公讓敬仲做卿，他辭謝不當，於是做了齊國掌管百工的官員。當他宴請桓公飲酒，桓公想夜以繼日盡歡暢飲，敬仲又加以勸阻。所以得到君子的讚美。這就是本大段第一、二、三小節所記載的本年發生的事。

第四小節便是追敘以往的事：往年陳國大夫懿氏想把女兒嫁給敬仲，讓妻子占卜。而卜辭的內容不但預言本年的事，而且預言敬仲五世、八世以後的事，所以又是預言後事。

第五小節則是追敘更早的事：即敬仲之父陳厲公何以能即位以及敬仲年少時周王室太史為他占筮的事。而卦辭的內容又是預言敬仲及其子孫後代的事，所以又是預言後事。

最後一小節則正面記敘一百多年後和二百年後陳國兩次被滅亡時，敬仲的五世孫和八世孫在齊國昌盛到取得政權的事，這是真正的提前敘述後事。

田常殺齊簡公而專國政，其孫田和篡奪齊國君位，變姜氏齊國為田氏齊國，這是春秋戰國之際最重大的事件之一。《左傳》在這裏敘述敬仲逃奔到齊國之事時，即把百年後發生的重大事件作了說明，這就突出了敬仲從陳國逃奔到齊國的重大歷史意義。由此可見《左傳》敘事結構完整，脈絡清楚。

二十三年

庚戌，西元前六七一年。周惠王六年、齊桓公十五年、晉獻公六年、秦宣公五年、楚成王頵元年、宋桓公十一年、衛惠公二十九年、陳宣公二十二年、蔡穆侯四年、曹莊公三十一年、鄭文公二年、燕莊公二十年、許穆公二十七年、杞惠公二年。

經 二十有三年春，公至自齊。

祭叔來聘。

夏，公如齊觀社。

公至自齊。

荊人來聘。

公及齊侯遇于穀。

蕭叔朝公。

秋，丹桓公楹。

冬十有一月，曹伯射姑卒。

十有二月甲寅，公會齊侯盟于扈。

傳 二十三年夏，公❶如齊觀社❷，非禮也。曹劌諫曰：「不可。夫禮，所以整民❸也。故會❹以訓❺上下之則❻，制財用之節❼；朝❽以正班爵❾之義❿，帥⓫長幼之序；征伐以討⓬其不然⓭。諸侯有王⓮，王有巡守⓯，以大習⓰之。非是⓱，君不舉⓲矣。君舉必書⓳。書而不法⓴，後嗣㉑何觀㉒？」

【注釋】❶公 指魯莊公。❷觀社 觀看祭祀社神。社，土地神。此處指祭祀社神。❸整民 整頓民眾。❹會 指諸侯盟會。❺以訓 用以訓示。❻上下之則 上下之間的法則。❼制財用之節 制訂財賦的節度。節，節度；標準。❽朝 朝見；朝覲。❾班爵 排列爵位等級。❿義 通「儀」。儀式。⓫帥 同「率」。遵循。⓬討 討伐；攻打。⓭其不然 那些對上不尊敬的人。然，通「戁」。敬。⓮有王 朝聘於天子。⓯巡守 視察四方諸侯所守之地。⓰大習 熟悉會見和朝覲的大禮法。⓱非是 不是這些。是，這些。指以上所說的「會」、「朝」、「征伐」、「有王」、「巡守」。⓲舉 舉動；出行。⓳書 記載。⓴不法 不合於法度。㉑後嗣 後代子孫。㉒何觀 有什麼足以示範。按《國語‧魯語上》亦記載此事，末有「公不聽，遂如齊」六字。

【語譯】魯莊公二十三年夏天，魯莊公去齊國觀看祭祀社神，這是不合於禮的。曹劌勸諫說：「不可以去。禮，是用來整頓百姓的。所以會盟是用來訓示上下之間的法則，制訂財賦的標準；朝覲是用來糾正排列爵位的儀式，遵循長幼的次序；征伐是用來攻打對上不尊敬的人。諸侯朝拜天子，天子視察四方諸侯，以此熟習會見和朝覲的大禮法。如果不是這些，國君就不會有舉動了。國君的舉動一定要記載於簡策。記載而不合於法度，有什麼足以對後代子孫示範呢？」

【說明】作為一國諸侯的魯莊公，到另一個諸侯國去觀看祭祀社神的活動，這在古代被認為是不符合禮制的，所以曹劌進行勸阻。從曹劌所說的這段話中可以知道：諸侯的活動主要在會盟、朝覲、征伐、諸侯朝聘天子、天子視察諸侯五個方面。除此之外，國君都不能有舉動。這就是古代禮制規定的諸侯活動範圍。越出這個範圍，國君不應該有什麼舉動。因為在古代諸侯的舉動都記載於史書中的，記載的事不合禮制法度，後代的嗣君就可能會效法，那就影響到統治地位的鞏固。所以曹劌的勸阻是有重要意義的大事。前文莊公十年曹劌曾為魯莊公出謀劃策，指揮長勺之戰，以智慧打敗強大的齊軍。此處又說明曹劌不僅足智多謀，而且堅守禮制。

傳 晉桓、莊❶之族偪❷，獻公❸患之。士蔿❹曰：「去富子❺，則羣公子❻可謀也已❼。」公曰：「爾試其事。」❽士蔿與羣公子謀，譖❾富子而去之❿。

秋，丹⓫桓宮之楹⓬。

【注釋】❶晉桓莊　晉國的桓叔、莊伯。即曲沃武公的父親和祖父，見隱公五年傳。❷偪　同「逼」。指強盛而逼迫公室。❸獻公　晉獻公。晉武公之子，名詭諸，魯莊公十八年（西元前六七六年）即位，魯僖公九年（西元前六五一年）卒。在位二十六年。獻，諡號。《逸周書・諡法解》：「聰明睿哲曰獻。」❹士蔿　晉國大夫。字子輿，故又稱士輿。❺富子　桓叔、莊伯族中最有智謀善於謀劃的人。❻羣公子　指桓叔、莊伯族中眾公子。❼可謀也已　可以想辦法。也已，句尾語氣助詞，無義。❽爾試其事　你試著辦那件事。指除掉桓叔、莊伯族。❾譖　說別人的壞話。❿去之　除掉了富子。按此二句是說先在眾公子中說富子的壞話，然後與眾公子商量而除掉他。⓫丹　紅色。此處作動詞用。塗上紅漆。⓬桓宮之楹　魯桓公的廟柱。楹，廳堂前部的柱子。按制度，諸侯的屋柱應該漆微青黑色，用紅色是不合於禮的。

【語譯】晉國桓叔、莊伯的家族勢力強盛而威逼公室，晉獻公憂慮這種情況。大夫士蔿說：「除掉最有智謀的富子，對其他公子們就可以想辦法了。」獻公說：「你試著辦那件事。」士蔿就在眾公子間說富子的壞話，然後和公子們策劃而除掉了富子。

秋天，在魯桓公廟的前廳柱子上塗上了紅漆。

【說明】這段分兩小節。第一小節記敘晉國的事：晉獻公憂慮眾公子強盛勢力逼迫公室，大夫士蔿獻計，得到獻公允許，於是用離間之計先除掉了富子。因為富子是眾公子中最有智謀的人，除掉了他，其他公子就容易對付了。這為兩年後晉獻公全部殺掉眾公子準備了條件。也是文章的伏筆。

第二小節記敘魯國的事：在魯桓公廟的柱子上塗上紅漆。僅一句話，文義不完整。應與下年傳文開頭「二十四年春，刻其桷，皆非禮也」連讀，意思才清楚。本為連續記載的一件事，後人為使傳文分年附經，才割裂成兩截，分附於兩年經文下。

二十四年

辛亥，西元前六七〇年。周惠王七年、齊桓公十六年、晉獻公七年、秦宣公六年、楚成王二年、宋桓公十二年、衛惠公三十年、陳宣公二十三年、蔡穆侯五年、曹僖公赤元年、鄭文公三年、燕莊公二十一年、許穆公二十八年、杞惠公三年。

經 二十有四年春王三月，刻桓宮桷。

葬曹莊公。

夏，公如齊逆女。

秋，公至自齊。

八月丁丑，夫人姜氏入。

戊寅，大夫宗婦覿，用幣。

大水。

冬，戎侵曹。

曹羈出奔陳。

赤歸于曹。

郭公。

傳 二十四年春，刻❶其桷❷，皆❸非禮也。御孫❹諫曰：「臣聞之：『儉，德之共❺也；侈，惡之大也。』先君有共德❻，而君納諸❼大惡，無乃❽不可乎？」

秋，哀姜❾至❿，公使宗婦⓫覿⓬，用幣⓭，非禮也。御孫曰：「男贄⓮，大者玉帛，小者禽鳥，以章物⓯也。女贄，不過榛⓰、栗⓱、棗、脩⓲，以告虔⓳也。今男女同贄⓴，是㉑無別也。男女之別，國之大節㉒也；而由夫人㉓亂之，無乃不可乎？」

晉士蔿又與羣公子謀，使殺㉔游氏之二子㉕。士蔿告晉侯㉖曰：「可矣。不過二年，君必無患。」

【注釋】❶刻　雕刻花紋。❷其桷　桓公廟的方形椽子上。其，代詞。它的。指上年末的「桓宮」。這句本來緊接上年的「丹桓宮之楹」，所以此處用「其」指代。為後人割裂，致使「其」字意義不明。桷，方的椽子。❸皆　都是。指上年末的「丹桓宮之楹」和本年春的「刻其桷」。《左傳》原來記載是緊接著的，所以用「皆」字。❹御孫　魯國大夫。名慶，掌匠大夫。御，一作「禦」。❺共　通「洪」。大。❻共德　大德。❼納諸　納之於；將他放入到。❽無乃　恐怕是。表示委婉測度的語氣。❾哀姜　魯莊公夫人。娶自齊國，姜姓。哀，諡號。《逸周書・諡法解》：「蚤（早）孤短折曰哀」、「恭仁短折曰哀」。❿至　到魯國。⓫宗婦　同姓大夫的夫人。⓬覿　相見。⓭幣　指玉、帛之類禮物。古人通常用玉、帛作為互相贈送的禮品。⓮贄　見面禮。執以送人，故稱。按制度，公、侯、伯、子、男五等諸侯執送玉，諸侯的太子及附庸國國君與諸侯的孤卿執帛，卿執羔，大夫執雁，士執雉，庶人執鶩，工、商執雞。⓯以章物　用禮物的不同而顯示貴賤等級。⓰榛　植物名。落葉灌木或小喬木。此處指榛子，即榛樹的果實。⓱栗　即「板栗」。⓲脩　乾肉。⓳告虔　表示誠敬。⓴同贄　相同的進見禮品。指幣為男子所用進見禮品，今女子亦用幣，即是男女同贄。㉑是　此；這。㉒大節　大法。㉓夫人　指哀姜。㉔使殺　使之殺。省略「之」字。㉕游氏之二子　游氏的兩個兒子。亦是桓叔、莊伯的家族。㉖晉侯　晉獻公。

【語　譯】魯莊公二十四年春天，在桓公廟的方形椽子上雕刻花紋，都是不合於禮制的。大夫御孫勸諫說：「我聽說這樣的話：『節儉，是德行中的最大的；奢侈，是惡行中的最大的。』我國先君具有大德，而您卻將他淪於大惡之中，恐怕是不可以的吧？」

秋天，夫人哀姜來到魯國，魯莊公讓同姓大夫的夫人與哀姜相見，進見時用玉帛作為禮物，這是不合於禮制的。御孫說：「男子進見時所拿的禮物，大的是玉帛，小的是禽鳥，用禮物的不同來顯示貴賤的等級。女子進見時所拿的禮物，不超過榛子、栗子、棗子、乾肉，用來表示誠敬罷了。現在男女用相同的進見禮物，這就沒有區別了。男女的區別，是國家的大法；而由於夫人而弄亂了區別，恐怕是不可以吧？」

晉國的士蔿又和眾公子策劃，讓他們殺掉了游氏的兩個兒子。士蔿告訴晉獻公說：「可以了。不超過兩年，您就一定會沒有憂患了。」

【說　明】本年傳文記載了三件事。第一件事是與上年緊接著的，上年秋在魯桓公廟的柱子上塗上紅漆後，今年春又在桓公廟的方形椽子上雕刻花紋，這都不符合當時的禮制，所以大夫御孫進行勸諫。勸諫的內容是從節儉和奢侈的角度作為德和惡的評判標準的。當時的禮制認為節儉是大德，奢侈是大惡。御孫認為在桓公廟柱子上塗紅漆和椽子上雕刻花紋是奢侈行為，這便將先君淪為大惡了。這種提倡節儉的禮制對我們今天的道德行為仍有借鑑作用。

第二件事是記載魯莊公夫人哀姜到魯國，同姓大夫的夫人進見時，都用玉帛作禮物，這又不符合禮制，所以御孫又勸諫。而這次勸諫的內容則是強調貴賤有等級，男女有別，這在今天看來顯然已無意義，但有認識歷史制度的價值。

第三件事是晉國大夫士蔿又設計使眾公子殺掉游氏的兩個兒子。這是上年士蔿設計使眾公子殺掉富子的繼續，是為晉獻公解除禍患進一步創造條件，在文章結構上也是為下年晉獻公盡殺眾公子再次埋下伏筆。

二十五年

壬子，西元前六六九年。周惠王八年、齊桓公十七年、晉獻公八年、秦宣公七年、楚成王三年、宋桓公十三年、衛惠公三十一年、陳宣公二十四年、蔡穆侯六年、曹僖公二年、鄭文公四年、燕莊公二十二年、許穆公二十九年、杞惠公四年。

經 二十有五年春，陳侯使女叔來聘。

夏五月癸丑，衛侯朔卒。

六月辛未，朔，日有食之，鼓、用牲于社。

伯姬歸于杞。

秋，大水，鼓、用牲于社、于門。

冬，公子友如陳。

傳 二十五年春，陳①女叔②來聘③，始結陳好④也。嘉之⑤，故不名⑥。

夏六月辛未⑦，朔⑧，日有食之⑨，鼓⑩、用牲⑪于社⑫，非常⑬也。唯正月⑭之朔，慝⑮未作，日有食之，於是⑯乎用幣⑰于社，伐鼓⑱于朝⑲。

秋，大水，鼓、用牲于社、于門⑳，亦非常也。凡天災㉑，有幣，無牲。非日、月之眚㉒不鼓。

晉士蔿使群公子盡殺游氏之族，乃城聚㉓而處之㉔。冬，晉侯㉕圍聚，盡殺群公子。

【注釋】①陳　國名。媯姓。見隱公三年。②女叔　陳國卿。女，氏。叔，字。名不詳。③聘　國與國之間派遣使者訪問。④結陳好　與陳國結好。⑤嘉之　讚美這件事。⑥不名　《春秋》不記載女叔的名。⑦六月辛未　六月初一。⑧朔　夏曆每月的第一天。⑨日有食之　日食。⑩鼓　擊鼓。動詞。⑪用牲　用犧牲祭祀。⑫社　土地神廟。⑬非常　不合常禮。⑭正月　正陽之月。即夏曆四月，周曆六月。⑮慝　陰氣。古人認為夏曆四月為純陽用事，其時陰氣沒有發作。⑯於是　在這種情況下。⑰幣　玉帛。⑱伐鼓　擊鼓。⑲朝　朝廷。⑳門　城門門神。㉑天災　自然災害。大水是自然災害。㉒眚　日蝕。古時以日蝕為災異。杜預注：「眚，猶災也。月侵日為眚。」㉓城聚　在聚地築城。聚，晉國邑名，在今山西省絳縣東南。㉔處之　使他們居住。㉕晉侯　指晉獻公。

【語譯】魯莊公二十五年春天，陳國女叔來魯國聘問，這是開始和陳國結為友好。《春秋》讚美這件事，所以不記載女叔的名。

夏季六月初一，日食。擊鼓、用犧牲祭祀於土地神廟，這是不合常禮的。只有夏曆四月的第一天，陰氣還沒有發作，日食，在這種情況下才用玉、帛祭祀於土地神廟，在朝廷之上擊鼓。

秋天，發生大水成災，擊鼓、用犧牲祭祀於土地神廟和城門門神，這也是不合常禮的。凡是天災，祭祀時只有用玉帛，而不用犧牲。不是日蝕、月蝕的災異不擊鼓。

晉國的士蔿使眾公子殺盡了游氏的家族，於是在聚地築城而使眾公子居住在那裏。冬天，晉獻公包圍聚城，把眾公子全部殺掉。

【說　明】本年傳文記載了四件事：一是魯國開始與陳國結為友好。在此之前，陳國未曾派人到魯國來訪問過。二、三兩事是記載魯國在發生日蝕和水災時都舉行了不合於常禮的祭祀儀式，帶有批評性質。最後一件事是晉獻公終於解除了心腹之患，殺盡了眾公子，這是大夫士蔿一步步設計的結果。

本年經文中有三件事傳文沒有解釋。一是「衛侯朔卒」。衛侯指衛惠公，名朔。在位三十一年。二是「伯姬歸于杞」。伯姬指魯莊公的長女，據《史記・陳杞世家》司馬貞《索隱》，伯姬當是嫁給杞成公為夫人。三是「冬，公子友如陳」。公子友，魯莊公的幼弟，魯桓公的幼子。故又稱季友。他此次到陳國去，當是對陳國春季派女叔來訪問的回訪。公子友此次訪問陳國以後，就與陳國結成了私好，所以在莊公三十二年子般被殺後，公子友逃奔到陳國。公子友字季，後世即以季為氏，專魯國之政。所以季友是魯國歷史上非常重要的一個人物。他的後代即為季孫氏，世代執掌魯國的政權。

二十六年

癸丑，西元前六六八年。周惠王九年、齊桓公十八年、晉獻公九年、秦宣公八年、楚成王四年、宋桓公十四年、衛懿公赤元年、陳宣公二十五年、蔡穆侯七年、曹僖公三年、鄭文公五年、燕莊公二十三年、許穆公三十年、杞惠公五年。

經 二十有六年春，公伐戎。

夏，公至自伐戎。

曹殺其大夫。

秋，公會宋人、齊人伐徐。

冬十有二月癸亥，朔，日有食之。

傳 二十六年春，晉士蔿為大司空❶。

夏，士蔿城絳❷，以深其宮❸。

秋，虢❹人侵晉。冬，虢人又侵晉。

【注釋】❶大司空　官名。掌管土木工程。按士蔿在前兩年中，一步步設計消滅眾公子，為晉獻公解除憂患，立了新功，故由大夫升為卿。❷城絳　在絳修築加高城牆。絳，晉國邑名。在今山西省翼城縣東。晉穆侯自曲沃遷都於此，孝公改絳為翼。獻公增築都城。至西元前五八五年景公遷於新田，也稱絳，於是稱此為故絳。❸深其宮　加高它的宮牆。深，高。宮，牆垣。❹虢　國名。指西虢。見隱公二年。

【語譯】魯莊公二十六年春天，晉國的士蔿做了大司空。

夏天，士蔿在絳都加高城牆，並且加高絳都的宮牆。

秋天，虢國人侵襲晉國。冬天，虢國人又侵襲晉國。

【說明】本年傳文所記載的都是晉國的事。一是士蔿當上大司空的大官，這與前兩年他為晉獻公出謀劃策，逐步消滅威脅公室安全的桓、莊之族是緊密聯繫的，正因為他立了大功，才升為卿，擔任大司空。二是士蔿在絳都加高城牆和宮牆，這顯然也是為安全考慮。三是在秋、冬兩季晉國受到虢國人兩次侵襲，這是為下年晉獻公「將伐虢」張本。這些都是本年經文所沒有記載的。而本年的經文，《左傳》都無解釋。因此有人認為《左傳》是獨立的一部史書，並不是專為解釋《春秋》而作。

二十七年

甲寅，西元前六六七年。周惠王十年、齊桓公十九年、晉獻公十年、秦宣公九年、楚成王五年、宋桓公十五年、衛懿公二年、陳宣公二十六年、蔡穆侯八年、曹僖公四年、鄭文公六年、燕莊公二十四年、許穆公三十一年、杞惠公六年。

經 二十有七年春，公會杞伯姬于洮。

夏六月，公會齊侯、宋公、陳侯、鄭伯同盟于幽。

秋，公子友如陳，葬原仲。

冬，杞伯姬來。

莒慶來逆叔姬。

杞伯來朝。

公會齊侯于城濮。

傳 二十七年春，公❶會杞伯姬❷于洮❸，非事❹也。天子非展義❺不巡守❻，諸侯非民事❼不舉❽，卿非君命不越竟❾。

夏，同盟❿于幽⓫，陳、鄭服⓬也。

秋，公子友⓭如⓮陳葬原仲⓯，非禮也。原仲，季友之舊⓰也。

冬，杞伯姬來，歸寧⓱也。凡諸侯之女，歸寧曰來⓲，出⓳曰來歸⓴。夫人㉑歸寧曰如某，出曰歸于某㉒。

【注釋】❶公　魯莊公。❷杞伯姬　魯莊公的長女，嫁給杞成公為夫人，見莊公二十五年。❸洮　魯國地名。在今山東省舊濮陽縣西南。一說在今山東省泗水縣東南。❹非事　不是國家大事。是指父女相會。❺展義　宣揚德義。❻巡守　又作「巡狩」，天子視察諸侯所守的地方。❼民事　有關百姓的事。❽舉　出行。❾越竟　越過邊境。竟，同「境」。❿同盟　共同結盟。指《春秋》經文「公會齊侯、宋公、陳侯、鄭伯同盟」。⓫幽　地名。實際地點不詳。⓬服　順服。⓭公子友　魯莊公之弟，又稱公子季友。⓮如　往。⓯原仲　陳國大夫。⓰舊　老朋友。⓱歸寧　已嫁的女子回娘家省視父母。⓲來　回娘家仍將返回夫家。⓳出　被夫家休棄。⓴來歸　回娘家而不再返回夫家。㉑夫人　國君之妻。㉒歸于某　即大歸。指回娘家不再返回夫家。

【語　譯】魯莊公二十七年春天，莊公和女兒杞伯姬在洮地會見，不是為了國家大事。天子不是為了宣揚德義就不出去視察，諸侯不是為了百姓的事情就不能出行，卿沒有國君的命令就不能越過國境。

夏天，魯莊公和齊桓公、宋桓公、陳宣公、鄭文公在幽地共同結盟，這是因為陳國和鄭國都已順服的緣故。

秋天，公子季友往陳國安葬原仲，這是不合於禮的。原仲，只是季友的老朋友。

冬天，杞伯姬來到魯國，這是回娘家省親。凡是諸侯的女兒，回娘家省親叫做「來」，被夫家休棄叫做「來歸」。國君的夫人回娘家叫做「如某」，被夫家休棄叫做「歸於某」。

【說明】這一大段四小節都是對《春秋》經文的解釋。第一節說明魯莊公和女兒在洮地會見不是為了國家大事，這是不符合禮制的。因為天子不是為了宣揚德義就不出外視察。第二節說明魯莊公與四國諸侯在幽地共同結盟是因為陳、鄭兩國順服了。按莊公二十二年陳人殺其太子御寇，公子完逃奔齊國，可能引起陳國不服於齊國；莊公二十五年鄭國與楚國交好，可能鄭國亦不服於齊國。第三節說明季友往陳國安葬原仲不合於「卿非君命不越竟」的禮制。第四節說明「杞伯姬來」是回娘家省親。並闡釋了諸侯之女省親和被休棄回娘家不同的書寫方法。

傳 晉侯❶將伐虢❷。士蒍曰：「不可。虢公驕，若驟❸得勝於我，必棄其民。無眾而後伐之，欲禦我❹，誰與❺？夫禮、樂、慈、愛，戰所畜❻也。夫民，讓事❼、樂和❽、愛親❾、哀喪❿，而後可用⓫也。虢弗畜也，亟⓬戰，將饑⓭。」王⓮使召伯廖⓯賜⓰齊侯命，且請伐衛，以其立子頹⓱也。

【注釋】❶晉侯 指晉獻公。❷虢 國名。虢國上年兩次侵襲晉國，見莊公二十六年傳。❸驟 驟然；迅速地。❹禦我 抗拒我軍。❺誰與 有誰會跟從呢。與，從。❻畜 積儲；具備。❼讓事 遇事謙讓。即「禮」。❽樂和 快樂和洽。即「樂」。❾愛親 愛護親人。即「慈」。❿哀喪 哀痛別人的喪事。即「愛」。⓫用 使用。此指用他們作戰。⓬亟 屢次。⓭饑 氣餒；士氣低落。⓮王 周惠王。名閬。魯莊公十八年（西元前六七六年）即位，在位二十五年。⓯召伯廖 召康公奭的後裔，周王卿士。伯，爵位。廖，召伯名。⓰賜 杜預注：「賜，命為侯伯。」⓱立子頹 指莊公十九年衛國人立子頹為周天子，見莊公十九年傳。

【語譯】晉獻公將要攻打虢國。士蔿說：「不可以。虢公很驕傲，如果他對我國侵襲迅速地得到勝利，就一定會丟棄他的百姓。他沒有民眾的擁戴，然後我們去攻打，他即使想抵抗我軍，有誰會跟從他呢？禮、樂、慈、愛，這是作戰所應當事先儲備的。百姓遇事謙讓、快樂和洽、愛護親人、哀痛喪事，然後才可以使用。而虢國不儲備這些，屢次發動戰爭，百姓將會士氣低落的。」

周惠王派召伯廖去賜齊桓公爵位之命，並且請求他出兵攻打衛國，因為衛國在八年前曾立子頹為周天子。

【說明】這一段分兩節。第一節是記載晉獻公欲攻打虢國，這是對去年虢國兩次侵襲晉國的反擊，準備報復。但被士蔿所勸阻。士蔿認為必須等待虢公驕而棄民、士氣低落時再進行反擊。因此，本年沒有發生戰爭。第二節是記載周惠王賜齊桓公爵位，並請他討伐衛國，以報八年前衛國立子頹為周天子之仇。這為下年春齊桓公攻打衛國張本。

這兩件事《春秋》經文都沒有記載；而《春秋》經文記載的莒國大夫慶來魯國迎莊公之女叔姬、杞惠公來朝見魯莊公、魯莊公在城濮會見齊桓公三事，《左傳》卻無解釋；說明《左傳》並不是專為《春秋》作解釋的著作。

二十八年

乙卯，西元前六六六年。周惠王十一年、齊桓公二十年、晉獻公十一年、秦宣公十年、楚成王六年、宋桓公十六年、衛懿公三年、陳宣公二十七年、蔡穆侯九年、曹僖公五年、鄭文公七年、燕莊公二十五年、許穆公三十二年、杞惠公七年。

經 二十有八年春，王三月甲寅，齊人伐衛。衛人及齊人戰，衛人敗績。

夏四月丁未，邾子瑣卒。

秋，荊伐鄭，公會齊人、宋人救鄭。

冬，築郿。

大無麥、禾，臧孫辰告糴于齊。

傳 二十八年春，齊侯[1]伐衛，戰，敗衛師，數[2]之以王命[3]，取賂[4]而還。

晉獻公[5]娶于賈[6]，無子。烝[7]于齊姜[8]，生秦穆夫人[9]及太子申生[10]。又娶二女於戎，大戎[11]狐姬[12]生重耳[13]，小戎子[14]生夷吾[15]。晉伐驪戎[16]，驪戎男[17]女以驪姬[18]，歸，生奚齊，其娣[19]生卓子。驪姬嬖[20]，欲立其子[21]，賂[22]外嬖[23]梁五[24]與東關嬖五[25]，使[26]言於公曰：「曲沃[27]，君之宗[28]也；蒲[29]與二屈[30]，君之疆[31]也；不可以無主[32]。宗邑[33]無主，則民不威[34]；疆埸[35]無主，則啟[36]戎心[37]；戎之生心[38]，民慢[39]其政[40]，國之患[41]也。若使太子主曲沃[42]，而重耳、夷吾主蒲與屈[43]，則可以威民[44]而懼戎[45]，且旌[46]君伐[47]。」使俱曰[48]：「狄[49]之廣莫[50]，於晉[51]為都[52]。晉之啟土[53]，不亦宜[54]乎！」晉侯說[55]之。夏，使太子居曲沃，重耳居蒲城，夷吾居屈。羣公子[56]皆鄙[57]。唯二姬[58]之子[59]在絳[60]。二五[61]卒[62]與驪姬譖[63]羣公子而立奚齊[64]。晉人謂之「二五耦」[65]。

【注釋】❶齊侯　齊桓公。❷數　譴責；責備。❸以王命　用周天子的名義。❹賂　財貨。❺晉獻公　名詭諸，晉武公之子，晉國第十九位君主。開始在絳地建都。在位二十六年。獻，諡號。❻賈　國名。姬姓。見桓公九年。❼烝　與母輩發生性關係。❽齊姜　晉武公之妾。按《史記‧晉世家》云：「太子申生，其母齊桓公女也，曰齊姜，早死。」但晉武公卒於魯莊公十七年，似不可能娶齊桓公女，故《史記》所說不可信。❾秦穆夫人　秦穆公的夫人，即秦穆姬。❿太子申生　後為驪姬所讒而自殺，諡號為「共」(恭)，故又稱「共太子」，或稱「共子」。⓫大戎　唐叔子孫在戎狄的部分。⓬狐姬　姬姓，以狐為氏，故稱狐姬。⓭重耳　即後來的晉文公，名重耳。晉獻公之子，因驪姬之讒逃亡在外十九年，後回國即位。在位時任用賢人，使晉國強盛，終於成為繼齊桓公後為春秋五霸之一，在位九年。⓮小戎子　杜預注：「小戎，允姓之戎。子，女也。」則大戎與小戎為兩國。按《史記‧晉世家》云：「重耳母，翟(狄)之狐氏女也。夷吾母，重耳母女弟也。」則狐姬與小戎子當為姊妹。可能小戎子是以娣為媵。⓯夷吾　即後來的晉惠公，名夷吾。晉獻公之子，因驪姬之讒逃亡。晉獻公卒，里克殺奚齊、卓子而迎夷吾，賄賂秦國而回國即位。不久殺里克而背棄秦國，遂有韓原之敗。前後在位十四年。⓰驪戎　國名。姬姓。舊注都認為其地在今陝西省西安市臨潼區東之驪戎城。顧頡剛《史林雜識‧驪戎不在驪山》認為當在今山西省析城、王屋兩山之間。⓱驪戎男　驪戎國的國君，男爵。⓲女以驪姬　把女兒驪姬獻給晉獻公。杜預注：「納女於人曰女。」按《史記‧晉世家》：「(獻公)五年，伐驪戎，得驪姬、驪姬弟，俱愛幸之。」晉獻公五年為魯莊公二十二年(西元前六七二年)。⓳娣　女弟；妹妹。⓴嬖　受寵；被寵愛。㉑其子　指奚齊。驪姬所生子。㉒賂　賄賂。㉓外嬖　對內嬖而言。女寵稱內嬖，外嬖則指男寵，即指後宮之外受寵之人。此處包括指梁五及東關嬖五。㉔梁五　晉國大夫。姓梁，名五。㉕東關嬖五　杜預注：「東關嬖五，別在關塞者，亦名五。皆大夫，為獻公所嬖幸，視聽外事。」㉖使　使之；讓他們。省略「之」字。㉗曲沃　晉國邑名。在今山西省聞喜縣東北。晉昭侯封桓叔成師於此，至成師孫稱(曲沃武公)滅晉代為晉君。此後曲沃仍為別都，又名新城、下國，簡稱沃。㉘宗　宗邑。曲沃是桓叔封邑，桓叔乃晉獻公曾祖，時晉宗廟在曲沃，故稱宗邑。㉙蒲　晉國邑名。在今山西省隰縣西。㉚二屈　指南屈和北屈，均為晉國邑名。兩屈毗鄰。北屈在今山西省吉縣東北，南屈當在其南。㉛疆　邊境；境界。㉜主　主管人；守邑的長官。㉝宗邑　宗廟所在之地。㉞威　通「畏」。懼怕；畏懼。㉟場　與「疆」同義。邊境；疆界。㊱啟　開。㊲戎心　戎狄侵犯的念頭。戎，泛指蒲、屈境外的異國。㊳生心　產生侵犯的念頭。㊴慢　輕視。㊵其政　國家的政令。㊶患　禍患；憂患。㊷主曲沃　主管曲沃。曲沃是宗邑，主曲沃即為宗邑之主。㊸主蒲與屈　蒲與屈是疆場，主蒲與屈即為疆場之主。㊹威民　使民畏懼。威，通「畏」。㊺懼戎　使戎狄懼怕。㊻旌　表彰；顯示。㊼伐功勞。㊽使俱曰　使之俱曰。驪姬讓他們兩人一起對獻公說。省略「之」字。以上是梁五和東關嬖五各自對獻公說，「俱曰」以下是兩人一起對獻公說。㊾狄　戎狄。泛指蒲、屈境外的異國。㊿廣莫　同「廣漠」。廣大空曠。(51)於晉　（如果）歸於晉國。(52)為都　建為都邑。(53)啟土　開拓疆土。(54)宜　合適；恰當。(55)說　通「悅」。高興。(56)羣公子　其他眾公子。(57)皆鄙　都居住到邊境上去。鄙，邊境。(58)二姬　指驪姬和她的妹妹。(59)子　指奚齊和卓子。(60)絳　晉國都城。在今山西省翼城縣東。(61)二五　指梁五和東關嬖五。(62)卒　最終；終於。(63)譖　讒害；誣陷。(64)立奚齊　立奚齊為太子。此乃將後來之事提前敘述。(65)二五耦　古代兩人並肩耕作稱耦。梁五和東關嬖五朋比為奸，並作壞事，所以稱「二五耦」。

【語　譯】魯莊公二十八年春天，齊桓公攻打衛國，激戰，打敗了衛軍，用周天子的名義譴責衛國立子頹為天子之罪，取得財貨而回國。

晉獻公在賈國娶妻，沒有兒子。和齊姜通姦，生了秦穆夫人和太子申生。又在戎國娶兩個女人，大戎狐姬生了重耳，小戎子生了夷吾。晉國攻打驪戎時，驪戎國君把女兒驪姬獻給晉獻公，回國，生了奚齊，她的妹妹生了卓子。驪姬受到寵愛，想立自己的兒子為太子，賄賂獻公的外寵梁五和東關嬖五，使他們對晉獻公說：「曲沃是國君的宗廟所在之邑，蒲和二屈是國君的邊疆之地，不可以沒有主管人。宗廟所在之邑沒有主管人，百姓就無所畏懼；邊疆之地沒有主管人，就會開啟戎狄侵犯的念頭。戎狄產生侵犯的念頭，百姓輕視國家的政令，這是國家的禍患。如果派太子主管曲沃，再派重耳、夷吾主管蒲地和二屈，就可以使百姓畏懼而使戎狄害怕，而且可以顯示國君的功勳。」又使他們兩人一起對獻公說：「戎狄廣大空曠的土地，如果歸屬於晉國可以建立城邑。晉國開拓疆土，不也是很合適嗎！」晉獻公對他們的說法很高興。夏天，派太子居住在曲沃，重耳居住在蒲城，夷吾居住在屈地。其他眾公子都住到邊疆上。只有驪姬和她妹妹的兒子住在絳都。梁五和東關嬖五最終和驪姬誣陷了眾公子而立奚齊為太子，晉國人稱他們為「二五耦」。

【說　明】本大段兩小節：第一節敘齊桓公奉天子命打敗衛國，譴責衛國之罪，取了他們的財富而回。這是齊桓公稱霸的前奏。

第二節敘晉國之事。晉獻公在內寵和外寵勾結進讒下，昏庸不明，將自己的兒子一一趕出都城，只留寵妾的兒子在身邊。這就為後來晉國的長期動亂埋下了禍根，也為後來重耳歷經磨難鍛鍊，而即位後勵精圖治，終於使晉國強盛稱霸準備了條件。

傳 楚令尹❶子元❷欲蠱❸文夫人❹，為館❺於其宮側❻，而振〈萬〉❼焉❽。夫人聞之，泣曰：「先君❾以是舞❿也，習戎備⓫也。今令尹不尋⓬諸仇讎⓭，而於未亡人⓮之側，不亦異乎！」御人⓯以告⓰子元。子元曰：「婦人不忘襲讎⓱，我反⓲忘之！」秋，子元以車六百乘⓳伐鄭，入于桔柣之門⓴。子元、鬬御彊㉑、鬬梧㉒、耿之不比㉓為旆㉔，鬬班㉕、王孫游㉖、王孫喜㉗殿㉘。眾車入自純門㉙，及逵市㉚，縣門㉛不發㉜。楚言而出㉝。子元曰：「鄭有人焉㉞。」諸侯救鄭㉟。楚師夜遁㊱。鄭人將奔桐丘㊲，諜㊳告曰：「楚幕有烏。」㊴乃止。

冬，饑㊵，臧孫辰㊶告糴㊷于齊，禮也。

築郿㊸，非都也。凡邑，有宗廟先君之主㊹曰都㊺，無曰邑。邑曰築，都曰城。

【注釋】❶令尹　楚國官名。為執掌軍政大權的最高官職。❷子元　楚武王之子，楚文王之弟，又稱公子元。❸蠱　誘惑以淫事。❹文夫人　楚文王夫人息嬀。見莊公十四年傳。❺為館　建築房屋。❻側　旁邊。❼振萬　搖鈴鐸，跳〈萬〉舞。振，振鐸；搖鈴。萬，舞名。舞時用干和羽，是兼武舞和文舞的舞蹈。❽焉　於此（彼）；在那裏。❾先君　指楚文王。❿以是舞　用這個舞。⓫習戎備　演習兵戎的戰備。⓬尋　用。⓭仇讎　仇敵。⓮未亡人　古代寡婦自稱。⓯御人　侍者；侍從人員。⓰以告　以之告，省略「之」字。將夫人之言告訴子元。⓱襲讎　襲擊仇敵。⓲反　反而。⓳乘　古時一車四馬為一乘。⑳桔柣之門　鄭國遠郊的門。㉑鬭御彊　人名。楚國大夫。據《世本》記載，若敖生鬭彊，鬭彊生鬭班。此鬭御彊當即鬭彊。㉒鬭梧　人名。楚國大夫。㉓耿之不比　人名。楚國大夫。㉔旆　本指旌旗，此處指前軍。杜預注：「子元自與三子特建旆以居前。」㉕鬭班　鬭彊之子。楚國大夫。㉖王孫游　人名。楚國大夫。㉗王孫喜　人名。楚國大夫。㉘殿　行軍走在最後。古時作戰，進軍時精銳在前，其他軍隊在後；撤退時則相反。㉙純門　鄭國都城的外郭門。㉚逵市　大路上的市場。逵，最寬闊而四通八達的道路。㉛縣門　即懸門。內城的閘門懸掛著。㉜不發　沒有發機放下。閘門懸掛著不放下，是鄭國故意誘敵的空城計。㉝楚言而出　說著楚國方言而退出郭城。㉞有人焉　有人才在那裏。人，指人才、有才能的人。焉，於此。㉟諸侯救鄭　即《春秋》經文所記載的「公會齊人、宋人救鄭」。㊱夜遁　晚上溜走。㊲桐丘　鄭國地名。在今河南省扶溝縣西。㊳諜　偵察刺探敵情的人。㊴楚幕有烏　楚軍的帳幕上有烏鴉。按楚軍拋棄帳幕而逃，帳幕內無人，所以烏鴉敢停留在帳幕上。㊵饑　發生饑荒。㊶臧孫辰　又稱臧文仲，魯國大夫。㊷告糴　報告饑荒而購買糧食。㊸郿　魯國邑名。在今山東省壽張舊縣治南。㊹主　神主。㊺都　都城。杜預注：「《周禮》：四縣為都，四井為邑。然宗廟所在，則雖邑曰都，尊之也。」

【語　譯】楚國的令尹子元想誘惑楚文王夫人，在她的宮旁建造了房屋，在那裏搖鈴鐸跳〈萬〉舞。文王夫人聽到這些，哭著說：「先君用這個舞，是為了演習戰備。現在令尹不用它於仇敵，而用在我這個未亡人的旁邊，不也是很奇怪嗎！」侍從人員將文王夫人的這些話告訴了子元。子元說：「一個女人不忘記要襲擊仇敵，我卻反而忘記了！」秋天，子元率領六百輛兵車進攻鄭國，進入了鄭國的桔柣之門。子元、鬭御彊、鬭梧、耿之不比率領前軍，鬭班、王孫游、王孫喜率軍殿後。楚軍車隊從鄭國都城的純門進去，到達外郭門內大路上的市場。只見內城的閘門懸掛著沒有放下。楚國人說著楚語而退出了郭門。子元說：「鄭國有人才在那裏。」各國諸侯來救援鄭國，楚軍就在晚上溜走了。鄭國人本已將要逃奔到桐丘，偵察敵情的人員來報告說：「楚軍的帳幕上有烏鴉。」於是就停止不逃。

冬天，魯國發生饑荒。大夫臧孫辰向齊國報告饑荒而請求購買糧食，這是合於禮的。

修築郿邑，不是都城。凡是城邑，有宗廟和先君神主的叫做「都」，沒有的就叫做邑。修建邑叫做「築」，修建都叫做「城」。

【說明】這大段二、三兩節，都是對《春秋》經文的解釋。但第一節不僅是對經文「荊伐鄭，公會齊人、宋人救鄭」的解釋，而是用大量的篇幅，詳細記敘了此事的始末。首先，楚國的令尹公子元對楚文王夫人息嬀有淫慾之心，所以在她的宮旁建房，在裏面搖鈴鐸跳〈萬〉舞來引誘她。但當息嬀指出這〈萬〉舞是楚文王用來演習戰備，以便襲擊敵人的，公子元終於省悟過來。這是襲擊鄭國的開端。接著是秋天子元率軍進攻鄭國，因鄭國沒有準備，所以沒有戰鬥，楚軍便進入了鄭國的外郭門，到達大路上的市場。這是事件的發展。但鄭國內城的閘門懸而不放下，子元知道這是鄭國誘敵深入的空城計，所以立即退出鄭國外郭門。而此時各國諸侯又來救援鄭國，於是楚軍在晚上逃走。這是事件的高潮和結局。當時鄭國已準備逃奔桐丘，聽到楚軍幕帳上有烏鴉的消息，知道楚軍已退，才停止不逃。這是事件的餘波。由此可見，《左傳》對這次「楚伐鄭」的事件記敘得非常完整清楚，文字生動，具有文學價值。

二十九年

丙辰，西元前六六五年。周惠王十二年、齊桓公二十一年、晉獻公十二年、秦宣公十一年、楚成王七年、宋桓公十七年、衛懿公四年、陳宣公二十八年、蔡穆侯十年、曹僖公六年、鄭文公八年、燕莊公二十六年、許穆公三十三年、杞惠公八年。

經 二十九年春，新延廄。

夏，鄭人侵許。

秋，有蜚。

冬十有二月，紀叔姬卒。

城諸及防。

傳 二十九年春，新作❶延廄❷，書，不時也。凡馬，日中❸而出❹，日中❺而入❻。

夏，鄭人侵許。凡師，有鐘鼓曰伐❼，無曰侵❽，輕曰襲❾。

秋，有蜚❿，為災也。凡物，不為災，不書。

冬十二月，城諸⓫及防⓬，書，時也。凡土功⓭，龍見⓮而畢務⓯，戒事⓰也；火見⓱而致用⓲，水⓳昏正⓴而栽㉑，日至㉒而畢㉓。

樊皮㉔叛王。

【注釋】❶作　修建。❷延廄　馬房。延，馬房之名。❸日中　春分或秋分季節。日之長短與夜中分，故稱日中。此指春分。❹出　放牧。春分百草始長，放馬出於原野。❺日中　此指秋分。❻入　入圈。秋分草枯，馬皆還廄。❼有鐘鼓曰伐　聲討罪人，鐘鼓堂堂，稱「伐」。❽無曰侵　鐘鼓不備或不用，叫做「侵」。❾輕曰襲　以輕裝部隊掩其不備，叫做「襲」。❿蜚　一種有害的小飛蟲。生草中，食稻花。見隱公元年。⓫城諸　在諸地築城。城，動詞。築城。諸，魯國邑名。在今山東省諸城市西南。⓬防　魯國邑名。見隱公九年。⓭土功　土木工程。⓮龍見　蒼龍七宿中的角、亢二宿早晨出現於東方。龍，指蒼龍，星宿名。東方七宿（角、亢、氐、房、心、尾、箕）的總稱。見，同「現」。出現。龍見，指夏曆九月，周曆十一月，此時角、亢二宿早晨出現於東方。⓯畢務　農事（秋收）完畢。⓰戒事　必須準備土木工程。事，指土功、土木工程。⓱火見　心宿早晨出現在東方。火，大火。古代天文學確認黃道與赤道間的二十八組恆星羣作為辨認行星運行的座標，稱為二十八宿。因為二十八宿相互間的距離是不相等的，為了便於觀察和計算，古人又把黃道和赤道間的周天劃分為等分的十二個部分，稱為十二次，這樣每個次都有幾個宿作為標誌。「大火」即是十二次之一，在這個次中，心宿是最主要的代表，因此這裏的「火」即指心宿。見，同「現」。心宿早晨出現於東方天空，約當夏曆十月。⑱致用　把各種用具送到工地上。⑲水　指二十八宿中的室宿。古又稱「營室」、「定」。室宿在十二次中屬於陬訾，夏曆正月中，室宿十四度，是雨水季節。故稱「水」或「大水」。⑳昏正　十月黃昏時出現在正南方。昏，黃昏；晚上七時至八時。正，正中；正南方。㉑栽　築牆立板；打夯建屋。㉒日至　冬至。這一天北半球白晝最短，以後白晝漸長。所謂「陰極而陽始至，日南至，漸長至也」（《通緯‧孝經援神契》）。㉓畢　完工。㉔樊皮　周王室大夫。名皮，封於樊邑。樊，邑名。一名陽樊。周王室畿內地。在今河南省濟源市東南。

【語　譯】魯莊公二十九年春天，新造延廄。《春秋》記載這件事，是因為不合時令。凡是馬，春分時節是放牧的時候，到秋分時節才入圈。

夏天，鄭國人侵襲許國。凡是出兵，有鐘鼓之聲叫做「伐」，沒有的叫做「侵」，輕裝部隊快速突擊叫做「襲」。

秋天，發現一種食稻花的小飛蟲，造成了災害。凡是事物，沒有造成災害，《春秋》就不記載。

冬季十二月，在諸地和防地築城。《春秋》記載這件事，是因為合於時令。凡是土木工程，當蒼龍七宿中的角、亢二宿早晨出現於東方時農事就須結束，而準備土木工程了，當心宿早晨出現於東方時就要把各種用具送到工地上了，當十月黃昏室宿出現在正南方時就要打夯建築了，到冬至時，工程全部完畢。

周王室大夫樊皮背叛周天子。

【說　明】本年《左傳》傳文有五小節。前四小節都是對《春秋》經文的解釋。唯最後一節「樊皮叛王」只一句，本應與下年開頭傳文「三十年春，王命虢公討樊皮」連接，為後人割裂而置於本年末。讀者應將此四字與下年開頭文字連讀，意義才明瞭。

第四節傳文中，牽涉到許多古代天文學知識。二十八宿是東方蒼龍七宿：角、亢、氐、房、心、尾、箕；北方玄武七宿：斗、牛、女、虛、危、室、壁；西方白虎七宿：奎、婁、胃、昴、畢、觜、參；南方朱鳥七宿：井、鬼、柳、星、張、翼、軫。關於二十八宿與十二次的關係以及與二十四節氣的關係，可查閱《漢書·律曆志》的記載。今人還將其製成表，可參見郁賢皓等著《中華文史知識實用手冊》（江蘇人民出版社一九九七年版）三〇一頁。

三十年

丁巳，西元前六六四年。周惠王十三年、齊桓公二十二年、晉獻公十三年、秦宣公十二年、楚成王八年、宋桓公十八年、衛懿公五年、陳宣公二十九年、蔡穆侯十一年、曹僖公七年、鄭文公九年、燕莊公二十七年、許穆公三十四年、杞惠公九年。

經 三十年春王正月。

夏，次于成。

秋七月，齊人降鄣。

八月癸亥，葬紀叔姬。

九月庚午朔，日有食之，鼓、用牲于社。

冬，公及齊侯遇於魯濟。

齊人伐山戎。

傳 三十年春，王❶命虢公❷討樊皮❸。夏四月丙辰❹，虢公入樊，執樊仲皮❺，歸于京師。

楚公子元❻歸自伐鄭❼，而處王宮❽。鬭射師❾諫，則執❿而梏之⓫。秋，申公⓬鬭班⓭殺子元。鬭穀於菟⓮為令尹⓯，自毀⓰其家⓱，以紓⓲楚國之難⓳。

冬，遇⓴于魯濟㉑，謀㉒山戎㉓也。以其病燕㉔故也。

【注釋】❶王 指周惠王。❷虢公 名醜，周王室卿士。❸樊皮 周王室大夫，即上年末句「樊皮叛王」的「樊皮」。此句應緊接上年「樊皮叛王」連讀。❹四月丙辰 四月十四日。❺樊仲皮 即樊皮。名皮。仲，在兄弟間排行第二或中間。❻公子元 即令尹子元。楚國最高執政官。❼伐鄭 見莊公二十八年傳。❽處王宮 住在王宮裏。指楚文王宮，欲誘惑楚文王夫人息媯。❾鬭射師 即鬭廉。楚國大夫。一說，指鬭班。❿執 逮捕。⓫梏之 給他戴上手銬。梏，手銬。此處作動詞用。⓬申公 申縣的長官。中原為國名，姜姓。故城在今河南省南陽市。後為楚國所滅，置申縣。楚國國君自稱為王，稱縣長官為公。⓭鬭班 人名。楚國大夫。此時為申縣長官。⓮鬭穀於菟 楚國大臣之名。鬭伯比之子，名子文。伯比與鄖國女所私生，棄於雲夢，傳說由虎餵乳，後再收養成人。楚國人稱「乳」為「穀」，稱「虎」為「於菟」，因以為名。⓯令尹 官名。楚國的最高官職，掌軍政大權。⓰毀 破；捐棄。⓱家 家財。⓲紓 緩和。⓳難 危難。⓴遇 非正式會見。㉑魯濟 魯國濟水。按濟水流經魯、齊兩國，在齊界為齊濟，在魯界為魯濟。㉒謀 一本「謀」下有「伐」字。商議攻打。㉓山戎 當在今河北省盧龍縣一帶。㉔病燕 危害燕國。病，動詞。危害。燕，國名。即北燕。姬姓。始封之君為召公奭。建都薊，今北京市。

【語譯】魯莊公三十年春天，周惠王命令虢公討伐樊皮。夏季四月十四日，虢公進入樊國，逮捕了樊皮，回到了京城。

楚國的公子元自從攻打鄭國回來以後，住在楚文王的王宮裏。鬭射師進行勸諫，子元就把他逮捕而給他戴上手銬。秋天，申公鬭班殺死了子元。鬭穀於菟做了令尹，他自己捐棄家財，來緩和楚國的危難。

冬天，魯莊公與齊桓公在魯國濟水邊非正式地會見，是為了商量攻打山戎。因為山戎危害燕國的緣故。

【說明】《左傳》本年的傳文記載了三件事。第一件事是周惠王派虢公平定了樊皮的叛亂。第二件事是楚國令尹子元仍想誘惑楚文王夫人息媯而住在王宮裏，結果被申公鬬班所殺；於是鬬穀於菟做了令尹，他捐棄家財來緩解楚國的危難。這兩件事都是歷史上的重要事件，但《春秋》經文卻沒有記載。

第三件事是解釋《春秋》記載的「公及齊侯遇於魯濟」的目的和原因。關於這件事，《史記・齊太公世家》記載得更具體詳細：「(桓公)二十三年(當為二十二年)，山戎伐燕，燕告急於齊。齊桓公救燕，遂伐山戎，至于孤竹而還。燕莊公遂送桓公入齊境。桓公曰：『非天子，諸侯相送不出境，吾不可以無禮於燕。』於是分割燕君所至與燕，命燕君復修召公之政，納貢於周，如成、康之時。諸侯聞之，皆從齊。」又〈燕召公世家〉、〈十二諸侯年表〉記載略同。說明齊桓公為救燕國而伐山戎在當時是非常重大的事件。

三十一年

戊午，西元前六六三年。周惠王十四年、齊桓公二十三年、晉獻公十四年、秦成公元年、楚成王九年、宋桓公十九年、衛懿公六年、陳宣公三十年、蔡穆侯十二年、曹僖公八年、鄭文公十年、燕莊公二十八年、許穆公三十五年、杞惠公十年。

經 三十有一年春，築臺于郎。

夏四月，薛伯卒。

築臺于薛。

六月，齊侯來獻戎捷。

秋，築臺于秦。

冬，不雨。

傳 三十一年夏六月，齊侯❶來獻戎捷❷，非禮也。凡諸侯有四夷❸之功，則獻于王❹，王以警❺于夷；中國❻則否。諸侯不相遺俘❼。

【注釋】❶齊侯　齊桓公。侯爵。❷戎捷　伐戎所得戰利品。指俘獲的戎人。❸四夷　四方夷狄。❹王　指周天子。❺警　告誡；警告。❻中國　中原。❼遺俘　贈送俘虜。遺，贈送。

【語譯】魯莊公三十一年夏季六月，齊桓公來魯國奉獻俘獲的戎人，這是不合於禮的。凡是諸侯有討伐四方夷狄的功績，就奉獻給周天子，周天子用來向四方夷狄警告；在中原就不是這樣。諸侯之間不能互相贈送俘虜。

【說明】本年傳文只對《春秋》經文中「齊侯來獻戎捷」作了解釋和說明。其他諸事都未解釋。經文中「築臺」的「郎」、「薛」、「秦」地都在魯國境內。「郎」即隱公九年「城郎」的「郎」。「薛」地不詳。「秦」地在今山東省范縣舊城南。「薛伯」為薛國國君，名不詳。

三十二年

己未，西元前六六二年。周惠王十五年、齊桓公二十四年、晉獻公十五年、秦成公二年、楚成王十年、宋桓公二十年、衛懿公七年、陳宣公三十一年、蔡穆侯十三年、曹僖公九年、鄭文公十一年、燕莊公二十九年、許穆公三十六年、杞惠公十一年。

經 三十有二年春，城小穀。
夏，宋公、齊侯遇于梁丘。
秋七月癸巳，公子牙卒。
八月癸亥，公薨于路寢。
冬十月己未，子般卒。
公子慶父如齊。
狄伐邢。

傳 三十二年春，城小穀❶，為管仲❷也。
齊侯❸為楚伐鄭❹之故，請會于諸侯。宋公請先見于齊侯。夏，遇于梁丘❺。

【注釋】❶小穀　即「穀」。齊國邑名，在今山東省東阿縣。❷管仲　名夷吾，字仲。齊桓公相。見莊公八年傳。❸齊侯　齊桓公。❹楚伐鄭　指莊公二十八年楚令尹子元伐鄭之役。❺梁丘　宋國邑名。在今山東省成武縣東北。

【語譯】魯莊公三十二年春天，齊國在小穀築城，這是為管仲而修築的。
齊桓公因為楚國進攻鄭國的緣故，向各國諸侯請求會見。宋桓公請求與齊桓公先行相見。夏天，在梁丘非正式會見。

【說　明】這段第一小節中的「小穀」，一說是魯國邑名，在今山東西北。這說法與《左傳》的意思不合。因為《左傳》明說「為管仲也」，管仲是齊國大臣，齊國不可能在魯國土地上為其大臣築城，魯國也不可能為齊國大臣築城。《左傳・昭公十一年》敘申無宇的話說：「齊桓公城穀而寘管仲焉。」可以證明是齊桓公在穀地築城。此處省略了「齊」字，致使有些研究者誤以為是魯國邑名。

第二小節中齊桓公「請會于諸侯」，原因是楚國在莊公二十八年曾進攻鄭國，而目的卻沒有說。目的是為了與各國諸侯商量為鄭國報復楚國，這裏省略了。

以上兩小節是對《春秋》經文第一、二節的解釋。

傳 秋七月，有神降于莘❶。惠王❷問諸內史過❸曰：「是❹何故也？」對❺曰：「國之將興，明神❻降之，監❼其德也；將亡，神又降之，觀其惡也。故有得神以興，亦有以亡。虞❽、夏、商、周皆有之。」王曰：「若之何❾？」對曰：「以其物❿享焉⓫。其至之日⓬，亦其物⓭也。」王從之。內史過往⓮，聞虢⓯請命⓰，反⓱曰：「虢必亡矣。虐⓲而聽於神⓳。」

神居莘六月⓴。虢公使祝應㉑、宗區㉒、史嚚㉓享焉。神賜之土田㉔。史嚚曰：「虢其㉕亡乎！吾聞之：國將興，聽於民；將亡，聽於神。神，聰明正直而壹㉖者也，依人而行㉗。虢多涼德㉘，其何土之能得㉙？」

【注釋】❶莘　虢國地名。在今河南省陝縣硤石鎮西十五里有莘原。❷惠王　周惠王。名閬。周僖王之子，周朝第十七王，在位二十五年。❸內史過　周王室大夫。內史，周王室官名。掌管著作簡冊，策命諸侯卿大夫，以及爵祿的廢置，亦常代表周王室至諸侯國行聘問慶弔之禮，且能言吉凶，通曉神道與天道。過，人名。❹是　此；這。下面省略判斷詞「為」字。❺對回答。指內史過回答。❻明神　神明；神靈。❼監　視；觀察。❽虞　虞舜時代。指傳說中遠古有虞氏部落名，舜乃其領袖。❾若之何　對他怎麼辦。❿以其物　用相應的物品。物，指祭品、祭服之類。⓫享焉　對他祭祀。享，祭祀。焉，之。⓬其至之日　指神靈始至之日。⓭亦其物　也就是他的祭祀品。古代祭神制度，按神所至之日而以相當的祭品、祭服進行祭祀，如甲、乙日至，祭先脾，玉用蒼，服上青；丙、丁日至，祭先肺，玉、服皆赤；戊、己日至，祭先心，玉、服皆黃；庚、辛日至，祭先肝，玉、服皆白；壬、癸日至，祭先腎，玉、服皆玄黑。見《禮記・月令》。⓮往　到虢國去。⓯虢　國名。姬姓。公爵。見隱公三年。⓰請命　請求神靈賜予土田之命。⓱反　回。指內史過自虢返回京城。⓲虐　暴虐。⓳聽於神　聽命於神靈。即不把人民疾苦放在心上。⓴六月　六個月。前文稱七月降神，六個月即十二月。㉑祝應　太祝名應。太祝，官名。掌管祭祀祈禱。應，人名。㉒宗區　宗人名區。宗人，官名。掌管宗廟祭祀。區，人名。㉓史嚚　太史名嚚。太史，官名。掌管記載史事，編寫史書，兼管國家典籍、天文曆法、祭祀等。嚚，人名。㉔賜之土田　答應賜土田給他（虢公）。㉕其　大概。測度副詞。㉖壹　專一；一心一意。㉗依人而行　依照不同的人而行事。指善者使他得福，惡者使他得禍。㉘涼德　薄德；缺乏德行。㉙其何土之能得　能得到什麼土地。其，助詞，無義。

【語　譯】秋季七月，有神靈在虢國莘地降臨。周惠王向內史過詢問說：「這是什麼緣故呢？」內史過回答說：「國家將要興起的時候，神靈下降到那裏，是為了觀察他的德行；將要滅亡的時候，神靈又會下降到那裏，是為了觀察他的邪惡。所以有的得神靈而興起，也有的得神靈而滅亡，虞、夏、商、周四代都有過這種情況。」周惠王說：「對他怎麼辦？」內史過回答說：「用相應的物品對他祭祀。他來到的日子，依規定這個日子該祭祀什麼，也就是他的祭品。」周惠王聽從了他的話。內史過前往虢國祭祀，聽到虢國請求神靈賜予土田之命，回到京城後說：「虢國必定要滅亡了。暴虐而聽命於神靈，不把人民疾苦放在心上。」

神靈在莘地住了六個月。虢公派太祝應、宗人區、太史嚚對神靈祭祀。神靈答應賜給虢國疆土田地。太史嚚說：「虢國大概要滅亡了吧！我聽說過這樣的話：國家將要興起，聽從於人民的意見；將要滅亡，聽從於神靈之命。神靈，是聰明正直而專一的，依照人的善惡而行事。虢國多的是缺少德行，還能得到什麼土地？」

【說　明】《左傳》敘事基本上都按照時間先後為順序，但有時為了強調突出事件的結論，或者為了先把一件事敘述結束，再敘另一件事，往往會把後來發生的事放在前面敘述。這可以稱之為倒敘。如這一大段敘述神靈降臨虢國莘地居住了六個月，虢公才派遣太祝應、宗人區、太史嚚祭祀，神靈答應賜給虢國土田。那麼，周王室內史過前往虢國，聽到了虢國請求神靈賜予土田之命，應當在虢公派人祭祀之後；而內史過從虢國返回京城說的話當然應當是在此更後。但《左傳》卻先將內史過到虢國去，聽到虢國請求神靈賜予土田之命，以及返回京城後說「虢必亡」的話都放在「神居莘六月」，虢公派人祭祀之前先敘述了。這是為了先將周惠王與內史過討論以及派他到虢國的事敘述完畢，然後再敘虢國祭祀的事。同時也是為了強調「虢必亡」的結論的緣故。

傳 初，公築臺❶，臨❷黨氏❸，見孟任❹，從之❺。閟❻。而以夫人言❼，許之❽，割臂盟公❾。生子般❿焉。雩⓫，講⓬于梁氏⓭，女公子⓮觀之。圉人犖⓯自牆外與之⓰戲。子般怒，使鞭之⓱。公曰：「不如殺之，是⓲不可鞭。犖有力焉，能投蓋⓳于稷門⓴。」

公疾㉑，問後㉒於叔牙㉓。對曰：「慶父㉔材㉕。」問於季友㉖。對曰：「臣以死奉般㉗。」公曰：「鄉者㉘牙曰『慶父材』。」成季㉙使以君命㉚命僖叔㉛，待于鍼巫氏㉜，使鍼季㉝酖之㉞。曰：「飲此，則有後㉟於魯國；不然，死且無後。」飲之，歸，及逵泉㊱而卒。立叔孫氏㊲。

八月癸亥㊳，公薨于路寢㊴。子般即位㊵，次㊶于黨氏。冬十月己未㊷，共仲㊸

使圉人犖賊㊹子般于黨氏。成季奔陳㊺。立閔公㊻。

【注釋】❶築臺 建築高臺。❷臨 從高處面對著低處。❸黨氏 黨家。任姓。❹孟任 黨家的大女兒。❺從之 跟隨著她。❻閟 閉門拒絕。❼以夫人言 用立她為夫人的諾言對她說。❽許之 孟任同意了他的話。❾割臂盟公 割破臂膊出血與魯莊公盟誓。❿子般 魯莊公之子，孟任所生。莊公死後即國君位，不久便被圉人犖所殺。⑪雩 古代為求雨而舉行的祭祀。⑫講 預先演習禮儀。⑬梁氏 魯國大夫梁氏家。⑭女公子 指魯莊公之女，子般妹。《史記・魯周公世家》謂指梁氏女。⑮圉人犖 名犖的圉人。圉人，職名。掌管養馬之事。犖，人名。⑯之 她。指女公子。⑰使鞭之 派人鞭打他。「使」下省略「人」字。⑱是 此；這個人。⑲蓋 稷門的門扇。一說指車蓋。⑳稷門 魯國都城的正南門。後來魯僖公又增高擴大，改名高門。㉑疾 得病。㉒問後 詢問後事。後事指繼承人。㉓叔牙 魯莊公的二弟。㉔慶父 魯莊公的大弟。即共仲。㉕材 有才能。㉖季友 魯莊公的三弟。㉗奉般 事奉子般。即立子般為國君。㉘鄉者 剛才；方才。鄉，通「嚮」。㉙成季 即季友。㉚使以君命 派人用國君的名義。㉛僖叔 即叔牙。㉜鍼巫氏 鍼巫家。鍼，姓氏。巫，職名或人名。㉝鍼季 即鍼巫。季，其字。㉞酖之 用毒酒毒死他。酖，同「鴆」。鳥名，牠的羽毛有毒，古人用來做毒酒殺人，所以用毒酒毒死人也叫「鴆」。㉟有後 有後代享受爵祿。㊱逵泉 魯國地名。在今山東省曲阜市東南。㊲立叔孫氏 立叔牙的兒子為叔孫氏。杜預注：「不以罪誅，故得立後，世繼其祿也。」㊳八月癸亥 八月初五日。㊴路寢 古代君主處理政事的宮室。又稱「正寢」。㊵即位 登國君位。㊶次 停留；住宿三夜以上。㊷十月己未 十月初二日。㊸共仲 即慶父。魯莊公大弟。㊹賊 殺害；刺死。㊺陳 國名。嬀姓。都宛丘，今河南省淮陽縣。㊻閔公 又作「湣公」。名啟，一作「啟方」。漢代避景帝諱，改稱「開」。魯莊公之子，哀姜妹所生。在位二年。

【語譯】當初，魯莊公建築高臺，面對著黨家。看見黨家的長女，就跟隨著她。黨家長女閉門拒絕不接納他。而莊公用立她為夫人的條件對她保證，她就答應了莊公，割破手臂出血與莊公盟誓。後來就生了子般。有一次正當舉行求雨祭祀，事先在梁家演習，莊公的女公子觀看演習，圉人犖從牆外對她調戲。子般大怒，派人鞭打犖。莊公說：「不如將他殺掉，這個人不能鞭打。犖很有力氣呢，能夠把車蓋丟到稷門城外。」

魯莊公得病，向叔牙詢問繼承人。叔牙回答說：「慶父有才能。」向季友詢問。季友回答說：「我用死來事奉子般。」莊公說：「剛才叔牙說『慶父有才能』。」季友就派人用國君的名義命令叔牙等待在鍼巫家，派鍼季用毒酒毒死叔牙，說：「喝了這個，你就有後代在魯國享受爵祿；不然，你必死而且沒有後代在魯國享受爵祿。」叔牙喝了毒酒，回去，到達逵泉而死。魯國立他的兒子為叔孫氏。

八月初五日，莊公死在處理政事的宮室裏。子般登國君位，住在黨氏家裏。冬季十月初二日，慶父派圉人犖在黨家殺死子般。季友逃奔到陳國。魯國立閔公為國君。

【說　明】《左傳》敘事有一個很大的優點，總是把事件發生的來龍去脈敘述得非常清楚。如這一大段主要是記敘魯莊公得病到去世後的君位繼承問題，但它並不是單純地記敘莊公得病和去世，子般即位和被殺，而是首先交代莊公還有一位寵愛的夫人孟任，並詳細地補敘了莊公當年與孟任見面、愛慕、盟誓到生下子般的過程，這就為後來莊公死後立子般為君埋下了伏筆。接著又補敘了一次在演習雩祭時圉人犖調戲子般妹，子般怒而派人鞭打犖，而犖這個人力氣很大等事，這又為後來慶父派圉人犖去刺殺子般埋下了伏筆。這些伏筆，實際上也就是後來事件發生的原因。所以，《左傳》的這些補敘，就是為了說明後來事件發生的因果關係。如果沒有這些補敘，我們就不能理解為什麼莊公要立子般為繼承人，也不能理解為什麼慶父派圉人犖去刺殺子般。所以這些補敘是非常必要的。有了這些交代，使讀者明白後來發生的事件不是偶然的，而是有它的必然性。同時使文章的結構也顯得非常完整，前後呼應。

閔公

【題解】魯閔公，名啟方，一說名啟。魯莊公之子，叔姜所生。《史記・魯周公世家》稱名開，乃避漢景帝諱而改。周惠王十六年（西元前六六一年）即位，在位僅二年，被仲慶父派人刺殺。閔，一作「湣」，又作「愍」，謚號。《逸周書・謚法解》：「在國逢難曰愍」、「禍亂方作曰愍」。

按照當時的禮法制度，閔公是不能當國君的，因為他是妾媵所生之子，不是莊公嫡子。莊公有慶父、叔牙、季友三個弟弟，莊公臨終前，季友曾保證以死事奉莊公嫡子般為國君。所以莊公死後，子般繼位當了國君。但不到兩個月，即被慶父派人殺死。莊公的夫人哀姜和妾媵叔姜都是齊國之女，哀姜無子，齊國人就立叔姜所生之子啟即位，是為閔公。哀姜和慶父通姦，想讓慶父當國君，於是與慶父合謀殺死了閔公。所以，閔公即位後齊國派仲孫湫來魯國視察後回去就預言說：「不去慶父，魯難未已。」慶父連殺二君，魯國人當然不能赦免其罪，最後只得自縊而死。哀姜也被齊國人殺死。季友立莊公妾成風之子申為君，即僖公，魯國才得以穩定。

在這兩年中，晉國滅亡了耿、霍、魏等三國，把耿地賜給趙夙，把魏地賜給畢萬。都做了大夫。為後來趙、魏的崛起奠定了基礎。而晉獻公把本來的一軍擴為二軍，讓太子申生率領下軍，戰後又為太子在曲沃築城，以卿的地位處置，士蔿已預料太子申生不可能為晉國繼承人。後又率師伐東山皋落氏，為後來申生之死埋下了隱患。

在這兩年中還發生狄人滅衛的大事。衛懿公好鶴而使國內民眾離心，當狄人入侵時，士兵都不肯戰，結果被狄人滅亡。宋桓公立衛戴公於曹地，不久便死，於是齊桓公立衛文公於楚丘。衛文公奮發圖強，才使衛國復興，仍列於諸侯。

閔公在位時間極短，各諸侯國之間的鬥爭都未展開，至僖公時才激烈起來。

元　年

庚申，西元前六六一年。周惠王十六年、齊桓公二十五年、晉獻公十六年、秦成公三年、楚成王十一年、宋桓公二十一年、衛懿公八年、陳宣公三十二年、蔡穆侯十四年、曹昭公班元年、鄭文公十二年、燕莊公三十年、許穆公三十七年、杞惠公十二年。

經 元年春王正月。

齊人救邢。

夏六月辛酉，葬我君莊公。

秋八月，公及齊侯盟于落姑。季子來歸。

冬，齊仲孫來。

傳 元年春，不書即位，亂❶故也。

狄❷人伐邢❸。管敬仲❹言於齊侯❺曰：「戎狄❻豺狼❼，不可厭❽也；諸夏❾親暱❿，不可棄也；宴安⓫酖毒⓬，不可懷⓭也。《詩》⓮云：『豈不懷歸⓯？畏此簡書⑯。』簡書，同惡⑰相恤⑱之謂⑲也。請救邢以從簡書⑳。」齊人救邢。

夏六月，葬莊公。亂故，是以緩㉑。

秋八月，公㉒及㉓齊侯㉔盟于落姑㉕，請復㉖季友也。齊侯許之，使召㉗諸陳，公次于郎㉘以待之。「季子㉙來歸」，嘉㉚之也。

冬，齊仲孫湫㉛來省㉜難㉝，書㉞曰「仲孫」，亦嘉之也。仲孫歸，曰：「不去㉟慶父，魯難㊱未已㊲。」公㊳曰：「若之何㊴而去之？」對曰：「難不已，將自斃㊵，君其㊶待之㊷！」公曰：「魯可取㊸乎？」對曰：「不可。猶秉㊹周禮㊺。周禮，所以本㊻也。臣聞之：『國將亡，本㊼必先顛㊽，而後枝葉從之㊾。』魯不棄周禮，未可動也。君其㊿務(51)寧魯難(52)而親之(53)。親有禮(54)，因(55)重固(56)，間(57)攜貳(58)，覆(59)昏亂(60)，霸王(61)之器(62)也。」

【注釋】❶亂　魯國當時發生叛亂。指上年子般被殺，季友逃奔陳國。❷狄　亦作「翟」、「赤狄」。實際地點不詳。❸邢　國名。姬姓。侯爵。始封之君為周公之子（名失傳）。都城在今河北省邢臺市。本年遷至夷儀，即今山東省聊城市西南。❹管敬仲　即管仲，齊國卿。敬，謚號。《逸周書・謚法解》：「夙夜恭事曰敬。」「善合法典曰敬。」❺齊侯　齊桓公。❻戎狄　泛指異族。❼豺狼　似豺狼。省略「如」字。❽厭　滿足。❾諸夏　中原各諸侯國。❿親暱　親近。⓫宴安　安逸；逸樂。⓬酖毒　毒酒；毒藥。⓭懷　懷戀。⓮詩　指《詩經・小雅・出車》。⓯懷歸　思念回去。⓰簡書　寫在竹簡上的軍令文字。即告急文書。古代軍令寫在竹簡上，凡有急難之事，沒有空暇寫長篇連簡為冊（策），單執一片竹簡文字往告，就像後來的羽檄。⑰同惡　同仇敵愾；一國有仇，他國也同以為仇。⑱相恤　互相救濟；憂患與共。⑲之謂　猶言「之意」。⑳從簡書　聽從簡書上說的話。㉑是以緩　因此延遲。是以，因此；所以。按魯莊公死於上年八月，至此已歷十一個月。依照古代禮制，諸侯五月而葬；而據《春秋》則多三月而葬。㉒公　魯閔公。㉓及　與。㉔齊侯　齊桓公。㉕落姑　又作「洛姑」。齊國地名。在今山東省平陰縣境。一說即薄姑，在今山東省博興縣東北。㉖復　回；回國。㉗使召　派人召回。「使」下省略「人」字。㉘次于郎　住宿在郎地。郎，魯國都城曲阜近郊的一個邑名。見隱公九年。㉙季子　即指季友。㉚嘉　讚美。㉛仲孫湫　齊國大夫。名湫。㉜省　視察；探望；慰問。㉝難　禍難。㉞書　指《春秋》記載。㉟去　除掉。㊱魯難　魯國的禍難。㊲未已　不會停止。㊳公　指齊桓公。㊴若之何　如何；怎樣。㊵自斃　自取滅亡。㊶其　當；請。㊷之　指慶父自斃。㊸可取　可以取得。按齊桓公想乘魯國的禍難攻取魯國。㊹秉　執掌；操持。㊺周禮　周朝的禮法。㊻所以本　是所用來立國的根本。㊼本　根本。此指樹的軀幹。㊽顛　仆倒。㊾從之　跟著它倒落枯死。㊿其　可；當。(51)務　從事。(52)寧魯難　安定魯國的禍難。(53)親之　親近魯國。(54)有禮　有禮儀的國家。(55)因　依據；依靠。(56)重固　厚重堅固的國家。(57)間　離間。(58)攜貳　內部離心離德、叛離渙散的國家。(59)覆　傾覆；滅亡。(60)昏亂　昏暗淫亂的國家。(61)霸王　稱霸稱王。(62)器　策略；方法。

【語　譯】 魯閔公元年春天，《春秋》沒有記載閔公即位，這是因為魯國發生動亂不能舉行儀式的緣故。

狄人攻打邢國。管仲對齊桓公說：「戎狄就像豺狼，是不能滿足的；中原各諸侯國互相親近，是不能丟棄的；安逸就像毒酒，是不能懷戀的。《詩經》說：『難道不想回去？怕的是這個竹簡上的軍令文字。』竹簡上的軍令文字，說的是同仇敵愾和憂患與共的意思。請您聽從簡書而救援邢國。」於是齊國人出兵救援邢國。

夏季六月，安葬魯莊公。由於發生動亂的緣故，因此延遲了。

秋季八月，魯閔公與齊桓公在落姑結盟。請求齊桓公幫助季友回魯國。齊桓公答應了他，派人從陳國召回季友，魯閔公住宿在郎地等他。《春秋》記載說「季子來歸」，這是在讚美季友。

冬天，齊國的仲孫湫來魯國慰問禍難，《春秋》稱他為「仲孫」，也是在讚美他。仲孫回到齊國，說：「不除掉慶父，魯國的禍難不會停止。」齊桓公說：「怎樣才能除掉他？」仲孫回答說：「禍難不停止，將會自取滅亡，您當等著它！」齊桓公說：「魯國可以攻取嗎？」仲孫回答說：「不可。他們還執掌著周朝的禮法。

周朝的禮法，是用來立國的根本。我聽說過這樣的話：『國家將要滅亡，就像大樹的軀幹必定先行仆倒，然後枝葉才跟著它倒落。』魯國不拋棄周朝的禮法，是不能動它的。您應當從事於安定魯國的禍難而且親近它。親近有禮儀的國家，依靠穩定堅固的國家，離間內部叛離的國家，滅亡昏暗暴亂的國家，這是完成霸王之業的方略。」

【說　明】 這一大段五小節，都是對《春秋》經文的解釋和闡發。第一小節解釋《春秋》不記載閔公即位的原因；第二小節說明「齊人救邢」是出於管仲對齊桓公的勸諫和請求，因為戎狄是不能滿足的，必須同仇敵愾；第三小節解釋延遲安葬魯莊公的原因；第四小節解釋魯閔公與齊桓公在落姑結盟的目的是為了請求齊桓公幫助季友回國，並說明《春秋》稱「季子來歸」是讚美之辭；第五小節解釋《春秋》「齊仲孫來」，只稱「仲孫」而不稱他的名，也是讚美的表示。

在第五小節中，還記載了仲孫湫和齊桓公的一段對話。仲孫認為不除掉慶父，魯國的禍難不會停止。所謂「慶父不死，魯難未已」，後來就成了一句成語。當時齊桓公就想乘此機會滅掉魯國，以擴張齊國疆土，但被仲孫湫勸阻住了。仲孫湫就向齊桓公進獻了成就霸業的方略，這為齊桓公的稱霸作了思想準備。

傳 晉侯❶作二軍❷，公將❸上軍，大子申生❹將下軍❺。趙夙❻御戎❼，畢萬❽為右❾，以滅耿❿、滅霍⓫、滅魏⓬。還，為大子城曲沃⓭，賜⓮趙夙耿，賜畢萬魏，以為⓯大夫。

士蔿⓰曰：「大子不得立⓱矣。分之都城⓲，而位以卿⓳，先為之極⓴，又焉㉑得立？不如逃之，無㉒使罪至㉓。為吳大伯㉔，不亦可乎？猶有令名㉕，與其及㉖

也。且諺㉗曰：『心苟㉘無瑕㉙，何恤㉚乎無家？』天若祚㉛大子，其㉜無晉㉝乎？」

卜偃㉞曰：「畢萬之後必大㉟。萬，盈數㊱也；魏，大名㊲也。以是㊳始賞，天啟㊴之矣。天子曰兆民㊵，諸侯曰萬民㊶。今名之大，以從㊷盈數，其必有眾㊸。」

初，畢萬筮仕㊹於晉，遇〈屯〉䷂之〈比〉䷇㊺。辛廖㊻占之㊼，曰：「吉。〈屯〉固㊽、〈比〉入㊾，吉孰大焉？其㊿必蕃昌(51)。〈震〉為土(52)，車從馬(53)，足居之(54)，兄長之(55)，母覆之(56)，眾歸之(57)，六體(58)不易(59)，合而能固(60)，安而能殺(61)，公侯之卦(62)也。公侯之子孫，必復其始(63)。」

【注　釋】❶晉侯　晉獻公。❷作二軍　建立兩個軍。按周朝軍隊制度，每軍有一萬二千五百人。王六軍，大國三軍，次國二軍，小國一軍。晉國原本只有一軍，見莊公十六年：「王使虢公命曲沃伯以一軍為晉侯。」如今晉獻公自恃國勢強大，又建立一軍而為二軍。❸將　率領。❹申生　晉獻公的嫡長子。❺下軍　二軍之一，但下軍主帥受上軍主帥統領。❻趙夙　晉國大夫。造父的後裔。周穆王以趙城封造父，造父的後代就以邑為氏，為趙氏。趙夙當為趙衰之父。❼御戎　駕御戰車。❽畢萬　晉國大夫。畢公高的後裔。畢公高與周同姓姬，武王伐紂，封高於畢，於是他的後代為畢氏。畢萬於本年封以魏地，是晉卿魏氏的始祖。❾右　車右；兵車的右衛。參見桓公三年。❿耿　國名。姬姓（一說嬴姓）。侯爵。故址在今山西省河津市東南汾水南岸。⓫霍　國名。姬姓。始封之君為文王之子叔處。故城在今山西省霍州市西南。⓬魏　國名。姬姓。都城在今山西省芮城縣東北。桓公三年芮伯萬出居於魏，即此。⓭城曲沃　在曲沃建造城牆。曲沃，晉國別都。在今山西省聞喜縣東北。⓮賜　賞賜；賜予。⓯以為　以之為；讓他做。「以」下省略「之」字。⓰士蔿　晉國大夫。⓱不得立　不能立為繼承人。⓲都城　指曲沃。凡有宗廟先君神主的城邑稱都。⓳位以卿　用卿的地位給他。古代將帥都以卿擔任，今太子申生將下軍，故稱「位以卿」。⓴為之極　使他官位達到頂點。㉑焉　怎麼。㉒無　通「毋」。不要。㉓罪至　罪過到來；被加罪。㉔吳

大伯　周太王古公亶父的嫡長子。吳國的始祖。又作太伯、泰伯。太王欲立幼子季歷，太伯與弟仲雍同避到江南，成為當地的君長。㉕令名　好名聲。㉖與其及　此句與前「不如逃之」以下數句為倒裝句。意謂與其留在晉國及禍，不如逃之為吳太伯還有好名聲。與其，連詞，常與「不如」等詞連用，在比較取捨時用於捨棄的方面。㉗諺　諺語；俗語。㉘苟　假使；如果。㉙瑕　缺點；過失。㉚恤　憂慮；害怕。㉛祚　賜福；保佑。㉜其　大概。㉝無晉　不要在晉國。㉞卜偃　晉國掌占卜之職的臣郭偃。㉟大　昌大；昌盛。㊱盈數　滿數。㊲大名　高大的名稱。按「魏」通「巍」，高大貌。故稱「魏」是高大之名。㊳以是　以此；用這。㊴啟　啟示；預兆。㊵天子曰兆民　天子統治天下兆民，故稱為兆民。兆民，天下百姓。兆，極言其多。㊶諸侯曰萬民　諸侯統治國內萬民，故稱萬民。萬民，指諸侯國內所有百姓。㊷從　跟隨著。㊸有眾　得到大眾；擁有羣眾。㊹筮仕　占卦做官的吉凶。筮，用蓍草占卦。仕，做官。㊺遇屯䷂之比䷇　得到〈屯〉卦變成〈比〉卦。〈屯〉卦，是單卦的震下坎上。〈比〉卦，是單卦的坤下坎上。〈屯〉卦的第一爻是陽爻初九，變成〈比〉卦的第一爻是陰爻初六。「九」代表陽，「六」代表陰。第一爻是指最下面的那一爻，爻的次序是由下往上排列的。㊻辛廖　周王室大夫。一說晉國大夫。㊼占之　視兆預測。㊽固　堅固。〈屯〉，險難，所以為堅固。㊾入　進入。〈比〉，親近，所以得進入。㊿其　他。指畢萬。(51)蕃昌　蕃衍昌盛。蕃，繁殖。(52)震為土　〈震〉卦變為〈坤〉卦。坤，土地。(53)車從馬　車跟隨著馬。〈震〉是車，〈坤〉是馬。凡此卦變而之他卦稱從，〈震〉變為〈坤〉，所以說「車從馬」。(54)足居之　兩腳站在土上。〈震〉是足。(55)兄長之　兄長撫育他。〈震〉為長男。(56)母覆之　母親保護他。〈坤〉是母。(57)眾歸之　民眾歸附他。〈坎〉是眾。(58)六體　六條卦體。指前「〈震〉為土，車從馬，足居之，兄長之，母覆之，眾歸之」六種卦象。(59)易　變。(60)合而能固　集合眾民而能固守。「合」指〈比〉卦，「固」指〈屯〉卦，以〈比〉承〈屯〉之變，故稱「合而能固」。(61)安而能殺　安定而能殺戮。〈比〉的下卦是〈坤〉，〈坤〉為土地，所以說「安」。〈屯〉的下卦是〈震〉，〈震〉為雷，所以說「殺」。「安」為恩惠，「殺」為威武，以〈坤〉承〈震〉之變，有惠有威，故稱「安而能殺」。(62)公侯之卦　公侯的卦象。「〈屯〉、〈比〉二卦卦象是有車馬，有土地，有兄的幫助，有母的覆育，有羣眾的歸附，又有足居其地，因此論定是『公侯之卦』。」（高亨《左傳國語的周易說通解》）(63)復其始　回復到他開始的地位。意謂畢萬是畢公高的後代，仍將為諸侯。

【語　譯】晉獻公建立兩個軍，他自己率領上軍，太子申生率領下軍。趙夙為獻公駕御戰車，畢萬做兵車的右衛，以此滅掉耿國、滅掉霍國、滅掉魏國。回國以後，為太子在曲沃建造城牆，把耿地賞賜給趙夙，把魏地賞賜給畢萬，讓他們做大夫。

晉國大夫士蔿說：「太子不能立為繼承人了。把都城分給他，而給他用卿的地位，先使他官位達到頂點，又怎麼能得到立為國君的呢？與其留在晉國會得到禍患，不如逃離晉國，不要使罪過到來。做個吳太伯，不也是可以的嗎？這樣還可以有好名聲。而且俗話說：『心裏如果沒有過失，怎麼會害怕沒有家？』上天如果保佑太子，大概不要在晉國吧？」

掌占卜之職的郭偃說：「畢萬的後代必定昌盛強大。萬，是滿數；魏，是高大的名稱。開始就用這個賞賜，是上天啟示預兆他了。天子稱統治兆民，諸侯稱統治萬民。現在名稱的高大，而跟隨著滿數，他必然會擁有民眾。」

當初，畢萬占卦在晉國做官的吉凶，得到〈屯〉卦䷂變成〈比〉卦䷇。辛廖視兆預測，說：「吉利。〈屯〉是堅固，〈比〉是進入，還有什麼吉利比這更大的呢？他必定繁衍而昌盛。〈震〉卦變成了〈坤〉卦的土，車跟隨著馬，兩腳站在土上，兄長撫育他，母親保護他，民眾歸附他，這六種卦象不變，集合而能堅固，安定而能殺戮，這是公侯的卦象。原是公侯的子孫，必定回復到他開始的公侯地位上。」

【說　明】這一大段都是記載晉國的事。第一小節敘晉獻公自恃國勢強大而建立二軍，並以此滅亡了耿、霍、魏三國。然後為太子申生在曲沃築城，將耿地賜給趙夙，將魏地賜給畢萬。這實際上已為後來晉國內亂和分裂開始埋下禍根。

第二小節用大夫士蔿的話分析太子申生已不可能成為晉國的繼承國君，這為後來申生自殺埋下了伏筆。

第三小節用掌管占卜職務的郭偃的話預言畢萬的後代必然昌盛，但他完全是從名字和封地的名稱上分析出來的。

第四小節則是倒敘過去畢萬曾經占卦在晉國做官的吉凶，辛廖分析卦象後認為是最大的吉卦，其子孫必將回復到他始祖的公侯地位。這實際上是為後來魏與韓、趙三國分晉埋下伏筆。

二年

辛酉，西元前六六〇年。周惠王十七年、齊桓公二十六年、晉獻公十七年、秦成公四年、楚成王十二年、宋桓公二十二年、衛懿公九年、陳宣公三十三年、蔡穆侯十五年、曹昭公二年、鄭文公十三年、燕莊公三十一年、許穆公三十八年、杞惠公十三年。

經 二年春王正月，齊人遷陽。

夏五月乙酉，吉禘于莊公。

秋八月辛丑，公薨。

九月，夫人姜氏孫于邾。

公子慶父出奔莒。

冬，齊高子來盟。

十有二月，狄入衛。

鄭棄其師。

傳 二年春，虢公敗犬戎❶于渭汭❷。舟之僑❸曰：「無德而祿，殃❹也。殃將至矣。」遂奔晉。

夏，吉禘❺于莊公，速❻也。

【注釋】❶犬戎 亦作「畎戎」、「畎夷」，古戎人的一支。亦即殷、周之間的鬼方、昆夷。戰國後又稱「胡」、「匈奴」。❷渭汭 渭水的彎曲處。一說渭水入黃河處，當在今陝西省華陰市東北。汭，河流彎曲處。❸舟之僑 虢國大夫。❹殃 災禍。❺吉禘 古時喪期畢，奉死者神主入祭於宗廟，謂之「吉禘」。杜預注：「三年喪畢，致新死者之主於廟，廟之遠主當遷入祧，因是大祭，以審昭穆，謂之禘。」禘，大祭。❻速 時間提前。按古代居喪期為三年，今莊公死二十二個月，閔公就除喪，所以說「速」。

【語譯】魯閔公二年春天，虢公在渭水彎曲處打敗了犬戎。虢國大夫舟之僑說：「沒有德行而受爵祿，是災殃。災殃將要到來了。」於是就逃奔到晉國。

夏天，魯國將莊公神主送入宗廟而舉行大祭，時間提前了。

【說明】這段兩小節。第一小節敘虢國的事。虢公打敗犬戎，本是喜事。但舟之僑認為災殃將要到來。這為後來晉國滅亡虢國埋下了伏筆。第二小節敘魯國的事。魯莊公死於三十二年（西元前六六二年）八月，按古代喪期三年實為二十五個月，當於本年八月喪畢，但閔公卻在五月就舉行吉禘，是不合於禮的。一說閔公因害怕國內將發生禍難，想用送莊公神主入廟而舉行大祭來抑制禍難的發生。這是解釋閔公為什麼提前吉禘莊公原因的一種說法，可參考。

傳 初，公傅❶奪卜齮❷田，公不禁。秋八月辛丑❸，共仲❹使卜齮賊❺公于武闈❻。成季❼以❽僖公❾適❿邾⓫。共仲奔莒⓬，乃入⓭，立之⓮。以賂⓯求共仲于莒，莒人歸之⓰。及密⓱，使公子魚⓲請⓳。不許，哭而往⓴。共仲曰：「奚斯㉑之聲也。」

乃縊㉒。

閔公，哀姜之娣㉓叔姜㉔之子也，故齊人立之。共仲通㉕於哀姜，哀姜欲立之。閔公之死也，哀姜與㉖知之，故孫㉗于邾。齊人取而殺之㉘于夷㉙，以其尸歸㉚，僖公請而葬之㉛。

成季之將生也㉜，桓公㉝使卜楚丘㉞之父卜之，曰：「男也，其名曰友，在公之右㉟，間于兩社㊱，為公室㊲輔㊳。季氏㊴亡，則魯不昌㊵。」又筮㊶之，遇〈大有〉䷍㊷之〈乾〉䷀㊸，曰㊹：「同復于父㊺，敬如君所㊻。」及生，有文㊼在其手曰「友」，遂以命之㊽。

【注釋】❶公傅　閔公的保傅。傅，師傅；保傅。指負有輔佐責任的官員或負責教導的人。❷卜齮　魯國大夫。❸八月辛丑　八月二十四日。❹共仲　即慶父。魯莊公弟。❺賊　殺害。❻武闈　虎門；宮室的旁門。武，通「虎」。闈，宮中的門。❼成季　即季友。魯莊公弟。❽以　帶領。❾僖公　魯僖公，名申。魯莊公之子，魯閔公之弟，在位三十三年。僖，諡號。《逸周書・諡法解》：「有伐而還曰釐（僖）。」❿適　往；到。⓫邾　國名。即鄒國。曹姓。子爵。都城在今山東省鄒城市東南。見隱公元年。⓬莒　國名。己姓。都城在今山東省莒縣。見隱公二年。⓭乃入　於是回到國內。⓮立之　立僖公為國君。⓯以賂　用財貨。⓰歸之　把共仲送歸魯國。⓱密　魯國地名。在今山東省費縣北。⓲公子魚　字奚斯。疑為魯莊公子。⓳請　請求赦罪。⓴往　返。㉑奚斯　公子魚的字。㉒縊　上吊而死。㉓娣　女弟；妹。㉔叔姜　哀姜之妹。㉕通　私通；通姦。㉖與　參預。㉗孫　通「遜」。逃遁。春秋時言及國君或夫人之逃奔，常用「孫」（遜）字，這是逃奔的婉曲之辭。㉘取而殺之　索取哀姜而殺了她。《列女傳・孽嬖傳》：「齊桓公立僖公，聞哀姜與慶父通以危魯，乃召哀姜酖而殺之。」㉙夷國名，妘姓。後歸於齊國。故城在今山東省即墨市西。㉚以其尸歸　把哀姜的屍體帶回齊國。㉛請而葬之　向齊國請求而在魯國安葬哀姜。㉜將生也　將要出生的時候。㉝桓公　魯桓公。㉞卜楚丘　執掌占卜的大夫名叫楚丘。因其父名不詳，故舉其子名稱呼之。㉟右　指用事，輔佐國君。㊱間于兩社　處在兩社之間。魯國有兩社，一為周社，一為亳社。兩社之間，不僅是朝廷之所在，也是執政大臣治事之所在。所以「間于兩社」即謂魯之大臣。㊲公室　諸侯國政權。㊳輔　輔弼大臣；宰相。㊴季氏　指季友子孫。一說即指季友。㊵不昌　不能昌盛。這句古代有兩種解釋：一說季友子孫滅亡，魯國也就會滅亡；一說季友逃亡，魯國就出現弒子般與閔公。㊶筮　用蓍草占卦。㊷大有䷍　卦名，六十四卦之一。乾在下，離在上。㊸之乾䷀　變成〈乾〉卦。〈乾〉䷀，六十四卦之一。乾在上，乾在下。㊹曰　占卦人說。㊺同復于父　尊同於父。〈大有〉卦是上離下乾，乾為父，離為子。〈大有〉上卦的離變為乾，象徵子與其父同德。復，行故道，所以說「同復于父」。㊻敬如君所　國人敬他如君之所處，其貴與君同。乾又為君，離又為臣，離變為乾，又象徵臣與其君同心，常在君左右。如，往。所，處。所以說「敬如君所」。㊼文　文字。㊽命之　給他命名。

【語　譯】當初，魯閔公的保傅掠奪卜齮的田地，閔公不加禁止。秋季八月二十四日，慶父派卜齮在宮室的旁門殺害了閔公。季友帶著僖公逃往邾國。當慶父逃亡到莒國後，季友和僖公才回國，立僖公為國君。用財貨向莒國求取慶父，莒國人把慶父送歸魯國。慶父到達魯國密地，派公子魚去請求僖公赦罪。不被允許，公子魚哭著回去。慶父說：「這是公子魚的哭聲啊！」於是就上吊而死。

魯閔公是哀姜的妹妹叔姜的兒子，所以齊國人立他為國君。慶父和哀姜通姦，哀姜想立慶父為國君。閔公的被殺，哀姜知道這件事，所以逃遁在邾國。齊國人向邾國索取哀姜而在夷地殺了她，把她的屍體帶了回去，魯僖公請求歸還屍體而安葬了她。

季友將要出生的時候，魯桓公派卜楚丘的父親為他占卜。占卜人說：「是男孩子，他的名叫友，在您的右邊，處在周社和亳社之間，作為公室的輔弼。季氏滅亡，魯國就不昌盛。」又為他占筮，得到〈大有〉䷍變成〈乾〉䷀，占筮人說：「尊貴同於父親，國人敬他如君之所處。」等到生下來時，在他的手掌心有個字叫「友」，於是就以「友」命名。

【說　明】這大段都是敘魯國的事。第一小節敘魯閔公被殺前後的情況。上年齊國的仲孫湫訪問魯國後回去曾對齊桓公說過：「不去慶父，魯難未已。」早在兩年前，即魯莊公死後，子般即位才兩個月，慶父就派圉人犖刺殺了子般。如今魯閔公即位不到兩年，慶父又派卜齮刺殺了閔公。都是利用對子般和閔公有仇的人去行刺，手段極為陰險毒辣。但這激起了魯國人的憤怒，據《史記・魯周公世家》記載，閔公被殺後，「魯人欲誅慶父。慶父恐，奔莒。」說明魯國人對慶父的罪行已恨之入骨。所以當季友立僖公為國君後，立即要求莒國人把慶父送回魯國，慶父還想請求赦免，但他嚴重的罪行當然不可能獲赦，所以只得自殺。這才使魯國避免再發生禍難。

第二小節敘哀姜事。哀姜長期以來與慶父通姦，一心想立慶父為國君，慶父派人刺殺閔公實際上是哀姜參預策劃的，她卻故意躲避在邾國。她是齊國之女，所以她終於被齊國人處死，這也是她罪有應得。

第三小節敘季友出生時的情況，通過他的父親魯桓公派人給他占卜，預示了季氏將永遠是魯國的輔弼，季氏子孫命運與魯國為終始。這不僅說明季友輔佐子般、閔公和僖公，而且也為後來季氏子孫輔佐魯國埋下了伏筆。

傳 冬十二月，狄①人伐衛。衛懿公②好鶴③，鶴有乘軒④者。將戰，國人受甲者⑤皆曰：「使鶴⑥！鶴實有祿位⑦，余⑧焉⑨能戰？」公與⑩石祁子⑪玦⑫，與甯莊子⑬矢⑭，使守⑮，曰：「以此贊國⑯，擇利⑰而為之。」與夫人繡衣，曰：「聽於二子⑱！」渠孔⑲御戎⑳，子伯㉑為右㉒；黃夷㉓前驅㉔，孔嬰齊㉕殿㉖。及㉗狄人戰于熒澤㉘，衛師敗績㉙，遂滅衛㉚。衛侯㉛不去㉜其旗，是以㉝甚敗㉞，狄人囚史㉟

華龍滑[36]與禮孔[37]，以逐衛人。二人曰：「我，大史[38]也，實[39]掌其祭[40]。不先，國不可得也。」乃先之。至，則告守[41]曰：「不可待[42]也。」夜與國人出[43]。狄入衛，遂從之[44]，又敗諸河[45]。

初，惠公[46]之即位也少[47]，齊人[48]使昭伯[49]烝[50]於宣姜[51]，不可[52]，強之[53]。生齊子[54]、戴公[55]、文公[56]、宋桓夫人[57]、許穆夫人[58]。文公為衛之多患[59]也，先適齊[60]。及敗，宋桓公逆諸河[61]，宵濟[62]。衛之遺民[63]男女七百有[64]三十人，益[65]之以共[66]、滕[67]之民為五千人。立戴公以廬[68]于曹[69]。許穆夫人賦[70]〈載馳〉[71]。齊侯[72]使公子無虧[73]帥[74]車三百乘[75]、甲士三千人以戍曹[76]。歸公[77]乘馬[78]，祭服五稱[79]，牛、羊、豕、雞、狗皆三百與門材[80]。歸夫人魚軒[81]，重錦[82]三十兩[83]。

鄭人[84]惡高克[85]，使帥師次[86]于河上[87]，久而弗召[88]，師潰[89]而歸，高克奔陳。鄭人為之賦〈清人〉[90]。

【注釋】❶狄　亦作「翟」。見閔公元年。❷衛懿公　衛國國君，名赤，衛惠公之子。衛國第十七位國君。在位九年。懿，諡號。《逸周書・諡法解》：「溫柔聖善曰懿。」❸好鶴　喜歡鶴。鶴，鳥名，有丹頂鶴、灰鶴等，常活動於平原水邊或沼澤地帶，食小動物和植物。古代又稱仙鶴。❹軒　古代一種前頂較高而有帷幕的車子，供大夫以上之人乘坐。❺受甲者　接受戎衣鎧甲的人。指徵調服役的士兵。❻使鶴　讓鶴去作戰。❼實有祿位　實際享有爵祿官位。❽余　我們。士兵們自稱。❾焉　何；怎麼。❿與　給。⓫石祁子　衛國大夫。子，尊稱。⓬玦　古代玉器名。環形，有缺口。用以表示遇事要有決斷。⓭甯

莊子　名速。衛國大夫。莊，謚號。子，尊稱。⑭矢　箭。用以表示遇敵要抵抗。⑮使守　派他們二人防守。「使」下省略「之」字。⑯贊國　幫助處理國事。⑰擇利　選擇對國家有利的事。⑱二子　指石祁子和甯莊子。⑲渠孔　衛國大夫。⑳御戎　駕御戰車。㉑子伯　衛國大夫。㉒右　車右；兵車上的右衛。㉓黃夷　衛國大夫。㉔前驅　在前面打衛鋒；先鋒。㉕孔嬰齊　衛國大夫。㉖殿　殿後；走在最後面。㉗及　與；和。㉘熒澤　當是衛國地名，在黃河北岸。實際地理位置不詳。㉙敗績　大敗。㉚滅衛　消滅了衛軍。㉛衛侯　衛懿公。㉜去　去掉；收藏。㉝是以　以是；因此。㉞甚敗　敗得很慘；慘敗。指懿公也被殺。㉟囚史　囚禁史官。㊱華龍滑　衛國的史官。㊲禮孔　衛國的史官。㊳大史　太史。官名。掌管起草文書、策命卿大夫、記載史事、編寫史書、兼管國家典籍、天文曆法、祭祀等。㊴實　是。㊵掌其祭　掌管衛國的祭祀。㊶告守　告訴守衛都城的人。㊷待　抵禦。㊸出　撤走。㊹從之　跟著追逐衛人。之，指代衛軍。㊺敗諸河　敗之於黃河邊。河，黃河。㊻惠公　衛惠公。名朔，衛宣公之子，衛懿公之父。魯桓公十三年（西元前六九九年）即位，第四年出奔齊國。至魯莊公六年（西元前六八八年）復回衛國即位，魯莊公二十五年（西元前六六九年）卒。前後在位二十四年。惠，謚號。《逸周書・謚法解》：「柔質慈民曰惠」、「愛民好與曰惠」。㊼少　年輕；年少。㊽齊人　此處指齊僖公。齊僖公於春秋前八年（西元前七三〇年）即位，魯桓公十四年（西元前六九八年）卒，在位三十三年。㊾昭伯　衛宣公之子，名頑。㊿烝　指同母輩發生性關係。(51)宣姜　衛宣公夫人。齊僖公之女。本為衛宣公之子急子之妻，被衛宣公所截娶。(52)不可　指昭伯不願意。(53)強之　強迫他做。(54)齊子　指嫁給齊國的女兒。(55)戴公　昭伯之子，名申。狄人攻入衛國後，衛人在曹地立他為君，不久去世。戴，謚號。《逸周書・謚法解》：「愛民好治曰戴」。(56)文公　名燬。昭伯之子。戴公死後，文公繼立。次年改元，當魯僖公元年。在位二十五年。文，謚號。《逸周書・謚法解》：「道德博聞曰文」、「學勤好問曰文」。(57)宋桓夫人　宋桓公的夫人，宋襄公之母。(58)許穆夫人　許穆公（名新臣）的夫人。我國最早的女詩人。(59)衛之多患　衛國的禍患很多。指衛懿公好鶴，淫樂奢侈，百姓大臣多不服。(60)先適齊　先前就往齊國去避禍。(61)逆諸河　迎之於黃河邊。逆，迎接。河，黃河。(62)宵濟　夜裏渡河。因為害怕狄人軍隊。(63)遺民　遭難後殘留的民眾。(64)有　又。(65)益　加上。(66)共　衛國邑名，在今河南省輝縣。(67)滕　衛國邑名。實際位置不詳。(68)廬　旅；寄居。(69)曹　衛國邑名，又作「漕」，在今河南省滑縣東南。(70)賦　作詩。(71)載馳　《詩經・鄘風》篇名。〈毛詩序〉：「〈載馳〉，許穆夫人作也。閔其宗國顛覆，自傷不能救也。衛懿公為狄人所滅，國人分散，露於漕邑。許穆夫人閔衛之亡，傷許之小，力不能救，思歸唁其兄，又義不得，故賦是詩也。」(72)齊侯　指齊桓公。(73)公子無虧　即公子武孟。齊桓公之子。其母為衛姬。(74)帥　率領。(75)乘　輛。古時一車四馬稱為一乘。(76)戍曹　守衛曹邑。此時衛國已無兵力，曹邑為衛國臨時國都，所以齊國派兵幫助衛國防守。(77)歸公　贈送給衛戴公。歸，通「饋」。贈送。公，指衛戴公。(78)乘馬　駕車的馬匹。(79)五稱　五套。稱，配合齊全的一套。(80)門材　做門戶的材料。(81)魚軒　用魚皮裝飾的車。(82)重錦　細軟的上等錦緞。(83)兩　匹。古代布帛，每匹四丈，分為兩段，兩兩合捲，所以稱為「兩」；又稱為「匹」。(84)鄭人　此處指鄭文公和公子素。(85)高克　鄭國大夫。(86)次　居住；駐紮。(87)河上　黃河邊。(88)弗召　不召他回來。(89)潰　潰散。(90)清人　《詩經・鄭風》篇名。〈毛詩序〉：「〈清人〉，刺文公也。高克好利而不顧其君，文公惡而欲遠之不能，使高克將兵而禦狄于竟（境）。陳其師旅，翱翔河上。久而不召。眾散而歸，高克奔陳。公子素惡高克進之不以禮。文公退之不以道，危國亡師之本，故作是詩也。」清，鄭國邑名，在今河南省中牟縣境內。高克及其所率兵疑皆清邑之人。

【語　譯】 冬季十二月，狄人進攻衛國。衛懿公喜歡鶴，有些鶴出門還乘坐大夫乘的車子。將要作戰時，衛國接受戎衣鎧甲的士兵們都說：「讓鶴去作戰吧！鶴實際上享有爵祿官位，我們怎麼能作戰？」衛懿公給石祁子玉玦，給甯莊子箭矢，派他們防守，說：「用這個來幫助處理國事，選擇有利的就去做。」又給夫人一件繡衣，說：「聽從於他們兩位！」衛懿公親自率兵出征，渠孔為他駕御戰車，子伯做車右；黃夷在前面打衛鋒，孔嬰齊作為殿後。與狄人在熒澤戰鬥，衛軍大敗，於是狄人就全部消滅了衛軍。衛懿公不肯去掉自己的旗幟，因此敗得很慘。狄人囚禁了史官華龍滑和禮孔，帶著他們追逐衛國人。這二人說：「我們是太史，是執掌衛國祭祀的。如果不讓我們先回去祭告神靈，你們是不可能得到衛國國都的。」於是就讓他們先回去。他們到達國都，就告訴守衛的人說：「不能抵禦了。」當天夜裏守衛人員就和國都的人一起撤退出城。狄人進入衛國都城，跟著就追趕衛人，又在黃河邊上打敗了衛國人。

當初，衛惠公即位的時候很年輕，齊國人讓昭伯和宣姜通姦，昭伯不願意，就強迫他。生了齊子、戴公、文公、宋桓夫人、許穆夫人。衛文公因為看到衛國的禍患很多，先前就到了齊國。等到衛國被狄人打敗，宋桓公就在黃河邊上迎接他，夜間渡過黃河。衛國殘留的民眾男女共計七百三十人，加上那共地、滕地的百姓共為五千人。立戴公為國君，而寄居在曹邑。許穆夫人為此作了〈載馳〉詩。齊桓公派遣公子無虧率領戰車三百輛、甲士三千人來守衛曹邑。贈送給衛戴公駕車的馬匹，祭服五套，牛、羊、豬、雞、狗都是三百頭，還有做門戶的木材。贈送給夫人用魚皮裝飾的車子，上等的錦緞三十匹。

鄭國人討厭高克，派他率領軍隊駐紮在黃河邊，很久不召他回來，軍隊潰散而逃回，高克逃奔到陳國。鄭國人為此而作了〈清人〉這首詩。

【說　明】這大段主要記載衛國的事。只有最後一小節簡單記載鄭國的事。

作為一國國君，衛懿公不關心人民疾苦，不認真處理國事，卻一心沉溺在伺候鶴的身上，讓鶴享受大夫的祿位，這是中國歷史上昏君做的極為荒唐的事。其結果是當狄人入侵時，兵士們都因怨恨而不肯作戰，造成全軍覆沒，國滅身亡。落得個被後人恥笑痛罵的下場。這件事在古代影響很大。《呂氏春秋・忠廉》、《韓詩外傳》七、《新序・義勇》、《論衡・儒增》都有記載。

衛國在懿公之前就發生過多次亂倫的事。衛宣公為其子急子娶妻，發現她很美，就佔為己有，她就是宣姜。宣公死後，宣姜又與急子弟昭伯通姦。這都是亂倫的事。《詩經・邶風・新臺》、〈鄘風・牆有茨〉、〈鶉之奔奔〉就是衛國人諷刺這些亂倫之事而作的。

衛國被狄人滅亡以後，殘留的民眾在曹邑立公子申為國君，就是戴公。同時，公子燬被宋桓公迎接到了宋國。戴公由於得到齊桓公的大力支持，派兵幫助防守曹邑，並贈送了各種用品和食物，得以維持生存。不久，戴公去世，公子燬即位，就是文公。於是衛國終於在文公治理下，又恢復強盛起來。

衛國的這場劫難，是衛懿公寵鶴而不關心民眾疾苦所造成的，也是衛國長期淫亂的必然結果。之所以被狄人滅而不亡，一是靠衛國殘留民眾的努力，二是靠齊桓公的支持，三是靠戴公、文公的治理。這說明國君荒淫必然亡國，國君關心民眾就會重新振興。

鄭國國君文公因厭惡高克而派他去防守邊境，長期不召回，這顯然也是治國無道，所以鄭國人要作詩諷刺文公了。

傳 晉侯❶使大子申生❷伐東山皋落氏❸。里克❹諫曰：「大子奉冢祀❺、社稷之粢盛❻，以❼朝夕❽視君膳❾者也，故曰冢子❿。君行⓫則守⓬，有守⓭則從⓮。從曰撫軍⓯，守曰監國⓰，古之制也。夫帥師⓱，專行謀⓲，誓軍旅⓳，君與國政⓴之所圖㉑也。非大子之事也。師㉒在制命㉓而已，稟命㉔則不威，專命㉕則不孝，故君之嗣適㉖不可以帥師。君失其官㉗，帥師㉘不威，將焉㉙用之？且臣聞皋落氏將戰。君其㉚舍之㉛！」公曰：「寡人有子㉜，未知其㉝誰立㉞焉！」不對㉟而退。見大子㊱。大子曰：「吾其廢㊲乎？」對曰：「告之㊳以臨民㊴，教之以軍旅㊵，不共是懼㊶，何故廢乎？且子懼不孝，無懼弗得立。修己㊷而不責人㊸，則免於難。」

大子帥師，公衣之㊹偏衣㊺，佩之金玦㊻。狐突㊼御戎㊽，先友㊾為右㊿。梁餘子養(51)御罕夷(52)，先丹木(53)為右。羊舌大夫(54)為尉(55)。先友曰：「衣(56)身之偏(57)，握兵之要(58)，在此行(59)也，子(60)其(61)勉之(62)！偏躬(63)無慝(64)，兵要(65)遠災(66)，親(67)以無災，又何患(68)焉？」狐突歎曰：「時(69)，事之徵(70)也；衣，身之章(71)也；佩，衷之旗(72)也。故敬其事，則命以始(73)；服其身(74)，則衣之純(75)；用其衷(76)，則佩之度(77)。今命(78)以時卒(79)，閟(80)其事也；衣之尨服(81)，遠其躬(82)也；佩以金玦，棄其衷(83)也。服以遠之，時以閟之；尨，涼；冬，殺；金，寒；玦，離；胡可恃(84)也？雖欲勉之，狄可盡[85]乎？」梁餘子養曰：「帥師者，受命於廟，受脤[86]於社[87]，有常服[88]矣。不獲而尨[89]，命[90]可知也。死而不孝，不如逃之[91]。」罕夷曰：「尨奇[92]無常[93]，金玦不復[94]。雖復[95]何為[96]？君有心[97]矣。」先丹木曰：「是服[98]也，狂夫阻之[99]。曰[100]『盡敵[101]而反』，敵可盡乎？雖盡敵，猶有內讒[102]，不如違[103]之。」狐突欲行[104]。羊舌大夫曰：「不可。違命不孝，棄事[105]不忠。雖知其寒[106]，惡[107]不可取。子其死之！」

大子將戰，狐突諫曰：「不可。昔辛伯[108]諗[109]周桓公[110]云：『內寵[111]並后[112]，外寵[113]二政[114]，嬖子[115]配適[116]，大都[117]耦國[118]，亂之本[119]也。』周公弗從，故及於難[120]。今亂本成[121]矣，立可必乎[122]？孝而安民，子其[123]圖之[124]！與其危身以速罪也[125]。」

【注釋】❶晉侯　指晉獻公。❷申生　晉獻公長子。❸東山皋落氏　赤狄別種，在今山西省垣曲縣東南。一說在今山西省昔陽縣大寨東南。❹里克　晉國大夫。又稱「里季」。❺冢祀　大祭祀；宗廟的祭祀。❻粢盛　盛在祭器內供祭祀的穀物。此處指祭祀。❼以　在。❽朝夕　早晚。❾視君膳　照看國君膳食。古代太子必須侍候父王進餐。據《禮記・文王世子》記載，文王每天三次侍候父親進膳，食上時，要試冷熱調節。食畢，要問所膳如何，叮囑膳宰。❿冢子　嫡長子。不同於其他眾兒子。⓫行　外出。⓬守　留守治理國政。⓭有守　有別人守護國都。春秋時國君外出一般都由執政卿大夫未從行者為留守。⓮從　跟隨國君。⓯撫軍　撫循軍士。指太子隨君出征。⓰監國　國君外出時，太子留守代管國事。⓱帥師　率領軍隊。⓲專行謀　專斷各種謀略。⓳誓軍旅　號令軍隊。誓，告誡；發號施行。⓴國政　執國政之臣。指諸侯國的正卿。㉑圖　策劃。㉒師　率師；率領軍隊的主將。㉓制命　控制命令；專制師旅的號令。即「將在外君命有所不受」之意。㉔稟命　請示而承受君命。㉕專命　擅自發令而不請示。㉖嗣適　嫡嗣；嫡子。適，通「嫡」。宗法社會中稱正妻為嫡，正妻所生子女叫嫡生。㉗失其官　失去了他任命官職的準則。㉘帥師　指太子率領軍隊。省略主語「太子」。㉙將焉　打算怎麼。㉚其　還是；應當。㉛舍之　捨棄成命；放棄「使大子中生伐東山皋落氏」的成命。舍，同「捨」。放棄。㉜有子　有幾個兒子。㉝其將。㉞誰立　立誰為繼承者。㉟不對　不回答。㊱見大子　里克進見太子。此處省略主語。㊲其廢　大概要被廢除太子地位。㊳告之　命令你。㊴以臨民　來治理（曲沃）百姓。㊵以軍旅　帶領軍隊。指以前令太子將下軍，又令其伐東山皋落氏。㊶不共是懼　「懼不共」的倒裝。共，通「供」。完成重任。一說通「恭」，嚴肅認真。㊷修己　修養自己的德行。㊸責人　責備別人。㊹衣之　讓他穿。㊺偏衣　自背脊梁中分、左右兩色的衣服。一色與公服同，一色不同。㊻金玦　青銅製的環形有缺口的佩飾。㊼狐突　晉國大夫。字伯行，狐偃之父，晉公子重耳的外祖。㊽御戎　駕御戰車。㊾先友　晉國大夫。㊿右　車右；戰車的右衛。(51)梁餘子養　晉國大夫。姓梁，名養，字餘子。一說梁餘為姓，子養為名。(52)御罕夷　為罕夷駕御戰車。罕夷，晉國大夫。當時為下軍統帥。(53)先丹木　晉國大夫。(54)羊舌大夫　名突。羊舌職之父，叔向之祖。(55)尉　軍尉。官名。掌軍中執法。位在軍帥之下，眾官之上。(56)衣　穿。(57)身之偏　國君衣服的一半。太子所穿的偏衣，半同國君的服色。(58)握兵之要　掌握著軍事的機要。指佩金玦，統率上軍，而下軍又跟著他隨行。(59)在此行　成敗在此一行。(60)子　您。對對方的尊稱。(61)其　當。(62)勉之　為之盡力。(63)偏躬　分國君衣服的一半。(64)無慝　沒有惡意。(65)兵要　兵權。(66)遠災　遠離災禍。(67)親　指給予偏衣之親。(68)何患　患何；憂慮什麼。(69)時　時令。指冬季十二月出征。(70)徵　徵兆。冬季是肅殺之時，意謂獻公心存殺機。(71)身之章　身分的標誌。章，標記。(72)衷之旗　表明心意的旗幟。衷，中心；內心。旗，旗幟；表識。(73)命以始　在早先就應發布命令。即指應在春夏時就該發布出征命令，不應遲至冬季十二月。始，四時的開始。(74)服其身　賜予他（太子）穿的衣服。(75)衣之純　衣服的純色；純色的身服。古代戎服，以一色為貴。(76)用其衷　使他的衷心為自己所用。(77)佩之度　讓他以合於禮度的裝飾品用作佩飾。古代以佩玉為常度，即應以玉玦為佩，而不應佩金玦。(78)今命　現在發布命令。(79)以時卒　在四時的終止之時。指十二月。時卒，年終。卒，終。(80)閟　關閉；閉塞不通。(81)尨服　雜色的衣服。尨，雜色。(82)遠其躬　疏遠他。(83)棄其衷　表示丟棄他的心意。(84)胡可恃　怎麼可以依靠。(85)盡　殺盡；消滅盡。(86)脤　祭祀社稷所用的肉。(87)社　土地神廟。(88)常服　按禮儀規定的服飾。(89)不獲而尨　得不到禮儀規定的服飾而穿雜色衣服。(90)命　指獻公的命令所包含的用意。(91)逃之　逃奔他國。(92)尨奇　雜色的奇怪衣服。(93)無常　不合規定的服飾。(94)不復　不再回來。玦表示決絕。(95)雖復　即使回來。(96)何為　有什麼作為。(97)有心　有害太子之心。(98)是服　這種服飾。是，這。指示代詞。

(99)阻之　拒絕穿它。(100)曰　指晉獻公命令所說。(101)盡敵　消滅盡敵人。(102)內讒　內宮的讒言。指莊公二十八年傳文所說的驪姬進讒。(103)違　離去。(104)欲行　贊成要走。(105)棄事　拋棄國事。指征伐皐落氏之事。(106)其寒　國君心裏涼薄。(107)惡　指不孝不忠的惡名。(108)辛伯　周大夫。(109)諗　深諫；極力勸阻。(110)周桓公　即周公黑肩。周王室卿士。桓，諡號。《逸周書・諡法解》：「辟土服遠曰桓」、「克敬勤民曰桓」。按此事見《左傳・桓公十八年》：「周公欲弒莊王而立王子克。辛伯告王，遂與王殺周公黑肩。王子克奔燕。初，……辛伯諫曰：『并后，匹嫡，兩政，耦國，亂之本也。』周公弗從，故及。」(111)內寵　宮內的寵妾。(112)並后　同於王后。(113)外寵　宮外的寵臣。(114)二政　兩個正卿同等執政。(115)嬖子　寵愛的庶子。(116)配適　和嫡子匹敵。配，匹敵；並列。適，通「嫡」。嫡子。(117)大都　大城。(118)耦國　兩個國都；與國都相等。(119)本　根本。(120)及於難　遭到禍難。指被莊王所殺。(121)亂本成　禍亂的根源已經形成。指驪姬為內寵，二五為外寵，奚齊、卓子為嬖子，曲沃為大都。(122)立可必乎　一定可以立為嗣君嗎。(123)其　請；當。(124)圖之　考慮這件事。(125)與其危身以速罪也　此句與前兩句為倒裝句法。意思是：「與其危身以速罪也，不如孝而安民，子其圖之！」與其，連詞。常和「不如」連用，在比較取捨時用於捨棄的方面。危身，危害自己。速罪，招致罪罰。速，招。

【語　譯】晉獻公派遣太子申生攻打東山皐落氏。大夫里克勸諫說：「太子是奉事宗廟祭祀、社稷大祭，在早晚照看國君飲食的人，所以叫做冢子。國君外出就留守治理國政，如果有別人留守就跟從國君。跟從國君在外叫做撫軍，留守在國都叫做監國，這是古代的制度。至於率領軍隊，專斷決定各種謀略，號令軍隊，這是國君和執國政的正卿所應該策劃的。不是太子的事情。率領軍隊在於專制號令罷了，太子領兵如遇事都要請命就沒有威嚴，擅自發令而不請命就不孝，所以國君的嫡嗣子不可以率領軍隊。國君失去他任命官職的準則，太子率領軍隊沒有威嚴，打算怎麼用他呢？而且我聽說皐落氏將要出兵迎戰。國君您還當捨棄成命為好。」晉獻公說：「我有好幾個兒子，還不知道將立誰為繼承人呢！」里克不回答而退了下去。

里克進見太子。太子說：「我大概要被廢掉了吧？」里克回答說：「命令你在曲沃治理百姓，教導你帶領軍隊，應該害怕的是不能完成重任，為什麼緣故要害怕被廢呢？而且做兒子的應該害怕不孝，不應該害怕不得立為繼承人。修養自己德行而不責備別人，就可免於禍難。」

太子率領軍隊，晉獻公讓他穿左右兩色的衣服，讓他佩帶金玦。狐突駕御戰車，先友做戰車右衛。梁餘子養為罕夷駕御戰車，先丹木做戰車右衛。羊舌大夫做軍尉。先友說：「穿國君衣服的一半，掌握軍事的機要，成敗在此一行了，您當為之盡力！國君分出一半衣服沒有惡意，兵權在手可以遠離災禍，既親近而又沒有災禍，又憂慮什麼呢？」狐突歎氣說：「時令，是事情的徵兆；衣服，是身分的標誌；佩飾，是心意的旗幟。所以如果敬重這件事，就應在時令之始就發布命令；賜予他的衣服，就應該用純色；使他衷心為自己所用，就應該讓他佩帶合於規定禮度的裝飾品。現在在年終發布命令，是要讓他的事情行不通；賜他穿雜色的衣服，是要疏遠他。用金玦賜給他佩帶，是表示棄絕他的心意。用衣服疏遠他，用時令使他行不通；雜色，意味著涼薄；冬天，意味著肅殺；金，意味著寒冷；玦，意味著決絕；這怎麼可以依靠呢？即使想努力去做，狄人能消滅乾淨嗎？」梁餘子養說：「領兵的人，是在太廟裏接受命令，在土地神廟裏接受祭肉，還有按禮儀規定的服飾的。現在得不到規定的服飾而得到雜色衣服，命令包含的意思可想而知了。死而落個不孝，不如逃離此地。」罕夷說：「雜色的奇怪衣服不符合規定的服飾，金玦表示不再回來。即使回來有什麼作為？國君已有害太子之心了。」先丹木說：「這種服裝，狂人也拒絕穿它的。國君說『殺盡敵人而回來』，敵人能消滅盡嗎？即使殺盡敵人，還有內部的讒言，不如離開這裏。」狐突贊成要走。羊舌大夫說：「不可。違背父命就是不孝，拋棄國事就是不忠。雖然知道國君心意寒薄，不孝不忠的惡名不可取。您還是為此而死吧！」

太子將要作戰，狐突勸諫說：「不可。從前辛伯勸阻周公黑肩說：『寵妾並同於王后，寵臣權力相等於正卿，庶子與嫡子匹敵並列，大城與國都相等，這是禍亂的根本。』周公不聽，所以遭到了禍難。現在禍亂的根源已經形成了，您還一定能立為繼承人嗎？與其危害自身而招致罪過，不如盡孝道而安定百姓，請您考慮這件事吧！」

【說　明】晉獻公從即位後十一年起就已變成昏庸而又剛愎自用的國君，他聽信寵妾驪姬和寵臣二五的讒言，讓嫡妻所生的長子申生出居曲沃，讓大戎狐姬所生的次子重耳和小戎子所生的夷吾出居蒲邑和屈邑，其他兒子都出居到邊境地方去，目的是要立寵妾所生的奚齊為太子。這在《左傳・莊公二十八年》已有記敘。這次晉獻公又派申生去攻打東山皋落氏，顯然也是不懷好意。所以儘管大夫里克勸諫時，指出率兵出征應該是國君和執政的正卿的事，不應該是太子的事，希望他收回成命，晉獻公根本不予納諫，卻說什麼「我有好幾個兒子，還不知道將立誰為嗣君」，這就徹底暴露了想廢嫡而立庶的意圖。按照宗法社會的制度，在正常情況下，嫡妻所生的長子就是合法繼承人。除非嫡長子犯大罪或者早死，才依次立其他的兒子。所以派申生率兵出征，顯然是想讓他戰死或獲罪。所以里克聽晉獻公如此說法，也只得不回答而退出了。

其實，太子申生也已經意識到自己的不利地位，所以他問里克：「我將要被廢了吧！」但里克此時卻只能違心地安慰太子申生，說了一些勉勵的話罷了。

當太子申生率領軍隊出征時，晉獻公又做出了奇怪的舉動：讓他穿左右兩色的衣服，讓他佩帶金玦。這舉動只有大夫先友沒有看出獻公用意，還以為是親而無災；而大夫狐突、梁餘子養、罕夷、先丹木都已看出這是為了使事行不通，並疏遠他，表示決絕的心意。所以都主張太子應該逃走。只有羊舌大夫認為雖然國君寒薄，但作為兒子，不能逃走，因為這將落得個不忠不孝的惡名，所以主張為此而死。這也是宗法社會的制度：父要子死，不得不死；君要臣亡，不得不亡。在這種情況下，太子申生也只得採納羊舌大夫的意見了。

但是，當太子申生決定盡忠孝而準備作戰時，狐突還是進行勸阻。他用三十四年前辛伯告誡周公黑肩的話進行勸說，指出當年周公黑肩不聽辛伯告誡而遭到禍難，又指出現在晉國禍亂的根源已經形成，所以主張與其危害自身而招致罪過，不如盡孝道而安定百姓，希望太子申生認真考慮這件事。這裏，狐突對「盡孝道而安定百姓」顯然與羊舌大夫有不同的理解。

這一大段，圍繞太子申生是否應該服從晉獻公的命令率兵出征，各大夫發表了不同意見，《左傳》記敘得有條不紊，非常具體而生動。

傳 成風❶聞成季❷之繇❸，乃事之❹，而屬❺僖公❻焉❼，故成季立之❽。

僖之元年❾，齊桓公遷邢❿于夷儀⓫。二年⓬，封衛于楚丘⓭。邢遷如歸⓮，衛國忘亡⓯。

衛文公⓰大布之衣⓱、大帛之冠⓲，務材⓳、訓農⓴，通商㉑、惠工㉒，敬教㉓、勸學㉔，授方㉕、任能㉖。元年㉗，革車㉘三十乘；季年㉙，乃㉚三百乘。

【注　釋】❶成風　魯莊公之妾，僖公之母。❷成季　即季友。❸繇　占卦的爻辭。指前文成季出生時，其父魯桓公請筮人占卦，遇〈大有〉卦變成〈乾〉卦的爻辭。❹事之　私下結交成季。❺屬　通「囑」。囑託；託付。❻僖公　魯僖公。名申。魯莊公之子，魯閔公之弟。在位三十三年。僖，諡號。《逸周書・諡法解》：「有伐而還曰釐（僖）」、「質淵受諫曰釐」（「釐」是「僖」的通假字）。❼焉　於彼；於他。❽立之　立僖公為國君。❾僖之元年　魯僖公元年。指明年。魯僖公本年被立為國君，按慣例，須至明年正月才稱「即位」，正式稱「元年」。❿邢　國名。姬姓。見閔公元年。⓫夷儀　地名。在今山東省聊城市西南。⓬二年　魯僖公二年。指後年（西元前六五八年）。⓭楚丘　衛國地名。在今河南省滑縣東。⓮如歸　好像回到原來的國土。邢國被狄人攻打，齊國救邢，見閔公元年。⓯忘亡　忘記了自己的滅亡。衛國被狄人滅亡在閔公二年。這兩句都是讚揚齊桓公的安置得當。⓰衛文公　名燬。衛戴公之弟，繼戴公即位。⓱大布之衣　穿粗布製的衣服。省略動詞「衣」（穿）字。大布，粗布。⓲大帛之冠　戴粗帛製作的冠。省略動詞「冠」（戴）字。大帛，亦作「大白」，粗絲織成的厚帛。這兩句寫衛文公的節儉。⓳務材　致力材料生產；努力培植樹木。⓴訓農　教導務農。㉑通商　疏通商販之路，使貨物便於往來。㉒惠工　加恩惠於百工。㉓敬教　敬重教化。㉔勸學　獎勵學習。㉕授方　向官員傳授做官的常法。㉖任能　任用有才能的人。㉗元年　指衛文公元年，即明年（西元前六五九年）。㉘革車　兵車。㉙季年　末年。指衛文公二十五年（西元前六三五年）。㉚乃　竟至。

【語　譯】成風聽說季友出生時占筮的爻辭，於是就與他結交，而把僖公囑託給他，所以季友立僖公為國君。

魯僖公元年，齊桓公把邢國遷到夷儀。二年，把衛國遷封在楚丘。由於處置得當，使邢國的遷民好像回到原來的國土，使衛國忘記了自己的滅亡。

衛文公穿粗布衣服，戴粗帛做的冠，努力生產木材，教導農民勤耕，便利商販，加惠百工，敬重教化，鼓勵學習，向官員傳授做官之道，任用有才能的人。第一年即位時，僅有齊桓公所贈的兵車三十輛；到衛文公末年時，由於治國有方，竟有了三百輛兵車。

【說　明】《左傳》雖然是一部編年體史書，但為了把事件的來龍去脈說清楚，常有追敘許多年以前的事，這在以前的「說明」中說過了。這類追敘往事的事，往往在開頭用一個「初」字。除此以外，也有對本年幾個月前發生的事進行補敘的。如本段第一小節就是補敘。季友立僖公為國君，這在本年前面的文字中已有記載。這裏只是補敘季友為什麼要立僖公為國君的原因。因為僖公的母親聽說季友出生時的爻辭，所以把僖公囑給季友。

《左傳》還有把後來發生的事提前到本年來預敘的。本段第二、三小節就是預敘。齊桓公遷邢國到夷儀是明年的事，遷封衛國到楚丘是後年的事，都提前到本年來敘述。而衛文公即位事在明年，他以身作則地治理好國家，一直到他的末年兵車竟至三百輛，這些都是此後二十五年中的事，也都提前到本年記載了。這是因為邢國去年被狄人所侵，本年前文已記載，衛國被狄人所滅，衛戴公在曹地即位，衛文公繼戴公為國君，所以把後來的事都提前到本年預敘了。

僖公

【題解】魯僖公，名申，莊公少子，閔公之弟，母名成風。在位三十三年，謚「僖」。《史記·魯周公世家》例作「釐公」。釐，通「僖」。《逸周書·謚法解》：「有伐而還曰釐」、「質淵受諫曰釐」。

僖公前期，政局穩定，有成季、公孫敖、臧文仲等人輔佐，國力尚強。史稱僖公為聖賢之君（見文公二年傳），《詩經·魯頌》有三篇就是頌讚僖公君臣有道、人才眾多、恢復國土、大修宮廟、重視教化等業績的。僖公後期，國力不振，常受制於齊、楚，屈辱之事屢見不鮮。如十七年因魯軍滅項，僖公被齊所執辱；二十二年又敗於邾國，僖公連自己的頭盔也丟了。二十六年齊侵魯北鄙，魯國已困乏得「室如縣罄，野無青草」。僖公自身失德無禮之事，傳文也有所記敘，如二十一年大旱，僖公竟要燒死巫尪之人，可見僖公亦非有所作為的聖賢之君。

僖公之世，周王室已衰微，諸侯稱強。大國為掠奪財富、號令諸侯而爭作霸主。齊桓、晉文先後稱霸便是僖公之世最為重要的歷史事件。齊桓公在位四十三年（西元前六八五年至前六四三年），用管仲為相，改革內政，發展生產，擴編三軍；針對當時諸侯並爭，戎狄入侵的情況，提出「尊王攘夷」以為號召。如僖公五年會諸侯於首止以安成周，八年會盟於洮以安襄王之位；狄侵邢亡衛，齊敗戎狄，救邢存衛。所謂「存三亡國，天下諸侯稱仁而歸之」。僖公四年，為安定中原，抑制楚國北進，齊桓公率八國諸侯軍侵蔡伐楚，遂有召陵之盟。僖公九年，又大會諸侯於葵丘，凡同盟之國皆「言歸于好」，成為齊桓公霸業的頂峰。僖公十五年管仲死，十七年齊桓公死，諸子爭位，齊國由此中衰。

宋襄公妄圖繼起稱霸，然不能審時度勢，又不知戰爭，空談仁義，二十二年泓之戰遭到慘敗，其陳腐的戰術思想成為千古笑柄。楚敗宋襄公於泓，楚又崛起，唯晉可與抗衡。僖公二年、五年，晉獻公兩次假道於虞以滅虢、滅虞，由此晉南出中條、王屋諸山，過黃河，佔有今河南省陝縣、靈寶市之地，開闢了入主中原的通道。但接著有驪姬之亂。九年晉獻公死，公子夷吾在秦、齊支持下即位為惠公。然惠公殘殺大臣，得罪秦國，十五年發生韓原之戰，夷吾被俘，後回國復位。到二十四年，逃亡在外十九年的公子重耳回國為晉文公，殺懷公，平呂、郤之亂；用趙衰等賢臣，修明內政，擴軍習武。僖公二十五年晉文公用舅父狐偃之謀，出兵平定王子帶之亂，迎周襄王復位。襄王策命為諸侯之長，賜給陽樊、溫、原諸地，由此晉擴展至太行山以南直至黃河北岸。僖公二十七、二十八年，楚圍宋，宋告急於晉。晉上下一心，城濮之役一戰而勝，遂霸中原。文公在位九年，其子晉襄公繼為中原霸主。楚兩世受挫，未能北進。

秦本僻遠小國，至秦穆公始強，可與大國相侔。秦為了出東道、入中原，於三十年聯晉伐鄭，兵臨城下。鄭老臣燭之武前去陳述利害，說服秦穆公退兵。三十二年秦再次出師襲鄭。愛國商人弦高破財紓禍，救鄭於危難之中。秦軍見鄭國有備而回師，歸途中在崤山遭晉襄公伏擊，秦全軍覆沒。從此由「秦晉之好」反目成仇。秦東道為晉所扼制，難入中原。左氏對以上諸侯爭霸的軍事活動和重大戰役都詳加記載，成為史傳文中具有典範性的精采篇章，也為歷史留下了足資借鑑的軍事思想和戰略戰術。

僖公之世，社會急劇變革。僖公十五年晉改革田制，實行爰田，把部分公田賜給大夫；在此基礎上又編練州兵，使有私田者出兵服役。這樣逐漸出現領主土地私有制，奴隸的勞役地租也變為實物地租。僖公十九年，梁國大批築城奴隸不堪迫害，激起暴動，梁國滅亡。宋國公子魚提出「成敗由人」、「祭祀以為人也。民，神之主也」，洋溢著古代民主思想的風采。傳文又不拘編年體例，常補敘往事，以明原委；或附記後事，以見始終。僖公二十三年傳敘重耳亡外十九年之史事，形象生動，已具有人物紀傳體的特色。

元年

壬戌，西元前六五九年。周惠王十八年、齊桓公二十七年、晉獻公十八年、秦穆公任好元年、楚成王十三年、宋桓公二十三年、衛文公燬元年、陳宣公三十四年、蔡穆侯十六年、曹昭公三年、鄭文公十四年、燕莊公三十二年、許穆公三十九年。

經 元年春王正月。

齊師、宋師、曹伯次于聶北，救邢。

夏六月，邢遷于夷儀。齊師、宋師、曹師城邢。

秋七月戊辰，夫人姜氏薨于夷，齊人以歸。

楚人伐鄭。八月，公會齊侯、宋公、鄭伯、曹伯、邾人于檉。

九月，公敗邾于偃。

冬十月壬午，公子友帥師敗莒師于酈，獲莒挐。

十有二月丁巳，夫人氏之喪至自齊。

傳 元年春，不稱即位❶，公出故也❷。公出復入，不書❸，諱之❹也。諱國惡❺，禮也。

諸侯救邢❻。邢人潰，出奔師❼。師遂逐狄人，具❽邢器用而遷之，師無私❾焉。

夏，邢遷于夷儀⑩，諸侯城之⑪，救患也。凡侯伯⑫，救患、分災⑬、討罪，禮也。

秋，楚人⑭伐鄭，鄭即齊⑮故也。盟於犖⑯，謀救鄭也。

九月，公敗邾師于偃⑰，虛丘⑱之戍將歸者也。

冬，莒人來求賂⑲，公子友⑳敗諸酈㉑，獲莒子之弟挐。非卿也，嘉獲之也㉒。

公賜季友汶陽之田㉓及費㉔。

夫人氏之喪㉕至自齊。君子以齊人之殺哀姜也為已甚㉖矣！女子，從人者也㉗。

【注釋】❶不稱即位　指經文沒有記載「僖公即位」。依《春秋》體例，魯國十二國君在其元年正月，都要記「公即位」，凡不記的都各有異常情況。❷公出故也　是因為僖公出奔在外的緣故。閔公二年八月，慶父（閔公之叔）指使人殺害閔公，公子申（僖公）出奔邾國。九月，慶父出奔莒國，僖公才回魯國即位。❸不書　指經文不記載僖公出奔又回國的事。❹諱之　對「公出復入」避諱不說。❺國惡　國家的壞事。指禍亂。❻諸侯救邢　魯莊公三十二年，赤狄侵犯邢國。閔公元年，狄又侵邢。邢求救於齊。齊桓公會同宋桓公、曹昭公率軍救邢。邢，姬姓國，始封君為周公之子，故城在今河北省邢臺市西南。❼師　指駐紮在聶北（今山東省聊城市東的聶城）的齊軍。❽具　裝載。❾無私　沒有私自取用的。❿夷儀　地名。當在今山東省聊城市西十二里。⓫城之　為邢築都城。城，築都城。動詞。⓬侯伯　諸侯之長。指齊桓公。⓭分災　分擔災害。即分穀帛、車馬等物賑濟之。⓮楚人　《左傳》從這年起，楚國才不稱「荊」，改稱「楚」。⓯即齊　親近齊國。即，靠近。⓰盟於犖　八月，魯僖公、齊桓公、宋桓公、鄭文公、曹昭公、邾子在犖地會盟。犖，即經文所說的「檉」，當在今河南省淮陽縣西北。⑰公敗邾師于偃　魯僖公在偃地打敗邾國的軍隊。邾，本為魯的附庸國，曹姓，初都於邾（今山東省曲阜市東南陬村），後遷都於繹（今山東省鄒城市東南紀王城），改稱鄒國。偃，在今山東省費縣南。⑱虛丘　邾地，在今山東省費縣境內。⑲賂財物。⑳公子友　魯桓公之子，莊公之弟，僖公之叔，名友，亦稱季友、成季。㉑酈　魯地。㉒獲莒子之弟挐三句　挐並不是執政的卿大夫，按《春秋》體例，非卿不書其名，而經文書「挐」之名，只是嘉獎季友俘獲挐的功勞。㉓汶陽之田　汶水之北的田地。在今山東省泰安市西南樓上村東北。㉔費　魯邑，在今山東省費縣西北二十里。㉕夫人氏之喪　夫人氏指魯莊公夫人哀姜。喪，指屍體，當已殮入木。哀姜被殺後，至僖公元年十二月丁巳（十八日），將其屍從齊國運回安葬。㉖已甚太過分。已，太。㉗女子從人者也　古人謂女有三從之義，未嫁從父，既嫁從夫，夫死從子。句意謂哀姜已嫁予魯，在夫家有罪，當聽從莊公、僖公處置，非母家齊人所宜懲處，故上文言齊「殺哀姜也為已甚」。

【語　譯】魯僖公元年春季，《春秋》沒有記載「僖公即位」，是由於僖公出奔在外的緣故。僖公逃亡國外，又回到魯國，《春秋》不加記載，是為了隱諱國家的壞事。不記載國家的壞事，是合於禮的。

齊、宋、曹三國諸侯率領軍隊救援邢國。邢國軍民已經潰散，紛紛逃到諸侯軍中。諸侯軍追擊狄人，然後整理、裝運邢人的器用財物，幫助他們遷都。諸侯軍對邢人的器用財物沒有私自取用的。

夏季，邢國遷都到夷儀，諸侯軍幫他們修築都城，救助他們被戎狄侵略造成的患難。凡是諸侯的領袖，都要救援難民、分擔災害、討伐罪人，這是合於禮的。

秋季，楚國進攻鄭國，是由於鄭國親近齊國的緣故。魯僖公就和齊桓公、宋桓公、鄭文公、曹昭公、邾子在犖地開會、訂立盟約，謀劃抗楚救鄭的事。

九月，魯僖公在偃地打敗邾國的軍隊，那是邾國守衛虛丘後正要調回去的軍隊。

冬季，莒國人到魯國來索取財物。魯公子季友在酈把他們打跑了，還俘虜了莒國國君的弟弟名挐的。挐不是執政的大夫，《春秋》寫上他的名字，只是為了嘉獎季友敗莒的功勞。魯僖公把汶陽之田和費邑賞賜給叔父季友。

魯莊公夫人姜氏的靈柩從齊國運回國。君子認為齊國殺死哀姜是太過分了，因為女子出嫁後，是應聽從夫家處置的。

【說明】魯僖公是在內亂外患不斷的情況下即位的。前年，戎狄侵邢；去年，戎狄滅衛。戎狄已是中原諸侯之大患（至戰國秦漢稱為胡、匈奴）。今年，齊、宋等諸侯軍救邢，遷邢都於夷儀，並為之築城。明年齊國又築楚丘城，復立衛國。這就使齊桓公樹立了團結中原諸侯、「尊王攘夷」、救患伐罪的政治形象，在圖霸爭雄的角逐中掌握著主動權。而魯國由於貴族統治集團的腐敗，爭權奪利，禍亂相繼。哀姜與慶父通姦，莊公子子般及閔公先後被害，並造成了魯與邾、莒的矛盾，真是「慶父不去，魯難未已」。到僖公出而復入，回國即位；慶父自縊，哀姜被殺，禍亂始平。但魯國實力及其在中原的影響，已大為削弱，只得受制於強齊。

二年

癸亥，西元前六五八年。周惠王十九年、齊桓公二十八年、晉獻公十九年、秦穆公二年、楚成王十四年、宋桓公二十四年、衛文公二年、陳宣公三十五年、蔡穆侯十七年、曹昭公四年、鄭文公十五年、燕莊公三十三年、許穆公四十年。

經 二年春王正月，城楚丘。

夏五月辛巳，葬我小君哀姜。

虞師、晉師滅下陽。

秋九月，齊侯、宋公、江人、黃人盟于貫。

冬十月，不雨。

楚人侵鄭。

傳 二年春，諸侯城楚丘❶，而封衛焉❷。不書所會，後也❸。

晉荀息❹請以屈產之乘❺與垂棘❻之璧，假道於虞以伐虢❼。公曰：「是吾寶也。」對曰：「若得道於虞，猶外府❽也。」公曰：「宮之奇❾存焉。」對曰：「宮之奇之為人也，懦而不能強諫。且少長於君❿，君暱⓫之，雖諫，將不聽。」乃使荀息假道於虞，曰：「冀為不道⓬，入自顛軨⓭，伐鄍三門⓮。冀之既病⓯，則亦唯君故⓰。今虢為不道，保於逆旅⓱，以侵敝邑之南鄙⓲。敢請假道，以請罪⓳于虢。」虞公許之，且請先伐虢⓴。宮之奇諫，不聽，遂起師。夏，晉里克、荀息帥師會虞師，伐虢，滅下陽㉑。先書虞，賄故也㉒。

秋，盟于貫㉓，服江、黃㉔也。

齊寺人貂㉕始漏師于多魚㉖。

虢公敗戎于桑田㉗。晉卜偃㉘曰：「虢必亡矣！亡下陽不懼，而又有功，是天奪之鑑㉙，而益其疾㉚也。必易㉛晉而不撫其民矣！不可以五稔㉜。」

冬，楚人伐鄭，鬬章㉝囚鄭聃伯㉞。

【注釋】❶楚丘　衛地，在今河南省滑縣東。❷封衛焉　在此復建衛國。前年，北狄侵衛，衛懿公死，衛亡。於衛之曹邑（今滑縣西南）復立衛戴公，戴公死，文公立。今年，諸侯為衛築楚丘城，讓衛文公由曹邑遷至楚丘建國。封，聚土以為疆界，故建國謂之封國，衛亡復建，等於重封。焉，於此。❸不書二句　意謂經文不寫明哪些諸侯會同築城，是因為魯國遲後參加的緣故。即為魯國遲到避諱不說。❹荀息　晉國大夫，字息，名黯，亦稱荀叔。❺屈產之乘　屈邑所產的駿馬。屈，晉邑，有北屈、南屈，此指北屈，在今山西省吉縣東北。❻垂棘　晉地，在今山西省潞城縣北。❼假道於虞以伐虢　向虞國借路去攻打虢國。假，借。虞，國名，故城在今山西省平陸縣東北六十里。虢，姬姓國，伯爵。本有東西二虢，東虢為虢叔封地，已為鄭所滅，此指西虢，又稱北虢，為虢仲封地，都下陽，故城在今山西省平陸縣東二十里。虞在晉國之南，虢又在虞之南，故晉師伐虢必借道於虞。❽外府　宮外的庫房。府，藏財物的倉庫。❾宮之奇　虞國大夫。❿少長於君　少時和虞君一起在宮中長大。⓫暱　同「昵」。親昵。⓬冀為不道　冀國沒有道義。猶言殘暴。冀，小國名，為晉所滅，故地在今山西省河津市東北十五里之冀亭。⓭顛軨　即今山西省平陸縣東北七十里之虞坂，為中條山衝要通道。⓮伐鄍三門　圍攻鄍邑的三個城門。鄍，虞邑，城周四里，位於虞國西南，在今山西省平陸縣東北二十五里。⓯病　重傷。冀攻鄍邑，晉即助虞攻冀，使受重傷。⓰則亦唯君故　那也只是為了你虞君。意謂晉滅冀是有惠於虞，今求虞還報，許以假道。唯，因。⓱保於逆旅　於旅舍修築碉樓，作瞭望固守之用。保，通「堡」。用作動詞。修碉堡。⓲鄙　邊邑。⓳請罪　猶言問罪。⓴請先伐虢　請求為伐虢作先鋒。先，先導。㉑滅下陽　虢都下陽，宗廟社稷在此，晉攻下下陽，虢宗廟已覆，不可謂國，故曰「滅」。下陽濱黃河之北。晉滅下陽後，虢君渡河南遷上陽，即所謂南虢。僖公五年，晉再舉兵滅上陽，虢亡。㉒先書虞二句　意謂伐虢，晉為主，然經文作「虞師、晉師滅下陽」，把「虞師」寫在前面，是因為虞國受賄借道，才使下陽被滅。賄，財物。用作動詞。㉓貫　宋地，在今山東省曹縣西南十里的蒙澤。㉔服江黃　使江、黃順服於齊。江、黃皆嬴姓小國，本事楚，今服齊，故會盟於貫。江國在今河南省息縣西南八十里，黃國在今河南省潢川縣西四十里。㉕寺人貂　宮中侍候國君的宦官稱寺人，其名為貂。《國語》作「豎貂」。㉖始漏師于多魚　在多魚洩漏軍事機密，這只是開了頭。意謂往後幹的壞事更多。多魚故地在今河南省虞城縣境。㉗桑田　即今河南省靈寶市之稠桑驛。㉘卜偃　晉卜師，名偃。㉙天奪之鑑　天奪其鏡，意謂老天使他無以自見其醜。即無自知之明。㉚疾　借指罪惡。㉛易　輕視。㉜五稔　五年。穀熟為稔，引申為年歲。㉝鬬章　楚國大夫，鬬氏名章。㉞聃伯　鄭國大夫。

【語　譯】魯僖公二年春季，諸侯在楚丘築城，準備由周天子重新封建衛國。《春秋》不記載是哪些諸侯會同築城，是因魯國遲去的緣故。

晉國大夫荀息請求晉獻公用屈地產的駿馬和垂棘產的美玉作禮物，向虞國借路，去攻打虢國。晉獻公說：「這些都是我國的寶物呀！」荀息說：「如果借到了通道，那麼寶物放在虞國，就同放在晉國宮外的庫房裏一樣。」晉獻公說：「可是虞國還有宮之奇在呀！」荀息說：「宮之奇為人懦弱，不會堅決進諫，而且從小就和虞君一起在宮中長大，虞君跟他親昵，他即使力諫，虞君也不會聽從的。」於是晉獻公就派荀息到虞國去借路。荀息對虞君說：「從前冀國殘暴無道，出兵從顛軨入侵貴國，圍攻鄍邑的三面城門。我國就伐冀，使冀受重傷，那也只是為了您虞君呀！現在虢國無道，在旅舍裏也修築碉樓，想侵犯我國南部邊邑。所以我才膽敢向貴國請求借條通道，以便進兵到虢國去問罪。」虞君果然答應了，還自己請求作伐虢的先導。宮之奇竭力勸諫，可是虞君不聽。虞國接著就發兵。到了夏季，晉國大夫里克、荀息率領晉軍會合虞軍，去攻打虢國，攻佔了下陽，滅了西虢國。《春秋》說「虞師、晉師滅下陽」，把「虞」寫在前面，是因為虞君接受財物、借道給晉國的緣故。

秋季九月，齊桓公、宋桓公和江、黃兩個小國國君在貫地開會結盟，這是為江、黃兩國順服齊國而舉行的會盟。

齊國宦官名貂的在多魚漏洩了軍事機密，這只是開了頭，以後的壞事更多。

虢公在桑田打敗了北狄。晉國的卜偃說：「虢國必將滅亡了！失掉下陽還不知戒懼，現在又有了戰功，這是上天奪去他的鏡子，使他無法自見其醜，而加重他的作惡啊！以後他必定輕視晉國，又不安撫百姓，所以過不了五年，必然滅亡。」

冬季，楚國進攻鄭國。楚大夫鬬章俘虜了鄭國大夫聃伯。

【說　明】北有戎狄，南有強楚，這是中原諸侯面臨的緊迫形勢。齊桓公在救邢存衛之後，把原先順服於楚的江、黃二小國爭取過來，會盟於貫，以遏制楚國向中原擴張。而楚國屢屢伐鄭，想以鄭為突破口，離間鄭、齊關係，逐步稱霸中原。

《春秋》經文記述春秋時期二百餘年歷史，僅用一萬六千餘字，故所錄多為綱目而疏於具體敘事，且講求「微言大義」、婉約成章，義含褒貶，又提倡「為尊者諱」。因此行文記事，語焉不詳，隱晦難懂。如「諸侯城楚丘」。不寫明諸侯是誰，就是為魯僖公遲去而諱言，連去的諸侯也不寫，免得僖公難堪。又如晉滅下陽，經文僅七個字「虞師、晉師滅下陽」，讀者從中難知原委。《左傳》則從記事和解經兩方面組織文字，記事部分詳寫晉假道於虞以滅虢的始末及荀息等人物活動。這些記事文字，是彙集當時各國著述（百國春秋）而成。而解經部分只一句「先書虞，賄故也」，就使讀者明白經文的「微言大義」。否則單看經文，會誤以為是虞國要滅下陽，虞師為主。有了傳文相比照，就明白「先書虞」，是委曲的「春秋筆法」，強調晉雖是滅下陽的主謀，但虞君受賄、借道，為先導，對晉滅下陽確要負主要罪責。由此可見經文先書、後書也有講究，《春秋》可謂開創了我國古代史撰簡約深蘊的「曲筆」先河。

三年

甲子，西元前六五七年。周惠王二十年、齊桓公二十九年、晉獻公二十年、秦穆公三年、楚成王十五年、宋桓公二十五年、衛文公三年、陳宣公三十六年、蔡穆侯十八年、曹昭公五年、鄭文公十六年、燕襄公元年、許穆公四十一年。

經 三年春王正月，不雨。夏四月，不雨。徐人取舒。

六月，雨。

秋，齊侯、宋公、江人、黃人會于陽穀。

冬，公子友如齊涖盟。

楚人伐鄭。

傳 三年春，不雨。夏六月，雨。自十月不雨，至于五月❶，不曰旱，不為災也。

秋，會于陽穀❷，謀伐楚也。

齊侯為陽穀之會來尋盟❸。冬，公子友如齊涖盟。

楚人伐鄭，鄭伯欲成❹。孔叔❺不可，曰：「齊方勤我❻，棄德不祥。」

齊侯與蔡姬❼乘舟于囿❽，蕩公，公懼，變色；禁之，不可。公怒，歸之❾，未之絕也❿。蔡人嫁之⓫。

【注釋】❶自十月二句　意謂自僖公二年十月至僖公三年五月，一直沒有下雨。❷陽穀　齊地，故城在今山東省陽穀縣北三十里。❸來尋盟　來魯國重溫舊好。魯未與陽穀之會，故齊來尋盟。尋，重溫。❹鄭伯欲成　鄭文公要講和。鄭為伯爵，故稱鄭伯。成，講和。❺孔叔　鄭大夫。❻勤我　為我鄭國奔勞。勤，勞。❼蔡姬　齊桓公夫人，蔡穆侯之妹。❽囿　苑囿。園中有池，故可乘舟。❾歸之　使蔡姬回娘家。❿未之絕也　未絕之也；沒有跟她斷絕婚姻關係。⓫蔡人嫁之　蔡穆侯把她改嫁了。長沙馬王堆漢墓出土帛書《春秋事語》載此事云：「今聽女辭而嫁之。」則再嫁出於蔡姬本人之意。

【語　譯】魯僖公三年春季，沒有下雨，到夏季六月才下雨。從去年十月到今年五月一直沒有下雨，《春秋》沒記載「旱」，是因為沒有造成災害。

秋季，齊桓公、宋桓公、江人、黃人在齊地陽穀會盟，謀劃攻打楚國的事。

齊桓公為了陽穀之會，派人來魯國重溫舊好。到冬季，魯僖公派叔父公子季友到齊國參加誓盟大禮。

楚國出兵攻打鄭國，鄭文公想求和，大夫孔叔勸阻說：「齊國正為援救我們奔忙著，背棄他們的恩德而向楚求和，是不會有好結果的。」

齊桓公同夫人蔡姬在花園的水池中划船遊樂，蔡姬故意晃蕩小船，使齊桓公搖來晃去，嚇得臉色都變了。齊桓公喝令蔡姬別搖，蔡姬不聽。為此齊桓公很生氣，就把她送回娘家，但沒有跟她斷絕婚姻關係，不料蔡穆侯竟讓蔡姬改嫁了。

【說　明】魯僖公元年秋、二年冬、三年冬，楚連年伐鄭。由此引起中原諸侯的警覺，齊國圖霸的目標開始轉向南方，先使江、黃等小國歸服，然後舉行貫之盟及陽穀之會，以謀伐楚。適巧齊桓公夫人蔡姬在遊園時惹怒了桓公，被遣回蔡國，而蔡穆侯又自作主張，讓她改嫁。蔡本是楚的盟國，其地在今河南省汝南縣、上蔡縣一帶。這就給齊國提供了「侵蔡」的藉口，而「侵蔡」只是伐楚的先導。

此年傳文應與下年傳文銜接。

四　年

乙丑，西元前六五六年。周惠王二十一年、齊桓公三十年、晉獻公二十一年、秦穆公四年、楚成王十六年、宋桓公二十六年、衛文公四年、陳宣公三十七年、蔡穆侯十九年、曹昭公六年、鄭文公十七年、燕襄公二年、許穆公四十二年。

經 四年春王正月，公會齊侯、宋公、陳侯、衛侯、鄭伯、許男、曹伯侵蔡，蔡潰。遂伐楚，次于陘。

夏，許男新臣卒。

楚，屈完來盟于師，盟于召陵。齊人執陳轅濤塗。

秋，及江人、黃人伐陳。

八月，公至自伐楚。

葬許穆公。

冬，十有二月，公孫茲帥師會齊人、宋人、衛人、鄭人、許人、曹人侵陳。

傳 四年春，齊侯以諸侯之師❶侵蔡❷。蔡潰，遂伐楚。楚子使與師❸言曰：「君處北海，寡人處南海❹，唯是風馬牛不相及❺也。不虞君之涉❻吾地也，何故？」管仲❼對曰：「昔召康公❽命我先君大公❾，曰：『五侯九伯❿，女實征之⓫，以夾輔周室。』賜我先君履⓬，東至于海，西至于河⓭，南至于穆陵⓮，北至于無棣⓯。爾貢包茅⓰不入，王祭不共⓱，無以縮酒⓲，寡人是徵⓳。昭王南征而不復⓴，寡人是問。」對曰：「貢之不入，寡君㉑之罪也，敢不共給。昭王之不復，君其問諸水濱㉒。」師進，次于陘㉓。

夏，楚子使屈完㉔如師。師退，次于召陵㉕。齊侯陳㉖諸侯之師，與屈完乘㉗而觀之。齊侯曰：「豈不穀是為？先君之好是繼㉘。與不穀同好㉙，如何？」對曰：「君惠徼福於敝邑之社稷㉚，辱收寡君㉛，寡君之願也。」齊侯曰：「以此眾㉜戰，誰能禦之？以此攻城，何城不克？」對曰：「君若以德綏㉝諸侯，誰敢不服？君若以力，楚國方城以為城㉞，漢水以為池㉟，雖眾，無所用之。」屈完及諸侯盟。

陳轅濤塗㊱謂鄭申侯㊲曰：「師㊳出於陳、鄭之間，國必甚病㊴。若出於東方，觀兵於東夷㊵，循海而歸，其可也。」申侯曰：「善。」濤塗以告齊侯，許之。申侯見曰：「師老㊶矣！若出於東方而遇敵，懼不可用也。若出於陳、鄭之間，共其資糧屝屨㊷，其可也。」齊侯說㊸，與之虎牢㊹。執㊺轅濤塗。

秋，伐陳，討不忠也。

許穆公卒於師，葬之以侯㊻，禮也。凡諸侯薨于朝會，加一等，死王事㊼者，加二等。於是有以衮斂㊽。

冬，叔孫戴伯㊾帥師會諸侯之師侵陳，陳成，歸轅濤塗。

【注釋】❶諸侯之師　指齊、魯、宋、陳、衛、鄭、許、曹八個諸侯國的軍隊。❷蔡　姬姓國，侯爵，在今河南省汝南縣、上蔡縣一帶。❸楚子使與師　楚成王派使者到以齊國為首的諸侯軍中。楚屬子爵，故稱楚成王為楚子。❹君處二句　意謂您住在北方，我們國君住在南方，相距極遠。古人以中國之四周皆為海，故有四海之稱。所謂北海南海，猶言極北極南之地，並非實指。處，居住。寡人，對別國人謙稱自己的國君。指楚成王。❺風馬牛不相及　縱使牛馬牝牡相誘奔逐，也不會跑入對方地界。意謂齊、楚相距甚遠，絕不相干。風，動詞。指牛馬公母發情相逐。及，涉及；相干。❻涉　趟水過河。意謂侵入。不說侵入而說「涉」，是委婉的說法。❼管仲　齊國執政大夫，名夷吾，字仲，春秋時著名政治家。❽召康公　即召公奭，周文王庶子，武王弟，成王時為太保。食邑於召（今陝西省鳳翔縣），名奭，諡康。❾先君大公　姜太公，名尚，周武王封之於齊，為齊之始祖。先君，對已故君侯的稱呼。大，同「太」。❿五侯九伯　泛指所有的諸侯。諸侯有公、侯、伯、子、男五等爵位，故稱五侯。九州諸侯之長稱九伯。⓫女實征之　謂太公有權可征伐天下有罪諸侯。女，通「汝」。你。實，副詞，表示命令語氣。⓬履　踐踏。此指可以踐踏（征伐）的範圍，非指齊國疆土。⓭河　黃河。⓮穆陵　當指今湖北省麻城市北與河南省光山縣接界的穆陵關，屬楚地。一說為齊地，在今山東省臨朐縣南之穆陵關，誤。⓯無棣　在今河北省盧龍縣一帶。一說為齊邑，在今山東省無棣縣。⓰包茅　包紮成束的菁茅。茅之有毛刺者為菁茅，為荊楚特產，應納貢周天子。⓱共　通「供」。供給。⓲縮酒　濾酒。古代祭祀時樹立束茅，把酒自上澆下，酒糟留在茅中，酒汁漸漸滲下，象徵如神靈在飲用一般。⓳寡人是徵　「寡人徵是」的倒裝句，意謂我們國君要責問這件事。徵，責問。⓴昭王句　謂周昭王南巡沒有回來。昭王，名瑕，成王之孫。征，行。指巡狩。昭王晚年荒於國政，人民怨恨他，當他南巡過漢水時，當地人民故意給他一隻用膠黏的船渡江，船到江心時，船沉，昭王等淹死。此事距齊伐楚已有三百多年，齊國不過用作進攻楚國的藉口。㉑寡君　臣子對別國謙稱自己的國君。㉒君其問諸水濱　您還是到水邊去問吧。其，副詞，表示祈使語氣。諸，「之於」的合音合義。「之」是指代「昭王不復」這件事。水濱，水邊。昭王時漢水尚不屬楚。㉓次于陘　次，軍隊臨時駐紮。陘，依杜注謂在今河南省郾城縣南。然由蔡伐楚，何以反而北行，尤與傳文「師進」之意不合，故依王夫之《稗疏》，陘為楚北塞之山，其地應在今湖北省廣水市之北，理或可信。㉔屈完　楚國公族，食邑於屈，以屈為氏。按《春秋》體例非卿大夫不書其名，楚再次所派使者書其名，可見級別提高。㉕召陵　依舊注謂在今河南省郾城縣東四十五里，於地望亦不甚合，然已難確定其地，姑依舊說。㉖陳　「陣」的古字。動詞。列陣；擺開陣勢。這是向楚示威。㉗乘　共乘一輛兵車。㉘豈不穀二句　「豈為不穀，（為）繼先君之好」的倒裝句。意謂這些諸侯軍跟隨我來難道是為了我個人？而是為了繼承先君的友好關係。這是外交辭令。不穀，不善，諸侯謙稱自己。㉙同好　共同友好。㉚君惠句　承蒙您向敝國社稷之神求福，意謂您不滅掉楚國。惠，副詞，意思是您這樣做是對我的恩惠。徼，通「邀」。求取。社稷，土神、穀神。㉛辱收寡君　承蒙您接納我的國君（共同友好）。辱，副詞，意思是這樣做使您屈辱。收，接納。㉜眾　指眾多將士。㉝綏　安撫。㉞方城以為城　把方城山當作城牆。方城，山名，在今河南省葉縣之南，漢水之北，連嶺七、八百里，凡今桐柏、大別諸山，楚統稱之為方城。㉟池　護城河。㊱轅濤塗　陳國大夫，即轅宣仲。㊲申侯　鄭國大夫。見僖公七年傳。㊳師　指齊桓公等率領的諸侯軍，濤塗與申侯都在軍中。㊴病　困病。指食用匱乏。㊵觀兵於東夷　向東夷炫耀武力。東夷，指郯、徐、莒等東部小國。㊶師老　軍隊在外時間久長。㊷資糧屝屨　糧食和草鞋之類軍需品。資糧，同義複詞，資亦糧義。屝，草鞋。屨，麻鞋。㊸說　同「悅」。㊹虎牢　鄭邑，即虎牢關，在今河南省滎陽市西北之汜水。㊺執　拘捕。㊻葬之以侯　以安葬侯爵之禮安葬他。㊼王事　指為周王伐楚的戰事。許穆公是男爵，死於王事，故葬禮加二等。㊽衮斂　穿了衮衣入殮。衮，古代天子或公侯所穿的禮服。許穆公加二等，故可用衮衣殮屍。斂，通「殮」。㊾叔孫戴伯　齊國大夫，即公孫茲，叔牙之子。叔孫是氏，戴是謚號。

【語　譯】魯僖公四年春季，齊桓公率領齊、魯、宋、陳、衛、鄭、許、曹等諸侯國的軍隊入侵蔡國，蔡軍潰敗。齊桓公接著帶兵攻打楚國。楚成王派使者來到諸侯軍中，說：「君侯住在北方，我們楚王住在南方，相距遙遠，即使牛馬發情，相誘奔逐，也不會跑到對方國境，可是沒料到君侯會帶兵進入我國疆土，不知是什麼緣故？」齊國大夫管仲回答說：「從前召康公命令我國先君姜太公說：『五侯九伯，你都可以征伐他們，以輔助周王室。』還賜給我們先君征伐的地區，東到大海，西到黃河，南到穆陵，北到無棣。你們楚國應進貢的包茅沒有交納，使周天子祭祀時供應不上，無法濾酒祭神，我們國君為此前來問罪。再說，從前周昭王南巡卻沒有回來，我們國君就要責問這件事。」楚國使者回答說：「貢品沒有交納，這是我們國君的罪過，以後豈敢不供給。至於周昭王沒有回去，國君還是去責問漢水兩岸的人吧！」諸侯軍仍繼續進軍，駐紮到楚國陘山。

夏季，楚成王派遣大夫屈完到諸侯軍中交涉。諸侯軍退兵，駐紮在召陵。齊桓公把八國諸侯軍排列成戰陣，和屈完同乘一輛兵車，檢閱隊伍。齊桓公說：「我帶領他們來，難道是為我個人嗎？是為了繼承先君建立的友好關係。貴國同我們一起友好，怎麼樣？」屈完回答道：「承蒙國君惠臨敝國，向敝國社稷之神求福，收納我們國君共同友好，這真是我們國君的願望呀！」齊桓公又指著戰陣說：「用這麼多將士去作戰，誰能抵禦得了？用這麼多將士去攻城，哪個城池不被攻破？」屈完回答說：「君侯如果用德行安撫諸侯，那麼誰敢不服？君侯如果要用武力攻打，那麼楚國就把方城山作為城牆，把漢水作為護城河來守衛，你的將士再多，怕也沒有什麼用處。」最後，屈完終於同各諸侯訂立了盟約。

陳國大夫轅濤塗對鄭國大夫申侯說：「齊國等諸侯軍再取道我們陳、鄭兩國回去，兩國供應食用必然很困乏。如果讓齊軍往東走，向東夷炫耀武力，然後沿著海邊回國，那就很好了。」申侯說：「好的。」轅濤塗就把這意思稟告齊桓公，齊桓公也表示贊同。可是申侯卻背棄轅濤塗，進見齊桓公說：「軍隊在外時間很久了，如果繞道東方，一旦遇到敵人，恐怕不能再打仗了。如果取道陳、鄭兩國之間回去，由兩國供應軍糧和草鞋之類物品，那多好啊！」齊桓公聽了很高興，就把鄭國的虎牢關賞給他，而把轅濤塗抓了起來。

秋季，齊國和江、黃兩小國攻打陳國，就是為了討伐陳國大夫轅濤塗對齊國的不忠。

許穆公死在伐楚的軍營中，就用安葬侯爵的禮制安葬他，這是合於禮的。凡是諸侯在朝會時死去，葬禮就提高一級；凡是為天子的戰事而死，葬禮就提高二級。許穆公是男爵，死於為天子作戰的軍中，所以加二級，用公侯穿的衮衣給他穿了入殮。

冬季，齊國大夫叔孫戴伯帶兵會合宋、衛、鄭、許、曹等國軍隊攻打陳國，陳國請罪求和，齊國才把轅濤塗放回去。

【說　明】齊桓公任用管仲，在控制了中原諸國後，親率八諸侯國聯軍侵蔡，伐楚。伐楚的藉口一是「包茅不入」，二是「昭王南征而不復」。這不無強為之辭，恃強威脅。正想向北擴張的楚國也以武力作後盾，同齊國展開了尖銳的外交鬥爭。第一回合楚國使者承擔失貢之罪，但不承擔昭王不復之責。失貢事小，弒王罪大；昭王時漢水尚不屬楚地。但齊桓公仍進軍到陘山，氣勢咄咄逼人。第二回合屈完如師，齊桓公又擺開戰陣，炫耀示威，出言威脅。屈完不卑不亢，針鋒相對，最後雙方妥協，避免了戰爭，訂立了盟約，史稱「召陵之盟」。桓公伐楚，是齊、楚之間的第一次直接較量，是齊桓公稱霸的一個標識，客觀上遏制了楚國北進中原的圖謀。文章表述外交辭令，簡潔婉約。「風馬牛不相及」等成語就出在這一章。

召陵之盟後，齊軍在回師的路線問題上產生了不同意見。由於申侯背信棄義，使轅濤塗詐齊師東出之計未能得逞。齊桓公不但拘捕了轅濤塗，還兩次出兵討伐陳國不忠，直到陳國請罪求和，才算罷休，放回轅氏。可見齊桓公的霸業，雖有「尊王攘夷」的一面，也包含不少像伐陳問罪這種強施霸道的成分。轅氏與申侯由此產生的矛盾將在僖公七年傳中再行記述。

傳 初，晉獻公欲以驪姬❶為夫人，卜之，不吉；筮之，吉❷。公曰：「從筮。」卜人❸曰：「筮短龜長，不如從長。且其繇❹曰：『專之渝❺，攘公之羭❻。一薰一蕕❼，十年尚猶有臭❽。』必不可。」弗聽，立之。生奚齊。其娣生卓子❾。及將立奚齊，既與中大夫成謀❿，姬謂大子曰：「君夢齊姜⓫，必速祭之。」大子祭于曲沃⓬，歸胙⓭于公。公田⓮。姬寘諸宮六日⓯。公至，毒⓰而獻之。公祭之地，地墳⓱。與犬，犬斃。與小臣⓲，小臣亦斃。姬泣曰：「賊⓳由大子。」大子奔新城⓴。公殺其傅㉑杜原款。或謂大子：「子辭㉒，君必辯㉓焉。」大子曰：「君非姬氏，居不安，食不飽。我辭，姬必有罪。君老矣，吾又不樂。」曰：「子其㉔行乎！」大子曰：「君實不察其罪，被此名㉕也以出，人誰納我？」十二月戊申㉖，縊于新城。姬遂譖二公子㉗，曰：「皆知之㉘。」重耳奔蒲㉙，夷吾奔屈㉚。

【注　釋】❶驪姬　驪戎之女。驪戎是居於今山西省析城、王屋兩山之間的戎狄。晉獻公五年伐驪戎，獲驪姬。❷卜之不吉四句　卜，用龜甲占卜，據火灼後龜甲顯現的裂紋（兆象）來測定吉凶。筮，用蓍草占卜，由蓍草顯現的數目來測定吉凶。古人認為事物先有形象，後有數目，故以為卜比筮靈驗，即下文所謂「筮短龜長」，卜長於筮。❸卜人　執掌占卜的官吏。❹繇　占卜所得的卦辭。❺專之渝　專寵她（驪姬），就會發生變亂。渝，變亂。❻攘公之羭　意謂將奪去你（晉獻公）的太子。攘，竊奪。羭，黑色公羊。借指太子申生。渝、羭古音同在侯部，押韻。❼一薰一蕕　薰，香草，如蘭蕙之類，暗指申生等公子。蕕，臭草，長在水邊，其莖似薰，暗指驪姬及其子奚齊等人。薰、蕕物性不同，不能放在一起。❽臭　臭氣。蕕、臭古音同在幽部，押韻。❾其娣生卓子　娣，妹。驪姬之妹陪嫁晉獻公。卓子，《史記・晉世家》作「悼子」。❿與中大夫成謀　和中大夫商定計議。⓫齊姜　當是晉獻公未即位時所娶之夫人，生穆姬及太子申生。穆姬後嫁秦穆公為夫人。齊姜早亡。《史記》謂齊姜為齊桓公之女，《左傳・莊公二十八年》杜注謂齊姜是晉武公妾。⓬曲沃　古邑名，在今山西省聞喜縣東北。東周初，晉昭侯封叔成師於此，稱曲沃桓叔，至成師孫稱（即曲沃武公）盡併晉地，代晉為君，即晉武公，其子為晉獻公。故獻公祖廟在曲沃。獻公九年遷都於絳（今山西省翼城縣東南），曲沃仍為別都。獻公十一年，使太子申生居於曲沃。⓭胙　祭祀用的肉類。按古禮，臣子有祭祀，必將胙肉送給國君享用，謂之歸胙。⓮田　田獵；打獵。⓯寘諸宮六日　把酒肉放在宮中六天。寘，同「置」。六日，《史記》作「二日」。⓰毒　下毒藥。用作動詞。⓱地墳　泥土突起。墳，突起的土堆。⓲小臣　侍御的宦官，後代稱太監。⓳賊　傷害。指弒君父的陰謀。⓴新城　即曲沃，因其城又新築，故稱新城。㉑傅　師傅；輔佐太子的大夫。㉒辭　聲辯。㉓辯　通「辨」。辨明是非。㉔其　表示祈使語氣的副詞，相當於「還是」。㉕被此名　指蒙受殺君父的惡名。被，蒙受。㉖十二月戊申　十二月二十七日。晉用夏正，周正為明年二月二十七日。㉗譖二公子　誣陷公子重耳、夷吾。重耳為大戎狐姬所生，夷吾為小戎子所生。㉘皆知之　都與聞藥胙之事，即參與同謀。㉙蒲　晉邊邑，在今山西省隰縣西北。㉚屈　在今山西省吉縣東北。

【語　譯】早年，晉獻公要立驪姬為夫人，用龜甲占卜，結果並不吉利。再用蓍草占卜，結果很吉利。獻公說：「按照蓍草占卜的結果辦。」占卜的官吏阻止說：「蓍草占卜之數不如龜甲占卜的兆象靈驗，不如依照龜甲占卜辦的好。而且卜卦的兆辭說：『專寵一個女人，國家就有變亂，將會奪去你的公羊（太子）。香草和臭草本性不同，它們放在一起，過了十年，仍然香臭不同。』國君一定不可以立她做夫人。」晉獻公不採納，立驪姬為夫人。驪姬生了奚齊，她的妹妹生了卓子。到今年打算立奚齊做太子，驪姬已和中大夫商定計謀。驪姬對太子申生說：「你的父親夢見你的母親齊姜，你定要趕快去祭祀她。」太子申生就到曲沃祖廟去祭祀生母，把祭祀的酒肉送來獻給君父。晉獻公剛好外出打獵，驪姬把酒肉放在宮中，過了六天，獻公回來，驪姬就在酒肉裏下了毒藥再送給獻公，還假惺惺地懷疑酒肉有毒。獻公拿酒倒在地上，地上的泥土隆起來；拿肉給狗吃，狗吃了當即死去；又拿酒肉給宦官吃，宦官也毒死。驪姬就哭著說：「逆弒的陰謀是由太子謀劃的。」太子申生就逃亡到新城（曲沃），晉獻公殺了他的師傅杜原款。有人勸太子申生說：「你去聲辯冤情，國君必定會辨察明白的。」申生說：「國君如果沒有驪姬，就睡不安，吃不好。如果我去聲辯，驪姬必然獲罪。如今國君已經年老，我那樣做會使國君痛苦，我也不會快樂。」那人又說：「那你還是逃走吧！」太子說：「國君確實不明察驪姬有罪，如果我蒙受殺君父的惡名逃出去，又有誰會收留我呢？」十二月二十七日，太子申生上吊死在曲沃新城。驪姬又在晉獻公面前誣陷另外兩位公子，說：「重耳和夷吾也都知道這件事。」於是公子重耳就逃亡到蒲城去，公子夷吾就逃亡到屈城去。

【說　明】 本章傳文詳敘驪姬為了立其子奚齊為太子而謀害申生、重耳、夷吾之事。「初，晉獻公欲以驪姬為夫人」至「其娣生卓子」都是追敘往事，「及將立奚齊」以下文字始是敘本年史事。揆之史書，可知齊姜生秦穆夫人及太子申生，事在晉獻公四年。重耳生十七年而出亡，則晉獻公娶二女於戎及重耳之生當在獻公五年。〈晉世家〉謂獻公攻滅驪戎，獲驪姬及其妹以歸，事亦在獻公五年。則「獻公欲以驪姬為夫人」及奚齊、卓子之生當在此後不久。至獻公十一年（魯莊公二十八年），獻公聽信驪姬及二五讒言，使太子申生居曲沃，唯奚齊、卓子留居絳都。至獻公十六、十七年（魯閔公元年、二年）已有廢太子申生，改立奚齊之意。至獻公二十一年（魯僖公四年），穆姬出嫁為秦穆公夫人，接著就發生本章譖害太子申生及公子之事。可見驪姬工於心計，毒如蛇蠍。太子申生受傳統忠孝觀念的束縛，既不願聲辯冤情而使老父不樂，又不願蒙受殺父的惡名而出逃，最後被逼自殺身亡，兩個弟弟也逃亡邊邑。從此晉國政治出現了危機，為爭奪繼承君位而風波迭起，動亂不止。

本年經文未書驪姬害申生事而傳文詳敘，這同莊公二十八年、閔公元年、二年經文不書晉事而傳文詳敘一樣，是無經而有傳。可見《春秋》記事是以魯國為中心，而《左傳》雖依魯君世系編年紀事，但傳文內容與經文並不密切配合，記事常以晉國為中心。作者在組織史料時，顯然有意對晉國（及楚國）的撰述特別詳盡。晉、楚是春秋時期南北兩大陣營的代表，所以《左傳》表現出作者對當時社會的動蕩變革和歷史發展有著敏銳的觀察力與清醒的認識。

五年

丙寅，西元前六五五年。周惠王二十二年、齊桓公三十一年、晉獻公二十二年、秦穆公五年、楚成王十七年、宋桓公二十七年、衛文公五年、陳宣公三十八年、蔡穆侯二十年、曹昭公七年、鄭文公十八年、燕襄公三年、許僖公業元年。

經 五年春，晉侯殺其世子申生。

杞伯姬來朝其子。

夏，公孫茲如牟。

公及齊侯、宋公、陳侯、衛侯、鄭伯、許男、曹伯會王世子于首止。

秋八月，諸侯盟于首止。鄭伯逃歸不盟。

楚人滅弦，弦子奔黃。

九月戊申朔，日有食之。

冬，晉人執虞公。

傳 五年春王正月，辛亥朔❶，日南至❷。公既視朔❸，遂登觀臺❹以望，而書❺，禮也。凡分、至、啟、閉❻，必書雲物❼，為備故也。

晉侯使以殺大子申生之故來告❽。初，晉侯使士蔿❾為二公子築蒲與屈❿，不慎，寘薪焉⓫。夷吾訴之，公使讓⓬之。士蔿稽首⓭而對曰：「臣聞之，無喪而感⓮，憂必讎⓯焉。無戎而城，讎必保焉⓰。寇讎之保，又何慎焉⓱？守官廢命⓲，不敬。固讎之保⓳，不忠。失忠與敬，何以事君？《詩》云：『懷德惟寧，宗子惟城。』⓴君其修德，而固宗子，何城如㉑之？三年，將尋師㉒焉，焉用慎？」退而賦曰：「狐裘尨茸㉓，一國三公㉔，吾誰適從㉕？」及難，公使寺人披㉖伐蒲。重耳曰：「君父之命不校㉗。」乃徇㉘曰：「校者，吾讎也。」踰垣㉙而走，披斬其袪㉚，遂出奔翟㉛。

夏，公孫茲㉜如牟㉝，娶焉。

會于首止㉞，會王大子鄭㉟，謀寧周也。

陳轅宣仲㊱怨鄭申侯之反己於召陵，故勸之城其賜邑㊲，曰：「美城之㊳，大名也，子孫不忘。吾助子請。」乃為之請於諸侯而城之，美。遂譖諸鄭伯㊴，曰：「美城其賜邑，將以叛也。」申侯由是得罪。

秋，諸侯盟，王使周公㊵召鄭伯，曰：「吾撫女以從楚㊶，輔之以晉，可以少安。」鄭伯喜於王命，而懼其不朝於齊㊷也，故逃歸不盟。孔叔㊸止之，曰：「國君不可以輕㊹，輕則失親；失親，患必至。病㊺而乞盟，所喪多矣！君必悔之。」弗聽，逃其師㊻而歸。

楚鬬穀於菟㊼滅弦㊽，弦子奔黃。於是江、黃、道、柏㊾方睦於齊，皆弦姻㊿也。弦子恃之而不事楚，又不設備，故亡。

晉侯復假道於虞以伐虢。宮之奇諫曰：「虢，虞之表(51)也；虢亡，虞必從之。晉不可啟(52)，寇不可翫(53)。一之為甚，其可再乎(54)？諺所謂『輔車相依，脣亡齒寒』者(55)，其虞、虢之謂也。」公曰：「晉，吾宗(56)也，豈害我哉？」對曰：「大伯、虞仲，大王之昭(57)也。大伯不從，是以不嗣(58)。虢仲、虢叔，王季之穆(59)也；為文王卿士，勳在王室，藏於盟府(60)。將虢是滅(61)，何愛於虞？且虞能親於桓、莊(62)乎？其愛之也，桓、莊之族何罪，而以為戮(63)？不唯偪乎(64)？親以寵偪，猶尚害之，況以國乎？」公曰：「吾享祀豐潔，神必據[65]我。」對曰：「臣聞之，鬼神非人實親[66]，惟德是依[67]。故《周書》[68]曰：『皇天無親，惟德是輔。』又曰：『黍稷非馨[69]，明德[70]惟馨。』又曰：『民不易物[71]，惟德繄[72]物。』如是，則非德，民不和，神不享矣。神所馮依[73]，將在德矣。若晉取虞，而明德以薦[74]馨香，神其吐之乎？」弗聽，許晉使。宮之奇以其族行，曰：「虞不臘矣[75]，在此行也，晉不更舉矣。」

八月甲午[76]，晉侯圍上陽[77]。問於卜偃曰：「吾其濟乎？」對曰：「克之。」公曰：「何時？」對曰：「童謠云：『丙之晨[78]，龍尾伏辰[79]，均服振振[80]，取虢之旂[81]。鶉之賁賁[82]，天策焞焞[83]，火中成軍[84]，虢公其奔。』其九月、十月之交乎？丙子旦，日在尾，月在策，鶉火中，必是時也。」

冬十二月丙子朔[85]，晉滅虢。虢公醜奔京師。師還，館于虞[86]，遂襲虞，滅之。執虞公及其大夫井伯，以媵秦穆姬[87]，而脩虞祀，且歸其職貢[88]於王。故書曰：「晉人執虞公。」罪虞，且言易也。

【注釋】❶王正月辛亥朔　周曆正月辛亥日初一。周曆正月，夏曆十一月。每年秋冬之交，周天子要頒布明年曆法，即每月朔日（初一）干支為何日及有無閏月，謂之班（頒）朔。春秋時期，天子未必班朔，列國自行推算。❷日南至　即冬至。

至，極。冬至日，太陽位於最南端，晝最短，夜最長。後人按曆法推算，冬至與朔日不會在同一天，此年冬至應在癸丑日或甲寅日。❸視朔　諸侯於每月朔日必到宗廟舉行告祭朔日之禮，謂之告朔。告朔之後，在太廟聽政，治一月之政事，謂之視朔，亦謂之聽朔。❹觀臺　諸侯宮門皆築臺，臺上起屋，兩旁之屋特高，謂之兩觀，亦謂之雙闕，因是築於門臺之上，故亦稱觀臺，可登臨以望雲氣。❺書　記載。指記載所望之雲色氣象。❻分至啟閉　分，春分、秋分，其日晝夜平分，故謂之分。至，夏至、冬至，夏至日晝最長，冬至日晝最短，故謂之至。啟，立春、立夏。作物春生夏長，故謂之啟。閉，立秋、立冬。秋收冬藏，故謂之閉。❼雲物　雲色氣象。古禮，國君於分至啟閉之日，要登臺望雲氣天象，占其吉凶水旱豐歉，並加記載，如有災荒，要早為防備。❽來告　來魯國告知晉殺太子申生之故。晉用夏正，魯用周正。上年晉之十二月戊申，太子申生自縊，為周曆下年二月戊申（二十七日），故魯史官用周正記載在「五年春」。❾士蔿　晉大夫，字子輿，亦稱士輿，有功升為卿，任大司空，掌土木建築。❿築蒲與屈　獻公十一年，使公子重耳居蒲，公子夷吾居屈。獻公十九年，使士蔿為之築新城。⓫寘薪焉　把木柴留在城牆裏。寘，同「置」。焉，於之。⓬讓　責備。⓭稽首　叩頭。古人席地而坐，似今日之跪。既跪而拱手，頭俯至於手，謂之拜手。既拜手，而拱手下至於地，頭亦下至地，叩觸其額，謂之頓首；停留一段時間，謂之稽首。這是古代拜禮中最敬的禮儀。⓮慼　同「慽」。悲傷。⓯讎　配；應；跟著來。⓰無戎二句　沒有戰事而修築城池，國內的仇敵必然據以守衛。意謂於理不必築城。讎，同「仇」。仇敵。保，守衛；以為城堡。⓱寇讎二句　城池既然可能被仇敵據以守衛，又何必小心地修築呢。⓲守官廢命　擔任官職，但不按命令去辦事。⓳固讎之保　把將來可能被仇敵佔據的城堡築得很牢固。固，用作使動詞。築得牢固。⓴懷德二句　心存德行才能安寧，宗室子弟就是城池。這是諷諫獻公不要寵信驪姬，要心存德行，安定宗子申生、重耳、夷吾的地位，而不必築城。見《詩經・大雅・板》。㉑如　比得上；及得上。㉒尋師　用兵。三年後即獻公二十二年果用兵伐蒲、伐屈。㉓尨茸　疊韻聯綿詞，即蓬鬆。㉔三公　三個國君。㉕吾誰適從　我聽從誰，以誰為君主。適，主；專。茸、公、從三字為韻。㉖寺人披　寺人，宦官，等於後來的太監。名披，字伯楚，亦稱闍楚。㉗校　違抗。㉘徇　通告。㉙踰垣　翻過矮牆。㉚袪　袖口。㉛翟　通「狄」。㉜公孫茲　齊國大夫，叔牙之子，即叔孫戴伯。㉝牟　小邦國，故城在今山東省萊蕪縣東二十里之牟城。㉞首止　衛地，在今河南省睢縣東南。參加首止之會的有齊、魯、宋、陳、衛、鄭、許、曹等八國諸侯。㉟王大子鄭　周惠王太子名鄭。其母惠后寵少子帶，惠王欲廢鄭，立帶為太子，故齊桓公舉行首止之會，與太子鄭相見，以安定太子鄭之位。太子鄭後即位為周襄王。㊱轅宣仲　陳國大夫，即轅濤塗。申侯背約、出賣轅氏事見僖公四年傳。㊲城其賜邑　在賞賜給他的封邑（虎牢關）築城。城，用作動詞。㊳美城之　把虎牢城築得很壯觀。

㊴譖諸鄭伯　在鄭文公面前說申侯築城的壞話，加以誣陷。譖，進讒陷害。㊵周公　周惠王卿大夫宰孔。武王封周公旦於魯，其嫡長子世襲魯國君位，其次子則世代在周室為卿大夫，稱周公。㊶撫女以從楚　安撫你鄭國順從楚國。即讓鄭與楚友好。女，通「汝」。首止之盟，本非周惠王之意，故惠王召鄭伯，使之叛齊。而楚、晉未與齊盟，故藉之以安鄭。㊷懼其不朝於齊　為自己不向齊國稱臣而憂懼。自莊公十七年至此已二十二年，鄭未朝齊，故憂懼。朝，臣見君。㊸孔叔　鄭國大夫。㊹輕　輕率；輕舉妄動。㊺病　困窘。㊻逃其師　古時諸侯出行，必有軍隊相隨，鄭伯棄其師，隻身逃逸，故曰逃其師。㊼鬬穀於菟　鬬氏，名穀於菟，即令尹子文。見宣公四年傳。㊽弦　小邦國，子爵，地在今河南省潢川縣西南之弦城。㊾江黃道柏　皆小邦國。江國，嬴姓，在今河南省息縣西南。黃國，嬴姓，在今河南省潢川縣西。道國，在今河南省確山縣東北二十里之道城。柏國，在今河南省舞陽縣東南。四國本是楚國之附庸，此時與齊友好，後為楚所滅。㊿姻　婿家。即四國君主之子娶弦國之女。(51)表　外；外圍；屏障。(52)啟　張開。指擴張其野心。(53)寇不可翫　意謂外國軍隊不能輕率引進。兵作於外為寇，作於內為亂。翫，狎玩；輕率。後作「玩」。(54)一之為甚二句　一次借道已是過分了，難道還可以第二次嗎。其，豈。(55)輔車二句　大車載物後兩旁用以支持的板叫輔，故輔與車相依存、不可分。脣與齒相依存，脣沒有了，齒就受寒。先秦皆不以輔為酺，故杜注解輔為酺，面頰，解車為牙床，誤。參段玉裁《說文》輔字注及王引之《述聞》。(56)宗　宗族。晉、虞皆周王後裔的封國，姬姓，故稱同宗。(57)大王之昭　始祖的第一代為昭，第二代為穆。以後三、五、七、九等奇數之代皆為昭，四、六、八、十等偶數之代皆為穆，即所謂「昭生穆，穆生昭」。周以后稷為始祖，太王古公亶父為后稷十二代孫，為穆。太伯（吳泰伯）、虞仲、季歷是太王之子，故稱「大王之昭」。大，通「太」。(58)大伯二句　太伯不跟隨在太王身邊（與弟虞仲奔吳），因此沒有繼位。(59)王季之穆　王季即季歷，太王第三子，文王之父。虢仲、虢叔是王季之子（文王之弟），故云「王季之穆」。虢仲封為西虢之君，虢叔封為東虢之君。晉所伐之虢為西虢，是虢仲之裔孫。(60)盟府　相當於後代的檔案館。有功受封賞者，其功勳、封賞及王命誓辭都記錄在竹簡上，藏在盟府。(61)將虢是滅　將滅虢。(62)桓莊　指桓叔、莊伯的子孫。桓叔始封於曲沃，其子莊伯，莊伯之子武公，武公盡併晉地，代晉為諸侯，即晉武公，其子即晉獻公。故桓、莊二族子弟都是獻公同宗近親。虞與晉雖亦同宗，但相隔疏遠。(63)以為戮　以之為戮；把他們殺死。獻公盡殺桓莊二族子弟，見莊公二十四年、二十五年傳。(64)不唯偪乎　唯，通「為」。因為。偪，同「逼」。威逼。指威脅公室。(65)據　依；保佑。(66)非人實親　「實非親人」的倒裝句。實在並非親愛哪一個人。(67)惟德是依　「惟依德」的倒裝句。只是保佑有德之人。下文「惟德是輔」句式同。(68)周書　已佚之《古文尚書》，亦稱《逸書》。引文採入偽《古文尚書》。下同。(69)馨　遠聞的香氣。(70)明德　光明之德；美好的品

德。71易物　指改換祭品。72緊　語氣助詞，表示判斷語氣，相當於「是」。73馮依　憑依。馮，同「憑」。74薦　祭奠；獻給神靈。75虞不臘矣　虞國不會臘祭了。意謂虞國不會過夏正十月就要被滅亡。春秋時臘祭在夏正之十月，秦以後始改於十二月。臘祭之月稱臘月。76八月甲午　晉用夏正，八月甲午即周正十月十七日。77上陽　在今河南省陝縣南。僖公二年晉師滅下陽，虢公渡河至上陽，故上陽被稱為南虢，下陽被稱為北虢。78丙之晨　一本作「丙子之晨」。79龍尾伏辰　日行至尾宿，尾宿的星光被日光遮奪，伏而不見。龍尾，即尾宿，二十八宿之一，有星九，屬天蠍座。辰，日月相會。80均服振振　均服，黑色戎服。古時軍服君臣上下無別。均，或作「袀」。振振，美盛貌。81旂　軍帥的號旗，旗上有鈴以號令士兵。82鶉之賁賁　鶉即鶉火，二十八宿之一，有星八，狀如鶉鳥，亦稱柳宿，屬長蛇座。賁賁，形容鶉火星宿的樣子。83天策焞焞　天策，星名，即傅說星。焞焞，星光暗淡的樣子。因月亮行至天策星，故星光暗淡。84火中成軍　鶉火星座運行到正南方，軍隊就整裝出發。火即鶉火宿。中，動詞。行到正中。以上童謠之「晨、辰、振、旂、賁、焞、軍、奔」八字為韻。85十二月丙子朔　此用周正，夏正為十月初一丙子日，離八月甲午圍上陽已四十三天。86館于虞　住在虞國的賓館裏。館，用作動詞。87以媵秦穆姬　讓他做秦穆姬的陪嫁人員。媵，諸侯女出嫁時以男女作陪嫁。陪嫁的男女亦稱媵。秦穆姬，晉獻公女，姬姓，嫁於秦穆公。以諸侯的謚號（穆）冠於夫人姓氏之上以稱諸侯夫人，是古時常例。88職貢　指賦稅和貢品。

【語譯】魯僖公五年春，周曆正月初一辛亥日。這一天是冬至，太陽位於最南端。魯僖公在太廟祭告朔日，聽治政事，還登上觀臺觀察雲氣天象，並加以記載。這樣做是合於禮制的。凡是春分、秋分，夏至、冬至，立春、立夏，立秋、立冬，諸侯都要登臺觀察雲氣天象，加以記載，以防備水旱災荒。

晉獻公派使者來魯國告知殺害太子申生的原因。前些年，晉獻公派大夫士蔿給兩位公子修築蒲城和屈城。士蔿不小心，把木柴留在城牆裏。公子夷吾把這事告訴了晉獻公。獻公派人責備士蔿。士蔿叩頭回答說：「臣知道：沒有喪事而悲傷，必然有憂患跟著來。沒有戰事而築城，國內的仇敵必然佔據城堡來守衛。既然寇仇會去佔據守衛，又何必小心修築呢？我擔任職官，如果不遵命築城，就是不敬；把寇仇會據以守衛的城堡築得很牢固，這又是不忠。不忠不敬，怎能事奉國君？《詩經》說：『心存德性，國家就會安寧；宗室子弟就是城池。』希望國君修養德行，鞏固宗室子弟的地位，那什麼城池能比得上呢？再說三年後就要用兵，現在築城哪裏用得著謹慎？」士蔿退出宮去賦詩說：「狐皮袍子蓬蓬鬆鬆，一個國家有了三個公，究竟是哪一個我該一心聽從？」等到驪姬讒害公子的時候，晉獻公就派寺人披去攻打蒲城。公子重耳說：「君父的命令不能違抗。」並通告軍民：「誰抵抗我君父的軍隊，誰就是我的敵人。」重耳越牆逃跑，寺人披砍下了他的袖口。最後重耳逃亡到狄國。

夏季，齊國大夫公孫茲到牟國，在那裏娶了親。

齊、魯、宋、陳、衛、鄭、許、曹等八國諸侯在衛地首止相會，會見周惠王的太子鄭，商議如何維護太子地位、安定周王室的事。

陳國大夫轅宣仲怨恨鄭國大夫申侯在召陵出賣了自己，所以故意勸申侯在受賜的封邑虎牢關修築城牆，說道：「把城築得壯觀，可以擴大名聲，你的子孫也不會忘記你。這事我可以幫助你去請求。」於是就為申侯向各諸侯請求同意，在虎牢築起城牆，城築得很壯觀。事後，轅宣仲在鄭文公面前說申侯的壞話：「申侯在受賜的封邑修築城池，築得那麼好，是準備據以叛亂呀！」申侯由此獲罪。

秋季，齊桓公等諸侯在首止訂立盟約。周惠王派周公宰孔召見鄭文公說：「周王安撫你去順從楚國，再讓晉國來輔助你，這樣你就可以稍稍安定了。」鄭文公對周王的命令感到很高興，但又為自己不向齊國朝見而感到憂懼，所以打算逃回國，不參加首止之盟的大典。大夫孔叔阻止說：「國君的言行不能輕率，輕舉妄動就失去親密的朋友；失掉親密的朋友，禍患必然降臨。等到國家困窘了再去乞求結盟，損失就更多了。國君必定要為此後悔的！」可是鄭文公不聽，留下他的軍隊，自己隻身潛逃回國。

楚國執政大夫鬬穀於菟滅了弦國，國君弦子逃亡到黃國。這時江、黃、道、柏四個小國正和齊國友好，又都跟弦國有姻親關係。弦子仗恃這些關係而不去事奉楚國，又不設防，所以被楚國滅亡了。

晉獻公又向虞國借道去攻打虢國。虞國大夫宮之奇勸阻虞公說：「虢國是虞國的屏障，如果虢國滅亡了，虞國必定跟著滅亡。晉國的貪心不能擴張，晉國的軍隊不能輕忽地讓它進來。前次借路已經過分了，難道可以借第二次嗎？俗話說得好：『大車兩旁的木板和大車是互相依存的；嘴唇和牙齒是互相依存的，嘴唇沒有了，牙齒就受到寒冷。』這說的就是虞國和虢國的關係呀！」虞公說：「晉國是我的宗族，難道會傷害我嗎？」宮之奇回答說：「太伯、虞仲是周太王的兒子，太伯沒有隨侍在太王身邊，所以沒有繼位。虢仲、虢叔是季歷的兒子，做過周文王的卿士，對王室有功，受勳的記錄典策還藏在盟府裏。虢國就是虢仲的封地，與晉國也是同宗，可如今晉國竟要滅了她，對我們虞國還會有啥顧惜呢？況且虞國和晉國的宗親關係，能比桓叔、莊伯同晉獻公的宗族關係更親嗎？如果晉獻公愛惜桓、莊兩族宗親，那麼桓、莊兩族子弟又有什麼罪過，卻要把他們都殺戮呢？不是因為桓、莊兩族人多使晉獻公感到威脅的緣故嗎？關係很親近的宗族，還曾被寵信過，只因脅逼公室，就被無辜殺害，何況對我們這樣一個國家會不下手嗎？」虞公又說：「我的祭品又豐盛又清潔，神靈一定保佑我。」宮之奇回答說：「我聽說，鬼神實在並非親愛哪一個人，而只是保佑有德行的人。所以《周書》說：『皇天沒有私親，只輔助有德行的人。』又說：『祭祀的黍稷不算芳香，美好的品德才芳香四溢。』又說：『百姓不用改換祭品，只有美德才是最好的祭品。』這樣看來，如果國君不是有德之人，百姓就不和睦，神靈也不來享用他的祭品的。神靈所憑藉和保佑的，只在於有德行的人了。但如果晉國攻佔了我們虞國，也自稱是用美德作芳香的祭品來獻給神靈，神靈難道會嘔吐出來嗎？」虞公還是不聽從，竟答應晉國使者借道的要求。宮之奇就帶了他的家族出走，說：「虞國今年不會臘祭了——就在這一次伐虢之後，晉國不用再次舉兵，過不了十月虞國就跟著滅亡了！」

八月十七日，晉獻公圍攻虢都上陽。問大夫卜偃：「我們能成功嗎？」卜偃回答說：「能成功。」晉獻公又問：「在什麼時候？」卜偃回答說：「童謠在說：『丙子日的清晨，龍尾星座不見星光，是因為被日光所遮奪。黑色軍服威武又氣派，奪取敵虢的帥旗就在今朝。鶉火星座像隻大鳥，天策星沒有光耀。當鶉火星高升在正南方，就整頓好軍隊進攻，這是取勝的好時光，虢公就要逃跑了。』這大概在夏曆九月底十月初吧？喔，丙子日清晨，日行在龍尾星，月行在天策星，鶉火星在正南方，一定是這個時候！」

冬季，周曆十二月初一丙子日，晉國滅了虢國。虢公姬醜逃奔到京都洛邑。晉軍回國時，駐紮在虞國，晉獻公住在賓館裏，夜裏乘機襲擊虞國，一下子把虞國滅亡了。晉軍抓住了虞公和大夫井伯，把他們作為秦穆姬的陪嫁人員。但並沒廢棄虞國的祭祀，還把虞國的賦稅、貢品歸送周王室。所以《春秋》記載說：「冬，晉人執虞公。」這是歸罪於虞公，而且表明晉國滅虞是太容易了。

【說明】本傳主要寫晉國的兩件事。一是接上年傳文，寫獻公使寺人披伐蒲，重耳奔狄。傳文先追敘三年前士蔿受命築城。他認為城不必築，但不能違命不築，又不願固築。故諷諫獻公不要寵信驪姬，要「修德而固宗子」，國家始可安寧。並預言三年後將用兵，會出現「一國三公」的混亂局面。果如所言，三年後，驪姬陰謀得逞，申生被害，重耳出亡，出亡時年僅十七歲。

二是寫晉國再次假道於虞以伐虢，目的還在於滅虞。故傳文略寫如何滅上陽，卻詳敘虞國宮之奇的諫諍。他先從地緣政治關係說明「虢亡，虞必從之」，並以「輔車相依，唇亡齒寒」為喻，具體地說明虢、虞兩國存亡相依的道理。其次，說明同宗不足恃。虢是晉的同宗，晉要滅虢；桓、莊兩族是獻公宗親，遠比虞、晉的宗族關係親近，卻盡遭殺戮。這是血的教訓，要虞公破除「晉，吾宗也，豈害我哉」的幻想。再次，駁正虞公依恃神靈保佑的糊塗思想，一面強調鬼神「惟德是依」，皇天「惟德是輔」，一面暗示神靈不足信，神靈也是趨炎附勢的：「若晉取虞，而明德以薦馨香，神其吐之乎？」真如錢鍾書先生《管錐編》所云：「蓋信事鬼神，而又覺鬼神之不可信、不足恃，微悟鬼神之見強則遷，唯力是附，而又不敢不揚言其聰明正直而壹憑依在德，此敬奉鬼神者衷腸之冰炭也。玩索左氏所記，可心知此意矣。」可惜虞公忠言逆耳，結果被俘國滅，使晉國一舉控制了渡過黃河、向中原發展的通道，在戰略上佔據了有利地位。「假道滅虢」、乘便滅虞，成為我國古代軍事謀略的重要內容之一，而「輔車相依，唇亡齒寒」的樸素思想，又包含了十分深刻的戰略意義。《韓非子》、《呂氏春秋》、《史記》等在滅虞後皆云：「荀息牽馬操璧而報獻公，獻公喜曰：『璧則猶是也，而馬齒亦益長矣。』」唯《左傳》無此語。

六年

丁卯，西元前六五四年。周惠王二十三年、齊桓公三十二年、晉獻公二十三年、秦穆公六年、楚成王十八年、宋桓公二十八年、衛文公六年、陳宣公三十九年、蔡穆侯二十一年、曹昭公八年、鄭文公十九年、燕襄公四年、許僖公二年。

經 六年春王正月。

夏，公會齊侯、宋公、陳侯、衛侯、曹伯伐鄭，圍新城。

秋，楚人圍許，諸侯遂救許。

冬，公至自伐鄭。

傳 六年春，晉侯使賈華❶伐屈。夷吾不能守，盟而行❷。將奔狄，郤芮❸曰：「後出同走❹，罪也。不如之梁❺，梁近秦而幸焉❻。」乃之梁。

夏，諸侯伐鄭，以其逃首止之盟❼故也。圍新密❽，鄭所以不時城❾也。

秋，楚子❿圍許⓫以救鄭，諸侯救許，乃還。

冬，蔡穆侯⓬將許僖公⓭以見楚子於武城⓮，許男面縛銜璧⓯，大夫衰絰⓰，士輿櫬⓱。楚子問諸逢伯⓲，對曰：「昔武王克殷，微子啟⓳如是。武王親釋其縛，受其璧而祓⓴之，焚其櫬，禮而命之，使復其所㉑。」楚子從之。

【注釋】❶賈華　晉右行大夫。❷盟而行　與屈城軍民訂立盟約，而後出奔。結盟是約其以後相助。❸郤芮　晉國公族，食邑於冀，故亦稱冀芮。父郤豹，子郤缺。❹後出同走　指在重耳逃亡到北狄之後，同樣逃亡到北狄。❺梁　梁國，嬴姓，故城在今陝西省韓城市南二十二里之少梁城。❻幸焉　幸於秦；被秦國寵信。焉，於彼。❼首止之盟　見僖公五年傳注。❽新密　在今河南省密縣東南三十里。❾所以不時城　在不宜動土築城的季節所築的城。❿楚子　楚成王，子爵，故經傳稱楚子。⓫許　姜姓國，男爵，故城在今河南省許昌市東三十六里。⓬蔡穆侯　名肸，蔡哀侯之子，侯爵。蔡國都城在今河南省上蔡縣。⓭許僖公　名業，許穆公之子。許國為男爵，故經傳稱其君為許男。⓮武城　楚地，一名武延城，在今河南省南陽市北。諸侯軍救許後，楚軍退屯於武城。⓯面縛銜璧　兩手反綁在背後，嘴裏含著璧玉。這是古時戰敗者晉見戰勝者的禮節。古人死後，口多含珠玉，故銜璧表示受死。下文楚王受璧，表示受降，讓其生還。面，通「偭」。背。面縛即背縛。⓰大夫衰絰　許國的大夫穿了喪服，腰束麻帶。表示其君將受死，大夫為之服喪。衰，同「縗」。麻衣喪服。絰，喪服用的麻帶。衰絰，用作動詞。⓱士輿櫬　士用車拉著棺木。輿，車。用作動詞。⓲逢伯　楚國大夫。⓳微子啟　殷帝乙之子，紂王庶兄，封於宋。武王克殷，微子肉袒面縛，至武王軍門，武王釋其縛，復其位於宋。⓴祓　用齋戒沐浴等方式求福除災。㉑復其所　回到他的封地，即恢復他的封國。

【語　譯】魯僖公六年春季，晉獻公派大夫賈華帶兵攻打屈城。夷吾守不住，就和屈城軍民訂立盟約，而後逃走，準備逃到北狄去。大夫郤芮說：「在重耳逃到北狄之後，你同樣逃去北狄，會被驪姬作為把柄，誣陷你和重耳有同謀之罪。所以不如逃到梁國去。梁國靠近秦國，又被秦國所寵信。」於是夷吾就逃到梁國。

夏季，齊、魯、宋、陳、衛、曹等六國諸侯帶兵討伐鄭國。這是因為鄭文公逃離首止、不參加盟誓的緣故。諸侯軍先圍攻鄭國的新密，這是鄭國為防入侵，在不宜築城的季節築的新城，所以經文稱新城。

秋季，楚成王出兵圍攻許國，目的是救援鄭國。六國諸侯軍就放下新密，去救援許國，楚國軍隊就撤兵回屯武城。

冬季，蔡穆公陪著許僖公到武城去拜見楚成王。許僖公兩手捆綁在背後，嘴裏含著璧玉，他的大夫穿著喪服，腰束麻帶；他的士用車拉著棺木準備給他受死後收屍。楚成王問大夫逢伯該怎麼辦。逢伯答道：「從前周武王伐紂，攻克殷都時，微子啟就是這樣去見武王的。武王親自給他解開捆綁的繩子，接受他的璧玉，而後為他舉行祓除不祥的儀式，燒了他的棺木，給以禮遇，讓他回到原來的封地，恢復他的封國。」楚成王聽從逢伯的建議。

【說明】本傳首章接上年傳文「公使寺人披伐蒲」章。本傳「夏，諸侯伐鄭」章應接上年傳文「(鄭伯)逃其師而歸」。

上年秋，齊桓公等八國諸侯在首止會盟，維護王太子鄭的地位。惠王恨之，派人離間鄭、齊關係，讓鄭伯背齊從楚，逃歸不盟。可見周王父子矛盾，對齊桓公的稱霸活動也懷有戒心，因「尊王」策略是出於諸侯自身利益的需要，並非要恢復周王朝昔日的統治秩序。

鄭、許、蔡等國都在今河南省地區，處於南楚北齊兩大陣營之間，誰爭取到鄭、許，誰就佔有優勢。故鄭從楚，齊必率軍伐鄭。楚圍許救鄭。齊移師救許，楚退屯武城。可見楚尚不想與齊正面決戰，說明楚北進戰略是十分謹慎的，也說明兩大陣營勢均力敵，尚難定於一尊。

在爭霸過程中，《左傳》對侯伯處事決策的細節、場面，常作生動描寫。如本傳對楚成王受降的場面、許僖公屈辱求降的狼狽相，都寫得簡約而生動。

七年

戊辰，西元前六五三年。周惠王二十四年、齊桓公三十三年、晉獻公二十四年、秦穆公七年、楚成王十九年、宋桓公二十九年、衛文公七年、陳宣公四十年、蔡穆侯二十二年、曹昭公九年、鄭文公二十年、燕襄公五年、許僖公三年。

經 七年春，齊人伐鄭。

夏，小邾子來朝。

鄭殺其大夫申侯。

秋七月，公會齊侯、宋公、陳世子款、鄭世子華盟于甯母。

曹伯班卒。

公子友如齊。

冬，葬曹昭公。

傳 七年春，齊人伐鄭。孔叔言於鄭伯曰：「諺有之曰：『心則不競❶，何憚於病❷？』既不能彊❸，又不能弱，所以斃也。國危矣！請下齊❹以救國。」公曰：「吾知其所由來矣！姑少待我。」對曰：「朝不及夕，何以待君？」

夏，鄭殺申侯❺以說于齊，且用❻陳轅濤塗之譖也。初，申侯，申出❼也，有寵於楚文王❽。文王將死，與之璧，使行，曰：「唯我知女。女專利❾而不厭，予取予求❿，不女疵瑕⓫也。後之人將求多於女，女必不免⓬。我死，女必速行，無適小國，將不女容焉。」既葬，出奔鄭⓭，又有寵於厲公⓮。子文⓯聞其死也，曰：「古人有言曰，『知臣莫若君』，弗可改也已⓰。」

秋，盟于甯母⓱，謀鄭故也。管仲言於齊侯曰：「臣聞之，招攜⓲以禮，懷遠⓳以德。德禮不易⓴，無人不懷。」齊侯脩禮於諸侯，諸侯官受方物㉑。鄭伯使大子華聽命於會，言於齊侯曰：「洩氏、孔氏、子人氏㉒三族，實違君命㉓。君若去之以為成㉔，我以鄭為內臣㉕，君亦無所不利焉。」齊侯將許之。管仲曰：「君以禮與信屬㉖諸侯，而以姦㉗終之，無乃不可乎！子父不奸㉘之謂禮，守命共時㉙之謂信，違此二者，姦莫大焉。」公曰：「諸侯有討於鄭，未捷。今苟有釁㉚，從之，不亦可乎。」對曰：「君若綏之以德，加之以訓，辭㉛，而帥諸侯以討鄭，鄭將覆亡㉜之不暇，豈敢不懼？若摠其罪人以臨之㉝，鄭有辭矣，何懼？且夫合諸侯以崇德也，會而列姦㉞，何以示後嗣㉟？夫諸侯之會，其德、刑、禮、義，無國不記。記姦之位，君盟替㊱矣。作而不記㊲，非盛德也。君其勿許！鄭必受盟。夫子華既為大子，而求介㊳於大國，以弱其國，亦必不免。鄭有叔詹、堵叔、師叔三良㊴為政，未可間㊵也。」齊侯辭焉。子華由是得罪於鄭。

冬，鄭伯使請盟於齊。

閏月㊶，惠王崩。襄王惡大叔帶之難㊷，懼不立，不發喪，而告難於齊。

【注釋】❶心則不競　心志如果不堅強。則，若。競，強。❷憚於病　害怕屈辱。❸彊　同「強」。❹下齊　下於齊；向齊稱臣。❺申侯　鄭國大夫，原是申國公族，申國滅亡後事楚文王。申國，伯夷之後封於申，姜姓，為楚所滅，故城在今河南省南陽市。❻用　以；因。❼申出　申氏所生。一說為申國國君的姊妹所生，則申侯為申國外甥。❽楚文王　名熊貲，武王之子，在位時遷都於郢，死於魯莊公十九年（楚文王十五年，西元前六七五年）。❾專利　壟斷財利；貪求財富。❿予取予求　從我這裏索取財物。予，我。⓫不女疵瑕　「不疵瑕女」的倒裝句，不怪罪你。疵瑕；污點，毛病。用作動詞。以為毛病。即怪罪。女，通「汝」。⓬不免　不免於刑戮。經傳「免」字多有此義。⓭出奔鄭　申侯奔鄭當在鄭厲公二十七年（西元前六七四年）。⓮厲公　鄭國諸侯，名突，又名子元，鄭莊公子，鄭昭公弟，鄭文公之父。卒於西元前六七三年。⓯子文　楚令尹，鬬氏名穀於菟，字子文。⓰弗可改也已　指申侯專利不厭的本性不可改易，終遭刑戮。也已，語氣詞連用。已，同「矣」。⓱甯母　魯地，在今山東省魚臺縣東二十里，通稱穀城鎮。參加甯母會盟的有齊、魯、宋三國諸侯及陳太子款、鄭太子華。⓲招攜　招撫離心者。攜，離；有貳心。指鄭國。⓳懷遠　使疏遠者親附。懷，懷柔；使之歸附。⓴不易　不變；不違背。㉑諸侯官受方物　指諸侯之有司（官員）接受齊國之方物。方物，地方特產。㉒洩氏孔氏子人氏　是鄭國的三個氏族，如大夫洩駕、洩堵寇（堵叔）、孔叔等。㉓實違君命　指鄭伯逃盟而從楚。然僖公五年傳載，鄭伯逃盟，「孔叔止之」。可見孔叔並未違齊君之命，子華此言不實。㉔以為成　以之為講和的條件。㉕以鄭為內臣　以鄭事齊，如其境內之臣。㉖屬　號召；會聚。㉗姦　邪惡。指太子華的奸計。㉘子父不奸　子不違犯父命。奸，犯。㉙守命共時　承受君命，見機行事。共，同「恭」。時，時機。㉚釁　裂縫。指子華違父命是有隙可乘。㉛加之以訓辭　舊讀「訓辭」為句，今從《經讀考異》，「辭」字自為一句。意謂加之以訓，如鄭國不接受，則帥諸侯伐之。㉜覆亡　救亡。當時習語。㉝揔其罪人以臨之　揔，同「總」。帶領。罪人，指太子華。臨，軍臨的省略語，意謂討伐。㉞列姦　使奸人居君位。列，使動詞。使居君位。若許子華為內臣，即奉子華為鄭君，故云「列姦」。㉟示後嗣　垂範後代。示，給人看。㊱替　廢。㊲作而不記　事情做了卻不能見於記載。㊳介　假借；憑藉。㊴良　賢良；賢臣。㊵間　縫隙。用作動詞。鑽空子。是對「苟有釁」而發，有釁則可間；未可間則實無釁。㊶閏月　經傳於歲尾書閏月者為閏十二月。春秋置閏多在歲末，所謂「歸餘于終」。㊷襄王句　襄王即周惠王太子鄭。惡，患；擔心。大叔帶，惠王次子，寵於惠王，故襄王患其作亂。大，通「太」。難，禍亂；災患。

【語　譯】魯僖公七年春季，齊國發兵攻打鄭國。鄭國大夫孔叔對鄭文公說：「俗話說：『心志如果不堅強，又怎能害怕屈辱？』鄭國既然不能稱強抗齊，又不能忍辱示弱，所以只有死路一條。國家危急了，請你向齊國屈服來挽救國家吧！」鄭文公說：「我知道齊國是為了什麼才來侵犯的，你姑且等一會，讓我想個辦法。」孔叔回答說：「情況危急得朝不保夕，國君還等待什麼呢？」

夏季，鄭文公殺死申侯來討好齊國。殺申侯也是由於陳國轅濤塗誣陷的結果。當初，申侯是申氏所生，中國被楚滅亡後，申侯就被楚文王所寵信。楚文王將死時，給了申侯一塊玉璧，讓他出走，並對他說：「只有我才瞭解你。你一心貪婪財利而不知滿足。你從我這裏索取財物，我並不怪罪你。但繼位的國君將會向你要回很多錢財，到那時你一定不能免於刑戮。所以我死之後，你要趕快離開楚國，但不要到小國去，因為小國不敢收留你的。」楚文王一死，安葬好之後，申侯就逃亡到鄭國，又受到鄭厲公的寵信。最後被鄭文公所殺。楚國令尹子文聽到申侯被殺的消息時說：「古人有句話說得好：『沒有人像國君那樣瞭解臣子的了。』楚文王知道申侯貪財的毛病是改不了的，說他不免於刑戮，竟給說中了。」

秋季，齊桓公、魯僖公、宋桓公、陳國太子款、鄭國太子華在魯地甯母會盟，商議鄭國的事情。管仲對齊桓公說：「臣知道，招撫離心的國家，要用禮義；使疏遠的國家親附要用恩德。凡事不違背德和禮，就沒有不歸附的。」齊桓公就用禮義對待各國諸侯，諸侯的官員接受了齊國賞賜的特產。鄭文公本是派太子華來聽從諸侯會盟的和議的，但他卻對齊桓公說：「鄭國洩氏、孔氏、子人氏三族違抗您的命令，使鄭伯逃離首止之盟而從楚。君侯如果鏟除他們，鄭國就可講和。我把鄭國作為齊國境內的臣子，這對您也沒有什麼不利的。」齊桓公準備答應太子華的要求，管仲阻止說：「君侯用禮義和誠信來會聚諸侯，可是結果卻用太子華的奸計，這恐怕不好吧！兒子不違犯父命叫做禮，接受君命、見機行事叫做信。違背禮和信，就是最大的邪惡了。」齊桓公說：「諸侯軍攻打鄭國，還沒有取勝，現在如果有隙可乘，利用這機會不也行嗎？」管仲說：「國君如果用德政來安撫鄭國，再加以教導，如果鄭國還拒不接受，就率領諸侯軍討伐他。那時鄭國挽救危亡還怕來不及，怎會不怕征討呢？反之，如果帶著鄭國的罪人太子華去兵臨鄭國，那鄭國就有理了，還會怕您什麼？何況您會集諸侯就是為了崇尚德行，維護正義。如果諸侯會盟卻讓奸詐小人子華位列諸侯，又怎能垂範後代呢？凡是諸侯相會，有關諸侯的德行、刑罰、禮法、道義的事，沒有哪個諸侯國不加記載的。如果記載了奸詐小人居位參與，那麼您的盟約就要被廢棄了。事情做了卻不能見於記載，就不能顯示您盛大的德行。國君還是不答應子華的好，鄭國必定會接受盟約的。再說那個子華，既然做了鄭國太子，卻要憑藉大國的力量去削弱自己的國家，他最終勢必不能免於刑戮。鄭國有叔詹、堵叔、師叔等賢臣執政，還沒有什麼破綻可鑽呀！」於是齊桓公拒絕了太子華的要求。子華由此得罪鄭文公。

冬季，鄭文公派使者到齊國請求訂立盟約。

閏十二月，周惠王去世。周襄王擔心弟弟太叔帶會搗亂，怕自己不能繼立為王，所以暫時不發惠王喪事的訃告，卻把王子帶將要發動禍亂的事告知齊國。

【說明】齊、楚為首的南北兩大陣營勢均力敵，無論是齊還是楚，都不可能完全把鄭國控制在自己的勢力範圍內。「既不能彊，又不能弱」，恰恰是鄭國進退維谷的生動寫照。鄭國只能游移於齊、楚之間，苟且圖存。鄭伯之殺申侯，固然是為了求悅於齊，但也是申侯咎由自取。傳文於此補敘申侯之身世經歷，告訴讀者，他原是申國的公族，是個亡國的貴族。申亡歸楚，後離楚奔鄭，卻能前寵於楚文王，後寵於鄭厲公。但「專利而不厭」的貪婪本性卻始終不改。僖公四年出賣轅濤塗以求榮，僖公五年美城其賜邑以求名。由此遭讒毀而得罪鄭伯。綜覽前後傳文，左氏活畫出申侯乃一奸邪小人之面目，所以最終不免刑戮，成為鄭、齊政治交易的犧牲品。

無獨有偶，相映成趣的是鄭國太子華違犯父命，企圖投靠齊桓公，藉大國之力殺害賢良，以弱其國；排除異己，篡奪大權，以咎其奸。結果齊桓公聽信管仲之諫，堅持甯母之盟的原定方向，使鄭伯接受和約，從而挫敗了太子華的陰謀。在動蕩變革的歷史時期，總會有申侯、子華這樣的奸詐小人登臺表演，這也是歷史發展的必然規律吧！

本傳末章「惠王崩」，與下年首章「洮之盟」為一傳，後人割裂分為兩傳。

八年

己巳，西元前六五二年。周襄王鄭元年、齊桓公三十四年、晉獻公二十五年、秦穆公八年、楚成王二十年、宋桓公三十年、衛文公八年、陳宣公四十一年、蔡穆侯二十三年、曹共公襄元年、鄭文公二十一年、燕襄公六年、許僖公四年。

經 八年春王正月，公會王人、齊侯、宋公、衛侯、許男、曹伯、陳世子款盟于洮，鄭伯乞盟。

夏，狄伐晉。

秋七月，禘于大廟，用致夫人。

冬十有二月丁未，天王崩。

傳 八年春，盟于洮❶，謀王室也。鄭伯乞盟，請服也。襄王定位，而後發喪。

晉里克❷帥師，梁由靡❸御，虢射❹為右，以敗狄于采桑❺。梁由靡曰：「狄無恥❻，從之❼，必大克。」里克曰：「懼之而已，無速❽眾狄。」虢射曰：「期年❾狄必至，示之弱❿也。」夏，狄伐晉，報采桑之役也。復期月⓫。

秋，禘而致哀姜焉⓬，非禮也。凡夫人不薨於寢⓭，不殯⓮于廟，不赴于同⓯，不祔于姑⓰，則弗致也。

冬，王人⓱來告喪，難故也，是以緩⓲。

宋公疾，太子茲父⑲固請曰：「目夷⑳長且仁，君其立之。」公命子魚。子魚辭，曰：「能以國讓，仁孰大焉？臣不及也，且又不順㉑。」遂走而退。

【注　釋】❶洮　曹地，當在今山東省鄄城縣西南。❷里克　晉大夫里季，字克。❸梁由靡　晉大夫，姓梁，字由靡。❹虢射　晉大夫。❺采桑　在今山西省鄉寧縣西。❻無恥　謂不以逃走為恥。❼從之　追擊逃敵。❽速　招致。❾期年　週年。期，同「朞」。❿示之弱　謂如不追擊，就是向他們示弱。⓫復期月　應驗了「期年必至」的話。復，應驗。期月即期年，互文見義。⓬禘而致哀姜焉　在祖廟舉行大祭，把哀姜的神位放到祖廟裏去祭祀。古時諸侯、夫人死後二十五月，舉行大祭，按昭穆之序，列其神主於祖廟，稱「禘」。哀姜，魯莊公夫人，姜姓，齊桓公之妹，與莊公之弟慶父通姦，被齊人所殺，僖公元年魯以其屍歸葬。按禮法，哀姜不能祔祭於祖廟。魯之祖廟即始祖周公之廟。⓭寢　正寢；國君與夫人住宿的寢室。⓮殯　安放靈柩。殮屍於棺，殯於祖廟，以待安葬。⓯不赴于同　不向同盟諸侯訃告。赴，同「訃」。報喪。⓰不祔于姑　不能附祭於祖姑。古時妻死，其神主不能供奉在丈夫之旁，而與姑（丈夫的母親）供奉在一起。祔，把後死者附祭於祖的一種祭祀。⓱王人　周王的使者。⓲難故也二句　意謂去年閏十二月「惠王崩」，由於王子帶作亂，發生禍難的緣故，因此遲緩到今年「冬十有二月丁未（十八日）」才來「告喪」。⓳茲父　宋桓公太子，後繼位為宋襄公。⓴目夷　茲父庶兄，字子魚，宋國名臣。㉑不順　猶言不合理。古時諸侯由嫡長子繼位，茲父是夫人所生，為嫡子，故為嗣，稱太子；目夷是桓公妾所生，為庶子。捨嫡立庶，故謂不順。

【語　譯】魯僖公八年春季，周襄王使者同齊桓公、魯僖公、宋桓公、衛文公、許僖公、曹共公、陳太子款在曹國洮地結盟，商議安定王室的事。鄭文公請求參加盟會，是表示順服。周襄王的王位安定以後，才發布周惠王喪事的訃告，舉行喪禮。

晉國大夫里克去年率領軍隊征伐狄國，大夫梁由靡為他駕御戰車，大夫虢射做他的車右，在采桑打敗了北狄。梁由靡說：「北狄逃跑，不以為恥；如果追擊，必獲大勝。」里克說：「讓他們害怕就行了，不要因追擊而招來更多的狄人。」虢射說：「只要一年，狄人必然再來侵犯。這次不追擊，就是向他們示弱呀。」

到今年夏季，狄人果然又來侵犯晉國，報復采桑之役。這應驗了虢射「期年狄必至」的預言。

秋季，魯國在祖廟舉行大祭，是為了把哀姜的神主放到祖廟去合祭。其實這是不合禮法的。凡是諸侯的夫人不是壽終正寢的，不能把靈柩停放在祖廟裏的，不能向同盟諸侯報喪的，不能陪祀祖姑的，就不能把她的神位供奉在祖廟裏。

冬季，十二月丁未日，周王使者來訃告周惠王的喪事。其實惠王死於去年閏十二月，因王子帶作亂，所以遲緩到今年冬天才來報喪。

宋桓公患病後，太子茲父再三請求說：「我的庶兄目夷比我年長而且仁厚，希望君父立他為太子吧！」宋桓公就命子魚繼位。可是子魚推辭說：「弟弟能把國君相讓，還有什麼仁義比這更大的呢？我實在不及他。而且捨嫡立庶，也不合立嗣君的情理。」說完就跑出宮去。

【說　明】僖公八年，齊桓公與魯、宋等國諸侯會盟於洮，和周王使者商議支持襄王即位，襄王才訃告諸侯，舉辦周惠王的喪禮。這是王室衰微，倚重諸侯的典型事例之一。宋桓公病重，太子茲父請立庶兄目夷（子魚）為儲君。子魚堅辭不受，於此初見其仁智風采。後茲父即位，就是有名的宋襄公。

本傳末章「宋公疾」應與下年首章「宋桓公卒」合為一傳，是後人割裂分置。

九　年

庚午，西元前六五一年。周襄王二年、齊桓公三十五年、晉獻公二十六年、秦穆公九年、楚成王二十一年、宋桓公三十一年、衛文公九年、陳宣公四十二年、蔡穆侯二十四年、曹共公二年、鄭文公二十二年、燕襄公七年、許僖公五年。

經　九年春王三月丁丑，宋公御說卒。

夏，公會宰周公、齊侯、宋子、衛侯、鄭伯、許男、曹伯于葵丘。

秋七月乙酉，伯姬卒。

九月戊辰，諸侯盟于葵丘。

甲子，晉侯佹諸卒。

冬，晉里克殺其君之子奚齊。

傳 九年春，宋桓公卒。未葬而襄公會諸侯，故曰「子」。凡在喪，王曰「小童」，公侯曰「子」❶。

夏，會于葵丘❷，尋盟❸，且修好，禮也。王使宰孔❹賜齊侯胙❺，曰：「天子有事于文、武❻，使孔賜伯舅❼胙。」齊侯將下拜❽。孔曰：「且有後命。天子使孔曰：以伯舅耋老❾，加勞，賜一級，無下拜。」對曰：「天威不違顏咫尺❿，小白⓫，余敢貪⓬天子之命，無下拜？恐隕越于下，以遺天子羞。敢不下拜？」下，拜，登，受⓭。

秋，齊侯盟諸侯⓮于葵丘，曰：「凡我同盟之人，既盟之後，言歸于好⓯。」宰孔先歸，遇晉侯，曰：「可無會也。齊侯不務德而勤遠略，故北伐山戎⓰，南伐楚⓱，西為此會也。東略之不知⓲，西則否矣⓳，其在亂乎！君務靖亂，無勤於行。」晉侯乃還。

九月，晉獻公卒⑳，里克、丕鄭欲納文公㉑，故以三公子之徒㉒作亂。初，獻公使荀息㉓傅奚齊。公疾，召之，曰：「以是藐諸孤辱在大夫㉔，其若之何？」稽首而對曰：「臣竭其股肱之力，加之以忠貞。其濟㉕，君之靈也；不濟，則以死繼之。」公曰：「何謂忠貞？」對曰：「公家之利㉖，知無不為，忠也。送往事居㉗，耦俱無猜㉘，貞也。」及里克將殺奚齊，先告荀息曰：「三怨㉙將作，秦、晉輔之，子將何如？」荀息曰：「將死之。」里克曰：「無益也。」荀叔曰：「吾與先君言矣，不可以貳㉚，能欲復言㉛而愛身乎？雖無益也，將安辟之？且人之欲善，誰不如我？我欲無貳，而能謂人已乎㉜？」

冬，十月，里克殺奚齊于次㉝。書曰「殺其君之子」，未葬也㉞。荀息將死之，人曰：「不如立卓子而輔之。」荀息立公子卓以葬㉟。十一月，里克殺公子卓于朝，荀息死之。君子曰：「《詩》所謂『白圭之玷，尚可磨也；斯言之玷，不可為也㊱。』荀息有焉㊲。」

齊侯以諸侯之師伐晉，及高梁㊳而還，討晉亂也。令不及魯，故不書。

晉郤芮㊴使夷吾重賂秦以求入㊵，曰：「人實有國，我何愛焉？入而能民㊶，土於何有㊷？」從之。齊隰朋㊸帥師會秦師，納晉惠公。秦伯謂郤芮曰：「公子誰恃？」對曰：「臣聞亡人無黨，有黨必有讎。夷吾弱不好弄㊹，能鬥不過㊺，長亦不改，不識其他㊻。」公謂公孫枝㊼曰：「夷吾其定乎㊽？」對曰：「臣聞之，唯則㊾定國。《詩》曰：『不識不知，順帝之則㊿。』文王之謂也。又曰：『不僭不賊，鮮不為則(51)。』無好無惡，不忌不克(52)之謂也。今其言多忌克(53)，難哉！」公曰：「忌則多怨，又焉能克？是吾利也(54)。」

宋襄公即位，以公子目夷為仁，使為左師(55)以聽政，於是宋治。故魚氏(56)世為左師。

【注釋】❶公侯曰子　諸侯舊君死，未葬，在喪期間，新君立，只稱「子」，不稱爵位。這是解釋經文只寫「宋子」，不書「宋襄公」的原因。又，不論舊君已葬未葬，新君立，當年稱「子」，第二年才稱爵位，因同一年內不可有二君。❷葵丘　地名，據《水經注・泗水》和《元和志》當在今河南省蘭考縣東南三十里之盟臺鄉。❸尋盟　重溫過去的盟約。尋，溫。盟，指僖公八年洮之盟。尋盟為當時常語。❹宰孔　周王室太宰，食邑於周，經文稱宰周公。❺胙　祭祀宗廟時供奉的肉。胙本只分賜同姓諸侯，今破格賜齊侯，是因為齊國強大，能號令諸侯。❻有事于文武　指祭祀文王、武王之事。❼伯舅　指齊桓公。天子稱同姓諸侯為伯父、叔父，稱異姓諸侯為伯舅、叔舅。❽下拜　降於階下，然後北面再拜稽首。這是當時臣見天子之禮。❾耋老　同義複詞。年老。年八十稱耋。❿天威句　意謂天子就在面前。違，離。顏，面。咫，周代八寸為咫。咫尺言其近。⓫小白　齊桓公名。⓬貪　得；受。⓭下拜登受　先降於階下，再拜稽首，然後升堂，又北面再拜稽首，這才受賜祭肉。「登」即「升堂拜」，當時習語。⓮盟諸侯　和諸侯訂立盟約。盟，用作動詞。夏會秋盟，宰孔與會而未與葵丘之盟，因他不是諸侯。⑮言歸于好　歸於友好，不計前嫌。言，句首語助詞，無義。⑯北伐山戎　事見莊公三十一年傳。⑰南伐楚　事見僖公四年傳。⑱東略之不知　是否要向東征伐，還不知道。⑲西則否矣　向西征伐（晉國），那是不可能了。（下句謂因晉國恐怕有內亂。）⑳九月二句　晉用夏正。經文謂晉獻公死於九月甲子日，即夏正九月十日。㉑文公　指公子重耳，後為晉文公。㉒三公子之徒　指申生、重耳、夷吾三公子的黨徒。㉓荀息　晉大夫，亦稱荀叔。㉔以是句　意謂把這弱小的孤兒託付給你是委屈你了。藐，弱小。諸，按王引之《述聞》讀作「者」，相當今口語「的」。孤，指驪姬所生的公子奚齊。辱在，當時習語，意謂這對你是屈辱。㉕其濟　如果成功。其，若。假設連詞。㉖公家之利　對國家有利的事。公家，公室。指諸侯國。㉗送往事居　送葬已死的國君，事奉活著的新君。㉘耦俱無猜　（已死的和活著的國君）兩者對我都沒有猜疑（都放心）。耦，兩者。㉙三怨　三方面的怨恨。指三公子之徒。㉚貳　有二心；有異心。㉛復言　指實踐「以死繼之」的諾言。復，實踐。㉜而能謂人已乎　能讓別人停止效忠嗎。意謂自己「無貳」，也不能阻止里克效忠於重耳。已，止。㉝次　喪次；遭喪者所居茅屋。㉞書曰二句　意謂經文之所以說「殺其君之子奚齊」而不說「殺其君」，是因為獻公還沒安葬。㉟立公子卓以葬　公子卓為驪姬之妹所生。葬，指安葬晉獻公。㊱白圭之玷四句　意謂白玉上的斑點，還能琢磨掉，若話說得有毛病，就無法改正了。見《詩經・大雅・抑》。白圭，古時天子、諸侯用的玉器，上圓或劍頭形，下方。㊲荀息有焉　指荀息自殺，做到了不食其言。㊳高梁　晉邑，在今山西省臨汾市東北。㊴郤芮　晉公族，亦稱冀芮，郤克的祖父，僖公六年，奉公子夷吾由屈奔梁，因梁入秦。㊵重賂秦以求入　送重禮給秦國，以求入晉為君。重賂指割讓「河外列城五」等地，見僖公十五年傳。㊶能民　得到人民。㊷土於何有　「何有於土」的倒裝句，意謂如能入晉為君，土地何足惜。為重賂作辯解。㊸隰朋　齊國大夫，姜姓隰氏。齊桓公伐晉，至高梁，秦兵奉夷吾亦至晉，齊侯乃使隰朋會秦師，納夷吾為晉君。㊹弱不好弄　小時侯不喜歡玩耍。㊺不過　不過分。即不好勝。㊻不識其他　別的就不知道了。㊼公孫枝　即公孫支，秦國大夫，字子桑，秦國岐州人。㊽其定乎　他能安定晉國嗎。㊾則　準則。指行為規範。㊿不識二句　意謂不憑藉後天的知識，而言行自然附合上帝的準則。見《詩經・大雅・皇矣》。(51)不僭二句　意謂不弄虛作假，不傷害別人，就很少不成為典範的。僭，待人不誠信，弄虛作假。不僭即誠信。賊，傷害。見《詩經・大雅・抑》。(52)不忌不克　既不猜忌，也不好勝。(53)其言多忌克　意謂郤芮明知夷吾不及重耳，卻急於入晉為君，故其言乃強為之詞，多猜忌好勝。(54)是吾利也　這對我們倒是有利的。是，此。(55)左師　官名，春秋時左師相當於國相。(56)魚氏　目夷字子魚，其後人以魚為氏。

【語　譯】魯僖公九年春季，宋桓公去世，還沒下葬，宋襄公就和諸侯在葵丘相會，所以《春秋》稱他為「宋子」，不稱宋襄公。因為在治喪期間，如果是周王，就只稱「小童」；如果是公侯，就只稱「子」。

夏季，宰周公和齊、魯、宋、衛、鄭、許、曹等七國諸侯在葵丘相會，重申以前在洮地的盟約，發展友好關係，這是合乎禮制的。當時周襄王還派宰孔把祭肉賞賜給齊桓公，說道：「周天子祭祀文王、武王，派我把祭肉賜給伯舅。」齊桓公正要下階拜謝。宰孔又說：「請稍候，天子還有詔命叫我傳達：『因為伯舅年事已高，加上有功勞，特加賜一級，不用下階拜謝。』」齊桓公答道：「天子的威儀就在面前，我小白怎敢受賞賜而不下階叩謝呢？不下拜，只怕要從諸侯位上摔落下來，給天子帶來羞辱。我豈敢不下階拜謝？」說完就走下臺階，向北再拜叩頭，然後登堂，再拜叩頭。這才接受祭肉。

秋季，齊桓公和諸侯在葵丘訂立盟約。齊桓公說：「凡是我們一起締結盟約的人，在盟誓之後，就要摒棄前嫌，同歸友好。」宰孔先行回京城去，在半路上遇見晉獻公。宰孔對他說：「國君不必去參加盟會了。齊桓公不致力於德行，而一味忙於遠征，所以向北攻打山戎，向南攻打楚國，往西就舉行這次會盟，向東是否要征伐，現在還不知道。至於向西攻伐，看來是不可能了，晉國大概要發生禍亂吧！您要致力於平定內亂，不要急忙勞駕前去參加盟會。」晉獻公聽了這話，就掉頭回國去了。

九月，晉獻公就去世了。大夫里克、丕鄭都想接納公子重耳為國君，於是就發動申生、重耳和夷吾的黨徒起來作亂。以前晉獻公曾派荀息做公子奚齊的師傅，到他病重時，就召見荀息說：「我把這個弱小的兒子託付給你，真委屈你了，你將怎麼辦呢？」荀息叩頭回答說：「下臣竭盡全力，本著忠貞二字輔佐幼主。如事情成功，那是君侯在天之靈在保佑；如果不成功，我就以死效命。」晉獻公問：「怎樣做才叫忠貞？」荀息答道：「凡是對國家有利的事，只要知道了，就沒有不去做的，這就叫忠；安葬已死的，侍奉在世的，兩方面對我都沒疑忌，這就叫貞。」現在里克將殺奚齊，他先告訴荀息說：「三位公子的黨徒十分怨恨，就要起事了。秦國和晉國人都會幫助他們，不知你打算怎麼辦？」荀息說：「準備以死效忠。」里克說：「死也沒有用呀！」荀息說：「我已經對死去的晉君許過諾言，不可以懷有二心。難道能夠既要實踐諾言卻又貪生怕死嗎？雖說死了也沒有用，可是又能躲避到哪兒去呢？況且人人都想做好事，誰會不同我一樣呢？我自己無貳心，而能讓別人停止效忠嗎？」

冬季十月，里克在奚齊居喪的住處把他殺死。《春秋》說「里克殺其君之子奚齊」。之所以稱奚齊為「君之子」，而不說「殺其君奚齊」，是因為晉獻公還沒有下葬。荀息想為此自殺，有人勸道：「不如立卓子為國君而輔佐他。」荀息就立卓子為國君而後安葬晉獻公。十一月，里克又在朝堂上殺死公子卓。荀息就為此自殺。君子評論說：「《詩》說：『白玉圭上的斑點，還能琢磨掉；話說出口了，就無法挽回了。』荀息真的自殺，不食其言，他的言行就含有這詩的意義。」

齊桓公帶領諸侯軍討伐晉國的內亂，到高粱就回國去。齊國出兵的號令沒有告知魯國，所以《春秋》沒有記載這件事。

晉國大夫郤芮建議公子夷吾給秦國送重禮，以便求秦國幫助他回晉國為君。他對夷吾說：「別人真的佔有了晉國，我們還有什麼可愛惜的？我們如能回國得到老百姓，土地有什麼捨不得的？」夷吾聽從了郤芮的話，以土地重賂秦國。齊國大夫隰朋領兵會合秦軍，讓夷吾回國做國君。秦穆公問郤芮說：「公子夷吾能依靠哪些人？」郤芮答道：「據臣所知，逃亡在外的人沒有朋黨，有了朋黨就必有仇敵。夷吾小時候不喜歡玩耍，即使和別人爭鬥也不過分，長大以後這性格還沒改變，其他的事我就不知道了。」秦穆公又問大夫公孫枝：「夷吾能安定晉國嗎？」公孫枝答道：「下臣所知，只有行為合乎準則，才能安定國家。《詩》說得好：『不憑藉後天的知和識，只是順應老天的法則。』這是指周文王說的。《詩》又說：『待人誠信，不弄虛作假，不傷害別人，就沒有不成為典範的。』意思就是說，既無偏好，也無厭惡；既不疑忌，也不好勝。現在我看郤芮強為之詞，既疑忌又好勝，夷吾要安定晉國怕是很困難的。」秦穆公說：「好疑忌就有很多仇怨，又哪能取勝呢？這對我們秦國倒是很有利的。」

宋襄公即位後，認為目夷仁厚，就任命他為左師，掌理國政。由此宋國大治，國家安定太平。目夷的後代魚氏世代承襲左師的官職。

【說 明】歷史上著名的葵丘之盟是周襄王派宰孔和齊桓公等諸侯一起策劃達成的，襄王還特地將祭祀祖廟的胙肉破格賜給異姓諸侯齊桓公，稱他為伯舅，又加「賜一級，無下拜」。這既是對他支持襄王即位的酬謝與褒揚，也是對王權衰落的默認，實際上確認了齊國的霸主地位。葵丘之盟堪稱齊桓公霸業的頂峰。但宰孔回京師洛邑時，對晉獻公說的一席話，又分明是對齊侯十分不滿。心懷不滿而又要賜胙而倚重，這實是周王朝的無奈。歷史常是無奈的。

晉獻公病死，他生前造成的政治危機就爆發了。大夫里克殺死了奚齊、卓子（《晉語》謂驪姬亦被殺），荀息自殺。齊國乘機出兵，而鄰近的秦國已搶先一步，與夷吾達成交易，秦為獲得河外之地而奉夷吾入晉為君。齊國沒有撈到好處，只得與秦妥協，無功而返。夷吾不孚眾望，無可依恃，卻虛語「亡人無黨」；又忌克公子重耳，急於回國為君，故不惜以大片土地賂秦。這種行為完全違背了君主言行的準則。所以公孫枝說「順帝之則」，「唯則定國」，而其言多忌克，要安定晉國是很難的。秦穆公也不是糊塗人，他一問再問，正是寫出他是明知夷吾無人可依靠，是難以安定晉國的，但他卻說「是吾利也」。讓夷吾這樣的人為晉君，正是秦國所需要的。所以穆公決不是對姻親有什麼無私的援助。所謂的「秦晉之好」只是塊遮羞布而已。乘人之危，從中漁利才是其真實意圖。

十 年

辛未，西元前六五〇年。周襄王三年、齊桓公三十六年、晉惠公夷吾元年、秦穆公十年、楚成王二十二年、宋襄公茲父元年、衛文公十年、陳宣公四十三年、蔡穆侯二十五年、曹共公三年、鄭文公二十三年、燕襄公八年、許僖公六年。

經 十年春王正月，公如齊。

狄滅溫，溫子奔衛。

晉里克弒其君卓及其大夫荀息。

夏，齊侯、許男伐北戎。

晉殺其大夫里克。

秋七月。

冬，大雨雪。

傳 十年春，狄滅溫❶，蘇子❷無信也。蘇子叛王即狄❸，又不能於狄❹，狄人伐之，王不救，故滅。蘇子奔衛。

夏四月，周公忌父❺、王子黨❻會齊隰朋立晉侯❼。晉侯殺里克以說❽。將殺里克，公使謂之曰：「微子❾，則不及此。雖然，子殺二君與一大夫❿，為子君者，不亦難乎？」對曰：「不有廢⓫也，君何以興？欲加之罪，其無辭乎⓬？臣聞命矣！」伏劍而死。於是丕鄭聘於秦，且謝緩賂⓭，故不及⓮。

晉侯改葬共大子⓯。秋，狐突適下國⓰，遇大子⓱。大子使登，僕⓲，而告之曰：「夷吾無禮⓳，余得請於帝矣，將以晉畀⓴秦，秦將祀余。」對曰：「臣聞之，神不歆非類㉑，民不祀非族㉒，君祀無乃殄㉓乎！且民何罪，失刑㉔、乏祀㉕，君其圖之！」君曰：「諾！吾將復請。七日，新城西偏㉖，將有巫者而見我㉗焉！」許之，遂不見㉘。及期而往，告之曰：「帝許我罰有罪㉙矣，敝於韓㉚。」

丕鄭之如秦也，言於秦伯曰：「呂甥㉛、郤稱㉜、冀芮㉝實為不從㉞，若重問㉟以召之，臣出㊱晉君，君納重耳，蔑㊲不濟矣。」

冬，秦伯使泠至報問㊳，且召三子。郤芮曰：「幣㊴重而言甘，誘我也。」遂殺丕鄭、祁舉及七輿大夫㊵：左行共華、右行㊶賈華、叔堅、騅歂、纍虎、特宮、山祁，皆里、丕之黨也。丕豹㊷奔秦，言於秦伯曰：「晉侯背大主㊸而忌小怨㊹，民弗與也，伐之，必出。」公曰：「失眾，焉能殺？違禍㊺，誰能出君？」

【注釋】❶溫　周王畿內小國。周武王司寇蘇忿生之後人被封於溫，故溫為蘇氏食邑，當在今河南省溫縣西南三十里。❷蘇子　溫國國君，亦稱溫子。蘇是氏，溫為其國。❸叛王即狄　背叛周王，親近北狄。即，就；靠近。莊公十九年，蘇子助周莊王庶子頹伐周惠王（周莊王孫），不克，奉子頹奔衛，閔公二年奔狄。❹不能於狄　與狄不相得；和狄人相處不好。能，得。❺周公忌父　周王卿士，疑即宰周公。❻王子黨　周大夫。❼立晉侯　齊大夫隰朋會秦師納夷吾立為晉惠公事在僖公九年，此不當再言立晉侯。❽說　同「悅」。討好。指殺里克來討好周王及齊、秦，表明自己是即位而非篡位。❾微子　如果不是你。微，無。❿子殺二君與一大夫　二君指奚齊、卓子，大夫指荀息。殺，阮刻本作「弒」，宋本及〈晉語〉、〈晉世家〉皆作「殺」。⓫廢　指廢去奚齊、卓子的君位。⓬其無辭乎　難道會沒有話說嗎。其，豈。⓭且謝緩賂　意謂晉大夫丕鄭到秦國訪問，是為了緩交所賂的土地而去致歉的。謝，致歉；謝罪。⓮不及　指沒有遭到被殺的災難。及，及難。經傳常省作「及」。⓯改葬共大子　太子申生死時，冤情未雪，初葬草率，惠公定位後，改行葬禮。共，同「恭」。申生的諡號。⓰狐突適下國　狐突到曲沃去。狐氏名突，字伯行，重耳外祖。下國，指曲沃，與上都相對而言。晉昭侯以曲沃封桓叔，桓叔孫為晉武公，武公子獻公都於絳，而宗廟在曲沃，故曲沃為舊都，謂之下國，猶言陪都。⑰遇大子　太子申生已死，此指其亡靈現身。當是藉迷信之事以表己意。⑱僕　戎僕。用作動詞。為之駕車。⑲無禮　夷吾無禮之事極多，此指姦淫申生之妃賈君，見僖公十五年傳。⑳畀　給與。㉑神不歆非類　神靈不享用異族的祭祀。即太子不受秦的祭祀。歆，享受祭品。非類，與「非族」互文。㉒民不祀非族　人民不祭祀異族的鬼神，即秦國不祀晉之太子。㉓殄　絕；盡。㉔失刑　處罰不當。意謂以晉畀秦，則晉民無罪而受亡國之懲處，故謂失刑。㉕乏祀　絕祀。意謂秦不祀晉之太子，縱祀太子，太子也不能享用異族之祀，故謂乏祀。㉖新城西偏　新城城西偏僻處。新城指曲沃。㉗有巫者而見我　意謂我（神靈）將依附巫者而現身。見，同「現」。㉘不見　指申生的形象隱去不見了。㉙有罪　有罪之人。指夷吾。㉚敝於韓　在韓地大敗。敝，通「弊」。頓仆；大敗。韓，晉地，即韓原，地當在河東。江永《考實》謂在今山西省河津市與萬榮縣之間，《方輿紀要》謂在今山西省芮城縣之韓亭。㉛呂甥　晉大夫名飴，是晉侯外甥，食邑於呂、瑕，亦稱瑕甥、瑕呂飴甥、陰飴甥。㉜郤稱　晉公族，郤氏名稱。㉝冀芮　即郤芮，字子公，郤豹之子，郤缺之父，食邑於冀，故稱冀芮，以邑為氏。㉞不從　指不同意將土地送給秦國。㉟重問　重禮。古時聘問必送禮，聘問曰問，聘問之禮物亦曰問。㊱出　猶言趕走。㊲蔑　通「無」。蔑、無古雙聲。㊳使泠至報問　秦派大夫泠至回訪。晉丕鄭聘秦，故秦使回聘。丕鄭隨泠至同行，故及於難。㊴幣　財物。指禮品。㊵輿大夫　官名，掌侯伯副車，車有七，故有七輿大夫，即下文共華等七人。㊶右行　晉軍有左行、右行，相當於左軍、右軍。㊷丕豹　丕鄭之子。㊸大主　指秦穆公。夷吾入晉為君是秦為其作主，故稱大主。㊹小怨　指里克、丕鄭等。㊺違禍　避難。指晉大夫避難出奔。

【語　譯】魯僖公十年春季，北狄滅掉溫國，是因為國君蘇子不講信義。蘇子先是背叛周王而親近北狄，但又和狄人相處不好，因此狄人進攻他，周襄王也不去救援，所以被滅亡了。蘇子逃亡到衛國。

夏季四月，周公忌父、周大夫王子黨會同齊大夫隰朋禮賀晉惠公即位。晉惠公殺死里克來表示討好。當惠公要殺里克時，先派人對里克說：「如果沒有你，晉惠公不會回國做國君。話雖如此，但你殺了兩個國君和一個大夫，使現在做你國君的人，不也很為難嗎？」里克答道：「如果我不廢去奚齊、卓子的君位，你又怎能起來做國君呢？現在要給我加上罪名，還怕沒有話說嗎？我知道國君的用意了。」說完，就拔劍自刎。這時丕鄭正去秦國訪問，是為緩交賂秦的土地而去道歉的，所以沒有株連遭難。

晉惠公重新安葬共太子申生。秋季，晉大夫狐突到舊都曲沃去，遇見了死而現身的太子申生。太子讓他登上車，給他駕車，而後對狐突說：「公子夷吾太無禮，我已請求上帝同意，準備把晉國送給秦國，那時秦國會祭祀我的。」狐突答道：「下臣聽說，神靈不享用異族人的祭祀，秦國也不祭祀異族的鬼神。這樣的話，太子的祭祀怕要斷絕了！而且晉國百姓有什麼罪，你把晉國送給秦國，卻要讓百姓受到亡國的懲處，真是處罰失當啊！又要斷絕自己應享的祭祀，希望你再三考慮這後果吧！」太子申生說：「好的，我將再去請示上帝。過了七天，在新城西邊偏僻處，我將借巫人現身，表達我的意見，你見到巫者就是見到我。」狐突答應如期去見巫人，申生就一下子隱沒不見了。七天後，狐突前去城西，果然有個巫人告訴他說：「上帝已答應我去懲罰有罪的晉惠公了，他將在韓原大敗。」

丕鄭到秦國訪問時，對秦穆公說：「實在是呂甥、郤稱、冀芮三位大夫不肯給秦國奉獻土地，如果您用重禮回訪，並召請他們來秦，我就可以把晉惠公趕出去，您再接納公子重耳為晉君，這就沒有不成功的！」

冬季，秦穆公派大夫泠至到晉國回訪，丕鄭隨同回國，並且去問候呂甥等三位大夫。郤芮說：「財禮很重，話說得很好聽，這是在引誘我們呀！」就殺了丕鄭、祁舉和七個輿大夫：左軍共華、右軍賈華、叔堅、騅歂、纍虎、特宮、山祁，他們都是里克、丕鄭的同黨。丕鄭的兒子丕豹逃亡到秦國，對秦穆公訴說：「晉惠公背叛了您的大恩而忌恨有小怨的臣子，把臣子都殺了，百姓是不會擁護他的。如果去討伐，一定能把他趕走。」秦穆公說：「他失去羣眾的擁護，又哪能殺死大臣？臣民都避禍逃難，又有誰去把他趕走呢？」

【說　明】 夷吾入主晉國，周王朝與齊國都派人前去禮賀，承認其政權的合法性。如果他能順應形勢，接納逃亡在外的重耳等兄弟，收攬人才，治國安民，晉國就可乘機成為北方的強國。但由於他不是胸懷大度、富有遠見的明君，而是無德無禮、忌恨小怨的人，得君位後便大殺里克、丕鄭等十位大臣，以前輕率許秦土地，以後遲遲不與，又不善加處理，從而陷入內憂外患的被動局面，錯失振興良機。「欲加之罪，其無辭乎？」是里克臨死前的憤然的悲歎，成為後世斥責昏君製造冤案的著名成語。

《左傳》在記敘以上史事時，插敘狐突遇見太子申生亡靈現身的事。申生已於五年前被迫害自殺，不可能死而復生，亡靈現身也純屬迷信的荒唐事。但其所顯示的意義又並不荒唐，無非是藉申生亡靈，來表示狐突等大臣的政見：夷吾無禮，是晉國的罪人，必得懲罰；晉國有被秦滅亡而絕祀的危險。這就絕非虛語，秦國野心勃勃，虎視眈眈，晉國怎能不認真對待？左氏常借用這種迷信的荒唐事，表達嚴肅的主題，反映作者進步的思想傾向。

十一年

壬申，西元前六四九年。周襄王四年、齊桓公三十七年、晉惠公二年、秦穆公十一年、楚成王二十三年、宋襄公二年、衛文公十一年、陳宣公四十四年、蔡穆侯二十六年、曹共公四年、鄭文公二十四年、燕襄公九年、許僖公七年。

經 十有一年春，晉殺其大夫丕鄭父。

夏，公及夫人姜氏會齊侯于陽穀。

秋八月，大雩。

冬，楚人伐黃。

傳 十一年春，晉侯使以丕鄭之亂來告❶。

天王使召武公❷、內史過賜晉侯命❸，受玉惰❹。過歸，告王曰：「晉侯其無後乎！王賜之命，而惰於受瑞❺，先自棄也已❻，其何繼之有❼？禮，國之幹❽也；

敬，禮之輿❾也。不敬，則禮不行；禮不行，則上下昏❿，何以長世？」

夏，揚、拒、泉、皐、伊雒之戎⓫，同伐京師⓬，入王城，焚東門，王子帶⓭召之也。秦、晉伐戎以救周。秋，晉侯平戎于王⓮。

黃人⓯不歸⓰楚貢。冬，楚人伐黃。

【注　釋】❶十一年春二句　意謂今年春，晉派使者將丕鄭之亂來告知魯國。晉用夏曆，晉殺丕鄭是在去年冬；魯用周曆，故經文記在今年春，傳文謂今年春來告。❷召武公　周王卿士，召穆公之後裔。❸賜晉侯命　賜晉惠公爵位。諸侯新即位，必受周天子爵命，方能用其車服。賜命時必賜玉圭、冕服。❹惰　懶洋洋；沒精打采。❺瑞　玉的通稱。❻也已　同「也矣」。語氣詞連用。❼何繼之有　「有何繼」的倒裝句，意謂無繼，即「無後」。❽幹　軀幹；主體。無禮，國不立，故將「禮」喻為國之幹。❾輿　車。不恭敬，則禮不能施行，故將「敬」喻為禮之輿。❿昏　亂。指上下尊卑秩序昏亂。⓫揚拒泉皐伊雒之戎　揚、拒、泉、皐為四戎邑。揚、拒在今河南省偃師縣。泉、皐在今河南省洛陽市西南。伊雒之戎是散居於伊水、洛水之間的戎狄，亦稱雒戎，今河南省洛陽市西南有戎城。雒，今作「洛」。⓬京師　京都雒邑，在今河南省洛陽市。周公旦曾於雒邑營造王城，以為王室之居。⓭王子帶　周惠王少子，為惠后所寵。惠王死，太子鄭即位為襄王，王子帶勾結諸戎作亂。⓮平戎于王　使諸戎與王室講和。平，講和。⓯黃人　黃國國君。黃為嬴姓小國，在今河南省潢川縣西。⓰歸　通「饋」。送。

【語　譯】魯僖公十一年春季，晉惠公派使者來魯國告知丕鄭作亂被殺的情況。

周襄王派卿士召武公、內史過給晉惠公賜爵命。晉惠公接受瑞玉時沒精打采，態度怠慢。內史過回去報告襄王說：「晉惠公怕沒有後代承襲祿位了！天子賜給他爵命，他竟懶洋洋地接受瑞玉，這先是自暴自棄了，還有什麼後嗣可言？禮儀好比是國家的根本，恭敬好比是禮儀的車子。不恭敬，禮儀就不能實施；禮儀不能施行，上下尊卑就昏亂無序，這樣君位哪能久長？」

夏季，居住在揚、拒、泉、皐、伊水洛水的戎狄一起進攻周王京都洛邑，攻進了王城，縱火焚燒東門。這是王子帶勾結來作亂的。秦、晉兩國發兵討伐戎狄，救援王室。秋季，晉惠公讓戎狄和王室講和。

黃國不向楚國送貢品。冬季，楚國就攻打黃國。

【說明】如將經傳相對照，可以看到一般有經者則有傳解，但有時會出現有經而無傳的缺文現象。如本年經文記四件事，而傳文僅傳解其一、四兩件事，左氏也許認為第二、三兩件事不重要，故不為傳解。由此，經文「公及夫人姜氏會齊侯于陽穀」，後人無從知其原委，連這位魯僖公的「夫人姜氏」究竟是齊桓公之女，還是齊桓公之妹，至今難有正解。相反，另外兩件事經文不書而傳文卻記載了：一是周王賜晉侯爵命，晉侯怠慢失禮，反映了晉侯少教養和不思振作進取的精神狀態，難以為君；二是王子帶勾結諸戎攻入王城作亂。在當時即使訊息不通，魯史官也不會不與聞這兩件大事的，卻漏失記載。可見正是有了《左傳》才讓後人知道春秋時的許多歷史真相，避免留下空白。也可見《左傳》並非只是傳注《春秋》，而是集「百國春秋」而獨立撰成的巨著。現代學者甚至認為，《左傳》解經的文字並非當初成書時所有，這是值得注意的。

十二年

癸酉，西元前六四八年。周襄王五年、齊桓公三十八年、晉惠公三年、秦穆公十二年、楚成王二十四年、宋襄公三年、衛文公十二年、陳宣公四十五年、蔡穆侯二十七年、曹共公五年、鄭文公二十五年、燕襄公十年、許僖公八年。

經 十有二年春王三月庚午，日有食之。

夏，楚人滅黃。

秋七月。

冬十有二月丁丑，陳侯杵臼卒。

【傳】十二年春，諸侯城衛楚丘之郛❶，懼狄難也。

黃人恃諸侯之睦于齊也，不共楚職❷，曰：「自郢及我九百里❸，焉能害我？」

夏，楚滅黃。

王以戎難故，討王子帶。秋，王子帶奔齊。

冬，齊侯使管夷吾平戎于王，使隰朋平戎于晉。王以上卿之禮饗管仲❹，管仲辭曰：「臣，賤有司❺也。有天子之二守國、高在❻，若節春秋來承王命❼，何以禮焉？陪臣❽敢辭！」王曰：「舅氏❾，余嘉乃勳，應乃懿德❿，謂督⓫不忘。往踐乃職⓬，無逆朕命。」管仲受下卿之禮而還⓭，君子曰：「管子之世祀也宜哉！讓不忘其上。《詩》曰：『愷悌君子，神所勞矣⓮！』」

【注釋】❶城衛楚丘之郛　給楚丘城築外城。楚丘，衛國都城，在今河南省滑縣東六十里。郛，同「郭」。外城。僖公二年，齊等諸侯國築楚丘城，復立衛國，今又為築外城。❷不共楚職　不向楚國進獻貢品。共，同「供」。職，職貢；貢品。❸自郢句　從郢都到我黃國九百里。郢，楚都城，在今湖北省荊沙市（舊江陵縣）。黃國在今河南省潢川縣。古之九百里相當今七百里。❹以上卿之禮饗管仲　用接待上卿之禮來款待管仲。管仲，字夷吾，齊國執政大夫，位為下卿。饗，用酒食款待。❺賤有司　地位卑微的職官。按周禮，齊為侯爵，設三卿，二上卿由天子任命，一下卿由齊侯任命。管仲為下卿，謙稱「賤有司」。

❻有天子之二守國高在　有天子任命的二位守土之官國氏、高氏在齊國。國、高，指國歸父、高傒之族，雖未必柄政，然世為齊上卿。❼若節春秋句　意謂如果國氏、高氏於春秋兩個時節來行朝聘之禮，接受王命。❽陪臣　古時諸侯臣於天子，卿大夫臣於諸侯，大夫之家臣臣於大夫。凡隔一層的臣僚自稱陪臣。故管仲對天子自稱陪臣。❾舅氏　舅父。天子稱異姓諸侯為舅，管仲為齊侯之臣，襄王特尊稱為舅氏。❿應乃懿德　接受你的美德。應，受。⓫督　通「篤」。厚；深厚。⓬往踐乃職　去執行你的職務。管仲雖位下卿，然為執政大夫，位卑而職高，故此句仍是命管仲受上卿之禮。⓭管仲受下卿之禮而還〈周本紀〉作「管仲卒受下卿之禮而還」。王念孫謂此句「受」字上亦當有「卒」字，表現管仲最終只受合乎本位之禮，不肯越禮。說見《述聞》。⓮愷悌二句　見《詩經・大雅・旱麓》。愷悌，和藹平易的樣子。聯綿詞。勞，佑助。

【語　譯】魯僖公十二年春季，諸侯幫助衛國在都城楚丘建築外城，是怕狄人再來侵犯。

黃國依恃諸侯跟齊國友好，不向楚國進奉貢品，並說：「從楚國郢都到我黃國有九百里遠，楚國哪能危害我呢？」夏季，楚國就把黃國滅掉。

周襄王由於戎狄侵犯王城，就討伐勾結戎狄的王子帶。秋季，王子帶逃亡到齊國去。

冬季，齊桓公派管仲調停，讓戎狄和周王室講和；又派隰朋去讓戎人和晉國講和。於是周襄王以接待上卿的禮儀來宴請管仲。管仲辭謝說：「陪臣只是個地位卑微的官員，在齊國還有天子任命的二位守土之官上卿國氏、高氏在，如果他們在春秋二季節來行朝聘之禮，以接受王命，那時國王將用什麼禮節來接待他們呢？陪臣實在不敢受上卿之禮。」周襄王說：「舅父，我讚美你的功勳，接受你謙讓的美德，這功勳和美德是我深深地牢記不忘的。就請去執行你的任務吧，不要違拗我的心意！」管仲最終仍堅持只受了下卿之禮而後回國。君子讚美說：「管仲世世代代受到祭祀是很應該的。他謙讓而不忘記爵位比他高的上卿。《詩經》說：『那謙和平易的君子，就是神明要佑助的人了！』」

【說　明】《左傳》是編年體史書，繫年記事。由於歷史事件不可能終始於一年之內，所以只能分在各年記述。而一年之內又不可能只發生一件事，所以同一年內要相間分述數事。前者如楚滅黃事，分別記在僖公五年、十一年、十二年，如合為一傳，就是：「五年秋，楚滅弦，弦子奔黃。於是江、黃、道、柏方睦於齊，皆弦姻也。十一年秋，黃人不歸楚貢。冬，楚人伐黃。十二年春，黃人恃諸侯之睦于齊也，不共楚職，曰：『自郢及我九百里，焉能害我？』夏，楚滅黃。」此前還有僖公二年「盟于貫，服江、黃也」，三年秋「盟于陽穀」。前後相參，始知史事發展線索，楚滅黃是削弱齊的勢力。這還只是簡明的事例，如事件紛繁複雜，人物眾多，分年記述又間敘他事，前後相續達十數年，其脈絡時斷時續，要理清頭緒也是很費力的。這不能不說是編年史體之短。所以在《左傳》問世時，又有《國語》以分國記事，展示歷史的橫斷面，可同《左傳》相參讀。至漢代又有紀傳體通史巨著《史記》和斷代史《漢書》，以後歷代修史，綜成「二十四史」。並產生了以事為綱的紀事本末體史書，如《宋史紀事本末》等，把繁複史事的始末告訴讀者。唐代古文家皇甫湜在《編年紀傳論》中曾說「編年紀傳，各有短長」。不同史體的著述，只能互補而不能偏廢。

十三年

甲戌，西元前六四七年。周襄王六年、齊桓公三十九年、晉惠公四年、秦穆公十三年、楚成王二十五年、宋襄公四年、衛文公十三年、陳穆公款元年、蔡穆侯二十八年、曹共公六年、鄭文公二十六年、燕襄公十一年、許僖公九年。

經 十有三年春，狄侵衛。

夏四月，葬陳宣公。公會齊侯、宋公、陳侯、衛侯、鄭伯、許男、曹伯于鹹。

秋九月，大雩。

冬，公子友如齊。

傳 十三年春，齊侯使仲孫湫❶聘于周，且言王子帶❷。事畢，不與王言。歸，復命曰：「未可，王怒未怠❸，其十年乎！不十年，王弗召也。」

夏，會于鹹❹，淮夷病杞❺故，且謀王室也。

秋，為戎難故，諸侯戍周，齊仲孫湫致之❻。

冬，晉薦饑❼，使乞糴❽于秦。秦伯謂子桑❾：「與諸乎？」對曰：「重施❿而報，君將何求？重施而不報，其民必攜⓫。攜而討焉，無眾，必敗。」謂百里⓬：「與諸乎？」對曰：「天災流行，國家代有⓭。救災恤鄰，道也。行道，有福。」丕鄭之子豹在秦，請伐晉。秦伯曰：「其君是惡⓮，其民何罪。」秦于是乎輸粟于晉，自雍及絳⓯相繼，命之曰「汎舟⓰之役」。

【注釋】❶仲孫湫　齊大夫，仲孫氏名湫。❷且言王子帶　還要去商議王子帶去年逃亡齊國的事（讓襄王把他召回去）。❸王怒未怠　周襄王的怒氣還未減緩。怠，緩。❹鹹　衛地，在今河南省濮陽市東南六十里。在鹹地相會的有齊、魯、宋、陳、衛、鄭、許、曹八國諸侯。❺淮夷病杞　淮夷，散居在淮河中、下游的夷族。病，使困病；禍害。杞，姒姓小國，本為商湯所封，武王時重封夏之後於杞。故城在今河南省杞縣，後遷至今山東省新泰市，再遷至今山東省安丘市東北三十里之杞城鎮。❻致之　帶領戍卒送去。❼薦饑　麥禾皆不熟而致饑荒。薦，重；頻。亦作「荐」。饑，穀不熟。❽乞糴　求購糧食。❾子桑　秦國大夫公孫枝，字子桑。❿重施　再給恩惠。指前納夷吾入晉為君，今又賣給糧食。⓫攜　離；離心離德。⓬百里　秦大夫百里氏，名奚。⓭代有　更替發生。⓮其君是惡　「惡其君」的倒裝句。憎惡晉國國君。⓯自雍及絳　雍，秦都，在今陝西省鳳翔縣南七里之古雍城。絳，晉都，在今山西省翼城縣東南。「自雍及絳」當是由渭河而東，至華陰轉漕黃河，又東入汾河、澮河至絳城。⓰汎舟　浮船，即船運。汎，同「泛」。浮。

【語　譯】魯僖公十三年春季，齊桓公派大夫仲孫湫到成周朝覲周襄王，還要他去商議王子帶去年逃亡齊國的事。可是直到朝覲結束，仲孫湫並沒跟周王談起王子帶的事。他回國後，向齊桓公報告說：「現在還不行，周王的怒氣還未減緩，恐怕要過十年吧！不到十年，周王是不會召他回去的。」

夏季，齊、魯、宋、衛、陳、鄭、許、曹八國諸侯在衛地鹹相會，商議如何對付淮夷侵害杞國以及守衛周王室的事。

秋季，因戎狄侵犯王室，各國諸侯派兵防守成周，軍隊由齊國大夫仲孫湫帶領送去。

冬季，晉國再次發生饑荒，派人到秦國求購糧食。秦穆公問大夫子桑：「給他們買糧嗎？」子桑答道：「如再次施給恩惠而晉國來報答我們，國君還有什麼可要求的呢？如果再給恩惠而不報答我們，那麼晉國的百姓必然離心離德。百姓離心離德了，我們就去討伐。晉侯失去羣眾的支持，必然失敗。」秦穆公又問百里奚：「給他們買糧嗎？」百里奚答道：「天災流行，在所難免，各國會交替發生的。救助災荒，賑濟鄰國，這是正道。按正道辦事，就有鴻福降臨。」晉國大夫丕鄭的兒子、逃亡來秦的丕豹卻請求秦穆公乘機出兵攻打晉國。秦穆公說：「憎惡的是晉國的國君，晉國的老百姓有什麼罪？」因此秦國就把粟米運送到晉國去救荒，從秦都雍城運到晉都絳城，運糧的船隊接連不斷，人們戲稱這是「泛舟之役」。

【說　明】晉國薦饑，乞糴於秦。秦大夫公孫枝、百里奚都主張輸粟救災，其用意何在？公孫枝是求晉還報，如不還報或還報不合秦的要求，將乘機攻伐。還報什麼？顯然意在掠奪其土地。這可謂居心叵測。百里奚則認為救災恤鄰是正道，行正道必「有福」。有福就是有好處，與公孫枝的意思差不多，只是說得含蓄不露罷了。但對秦來說，公孫枝、百里奚皆為賢臣，穆公用之，終成霸業。而丕豹之流只是跳梁小丑，成事不足，敗事有餘。幸穆公畢竟不凡，決定輸粟救荒，自雍至絳，糧船不絕。當然這決非無私援助，「汎舟之役」相繼的可能是兵戎相加。可惜晉惠公對此並無清醒的認識，以致再次失策而自食惡果。

十四年

乙亥，西元前六四六年。周襄王七年、齊桓公四十年、晉惠公五年、秦穆公十四年、楚成王二十六年、宋襄公五年、衛文公十四年、陳穆公二年、蔡穆侯二十九年、曹共公七年、鄭文公二十七年、燕襄公十二年、許僖公十年。

經 十有四年春，諸侯城緣陵。

夏六月，季姬及鄫子遇于防，使鄫子來朝。

秋八月辛卯，沙鹿崩。

狄侵鄭。

冬，蔡侯肸卒。

傳 十四年春，諸侯城緣陵❶而遷杞焉。不書其人，有闕也❷。

鄫季姬來寧❸，公怒，止之❹，以鄫子之不朝也。夏，遇於防❺，而使來朝。

秋八月辛卯❻，沙鹿❼崩，晉卜偃曰：「期年將有大咎，幾亡國。」

冬，秦饑，使乞糴于晉，晉人弗與。慶鄭❽曰：「背施，無親；幸災，不仁；貪愛❾，不祥；怒鄰，不義。四德皆失，何以守國？」虢射❿曰：「皮之不存，毛將安傅⑪？」慶鄭曰：「棄信背鄰，患孰恤之？無信，患作；失援，必斃。是則然矣！」虢射曰：「無損於怨，而厚於寇，不如勿與。」慶鄭曰：「背施幸災，民所棄也。近猶讎之⑫，況怨敵乎？」弗聽。退曰：「君其悔是哉！」

【注釋】❶緣陵　齊地，在今山東省安丘縣東北三十里之杞城鎮。❷不書二句　意謂經文沒有記載築城的是哪些諸侯，是文字有缺漏。闕，缺失。❸鄫季姬來寧　季姬是魯僖公小女兒，鄫國國君的夫人，季是排行，姬是姓。鄫，姒姓小國，子爵，故城在今山東省棗莊市東、蒼山縣西。來寧，歸寧；女子回娘家向父母請安。❹止之　留下她，即不讓她回去。❺防　魯地，指東防，在今山東省費縣東北四十里。❻八月辛卯　八月五日。❼沙鹿　山名，在今河北省大名縣東四十五里。❽慶鄭　晉大夫。❾貪愛　貪有所愛之物，即捨不得給人。❿虢射　晉大夫。⓫皮之不存二句　皮已經不存在，毛髮將附著在哪裏呢。意謂既然已經背約，不把土地城邑送給秦國，就結怨很深，不存在友好關係了，即使給買糧食，友好關係也無從產生，好比沒有了皮，毛就無處依附了。皮，喻晉國原先答應賂秦的土地與友誼。毛，喻秦國求購的糧食與友好關係。安，哪裏。疑問代詞。傅，附著。⓬近猶讎之　親近的人尚且要為此結仇。讎，同「仇」。

【語譯】魯僖公十四年春季，諸侯在緣陵築城牆，而後把杞國遷去。《春秋》沒有記載是哪些諸侯國來築城，是由於記載有缺漏。

鄫國夫人季姬回到魯國娘家探親，她的父親魯僖公很生氣，留住她不讓回去，是由於鄫子不來朝貢的緣故。到夏季，季姬和鄫子在東防相會，她就使鄫子來魯國朝聘。

秋季八月五日，沙鹿山崩塌。晉國大夫卜偃說：「一週年時將會有大災難，幾乎要亡國。」

冬季，秦國發生饑荒，派人到晉國求購糧食，晉國卻拒不供給。大夫慶鄭說：「背棄恩德，就沒有親人；幸災樂禍，就是不仁；貪得財物，是不祥之兆；惹鄰國憤怒，就是不義。這四種道德都沒有了，還靠什麼來維護國家的生存？」大夫虢射說：「連皮都沒有了，毛還長在哪裏呢？」慶鄭說：「拋棄信義，背離鄰國，一旦我們有了患難，又有誰會來幫助？沒有信義，災禍就會降臨；失去外援，國家必要滅亡。晉國就是這樣的結果了！」虢射說：「即使給買糧食，秦國的仇怨也不會減少，反而會增強寇敵的力量。不如不給糧食的好。」慶鄭又說：「背棄恩德，幸災樂禍，是老百姓所要唾棄的，連自己的親人也要為此結仇的，何況是跟我們已有仇怨的敵國呢？」可是晉惠公仍然不採納。大夫慶鄭退出宮去，就說：「這樣做，國君早晚要後悔的！」

【說明】歷史常會有意考驗一個人或一個國家的。去年晉饑，秦輸粟於晉。今冬秦饑，晉是否輸粟相報？輸粟，雖不能言歸於好，但也可緩解仇怨。但晉國卻「弗與」。晉國也不是沒有賢臣，如大夫慶鄭就洞察利害，講求仁義，力諫惠公。可是惠公弗聽，而聽從虢射之言。「幸災」樂禍，以秦之災禍為己之幸樂，認為饑荒正可削弱寇仇的力量，從而作出閉糴的錯誤決策，導致秦、晉關係的惡化，也使慶鄭為代表的臣民離心。慶鄭還以為「君其悔是哉」，豈料明年就爆發了韓原之戰；晉惠公失敗了並未「悔」，竟將慶鄭殺戮了！

成語「皮之不存，毛將安傅」就出在這一章，後常寫作「皮之不存，毛將焉附」（傅，同「附」），比喻事物失去了藉以生存的基礎，就不能存在。

十五年

丙子，西元前六四五年。周襄王八年、齊桓公四十一年、晉惠公六年、秦穆公十五年、楚成王二十七年、宋襄公六年、衛文公十五年、陳穆公三年、蔡莊公甲午元年、曹共公八年、鄭文公二十八年、燕襄公十三年、許僖公十一年。

經 十有五年春王正月，公如齊。

楚人伐徐。

三月，公會齊侯、宋公、陳侯、衛侯、鄭伯、許男、曹伯盟于牡丘，遂次于匡，公孫敖帥師及諸侯之大夫救徐。

夏五月，日有食之。

秋七月，齊師、曹師伐厲。八月，螽。

九月，公至自會。季姬歸于鄫。

己卯晦，震夷伯之廟。

冬，宋人伐曹。楚人敗徐於婁林。

十有一月壬戌，晉侯及秦伯戰於韓，獲晉侯。

傳 十五年春，楚人伐徐❶，徐即諸夏❷故也。三月，盟于牡丘❸，尋葵丘之盟❹，且救徐也。孟穆伯❺帥師及諸侯之師救徐，諸侯次于匡❻以待之。

夏五月，日有食之。不書朔與日，官失之也。

秋，伐厲❼以救徐也。

晉侯❽之入也，秦穆姬屬賈君焉❾。且曰：「盡納羣公子❿。」晉侯烝⓫于賈君，又不納羣公子，是以穆姬怨之。晉侯許賂中大夫⓬，既而皆背之。賂秦伯以河外列城五⓭，東盡虢略⓮，南及華山⓯，內及解梁城⓰，既而不與。晉饑，秦輸之粟⑰；秦饑，晉閉之糴⑱，故秦伯伐晉。卜徒父⑲筮⑳之，吉：「涉河，侯車敗㉑。」詰之，對曰：「乃大吉也。三敗，必獲晉君。其卦遇〈蠱〉㉒，曰：『千乘三去，三去之餘，獲其雄狐㉓。』夫狐蠱㉔，必其君也。〈蠱〉之貞，風也；其悔，山也㉕。歲云秋矣，我落其實，而取其材，所以克也。實落材亡，不敗何待？」

三敗及韓㉖。晉侯謂慶鄭曰：「寇深矣，若之何？」對曰：「君實深之㉗，可若何？」公曰：「不孫㉘。」卜右㉙，慶鄭吉，弗使。步揚㉚御戎，家僕徒㉛為右。乘小駟㉜，鄭入也。慶鄭曰：「古者大事㉝，必乘其產㉞。生其水土，而知其人心，安其教訓㉟，而服習其道㊱，唯所納之，無不如志㊲。今乘異產以從戎事，及懼而變㊳，將與人易㊴。亂氣狡憤㊵，陰血周作㊶，張脈僨興㊷，外彊中乾㊸。進退不可，周旋㊹不能，君必悔之。」弗聽。

九月，晉侯逆㊺秦師，使韓簡㊻視師。復曰：「師少於我，鬬士㊼倍我。」公曰：「何故？」對曰：「出因其資㊽，入用其寵㊾，饑食其粟，三施而無報，是以來也。今又擊之，我怠秦奮，倍猶未也㊿。」公曰：「一夫不可狃(51)，況國乎？」遂使請戰，曰：「寡人不佞(52)，能合其眾，而不能離也。君若不還，無所逃命(53)。」秦伯使公孫枝對曰：「君之未入，寡人懼之。入而未定列(54)，猶吾憂也。苟列定矣，敢不承命？」韓簡退曰：「吾幸而得囚[55]。」

壬戌[56]，戰于韓原。晉戎馬還濘而止[57]。公號[58]慶鄭。慶鄭曰：「愎諫[59]違卜[60]，固敗是求[61]，又何逃焉？」遂去之。梁由靡御韓簡，虢射為右，輅[62]秦伯，將止[63]之。鄭以救公誤之[64]，遂失秦伯。秦獲晉侯以歸。晉大夫反首拔舍[65]，從之。秦伯使辭[66]焉，曰：「二三子何其慼[67]也？寡人之從晉君而西也，亦晉之妖夢是踐[68]，豈敢以至[69]？」晉大夫三拜稽首[70]曰：「君履后土而戴皇天，皇天后土，實聞君之言。羣臣敢在下風[71]。」

穆姬聞晉侯將至，以大子罃、弘[72]與女簡璧，登臺而履薪[73]焉。使以免服衰絰[74]逆，且告曰：「上天降災，使我兩君匪以玉帛[75]相見，而以興戎。若晉君朝以入，則婢子[76]夕以死；夕以入，則朝以死。唯君裁之。」乃舍諸靈臺[77]。大夫請以入[78]。公曰：「獲晉侯，以厚歸也，既而喪歸[79]，焉用之？大夫其何有[80]焉？且晉人慼憂以重[81]我，天地以要我[82]。不圖晉憂，重[83]其怒也。我食吾言，背天地也。重怒難任[84]，背天不祥，必歸晉君。」公子縶[85]曰：「不如殺之，無聚慝[86]焉。」子桑曰：「歸之而質[87]其大子，必得大成[88]。晉未可滅，而殺其君，祇以成惡。且史佚[89]有言曰：『無始禍[90]，無怙亂[91]，無重怒。』重怒難任，陵人不祥。」乃許晉平。

晉侯使郤乞(92)告瑕呂飴甥(93)，且召之。子金教之言曰：「朝國人(94)而以君命賞。且告之曰：孤雖歸，辱社稷(95)矣，其卜貳圉(96)也。」眾皆哭。晉於是乎作爰田(97)。呂甥曰：「君亡之不恤，而羣臣是憂，惠之至也，將若君何？」眾曰：「何為而可？」對曰：「征繕(98)以輔孺子(99)。諸侯聞之，喪君有君，羣臣輯睦(100)，甲兵益多。好我者勸，惡我者懼，庶有益乎！」眾說。晉於是乎作州兵(101)。

初，晉獻公筮嫁伯姬於秦，遇〈歸妹〉之〈睽〉(102)。史蘇(103)占之曰：「不吉。其繇(104)曰：『士刲羊，亦無衁也。女承筐，亦無貺也(105)。西鄰責言，不可償也(106)。』〈歸妹〉之〈睽〉，猶無相也(107)。震之離，亦離之震(108)。『為雷為火，為嬴敗姬(109)。車說其輹(110)，火焚其旗，不利行師，敗于宗丘(111)。歸妹睽孤(112)，寇張之弧(113)，姪其從姑(114)。六年其逋(115)，逃歸其國，而棄其家(116)。明年，其死于高梁之虛(117)。』」及惠公在秦，曰：「先君若從史蘇之占，吾不及此夫！」韓簡侍，曰：「龜，象也(118)；筮，數也(119)。物生而後有象，象而後有滋，滋而後有數(120)。先君之敗德，及可數乎(121)？史蘇是占，勿從何益(122)！《詩》曰：『下民之孽，匪降自天。僔沓背憎，職競由人(123)。』」

震[124]夷伯[125]之廟，罪之也，於是展氏有隱慝[126]焉。

冬，宋人伐曹，討舊怨[127]也。

楚敗徐于婁林[128]，徐恃救也。

十月，晉陰飴甥會秦伯，盟于王城[129]。秦伯曰：「晉國和[130]乎？」對曰：「不和。小人恥失其君，而悼喪其親[131]，不憚征繕，以立圉也。曰：『必報讎，寧事戎狄。』君子愛其君，而知其罪，不憚征繕，以待秦命，曰：『必報德，有死無二。』以此不和。」秦伯曰：「國謂君何[132]？」對曰：「小人慼，謂之不免[133]；君子恕，以為必歸。小人曰：『我毒[134]秦，秦豈歸君？』君子曰：『我知罪矣，秦必歸君。』貳[135]而執之，服[136]而舍之，德莫厚焉，刑莫威焉。服者懷德，貳者畏刑。此一役也，秦可以霸。納而不定[137]，廢而不立[138]，以德為怨，秦不其然[139]。」秦伯曰：「是吾心也。」改館晉侯[140]，饋七牢[141]焉。

蛾析[142]謂慶鄭曰：「盍[143]行乎？」對曰：「陷君於敗，敗而不死，又使失刑[144]，非人臣也。臣而不臣，行將焉入？」十一月，晉侯歸。丁丑[145]，殺慶鄭而後入。是歲，晉又饑。秦伯又餼[146]之粟，曰：「吾怨其君而矜[147]其民。且吾聞唐叔[148]之封也，箕子[149]曰：『其後必大。』晉其庸可冀乎[150]？姑樹德[151]焉，以待能者。」

於是秦始征晉河東152，置官司焉153。

【注釋】❶徐　嬴姓國，在今安徽省泗縣西北五十里。齊桓公夫人有徐嬴，故徐為齊的姻國。魯僖公三年，徐人以齊桓公之力攻取荊舒，舒是楚附庸，故楚伐徐。❷即諸夏　親近中原諸侯。即，靠近；親近。❸牡丘　在今山東省聊城市東北七里。❹葵丘之盟　見僖公九年傳注。❺孟穆伯　魯國大夫，慶父之子，即公孫敖。❻匡　宋地，在今河南省睢縣西三十里之匡城。❼厲　小國名，在今河南省鹿邑縣東之厲鄉。齊移師攻厲在七月。❽晉侯　晉惠公，名夷吾，獻公之子。獻公有子九，因寵驪姬，遂謀害太子申生而立驪姬之子奚齊，於是羣公子重耳、夷吾等出亡在外。獻公死後，奚齊及弟卓子被殺，晉國無君，夷吾便厚賂秦穆公，由秦送他回國即位。❾秦穆姬屬賈君焉　秦穆公夫人把賈君託付給他。秦穆姬，晉獻公之女，太子申生的同母姊姊，亦稱伯姬，魯僖公五年，為秦穆公夫人。屬，囑託照顧。賈君，太子申生之妃，晉惠公夷吾的長嫂。❿羣公子　指獻公之子，除申生、奚齊、卓子已死和惠公外，尚有逃亡在外的重耳等五人。⓫烝　姦淫。下淫上叫做烝。⓬晉侯許賂中大夫　夷吾逃亡在外時，曾許諾以田地封賜里克、丕鄭等大夫，後背約而殺之。⓭河外列城五　黃河以西以南的五座城邑。黃河自龍門至華陰，自北而南，晉都在河東，故以河西河南為外，河東河北為內。⓮虢略　今河南省靈寶市即舊虢略鎮。⓯華山　在今陝西省華陰縣南，為秦、晉之界。⓰內及解梁城　黃河以東直到解梁城。即包括今山西省芮城縣、永濟市及虞鄉等地。此不在「河外列城五」之數。解梁城即今山西省永濟市東伍姓湖旁之解城（解州）。⓱秦輸之粟　見僖公十三年傳。⓲晉閉之糴　晉閉關不給秦國買糧。見僖公十四年傳。之，其。⓳卜徒父　秦卜官，名徒父。⓴筮　用蓍草占吉凶。㉑涉河侯車敗　秦軍渡過黃河，晉侯的兵車必敗。指卜筮的卦象預示晉軍敗兆。㉒蠱　六十四卦之一，巽下艮上䷑。㉓千乘三句　秦軍千輛兵車，三次驅車進擊，（晉軍）三敗之後，必獲雄狐（晉惠公）。即上文「三敗必獲其君」之意，又與下文「三敗及韓」相應。乘，兵車。千乘為大國諸侯的代稱，指秦國。三去即三驅。去，同「驅」。雄狐，〈蠱〉之外卦為艮，其象為雄狐，古人以雄狐喻國君。這三句是〈蠱〉卦的爻辭，然今《周易》無此文（《周易・蠱》：「象曰，山下有風，蠱。」），當是夏商之占，故上文言「筮之」，不言「以《周易》筮之」。㉔狐蠱　〈蠱〉卦卦辭說的雄狐。㉕蠱之貞四句　意謂〈蠱〉的內卦巽是象徵風，代表秦國；外卦艮是象徵山，代表晉國。秦之風吹過晉之山，故下文謂落實取材，是秦戰勝晉的兆象。內卦謂貞，即卦的下體（下三爻），代表己方。外卦謂悔，即卦的上體（上三爻），代表對方。《周易》之八卦乾坤震巽坎離艮兌，分別象徵天地雷風水火山澤八種自然現象。㉖三敗及韓　三敗晉軍，追擊到韓地。韓，即韓原，當在今山西省河津市與萬榮縣之間。此句以下始敘戰事，接上文「故秦伯伐晉」。㉗君實深之　實在是你晉君使敵人深入的。深，用作使動詞。㉘不孫　不敬。指慶鄭答話無禮。孫，同「遜」。㉙卜右　占卜車右的人選。右，統帥的右衛，站在車右。統帥居中，左為御者。㉚步揚　晉公族，郤豹之孫，姬姓，食邑於步，以邑為氏。步揚為晉惠公駕車，站於車左。㉛家僕徒　晉大夫，為惠公右衛。㉜乘小駟　用四匹小馬駕戰車。乘，駕車。駟，同駕一輛兵車的四匹馬。㉝大事　指戰事。㉞乘其產　用本國產的馬駕戰車。㉟安其教訓　安於受主人的調教。㊱服習其道　熟悉其道路。服習，同義複詞。熟悉。㊲唯所二句　意謂隨你驅使到什麼地方，無不如意。納，猶「使」。㊳變　改變常態。變，正之反。㊴易　反，違反御者之意。㊵亂氣狡憤　指馬亂噴粗氣，狡亂暴躁而發狠勁。㊶陰血周作　血液在全身急促奔流。血在體內，故云陰血。周，遍；全。㊷張脈僨興　血管擴張突起。僨興，同義複詞。突起。僨即地墳之墳。㊸外彊中乾　外表強壯，內力枯竭。彊，同「強」。以上言馬。㊹周旋　盤旋；轉彎。㊺逆　迎戰。㊻韓簡　晉大夫，韓萬之孫。韓萬為曲沃桓叔之子。㊼鬭士　能奮力死戰的士兵。㊽出因其資　夷吾出奔時憑藉秦國的資助。㊾入用其寵　入晉為君是由於秦國的厚愛。用，以；因。㊿倍猶未也　指秦兵士氣高過一倍還不止。(51)狃　怠慢；輕侮。(52)寡人不佞　我們的國君不才。寡人，對別國人謙稱自己的國君。佞，有才能。(53)逃命　逃避君命。命，指進軍的命令。(54)未定列　未安定君位。(55)幸而得囚　能被俘為囚徒，已是幸運了。意謂戰則必敗，自己或將戰死。(56)壬戌　十四日。晉用夏正為九月十四日，魯用周正，故經文為十一月壬戌。(57)還濘而止　小駟馬陷在泥濘中回旋而不得出。還，通「旋」。止，留。(58)號　呼救。(59)愎諫　不聽勸諫。指勸諫勿用鄭國產的小駟馬駕車。愎，乖戾頑固。(60)違卜　違背占卜。指不用他為車右。(61)固敗是求　「固求敗」的倒裝句。本是自找失敗。(62)輅　通「迓」。迎。指迎戰秦穆公的兵車。(63)止　獲。(64)鄭以救公誤之　由於慶鄭招呼韓簡去救援晉惠公而把俘獲秦伯的戰機耽誤了。(65)反首拔舍　散髮披頭，拔起軍營帳篷。古人束髮為髻，盤於頭頂，故散髮下垂謂反首。(66)辭　好言撫慰。(67)慼　同「慽」。憂傷。(68)亦晉之妖夢是踐　「亦踐晉之妖夢」的倒裝句。不過是應驗晉國的妖夢罷了。妖夢，指晉大夫狐突在曲沃見太子申生亡靈現身，斥責惠公無禮，預言惠公必敗於韓。事見僖公十年傳。踐，實現；應驗。(69)以至　太過分。以，通「已」。太。至，甚。(70)三拜稽首　古人但有再拜（拜手）稽首（叩頭），此為變禮，為將亡國或已亡國者所行之禮。(71)下風　下邊。謙詞。不敢當立，故言下風。意謂君在上，臣在下，聽候吩咐。(72)罃弘　罃是秦穆公太子，後為秦康公。弘是其同母弟。(73)履薪　踩在柴草上。表示將自焚。(74)免服衰絰　都是喪服，初死用免，服成用衰絰。免，同「絻」。用一寸寬麻布，繫於頸項，前交於額，又向後繞於髻，以去冠括髮。衰絰亦作「縗經」。以粗麻布製成，不緝衣邊的稱斬縗，以熟麻布製成、緝邊的稱齊（音ㄗ）縗。經是戴於首或束於腰的麻帶。傳意謂使者持此喪服以迎穆公，如自己及兒女皆死，則穆公當著之。(75)玉帛　玉圭和束帛。諸侯互通聘問，皆以玉帛為禮物。(76)婢子　夫人自稱。(77)舍諸靈臺　安置晉侯住在靈臺。諸，之於。此靈臺當在秦都郊外。(78)請以入　請求把惠公帶回都城。秦都雍，在今陝西省鳳翔縣。(79)喪歸　把晉侯帶回來卻要發生夫人自焚的喪事。(80)何有　猶「何得」。(81)重　疑當為「動」，感動。說見王引之《述聞》。(82)天地以要我　以天地來要約我。要，約束。(83)重　加重；加深。(84)難任　擔當不起。任，擔當。(85)公子縶　秦穆公之子，名縶，字子顯。(86)聚慝　相聚為惡。慝，罪惡。(87)質　以其太子為人質。(88)大成　大有利的講和。(89)史佚　西周初年的史官。(90)始禍　首倡禍亂。即製造禍端。(91)怙亂　恃人之亂以為己利。即趁火打劫。怙，恃。(92)郤乞　晉大夫，隨晉侯被俘。(93)瑕呂飴甥　呂氏名飴，字子金，食邑於瑕，晉侯外甥，亦稱呂甥、陰飴甥。留守絳都，晉惠公召他去是與秦談判和約。(94)朝國人　使臣民朝於王門。(95)辱社稷　使國家受辱，意謂無面目見國人。(96)其卜貳圉　還是占卜吉日，立太子圉為新君。貳，輔佐。君之貳即太子。圉，晉惠公太子，入質於秦，後為晉懷公。以上是呂甥教郤乞應做的事與應說的話。(97)作爰田　施行爰田制，即開阡陌，改田畔，以田地分賞眾人。種公田是勞役地租，實行爰田後為實物地租。爰田，亦作「轅田」。(98)征繕　徵收賦稅，修治甲兵。(99)孺子　指太子圉。經傳對太子或繼位者始得稱孺子。(100)輯睦　和睦。(101)作州兵　創建州兵制。五黨為州，有三千五百家。各州擴充兵員，製造武器裝備，建立州的地方武裝力量。(102)遇歸妹之睽　占卜到〈歸妹〉卦變到〈睽〉卦。〈歸妹〉卦，兌下震上䷵。〈睽〉卦，兌下離上䷥。(103)史蘇　晉國卜師。(104)繇　繇辭。此指爻辭。〈歸妹〉爻辭多言婚姻。(105)士刲羊四句　刲，刺；宰割。衁，血。承筐，拿竹筐承接東西。貺，賜與。猶言收穫。刲羊承筐乃古婚姻之禮。今本《周易・歸妹上》爻辭與此略有不同：「女承筐，無實；士刲羊，無血。」無衁無貺即無血無實，無所收穫，故言不吉。羊、衁、筐、貺四字為韻。(106)西鄰二句　意謂從卦象上看，晉女嫁給西鄰（秦國），並不能使兩國友好，反使秦有話指責，晉國無法應答。此二句似非爻辭，而是史蘇的解釋。(107)歸妹二句　意謂歸妹是少女出嫁之意，睽有乖離不合之象，故對母家還是沒有幫助。相，助。(108)震之離二句　〈歸妹〉卦上體震變到〈睽〉卦上體離，或是由離變到震，也是一樣的無助。這是史蘇的解釋，下文為爻辭。(109)為雷為火二句　震象徵為雷，離象徵為火，都是上體外卦，代表對方秦國。所以說秦國又是雷，又是火，是嬴姓秦國打敗姬姓晉國的徵兆。(110)車說其輹　車箱脫離車軸。說，通「脫」。輹，車箱下面半圓形鉤住車軸的部件，用以固定車箱在軸上，亦稱「伏兔」。雷震使車脫軸是敗兆之一，下句離火焚其軍旗是敗兆之二。(111)宗丘　韓原的別名。上文姬、旗、丘三字為韻。(112)歸妹睽孤　少女出嫁，與母家睽離，因而孤單。今本《周易・睽上》爻辭與此不同：「睽孤，見豕負塗（車），載鬼一車，先張之弧。」(113)寇張之弧　敵人張開他的木弓（正向我們進攻）。之，其。弧，木弓。(114)姪其從姑　指太子圉質於秦，跟從姑母秦穆姬。(115)六年其逋　六年後他就逃回國。僖公十七年子圉質於秦，二十二年逃歸。逋，逃亡。(116)棄其家　拋下他的妻子。子圉逃歸時拋下其妻懷嬴（秦穆公之女）。上文孤、弧、姑、逋、家（古讀姑）五字為韻。(117)死于高梁之虛　子圉於僖公二十二年逃歸，死於夏正二十三年十二月（周正二十四年二月）。高梁，晉地，在今山西省臨汾市東北三十七里。虛，同「墟」。大土山。(118)龜象也　占卜是用火灼龜甲，顯出裂紋（兆象），視兆象而測吉凶的。象，即指裂紋的形象。(119)筮數也　筮是用蓍草占卜，由蓍草顯現的數目來測定禍福的。(120)物生三句　意謂必須先有萬物生出，才有物的形象；物象多了，才有滋長繁衍的種種演變；有了滋長演變，才有多少之數，據以歸納為命數。故象不能先於事物而生，數不能先於物象而生。(121)先君二句　意謂晉獻公做的壞事太多，不是筮數所能反映出來的。「及可數乎」是「數可及乎」的倒裝句。(122)勿從何益　意謂雖從史蘇之占，也是無益的。勿，語首助詞，無義。(123)下民四句　意謂百姓的災禍，並非上天所降，主要是由於小人的為非作歹，他們聚合非議，當面奉承，背後怨恨毀謗。僔沓，一作「噂沓」。聚合議論。職競，主要的策動。這四句見《詩經・小雅・十月之交》。(124)震　雷擊。(125)夷伯　展氏之始祖。(126)隱慝　別人不知道的罪惡。(127)舊怨　指魯莊公十四年，曹國與齊、陳伐宋。(128)婁林　徐地，在今安徽省泗縣東北。(129)王城　地名，當在今陝西省大荔縣東、朝邑鎮之西。(130)和　和睦。指意見一致。(131)親　指戰死的親屬。(132)國謂君何　國人認為晉惠公的前途如何。(133)不免　不能免於殺戮。(134)毒　恨；得罪。(135)貳　貳心；背離。(136)服　服罪認錯。(137)納而不定　送惠公回國而不定其君位。(138)廢而不立　廢惠公之位而不為晉國立新君。(139)秦不其然　即「秦其不然」。秦國大概不會這樣做的。(140)改館晉侯　讓晉侯改換地方，住到賓館裏。前拘之於靈臺，今改以諸侯之禮待之。館，使動用法。(141)七牢　牛一、羊一、豕一為一牢，並有米食等物。饋贈七牢是諸侯之禮。(142)蛾析　晉大夫。(143)盍　「何不」的合音詞。(144)失刑　意謂如果自己逃亡，不受刑罰，就使晉君有失刑之譏。(145)丁丑　二十九日。(146)餼　贈送糧食。(147)矜　憐憫。(148)唐叔　周武王之子，成王時封於晉，為晉之始祖。(149)箕子　殷王帝乙之子，紂王庶兄，殷亡歸周。(150)晉其庸可冀乎　晉國難道會完蛋嗎。意謂晉國還是有希望的。其庸，同義虛詞連用，同「豈」。冀，盡。一說為不良圖謀。(151)樹德　做好事。指不滅晉國。(152)征晉河東　在晉國河東地區徵收賦稅。河東即「內及解梁城」之地。(153)置官司焉　在那裏設置官吏，負責管理。焉，於彼。

【語　譯】魯僖公十五年春季，楚國進攻徐國，是因為徐國親近中原諸侯的緣故。三月，齊、魯、宋、陳、衛、鄭、許、曹等八國諸侯在牡丘結盟，重申葵丘之盟的誓約，同時商議救援徐國的事。魯國大夫孟穆伯率領魯軍和諸侯國軍一起去救援徐國，八國諸侯就住在宋國的匡城等待救徐的消息。

夏季五月發生日蝕，《春秋》沒有記載朔日的干支和日蝕的日期，是史官漏記了。

秋季，齊軍、曹軍移師進攻厲國，這是為了救援徐國。

當晉惠公回國繼承君位的時候，秦穆公夫人曾把賈君託付給他照料，而且關照說：「要把公子們都接納回國。」後來晉惠公卻姦淫賈君，又不接納逃亡在外的兄弟回國，因此秦穆姬很怨恨他。以前晉惠公逃亡在外時曾答應給中大夫封贈財禮，後來都背棄了諾言。他又曾許諾把黃河以西、以南的五座城邑送給秦穆公，東面直到虢略鎮，南面到華山。還把黃河以內直到解梁城的大片土地送給秦國，可是回國即位後又都不給。前年晉國發生饑荒，秦國給他運來粟米。去年秦國有了饑荒，晉國卻閉關不給秦國來買糧食。所以秦穆公發兵討伐晉國。秦大夫卜徒父用蓍草占卜，得到大吉之卦：「秦軍渡過黃河，晉侯的戰車大敗。」秦穆公追問為什麼大吉。卜徒父回答說：「這確是大吉大利。晉軍連敗三次後，我軍必能俘獲晉國國君。因為占卜得到〈蠱〉卦，卦辭說：『一千輛兵車驅馳進擊三次，晉軍就三次失敗，之後就可活捉那隻雄狐。』〈蠱〉卦說的雄狐，一定是指他們的國君晉惠公。〈蠱〉卦的內卦是象徵風，代表我方；〈蠱〉卦的外卦是象徵山，代表對方。時令已到秋天，我們的風吹過他們的山，吹落他們山上的果實，取用他們的木材，這就是戰勝他們的徵兆。他們的果實吹落，木材丟失，不打敗仗還等待什麼？」

晉國守軍果然連敗三次，一直退到韓原。晉惠公對大夫慶鄭說：「敵人已經深入了，該怎麼辦？」慶鄭答道：「是你君侯使秦軍深入的，能怎麼辦呢？」晉惠公說：「你說話放肆無禮！」卜師占卜車右的人選，慶鄭得吉卦，但晉惠公不用他。而讓步揚給他駕御統帥的兵車，讓家僕徒作他的車右，用小馬四匹駕車，那是鄭國出產的馬。慶鄭勸諫說：「古時發生戰事，必定要用本國產的馬駕車，牠在自己的水土上生長，熟知主人的心意，安於受主人的調教，熟習那裏的道路，隨你驅使牠到什麼地方，沒有不稱心如意的。現在用外國產的馬駕戰車，去從事戰鬥，等到臨戰就畏懼而失去常態，就會違背主人的心意；鼻子噴著粗氣，暴躁而狠戾；血液在全身急促奔流，使血管擴張突起；外表強壯而內力枯竭；進不能進，退不能退，盤旋轉彎也不能。到那時君侯必然後悔也來不及了。」可是晉惠公不聽勸諫。

九月，晉惠公迎戰秦軍，派大夫韓簡去偵察軍情。韓簡回來報告說：「秦軍兵力比我們少，可是能奮勇作戰的鬥士卻比我們多一倍。」晉惠公問：「這是什麼原因？」韓簡答道：「君侯出奔在外是憑藉秦國的資助，回晉國即位又是靠秦伯的寵信。晉國饑荒時吃秦國運來的糧食。秦國三次施給我們恩惠，我們卻沒有報答，因此才來攻打。現在國君又將迎擊，所以我們的士兵懈怠，秦兵奮發，戰鬥力勝過我們一倍還不止啊！」晉惠公說：「一個普通百姓還不能輕侮他，何況我們是一個國家呢？」於是就派韓簡前去請戰。韓簡對秦軍說：「我們國君不才，能集合晉國的士兵而不能讓士兵離散，你們國君如果不退兵回去，我們就沒有地方可逃避國君作戰的命令。」秦穆公派大夫公孫枝回答說：「晉君沒有回國時，我們國君為他擔憂；回晉國後沒有安定君位，我們還是為他擔憂。如果君位已經安定，我們怎敢不接受您作戰的命令？」韓簡退回來說：「我如果不戰死，能被俘虜作囚徒就是幸運的了。」

九月十四日，秦、晉兩軍在韓原大戰。小駟馬駕著晉惠公的兵車陷在泥濘中旋轉著出不去。晉惠公向大夫慶鄭呼喊求救。慶鄭說：「剛愎自用，不聽勸諫，又違背占卜，不用我為車右。這本是自找失敗，又為何要逃命呢？」說完就驅車離去了。梁由靡駕御韓簡的戰車，虢射擔任韓簡的車右，迎擊秦穆公的兵車，將把穆公俘獲時，由於慶鄭呼叫他們去救援晉惠公而把俘獲秦穆公的良機耽誤了。終於讓穆公逃脫了。結果秦軍卻俘獲了晉惠公勝利回歸。晉國的大夫散髮披頭，拔起營帳，跟著秦軍。秦穆公派人好言撫慰他們說：「諸位大夫為何那樣憂傷呀！我們國君陪伴晉惠公往西去，只是為了應驗晉國發生的妖夢罷了，難道敢做得過分嗎？」晉國大夫三次拜手叩頭，說道：「君主，您腳踏后土、頭頂皇天，皇天后土都聽到了您的話，我們羣臣謹在下風，聽候吩咐。」

秦穆公夫人伯姬聽到弟弟晉惠公就要被俘押來都城，就帶著太子罃、次子弘和女兒簡璧，登上樓臺，踩在柴草堆上，表示將要自焚。一面派人捧著喪服絻和縗絰前去迎接秦穆公，並稟告說：「上天降下災禍，使我們兩個國君不是以玉帛禮品相見而是興起甲兵相見。如果晉君作為戰俘在早晨進入國都，我就在晚上死去；如果在晚上進入國都，我就在早晨死去。只是請君侯裁決。」秦穆公就把晉惠公拘留在郊外的靈臺。秦國大夫請求把惠公押回國都。秦穆公說：「俘獲晉侯是很大的勝利，但如果一回來就發生夫人自焚的喪事，那對國家有什麼用？大夫們又有什麼好處？而且晉國臣民用憂傷來感動我，用天地來要約我。我如果不考慮晉人的憂傷，就會加深他們的憤怒；如果不履行我的諾言，就是違背了天地。加深晉國人的憤怒，使我擔當不起；違背天地，就會不吉利。所以必須放晉惠公回去。」這時公子縶說：「不如把晉君殺了，不能再讓他回去相聚作惡。」大夫子桑說：「讓晉侯回去，而把他的太子送來作為人質。這樣講和對我們必然大有利。晉國還未到滅亡的時候，如果殺了他們的國君，只會造成很壞的惡果。而且史佚曾說過：『不要製造禍端，不要乘人之危，不要激怒敵人。』激怒了敵人，就難以對付；欺凌別人，就是不祥之兆。」秦穆公就允許晉國求和。

晉惠公就派身邊的大夫郤乞回國去告知瑕呂飴甥，並召他來秦辦理和約。呂甥教郤乞這樣去做：「把臣民都召集到宮門前，用國君的名義給以封賞。並代表國君向他們宣告：我雖然會回國來，但已經使國家蒙受恥辱，你們還是占卜個吉日，讓太子圉立為新君吧！」郤乞這樣照辦，眾人聽了都大哭。晉國就在這時創辦爰田制，打開阡陌，重新劃定田界，把田地分賞眾人。呂甥說：「國君流亡在外不顧惜自己，反而為我們羣臣擔憂，這是最大的恩德了，我們將怎樣報答國君呢？」眾人說：「您認為該怎麼做才好？」呂甥說：「徵收賦稅，修治甲兵，來輔助太子為新君。天下諸侯知道我國失去了國君，又有了新君，羣臣和睦，武器裝備比以前更多。對我們友好的國家會得到鼓勵，敵視我們的國家會有所戒懼，這樣也許會有益處吧！」大家聽了很高興。晉國從此改革兵制，創建州兵制度，建立州級地方武裝力量。

當初，晉獻公為嫁大女兒伯姬給秦穆公而占筮，卜得〈歸妹〉卦變到〈睽〉卦。史蘇預測說：「不吉利。〈歸妹〉卦辭說：『男人宰羊，不見血漿；女人拿筐，白忙一場。西鄰責備，無可補償。』〈歸妹〉卦變到〈睽〉卦，仍然無人相幫。〈歸妹〉卦的上體震變到〈睽〉卦的上體離，或者離變到震，也是一樣的無助。因為爻辭說：『震是象徵雷，離是象徵火；秦國又是雷、又是火，這是嬴姓秦國打敗姬姓晉國的兆象。車箱震脫他的車軸，大火燒毀他的軍旗，出師不利，在宗丘被打敗。歸妹嫁女，睽違孤單，敵人張開他的木弓，正要發射。姪子跟著姑媽，六年之後將逃亡回國，卻丟下他的妻室。過了一年，他將死在高梁的土山上。』」等到晉惠公被俘，拘留在秦國時，就說道：「先君晉獻公如果聽從史蘇的占卜，我就不會落到這個地步了！」當時韓簡隨侍在旁，說：「用龜甲占卜，是看龜甲裂紋的兆象來測吉凶的；用蓍草占卜，是看蓍草顯示的數目來歸納命數好壞的。事物生成以後才有物象，有了物的形象以後才滋生演變；滋生演變以後才有多少之數，歸納出命數。先君獻公做的壞事太多了，蓍草卜筮之數能表現出來嗎？史蘇的占卜，即使聽從了，又有什麼用處！《詩經‧小雅‧十月之交》說：『百姓的災禍，不是從天上掉下來的。主要是由於小人當面奉承，背後毀謗；一切災禍，都是他們自己言行無狀、為非作歹造成的。』」

雷擊展氏始祖夷伯的廟宇，這是上天懲罰他的罪過，由此可見展氏有別人不知道的罪惡。

冬季，宋國進攻曹國，為的是報復以前的怨仇。

楚國在徐地婁林打敗了徐國，徐國還依仗齊國等諸侯去救援呢！

十月，晉國大夫陰飴甥在秦國王城會見秦穆公，訂立了和議盟約。秦穆公問道：「晉國臣民意見一致嗎？」陰飴甥說：「不一致。百姓以為失掉國君可恥，更為他們的親人戰死而哀悼，所以不怕徵稅徵兵，修治武備，擁立太子圉為新君。他們說：『定要報仇，寧可為此屈事戎狄。』士大夫愛護他們的國君，知道國君的過錯，所以不怕徵稅，重整軍隊，來等待秦國講和的命令。他們說：『必定報答恩德，只有死國之志而無貳心。』因此臣民意見不和。」秦穆公再問：「國人認為晉君的前途如何？」陰飴甥回答說：「老百姓很憂傷，認為他不免受刑戮。士大夫寬厚，認為國君一定會回來。老百姓說：『我們得罪了秦國，秦國怎麼會讓國君回來？』士大夫說：『我們已經認罪了，秦國一定讓晉君回來。』有貳心的，就把他抓起來；服罪的就放掉他。德行沒有比這再寬厚的了，刑罰沒有比這再威嚴的了。服罪的感念恩德，有貳心的畏懼懲罰。韓原這一戰，秦國可以稱霸諸侯了。如果讓晉君回國而不安定他的君位，或者廢掉他的爵位而不給晉國立新君，就會把恩德變成仇怨。秦國不會這樣做的吧！」秦穆公說：「這正是我的心意呀。」於是讓晉惠公從拘留的靈臺改住到賓館裏，饋贈他七副牛、羊、豬等食用品，以諸侯之禮對待他。

晉大夫蛾析對慶鄭說：「你為何不逃跑呀？」慶鄭答道：「使國君陷於失敗，失敗了我不效死，反而逃跑，不受刑罰，又使國君有失刑之譏，這不是為人臣的做法。為人臣而不像做人臣的樣子，即使逃跑又將逃到哪裏去呢？」十一月，晉惠公回國。二十九日，晉惠公殺了慶鄭，而後才進入國都。這一年，晉國又發生饑荒。秦穆公又送糧食給晉國，說：「我怨恨他們的國君而憐憫他們的百姓。而且我知道，周成王封唐叔於晉時，箕子曾說：『他的後代必定昌大。』晉國難道就此沒有希望了嗎？我姑且做做好事吧，來等待有才能的人去治理晉國。」

於是秦國開始在晉國黃河以東的地區徵收賦稅，設置官員，掌理政事。

【說　明】本傳主要記述秦、晉韓之戰。這是春秋時期的一次重大戰役。全文可分四章。第一章寫戰爭的起因、雙方對勝敗的估計以及戰役的過程。晉惠公本是靠秦國護送才得以回國即位的，為此曾許諾以土地賂秦作為報答，過後又食言背信。接著又忘恩負義，「秦饑，晉閉之糴」。「三施而無報」，終於爆發戰爭。這次戰爭，秦國「師少於晉」，兵力處於劣勢，但由於師出有名，士氣奮發，戰鬥力勝過一倍還不止。而晉內部矛盾錯綜，士氣不振，連大將韓簡都無信心。臨戰，晉侯又愎諫自用，不以慶鄭為車右，不從慶鄭之諫言，用鄭國的小駟馬駕車，結果陷入爛泥之中，進退不得，使「秦獲晉侯以歸」。

第二章寫惠公被俘後，秦、晉雙方採取的下一步驟。秦因穆公夫人以死求穆公禮待其弟，使穆公最終「乃許晉平」，與晉講和，讓惠公回國而質其太子。晉國則因呂甥之謀，使臣民重振精神，改革田制、兵制，實行爰田和州兵制，以挽救晉國的敗亡，推動歷史的進步。

第三章追敘十年前晉獻公筮嫁伯姬的故事，詳述卜筮之詞。並通過韓簡的話及引用《詩經・小雅・十月之交》，說明事在人為，禍福由人，與命數無關。

第四章寫呂甥代表晉國與秦議和及惠公回國後的情況，再次表現呂甥的足智多謀和善於辭令。他一面傳達百姓的話，「必報讎，寧事戎狄」；一面又傳達羣臣的話，秦歸其君，則「必報德，有死無二」。這一席話似柔實剛，巧妙地表現出不卑不亢的精神和高超的外交手腕。

韓原之戰的勝利，使秦穆公成為春秋五霸之一。由此秦國牢牢掌握了渭水流域的控制權，為圖霸中原拉開了序幕。

本傳兩次寫到了卜筮。一寫卜得〈蠱〉卦，據卦辭兆象，謂秦伐晉必獲晉君；二寫卜得〈歸妹〉、〈睽〉卦，據爻辭兆象，謂獻公嫁女於秦不吉，預言晉必敗於宗丘，太子圉「姪其從姑」，後「死於高梁之虛」。似乎卜筮十分靈驗，可預知吉凶禍福。以至今日出現的《周易》研習熱，竟有人據以鼓吹《周易》筮法就是預測學，標榜其應驗率是百分之百。其實《左傳》的這些卜筮記述都是史事發生後追記而附會的，所以顯得事事應驗。更重要的是，《周易》筮法並不具備科學預測邏輯結構的要求，它不是普遍的經驗規律。卦爻辭作為卜筮記錄，只是巧合的概率事件，不是樣本（事件）的相對頻率，所以不能作為經驗相關陳述，據以預測推斷其他樣本（事件）的相對頻率。因此所謂的應驗率百分之百，就等於把占卜的隨機事件視為必然事件，把主觀的推測視為必然的客觀的結果，這就正好表明那不是科學預測而是偽科學，也不是研習《周易》的正確態度。我們對《周易》和一切傳統文化，都必須以嚴肅的態度，進行科學的研究，作出準確的分析和說明。

十六年

丁丑，西元前六四四年。周襄王九年、齊桓公四十二年、晉惠公七年、秦穆公十六年、楚成王二十八年、宋襄公七年、衛文公十六年、陳穆公四年、蔡莊公二年、曹共公九年、鄭文公二十九年、燕襄公十四年、許僖公十二年。

經 十有六年春王正月戊申朔，隕石于宋五。是月，六鷁退飛，過宋都。

三月壬申，公子季友卒。

夏四月丙申，鄫季姬卒。

秋七月甲子，公孫茲卒。

冬十有二月，公會齊侯、宋公、陳侯、衛侯、鄭伯、許男、邢侯、曹伯于淮。

傳 十六年春，隕石于宋五，隕星也❶。六鷁退飛❷，過宋都，風也❸。周內史叔興聘❹于宋，宋襄公問焉，曰：「是何祥❺也？吉凶焉在❻？」對曰：「今茲魯多大喪❼，明年，齊有亂❽，君將得諸侯而不終❾。」退而告人曰：「君失問❿。是陰陽之事⓫，非吉凶所生也。吉凶由人。吾不敢逆君故也⓬。」

夏，齊伐厲⓭，不克，救徐⓮而還。

秋，狄侵晉，取狐、廚、受鐸⓯，涉汾，及昆都⓰，因晉敗⓱也。

王以戎難告于齊，齊徵諸侯⓲而戍周。

冬十一月乙卯⓳，鄭殺子華⓴。

十二月，會于淮㉑，謀鄫㉒，且東略也。城鄫，役人病㉓，有夜登丘而呼曰：「齊有亂！」不果城㉔而還。

【注　釋】❶隕石二句　從天上墜落石頭五塊，落在宋國，這是落下的流星。隕，從高處墜落。❷六鷁退飛　六隻水鳥（被強風吹得）倒退著飛。鷁，一種白色水鳥，能高飛，不怕風。❸風也　〈宋世家〉作「風疾也」。謂逆風風力強，故鷁退飛。❹聘　訪問。凡天子於諸侯，諸侯於諸侯，使其卿大夫相訪問，皆曰聘。❺何祥　是什麼預兆。指隕星及鷁退飛的現象是吉兆還是凶兆。祥，徵兆。❻吉凶焉在　吉凶發生在什麼地方。❼今茲魯多大喪　今年魯國有很多大喪事。今茲，今年。茲，借作「載」。大喪指公子季友和公孫茲之死。❽齊有亂　指齊桓公臨死時，五公子爭立，由此發生內亂。❾得諸侯而不終　得到諸侯的擁護卻不能保持到最後。指鹿上之盟與泓之戰等事。❿失問　問得不恰當。⓫陰陽之事　意謂隕石及鷁退飛是陰陽氣相感應而造成的自然現象。古代樸素的唯物主義思想認為，宇宙萬物是陰陽兩種對立的氣的矛盾變化所產生的，與人事吉凶無關。⓬吾不敢逆君故也　我那樣回答是由於不敢違拗國君的緣故。逆，違背；不順。⓭齊伐厲　僖公十五年秋，齊曾伐厲救徐，今又伐厲救徐。厲，小邦國，在今河南省鹿邑縣東之厲鄉。⓮徐　嬴姓國，在今安徽省泗縣西北五十里。⓯狐廚受鐸　狐為狐突食邑，廚為廚武子食邑，都在今山西省臨汾市西之襄陵（舊縣治）的西北，受鐸亦在附近。⓰昆都　晉邑，在今山西省臨汾市南，在汾河之東。⓱晉敗　指僖公十五年韓之戰，晉敗於秦。⓲徵諸侯　向諸侯國徵集軍隊。徵，調集。⓳乙卯　十二日。⓴子華　鄭文公太子名華。殺子華緣由見僖公七年傳。㉑淮　濱淮水之地，在今安徽省五河縣，一說在今江蘇省盱眙縣。㉒鄫　姒姓小國，子爵，為淮夷所侵凌。魯僖公之女為鄫國夫人。故城在今山東省棗莊市東。㉓役人病　服勞役（築城）的人困乏。病，弊；困乏。㉔不果城　城牆沒有築完成。果，成為事實；完成。

【語　譯】魯僖公十六年春季，在宋國都城上空落下石頭五塊，這是掉下來的流星。又有六隻鷁鳥向後倒退著飛過宋國都城，這是由於風太強的緣故。周王的內史叔興到宋國訪問，宋襄公向他問道：「這是什麼預兆？吉凶會出現在什麼地方？」叔興回答說：「今年魯國有很多大喪事，明年齊國將有動亂，君侯會得到諸侯的擁護，但不能保持到終了。」叔興退出宮來告訴別人說：「宋襄公問得不恰當。隕石、鷁鳥退飛是屬於陰氣陽氣變化的自然現象，人事吉凶不是由此產生的。人事吉凶是由人的行為造成的，與陰氣陽氣之事無關。我那樣回答是由於不敢違背宋君的緣故。」

夏季，齊國又攻打厲國，沒有攻克，救援了徐國之後就退兵回國。

秋季，狄人侵犯晉國，攻佔了狐邑、廚邑、受鐸等地，又渡過汾河，一直打到昆都。這是因為晉國剛被秦國打敗，北狄才乘虛來侵犯的。

周襄王把戎狄侵犯的禍難告訴齊國，齊國就調集諸侯的軍隊去防守成周。

冬季十一月十二日，鄭國殺死了公子華。

十二月，魯僖公和齊、宋、陳、衛、鄭、許、邢、曹等國諸侯在淮地相會，商議救援鄫國免遭淮夷侵犯和向東攻略擴展的事。諸侯國給鄫國修築都城，服勞役築城的人十分困乏，夜裏有人登上小山頭喊叫說：「齊國發生動亂了！」城牆還沒修築完成，大家就各自回國了。

【說　明】《左傳》反映了春秋時代激烈變化的社會思潮。如宋國都城出現隕石和鷁鳥退飛的現象，襄公就向叔興詢問這是吉兆還是凶兆。叔興雖不敢逆其意而說了違心的話；但他明確地認識到這是自然界陰陽之氣變化的事，與魯國喪事、齊國動亂的人事無關，並提出了「吉凶由人」的進步觀點，認為人事吉凶是由人們自身行為是否合理造成的。這可說是先秦思想家荀子的先驅。荀子的〈天論〉說：「夫星之墜，木之鳴，是天地之變，陰陽之化，物之罕至者也。」強調要「明于天人之分」、「制天命而用之」。

齊國攻厲以救徐，但沒有把厲國攻克；諸侯為鄫國築都城，沒有修築完成便各自回去。這都預示齊國霸業步入衰途。

十七年

戊寅，西元前六四三年。周襄王十年、齊桓公四十三年、晉惠公八年、秦穆公十七年、楚成王二十九年、宋襄公八年、衛文公十七年、陳穆公五年、蔡莊公三年、曹共公十年、鄭文公三十年、燕襄公十五年、許僖公十三年。

經 十有七年春，齊人、徐人伐英氏。

夏，滅項。

秋，夫人姜氏，會齊侯于卞。

九月，公至自會。

冬，十有二月乙亥，齊侯小白卒。

傳 十有七年春，齊人為徐伐英氏❶，以報婁林之役❷也。

夏，晉大子圉為質于秦，秦歸河東而妻之❸。惠公之在梁❹也，梁伯妻之。梁嬴孕❺，過期❻，卜招父❼與其子卜之。其子曰：「將生一男一女。」招曰：「然。男為人臣❽，女為人妾❾。」故名男曰圉，女曰妾。及子圉西質❿，妾為宦女⓫焉。

師滅項⓬。淮之會，公有諸侯之事⓭，未歸，而取項。齊人以為討，而止公⓮。

秋，聲姜⓯以公故，會齊侯于卞⓰。九月，公至⓱。書曰：「至自會。」猶有諸侯之事焉，且諱之也⓲。

齊侯之夫人三，王姬、徐嬴、蔡姬，皆無子。齊侯好內⓳，多內寵⓴，內嬖㉑如夫人者六人：長衛姬，生武孟㉒；少衛姬，生惠公㉓；鄭姬，生孝公㉔；葛嬴㉕，生昭公㉖；密姬㉗，生懿公㉘；宋華子㉙，生公子雍。公與管仲屬㉚孝公於宋襄公，以為大子。雍巫㉛有寵於衛共姬㉜，因寺人貂㉝以薦羞㉞於公，亦有寵。公許之立武孟。管仲卒㉟，五公子㊱皆求立。冬，十月乙亥㊲，齊桓公卒㊳。易牙入，與寺人貂因內寵以殺羣吏㊴，而立公子無虧㊵。孝公奔宋。十二月乙亥㊶，赴㊷。辛巳夜，殯㊸。

【注釋】❶英氏　偃姓小國，楚之附庸，在今安徽省六安市西南、霍山縣西北之英氏城。❷婁林之役　魯僖公十五年，楚敗徐於婁林。婁林，徐地，在今安徽省泗縣東北。❸妻之　把女兒（懷嬴）嫁給他（太子圉）做妻子。❹梁　嬴姓國，在今陝西省韓城市南之少梁城。晉惠公夷吾奔梁事在僖公六年春。❺梁嬴孕　梁伯的女兒、晉惠公夫人梁嬴懷孕。❻過期　過了產期，即過了十個月還未生產。❼卜招父　梁國卜官。❽臣　奴僕。故為取名「圉」（牧馬人），以鎮不祥。❾妾　婢女。故為取名「妾」，以鎮不祥。❿西質　到秦國作人質。西，往西。指往秦國。秦在晉之西。⓫宦女　侍女。⓬師滅項　魯國軍隊滅了項國。此或為魯大夫公孫敖所為。項，小邦國，今河南省項城市東北六十里有古項城。⓭諸侯之事　要諸侯辦的國事。此指諸侯相會之事。⓮齊人二句　意謂齊國認為那是魯僖公下令滅亡項國的，所以把僖公拘留，不讓回國。止，留。諱言「執」（拘捕），故言「止」。⓯聲姜　魯僖公夫人，齊女。⓰卞　魯邑，在今山東省泗水縣東五十里。⓱公至　魯僖公被齊釋放回國。⓲書曰四句　意謂經文只寫「至自會」（從淮地開會回來），好像去冬赴淮之會，至今年九月回國，還有諸侯要辦的國事沒辦完，而且諱言被拘留的事。這是指出《春秋》「為尊者諱」。⓳好內　喜歡女色。內指內宮婦女。⓴內寵　宮內受寵的女人。猶言「內嬖」。㉑嬖　寵愛。此指受寵的姬妾。㉒武孟　名無詭、無虧。武孟為其字。㉓惠公　齊惠公名元。㉔孝公　齊孝公名昭。㉕葛嬴　葛國之女，嬴姓。葛國在今河南省寧陵縣北十五里。沈欽韓《地名補注》謂是泰山旁的小國。㉖昭公　齊昭公名潘。㉗密姬　姬姓，密國之女。密國在今河南省密縣。㉘懿公　齊懿公名商人。㉙宋華子　宋國的華氏子姓小國之女。㉚屬　同「囑」。囑託；託付。㉛雍巫　字易牙，名巫，主管內宮宰烹膳食。雍即饔字之義，做熟食的人。㉜衛共姬　即長衛姬，姬姓，衛國的長女，諡「共」。共，同「恭」。㉝寺人貂　侍御國君的宦官，名貂，亦稱豎刁。《管子・小稱》篇：「（齊桓）公喜宮而妒，豎刁自刑而為公治內。」㉞薦羞　同義複詞。美味的食物。用作動詞。進獻美食。羞，後作「饈」。《管子・小稱》篇：「易牙以調和事公，公曰：唯烝嬰兒之未嘗。於是烝其首子而獻其公。」㉟管仲卒　按〈齊世家〉：「管仲卒于桓公四十一年」，即魯僖公十五年，核之《國語》亦當卒於是年，故僖公十六年，叔興能知「齊有亂」。㊱五公子　桓公六子中除太子孝公以外的五子。㊲乙亥　初七日。㊳齊桓公卒　〈齊世家〉云：「桓公病，五公子各樹黨爭立。」《管子．小稱》篇云：「處朞年，四子作難，圍公一室不得出。有一婦人遂從竇入，得至公所。公曰：『吾饑而欲食，渴而欲飲，不可得，其故何也？』婦人對曰：『易牙、豎刁、堂巫、公子開方四人分齊國，塗十日不通矣。』公曰：『嗟乎！聖人之言長乎哉！……』乃援素幭以裹首而絕。」㊴因內寵以殺羣吏　依靠桓公寵愛的姬妾（長衛姬等），殺死許多大夫。㊵無虧　即長衛姬所生的武孟。㊶十二月乙亥　十二月初八日。㊷赴　通「訃」。發訃告。桓公卒於十月乙亥，訃以十二月，故經文從訃，書「齊侯小白卒」於十二月乙亥。㊸辛巳夜殯　十四日夜，桓公殮屍入棺。自卒至殯相去六十七日。〈齊世家〉：「及桓公卒，遂相攻，以故宮中空，莫敢棺。桓公屍在床上六十七日，尸蟲出戶。十二月乙亥，無詭立，乃棺赴。」按禮，殯於日出時，此言「夜殯」，因事有非常。

【語　譯】魯僖公十七年春季，齊國人為救援徐國，去攻打英氏小國，以報復兩年前楚國擊敗徐國的婁林之役。

夏季，晉惠公太子圉到秦國去做人質，秦穆公把黃河以東的土地還給晉國，並把女兒懷嬴嫁給圉做妻子。晉惠公夷吾出奔到梁國時，梁國國君把女兒梁嬴嫁給他，梁嬴懷孕後，過了產期還不生產，卜招父和他的兒子給她占卜，他的兒子占卜說：「要生一男一女。」卜招父說：「對的。男的將來做別人的奴僕，女的將來做別人的婢女。」所以男孩取名叫「圉」，女孩取名叫「妾」。等到子圉到秦國做人質，妾就在秦國做侍女。

魯國軍隊滅亡了項國。去年冬，諸侯在淮地相會，魯僖公去參與諸侯相會的事，還沒回國，魯軍已攻取了項國。齊國認為是魯僖公下令攻取的，就把魯僖公拘留了，不讓他回國。

秋季，僖公夫人聲姜因為僖公被拘留的緣故，到卞地會見齊桓公。九月，魯僖公就被釋放回國。經文卻記載說「從淮地諸侯相會後回國」，好像是諸侯相會之事還沒辦完，而且又避諱不說被拘留的事。

齊桓公有三位夫人，王姬、徐嬴、蔡姬，都沒有生兒子。齊桓公喜歡女色，寵愛的女人很多，內宮受寵的妃妾如同夫人一樣待遇的有六人：大衛姬，生了武孟；小衛姬，生了惠公；鄭姬，生了孝公；葛嬴，生了昭公；密姬，生了懿公；宋華子，生了公子雍。齊桓公和管仲把孝公託付給宋襄公，把他立為太子。易牙受到長衛姬的寵信，他通過宦官寺人貂把美味的食品進獻給齊桓公，因而也受到齊桓公的寵信。齊桓公答應他們立武孟為繼承人。等到管仲一死，除太子孝公外的五位公子都謀求立為嗣君。冬季十月初七日，齊桓公死。易牙進宮，和寺人貂一起依靠內宮受寵的姬妾，殺了一羣官吏，立公子無虧為國君。孝公就逃亡到宋國去。十二月初八日，才發出訃告。十四日夜裏，才將桓公屍體大殮入棺。

【說　明】韓原之戰後，秦國意識到自己還不能完全控制晉國，就把俘獲的晉惠公放回去，而以公子圉為質。並把河東的土地歸還晉國（只佔有晉「河外列城五」，東至虢略之地）。秦穆公還把女兒懷嬴嫁給太子圉，再結「秦晉之好」，從而改善了兩國關係。晉惠公奔梁事在僖公六年春，梁伯妻之，即使其子圉生在是年冬，至質於秦時，也不過十一、二歲，而秦伯竟以女妻之。可見懷嬴也是政治交易的犧牲品。

齊桓公好女色，又不聽管仲臨死前的諫言，仍寵信易牙、寺人貂之流，招致五公子爭立，各樹黨相攻，「宮中為空」，「塗（途）十日不通」。曾稱霸天下的齊桓公竟飢不得食、渴不得飲，而不得其死。就拉過蓋車子的麻布「裹首而絕」。死後又無人為之殯屍，以致屍腐蟲出於戶。死後六十七日始入棺殯殮。真是「吉凶由人」，一切都是自己造成的。齊國由此中衰。

十八年

己卯，西元前六四二年。周襄王十一年、齊孝公昭元年、晉惠公九年、秦穆公十八年、楚成王三十年、宋襄公九年、衛文公十八年、陳穆公六年、蔡莊公四年、曹共公十一年、鄭文公三十一年、燕襄公十六年、許僖公十四年。

經 十有八年春王正月，宋公、曹伯、衛人、邾人伐齊。

夏，師救齊。

五月戊寅，宋師及齊師戰于甗，齊師敗績。

狄救齊。

秋八月丁亥，葬齊桓公。

冬，邢人、狄人伐衛。

傳 十八年春，宋襄公以諸侯伐齊❶。三月，齊人殺無虧❷。

鄭伯始朝于楚，楚子賜之金❸，既而悔之，與之盟曰：「無以鑄兵。」故以鑄三鐘❹。

齊人將立孝公，不勝四公子之徒❺，遂與宋人戰。夏五月，宋敗齊師于甗❻，立孝公而還。

秋八月，葬齊桓公❼。

冬，邢人❽、狄人伐衛，圍菟圃❾。衛侯以國讓父兄子弟及朝眾❿，曰：「苟能治之，燬⓫請從焉。」眾不可，而後師于訾婁⓬，狄師還。

梁伯⓭益其國而不能實⓮也，命曰新里⓯，秦取之。

【注釋】❶以諸侯伐齊　宋襄公率領曹、衛、邾三諸侯國軍隊伐齊，以輔助齊太子昭（孝公）回國即位。❷無虧　齊桓公之子，字武孟，長衛姬所生。齊桓公死後，易牙、豎刁擁立無虧為君。❸金　指銅。周代以銅鑄兵器、鑄鐘鼎。❹鐘　一種銅鑄的樂器，懸於架上而敲擊。❺四公子之徒　四公子的黨徒。齊桓公有六子，除太子孝公和被殺的無虧外，尚有四公子：昭公名潘、懿公名商人、惠公名元及公子雍。〈齊世家〉：「四公子之徒攻太子，太子走宋，宋遂與齊人四公子戰。」❻宋敗齊師于甗　齊師指四公子之徒。甗，齊地，在今山東省濟南市附近。❼葬齊桓公　因內亂，故桓公死後十一月才安葬。孝公立，亂平，葬桓公於臨淄南牛山。❽邢人　僖公元年邢國遷都夷儀，在今山東省聊城市西十二里。❾菟圃　衛地，在今河南省長垣縣境內。❿朝眾　國人之仕於朝者，即卿大夫、士等臣僚。⓫燬　衛文公名。⓬訾婁　在今河南省滑縣南，接長垣縣界。⓭梁伯　梁國國君，嬴姓。梁都在今陝西省韓城市南二十二里之少梁城。⓮益其國而不能實　擴充國土，多築城邑，卻不能遷人百姓定居。實，充實。指遷入百姓。⓯命曰新里　城邑取名叫新里。新里，在今陝西省澄城縣東北二十里，秦攻取後稱新城。

【語　譯】魯僖公十八年春季，宋襄公率領曹國、衛國、邾國的軍隊攻打齊國。三月，齊國人殺了公子無虧。

鄭文公開始向楚國朝貢。楚成王把黃銅賜給他，過後又為此後悔，就跟鄭文公盟誓說：「不能用來鑄造兵器。」所以鄭國就把銅鑄造了三口大鐘。

齊國人準備立孝公為國君，但敵不過四個公子一夥人的反對。孝公逃亡到宋國。四公子的黨徒一夥人就和宋軍交戰。夏季五月，宋軍在甗地把四公子一夥人打敗，立孝公為齊國國君，然後回國。

秋季八月，安葬齊桓公。

冬季，邢國人和狄人進攻衛國，包圍了衛國的菟圃。衛文公要把君位推讓給父兄的子弟和在朝做官的人，說道：「誰如果能治理國家，我姬燬就聽從他的命令。」大家不同意，而後在訾婁出兵，擺開戰陣。狄軍和邢軍就逃回去了。

梁伯擴充了疆土，築了城邑，卻不能把百姓遷去定居。把那城邑命名為新里，不久就被秦國佔有了。

【說　明】齊桓公稱霸的年代，齊、魯、宋三國基本上左右了中原形勢，所以桓公臨終前將太子昭（孝公）囑託給宋襄公。桓公去世，宋襄公立即聯合曹、衛等國攻入齊國，擊敗四公子之徒，扶持孝公即位。從此齊國聽命於宋，宋襄公也雄心勃發，想稱霸中原。

本傳末章與下年傳文首章本為一傳，為後人割裂分置。

十九年

庚辰，西元前六四一年。周襄王十二年、齊孝公二年、晉惠公十年、秦穆公十九年、楚成王三十一年、宋襄公十年、衛文公十九年、陳穆公七年、蔡莊公五年、曹共公十二年、鄭文公三十二年、燕襄公十七年、許僖公十五年。

經 十有九年春王三月，宋人執滕子嬰齊。

夏六月，宋公、曹人、邾人盟于曹南。

鄫子會盟于邾，己酉，邾人執鄫子，用之。

秋，宋人圍曹。衛人伐邢。

冬，會陳人、蔡人、楚人、鄭人盟于齊。

梁亡。

傳 十有九年春，遂城而居之❶。

宋人執滕宣公❷。

夏，宋公使邾文公用鄫子于次睢之社❸，欲以屬東夷❹。司馬子魚❺曰：「古者六畜不相為用❻，小事不用大牲❼，而況敢用人乎？祭祀以為人也❽。民，神之主也。用人，其誰饗❾之？齊桓公存三亡國❿，以屬諸侯，義士猶曰薄德。今一會而虐二國之君⓫，又用諸淫昏之鬼⓬，將以求霸，不亦難乎？得死為幸⓭！」

秋，衛人伐邢，以報菟圃之役⓮。於是衛大旱，卜有事於山川⓯，不吉。甯莊子⓰曰：「昔周饑，克殷而年豐。今邢方無道，諸侯無伯⓱，天其或者欲使衛討邢乎！」從之。師興而雨。

宋人圍曹，討不服⓲也。子魚言於宋公曰：「文王聞崇⓳德亂而伐之，軍三旬⓴而不降。退修教而復伐之，因壘而降㉑。《詩》曰：『刑于寡妻，至于兄弟，以御于家邦㉒。』今君德無乃猶有所闕㉓，而以伐人，若之何？盍姑內省德乎㉔？無闕而後動。」

陳穆公請脩好於諸侯㉕，以無忘齊桓之德。冬，盟于齊㉖，修桓公之好也。

梁亡，不書其主㉗，自取之也。初，梁伯好土功㉘，亟城而弗處㉙，民罷㉚而弗堪，則曰：「某寇將至。」乃溝㉛公宮，曰：「秦將襲我。」民懼而潰，秦遂取梁。

【注釋】❶城而居之　此句接上年傳文，意謂秦佔有梁國的新里後，築城而移民居住在那裏。❷滕宣公　滕國諸侯，子爵，名嬰齊，其地在今山東省滕州市。❸宋公句　意謂宋襄公叫邾文公殺了鄫子用來祭祀次睢的土地神。邾文公，邾國國君，曹姓，名蘧篨，本為魯國附庸，都於邾（在今山東省曲阜市東南），後遷鄒（在今山東省鄒城市），改稱鄒國。用，殺人以祭。鄫子，鄫國國君，魯僖公之婿，姒姓，子爵。其地在今山東省棗莊市東。夏六月宋襄公曹南之盟，鄫未與盟，鄫子會於邾而被邾所殺。次睢之社，睢水的土地神。古謂睢水有妖神，東夷皆建社祠而祭。社，土地神。祭土地神的地方（祠）也稱社。次睢之社，楊伯峻謂在今江蘇省銅山縣附近。❹屬東夷　使東夷諸國來降附。屬，隸屬；歸附。用作使動詞。與下文「屬諸侯」之「屬」同義，即子魚所云「求霸」之意。❺司馬子魚　宋襄公庶兄，名目夷，字子魚，為宋國左師（國相），此時或改任司馬，掌兵政。❻六畜不相為用　六畜不能相互代替作祭牲。如用馬之祭，則不用牛羊犬代之。意謂更不能用人祭。六畜，指馬、牛、羊、豬、犬、雞。用，殺牲以祭。❼大牲　供祭祀用的馬牛羊豬。犬雞為小牲。❽祭祀以為人也　為人以祭祀。意即為人們求福才用祭祀。❾饗　通「享」。指鬼神享用祭品。❿存三亡國　恢復三個被滅亡的國家。存，使動用法。三亡國，《國語・齊語》謂魯、邢、衛三國。魯有慶父、哀姜之亂，弒二君，國無嗣，桓公殺哀姜，僖公即位，慶父自縊，亂平。狄亡衛，衛人廬於曹，桓公城楚丘以封之。狄攻邢，桓公城夷儀以遷之。故〈晉語〉於僖公九年葵丘之會，記宰孔之言云：齊桓公「三屬諸侯，存亡國三」。僖公十四年，齊桓公又城緣陵以遷杞，故《春秋繁露》以邢、衛、杞為三亡國。⓫一會而虐二國之君　一會指「宋公、曹人、邾人盟于曹南」。虐二國之君指「執滕宣公」與「用鄫子」。虐，殘害。⓬用諸淫昏之鬼　殺了人來祭祀邪惡昏亂的鬼神。鬼指次睢之社，故杜注謂之妖神，民謂之食人社，不當祀。⓭得死為幸　謂宋襄公得善終已是幸運的了，即恐宋亡國。得死，得以善終。⓮菟圃之役　邢人、狄人伐衛，圍菟圃，見僖公十八年傳。⓯卜有事於山川　為祭祀山川而占卜。事，指祭祀。⓰甯莊子　衛國大夫。⓱無伯　齊桓公死後，尚無霸主。伯，通「霸」。諸侯的首領、盟主。⓲不服　曹國雖參加宋襄公的曹南之盟，但仍不順服，未盡地主之誼，盟不在曹都，而在曹之南鄙，故宋討其不服。⓳崇　指商朝末年崇國國君崇侯虎。《說苑》謂其「蔑侮父兄，不敬長老，聽獄不中，分財不均，百姓力盡不得衣食」。子魚謂其德行昏亂。崇國在今陝西省戶縣東五里。⓴軍三旬　謂文王的軍隊攻打三十天。軍，用作動詞。攻伐。㉑因壘而降　謂周文王駐軍在過去修築的營壘裏，崇侯虎就投降了。因，依憑。壘，壁壘；營壘。軍營四周築土為壘。㉒詩曰四句　見《詩經・大雅・思齊》。意謂修明德教首先給妻子作榜樣，由此推廣到兄弟，也都作表率，再進而以此治理一家一國。刑，通「型」。典範，引申為示範。寡妻，嫡妻；正妻。御，治。家，指大夫統治的地區。邦，指諸侯國。㉓闕　缺點；錯誤。這個意義古作「闕」，不作「缺」。㉔盍姑內省德乎　何不姑且退兵回去自己檢查一下德行呢。盍，何不的合音合義詞。內，通「衲」。退。省，察；檢查。㉕脩好於諸侯　在諸侯間建立友好關係。脩，同「修」。㉖盟于齊　經文謂「（公）會陳人、蔡人、楚人、鄭人盟于齊」。魯、齊當亦與盟。宋未與盟，蓋以宋襄公暴虐。㉗主　指滅亡梁國的諸侯。㉘好土功　喜歡大興土木，以之為有成績。㉙亟城句　屢次築城。亟，屢次。處，居住。㉚罷　通「疲」。困乏。㉛溝　用作動詞。挖深溝。

【語　譯】魯僖公十九年春季，秦國佔有了梁國的新里後，就築了城，移民居住在那裏。

宋國拘捕了滕宣公。

夏季，宋襄公叫邾文公殺死鄫子用來祭祀次睢的土地神，想由此使東夷各國來歸附。司馬子魚說：「古時六畜尚且不能相互替代作祭牲，小的祭祀還不能殺大牲口，怎麼敢用人作祭牲呢？祭祀是為人們來求福的，百姓就是神的主人。殺了人來祭祀，還有什麼神靈來享用呢？當年齊桓公恢復了三個被滅亡的國家，使中原諸侯歸附自己，正義之士還批評他薄德。現在你一次會盟就殘害了兩個國君，又用人來祭祀邪惡昏亂的睢水妖神，想用它來求取霸業，這豈不是很困難的嗎？能夠善終就算幸運的了。」

秋季，衛軍進攻邢國，以報復去年邢軍侵犯的菟圃之役。這時衛國正逢大旱災，就占卜祭祀山川，占卜結果不吉利。大夫甯莊子說：「從前周室發生饑荒，打敗了商紂王就五穀豐收。現在邢國正殘暴無道，齊桓公一死，諸侯沒有首領，上天或許是要讓衛國去攻打邢國吧！」衛文公聽從了他的話，軍隊出發，天就下了雨。

宋軍包圍曹國，是因為曹國不肯順服。子魚對宋襄公說：「從前周文王知道了崇國德行昏亂就去攻打，軍隊打了三十天，崇國還不投降。文王就退兵回去，修明教化，而後再去攻打，駐軍在過去修築的營壘裏，崇侯虎就投降了。《詩》說：『修養德行首先給妻子作榜樣，由此推廣到兄弟，也都作表率，直到進而以此治理一家一國。』現在你的德行恐怕還有欠缺，就去攻打曹國，能把曹國怎麼樣呢？何不姑且退兵回去，反省一下自己的德行呢？等到德行沒有欠缺了，再採取行動吧！」

陳穆公請求在諸侯間重新建立友好關係，以此表示不忘齊桓公的德行。冬季，陳國就和蔡國、楚國、鄭國（還有齊國、魯國）諸侯在齊地會盟，重新建立齊桓公時代的友好關係。

梁國滅亡了。《春秋》沒有記載是誰滅亡她的，因為那是梁國國君自取滅亡的。當初，梁君喜歡大興土木，以此為有業績，屢次築城，卻又不能讓人去居住。百姓受勞役之苦，困乏得不能忍受，就誑騙說：「某某敵人要打來了。」就又在國君的宮室外挖深溝，還說：「秦國將要襲擊我們了！」百姓害怕，紛紛潰散，秦國就乘機佔有了梁國。

【說明】齊桓公一死，中原「諸侯無伯」，各逞強相伐，宋襄公更妄圖成其霸業，首先會盟曹南，又拘捕滕宣公，並讓邾文公拘捕鄫子，殺了來祭次睢之社，想以此向東方諸侯小國施加壓力，使之歸屬自己。襄公作人祭是原始社會野蠻習俗的繼續，是想用血腥鎮壓手段來威懾各諸侯國。司馬子魚對此痛加斥責，並憂心忡忡地說「將以求霸，不亦難乎？」「得死為幸」，深怕宋國滅亡，不得善終，更別說霸業了。較之桓公、管仲時代「存三亡國」而言，真是歷史的倒退。

子魚特別提出了「祭祀以為人」，「民，神之主」的進步觀點。傳文對梁國「民罷而弗堪」又寄予了同情。這都闡揚了古代的「重民」思想，反映了古代民主思想的風采和人文精神的底蘊，突出表現了《左傳》一書的進步傾向。

二十年

辛巳，西元前六四〇年，周襄王十三年、齊孝公三年、晉惠公十一年、秦穆公二十年、楚成王三十二年、宋襄公十一年、衛文公二十年、陳穆公八年、蔡莊公六年、曹共公十三年、鄭文公三十三年、燕襄公十八年、許僖公十六年。

經 二十年春，新作南門。

夏，郜子來朝。

五月乙巳，西宮災。

鄭人入滑。

秋，齊人、狄人盟于邢。

冬，楚人伐隨。

傳 二十年春，新作南門❶。書，不時也❷。凡啟塞，從時❸。

滑❹人叛鄭，而服於衛。夏，鄭公子士❺、洩堵寇❻，帥師入滑。

秋，齊、狄盟于邢，為邢謀衛難❼也。於是衛方病邢❽。

隨❾以漢東諸侯叛楚。冬，楚鬭穀於菟❿帥師伐隨，取成⓫而還。君子曰：「隨之見伐，不量力也。量力而動，其過鮮矣。善敗⓬由己，而由人乎哉！《詩》曰：『豈不夙夜，謂行多露。』⓭」

宋襄公欲合諸侯。臧文仲⓮聞之，曰：「以欲從人則可，以人從欲鮮濟。」⓯

【注釋】❶新作南門　重新建造南城門。魯都曲阜，南門本名稷門，亦曰雩門，僖公時重造，比其他城門高大，故後稱高門。❷書不時也　《春秋》記載這件事，是由於在不宜土建時節建造的緣故。即妨礙農時。春季建造南門，時已過冬至，故曰「不時」。❸凡啟塞從時　凡是建造城門和製作門閂，都要在規定時節。啟，指城門。門所以開，故曰啟。塞，指門閂。門所以閉，故曰塞。門與閂隨壞隨修謂「從時」。今僖公新建，而非門壞，沒有開閉之急，故不是「從時」而是「不時」。❹滑　姬姓國，在今河南省睢縣西北，在衛國之南，鄭國之東。故滑服於衛，鄭在所必爭。一說滑國在今河南省偃師縣之緱氏鎮，則在鄭之西，似不合地理方位。❺公子士　鄭文公之子，名士。❻洩堵寇　鄭國大夫。❼為邢謀衛難　給邢國謀劃對付衛國侵犯的禍難。邢，姬姓國，遷都夷儀（在今山東省聊城市西十二里）。上年衛伐邢，故齊為之謀。❽衛方病邢　衛國正在擔憂邢國。衛都楚丘，在今河南省滑縣東。病，擔憂。❾隨　隨國，在今湖北省隨州市。❿鬬穀於菟　鬬氏名穀於菟，字子文，楚國令尹。⓫成　和解。⓬善敗　猶言成敗。⓭詩曰三句　見《詩經・召南・行露》。意謂難道不想早晚奔波，無奈路上露水太多。比喻量力而後動，力不足則不動。謂，通「為」。奈何。行，道路。⓮臧文仲　魯國大夫。⓯以欲二句　意謂拿自己的慾望順從眾人的慾望（使眾人同得所欲），那是可以的，如要強迫別人服從自己的意願，就很少有成功的。

【語　譯】魯僖公二十年春季，魯國都城重新建造南門。《春秋》記載這件事，是由於它建造不合時節，妨礙農時。凡是修築城門和製作門閂，都要順從農時。

滑國人背叛鄭國而順服衛國。夏季，鄭國的公子士和大夫洩堵寇率領軍隊攻入滑國。

秋季，齊國和狄人在邢國訂立盟約，為邢國謀劃如何對付衛國的侵害。這時衛國正擔憂邢國的禍患。

隨國依靠漢水以東各諸侯國的力量背叛楚國。冬季，楚國令尹鬬穀於菟領兵進攻隨國，隨國講和後就回國。君子說：「隨國遭到攻打，是由於不估量自己的國力。凡事量力而行，那過錯就很少了。成功和失敗都是由自己造成的，難道是由別人造成的嗎？《詩經》說：『難道不想早晚奔波，無奈路上露水太多。』」

宋襄公想要召集諸侯會盟。魯國大夫臧文仲知道了這件事就說：「拿自己個人的慾望順從眾人的願望是可以的，如果要使眾人的意願順從自己的私慾，那就很少有成功的。」

【說　明】本傳所說的「善敗由己」和僖公十六年傳叔興所說的「吉凶由人」，意義是相通的，都是強調成敗吉凶是由人自己造成的，失敗了不能怨天尤人。人的言行必須遵循客觀規律，必須實事求是，不能自不量力，一意孤行。「以欲從人則可，以人從欲鮮濟」。要別人順從你一己的私慾，當然不會成功了。這些觀點都是民族傳統文化中富有積極意義的文化思想。

本傳末章應與下年「鹿上之盟」為一傳。

二十一年

壬午，西元前六三九年。周襄王十四年、齊孝公四年、晉惠公十二年、秦穆公二十一年、楚成王三十三年、宋襄公十二年、衛文公二十一年、陳穆公九年、蔡莊公七年、曹共公十四年、鄭文公三十四年、燕襄公十九年、許僖公十七年。

經 二十一年春，狄侵衛。

宋人、齊人、楚人盟于鹿上。

夏，大旱。

秋，宋公、楚子、陳侯、蔡侯、鄭伯、許男、曹伯會于盂，執宋公以伐宋。

冬，公伐邾。

楚人使宜申來獻捷。

十有二月癸丑，公會諸侯，盟于薄，釋宋公。

傳 二十一年春，宋人為鹿上❶之盟，以求諸侯於楚❷。楚人許之。公子目夷曰：「小國爭盟❸，禍也。宋其亡乎，幸而後敗❹。」

夏，大旱，公欲焚巫、尪❺。臧文仲曰：「非旱備❻也。脩城郭❼、貶食❽、省用❾、務穡❿、勸分⓫，此其務也。巫、尪何為？天欲殺之，則如勿生⓬；若能為旱，焚之滋甚！」公從之。是歲也，饑而不害⓭。

秋，諸侯會宋公于盂⓮。子魚曰：「禍其在此乎！君欲已甚，其何以堪之？」於是楚執宋公以伐宋。冬，會于薄⓯以釋之。子魚曰：「禍猶未也，未足以懲⓰君。」

任、宿、須句、顓臾⓱，風姓也，實司大皞與有濟之祀⓲，以服事諸夏。邾人⓳滅須句。須句子來奔，因成風也⓴。成風為之言於公曰：「崇明祀㉑，保小寡㉒，周禮也；蠻夷猾夏㉓，周禍也。若封㉔須句，是崇皞、濟而修祀㉕紓禍㉖也。」

【注釋】❶鹿上　宋地，據《續漢書．郡國志》，在今山東省曹縣東北。依杜注則在今安徽省阜陽市太和縣西之原鹿城，江永主此說。王夫之《稗疏》以為宋地鹿上不會遠在阜陽，而主《續漢書》之說。《方輿紀要》同。❷求諸侯於楚　向楚國要求讓中原諸侯奉宋國為盟主。當時中原諸侯已歸附楚國。❸爭盟　爭當盟主。❹幸而後敗　失敗得遲些就算運氣了。❺巫尪　巫是以裝神弄鬼給人祈禱為職業的人，有女巫，也有男巫。此指求雨之巫。尪是瘠瘦的一種有病態的人，突胸、仰面朝天，似在望上天可憐而下雨。按《禮記》鄭玄注：「(《春秋》之義)無雨則雩(祭祀求雨)，雩而得之，則書雩，喜祀有益也。雩而不得，則書旱，明災成也。」則此「大旱」乃雩而不得雨。僖公即怪罪巫、尪，竟要燒死他們。❻旱備　解決旱災的措施、辦法。❼脩城郭　修築城牆。這是防敵國乘凶荒而加兵，也是救荒之策，以工代賑，使修城者得食。脩，通「修」。郭，外城。❽貶食　減少食糧。❾省用　節省開支。❿務穡　致力稼穡，從事耕作。⓫勸分　勉勵有積儲者分施賑濟。⓬則如勿生　就應當不生他們。如，應當。說詳王引之《釋詞》。⓭不害　沒有傷害百姓。謂因採取臧文仲之策，故民不致餓死。⓮盂宋地，在今河南省睢縣西北之盂亭。⑮薄　即「亳」字，宋邑。舊注謂在今河南省商丘市北，疑當在商丘市之南，即今安徽省之亳州市。據經文，會於薄的是魯僖公。魯未與盂之會，楚使大夫宜申告知拘執宋公事，故僖公來薄地調停。與會諸侯當即盂之會的六國諸侯。⑯懲　戒懼。因受打擊而引起警戒或不再做。⑰任宿須句顓臾　都是魯的附庸小國，風姓。任國在今山東省濟寧市。宿國在今山東省東平縣東南二十里。須句在今山東省東平縣東之須城。顓臾在今山東省費縣西北八十里，即平邑縣之東，主祀蒙山。⑱實司大皞與有濟之祀　實是主管太皞和濟水神的祭祀的。四國皆太皞之後，故主其祀。司，主管。太皞，亦作「太昊」，即伏羲氏，古代傳說中的帝王，死後祀於東方。有，詞頭（前綴），無義。⑲邾人　邾國在今山東省鄒城市東南之紀王城。⑳須句子二句　謂須句國君逃奔來魯國，是由於成風的關係。須句是成風的母家，成風為魯莊公之妾，魯僖公之生母。㉑崇明祀　指尊崇太皞與濟水的祭祀。㉒小寡　弱小國家。《老子》「小國寡民」即此「小寡」之義。指須句。㉓猾夏　擾亂華夏（中原）。㉔封　指封給爵位。㉕修祀　當作「修禮」，以承上文「周禮」。若作修祀，則與「崇皞濟」之意重複。㉖紓禍　緩解禍患。紓禍上承「周禍」。紓，緩和；解除。

【語　譯】魯僖公二十一年春季，宋國和齊國、楚國在宋地鹿上會盟，便要求楚國使中原諸侯奉自己為盟主。楚成王答應了宋襄公的要求。宋國公子目夷說：「宋是小國，卻要爭當盟主，這是在招惹災禍。宋國大概要滅亡了吧！失敗得晚一點就算運氣了。」

夏季，魯國遇到旱災，魯僖公要燒死巫人和瘠病之人。大夫臧文仲勸諫說：「這不是解決旱災的辦法。修理城牆，節省糧食，減少開支，致力農事，勸人施濟，這才是當務之急。巫人和瘠病之人能做什麼？如果上天要殺死他們，就不應當生他們。如果他們能製造旱災，那麼燒死他們，旱災就會更加嚴重。」魯僖公聽從了他的話，因此這一年雖有饑荒，卻沒有傷害百姓。

秋季，楚成王、陳穆公、蔡莊公、鄭文公、許僖公、曹共公六國諸侯在宋地盂會見宋襄公。子魚說：「災禍大概就在這裏發生了。因為國君的慾望太過分，各國諸侯怎麼能接受得了呢？」果然在盂地會見時，楚成王劫持了宋襄公來攻打宋國。冬季，魯僖公和六國諸侯在宋國薄地會盟，楚國才釋放了宋襄公。子魚說：「禍殃還沒有完！這次失敗還不足以使國君戒懼。」

任國、宿國、須句、顓臾四個小國都姓風，所以負責主管太皞和濟水神的祭祀，而服從中原諸侯。邾國把須句國滅亡了。須句國君來投奔魯國，是因為須句是成風的娘家。成風對她的兒子魯僖公說：「重視太皞和濟水的祭祀，保護弱小的國家，這是周禮應做的事。蠻夷擾亂中原，這是周室的禍患。假如加封須句國的爵位，這就是尊崇太皞和濟水的祭祀，就能修明周禮、緩解周禍啊！」

【說明】齊桓公一死，「諸侯無伯」，楚國就加強對中原諸侯的威懾。僖公十八年，鄭即朝楚；十九年，楚與陳、蔡、鄭盟於齊地（齊、魯當亦與盟）。春秋時代，諸侯會聚歃血結盟，實是承認盟會召集者的霸權的一種形式。由此可見楚已得中原諸侯。然而愚蠢又自大的宋襄公卻不自量力，舉行鹿上之盟，要求楚國等諸侯尊奉自己為盟主。這無異於與虎謀皮。被中原諸夏視為「蠻夷」的楚成王又許為「許之」。結果盂之會宋襄公被楚所執辱，楚進而伐宋。正如子魚所說「小國爭盟，禍也」。無德而爭盟，只會惹來災禍，招致諸侯的嫉恨，加速自己的失敗。《公羊傳》說，只是由於子魚設械守國，故楚伐宋不克。魯僖公出為調停，與楚等六國諸侯會於薄，才使諸侯釋放宋襄公。但宋襄公的這一失敗，「猶未足以懲君」。他爭霸的野心未死，就有更大的災禍臨頭。而於此同時，楚國正進一步擴大自己的勢力，在實際上已成為新的霸主。

本傳末章應與下年傳文首章連讀。

二十二年

癸未，西元前六三八年。周襄王十五年、齊孝公五年、晉惠公十三年、秦穆公二十二年、楚成王三十四年、宋襄公十三年、衛文公二十二年、陳穆公十年、蔡莊公八年、曹共公十五年、鄭文公三十五年、燕襄公二十年、許僖公十八年。

經　二十有二年春，公伐邾，取須句。

夏，宋公、衛侯、許男、滕子伐鄭。

秋八月丁未，及邾人戰于升陘。

冬十有一月己巳朔，宋公及楚人戰于泓，宋師敗績。

傳 二十二年春，伐邾，取須句，反其君焉❶，禮也。

三月，鄭伯如楚❷。

夏，宋公伐鄭。子魚❸曰：「所謂禍在此矣！」

初，平王之東遷❹也，辛有❺適伊川❻，見披髮❼而祭於野者，曰：「不及百年，此其戎乎❽？其禮先亡矣！」秋，秦、晉遷陸渾之戎❾于伊川。

晉大子圉為質於秦❿，將逃歸，謂嬴氏⓫曰：「與子歸乎？」對曰：「子，晉大子，而辱於秦。子之欲歸，不亦宜乎？寡君之使婢子⓬侍執巾櫛⓭，以固子也。從子而歸，棄君命也。不敢從，亦不敢言。」遂逃歸。

富辰⓮言於王，曰：「請召大叔⓯。《詩》曰：『協比其鄰，昏姻孔云⓰。』吾兄弟之不協，焉能怨諸侯之不睦⓱？」王說⓲。王子帶自齊復歸于京師，王召之也。

邾人以須句故出師，公卑⓳邾，不設備而禦之。臧文仲⓴曰：「國無小，不可易也；無備，雖眾，不可恃也。《詩》曰：『戰戰兢兢，如臨深淵，如履薄冰㉑。』又曰：『敬之敬之，天惟顯思，命不易哉㉒！』先王之明德，猶無不難也，無不懼也。況我小國乎！君其無謂邾小，蠭蠆㉓有毒，而況國乎！」弗聽，八月丁未㉔，公及邾師戰于升陘㉕，我師敗績。邾人獲公胄㉖，縣諸魚門㉗。

楚人伐宋以救鄭。宋公將戰，大司馬固㉘諫曰：「天之棄商久矣㉙，君將興之，弗可赦也已㉚。」弗聽。

冬十一月己巳朔㉛，宋公及楚人戰于泓㉜。宋人既成列㉝，楚人未既濟㉞。司馬曰：「彼眾我寡，及其未既濟也，請擊之。」公曰：「不可。」既濟而未成列，又以告㉟。公曰：「未可。」既陳㊱而後擊之，宋師敗績㊲。公傷股㊳，門官殲焉㊴。國人皆咎公㊵。公曰：「君子不重傷㊶，不禽二毛㊷。古之為軍㊸也，不以阻隘㊹也。寡人雖亡國之餘㊺，不鼓不成列㊻。」子魚曰：「君未知戰。勍敵㊼之人，隘而不列，天贊我也㊽。阻而鼓之，不亦可乎？猶有懼焉㊾。且今之勍者，皆吾敵也。雖及胡耇㊿，獲則取之，何有(51)於二毛？明恥教戰(52)，求殺敵也。傷未及死，如何勿重(53)？若愛重傷，則如勿傷。愛其二毛，則如服焉(54)。三軍以利用也(55)，金鼓以聲氣也(56)。利而用之，阻隘可也(57)。聲盛致志，鼓儳可也(58)。」

丙子(59)晨，鄭文公夫人芈氏、姜氏(60)勞楚子于柯澤(61)，楚子使師縉(62)示之俘馘(63)。君子曰：「非禮也。婦人送迎不出門(64)，見兄弟不踰閾(65)，戎事不邇女器(66)。」丁丑(67)，楚子入饗(68)于鄭，九獻(69)，庭實旅百(70)，加籩豆(71)六品。饗畢，夜出，文芈送于軍。取鄭二姬(72)以歸。叔詹(73)曰：「楚王其不沒(74)乎！為禮卒於無別(75)，無別不可謂禮，將何以沒？」諸侯是以知其不遂霸(76)也。

【注釋】❶反其君焉　讓須句國君回國。反，同「返」。去年邾滅須句，其君奔魯，今年魯收復須句，故「反其君」。❷鄭伯如楚　鄭文公到楚國去朝聘。即承認楚為霸主。❸子魚　宋襄公庶兄，名目夷，字子魚。❹平王之東遷　西元前七七〇年，周平王東遷雒邑（今河南省洛陽市），是為東周。距此一三二年。❺辛有　周大夫，其次子為晉之董史。❻伊川　周地，指伊水流經之地，在今河南省嵩縣、伊川縣一帶。❼披髮　散髮披頭，是當時夷狄之俗。華夏諸族皆束髮。❽此其戎乎　伊川這地方大概要被戎狄佔有了。其，副詞，表示測度語氣。❾陸渾之戎　允姓，本居在瓜州城（在今甘肅省安西縣），晉惠公奔秦時誘其東來，今又遷之於伊川。陸渾，在今河南省嵩縣東北五十里。❿為質於秦　晉太子圉到秦國去做人質。見僖公十七年傳。〈晉世家〉謂惠公病，故子圉逃歸，應「六年其逋」之說。⓫嬴氏　太子圉之妻懷嬴，秦穆公之女。⓬婢子　婦人謙稱。⓭侍執巾櫛　古時婦人謙語，意謂侍奉。巾，洗臉的手巾。櫛，梳篦。⓮富辰　周大夫。⓯大叔　即王子帶，襄王之弟，僖公十二年奔齊。大，同「太」。⓰協比其鄰二句　見《詩經・小雅・正月》，意謂和鄰人協和親近，和姻親十分友好。比，親近。昏，同「婚」。孔，甚。云，友好。鄭箋：云，「猶友也」。⓱不睦　指與周王室不睦。⓲說　同「悅」。⓳卑　以為卑賤，瞧不起。⓴臧文仲　魯大夫。㉑戰戰兢兢三句　見《詩經・小雅・小旻》，意謂行事要小心謹慎，如面臨萬丈深淵，如腳踩河上的薄冰，時時會有禍患發生，不能有一點差失。戰戰兢兢，恐懼的樣子。㉒敬之敬之三句　見《詩經・周頌・敬之》，意謂必須嚴肅認真地工作，老天就在頭上臨照，無不明察，要承受天命（君位）是極不容易的。顯，明。思，語氣詞，無義。㉓蠭蠆　大黃蜂和蠍子一類毒蟲，能螫人。蠭，今作「蜂」。蠆，短尾為蠍，長尾為蠆。㉔丁未　初八日。㉕升陘　魯地，在今山東省曲阜市西南二十里。㉖胄　頭盔。古代用皮製成。㉗縣諸魚門　縣，同「懸」。魚門，邾國都城的城門。在今山東省鄒城市東南之紀王城。㉘大司馬固　杜注及《國語》韋昭注，謂大司馬名固，即宋莊公之孫公孫固。下文「司馬」即大司馬。《韓非子・外儲說左上》作「大司馬購強」。盧文弨謂公孫固字購強。近人洪誠謂「固」為購強的合音字，購通構，故名與字相應。僖公十九年傳言「司馬子魚」，則此時子魚已不任司馬。又，顧炎武《左傳杜解補正》據《史記・宋微子世家》，謂「固」是堅決之意，大司馬與司馬為同一官名，皆指子魚。可兩存異說。今姑從前說。㉙天之棄商久矣　宋國本是商紂王庶兄微子啟的封國，故宋亦稱商。商亡，至宋襄公時，宋已臣屬周朝五百餘年，故云「天之棄商久矣」。㉚弗可赦也已　謂宋襄公爭霸，意味著要復興商族的統治地位，這是違背天意，罪不可赦。也已，同「也矣」。語氣詞連用。㉛己巳朔　己巳日是初一。㉜泓水名，渦水支流，故道在今河南省柘城縣西北。㉝成列　排好行列。布成戰陣。㉞未既濟　沒有全部渡過泓水。既，盡。濟，渡河。㉟又以告　指楚軍未成列時，宋國司馬又建議宋襄公趕緊進兵出擊。㊱陳　同「陣」。用作動詞。列陣；布成戰陣。㊲敗績　大敗；崩潰。㊳傷股　大腿受傷。《史記・楚世家》云，為楚軍用箭射傷。㊴門官殲焉　門官，指卿大夫子弟組成的國君的侍衛軍官。殲，盡被殲滅。㊵國人皆咎公　都城裏的臣民都怪罪宋襄公。咎，歸罪；責怪。㊶不重傷　不忍殺傷已負傷的敵人。重，再次。㊷不禽二毛　不俘虜頭髮花白的老年士兵。禽，同「擒」。㊸為軍　用兵之道。㊹不以阻隘　不靠扼逼敵人於險隘之地而取勝。俞樾《羣經平議》謂：「阻，扼也。」即逼迫、掐住。隘，險隘之境地。此指楚軍未既濟和未成列時的境地。㊺亡國之餘　謂自己本是已亡的商朝的後代。㊻不鼓不成列　不進攻尚未擺好陣勢的敵人。即嚴格按古軍禮行事，不偷襲。鼓，擊鼓，表示進攻。古時車戰，擊鼓進兵，鳴金退兵。㊼勍敵　強敵。勍，強而有力。㊽隘而不列二句　謂楚軍處在險隘境地（未既濟）和未布陣時，正是老天幫助我軍進攻的好時機。贊，助。㊾阻而鼓之三句　謂扼逼敵軍於險隘之地，搶先鳴鼓而攻之，難道不可以嗎？這樣還怕不能取勝呢。「阻而鼓之」即阻隘而鼓之。不亦……乎，是古代漢語中表示反問的句式。㊿胡耇　即胡考，同義複詞。胡，壽。耇，老。此指敵軍中的老年士兵。(51)何有　何愛；哪能顧惜。(52)明恥教戰　意謂申明軍法，讓士兵懂得不勇敢殺敵是可恥的，並教以戰術，鼓勵他們奮勇殺敵。《吳子》：「夫人有恥，在大足以戰，在小足以守矣。明恥以教戰者，所以厲其勇。」宋襄公以對敵「不仁」為恥，故以此語批評他。(53)傷未及死二句　謂敵人負傷未到死的地步（還可能危害我軍），為什麼不再次殺傷他。(54)若愛重傷四句　謂如果憐惜已受傷的敵人，不忍再次殺傷他，就不如頭一次也不殺傷他（不如不打仗）；如果憐惜敵軍中的老人，就不如趁早順服投降敵人。兩「如」字皆即「不如」，詞似正而意則負。倘作詰問句，則「如」即「何如」。猶「敢」即不敢、何敢、豈敢。說詳《管錐編・左傳正義》。(55)三軍以利用也軍隊是憑藉對自己有利的戰機才用兵作戰的（不利則不用）。三軍，春秋時大國有三軍，即上軍、中軍、下軍（或左軍、中軍、右軍）。三軍一般有兵車千乘，士卒三萬。這裏泛指軍隊。以，憑。用，用兵。指作戰進攻。56金鼓以聲氣也　鳴金擊鼓是用來壯大聲勢、振奮士氣的。金，金屬製成的響器，狀似鐘鉦，懸於戎車。57利而用之二句　謂既然要抓住有利時機而用兵作戰，那麼扼敵於險隘之地而進攻，這是可以的。58聲盛致志二句　謂聲勢浩大，振奮鬥志，進擊戰陣雜亂的敵人，也是可以的。儳，不整齊。指行陣雜亂無序。以上四句兩「可」字是駁宋公「不可」、「未可」。59丙子　十一月初八日。60羋氏姜氏　都是鄭文公的夫人。羋氏為楚女，即下文「文羋」，楚國羋姓。姜氏為齊女，齊國姜姓。61柯澤　鄭地，在今河南省新鄭市東南。62師縉　楚國樂師。楚戰勝而歸，會奏凱歌，故使樂師主其事。63俘馘　俘，指活的俘虜。馘，指割取的耳朵，本作「聝」。古時作戰，殺死敵人，即割其左耳，以計數報功。64門　指寢門。65闑　門檻。66女器　女子所用的器物。67丁丑　十一月初九日。68饗　以酒食款待人。此指楚成王受鄭文公宴請之禮。69九獻　敬酒九次。酌酒酬賓為獻。九獻是國君的享禮。70庭實旅百　庭中的禮物陳列有一百件。臺上為堂，階下為庭。旅，陳列。71加籩豆　另增籩豆盛裝的食品。籩是竹製器皿，豆是木製器皿，都是宴會時用來盛裝食品的。72二姬　兩個姬姓女子。鄭國姬姓。一說為鄭文公二女。73叔詹　鄭國大夫。74不沒　不得好死。沒，通「歿」。死。指壽終正寢。楚成王後為其子商臣所殺，果為「不沒」。75無別　指男女不分。指以俘馘示鄭伯夫人、文羋送至軍及取二姬等失禮之事。76不遂霸　霸業不終。遂，終。僖公二十八年，楚敗於城濮之戰，楚成王霸業即告終。

【語譯】魯僖公二十二年春季，魯國征討邾國，收復了須句國的失地，就送須句國君回國，這是符合禮制的。

三月，鄭文公到楚國去朝聘。

夏季，宋襄公發兵進攻鄭國。子魚說：「我說的災禍就在這次戰爭了！」

從前，當周平王向東遷都到洛邑時，大夫辛有到了伊川，看見披著頭髮在野外祭祀的人，就說：「不到一百年，這裏怕要成為西戎人的地方了吧？現在，華夏族的禮俗先就消失了。」秋季，秦國和晉國把陸渾之戎遷到伊川地區。

晉國太子圉在秦國作人質，準備逃回晉國，就對妻子懷嬴說：「跟你一起回去，好嗎？」懷嬴回答說：「你是晉國的太子，卻在秦國受屈辱。你要回國，不是很應該的嗎？可是我國國君派我來侍奉你，為你拿手巾洗臉，梳子梳頭，是為了使你安心留在秦國。如果我跟你回去，就背棄了君父的命令，所以我不敢跟你回去，也不敢洩露消息。」太子圉就逃回晉國。

周大夫富辰對周襄王說：「請您把太叔召回來吧！《詩》說：『和鄰居融洽親近，姻親也能十分友好。』我們如果兄弟之間都不融洽，哪能埋怨諸侯不跟王室和睦呢？」周襄王聽了很高興。於是王子帶從齊國回到京師洛邑，這是周襄王把他召回來的。

邾國人由於魯國幫助須句的緣故，就出兵攻打魯國。魯僖公瞧不起邾國，不作防禦準備就去抵敵迎戰。大夫臧文仲說：「一個國家不論多小，也不能輕視他。如果我們沒有防備，即使兵力眾多，也是不足依恃的。《詩》說：『戰戰兢兢，小心謹慎，好像面臨萬丈深淵，好像腳踩薄冰，深怕差失，時時存有戒心。』《詩》又說：『謹慎又謹慎，上天光明普照，承受天命可不容易啊！』以先王的美德，還沒有不以為艱難的，沒有不戒懼謹慎的，何況我們只是個小國呢！希望國君不要以為邾國弱小。小小的黃蜂、蠍子都有劇毒，何況是個邾國呀！」可是魯僖公不聽從。八月初八日，僖公領兵與邾軍在升陘交戰，結果魯軍大敗。邾國人獲得僖公的頭盔，凱旋回去把它掛在城門上示威。

楚國進攻宋國以救援鄭國。宋襄公將要迎戰時，大司馬公孫固勸諫說：「上天拋棄商朝已經很久了，可是你想復興商族，這是違背天意，那罪過是不能赦免的。」宋襄公不聽。

冬季，十一月初一日。宋襄公在泓水北岸與楚軍交戰。開始時，宋軍已擺開戰陣，而楚軍還沒有全部渡過泓水，因此司馬建議說：「楚軍兵力多，我軍兵力少，趕在他們沒有全部渡河的時候，您趕快下令襲擊他們取勝。」宋襄公說：「不行。」等到楚軍全部渡過泓水，但還沒有布成陣勢時，司馬又求請宋公趁機進攻。宋襄公說：「還不到時候。」等到楚軍排好戰陣以後，宋襄公才下令開戰，結果宋軍被打得大敗。宋襄公大腿受了箭傷，卿大夫子弟擔任護衛的軍官也都被殲滅。都城裏的臣民都怪罪宋襄公。宋襄公卻辯解說：「仁義的君子作戰時不殺死已經受傷的敵人，不擒捉頭髮花白的老年士兵。古時用兵之道，是不靠迫敵於險隘之地取勝的。我雖然是已亡的商國的後代，仍然不忍心去攻打沒有布成戰陣的人。」子魚辯駁說：「國君不懂戰爭。強大的敵人處在險隘的境地和沒有擺好陣勢，這正是老天幫助我軍進攻的好時機。扼迫敵人處在險隘境地而擊鼓進擊，這難道不可以嗎？這樣還怕不能取勝呢！而且現在我們的敵人都是強而有力，即使是老年的，俘虜了就取作奴隸，殺死的就割下耳朵，哪能顧惜他頭髮已經花白？我們教育士兵懂得不勇敢殺敵是可恥，教導他們怎麼作戰，就是激勵他們的勇氣，要求多殺敵人。敵人受傷還沒到死，怎能不再次殺傷他呢？如果憐惜受傷的敵人而不忍再殺他，就不如頭一次也不傷他；如果憐惜頭髮花白的年老敵人，那還不如投降順服敵人。軍隊是憑藉有利的戰機才用兵作戰的，鳴金擊鼓是用來壯大聲勢、振奮士氣的。既然要抓住對我有利的時機才用兵作戰，那麼扼逼敵人在險隘境地就乘機進擊，這是完全可以的。聲勢浩大，鬥志旺盛，進擊尚未整好戰陣的敵人，也是完全可以的。」

十一月初八日早晨，鄭文公夫人羋氏、姜氏到鄭地柯澤慰勞楚成王。楚成王派師縉把被俘虜的宋國士兵和割下的宋兵的左耳朵展示給夫人看。君子說：「這種做法是不合禮法的。婦人送迎親人不出房門，和兄弟相見也不出大門門檻，有戰事時不接近女人及其所用的器物。」十一月初九日，楚成王進入鄭國都城，受到宴請款待，鄭文公九次敬酒。庭院裏陳列的禮品有上百件，另外再加籩豆盛裝的食品六件。宴請完畢，楚成王半夜回去，文羋夫人一直陪送他回到軍營。楚成王還取了兩個鄭國姬姓女子回去作侍妾。鄭大夫叔詹說：「楚成王恐怕不得壽終正寢吧！按禮節行事，而終至於男女不分。男女不分就不能說合於禮制。這樣的人怎能好死呢？」諸侯由此知道楚成王不會有始有終完成霸業。

【說　明】本傳除記載晉太子圉質於秦、六年後逃歸及魯、邾升陘之戰外，主要記敘宋、楚泓之戰的歷史。去年宋襄公為爭霸而舉行鹿上之盟和盂之會，曾被楚成王所執辱，國幾危亡，然猶不死心，仍以霸主自居。今年「鄭伯如楚」，即承認楚為霸主。宋襄公就急忙伐鄭，楚即伐宋以救鄭，導致泓水之戰。

春秋時諸侯並爭，已無仁義可言。戰爭全憑詐力取勝。《老子》：「以正治國，以奇用兵。」《孫子・計篇》：「兵者，詭道也。」又〈軍爭篇〉：「故兵以詐立。」所謂兵不厭詐，詐謀奇計與堂堂正正之勇力並行不悖。但宋襄公「不知戰」，臨陣指揮又一再拒絕正確意見，一味按古代軍禮教條行事，以致錯失戰機，原有的優勢和主動權喪失殆盡，只落得一敗塗地。失敗後，他不但不認錯，還用種種謬論為自己辯解，從而寫明宋國失敗的原因在於指揮者軍事思想的錯誤。宋襄公爭霸心切，卻了無才能，自大、固執而愚蠢，明年終因箭傷而亡，其形而上學的軍事教條也流為千古笑柄。反觀子魚，能審時度勢，善於捕捉戰機，具有「明恥教戰」的軍事思想，深知「三軍以利用也」、「利而用之，阻隘可也」等戰術原則，與宋襄公墨守成規的仁義道德形成鮮明對比和有力諷刺。《韓非子・難一》記舅犯曰：「戰陣之間，不厭詐偽」，「不謂詐其民，謂詐其敵也。」《吳子・料敵》云：「敵人遠來，行列未定，可擊；涉水半渡，可擊。」此正子魚之意。子魚論戰，已成為我國古代軍事思想寶庫中的珍貴遺產，被歷代軍事學家作為指導戰爭的範例。

本傳敘事說理皆簡潔生動。戰役過程與結局寫得簡略。如司馬的兩次勸告，第一次說得明白，第二次只用「又以告」三字，省略得好，又變化得好。宋襄公前說「不可」，後說「未可」，用字準確而傳神，好似有遠謀深算，能穩操勝券，實是寫其愚不可及，有子魚兩「可也」相應為證。寫「宋師敗績」，只寫「公傷股，門官殲焉」七字，其慘敗情狀即可想見。戰後對失敗原因及兩種軍事思想的論議卻詳加記述。首列宋襄公的四條謬論，子魚先一語破的「君未知戰」，然後逐條批駁，要言不煩而道理透闢。全文敘議虛實相輝，正反並見，而以正面論議作結，給人以深刻印象。如此謀篇布局，詳略安排，可謂匠心獨運。泓之戰本是楚救鄭以稱霸中原的關鍵戰役，故戰後楚成王入饗於鄭是順理成章的事，左氏也寫得深有意味。

二十三年

甲申，西元前六三七年。周襄王十六年、齊孝公六年、晉惠公十四年、秦穆公二十三年、楚成王三十五年、宋襄公十四年、衛文公二十三年、陳穆公十一年、蔡莊公九年、曹共公十六年、鄭文公三十六年、燕襄公二十一年、許僖公十九年。

經 二十有三年春，齊侯伐宋，圍緡。

夏五月庚寅，宋公茲父卒。

秋，楚人伐陳。

冬十有一月，杞子卒。

傳 二十三年春，齊侯❶伐宋，圍緡❷，以討其不與盟于齊❸也。

夏五月，宋襄公卒，傷於泓❹故也。

秋，楚成得臣❺帥師伐陳，討其貳於宋❻也。遂取焦、夷❼，城頓❽而還。子文以為之功❾，使為令尹❿。叔伯⓫曰：「子若國何？」對曰：「吾以靖國也⓬！夫有大功而無貴仕⓭，其人能靖者與有幾⓮？」

九月，晉惠公卒。懷公立⓯，命無從亡人⓰，期⓱，期而不至，無赦。狐突⓲之子毛及偃，從重耳在秦，弗召⓳。冬，懷公執狐突曰：「子來則免。」對曰：「子之能仕，父教之忠，古之制也。策名委贄⓴，貳乃辟也㉑。今臣之子，名在重耳，有年數矣。若又召之，教之貳也。父教子貳，何以事君？刑之不濫，君之明也，臣之願也。淫刑以逞㉒，誰則無罪？臣聞命矣！」乃殺之。卜偃㉓稱疾不出，曰：「〈周書〉有之：『乃大明，服㉔。』己則㉕不明，而殺人以逞，不亦難乎?民不見德,而唯戮是聞㉖,其何後之有?」

十一月,杞成公㉗卒。書曰「子」,杞,夷也㉘。不書名,未同盟也㉙。凡諸侯同盟,死則赴以名㉚,禮也。赴以名,則亦書之㉛,不然則否,辟不敏也㉜。

【注釋】❶齊侯 指齊孝公。齊始封君為侯爵,故稱其君為齊侯。❷緡 宋邑,在今山東省金鄉縣東北二十五里,舊名緡城阜。❸不與盟于齊 僖公十九年冬,齊、楚、陳、蔡、鄭、魯等六國諸侯在齊國會盟,以不忘齊桓公之德,宋襄公不與盟。今年,齊孝公以此為藉口而伐宋。❹傷於泓 去年宋、楚泓之戰,宋襄公腿部受箭傷,今年傷口惡化而亡。❺成得臣 楚大夫,成氏,名得臣,字子玉。❻貳於宋 兩屬於宋。即一面從屬於楚,一面又從屬於宋。貳,從屬二主。作動詞。❼焦夷 陳國二邑,焦邑在今安徽省亳州市,夷邑在亳州市東南七十里。❽城頓 在頓地築城。頓,姬姓小國,本在今河南省項城市北三十里,迫於陳而奔楚,故楚為之「城頓」,城在今河南省項城市西之南頓。❾子文以為之功 子文,楚令尹,鬭氏,名穀於菟。之,其。指成得臣。❿令尹 楚國官名,相當國相,總理國政。⓫叔伯 楚大夫,名呂成。⓬吾以靖國也 我是用這做法來安定國家的。以字下省「之」字。⓭貴仕 顯貴的職位。⓮其人句 意謂那樣的人能讓國家安定的有多少呢。與,同「歟」。此句即「其人能靖者有幾歟?」⓯懷公立 晉惠公太子圉由秦逃歸,即位為晉懷公。⓰無從亡人 不許跟隨逃亡在外的人。亡人,指公子重耳,懷公伯父。⓱期 規定日期。作動詞。即跟從重耳者限定其歸期。⓲狐突 重耳的外祖父。食邑於狐(在今山西省臨汾市汾水以西之襄陵鎮),以邑為氏。其子狐毛、狐偃是重耳的舅父。⓳弗召 指狐突不肯召回二子。⓴策名委贄 古時為官,必先將名字寫在竹簡上,拜見主子,謂之策名。策,通「冊」。簡策。第一次拜見主子,要置辦進見禮物,表示忠誠,謂之委贄。委,置。贄,進見的禮物,大者為玉帛,小者為禽鳥。㉑貳乃辟也 如果懷有貳心,就是大罪。貳,離心;背叛。辟,罪。㉒淫刑以逞 濫施刑罰以稱心意。逞,快心;稱意。㉓卜偃 晉國卜官,名偃。㉔乃大明服 見《尚書.康誥》,意謂君主很賢明,臣民就順服。㉕則 若;如果。㉖唯戮是聞 「唯聞戮」的倒裝句,謂只是聽到殺人的事。㉗杞成公 杞國君主,名王臣,在位十八年。杞國本在今河南省杞縣,後因淮夷之侵,於僖公十四年遷至緣陵,在今山東省昌樂縣東南七十里。㉘書曰三句 意謂經文寫「杞子卒」,不寫「杞成公卒」,是因為杞國用夷人的禮節的緣故。見僖公二十七年傳。㉙不書名二句　也是解經之語，意謂經文沒有寫杞成公的名字，是因為杞國沒有和魯國結過同盟。㉚赴以名　報喪的訃告上寫明死者的名字。赴，通「訃」。㉛赴以名則亦書之　指未盟之國，若其君死，訃以名，則經文也寫出其名字。按，杞成公娶魯女，魯必知其名，因其訃告不書名，故《春秋》亦不書其名。㉜辟不敏也　避免審察不明而誤書。辟，通「避」。敏，審；明白。

【語譯】魯僖公二十三年春季，齊孝公發兵攻打宋國，包圍緡地。這是為了討伐宋國不到齊國參加諸侯的會盟。

夏季，五月，宋襄公死，是由於在泓水之戰中腿部受箭傷惡化的緣故。

秋季，楚國大夫成得臣領兵討伐陳國，是因為陳國背著楚國，又討好宋國。楚軍接連攻佔了焦、夷兩地，並在頓地修建城堡，而後回國。令尹子文認為這是成得臣的功勞，就讓他做令尹。楚大夫叔伯說：「你打算把國家怎麼辦？」子文回答說：「我這樣做是為了安定國家。如果人有了大功而不讓他擔任顯貴的職位，那樣的人能使國家安定的有多少呢？」

九月，晉惠公死。晉懷公即位，下令人們不准跟隨逃亡在外的公子重耳。規定了日期，過期不回國的就不赦免死罪。狐突的兒子狐毛、狐偃，當時跟隨重耳流亡在秦國，狐突不肯召他們回來。冬季，晉懷公拘捕了狐突，說：「你兒子回來就赦免你。」狐突回答說：「兒子能做官，父親就教他懂得忠誠的道理，這是古代的禮法。名字寫在簡策上，給主子送了進見禮，表示了忠心，如果再懷有貳心，就是大罪。現在我的兒子策名在重耳那裏已經多年了，如果我把他們召回來，就是教他們背叛主子。為人父親卻教兒子叛逆，那又怎能侍奉君主呢？刑罰不濫用，這是君主的賢明，也是下臣的願望。如果濫施刑罰，以求私心快意，那麼誰能不獲罪呢？下臣知道君主的意思了！」於是晉懷公把狐突殺死了。卜偃推說有病，不出門上朝。他說：「〈周書〉有這樣的話：『君主賢明，臣民自然順服。』君主自己如果不賢明，反而濫殺無辜，以逞私心，想要臣民順從，豈不是很難的嗎？百姓看不到君主的德政，反而只聽到殺戮，那君主還能有後嗣繼位嗎？」

十一月，杞成公死。《春秋》只寫「杞子卒」，是因為杞國用夷人的禮節。《春秋》也沒有寫他的名字，是因為杞國沒有跟魯國結盟。凡是同盟的諸侯，死後就在訃告上寫上名字，這是當時的禮法。凡是訃告上寫有死者名字的，《春秋》就加以記載，否則就不記載名字，這是為了避免弄不清楚而發生誤記。

【說　明】泓水之戰，宋國慘敗，齊孝公乘機伐宋，以圖恢復昔日齊國的霸主地位，但國力已衰，終難再興。宋襄公一死，楚國稱霸中原的態勢更為逼人，首先藉口陳國兩屬於宋，便出兵攻伐，攻佔焦、夷，築城南頓。楚國勢力已深入淮北，威懾中原，直逼陳都淮陽與宋都商丘，必待晉、秦崛起，始能與之抗衡。

但晉惠公不得人心，內外交惡，死後其子懷公即位，又濫施刑罰，以逞私志，下令流亡在外者限期回國，過期不赦。重耳外祖狐突被殺，大臣稱疾不出。民不見德，勢必念及重耳，企求明君。而重耳奔狄，僅見僖公五年傳，是後經傳皆不書其事。左氏於此切入，始詳敘重耳流亡在外十九年之史事。可謂從民所欲，順理成章，故分列於後。

傳 晉公子重耳之及於難也❶，晉人伐諸蒲城❷。蒲城人欲戰，重耳不可❸，曰：「保君父之命，而享其生祿，於是乎得人❹。有人而校❺，罪莫大焉。吾其奔也。」遂奔狄❻。從者狐偃、趙衰、顛頡、魏武子、司空季子❼。狄人伐廧咎如❽，獲其二女：叔隗、季隗❾，納諸公子❿。公子取⓫季隗，生伯儵、叔劉。以叔隗妻趙衰⓬，生盾。將適齊，謂季隗曰：「待我二十五年，不來而後嫁。」對曰：「我二十五年矣，又如是而嫁，則就木⓭焉。請待子⓮。」處狄十二年而行⓯。

過衛⓰，衛文公不禮焉⓱。出於五鹿⓲，乞食於野人⓳，野人與之塊⓴。公子怒，欲鞭之。子犯曰：「天賜㉑也。」稽首受而載之㉒。

及齊㉓，齊桓公妻之㉔，有馬二十乘㉕。公子安之㉖，從者以為不可。將行，謀於桑下。蠶妾在其上㉗，以告姜氏。姜氏殺之㉘，而謂公子曰：「子有四方之志㉙，其聞之者，吾殺之矣。」公子曰：「無之。」姜曰：「行也！懷與安，實敗名㉚。」公子不可。姜與子犯謀，醉而遣之㉛。醒，以戈逐子犯㉜。

及曹㉝，曹共公聞其駢脅㉞，欲觀其裸。浴，薄㉟而觀之。僖負羈㊱之妻曰：「吾觀晉公子之從者，皆足以相國㊲。若以相，夫子必反其國㊳。反其國，必得志於諸侯㊴。得志於諸侯而誅無禮，曹其首也㊵。子盍蚤自貳焉㊶？」乃饋盤飧，寘璧焉㊷。公子受飧，反璧㊸。

及宋㊹，宋襄公贈之以馬二十乘。及鄭㊺，鄭文公亦不禮焉。叔詹㊻諫曰：「臣聞天之所啟㊼，人弗及也。晉公子有三焉㊽，天其或者將建諸㊾，君其禮焉㊿。男女同姓，其生不蕃。晉公子，姬出也，而至於今，一也(51)。離外之患，而天不靖晉國，殆將啟之，二也(52)。有三士足以上人而從之，三也(53)。晉、鄭同儕(54)，其過子弟固將禮焉，況天之所啟乎？」弗聽。

及楚(55)，楚子饗之(56)，曰：「公子若反晉國，則何以報不穀(57)？」對曰：「子女[58]玉帛，則君有之。羽毛齒革[59]，則君地生焉。其波及晉國者[60]，君之餘也。其何以報君！」曰：「雖然，何以報我？」對曰：「若以君之靈[61]，得反晉國，晉、楚治兵[62]，遇於中原[63]，其辟君三舍[64]。若不獲命[65]，其左執鞭弭[66]，右屬櫜鞬[67]，以與君周旋[68]。」子玉[69]請殺之。楚子曰：「晉公子廣而儉[70]，文而有禮[71]。其從者肅而寬[72]，忠而能力[73]。晉侯[74]無親，外內惡之[75]。吾聞姬姓，唐叔之後，其後衰者也[76]，其將由晉公子乎[77]！天將興之，誰能廢之[78]？違天必有大咎[79]。」乃送諸秦。

秦伯[80]納女五人，懷嬴與焉[81]。奉匜沃盥[82]，既而揮之[83]。怒曰：「秦、晉匹[84]也，何以卑我[85]？」公子懼。降服而囚[86]。他日，公享[87]之。子犯曰：「吾不如衰之文也，請使衰從。」公子賦〈河水〉[88]，公賦〈六月〉[89]。趙衰曰：「重耳拜賜[90]。」公子降，拜，稽首[91]，公降一級而辭焉[92]。衰曰：「君稱所以佐天子者命重耳[93]，重耳敢[94]不拜？」

【注釋】❶重耳之及於難也　重耳遭受災難的時候。重耳，晉獻公庶子，後為晉君，諡文公。春秋霸主。及於難，指僖公四年冬，晉獻公寵信驪姬，讒害太子申生及重耳，申生自殺，重耳奔蒲。❷伐諸蒲城　僖公五年，晉獻公使寺人披伐蒲，重耳踰垣而走，出奔狄。諸，「之於」的合音詞。之，指重耳。蒲城，晉邑，在今山西省隰縣西北，為重耳食邑。❸不可　不允許。❹保君父之命三句　謂仰仗君父之命，我才享有養生的食邑，才獲得眾人的擁護。保，依仗。生祿，養生的祿邑。春秋時貴族從食邑（封地）收取糧食給養。❺校　通「較」。較量；對抗。❻狄　古代北方的種族，雜處各諸侯國之間。❼從者句　隨從重耳出亡者當不止下列五人。此五人為有名望者，助重耳成霸業有功，故列其名。狐偃，狐突之子，字子犯，亦稱咎犯，重耳舅父。趙衰，晉大夫，字子餘，為趙夙之子（據《世本》）。顛頡，晉大夫。魏武子，即魏犨，諡武子，為畢萬之孫（據《世本》）。司空季子，胥臣，字季子，後官司空，食邑於臼，亦稱臼季。❽廧咎如　赤狄族的分支，隗姓，活動地域在今山西、河南、河北三省交界處，即今河南省安陽市西、南地區。重耳娶季隗後當居於此。❾叔隗季隗　可能是廧咎如酋長的女兒，叔、季是排行，隗是姓。❿納諸公子　送給公子重耳為妻。納，入；送。⓫取　後作「娶」，取為妻。⓬妻趙衰　給趙衰作妻子。妻，用作動詞。叔隗之子趙盾，即趙宣子，為晉國名臣。⓭就木　進棺材。指年老將死。古人諱言死與棺槨，常用「木」代稱。⓮請待子　讓我等您，即不再嫁人。請，表敬副詞，讓我、允許我的意思。子，對男子之尊稱，常作第二人稱。⓯處狄十二年而行　重耳於僖公五年春奔狄，居狄十二年，則離開北狄當在僖公十六年，即晉惠公七年。⓰過衛　重耳過衛當在魯僖公十六年，即衛文公十六年。衛文公姓姬，名燬，在位二十四年。衛都楚丘，在今河南省滑縣東。⓱不禮焉　不按禮節接待重耳。禮，用作動詞。禮待。焉，於之。指重耳。⓲出於五鹿　從五鹿出行（東往齊國）。五鹿，衛地，在今河南省濮陽市南之沙鹿城。⓳野人　指田野農夫。⓴與之塊　給他土塊。動詞雙賓語結構。㉑天賜　子犯認為土塊代表土地，給土塊是將擁有國家的預兆，所以說是天賜予的。㉒稽首受而載之　向農夫叩頭致謝，把土塊收下，裝到車上。稽首為古人最重的禮節，先拜手（拱手，頭至手），後跪拜，頭叩至地。㉓及齊　重耳到齊國在魯僖公十六年，即齊桓公四十二年。齊都臨淄，在今山東省淄博市。㉔齊桓公妻之　齊桓公把女兒嫁給他。妻，用作動詞。齊女即下文姜氏，齊國姜姓。㉕馬二十乘　車二十輛，馬八十匹。古代一車四馬為一乘。「馬二十乘」即車二十乘。㉖安之　安居於此。即不想再走。安，用作意動，以之為安。㉗蠶妾在其上　謂養蠶的女僕正好在那桑樹上採桑葉，偷聽到密謀。妾，女奴。我國在四千多年前已有蠶桑絲織，新石器時代遺址出土之絲織品可證。㉘殺之　指殺了蠶妾。㉙四方之志　遠大的志向。㉚懷與安二句　眷戀妻室，貪圖安逸，實在是要斷送你的前途的。敗，毀壞；斷送。名，名聲。指事業、前途。㉛醉而遣之　把重耳灌醉後，遣送上路。醉，使之醉。㉜醒以戈逐子犯　重耳酒醒後以為被子犯強行帶走，故拿戈追逐子犯，要刺他。酒醒為醒，睡醒為覺。㉝及曹　按，重耳到曹國當在曹共公十五年，即魯僖公二十二年。此前居於齊國當有六年。曹都陶丘，在今山東省定陶縣。曹共公姬姓，名襄，在位三十五年。㉞駢脅　腋下肋骨相連，並排如一骨。㉟薄　迫近。謂重耳沐浴時，曹共公挨到竹簾旁偷看他的肋骨。

㊱僖負羈　曹大夫。㊲相國　做輔佐國家的大臣。相，輔佐。㊳若以相二句　如果用他們輔佐，那個人一定能回到他的晉國做國君。夫，指示代詞。那個。子，指重耳。反，同「返」。《左傳》言「反國」常含有為君之意，下同。㊴得志於諸侯　指稱霸於諸侯。㊵而誅無禮二句　謂重耳要責罰無禮的國家，那麼曹國是第一個要誅伐的（因觀駢脅是無禮的事）。㊶子盍句　意謂你何不趁早表示自己跟曹公兩樣呢。即表示自己不像曹公輕侮無禮。盍，「何不」的合音詞。蚤，通「早」。貳，兩樣。焉，於之。指曹共公。㊷乃饋盤飧二句　就送去一盤飯食，把玉璧放在飯食裏。饋，送，常指送食品。飧，晚餐。寘，同「置」。放。大夫不能私自與別國人交往，故藏璧於飧，避人耳目。㊸受飧反璧　接受飯食，表示領情；退回玉璧，表示不貪。㊹及宋　重耳到宋國是在宋襄公十三年，即魯僖公二十二年。宋襄公子姓，名茲父，在位十四年。宋都在今河南省商丘市。㊺及鄭　重耳到鄭國，時在鄭文公三十六年，即魯僖公二十三年，鄭文公姬姓名捷，在位四十五年，鄭都在今河南省新鄭縣。㊻叔詹　鄭大夫，被稱為鄭國三賢良之一。㊼啟　開；發蒙，有開導成為聖人之意；助。㊽有三焉　指有三件為他人所弗及的。㊾建諸　立他為國君吧。建，立。指立為君。諸，「之乎」的合音詞。之，代詞。指重耳。㊿君其禮焉　國君還是禮待他的好。其，副詞，表示祈使語氣。焉，於之。(51)男女同姓六句　意謂同姓結婚，其子孫必不蕃盛。重耳是犬戎族狐季姬所生，狐季姬是狐突之女，狐氏姬姓，與晉獻公同姓，但重耳卻一直活到現在（重耳時年當三十六），這是第一件人所弗及的事。蕃，繁盛。姬出，姬姓女子所生。按，我國古代就有「同姓不婚」的婚姻觀念，這是婚姻制度進步的表現，但跟現代同一血統的男女不宜結婚與近親不婚的做法還有所不同。(52)離外之患四句　意謂重耳遭受逃亡在外的憂患，上天卻一直不讓晉國安定，恐怕是要幫助重耳回去當國君了，這是第二件事。離，通「罹」。遭到。靖，安。殆，將；大概。重耳出亡後，獻公死，公子奚齊、卓子及驪姬被殺；夷吾返晉為晉惠公，但內外交惡，不得人心，韓之戰被秦俘獲，回國六年即亡；懷公立，國猶不安。叔詹以為這是老天有意安排重耳回去為君。(53)有三士二句　意謂有三個足以勝過一般人的賢士輔助他，這是第三件人所弗及的事。據《國語・晉語四》，三士指狐偃、趙衰、賈佗。賈佗當是「從者」之一，上文未列其名。上人，居於人之上，即勝過人。上，用作動詞。(54)同儕　同輩；同等地位。(55)及楚　重耳至楚是在楚成王三十五年，即此僖公二十三年。(56)楚子饗之　楚成王宴請他。楚始封君為子爵，後自稱王，但經傳仍稱「楚子」。楚成王，羋姓名惲，在位四十六年。饗，以酒食款待人。(57)不穀　不善。春秋時諸侯謙稱自己。(58)子女　指男女奴隸（從楊伯峻說）。(59)羽毛齒革　指珍禽（孔雀之類）、異獸（牦牛之類）、象牙、皮革。(60)其波及晉國者　那些擴散到晉國的。即晉國的物產是從楚播散來的。波，播；散。(61)以君之靈　等於說「託您的福」。(62)治兵　習武；操練士兵。這裏是「交戰」的委婉說法，是外交辭令。(63)中原　指黃河中游地區。楚位於長

江中游，故「遇於中原」是指楚北犯中原。(64)其辟君三舍　將退避九十里。其，副詞。辟，同「避」。三舍，古時行軍日行三十里即安營住宿，故三十里謂一舍，三舍即三日行程。「退避三舍」成語出於此。(65)不獲命　指不允許退兵罷戰。亦為外交辭令。(66)左執鞭弭　左手拿馬鞭和弓。弭，末端用骨裝飾的弓。(67)右屬櫜鞬　右肩佩帶箭囊和弓袋。屬，附綴。以上二句泛言手執兵器。(68)周旋　本指圍著圈子轉，這裏是較量的委婉語。(69)子玉　即成得臣，時任楚令尹。(70)廣而儉　志向遠大，律己很嚴。儉，通「檢」。約束。(71)文而有禮　文，文采。指言語文雅，善於辭令。下文「不如衰之文」的「文」字同。(72)肅而寬　態度恭敬，待人寬厚。(73)能力　能出死力效勞。(74)晉侯　指晉惠公夷吾，重耳的異母弟。僖公九年入晉為君，為人寡恩薄情，內外無親。本年九月亡。(75)外內惡之　國外諸侯和國內臣民都憎惡他。(76)吾聞三句　意謂我聽說，姬姓諸侯國中，晉國怕是最後衰落的了。唐叔，晉國始祖是周武王之子叔虞，封於唐，位於夏墟（在今山西省汾水流域），故稱姬姓唐叔。叔虞子即位，改號為晉，故「唐叔之後」即指晉國。(77)其將由晉公子乎　或許將由晉公子重耳來振興吧。「公子」下省「興」字，由下句可知。(78)廢之　使晉衰敗。廢，衰敗。(79)大咎　大禍。(80)秦伯　秦穆公，伯爵，名任好，嬴姓，在位三十九年。重耳入秦在秦穆公二十三年。(81)懷嬴與焉　懷嬴也在五女之內。懷嬴，秦穆公女兒，前嫁晉惠公太子圉為妻，去年，圉逃歸繼位為懷公，故稱懷嬴。與，參與；在其中。(82)奉匜沃盥　懷嬴捧著盛水器給重耳澆水洗手。奉，捧。匜，盛水器皿。沃，澆注水。盥，洗手。按，穆公以文嬴妻重耳，其餘四女皆為媵妾，故懷嬴奉匜沃盥。(83)揮之　謂重耳不待授巾拭手，而把濕手上的水揮灑懷嬴。(84)匹　相當；同等。(85)卑我　輕視我。卑，低賤，用作意動。(86)降服而囚　脫下上衣，自縛為囚以謝罪。(87)享　通「饗」。這次宴請，是一次重要的外交活動，表明穆公將送重耳入晉為君。(88)公子賦河水　賦，賦詩。古時貴族在聚會等重要場合常朗誦詩歌，以歌詞表示自己的意願。杜注謂〈河水〉是逸詩的篇名，公子誦〈河水〉，義取河水朝宗於海（小河都流向大海），表示對秦的敬意。《國語》韋注以為河水是《詩經・小雅・沔水》之誤，〈沔水〉首章有「沔彼流水，朝宗於海」等句。(89)六月　指《詩經・小雅・六月》，這是稱頌尹吉甫輔佐周宣王北伐獲勝、周室復興的詩。秦伯誦此詩，隱喻重耳必能復興晉國，以佐王室。(90)拜賜　拜謝秦伯所賜的美言。拜，包括再拜、稽首，為當時習語，見僖公九年傳注。(91)降拜稽首　走下臺階，北面再拜（兩次拱手，頭叩至手），然後叩頭至地。(92)降一級而辭焉　下階一級，表示辭謝，不敢接受稽首大禮。(93)君稱句　意謂國君稱頌輔佐天子的〈六月〉之詩來指教重耳。〈六月〉詩有「以匡王國」、「以佐天子」、「以定王國」等句。命，教。(94)敢　表敬副詞，即「不敢」、「豈敢」。

【語　譯】當晉公子重耳遭受驪姬讒害的時候，晉獻公派兵攻打重耳食邑蒲城，蒲城百姓要抵抗迎戰，可重耳不允許，說：「仰仗君父之命，我才享有奉養自己的祿邑，得到百姓的擁護。有了百姓的擁護就對抗君父，這是最大的罪過了。我還是逃亡吧！」於是逃亡到狄人那裏去。跟隨他逃亡的有狐偃、趙衰、顛頡、魏武子、司空季子等人。狄人攻打廧咎如，俘虜了他的兩個女兒叔隗、季隗，就送給公子重耳。重耳只娶了季隗為妻，後來生了伯儵、叔劉兩個兒子。把叔隗嫁給趙衰，後來生了趙盾。當重耳要去齊國時，就對季隗說：「你等我二十五年，二十五年以後如果還不回來，妳就改嫁。」季隗回答道：「我已經二十五歲了，再等二十五年，那就快進棺材了，還改嫁什麼？讓我一直等您吧！」重耳在狄共住了十二年，才離開狄地向東流亡。

當重耳路過衛國時，衛文公不以禮相待。他就從五鹿向東出行。在五鹿曾向田野的農夫討飯吃，農夫卻給他一個土塊。重耳發怒，要拿鞭子打他。舅父子犯忙阻止說：「這土塊是老天賜予的啊！」就跪下叩頭，拜謝農夫，然後接受了土塊，裝上車子。

重耳到了齊國，齊桓公把女兒姜氏嫁給他做妻子，還送他二十輛車、八十匹馬。重耳安居在齊國不想走了，隨從的人認為這樣不行，準備離去，就在桑樹底下商議。不料養蠶的女僕正好在桑樹上採桑葉，聽到了他們的計議，就去告訴了姜氏，姜氏怕走漏風聲，把女僕殺了，對公子說：「您有遠大的志向，要離開這裏，那個知道這事的女奴，我已經把她殺了。」公子說：「沒有這回事呀！」姜氏說：「您走吧！留戀妻室，貪圖安逸，實在會敗壞您的前途。」公子不肯走。姜氏就和子犯商議好，把公子灌醉了，才遣送上路。路上，公子酒醒過來，拿起長戈追逐子犯，要刺他。

當重耳一行到達曹國時，曹共公聽說重耳的肋骨並排長在一起，想要在他裸露身子時看個究竟，就趁重耳洗浴時，故意靠近簾子去偷看。曹國大夫僖負羈的妻子對僖負羈說：「我看晉國公子的隨從，都是能夠輔佐國君的人。如果用他們輔佐，那個公子必能回國做國君。他回國做國君後，必定在諸侯中成為霸主；作了霸主以後，就要誅罰以前對他無禮的國家，曹國就將是第一個要被討伐的。你何不趁早向他表示自己跟曹公不同呢？」僖負羈就饋送公子一盤飯食，飯裏藏著一塊玉璧。重耳接受了食物，表示領情；退回璧玉，表示不貪。

當重耳到達宋國時，宋襄公送給他馬車二十輛、馬八十匹。到達鄭國時，鄭文公卻不禮待他。鄭國大夫叔詹說：「下臣聽說，上天所開導贊助的人，別人就及不上了。晉公子重耳就有三條是別人不及的，老天或許將立他為晉國君主吧！希望你還是禮待他。父母同姓，生出的子孫不會繁盛。晉公子重耳是姬姓女子生的，卻一直活到今天，這是第一條別人不及的。他亡命在外，經受憂患磨難，可老天又一直不使晉國安定，大概要幫助他做國君了，這是第二條。有狐偃、趙衰、賈佗三個才幹超人的賢士始終跟從他，這是第三條別人不及的。晉國和鄭國是同等的同姓諸侯國，晉國的子弟路過，鄭國本應以禮接待的，何況公子重耳是上天所要幫助的人呢？」可是鄭文公不聽叔詹的勸諫。

重耳到達楚國時，楚成王設宴款待他。席間，楚成王說：「公子如果回晉國做國君，那麼拿什麼來答謝我呢？」重耳回答說：「男女奴隸、美玉布帛，君主都有的了；珍禽奇獸、象牙皮革，那是貴國所生產的。至於晉國所生產的東西，那是貴國播散過來的，是君主多餘的東西。我真不知拿什麼禮物來答謝君主才好呀！」楚成王說：「話雖如此，不過你總得拿什麼來報答我吧？」重耳回答道：「如果託君主的福能回到晉國，萬一晉、楚兩國演練軍隊，在中原相遇，臣將下令晉軍退避九十里，避讓君主。如果君主還不允許罷兵，我就只能左手執馬鞭、弓矢，右肩掛箭囊、弓袋，跟君主追逐周旋了。」楚令尹子玉一聽這話，就請求楚成王殺死重耳。但楚成王說：「我看晉公子志向遠大，約束甚嚴，言語文雅而有禮貌。他的隨從侍臣恭敬而寬厚，對公子忠誠，能出死力效命。現在的晉惠公沒有親近的大臣；國外諸侯和國內臣民都憎惡他。我聽說姬姓侯國中，唐叔的後代大概是最晚衰落的了。恐怕將要由晉公子來振興吧！既然上天將助他振興，又有誰能使他衰敗呢？違背天意，必有大禍。」於是楚成王就把公子重耳送到秦國去。

秦穆公把五個女兒送給公子重耳，懷嬴也在其中。有次，懷嬴捧著盛水的匜子，給重耳澆水洗手，他洗好後把濕手上的水揮灑懷嬴。懷嬴很生氣地說：「秦、晉兩國地位相等，你為什麼輕視我？」公子理虧害怕，就脫下上衣，自縛為囚來謝罪。過些日子，秦穆公設宴款待重耳。子犯說：「我不如趙衰會說話，有文采，請您讓趙衰伴同赴宴吧！」宴會時，公子重耳朗誦〈河水〉這首詩，表示對秦國的尊敬。秦穆公朗誦〈六月〉這首詩。趙衰低聲說：「重耳快拜謝恩賜。」重耳走下臺階，再拜，然後叩頭。秦穆公就走下一級臺階，表示辭謝。趙衰說：「國君稱頌輔佐天子的詩用來指教重耳，重耳豈敢不拜？」

【說　明】本章傳文歷敘晉公子重耳出亡在外十九年的史事。僖公五年春，重耳由蒲城奔狄。《國語・晉語》云：「重耳生十七年而亡。」出亡時僅十七歲。至此僖公二十三年，已三十六歲，出亡在外凡十九年。其中居狄十二年，娶妻生子，於僖公十六年（二十九歲）離狄。先後流亡衛、齊、曹、宋、鄭、楚、秦等七國，其中在鄭、楚、秦三國之事當在本年，其餘都是補敘往事。

在這十九年中，重耳一行跋山涉水，歷盡艱辛。過衛及鄭，皆受冷遇；出於五鹿，乞食野人；過曹，曹共公無禮，觀其駢脅。重耳雖仍不時流露出貴族公子的習性：在五鹿欲鞭野人；在齊貪圖安逸，不圖進取；酒醒後以戈逐舅父子犯；在秦揮灑懷嬴等。但由於生活的磨鍊，各方面對他的教育，他已非常人所及。如受飧反璧，以示不貪；在楚享宴，楚王一再要約他返晉後重謝，他不卑不亢，虛與周旋，拒不屈辱求人，有損國家利益；出言文雅，善於辭令而不失禮據，從而折服楚王，使他揣度情勢，不敢無禮；在秦受到禮遇，能檢束行止。這些與其弟惠公以土地賂秦等辱人賤行情事相比，確已大相逕庭。這當然並非「天之所啟」，而是十九年歷練磨難的實際生活給以教育的結果，為他明年返晉為君、成為春秋一代霸主奠定了基礎。

傳文要敘重耳十九年的行止，時間長；行程數千里，所歷約今五六個省區，空間大；涉及的人物事件多。但傳文不記流水帳，而是通過具體事件、選取細節來描寫重耳，生動有趣，極富傳記文學特色。尤能用側面寫法，通過他人的口語來寫重耳。如寫曹公觀其駢脅後，著重寫僖負羈妻子的過人識見與饋盤飧的細節；過鄭時，著重寫叔詹的諫言；至楚，寫楚成王對公子及其從者的看法，都言簡意賅，評斷恰當。但不時歸屬天意，流露出天命觀，那是當時認識上的局限性。

二十四年

乙酉，西元前六三六年。周襄王十七年、齊孝公七年、晉文公重耳元年、秦穆公二十四年、楚成王三十六年、宋成公王臣元年、衛文公二十四年、陳穆公十二年、蔡莊公十年、曹共公十七年、鄭文公三十七年、燕襄公二十二年、許僖公二十年。

經 二十有四年春王正月。

夏，狄伐鄭。

秋七月。

冬，天王出居於鄭。

晉侯夷吾卒。

傳 二十四年春王正月❶，秦伯納之❷。不書，不告入也❸。

及河❹，子犯以璧授公子❺，曰：「臣負羈紲❻，從君巡於天下❼，臣之罪甚多矣！臣猶知之，而況君乎！請由此亡❽。」公子曰：「所不與舅氏同心者，有如白水❾。」投其璧於河。濟河，圍令狐❿，入桑泉⓫，取臼衰⓬。二月甲午⓭，晉師軍於廬柳⓮。秦伯使公子縶⓯如晉師。師退，軍於郇⓰。辛丑⓱，狐偃及秦、晉之大夫盟于郇[18]。壬寅[19]，公子入于晉師。丙午[20]，入于曲沃[21]。丁未，朝于武宮[22]。戊申，使殺懷公于高梁[23]。不書，亦不告也[24]。

呂、郤畏偪[25]，將焚公宮而弒晉侯[26]。寺人披[27]請見。公使讓之[28]，且辭焉，曰：「蒲城之役[29]，君命一宿，女即至[30]。其後，余從狄君以田渭濱[31]，女為惠公[32]來求殺余，命女三宿，女中宿至[33]。雖有君命，何其速也？夫袪猶在[34]，女其行乎[35]！」對曰：「臣謂君之入也，其知之矣！若猶未也，又將及難[36]。君命無二[37]，古之制也。除君之惡，惟力是視[38]。蒲人、狄人，余何有焉[39]？今君即位，其無蒲、狄乎[40]？齊桓公置射鉤而使管仲相[41]，君若易之，何辱命焉[42]？行者甚眾，豈唯刑臣[43]？」公見之，以難告[44]。三月，晉侯潛會秦伯于王城[45]。己丑晦[46]，公宮火，瑕甥、郤芮[47]不獲公，乃如河上。秦伯誘而殺之。晉侯逆夫人嬴氏[48]以歸。秦伯送衛於晉三千人[49]，實紀綱之僕[50]。

初，晉侯之豎頭須[51]，守藏者[52]也。其出[53]也，竊藏以逃，盡用以求納之[54]。及入，求見。公辭焉以沐[55]。謂僕人曰[56]：「沐則心覆，心覆則圖反[57]，宜吾不得見也。居者為社稷之守，行者為羈紲之僕，其亦可也，何必罪居者[58]？國君而讎匹夫[59]，懼者甚眾矣。」僕人以告，公遽[60]見之。

狄人歸季隗[61]于晉，而請其二子[62]。文公妻趙衰[63]，生原同、屏括、樓嬰[64]。趙姬請逆盾與其母[65]。子餘[66]辭。姬曰：「得寵而忘舊，何以使人？必逆之。」固請，許之。來，以盾為才，固請于公，以為嫡子，而使其三子下之；以叔隗為內子[67]，而己下之。

晉侯賞從亡者，介之推不言祿[68]，祿亦弗及。推曰：「獻公之子九人，唯君在矣！惠、懷無親，外內棄之。天未絕晉，必將有主。主晉祀者[69]，非君而誰？天實置之[70]，而二三子[71]以為己力，不亦誣[72]乎？竊人之財，猶謂之盜，況貪天之功以為己力[73]乎？下義其罪，上賞其姦[74]，上下相蒙[75]，難與處矣！」其母曰：「盍亦求之[76]？以死，誰懟[77]？」對曰：「尤而效之，罪又甚焉[78]！且出怨言，不食其食[79]。」其母曰：「亦使知之，若何？」對曰：「言，身之文也[80]。身將隱，焉用文之？是求顯也[81]。」其母曰：「能如是乎？與女偕隱。」遂隱而死。晉侯求之不獲，以緜上為之田[82]，曰：「以志[83]吾過，且旌[84]善人。」

【注釋】❶王正月　周曆正月，相當於夏曆上年十一月。傳文記「正月」加王字，表示是周曆，「王」指周王。❷秦伯納之　此章緊接上年傳文，謂秦穆公派人護送重耳入晉。納，入。用作使動。❸不書二句　經文沒有記載重耳入晉這件事，是因為晉國沒有告知魯國。這是解釋經文體例。❹及河　到黃河岸邊。由秦入晉要過黃河。❺子犯以璧授公子　子犯把代管的玉璧還給重耳，表示不打算隨公子渡河了。子犯，狐突之子狐偃字子犯，重耳舅父。❻負羈絏　古常用客套語，意謂隨行僕役。負，牽挽。羈，馬絡頭。絏，繫馬的韁繩，今作「紲」。❼巡於天下　這是表敬辭令，實指流亡於各諸侯國。巡，巡行。❽亡　跑；到別處去。即離開重耳。❾所不與二句　這是指黃河為誓的誓辭，意謂我保證與舅父一條心，如果不與舅父一條心，就任憑河神懲罰，有河神為鑑證。所，若。有如，誓辭用語。「有如白水」即有如河，意謂有河水為鑑證。❿令狐　晉地，在今山西省臨猗縣西。⓫桑泉　晉地，在今山西省臨猗縣臨晉鎮東十三里。⓬臼衰　晉地，在舊解縣治（今運城市解州鎮）西北二十五里之臼城。⓭二月甲午　按曆推算，冬至在周曆正月初三甲午，故二月無甲午，當為三月甲午，即初四日。此及以下六個干支日均差一月。王韜云：「晉用夏正，傳書日月或有誤耳。」⓮晉師軍於廬柳　晉懷公的軍隊駐軍在廬柳。即拒重耳返晉。據〈晉語〉，率師者為呂甥、郤芮。廬柳，晉地，在今山西省臨猗縣北。⓯公子縶　秦穆公之子，名子顯。他到晉軍駐地去是陳述利害，說服晉軍讓重耳返國。⓰郇　晉地，在今山西省臨猗縣西南。⓱辛丑　十一日。⓲狐偃句　意謂狐偃代表重耳與秦、晉大夫達成協議，接納重耳回國，在郇地歃血盟誓。秦國是作為第三者，有見證作用。⓳壬寅　十二日。⓴丙午　十六日。㉑曲沃　古邑名，在今山西省聞喜縣東北。東周初，晉昭侯封叔父成師於曲沃，至其孫（名稱）併晉地，自立為侯，即晉武公（獻公之父）。故晉公室宗廟在曲沃，凡晉侯即位，必至曲沃祭祖。㉒丁未朝于武宮　按〈晉語四〉作「丁未，入於絳，即位于武宮。」王引之《述聞》謂此脫「入于絳」三字。丁未，十七日。武宮，重耳祖父晉武公的神廟。自武公為晉侯，即徙居絳（在今山西省翼城縣東南），故其廟在絳。重耳朝祭武宮，就是即位為晉侯，是為晉文公。下文凡稱「晉侯」、「公」的，即指重耳。㉓戊申使殺懷公于高梁　戊申，十八日。懷公，晉惠公子，名圉，即位不到半年。自令狐等三邑降重耳，懷公即奔高梁。高梁，晉邑，在今山西省臨汾市東之高梁都。㉔不書二句　經文沒有記載懷公被殺，是由於晉國沒有通報魯國。按《春秋》體例，國君即位和死亡，都要加以記載。㉕呂郤畏偪　晉惠公的舊臣呂氏、郤氏兩家族怕受到晉文公的迫害。偪，同「逼」。㉖弒晉侯　要殺死晉文公。古代稱臣殺君為弒。㉗寺人披　寺人即閹人（後世稱宦官、太監），名披，字伯楚，曾侍獻公。㉘讓之　斥責他。㉙蒲城之役　魯僖公五年，晉獻公命寺人披伐蒲，殺重耳。蒲城，重耳食邑，在今山西省隰縣西北。㉚君命二句　意謂晉獻公命你過一夜（第二日）到蒲城，可你馬上（當天）就來了。一宿，過一夜，即第二日。女，同「汝」。你。下同。㉛田渭濱　在渭水邊打獵。田，通「畋」。打獵。渭，渭水，亦稱渭河，源出甘肅，流經陝西，入黃河。㉜惠公　晉惠公夷吾，重耳異母弟，在位十四年。㉝命女三宿二句　惠公命你過三夜（第四日）來殺我，你過了第二夜（第三日）就來了。㉞夫袪猶在　那砍斷的袖管我還保存著呢。夫，指示代詞。那。袪，袖口。寺人披伐蒲時，重耳踰垣而走，披斬其袪。㉟女其行乎　你還是滾開吧。其，副詞，表示命令語氣。㊱臣謂四句　意謂我以為您既然回國為君，應該懂得做國君的道理了；如果還不懂怎麼做國君，怕是又將遭難了。謂，以為。其，副詞，表測度語氣。㊲君命無二　執行國君的命令要毫無二心。㊳除君二句　剷除國君所痛恨的人，就要盡我最大的力量。「唯力是視」是「唯視力」的倒裝句。㊴蒲人二句　意謂我那時是獻公的侍臣，心目中哪有你重耳；我只知為君效命，把你看作是國君所痛恨的一個蒲人、狄人罷了，因而要殺你。重耳先封於蒲，後奔狄，故以蒲人、狄人稱重耳。「何有」與下句「無」正相對照。㊵其無蒲狄乎　難道就沒有像當年的蒲人、狄人那樣反對國君的人了麼。其，豈；難道。表反問語氣。㊶齊桓句　莊公九年傳載，齊公子糾與公子小白（後為齊桓公）爭位，管仲奉公子糾與小白戰於乾，用箭射中小白衣服上的帶鉤。小白即位後，置射鉤之事不問，使管仲為國相。置，放下。這裏有赦免之意。鉤，皮帶上的鉤，用來使皮帶環束衣服。㊷君若二句　意謂國君如果改變齊桓公的做法（要問斬袪之罪），那何必屈辱你下令驅逐呢（我自己會走開的）。易，改變，即相反。㊸行者甚眾二句　謂懼罪出奔的人將有很多，豈止我一個人呢。王引之《述聞》云：「甚當作其」，「其者，將然之詞，此時當未有行者，不得言甚眾也。」下文「懼者甚眾」，甚字亦當作其。刑臣，寺人披自稱，因他是閹人。㊹以難告　寺人披把呂甥、郤芮將焚燒晉侯宮室、殺晉侯的陰謀告訴了晉文公。㊺王城　秦地，在今陝西省大荔縣東。㊻己丑晦　按曆推算，當指四月最後一天己丑日。晦，每月最末一日（月大三十日，月小二十九日）。㊼瑕甥郤芮　都是惠公舊臣。瑕甥即呂甥，食邑於瑕，以邑為氏，又稱瑕呂飴甥、陰飴甥，字子金。郤芮，晉公族姬姓，郤豹之子，字子公，食邑於冀，又稱冀芮，曾奉夷吾奔梁入秦，見僖公六年、九年傳。㊽逆夫人嬴氏　逆，迎。嬴氏，指秦穆公女兒文嬴。㊾送衛於晉三千人　送三千人給晉國，護衛晉文公。這是怕晉國內還有禍亂。㊿紀綱之僕　維護國家的得力臣僕。(51)豎頭須　未成年的小臣稱豎，頭須為其名。(52)守藏者　看守倉庫財物的人。藏，貯藏財物的倉庫。(53)其出　指重耳出亡時。其，相當於名詞（重耳）加「之」。下文「及入」也是指重耳。(54)盡用以求納之　把財物完全用來謀求讓重耳回國。(55)公辭焉以沐　晉文公推說在洗頭，拒絕接見。因重耳只知頭須竊藏以逃，不知他曾為自己奔走。(56)謂僕人曰　主語是頭須。僕人指謁者，負責通報、接待的人。(57)沐則二句　謂洗頭時低頭向水，心的位置就倒過來；心倒了，想法也就反過來（不對頭）了。覆，反；倒。圖反，想法反過來。反，與「正」相反。《韓詩外傳》云：「沐者其心倒，心倒則其言悖。」文異而義同。(58)居者四句　謂留居在國內的人是替他看守國家的，隨從出亡的人是替他奔走效勞的，他們都是可以信用的，何必怪罪留居國內的人呢。罪，用作意動。以為有罪。(59)讎匹夫　仇視普通人。讎，通「仇」。以為仇敵。(60)遽　急忙；立即。(61)季隗　重耳在狄時娶的妻子，是廧咎如的女兒。(62)請其二子　請允許讓他的兩個兒子留在狄。二子指伯儵、叔劉。見上年傳。63文公妻趙衰　晉文公把女兒嫁給趙衰為妻。此女即下文所說的趙姬，但不知何人所生。妻趙衰亦不知在何年，已生三子，則當在出亡時，在趙衰娶叔隗之後。64原同屏括樓嬰　即趙同、趙括、趙嬰齊，分別食邑於原、屏、樓三地。原，在今河南省濟源市西北。屏地未詳。樓，在今山西省永和縣南十里。65盾與其母　趙盾和他的生母叔隗。趙衰隨重耳奔狄時，娶季隗之姊叔隗為妻，生趙盾。盾後為晉名臣，即趙宣子。66子餘　趙衰字子餘。67內子　嫡妻；正妻。68介之推不言祿　介之推不說自己有功，不求取祿位。介之推，隨重耳出亡的微臣，姓介名推。古人常於姓名中加「之」字，如舟之僑、宮之奇等。祿，古代大夫有功，封給食邑，藉以供給各種物品，後稱俸祿。69主晉祀者　為晉國主持祭祀的人，即晉國國君。70置之　立他為君。置，立。71二三子　指獲得封邑的從亡者。72誣　欺騙；言語不真實。73貪天之功以為己力　把天所成就的功績（指立重耳為晉君），說成是由於自己的力量。此句後為成語，指居功自傲，抹煞他人的力量，把一切功勞歸於自己。74下義其罪二句　在下的人把罪惡（指立晉君以為己力）當作正義的行為，這是下蒙上；在上的人對他們的罪惡行為給以封賞，這是上蒙下。義，用作意動。以為正義。罪、姦是互文。75蒙　蒙蔽；欺騙。76盍亦求之　何不也去向晉文公求封賞呢。盍，「何不」的合音詞。77以死誰懟　意謂如自己不去求封賞，就這樣到死，那又怨誰呢。懟，怨恨。78尤而效之二句　既已認為那是罪惡行為，反而效法他們去求祿，那罪過就更大了。尤，罪過。用作動詞。認為是罪過。效，仿效。79不食其食　即不食其祿。80言身之文也　言語是用來文飾自身行為的。81是求顯也　此句前省「文之」二字，意謂如果文飾自身，去讓國君知道，那是求取顯達。《史記・晉世家》作「身欲隱，安用文之？文之，是求顯也。」82以緜上為之田　把緜上作為封給介之推的祿田。這是虛封，不必有人實受其田。緜，今作「綿」。綿上，在今山西省介休市南四十里之介山之下，接靈石縣界。介山又名綿山，為介之推隱居處。為之田，為其田。83志　同「誌」。標記；識記。84旌　表揚；表彰。

【語譯】魯僖公二十四年春季，周王曆法的正月，秦穆公派人護送公子重耳回晉國。《春秋》沒有記載這件事，是因為晉國沒有把重耳回國的事告知魯國。

重耳一行到達黃河岸邊，子犯把玉璧交還給重耳，說道：「下臣牽挽著馬韁繩跟隨您巡行天下各國，得罪您的地方太多了，這連我自己都知道，何況您本人呢！所以請允許我就此離開您吧！」公子重耳發誓說：「我保證和舅父一條心，如果不一條心，聽憑河神懲罰，有河水為鑑證。」說完就把玉璧扔到黃河裏。重耳一行渡過黃河後，包圍了令狐城，進入桑泉，佔領了臼衰。二月甲午日初四，晉懷公派兵駐紮在廬柳。秦穆公派公子縶到廬柳跟晉軍交涉，晉軍就退駐郇地。十一日，狐偃跟秦、晉兩國大夫在郇地盟誓，達成協議。十二日，公子重耳就到晉國軍中。十六日，重耳進入曲沃。第二天，重耳到祖父晉武公的神廟去朝拜祭祀，即位為晉文公。十八日，重耳派兵在晉地高粱殺死了逃奔的晉懷公。《春秋》沒有記載這件事，也是因為晉國沒有告知魯國的緣故。

晉惠公的舊臣呂氏、郤氏兩家怕受到迫害，就打算焚燒晉侯所住的宮室，要把晉文公殺死。這時寺人披來求見晉文公。晉文公派人斥罵他，拒絕接見，對他說：「當初你來攻打蒲城，晉獻公命你過一夜再來，可你當天就來殺我了。後來我跟隨狄族酋長在渭水邊打獵，你卻替晉惠公來追殺我。惠公命你過了三夜，到第四天來，可你過了第二夜就來追殺了。雖說是奉君命行事，可你為什麼那樣急速呢？那隻被你斬斷的衣袖我還保存在那裏，你還是滾開吧！」寺人披回答說：「我原來以為國君此番回來，已懂得怎麼做國君的道理了。如果現在還不懂，只怕又要遭難了。執行國君的命令沒有二心，這是自古以來的教導。剷除國君所痛恨的人，當然要盡最大的力量。當時我身為侍臣，心目中哪有蒲人、狄人？現在您即位做國君，難道就沒有像蒲人、狄人那樣反對您的人了麼？當年齊桓公對管仲用箭射中他衣服上的帶鉤的事置之不問，反而任命他做國相。現在您國君如果改變齊桓公的做法，要算舊賬，那何必屈辱您下令驅逐呢？懼罪出奔的人將會很多，豈止我這個刑餘之臣呢？」於是晉文公就接見了寺人披，寺人披把呂氏、郤氏要燒晉侯寢宮、製造禍難的陰謀告訴了晉文公。三月（四月），晉文公祕密地在秦國王城會見秦穆公。己丑日是四月最末一天，晉文公的宮室果真起火，瑕甥、郤芮沒有抓到晉文公，就趕到黃河邊去追尋。秦穆公把他們引誘過去殺死了。晉文公迎接了夫人文嬴一起回國。秦穆公送給晉國三千名衛士，他們都是護衛國家的臣僕。

當初，晉文公有個名叫頭須的侍臣，是負責看守庫藏財物的。當重耳流亡國外時，他偷竊了財物潛逃出去，把這些財物完全用來謀求接納重耳回國，但沒有成功。等到重耳回國即位，他就來求見。晉文公推說在洗頭，不肯接見他。頭須對負責通報的僕人說：「洗頭時心的位置就反倒過來，心倒了，想法自然也反過來不對頭了，所以我是應該不被接見的了。留居在國內的是為了守衛國家，跟隨出亡的是牽挽馬韁繩作僕人奔波。他們都是可以信用的，又何必怪罪留居在國內的人呢？身為國君卻仇視普通的臣僕，可見怕被懲罰的人將會是很多的。」通報的僕人把這話轉告了晉文公，晉文公就立即接見了頭須。

狄人把重耳在狄時的妻子季隗送回晉國，並請求留下季隗生的兩個兒子。晉文公以前曾把一個女兒嫁給趙衰做妻子，她就叫趙姬，生了趙同、趙括、趙嬰齊三個兒子，封地分別在原、屏、樓三地。趙姬請求把趙盾和他的生母叔隗迎接來。可趙衰辭謝，沒有同意。趙姬說：「有了新寵而忘了舊好，以後還怎樣使用別人呢？一定要把她母子接回來。」經過堅決請求，趙衰同意了。叔隗和趙盾接來後，趙姬認為趙盾有才幹，堅決請求趙衰，把趙盾作為嫡子，而讓她所生的三個兒子位居趙盾之下；又讓叔隗作正妻，自己甘居叔隗之下。

晉文公賞賜跟隨他逃亡的人，只有介之推不說自己有功，沒有要求祿位。祿位也沒有封賞到他。介之推對母親說：「獻公的兒子有九個，如今只有公子重耳在世了。惠公、懷公沒有親信的人，國內國外都拋棄他們。上天不使晉國絕代，必定會有君主。主持晉國祭祀的人，不是公子重耳又有誰呢？這實是上天立他為君的。然而有些人卻以為是自己的力量，這不是蒙騙人嗎？偷竊別人的財物，尚且被叫做盜賊，何況貪取上天所成就的功績佔為自己的功勞呢？更加應叫盜賊了。在下為臣的人把自己貪功的罪過看作是正義的行為，在上為君的人對臣下貪功的奸邪行為加以封賞，上下相互蒙騙，我很難和他們相處在一起了。」他的母親說：「你何不也去求國君封賞呢？否則，這樣到死，又怨誰呢？」介之推答道：「明知是奸邪行為加以斥責，而又去效法求賞，那罪過就比他們更嚴重了。何況我已口出怨言，說不吃那個俸祿了。」他的母親勸他說：「也讓國君知道這事，好不好？」介之推回答說：「說話，本是文飾自身行為的。我自己將要退隱，哪裏用得著文飾呢？文飾自己，去讓國君知道，這是去求取顯達啊！」他母親就說：「你能這樣不要功名利祿嗎？能這樣清高，我就和你一起隱居吧！」於是母子一起隱居深山，一直到死。晉文公派人尋找，沒有找到，就把綿上的田地封給介之推，說：「這是用來標記我的過失，也是用來表彰善良的好人。」

【說　明】 本章緊接上年傳文，寫晉公子重耳回國即位為晉文公的史事。「秦伯納之」一句，總括秦穆公順應時勢，在此事件中所起的重要作用。重耳先爭取晉軍，盟於郇，孤立懷公，進而殺之於高梁，應了僖公十五年傳所說的話。接著設計誘殺謀亂的呂甥、郤芮，清除了反對勢力。還迎取穆公之女、夫人文嬴歸晉。成語「秦晉之好」所指的便是這段故事。

重耳在外流亡十九年，「離國久，臣民多過君。君反國，而民皆自危。」（見《韓詩外傳》十，下同）重耳即位後，用各種方法安定局面，鞏固政權。一面借助秦國力量，一面收拾人心，不念舊怨，不算老賬。如對寺人披，終能置斬袪之怨而不問其罪，表現了一個新君的器量與謀略，從而使寺人披這樣的人為己所用，一舉破敗呂郤之亂，也使原來懼罪將逃亡的惠公舊臣可以安心。再如豎頭須這位看守庫藏的臣僕，重耳本來只知他有竊藏潛逃之罪，並不知他為己奔波，但仍予接見。身為國君而見一名奴僕，「百姓見之，必知不念舊惡，人自安矣」，「是以晉國大寧」。故所寫似是小事，其顯示之意義卻不小：棄小怨而安眾心，故能成其霸業。影響所及，如漢高祖之封雍齒（《史記・留侯世家》），皆此類也。

文公妻趙衰、趙姬請迎盾等事皆非本年事，只因狄人歸季隗而言及叔隗、趙盾、趙姬事，是補敘往事及後事。但也寫出趙姬這位貴族女子的識見與品格，為後文寫趙盾輔國大事作了鋪墊。

最後傳敘介之推不言祿，結束重耳出亡始末。文公封賞從亡功臣時，疏漏了介之推這位卑微之臣。文章著重寫介之推母子的問答，表現了介之推不求功名利祿，鄙視貪功求賞的卑劣行為，最後偕母同隱介山以死，成為春秋時代難得的一位清高名士。文章也表現出晉文公正視失誤的領導素質，在那個時代，這一點是很可貴的。

傳 鄭之入滑❶也，滑人聽命。師還，又即衛❷。鄭公子士、洩堵俞彌❸帥師伐滑。王使伯服、游孫伯如鄭請滑❹。鄭伯怨惠王之入而不與厲公爵也❺，又怨襄王之與衛、滑❻也，故不聽王命，而執二子❼。王怒，將以狄伐鄭。富辰❽諫曰：「不可。臣聞之，大上以德撫民，其次親親，以相及也❾。昔周公弔二叔之不咸❿，故封建親戚以蕃屏周⓫。管、蔡、郕、霍、魯、衛、毛、聃、郜、雍、曹、滕、畢、原、酆、郇，文之昭也⓬。邘、晉、應、韓，武之穆也⓭。凡、蔣、邢、茅、胙、祭，周公之胤也⓮。召穆公思周德之不類⓯，故糾合宗族于成周⓰，而作詩曰：『常棣之華，鄂不韡韡，凡今之人，莫如兄弟⓱。』其四章曰：『兄弟鬩于牆，外禦其侮⓲。』如是則兄弟雖有小忿，不廢懿親⓳。今天子不忍小忿，以棄鄭親，其若之何？庸勳、親親、暱近、尊賢⓴，德之大者也。即聾、從昧、與頑、用嚚㉑，姦之大者也。棄德崇姦，禍之大者也。鄭有平、惠之勳，又有厲、宣之親㉒，棄嬖寵而用三良，於諸姬為近㉓，四德具矣。耳不聽五聲之和為聾，目不別五色之章為昧，心不則德義之經為頑，口不道忠信之言為嚚㉔，狄皆則之，四姦具矣。周之有懿德也，猶曰『莫如兄弟』，故封建之。其懷柔天下㉕也，猶懼有外侮。扞禦侮者，莫如親親㉖，故以親屏周。召穆公亦云。今周德既衰，於是乎又渝周、召，以從諸姦㉗，無乃不可乎？民未忘禍㉘，王又興之㉙，其若文、武何？」王弗聽，使頹叔、桃子出狄師㉚。

夏，狄伐鄭，取櫟㉛。王德狄人，將以其女為后。富辰諫曰：「不可。臣聞之曰：『報者倦矣，施者未厭㉜。』狄固貪惏㉝，王又啟之㉞。女德無極，婦怨無終㉟，狄必為患。」王又弗聽。

初，甘昭公㊱有寵於惠后，惠后將立之，未及而卒。昭公奔齊㊲，王復之㊳，又通於隗氏㊴。王替隗氏㊵。頹叔、桃子曰：「我實使狄，狄其怨我。」遂奉大叔以狄師攻王㊶。王御士㊷將禦之。王曰：「先后㊸其謂我何？寧使諸侯圖之。」王遂出，及坎欿㊹，國人納之㊺。秋，頹叔、桃子奉大叔以狄師伐周。大敗周師，獲周公忌父、原伯、毛伯、富辰㊻。王出適鄭，處于氾㊼。大叔以隗氏居于溫㊽。

鄭子華之弟子臧出奔宋㊾，好聚鷸冠㊿。鄭伯聞而惡之，使盜誘之。八月，盜殺之于陳、宋之間。君子曰：「服之不衷(51)，身之災也。《詩》曰：『彼己之子，不稱其服(52)。』子臧之服，不稱也夫(53)。《詩》曰：『自詒伊慼(54)。』其子臧之謂矣！〈夏書〉曰：『地平天成。』稱也(55)！」

宋及楚平(56)，宋成公(57)如楚。還，入於鄭。鄭伯將享之(58)，問禮於皇武子(59)。對曰：「宋，先代之後也，於周為客。天子有事膰焉(60)，有喪拜焉(61)。豐厚可也。」鄭伯從之，享宋公，有加(62)，禮也。

冬，王使來告難，曰：「不穀(63)不德，得罪于母氏之寵子帶，鄙(64)在鄭地氾，敢告叔父(65)。」臧文仲對曰：「天子蒙塵(66)于外，敢不奔問官守(67)？」王使簡師父告于晉，使左鄢父告于秦(68)。天子無出(69)，書曰：「天王出居于鄭。」辟母弟之難也(70)。天子凶服降名(71)，禮也。鄭伯與孔將鉏、石甲父、侯宣多(72)，省視官、具(73)于氾，而後聽其私政(74)，禮也。

衛侯將伐邢，禮至(75)曰：「不得其守(76)，國不可得也。我請昆弟仕焉(77)。」乃往得仕。

【注釋】❶鄭之入滑　鄭國攻佔滑國的時候。見僖公二十二年傳。❷即衛　親近衛國。❸洩堵俞彌　鄭大夫，又稱堵俞彌。疑即洩堵寇。❹王使伯服句　王指周襄王。伯服、游孫伯，都是周大夫。請滑，為滑國請命，即勸鄭國不要打滑國。❺鄭伯句　謂鄭文公怨恨周惠王有難時逃入鄭國，後來卻不賜爵杯給鄭厲公。惠王，周莊王之孫、僖王之子，名毋涼。厲公，鄭莊公之子，鄭文公之父，名突。爵，飲酒器，銅鑄。按惠王二年，周莊王庶子王子頹奉五大夫作亂，鄭厲公接納惠王居於鄭之櫟邑（今河南省禹州市）「惠王之入」即指此。惠王四年，鄭厲公與虢叔同伐王城，殺王子頹及五大夫，亂平。鄭厲公宴饗惠王，王以銅爵賜給虢叔，而沒有賜給厲公。見莊公十九至二十一年傳。這是三十七年以前的事，鄭文公仍以為周惠王小看其父鄭厲公而怨恨於心。❻又怨襄王之與衛滑　又怨恨周襄王親附衛國、滑國。與，結交；親附。襄王，惠王之子，名鄭。❼執二子　指拘囚周大夫伯服、游孫伯。❽富辰　周大夫。❾大上三句　意謂最好的辦法是用德政安撫百姓，其次的辦法是施恩親屬，然後推廣恩德，由近到遠。大，同「太」。及，推廣；擴大到。❿昔周公弔二叔之不咸　意謂從前周公悲歎夏、殷末世子孫不能善終。周公，名旦，武王之弟。弔，傷痛。二叔，杜注謂夏、殷之末世。王引之《述聞》謂管叔、蔡叔。今據傳意，周公傷二叔之不終，而後封管、蔡十六國，則二叔當不指管、蔡，故從杜注。咸，終。⓫封建親戚以藩屏周　給宗族子弟分封土地，建立國家，以之作為周王室的藩籬屏障。親戚，指伯叔兄弟及子姪。⑫管蔡二句　管、蔡等十六國都是周文王兒子的封國。文王世次為穆，故其子稱昭。昭穆見僖公五年傳注。管，武王弟叔鮮封國，在今河南省鄭州市。蔡，武王弟叔度封國，在今河南省上蔡縣。管、蔡受命治理殷商之餘眾，成王初年，周公攝政，管、蔡串通紂王子武庚作亂，被周公誅滅。郕，武王弟叔武封國，本在畿內，東周時改封於今山東省寧陽縣北，一說在今河南省范縣。霍，武王弟叔處封國，在今山西省霍州市西南。魯，周公旦封國。周公攝政，由長子伯禽就封為魯君。在今山東省曲阜市。衛，武王弟康叔封國，在今河南省。毛，文王庶子毛叔封國，在今陝西省扶風縣。後改封在今河南省宜陽縣。聃，文王庶子季載封國，在今湖北省荊門市之那口。一說在今河南省新鄭市東。郜，文王子郜的封國，在今山東省成武縣。雍，文王子雍伯的封國，在今河南省修武縣西、沁陽市東北。曹，文王子曹叔封國，在今山東省定陶縣。滕，文王子錯叔繡的封國，在今山東省滕州市西南之滕城。畢，文王子高的封國，在今陝西省咸陽市西北。晉大夫畢萬為畢公高的後裔。原，文王子封國，在今河南省濟源市西北的原鄉。酆，文王子封國，在今陝西省戶縣東。郇，文王子封國，在今山西省臨猗縣西南。⑬邘晉二句　邘、晉、應、韓是武王兒子的封國。武王世次為昭，其子為穆。邘，邘叔封國，在今陝西省眉縣禮村，一說在今河南省沁陽市西北。晉，武王子叔虞封於唐，叔虞子改號晉，在今山西省汾水流域。應，武王子封國，在今河南省魯山縣東。韓，武王子封國，初封在今河北省固安縣東之韓村，後遷韓城，今陝西省韓城市南。⑭凡蔣二句　凡、蔣等六國是周公旦後代的封國。胤，後代。凡國在今河南省輝縣市西南。蔣，周公之子伯齡封國，在今河南省固始縣東北之蔣集。邢，周公第四子封國，在今河北省邢臺市。茅，周公子封國，在今山東省金鄉縣西北之茅鄉。胙國，在今河南省延津縣北之胙城。祭，周公第五子封國，在今河南省鄭州市東北古祭亭。⑮召穆公思周德之不類　召穆公憂慮周王朝德政衰微。召穆公，即召公虎，為召康公十六世孫，當周厲王之世，故云「不類」。類，善。⑯成周　東周的都城，在今河南省洛陽市舊城之東。⑰作詩曰五句　指《詩經・小雅・常棣》。《國語・周語》以此詩為周公所作，蓋召穆公又重作。詩句意謂常棣花朵和花萼、萼跗相承覆，顯得那樣光彩艷麗，現今的人們，總不能親密得如兄弟一般。常棣，今名小葉楊，落葉喬木，春季先葉開花。華，即今「花」字。鄂，今作「萼」，花萼。不，用作「跗」，萼的腳，以承托萼，萼以承花。韡韡，或作「韡韡」，盛；光明貌。⑱兄弟二句　謂兄弟在家裏爭吵不和，但一到牆外還是同心抵禦外來的欺侮。鬩，爭吵；不和。⑲不廢懿親　不拋棄好親屬。⑳庸勳句　酬謝有功的人，親近親屬子弟，親昵近臣，尊敬賢人。庸，酬。暱，同「昵」。㉑即聾句　靠近耳聽不明的人，跟從愚昧昏暗的人，結交頑劣的人，重用奸詐的人。聾，指不聽善言或聽了話不能辨是非。與，結交；親近。嚚，奸詐；愚而惡。㉒鄭有平惠之勳二句　謂鄭國有幫助周平王東遷和接納周惠王避難的功勞，又是西周厲王和宣王的宗親。鄭始封君鄭桓公為周厲王之子、周宣王之同母弟，助平王東遷，任司徒。接納惠王避難事見前注。㉓棄嬖寵二句　謂鄭國拋棄受寵的人而重用三位賢臣，在姬姓諸侯國中，是最親近王室的。棄嬖寵，指殺鄭厲公的寵臣申侯（見僖公七年傳）和殺鄭文公太子華（見僖公十六年傳）。三良指叔詹、堵叔、師叔。鄭武公、鄭莊公為周王卿士，世代親近王室，與晉、衛等姬姓國不同。㉔耳不聽四句　耳朵聽不清五聲的唱和是耳聾，眼睛不能辨別五色的文飾是昏昧，心裏不學習德義的準則是頑劣，嘴裏不講忠信的道理是奸詐。章，文飾。則，學習；效法。經，常規；準則。㉕懷柔天下　使天下人心歸附、順服。㉖扞禦二句　謂抵禦外侮的措施，沒有比親近親屬再好的了。扞，同「捍」。㉗於是乎二句　在這時候卻要改變周公、召公的做法，去跟從姦邪的狄人（攻打同宗的鄭國）。渝，變。姦，指狄人。㉘禍　指王子頹之亂及王子帶之亂。見莊公十九、二十年傳及僖公十一年傳。㉙興之　興亂；挑起禍亂。㉚使頹叔桃子出狄師　派大夫頹叔、桃子二人去出動狄軍。㉛櫟　鄭邑，在今河南省禹州市。㉜報者二句　謂受惠的人報答得已厭倦了，但施了一點恩的人還求報答，沒有滿足。此指狄人求報將永不滿足。㉝貪惏　貪婪。惏，同「婪」。㉞啟之　指以狄女為后，是開啟其求報之心，將慾壑難填。㉟女德二句　謂女子感恩不會到底，婦人抱怨沒有盡頭。指以狄女為王后，則將恩德易忘，怨毒難消。㊱甘昭公　惠王之子、襄王之弟王子帶，封於甘（在今河南省洛陽市西南二十五里），諡昭，故稱甘昭公、昭公。㊲昭公奔齊　王子帶逃亡齊國。見僖公十二年傳。㊳王復之　周襄王召他回來。復，返。見僖公二十二年傳。㊴通於隗氏　王子帶和王后隗氏通姦。隗氏即狄君之女，隗姓。㊵替隗氏　廢了隗氏的王后之位。㊶遂奉大叔以狄師攻王　王引之《述聞》謂「狄師」二字因下文而衍。先奉太叔以攻王，不克，才以狄師伐王。大叔即王子帶。大，同「太」。㊷御士　周王的禁衛軍。多用公卿大夫之子弟擔任。㊸先后　指襄王與王子帶的生母惠后，已死。㊹坎欿　在今河南省鞏義市東南。㊺國人納之　成周都城裏的人（貴族）又把襄王接納回都城。㊻周公忌父原伯毛伯富辰　四人都是周襄王的重臣。㊼氾　鄭邑，在今河南省襄城縣南。㊽溫　在今河南省溫縣西南。㊾子臧出奔宋　魯僖公十六年，鄭文公殺太子華，子華弟子臧即奔宋。㊿好聚鷸冠　喜歡收集鷸毛裝飾的帽子。鷸，禽鳥，夏季繁殖北方，冬季南飛，能預知天雨。古時以為知天文者可戴鷸冠。子臧不知天文，而聚鷸冠，故謂「不稱」。(51)服之不衷　衣服穿得不合適。衷，本指貼身內衣，此指適當。(52)詩曰三句　見《詩經・曹風・候人》。彼己之子，己即「其」，無義。不稱，不相稱；不合適。(53)子臧二句　一本作「子臧之及」。謂子臧之所以及於難，是由於服飾不相稱造成的。說詳王引之《經義述聞》。(54)詩曰二句　見《詩經・小雅・小明》，意謂自己找此禍難。詒，遺。伊，是；此。慼，憂。(55)夏書曰三句　〈夏書〉已逸，此句錄入偽《古文尚書・大禹謨》。意謂「大地平和地化育萬物，上天成全其恩施」，這是上下相稱的。56平　和；講和。57宋成公　宋襄公之子，名王臣。58享之　設宴款待他。享，同「饗」。59皇武子　鄭國卿大夫。60天子有事膰焉　天子有祭祀，要把烤熟的祭肉送給他。膰，烤熟的祭肉。用作動詞。61有喪拜焉　天子如死了，宋君來弔喪，嗣王要回拜。其他諸侯來弔則不拜。焉，於之。62有加　在常禮之外，增加菜肴，即「加籩豆六品」，見僖公二十二年傳。63不穀　不善，春秋時天子、諸侯謙稱自己。64鄙　野居；僻處。用作動詞。天子遭難離王都，故曰「鄙」。65叔父　天子稱同姓諸侯為叔父或伯父。魯始封君為周公，是武王之弟故世代稱魯君為叔。66蒙塵　指天子蒙難，離開王都。67官守　指周王左右之羣臣，是表敬之詞。68王使二句　簡師父、左鄢父都是周王的大夫，作為特使派到晉、秦去求兵救助，故書其名；派到魯國的使者只是通報有難，故不書其名。69天子無出　天子無所謂「出國」。諸侯國是天子分封的，所以天子到諸侯國去不能說「出」國。70書曰三句　謂經文之所以說「天王出居於鄭」，是表示躲避同母弟所造成的災難。這是解釋經文的話。辟，同「避」。71凶服降名　凶服指素服。天子遭難故穿素服。降名指自稱「不穀」。72孔將鉏石甲父侯宣多　三人是鄭國大夫。73省視官具　問侯周王的隨從官員，檢查周王的應用器物。74私政　指鄭國的政事。是表敬之詞。75禮至　衛國大夫。76不得其守　不俘獲邢國的守城之官。守，指邢國的正卿國子。77仕焉　到邢國去做官。以便俘獲國子。焉，於之。指邢國。

【語　譯】鄭國攻佔滑國的時候，滑人聽從命令。鄭國軍隊一回國，滑國又親附衛國了。鄭國公子士、大夫洩堵俞彌就再帶兵進攻滑國。周襄王派大夫伯服、游孫伯二人到鄭國去，為滑國請命，勸鄭國不要攻打滑國。鄭文公怨恨以前周惠王避難到鄭國，卻不肯把飲酒禮器爵杯賜給鄭厲公，又怨恨周襄王結交衛、滑兩國，所以不聽周襄王的命令，把伯服和游孫伯拘囚起來。周襄王大怒，打算要用狄軍去討伐鄭國。大夫富辰勸阻說：

「這不行吧！下臣聽說，最好的辦法是用德政來安撫百姓，其次的是親近親屬宗族，然後推廣恩德，由近到遠。從前周公傷痛夏、殷末世子孫不能善終，所以給宗族子弟分封土地，建立諸侯國，作為周王室的藩籬和屏障。管、蔡、郕、霍、魯、衛、毛、聃、郜、雍、曹、滕、畢、原、酆、郇十六國就是周文王兒子的封國。邘、晉、應、韓，就是周武王兒子的封國。凡、蔣、邢、茅、胙、祭，就是周公旦後代的封國。召穆公憂慮周朝德政衰微，所以集合宗族在成周城寫詩說：『常棣花和花萼、萼跗相承是那樣的光彩艷麗，現在的人總不能親密得如同兄弟。』詩的第四章又說：『兄弟在家裏爭吵不和，一到外面還是同心抵禦外來的欺侮。』這樣看來，兄弟之間雖然有小矛盾，但不能廢棄美好的宗親關係。現在天子您不能忍受小怨，要拋棄鄭國這個宗親，可又能把他怎樣呢？酬謝有功勳的人，親愛宗族子弟，親昵近臣，尊敬賢人，是德行中的大德。靠近耳聽不辨是非的人，跟從愚昧昏暗的人，結交頑劣的人，重用奸詐的人，這是邪惡中的大惡。拋棄德行，崇尚邪惡，是禍患中的大禍。鄭國有輔助平王東遷、接納惠王避難的功勞，又是周厲王、周宣王的宗親。鄭國還殺了嬖臣申侯和寵子華，而重用三位賢臣，在姬姓諸侯國中是最親近王室的，可說是『庸勳、親親、暱近、尊賢』四德都具備了。耳朵不能聽清五聲和唱就是耳聾，眼睛不能分辨五彩文飾就是昏昧，心裏不學習德政美好的時候，還說『總不能親密得如同兄弟』，所以分封土地，建立侯國。在天下人心歸附順服的時候，效法德義的原則就是頑劣，嘴裏不講忠信的道理就是奸詐。狄人效法這些，四種邪惡行為都全備了。周王室還怕有外來侵犯。抵禦外來侵犯的措施，沒有比親族親密團結再好的了，所以用宗親作為王室的屏障。召穆公也是這樣說的。現在周朝德政已經衰微，而在這時您卻要改變周公、召公的做法，去用邪惡的狄人來攻打宗親鄭國，這恐怕不好吧？百姓還沒忘記王子頹、王子帶製造的兩起禍亂，君王又要挑起禍端，那怎麼對得起文王、武王呢？」可是周襄王不聽富辰的勸諫，派頹叔、桃子兩位大夫去出動狄人的軍隊。

夏季，狄軍進攻鄭國，攻佔了鄭國的櫟城。周襄王感謝狄人，打算娶狄君的女兒做王后。富辰勸諫說：「不能這樣做。下臣聽說：『受惠的人報答得已經厭倦了，可施了一點恩惠的人還不知滿足。』狄人本來就貪得無厭的，而您又在挑起他的貪慾。女子感恩不會到底，婦人抱怨沒有盡頭。狄人必然成為禍患。」周襄王仍是不聽。

當初甘昭公很受惠王的王后寵愛，惠后想立他為嗣君，沒有等辦成就死了。甘昭公作亂後逃亡到齊國，後來周襄王讓他回來，不料他又跟王后隗氏通姦。周襄王就廢了隗氏，不讓她做王后。大夫頹叔、桃子說：「是我倆到狄人那裏出動狄軍攻打鄭國的，廢了狄后，狄人會怨恨我們。」就擁護太叔王子帶攻打周王，周王的侍衛軍官要抵敵。周襄王說：「如果抵敵太叔，已死的母后將會怎樣怪罪我呢？寧可讓諸侯來商量處理這事吧！」周襄王就離開王城，到周地坎欿，成周都城裏的臣民又把周王接回都城。秋季，頹叔、桃子又奉事王子帶，領了狄軍進攻成周，大敗周王的軍隊，俘虜了周公忌父、原伯、毛伯、富辰等卿大夫。周襄王離開京師成周，到鄭國避難，住在氾地。太叔王子帶就帶了隗氏住在溫地。

鄭國太子華被殺後，他的弟弟公子臧逃亡到宋國。他喜歡收集鷸毛裝飾的帽子。鄭文公知道了十分痛恨他，就指使殺手誘騙他出來。八月裏，殺手把子臧殺死在陳、宋兩國的邊界上。君子說：「衣服穿得奇異，會給自己招來災禍。《詩》說：『那個人啊，他的服飾和他不相稱。』子臧之所以遭到災禍，就是服飾不相稱造成的呀！《詩》說：『自詒伊慼（自己惹來憂患）。』這正是指子臧說的了。〈夏書〉說：『大地平和地化育萬物，上天成全他的恩施。』這是上下相稱的。」

宋國跟楚國講和，宋成公為此到楚國去聘問，回國時路過鄭國。鄭文公要設宴款待他，就向皇武子詢問禮儀。皇武子說：「宋國是先朝殷商的後人，對周朝來說是客人。周天子祭祖，要把烤熟的祭肉送給他；天子有喪事，宋國國君來弔唁，周朝嗣王要回拜。所以豐盛地宴請他好了。」鄭文公聽從他的話，設宴款待宋成公，比常禮增加了禮品。這是合於禮制的。

冬季，周襄王的使者來魯國告知發生的禍難，說：「不穀沒有德行，得罪了母后所寵愛的兒子太叔王子帶，現在僻居在鄭國的氾地，因此特地將這事告知叔父。」魯國大夫臧文仲回答說：「天子在外邊蒙難，敝國豈敢不趕忙去問候左右呢？」周襄王還派簡師父到晉國去告急求援，派左鄢父到秦國去告急求援。天子本來無所謂出國，《春秋》之所以記載說：「天王出居於鄭」，意思就是躲避同母之弟所造成的禍難。天子受難，穿著素服，自稱「不穀」，這是合於禮的。鄭文公帶了大夫孔將鉏、石甲父、侯宣多三人到氾地看望周王的隨從官員，檢查供天子應用的器具物品，而後讓周王聽取關於鄭國的政事，這是合於禮的。

衛文公要攻打邢國，大夫禮至說：「不俘獲他們的守城官，是不可能攻下這個國家的。請讓我和兄弟到邢國去做官吧！」於是他們就去邢國，做了官。

【說　明】鄭國屢次出兵攻佔滑國，周襄王派大夫出面說情，不料鄭文公竟拘囚其大夫。王權式微，天子遭冷落。而周襄王猶無自知之明，一怒之下，飢不擇食，竟求援狄人，用狄軍伐鄭。文章詳寫富辰諫言，說明周王室與鄭國的宗親關係及鄭國對王室的重要作用。從地緣政治說，鄭國也確是王室的屏障，以德撫鄭才是上策。可是周王愎諫，「不忍小忿」以伐鄭，由此造成新的危機。周襄王為感謝狄人，娶狄女隗氏為后，不料其同母弟王子帶又與隗氏通姦。周王廢隗氏，王子帶再次勾結狄軍攻成周，周襄王只落得狼狽逃命，僻居鄭國氾地（由此氾地稱襄城，即今河南省襄城縣）。鄭文公倒又不計其怨，到氾地省視照應，表現出他是極有心機的。

陳降楚以後，宋國處境艱危，於中原無所依恃，只得如楚求和。楚國對中原已成衝擊態勢。

本傳末節與下年「春，衛人伐邢」本為一傳，為後人割裂分置。

二十五年

丙戌，西元前六三五年。周襄王十八年、齊孝公八年、晉文公二年、秦穆公二十五年、楚成王三十七年、宋成公二年、衛文公二十五年、陳穆公十三年、蔡莊公十一年、曹共公十八年、鄭文公三十八年、燕襄公二十三年、許僖公二十一年。

經 二十有五年春王正月丙午，衛侯燬滅邢。

夏四月癸酉，衛侯燬卒。

宋蕩伯姬來逆婦。宋殺其大夫。

秋，楚人圍陳，納頓子于頓。

葬衛文公。

冬十有二月癸亥，公會衛子、莒慶盟于洮。

傳 二十五年春，衛人伐邢，二禮從國子巡城❶，掖以赴外❷，殺之。正月丙午❸，衛侯燬滅邢。同姓也，故名❹。禮至為銘❺曰：「余掖殺國子，莫余敢止❻。」

秦伯師❼于河上，將納王❽。狐偃言於晉侯曰：「求諸侯莫如勤王❾。諸侯信之，且大義也。繼文之業，而信宣於諸侯，今為可矣❿！」使卜偃卜之，曰：「吉，遇黃帝戰于阪泉之兆⓫。」公曰：「吾不堪也⓬。」對曰：「周禮未改，今之王，古之帝也。」公曰：「筮之⓭。」筮之，遇〈大有〉䷍之〈睽〉䷥⓮，曰：「吉。遇『公用享于天子』⓯之卦。戰克而王饗，吉孰大焉？且是卦也，天為澤以當日，天子降心以逆公⓰，不亦可乎？〈大有〉去〈睽〉而復，亦其所也⓱。」晉侯辭秦師而下。三月甲辰⓲，次于陽樊⓳。右師圍溫⓴，左師逆王。

夏四月丁巳㉑，王入于王城㉒。取大叔于溫，殺之于隰城㉓。戊午㉔，晉侯朝王。王饗醴，命之宥㉕。請隧㉖，弗許，曰：「王章也㉗。未有代德，而有二王，亦叔父之所惡也㉘。」與之陽樊、溫、原㉙、欑茅㉚之田。晉於是始啟南陽㉛。陽樊不服，圍之。蒼葛㉜呼曰：「德以柔中國，刑以威四夷㉝，宜吾不敢服也。此㉞，誰非王之親姻㉟？其俘之也？」乃出其民㊱。

秋，秦、晉伐鄀㊲。楚鬬克㊳、屈禦寇㊴以申、息之師戍商密㊵。秦人過析㊶，隈入而係輿人㊷，以圍商密，昏而傅焉㊸。宵，坎血加書㊹，偽與子儀、子邊盟者。商密人懼曰：「秦取析矣，戍人反矣！」乃降秦師。秦師囚申公子儀、息公子邊以歸。楚令尹子玉㊺追秦師，弗及。遂圍陳，納頓子于頓㊻。

冬，晉侯圍原，命三日之糧。原不降，命去之。諜出，曰：「原將降矣！」軍吏以告㊼，曰：「請待之。」公曰：「信，國之寶也，民之所庇也。得原失信，何以庇之？所亡滋多。」退一舍而原降。遷原伯貫于冀㊽。趙衰為原大夫㊾，狐溱㊿為溫大夫。

衛人平莒于我(51)。十二月，盟于洮(52)，脩衛文公之好，且及莒平也。

晉侯問原守於寺人勃鞮(53)，對曰：「昔趙衰以壺飧從，徑(54)，餒而弗食。」故使處原。

【注釋】❶二禮從國子巡城　二禮指衛國大夫禮至和他的弟弟。二禮是故意潛入邢國為官以謀殺國子。國子，邢國正卿，負責守城。見上年傳文。❷掖以赴外　謂二禮左右挾持國子的手臂，把他扔到城外摔死。赴，通「仆」。跌倒。赴外，謂挾持至城外，亦通。❸丙午　二十日。❹同姓也故名　衛國和邢國都姓姬，與周王同姓，衛文公滅周之同姓邢國，所以經文記載

「衛侯燬滅邢」，寫出衛文公的名字「燬」，表示譴責。這是解釋經文體例。邢都夷儀，在今山東省聊城市西十二里。❺為銘　在銅器上鑄刻銘文。銘是刻在鐘鼎或石上記述生平、功業或警戒的文字，銘文多為四言詩，要押韻。禮至為銘即為記功。❻莫余敢止　即莫敢止余，沒有人敢阻止我。子、止押韻。❼師　駐軍。用作動詞。❽納王　護送周王回王城。這時周襄王避王子帶之亂，出居於鄭國氾地（在今河南省襄城縣）。❾求諸侯莫如勤王　求諸侯擁護，成為霸主，沒有比為周王效勞的辦法再好的了。勤，勞。❿繼文之業三句　謂繼續晉文侯的功業，在諸侯中樹立威信，宣揚美名，現在可有機會了。文，指晉文侯，名仇，助平王東遷。《國語・周語》：「我周之東遷，晉、鄭是依。」⓫遇黃帝戰于阪泉之兆　這是占卜時據龜甲裂紋獲得的兆象。《史記・五帝本紀》：「軒轅乃修德振兵，以與炎帝戰於阪泉之野，三戰然後得其志。」《大戴禮・五帝德》篇：「黃帝與赤帝戰於阪泉之野，三戰而得行其志。」阪泉，在今河北省涿鹿縣。〈晉語四〉謂黃帝、炎帝同為有蟜氏所生，亦猶周襄王與王子帶為同母兄弟。故卜偃以為此兆象是指周王與王子帶之爭，勤王必勝，是大吉之兆。⓬吾不堪也　我擔當不起呀。晉文公以為此兆象之黃帝是指自己，所以說「不堪」。故卜偃再解釋「帝」指「王」。⓭筮之　用蓍草占卜吉凶。古代先卜後筮。⓮遇大有䷍之睽䷥　占筮獲得〈大有〉卦變為〈睽〉卦。〈大有〉乾下離上。〈睽〉兌下離上。古時八個單卦乾坤震巽坎離艮兌，分別象徵天地雷風水火山澤八種自然現象。⓯公用享于天子　這是〈大有〉卦的爻辭，見《周易・大有》九三爻辭，意謂晉文公被天子用宴饗之禮款待。享，同「饗」。⓰天為澤二句　天變成水澤來承接太陽的照耀，就是象徵天子降低自己的身分來迎接你。〈大有〉卦下體為乾，乾為天。變成〈睽〉卦，下體為兌，象徵澤，所以說「天為澤」。〈大有〉與〈睽〉的上體離，未變，離象徵火，指太陽。太陽在上，乾兌在下，所以說「天為澤以當日」。當，承當；接受。又，天象徵天子周襄王，離火指晉文公。「天為澤」就是周王「降心」，降低身分。天澤在下，離火在上，故說天子降心以逆公。逆，迎。⓱大有去睽二句　謂〈大有〉本卦轉為〈睽〉卦，而後〈睽〉卦回復到本卦〈大有〉，即天子遭難又復位，也就得其處所了。⓲甲辰　十九日。⓳次于陽樊　駐軍在陽樊。凡三宿以上曰次。陽樊，在今河南省濟源市東南三十里。⓴右師圍溫　右軍圍攻溫邑。晉獻公時始設上、下二軍，文公初年，兵制未改，仍為二軍，即此右師、左師。太叔王帶作亂後與隗氏居於溫。溫，在今河南省溫縣西南。㉑丁巳　初三日。㉒王城　在今河南省洛陽市舊城之西。自平王東遷至景王皆居此，至敬王始遷居成周。㉓隰城　周地，在今河南省武陟縣西南。㉔戊午　初四日。㉕王饗醴命之宥　周王設宴，用甜酒款待晉文公，還讓晉文公與周王相酬，回敬酒於周王。醴，甜酒，汁糟不分，若今之甜酒釀。設宴用醴不用酒，謂之饗醴。宥，通「侑」。酬酢；用酒回敬主人。〈晉語〉作「王饗醴，命公胙（酢）侑。」說詳王引之《經義述聞》。杜注釋宥為助，謂以禮物賜晉侯以助歡。如此則當云「命宥之」，不當云「命之宥」。故從王說。㉖請隧　請求周王允許自己死後能夠用隧葬之禮。古時普通葬禮都是懸柩而下，但天子用隧葬，即掘地下隧道，將棺柩運進墓穴，稱為隧。天子有六鄉六隧。諸侯以下是羨道（地道露出地面，上無負土）安葬。晉文公如請得隧葬，則必置六隧以供葬具。㉗王章也　這是周王朝的典章制度。㉘未有代德三句　沒有取代周王朝佔有天下之德，以諸侯而用王之葬禮，天下就像有兩個王了，這也是叔父您所憎惡反對的。叔父，指晉文公。天子稱同姓諸侯為叔父或伯父。㉙原　本為周大夫原氏食邑，在今河南省濟源市西北之原鄉。㉚欑茅　杜注以為是一邑，《括地注》以為是二邑。欑，周地，在今河南省修武縣西之大陸村。茅，周地，在今河南省獲嘉縣東北二十里。㉛始啟南陽　方始開闢疆土，擁有南陽。啟，開。南陽，黃河之北，太行山之南的地方，晉統稱之為南陽，上述陽樊諸邑均在此地區，約當今河南省淇縣以南，至武陟縣、溫縣，西至濟源市所轄地區。㉜蒼葛　當是陽樊守城者。疑亦周王之親姻，故不服於晉。下文圍原，可知原人亦不服。㉝德以柔二句　謂用德政來柔服中原國家，用刑戮來威懾四方夷狄。柔，使順服。中國，指中原地區。㉞此　指在此陽樊的人。㉟親姻　親戚。親指父兄子弟，姻指甥舅。㊱乃出其民　就放百姓出城去。謂晉僅取其土地而已。㊲鄀　秦、楚邊界上的小國，當在今河南省內鄉縣之西南、淅川縣之南。伐鄀是秦兵為主，故下文無一語及晉。㊳鬬克　時為楚之申公，字子儀。楚之地方長官稱「公」。㊴屈禦寇　時為楚之息公，字子邊。㊵商密　鄀國都城，當在今河南省內鄉縣西南。㊶析　當是楚邑，在今河南省淅川縣西北。㊷隈入而係輿人　意謂秦軍過析是繞道丹江彎曲處，以避開楚戍卒，而且綑綁著自己的士兵，假裝是攻取析邑，俘虜其眾卒。這樣偽裝了前去商密。隈，水流彎曲的地方。係，綁。輿人，眾人。此指士兵。㊸昏而傅焉　黃昏時逼及商密城。傅，通「附」。附著；靠近。焉，於之。指商密。㊹坎血加書　掘地為坑，殺牲取血（告祭神靈），把盟書放在上面。這是假裝和申公、息公歃血盟誓的樣子，楚二公實不知。因在宵夜之中，商密人難以識破。㊺令尹子玉　成得臣，字子玉，為官令尹。楚之令尹相當國相。㊻納頓子于頓　把頓子送回頓城。頓，姬姓小國，在今河南省項城市西、商水縣東南之南頓。僖公二十三年，陳國侵迫，頓子奔楚，楚伐陳，築城南頓。今年把頓子送回頓國。㊼軍吏以告　軍官把諜報人員的話告知晉文公，意欲晉侯暫勿撤兵。「以告」二字疑是衍文。㊽遷原伯貫于冀　原伯貫為周天子所封世代鎮守原邑的大夫，原氏名貫。冀，在今山西省河津市東北。㊾趙衰為原大夫　任命趙衰為原邑的長官。晉謂縣宰為大夫。㊿狐溱　狐毛之子，狐突之孫。(51)衛人平莒于我　衛成公讓莒國和我魯國講和。四月衛文公死，此「衛人」指衛成公。平，和；講和。莒國在今山東省莒縣。僖公元年，魯敗莒，二國相仇，至此和好。(52)洮　魯地，在今山東省泗水縣東南。在洮地盟誓的為魯僖公、衛成公及莒國大夫莒慶。(53)問原守句　向寺人披詢問鎮守原邑的人選。勃鞮，合音為「披」。(54)以壺飧從二句　意謂從前出亡時趙衰攜帶壺水、飯食跟隨你，有時（你走大道），他獨行小道，雖餓也不吃它。飧，晚飯，泛指飯食。一作「飱」。
徑，小路，用作動詞。

【語　譯】魯僖公二十五年春季，衛國攻打邢國，禮至兄弟倆跟隨邢國正卿國子在城上巡察。禮至兄弟出其不意，左右挾持國子，把他扔到城外摔死了。正月二十日，衛文公殲滅了邢國。因為衛國、邢國跟周王同姓姬，衛滅了周王同姓的邢國，所以《春秋》記載說「衛侯燬滅邢」，寫出衛侯名字燬，表示譴責。禮至自己在銅器上刻鑄銘文說：「我挾持國子把他殺死，沒有人敢來阻止。」

秦穆公把軍隊駐紮在黃河邊上，準備去護送周襄王回王城。這時，晉大夫狐偃對晉文公說：「要求得諸侯擁護，成為霸主，沒有比為周王效勞的做法再好的了。這樣可以得到諸侯的信任，而且合於大義。繼續先君晉文侯輔助周王的功業，在諸侯中建立威信，宣揚美名，現在是好機會了！」就讓卜偃占卜，卜偃說：「大吉。卜得黃帝在阪泉作戰的兆象。」晉文公說：「我擔當不起呀！」卜偃說：「周王的禮制沒有改變，現在的王，相當於古代的帝（「黃帝」是指周襄王，不是指你）。」晉文公說：「再占筮。」占筮得到〈大有〉卦䷍變到〈睽〉䷥卦，卜偃說：「吉利。得到『公被天子用宴饗禮待』（爻辭）這個卦。戰勝以後，天子設宴款待，還有比這更大的吉利嗎？而且〈大有〉變到〈睽〉，它的下體是天變為澤，來承接上體火光的照耀，象徵天子自己降低身分來迎接您，這不也是很好的吉兆嗎？〈大有〉變到〈睽〉，又回復到〈大有〉，就是天子遭難又復位，回到他的住所了。」晉文公就辭退秦軍，自己領兵順著黃河東下。三月十九日，晉軍駐紮在陽樊，派右軍去包圍溫城，派左軍去迎接周襄王回京。

夏季四月初三日，周襄王回到王城。在溫城抓了太叔王子帶，把他處死在周地隰城。初四日，晉文公朝見周襄王，襄王特地用甜酒設宴款待晉文公，又讓晉文公向自己敬酒。晉文公請求周王允許自己死後能用隧道安葬。周襄王沒有同意，說：「這是周王朝的規章制度。沒有取代周朝佔有天下之德，諸侯用天子葬禮，就有兩個天子，這也是叔父所憎惡反對的。」周王把陽樊、溫、原、欑茅的田地賜給晉文公。於是晉國方始開闢疆土，擁有南陽。陽樊人不服，晉軍包圍了陽樊。陽樊人蒼葛大喊說：「德行用來安撫中原國家，刑戮用來威懾四方夷狄。你們這樣做，無怪我們不敢降服了。在這裏的人，誰不是周天子的親戚？難道能俘虜他們嗎？」於是就放百姓出城去。

秋季，秦國和晉國進攻鄀國。楚國的鬬克和屈禦寇帶領申、息兩地的軍隊前去戍守鄀國都城商密。當秦軍經過楚地析邑時，是繞道丹江的彎曲處，綑綁了自己的士兵，假裝已攻取析邑，俘虜了眾卒。這樣前去包圍商密。到黃昏時逼近商密城下。夜裏，掘地為坎，殺牲取血，把盟書放在上面，假裝和子儀、子邊歃血盟誓的樣子。商密人害怕說：「秦軍已經佔領析地了！戍守商密的人叛變了！」於是就向秦軍投降。秦軍囚禁了申公子儀、息公子邊回國。楚國令尹子玉追擊秦軍，沒有趕上。楚軍包圍了陳國，送頓子回到頓國。

冬季，晉文公領兵包圍原邑，命令士兵只帶三天糧食。到了三天，原邑還不投降，就下令退兵。這時諜報人員從城裏出來報告說：「原城準備投降了。」軍官把這消息報告晉文公，說：「請等待一下再撤兵吧！」晉文公說：「信義是國家的珍寶，百姓靠它庇護。如果得到原邑而失信士兵，那以後用什麼庇護百姓呢？那樣做，損失就會更多。」於是退兵三十里，原邑就投降了。晉文公把鎮守原邑的原伯貫調去守冀邑，任命趙衰作原邑的長官，任命狐溱做溫邑的長官。

衛成公調停莒國和我魯國的關係。十二月，魯僖公、衛成公和莒國大夫莒慶在洮地會盟，一是重修衛文公時代與魯國的舊好，二是魯國和莒國講和。

晉文公曾向寺人披詢問鎮守原邑的人選，寺人披回答說：「從前君侯出亡時，趙衰帶了壺水、飯食跟隨你，有時他獨自走小路，雖然飢餓，也不去吃它。」所以文公就讓趙衰作原邑的長官。

【說　明】周襄王避王子帶之禍，出居鄭國氾地，向秦、晉求救（見上年傳文）。秦、晉都準備出兵「納王」於王城。「求諸侯莫如勤王」，其實就是繼承齊桓公時代的「尊王」傳統。「勤王」是求霸的最好辦法。孟子所謂「以力假仁者霸」，點明了爭霸的關鍵：一是要「假仁」，勤王就是一個足以號召天下諸侯的旗號；二是要有「力」，一種足以威懾別人的強大實力。有此二者始可稱霸。這時秦、晉都已有這樣的條件，只是晉國更接近王畿，所以搶先撈到「勤王」的美差，獲得了太行山以南、黃河以北的大片土地。王權觀念仍然在發揮著作用，維護著中原諸侯的整體利益。

歷史並不是可以任意打扮的姑娘。左氏在寫晉文公這個一代雄主時，也沒諱言他的私慾（請隧）及圍陽樊、圍原邑等以力服人的霸權主義行徑。這才比較真實地反映了歷史。

《左傳》記卜筮之詞甚多，它實際上都是事後追記和曲為解說的，所以顯得靈驗。對這些玄虛的卜筮之辭無須深究，更不能信以為真。

「晉侯問原守」以下二十八字，宜在「狐溱為溫大夫」之後，以說明「趙衰為原大夫」之故，今錯簡列於後。

二十六年

丁亥，西元前六三四年。周襄王十九年、齊孝公九年、晉文公三年、秦穆公二十六年、楚成王三十八年、宋成公三年、衛成公鄭元年、陳穆公十四年、蔡莊公十二年、曹共公十九年、鄭文公三十九年、燕襄公二十四年、許僖公二十二年。

經 二十有六年春王正月，己未，公會莒子、衛甯速盟于向。

齊人侵我西鄙，公追齊師至酅，弗及。

夏，齊人伐我北鄙。

衛人伐齊。

公子遂如楚乞師。

秋，楚人滅夔，以夔子歸。

冬，楚人伐宋，圍緡。公以楚師伐齊，取穀。公至自伐齊。

傳 二十六年春王正月，公會莒茲丕公❶、甯莊子❷盟于向❸，尋洮之盟❹也。

齊師侵我西鄙，討是二盟也。

夏，齊孝公伐我北鄙❺，衛人伐齊，洮之盟故也。公使展喜犒師❻，使受命于展禽❼。齊侯未入竟❽，展喜從之❾，曰：「寡君聞君親舉玉趾❿，將辱於敝邑⓫，使下臣犒執事⓬。」齊侯曰：「魯人恐乎？」對曰：「小人恐矣，君子則否。」齊侯曰：「室如縣罄⓭，野無青草，何恃而不恐？」對曰：「恃先王之命。昔周公、大公股肱周室⓮，夾輔成王。成王勞之，而賜之盟，曰：『世世子孫，無相害也。』載在盟府⓯，大師職之⓰。桓公是以糾合諸侯，而謀其不協，彌縫其闕⓱，而匡救其災，昭舊職也。及君即位，諸侯之望曰：『其率桓之功⓲。』我敝邑用不敢保聚⓳，曰：『豈其嗣世九年，而棄命廢職？其若先君何？君必不然。』恃此以不恐。」齊侯乃還。

東門襄仲⓴、臧文仲㉑如楚乞師。臧孫見子玉，而道之㉒伐齊、宋，以其不臣也。

夔子㉓不祀祝融與鬻熊㉔，楚人讓之。對曰：「我先王熊摯㉕有疾，鬼神弗赦㉖，而自竄㉗于夔，吾是以失楚，又何祀焉？」秋，楚成得臣㉘、鬭宜申㉙帥師滅夔，以夔子歸。

宋以其善於晉侯㉚也，叛楚即晉。冬，楚令尹子玉、司馬子西帥師伐宋，圍緡㉛。公以楚師伐齊，取穀㉜。凡師，能左右之曰「以」㉝。寘桓公子雍㉞於穀，易牙㉟奉之，以為魯援。楚申公叔侯㊱戍之。桓公之子七人，為七大夫於楚㊲。

【注釋】❶茲丕公　莒國國君，號茲丕。莒國之君無謚而有號。莒國在今山東省莒縣。❷甯莊子　衛國大夫，名速。❸向　魯地，在今山東省蒼山縣西、臨沂市西南之向城。一說在莒縣南。❹尋洮之盟　重溫洮之盟的友好關係。尋，溫；重申。洮之盟，去年魯、衛、莒三國在洮地會盟，意在互相救助，故齊伐魯，衛即伐齊以救魯。洮，魯地，在今山東省泗水縣東南。❺齊孝公伐我北鄙　齊孝公，齊桓公子，名昭，鄭姬所生。北鄙，北部邊境地方。《國語・齊語》云：「（齊）地南至于岱陰。」則齊、魯以泰山為界，魯之北鄙當指泰山以南地區。❻公使展喜犒師　魯僖公派展喜去慰勞齊軍。展喜，魯大夫，展氏字乙，名喜，又稱乙喜。是公子展的後人。犒，用酒食或財物慰勞。❼使受命于展禽　讓展喜向展禽討教（外交辭令）。受命，接受指教。展禽，名獲字禽，食邑柳下，私謚惠。《論語》稱之為柳下惠，《莊子》稱之為柳下季。❽竟　同「境」。按，齊侯未入境，而齊師已先侵入魯境。❾從之　謂出境以從齊侯，即出境迎見齊侯。❿親舉玉趾　親自光臨。⓫敝邑　對自己國家的謙稱，猶敝國。⓬執事　辦事人員。古時用執事尊稱對方，表示不敢直稱對方，只稱呼對方左右執事。⓭室如縣罄　縣，同「懸」。掛。罄，通「磬」。古代的一種敲擊樂器，中高而兩旁下折。《國語・魯語》即用本字作「縣磬」。比喻百姓貧困，房舍高起，兩簷下垂，而室無資糧如懸掛之古磬，其間空無一物。⓮周公大公股肱周室　周公指周公旦，武王弟，因食邑在周（今陝西省岐山縣），故稱周公。武王死後，輔成王，攝行政事，為魯國始祖。大公指太公望，即姜太公，輔周滅殷，封於齊，為齊國始祖。大，同「太」。股肱，用作動詞。輔佐。⑮載在盟府　盟約還藏在盟府裏。載，盟約，古謂之載書，省稱載。盟府，藏文書檔案的庫房，相當於後世的檔案館。⑯大師職之　大師，當作「太史」，周代主司盟之官。杜注謂大師指齊太公。職，掌管。動詞。⑰謀其不協二句　商討解決諸侯之間的糾紛，彌補他們的過失。不協，不和；糾紛。闕，缺點；過失。⑱其率桓之功　應該繼承齊桓公的功業吧。率，循；繼承。⑲用不敢保聚　因此不敢築城堡，聚民眾。用，一本作「用是」。⑳東門襄仲　魯莊公子，名遂，諡襄，字仲，又稱仲遂，任為魯卿，治軍於東門，故稱東門襄仲（從鄭玄說）。㉑臧文仲　魯大夫，即臧孫辰，亦稱臧孫，是使楚的副使。㉒道之　引導他。道，通「導」。㉓夔子　夔國國君，羋姓。夔，其地在今湖北省秭歸縣東之夔子城。㉔祝融與鬻熊　是楚國、夔國的始祖。〈楚世家〉謂顓頊之曾孫重黎，為帝嚳高辛氏之火正（掌火政，主管土地人民），帝嚳命曰祝融。祝融之弟吳回，其孫季連。季連之後裔為鬻熊，當周文王之世，為楚之始祖。夔為其別支。依古禮，夔亦宜祀祝融與鬻熊。㉕熊摯　熊繹六世孫，熊渠之子，繼立為楚君，因有疾，楚人廢之，使別居於夔，命曰夔子，故下文說「是以失楚」。熊摯時當周厲王、周宣王之世。㉖鬼神弗赦　意謂曾祀祭鬼神，祈禱治癒其疾病，而其疾未癒，故云弗赦。鬼神指祝融與鬻熊。㉗竄　逃跑；驅逐。㉘成得臣　楚國令尹，字子玉。㉙鬬宜申　楚國司馬，鬬氏字子西。㉚善於晉侯　對晉文公表示友善。指重耳出亡過宋國時，宋襄公曾贈馬車二十乘。見僖公二十三年傳。㉛緡　宋邑，在今山東省金鄉縣東北二十五里，舊名緡城阜。㉜穀　齊邑，在今山東省東阿縣舊縣治。㉝凡師二句　凡帶領的軍隊，能夠隨意指揮的稱「以」。這是解釋「公以楚師伐齊」的「以」字，謂魯僖公指揮楚軍如魯軍。左右，動詞。支配；指揮。㉞公子雍　齊桓公子，名雍，宋華子所生，本與齊孝公爭位，後奔楚，故使居穀以逼齊。㉟易牙　名雍巫，齊桓公寵臣，掌管膳食。桓公死，奉公子爭位。㊱申公叔侯　楚大夫，又稱申叔。魯僖公以楚師伐齊，帶領楚師的就是申叔。㊲為七大夫於楚　齊桓公子七人奔楚，楚盡以為大夫。按僖公十七年傳，齊桓子六人，除無虧已死，孝公昭繼位，尚有昭公潘、懿公商人、惠公元、公子雍四人奔楚為大夫，其餘三人不詳。

【語　譯】魯僖公二十六年春季周曆正月，魯僖公會見莒國國君茲丕公、衛國大夫甯莊子，在向地結盟，重溫去年洮地會盟的舊好。

齊國軍隊侵犯魯國西部邊境，為的是討伐魯國這兩次會盟。

夏季，齊孝公帶兵又侵犯魯國北部邊境。衛國便出兵攻打齊國，救助魯國，這是履行洮之盟的誓約。魯僖公派展喜去犒勞齊軍，讓他先向展禽討教外交辭令。齊孝公還沒有進入魯國國境，展喜就近出國境拜見他，說：「敝國君主聽說國君親自勞駕，將光臨敝邑，所以派下臣來慰勞您左右的辦事人員。」齊孝公說：「魯國人是不是害怕了？」展喜回答說：「小人害怕了，君子不怕。」齊孝公說：「百姓室內無資糧，房屋像吊掛的磬一樣，中間空無一物。田野裏連青草都沒有，還依恃什麼不害怕呢？」展喜回答道：「依恃先王的遺命。從前周公旦、太公望輔佐周王朝，一左一右輔助周成王，成王慰勞他倆，賜給他們盟約，說：『世世代代子孫，不能互相侵害。』這個盟約還藏在盟府裏，由太史掌管著。齊桓公因此聯合諸侯，商討解決他們之間的糾紛，彌補他們的過失，救援他們的災難，來顯揚原來應盡的職責。等到國君您即位，各國諸侯都期望說：『國君應該會繼承齊桓公的功業吧！』敝國因此也不敢修築城堡，聚集百姓。大家說：『難道您即位九年，就背棄先王的遺命，廢棄先君桓公的職責？那怎麼對得起先君呢？國君必定不會這樣做的。』魯國臣民依恃這個道理，所以不害怕。」齊孝公只好收兵回國了。

魯國公子東門襄仲、大夫臧文仲到楚國去求救兵。臧文仲進見楚國令尹子玉，就引導說服他出兵征討齊國、宋國，因為齊、宋兩國不肯尊事楚國。

夔國國君不祭祀祝融和鬻熊，楚國人就責備他。他回答說：「我們的先王熊摯有病，祭祀鬼神，鬼神不肯赦免他，只好自己跑到夔地，因此失去了楚君的嗣位，我們為什麼還要去祭祀他們呢？」秋季，楚國令尹成得臣、大夫鬬宜申領兵滅亡了夔國，俘獲了夔君回國。

宋國因為曾對晉文公表示友善，所以就背叛楚國，親近晉國。冬季，楚國令尹子玉、司馬子西帶兵攻打宋國，包圍了緡地。魯僖公也指揮楚軍攻打齊國，佔領了齊國穀邑。凡是借來的軍隊，能夠隨意指揮的，就用「以」字來表示。魯僖公把齊桓公的兒子雍安置在穀邑鎮守，讓齊國的易牙奉事他，作為魯國的後援。楚國大夫申公叔侯帶兵在穀邑守衛。齊桓公有七個兒子，都在楚國做了大夫。

【說 明】齊孝公仍以霸主自居，不能容忍魯、衛、莒三國背著他兩次會盟，就以此為藉口，一再出兵討伐魯國。這是齊桓公死後，齊、魯之間首次發生的正面衝突。魯國一方面派展喜去犒勞齊軍，進行外交鬥爭，用兩國始祖周公、太公「無相害」的盟誓折服齊孝公，另方面向楚國乞師求援。楚國乘機而入。魯僖公借楚軍伐齊和楚軍伐宋都取得勝利，從而楚國就將齊、魯、宋控制在自己的勢力之內，實現了稱霸中原的圖謀。至此，能在軍事上與楚相抗衡的唯有晉國了。

二十七年

戊子，西元前六三三年。周襄王二十年、齊孝公十年、晉文公四年、秦穆公二十七年、楚成王三十九年、宋成公四年、衛成公二年、陳穆公十五年、蔡莊公十三年、曹共公二十年、鄭文公四十年、燕襄公二十五年、許僖公二十三年。

經 二十有七年春，杞子來朝。

夏六月庚寅，齊侯昭卒。

秋八月乙未，葬齊孝公。

乙巳，公子遂帥師入杞。

冬，楚人、陳侯、蔡侯、鄭伯、許男圍宋。十有二月甲戌，公會諸侯，盟于宋。

傳 二十七年春，杞桓公❶來朝。用夷禮，故曰子❷。公卑杞，杞不共也❸。

夏，齊孝公卒。有齊怨❹，不廢喪紀❺，禮也。

秋，入杞❻，責無禮也。

楚子將圍宋❼，使子文治兵於睽❽。終朝❾而畢，不戮一人。子玉復治兵於蔿❿。終日而畢，鞭七人，貫三人耳⓫。國老皆賀子文⓬，子文飲之酒。蔿賈⓭尚幼，後至，不賀。子文問之。對曰：「不知所賀。子之傳政於子玉，曰『以靖國也⓮』。靖諸內而敗諸外⓯，所獲幾何？子玉之敗，子之舉也。舉以敗國，將何賀焉？子玉剛而無禮，不可以治民。過三百乘，其不能以入矣⓰。苟入而賀，何後之有？」

冬，楚子及諸侯圍宋⓱。宋公孫固⓲如晉告急。先軫⓳曰：「報施救患⓴，取威定霸，於是乎在矣㉑。」狐偃㉒曰：「楚始得曹而新昏於衛㉓，若伐曹、衛，楚必救之，則齊、宋免矣㉔。」於是乎蒐于被廬㉕，作三軍，謀元帥㉖。趙衰㉗曰：「郤縠可㉘。臣亟聞其言矣，說禮、樂而敦《詩》、《書》㉙。《詩》、《書》，義之府也㉚。禮、樂，德之則也㉛。德、義，利之本也。〈夏書〉曰：『賦納以言，明試以功，車服以庸㉜。』君其試之。」乃使郤縠將中軍，郤溱㉝佐之。使狐偃將上軍，讓於狐毛而佐之㉞。命趙衰為卿㉟，讓於欒枝㊱、先軫。使欒枝將下軍，先軫佐之。荀林父御戎㊲，魏犨為右㊳。

晉侯始入而教其民㊴，二年，欲用之。子犯曰：「民未知義，未安其居。」㊵於是乎出定襄王㊶，入務利民，民懷生矣㊷。將用之。子犯曰：「民未知信，未宣其用。」㊸於是乎伐原以示之信㊹。民易資者，不求豐焉，明徵其辭㊺。公曰：「可矣乎？」子犯曰：「民未知禮，未生其共。」㊻於是乎大蒐以示之禮，作執秩以正其官㊼。民聽不惑，而後用之。出穀戍，釋宋圍，一戰而霸，文之教也㊽。

【注釋】❶杞桓公　杞國國君，杞惠公之子，杞成公之弟。杞本姒姓舊國，初都於今河南省杞縣，春秋前已東遷，僖公十四年又遷緣陵，在今山東省昌樂縣東南七十里之杞城。❷用夷禮二句　謂杞國一直與夷人雜處，用夷族禮節，因此經文只說「杞子」，不稱杞桓公。❸公卑杞二句　謂杞用夷禮，所以魯僖公瞧不起杞子，認為他不恭敬。卑，輕視；貶低。共，同「恭」。不恭即無禮。❹有齊怨　魯國對齊國有怨仇。指去年齊國兩次侵犯魯國。❺不廢喪紀　沒有廢棄弔唁的喪禮。喪紀，喪禮。❻入杞　經文謂魯國公子遂領兵進入杞國。不佔有其地曰「入」。❼楚子將圍宋　楚子指楚成王，名熊惲。因初封楚為子爵，雖僭稱王，但經傳仍稱楚子。圍宋指圍宋都。宋都在今河南省商丘市。❽子文治兵於睽　子文，鬬氏名穀於菟，字子文，楚成王八年任令尹，楚成王三十五年讓位於子玉。楚之令尹，相當於國相，兼治軍民。治兵，練兵，使士兵明習號令。古代在農閒時教民習戰，出師訓練稱治兵，收兵稱振旅。睽，楚地，今何地不詳。❾終朝　自早晨到食時，即半日。❿子玉復治兵於蔿　子玉，成得臣的字。楚成王三十五年，子玉因伐陳有功，子文恐其矜功為亂，故舉薦他代己為令尹。蔿，楚地，今何地不詳。⓫貫三人耳　有三人受到貫耳的刑罰。貫耳，用箭穿耳，比鞭刑重的一種刑罰。《司馬法》云：「小罪聅，中罪刖，大罪剄。」《說文》：「聅，軍法以矢貫耳也。」⓬國老皆賀子文　國家尊貴的大臣都為子文舉拔子玉舉拔得好前來慶賀。⓭蔿賈　字伯嬴，楚名相孫叔敖之父，時尚年幼。⓮以靖國也　這是子文舉拔子玉時說的話，意謂讓子玉為令尹是為了安定國家。靖，安定。見僖公二十三年傳。⓯靖諸內而敗諸外　國內雖暫時安定了，但在國外要失敗。蔿賈此言預示子玉圍宋必敗。⓰過三百乘二句　謂子玉如統率超過三百乘的軍隊作戰，就不能帶領士兵回入國門了。即將全軍覆沒。

乘，一車四馬、甲士三人、步卒七十二人為一乘。三百乘有士卒二萬二千五百人。⑰楚子及諸侯圍宋　諸侯指陳、蔡、鄭、許四國諸侯。見經文。⑱公孫固　宋莊公之孫，曾任宋國大司馬。見僖公二十二年傳。⑲先軫　晉大夫，食邑於原，又稱原軫，為晉之名將。⑳報施救患　報答宋國贈車馬二十乘的恩施（見僖公二十三年傳），救助宋國被圍攻的患難。㉑於是乎在矣　「在於是矣」的倒裝句，就在這一次（抗楚救宋的）戰役了。㉒狐偃　字子犯，晉文公的母舅，故又稱舅犯，與其兄狐毛從文公流亡，後任大夫，是晉文公的主要謀臣。㉓始得曹而新昏於衛　楚國剛使曹國親附，新近又和衛國結有婚姻關係。昏，同「婚」。婚姻事於史籍無考。㉔齊宋免矣　指免受楚的脅逼。去年，楚伐齊，取穀邑，令申叔留戍其地以脅逼齊。故晉伐曹、衛，楚必移師來救，則齊、宋都可免受威脅。㉕蒐于被廬　蒐，春天打獵習武。此指大規模的檢閱士兵、演習作戰。被廬，晉地，今何地不詳。㉖作三軍二句　軍隊擴編為三軍，並商議元帥的人選。晉獻公時有二軍，今加一軍，擴建為三軍，即上軍、中軍、下軍。中軍帥就是元帥，統率三軍。㉗趙衰　字子餘，隨晉文公流亡，後任原大夫。是晉文公的主要謀臣。㉘郤縠可　郤縠可以勝任元帥。郤縠，晉大夫，《國語・晉語》說他已年五十。㉙說禮樂而敦詩書　愛好禮、樂，崇尚《詩》、《書》。說，同「悅」。敦，厚；崇尚。詩指《詩經》，書指《尚書》。㉚義之府也　義理的庫藏。謂義理都蘊藏在《詩》、《書》之中。府，庫。㉛德之則也　是道德修養的準則。㉜夏書曰四句　〈夏書〉是《尚書》的一部分。三句引文見於今《尚書・益稷》篇，意謂使用人才，應聽取他的言論，將具體任務交給他去辦，考查明白他辦事的成績和能力，如有功績，就用車馬服飾酬勞他。賦納，取納；聽取。所謂賦納以言觀其志。試，考核。功，事。指具體任務。所謂明試以功考其事。庸，酬勞。所謂車服以庸報其勞。㉝郤溱　晉大夫，輔佐郤縠為中軍副帥。㉞讓於狐毛而佐之　狐偃把率領上軍的將帥職位讓給狐毛，自己做副帥來輔佐他。上軍即右軍。㉟為卿　指「將下軍」（任下軍帥）。此據宋代林堯叟注，見《左傳杜林合注》。㊱欒枝　晉大夫，欒賓之孫，欒共叔之子，為下軍帥，諡貞子，故又稱欒貞子。下軍即左軍。㊲荀林父御戎　荀林父為晉文公駕御兵車。荀林父，晉大夫，又稱桓伯林父、中行桓子。中行是氏。戎，兵車。古代作戰時統帥居中，掌旗鼓號令，御者居左，驂乘居右。㊳魏犨為右　魏犨為晉文公車右。魏犨即魏武子，曾從文公流亡，後為晉大夫。右，車右，即驂乘，護衛主帥。㊴晉侯始入而教其民　晉文公一回國就教練百姓。文公（重耳）曾在外流亡十九年，於魯僖公二十四年始回晉國即位。以下一段文字是追述回國四年來的政教措施及其後效。㊵民未知義二句　謂晉國因多年戰亂，人民還不知道義，又沒有安居生活（常離鄉背井）。㊶出定襄王　對外就安定周襄王的王位。出，與下句「入」相對，指外交活動，入指內政。周襄王因王子帶之亂，避難居於鄭國氾地。晉文公領兵護送襄王入王城復位，殺王子帶，亂平。見僖公二十五年傳。出定襄王即教民尊王事君之義。

㊷入務利民二句　在內政方面，一切務求對民有利，這樣百姓便安於生計了。懷，安。生，生計；謀生。〈晉語四〉敘利民之事如棄責（債）薄斂、匡困資無、輕關易道、通商寬農、省用足財，以厚民生。㊸民未知信二句　謂人民還不懂信義，還沒有發揚信義的功用。宣，講解；宣揚；發揚。㊹伐原以示之信　討伐原邑，讓人民看到信義的重要功用。原，本為周大夫原氏食邑，在今河南省濟源市西北之原鄉。伐原見僖公二十五年傳。㊺民易資者三句　意謂百姓交易買賣物資，不求豐厚的利潤，明碼實價，說話算數，注重信用。易，交易。徵，證明；驗證。㊻民未知禮二句　謂人民還不懂尊卑上下的禮節，沒有生出恭敬之心。共，同「恭」。㊼作執秩以正其官　制訂爵祿秩位的法規，對國家官府依法整治，使合於正規。昭公二十九年傳：「文公是以作執秩之官，為被廬之法。」則執秩為官名，掌管爵祿秩位。《漢書・刑法志》注引應劭云：「搜（蒐）於被廬之地，作執秩以為六官之法。」則執秩為法名，以治官府。按傳文句式，「作執秩」是方式、手段，「正其官」是目的。正，整治；使合於正規。㊽出穀戍四句　此皆預言下年傳文，謂下年使楚國撤出戍守齊地穀邑的士兵，解除楚軍對宋國的包圍，城濮一戰，稱霸天下，這都是晉文公以文德教民的結果。穀，齊邑，在今山東省東阿縣舊縣治。

【語　譯】魯僖公二十七年春季，杞桓公來魯國朝見。因為他用東夷人的禮節，所以《春秋》只稱他「杞子」，不稱「杞桓公」。魯僖公瞧不起他，認為他用夷禮不恭謹。

夏季，齊孝公去世。魯國雖然對齊國有怨仇，但仍然沒有廢棄前去弔唁的喪禮，這是合於禮法的。

秋季，魯國公子遂領兵攻入杞國，這是為了責罰杞桓公的無禮。

楚成王準備發兵圍攻宋國都城，就派子文在睽地練兵演習，他一早上就完事，沒有責罰一個人。又讓令尹子玉在蔿地練兵演習，一整天才完畢，還鞭打了七個人，用箭穿了三個人的耳朵。楚國尊貴的大臣都來祝賀子文。子文請他們飲酒。這時蔿賈年紀還小，遲後才到，又不向子文祝賀。子文責問他，他回答說：「我不知道慶賀什麼。您把國家政事傳交給子玉去管，還說『是為了安定國家』，然而國內暫時安定了，在國外卻要失敗，所得到的好處有多少呢？子玉為將，作戰失敗，就是由於你舉薦不當造成的。舉薦的人竟使國家遭到失敗，還有什麼可慶賀的呢？子玉這個人剛愎強暴而無禮，不可讓他治理軍民。他率領軍隊，如果兵車超過三百輛，就不能全師回國了。如能全師回來，那時再慶賀，有什麼晚呢？」

冬季，楚成王和陳國、蔡國、鄭國、許國諸侯領兵包圍宋國都城。宋國大夫公孫固到晉國去告急求救。晉國大夫先軫說：「報答宋襄公以前贈車馬的恩施，現在救援宋國被圍的患難，取得威望，成就霸業，就在這時機了。」晉大夫狐偃說：「楚國剛使曹國親附，新近又和衛國結成婚姻，如果我們先攻打曹、衛，楚國必定來救援，這樣齊、宋兩國就可免受威脅了。」於是晉國就在被廬地方大規模閱兵演習，建立三個軍的編制，商議元帥的人選。這時趙衰說：「郤縠可以勝任元帥。我屢次聽到他的說話，知道他喜愛禮、樂，崇尚《詩》、《書》。《詩》、《書》是蘊藏義理的府庫，禮、樂是道德修養的準則。道德禮義是國家利益的根本所在。〈夏書〉說：『用人要聽取他的話語，以觀察他的心志；把事情交給他去辦，明確地考察他辦事的成績和能力；如果有功績，就用車馬服飾酬勞他，以表彰他的功勞。』國君不妨這樣試用他。」晉文公就命郤縠統帥中軍，命郤溱輔佐他。命狐偃統帥上軍，狐偃讓給狐毛，自己為副職輔佐他。任命趙衰為下軍主帥，趙衰辭讓給欒枝、先軫。就命欒枝統帥下軍，先軫為副職輔佐他。命荀林父駕御晉文公的兵車，魏犨作為車右。

晉文公結束流亡，一回到晉國，就開始教導、訓練百姓。過了二年，就想用他們作戰。子犯說：「百姓還不懂道義，生活還沒有安定。」於是晉文公對外就護送周襄王回王城，安定他的王位。對內一切措施務求對民有利，這樣百姓就安於生計了。晉文公又想使用他們，子犯說：「百姓還不懂信義，還沒有發揚信義的功用。」於是討伐原邑，取信於軍，讓軍民看到信義的重要作用。商民交易買賣物資，不求豐厚的利潤，明碼實價，說話算數，注重信用。晉文公問道：「現在可以使用他們了吧？」子犯說：「百姓還不懂禮節，沒有養成恭敬之心。」於是就在被廬大規模操練演習軍隊，讓軍民看到尊卑上下的禮節。設置執秩之官，掌管爵位秩位，依法整治官府，規定官員職責，使之合於正規。百姓聽命不迷惑疑慮，而後才用他們作戰。所以到明年晉國趕走守衛穀邑的楚軍，解除楚軍對宋國都城的包圍，城濮一戰，稱霸天下，這都是晉文公以德教民的結果。

【說　明】本傳緊接上年楚伐宋、圍緡邑、伐齊取穀邑，脅逼齊、宋的史事，寫楚成王又興師動眾，與陳、蔡、鄭、許四國諸侯軍圍攻宋都商丘，宋求救於晉。這就是下年晉、楚城濮之戰的起因。傳文又分敘楚、晉兩方情況，以預示戰爭勝負的趨勢。

楚聯合陳、蔡、鄭、許四國圍宋，又新得曹、衛，形成以楚為首的七國集團（魯國尚不計在內），兵力強大，處於優勢地位。但楚用子玉治兵，子玉剛愎強暴而無禮，無將帥之才，不足以任大事。蔿賈已預見楚軍不能全師回國，暗示城濮之戰必敗無疑。

晉國為救齊、宋，「取威定霸」，作了認真而充分的準備。首先定計，伐曹、衛以救齊、宋（「齊、宋免矣」與「出穀戍，釋宋圍」前後呼應）；其次擴編三軍，閱兵演習，操練兵馬；慎重議定三軍統帥；君臣同心，將佐協力，互相禮讓。這就可知戰勝楚國是具有一定條件的。

傳文又於此切入，夾敘夾議，追述晉文公回國即位後四年來對內對外的種種措施及其後效。利民以安其生；教民知義、知信、知禮，「民聽不惑，而後用之」。這是戰爭賴以取勝的決定因素，說明城濮之戰晉之所以取勝決非偶然。

二十八年

己丑，西元前六三二年。周襄王二十一年、齊昭公潘元年、晉文公五年、秦穆公二十八年、楚成王四十年、宋成公五年、衛成公三年、陳穆公十六年、蔡莊公十四年、曹共公二十一年、鄭文公四十一年、燕襄公二十六年、許僖公二十四年。

經 二十有八年春，晉侯侵曹，晉侯伐衛。

公子買戍衛，不卒戍，刺之。

楚人救衛。

三月丙午，晉侯入曹，執曹伯。畀宋人。

夏四月己巳，晉侯、齊師、宋師、秦師及楚人戰于城濮。楚師敗績。

楚殺其大夫得臣。

衛侯出奔楚。

五月癸丑，公會晉侯、齊侯、宋公、蔡侯、鄭伯、衛子、莒子盟于踐土。

陳侯如會。

公朝于王所。

六月，衛侯鄭自楚復歸于衛。衛元咺出奔晉。

陳侯款卒。

秋，杞伯姬來。

公子遂如齊。

冬，公會晉侯、齊侯、宋公、蔡侯、鄭伯、陳子、莒子、邾人、秦人于溫。

天王狩于河陽。壬申，公朝于王所。

晉人執衛侯，歸之于京師。衛元咺自晉復歸于衛。

諸侯遂圍許。曹伯襄復歸于曹，遂會諸侯圍許。

傳 二十八年春，晉侯將伐曹，假道於衛❶，衛人弗許。還，自南河濟❷，侵曹、伐衛。正月戊申❸，取五鹿❹。二月，晉郤縠❺卒，原軫將中軍❻，胥臣佐下軍❼，上德❽也。晉侯、齊侯盟于斂盂❾。衛侯請盟，晉人弗許。衛侯欲與❿楚，國人不欲，故出其君以說⓫于晉。衛侯出居于襄牛⓬。

公子買⓭戍衛，楚人救衛，不克。公懼於晉，殺子叢以說焉。謂楚人曰：「不卒戍⓮也。」

晉侯圍曹，門⓯焉，多死。曹人尸諸城上⓰。晉侯患之，聽輿人之謀⓱，稱「舍於墓」⓲。師遷焉。曹人兇懼⓳，為其所得者，棺而出之⓴。因㉑其兇也而攻之。三月丙午㉒，入曹。數之㉓，以其不用僖負羈㉔而乘軒者㉕三百人也，且曰「獻狀」㉖！令無入僖負羈之宮，而免其族，報施也。魏犨、顛頡㉗怒，曰：「勞之不圖，報於何有㉘？」爇僖負羈氏㉙。魏犨傷於胸。公欲殺之，而愛其材。使問，且視之。病㉚，將殺之。魏犨束胸見使者，曰：「以君之靈，不有寧也？」距躍三百，曲踊三百㉛。乃舍之。殺顛頡以徇㉜于師，立舟之僑㉝以為戎右。

宋人使門尹般㉞如晉師告急。公曰：「宋人告急，舍之則絕，告楚不許㉟。

我欲戰矣，齊、秦未可，若之何？」先軫曰：「使宋舍我而賂齊、秦，藉之告楚㊱。我執曹君，而分曹、衛之田，以賜宋人。楚愛曹、衛，必不許也。喜賂怒頑㊲，能無戰乎？」公說，執曹伯，分曹、衛之田，以畀㊳宋人。

楚子入居于申㊴，使申叔去穀㊵，使子玉去宋㊶，曰：「無從晉師㊷。晉侯在外十九年㊸矣，而果得晉國。險阻艱難，備嘗之矣；民之情偽㊹，盡知之矣。天假之年，而除其害㊺。天之所置，其可廢乎？《軍志》曰：『允當則歸。』又曰：『知難而退。』又曰：『有德不可敵！』㊻此三志者，晉之謂矣！」子玉使伯棼㊼請戰，曰：「非敢必有功也，願以間執讒慝之口㊽。」王怒，少與之師，唯西廣、東宮與若敖之六卒㊾實從之。

子玉使宛春㊿告於晉師曰：「請復衛侯而封曹，臣亦釋宋之圍。」子犯(51)曰：「子玉無禮哉！君取一，臣取二，不可失矣(52)！」先軫曰：「子與(53)之，定人之謂禮，楚一言而定三國，我一言而亡之(54)。我則無禮，何以戰乎？不許楚言，是棄宋也。救而棄之，謂諸侯何(55)？楚有三施，我有三怨(56)，怨讎已多，將何以戰？不如私許復曹、衛以攜之(57)，執宛春以怒楚，既戰而後圖之。」公說。乃拘宛春於衛，且私許復曹、衛。曹、衛告絕於楚。

子玉怒，從晉師，晉師退。軍吏曰：「以君辟臣，辱也。且楚師老[58]矣，何故退？」子犯曰：「師直為壯，曲為老，豈在久乎[59]？微楚之惠不及此，退三舍辟之，所以報也[60]。背惠食言，以亢其讎，我曲楚直[61]。其眾素飽，不可謂老[62]。我退而楚還，我將何求？若其不還，君退臣犯，曲在彼矣！」退三舍。楚眾欲止，子玉不可。

夏四月戊辰[63]，晉侯、宋公[64]、齊國歸父[65]、崔夭[66]、秦小子慭[67]次于城濮[68]。楚師背酅而舍[69]，晉侯患之。聽輿人之誦曰：「原田每每，舍其舊而新是謀[70]。」公疑焉。子犯曰：「戰也！戰而捷，必得諸侯。若其不捷，表裏山河[71]，必無害也。」公曰：「若楚惠何？」欒貞子[72]曰：「漢陽諸姬，楚實盡之[73]。思小惠而忘大恥，不如戰也！」晉侯夢與楚子搏，楚子伏己而盬[74]其腦，是以懼。子犯曰：「吉！我得天，楚伏其罪，吾且柔之矣[75]！」

子玉使鬭勃[76]請戰，曰：「請與君之士戲[77]，君馮軾而觀之[78]，得臣與寓目焉[79]。」晉侯使欒枝對曰：「寡君聞命矣！楚君之惠，未之敢忘，是以在此。為大夫退，其敢當君乎[80]？既不獲命矣，敢煩大夫謂二三子[81]：『戒爾車乘[82]，敬爾君事，詰朝[83]將見。』」

晉車七百乘，韅靷鞅靽84。晉侯登有莘之虛85以觀師，曰：「少長有禮，其可用也！」遂伐其木，以益其兵。己巳86，晉師陳于莘北，胥臣以下軍之佐當陳、蔡87。子玉以若敖之六卒將中軍，曰：「今日必無晉矣！」子西88將左，子上89將右。胥臣蒙馬以虎皮，先犯陳、蔡。陳、蔡奔，楚右師潰。狐毛設二旆而退之90，欒枝使輿曳柴而偽遁91。楚師馳之。原軫、郤溱92以中軍公族93橫擊之，狐毛、狐偃以上軍夾攻子西，楚左師潰。楚師敗績。子玉收其卒而止，故不敗。

【注釋】❶假道於衛　向衛國借道通行。古黃河入衛國後向東北流。曹都陶丘（在今山東省定陶縣），在黃河之東。衛都楚丘（在今河南省滑縣東六十里），在黃河之西。晉伐曹，故向衛借路。❷自南河濟　南河即南津，又名棘津、石濟津，是古時有名的黃河渡口。江永《考實》謂在今河南省汲縣南七里，河道今已湮沒。濟，渡河。❸戊申　初九日。❹五鹿　衛地，在今河南省濮陽縣南三十里。❺郤穀　晉國中軍主將。中軍主將就是統領三軍的主帥。❻原軫將中軍　原軫做中軍主將。原軫即先軫，為晉國名將。食邑於原，以原為氏。將，用作動詞。率領。❼胥臣佐下軍　胥臣做下軍副將，輔佐主將欒枝。胥臣，即司空季子，名臼季，曾隨晉文公流亡。❽上德　尊重才德。上，通「尚」。崇尚。原軫由下軍副將升任中軍主將是因為他有才德，故云「上德」。❾斂盂　衛地，在今河南省濮陽市東南之斂盂聚。❿與　結交；親附。⓫說　同「悅」。取悅；討好。喜悅字古常作「說」，如下文「公說」。⓬襄牛　衛地，江永《考實》謂在今河南省范縣境，是衛之東鄙。⓭公子買　魯大夫，字子叢。去年楚國圍宋後，魯國與楚國結盟，故魯僖公命子叢帶兵助楚戍衛。⓮不卒戍　沒有完成防守任務。卒，完畢；完成。這是魯僖公採取兩面手法，欺騙楚人的話。⓯門　攻打城門。作動詞用。⓰尸諸城上　把屍體放在城上。⓱輿人之謀　眾人（指士兵）的計議。謀字下各本有「曰」字，王引之考證是衍文，今刪，說詳《經義述聞》。⓲稱舍於墓　說「把軍營駐紮到曹人的墓地上」。稱，說；揚言。「舍於墓」就是「謀」的內容，故下文說「師遷焉」。⓳兇懼　喧擾恐懼。意謂怕晉軍掘墓曝屍。兇，通「匈」、「訩」。《說文》：「匈，擾恐也。」訩，喧嚷不安。⓴為其所得者二句　把他們所殺死的晉兵屍體用棺木殮裝後運送出城。棺，用作動詞。裝入棺中。㉑因　趁。㉒丙午　初八日。㉓數之　列數曹共公的罪狀。㉔僖負羈　曹國大夫。晉文公流亡過曹時，曾饋送盤飧給文公，下文「報施」即指此。㉕乘軒者　軒是大夫所乘的車。此謂曹國濫封官爵，大夫竟多至三百人。㉖獻狀　供認罪狀。晉文公出亡至曹，曹共公無禮，在文公浴時觀其駢脅（肋骨相連如一骨），故今責其供認罪狀。見僖公二十三年傳。〈晉語〉作「觀狀」，故一說「獻狀」為觀狀，觀其駢脅之容狀。杜注謂「責其功狀」，責問士大夫有何功狀而獲祿位。㉗魏犨顛頡　二人都從晉文公流亡有勞，此次僅魏犨任車右，故二人似有怨忿不平之意。㉘勞之不圖二句　意謂對我們的功勞都不考慮，還報答什麼僖負羈。「報於何有」是「何有於報」的倒裝句，哪有什麼報答。㉙爇僖負羈氏　爇，焚燒。氏，猶「家」。㉚病　重傷；傷得很重。㉛距躍二句　謂向上跳躍，合掌三次；曲身向前跳躍，合掌三次。踊，躍。百，通「拍」。指拊合兩掌。一說通「驀」，拚命用力；又說通「陌」，指跳躍的距離。㉜徇　向眾人宣告，即示眾。㉝舟之僑　本虢國舊臣，後奔晉，此時代魏犨為兵車右衛。㉞門尹般　宋大夫，門尹為官名，名般。宋都被圍，去年已有公孫固至晉告急，今晉師破曹都，門尹般又至晉師告急。㉟告楚不許　請楚國解除對宋都的包圍，楚國不答應。㊱使宋舍我二句　意謂使宋國不要求我晉國，而去送財物給齊、秦二國，依靠齊、秦去求楚退兵。賂，財物。用作動詞。送財物買通別人。藉，憑藉；依靠。㊲喜賂怒頑　齊、秦喜得宋之賄賂，惱恨楚國頑固，不肯撤兵。㊳畀　給與。㊴申　姜姓國，為楚所滅，故城在今河南省南陽市。㊵使申叔去穀　前年楚軍攻齊，攻佔穀邑，命申公叔侯戍守。見僖公二十六年傳。今命申叔撤離穀邑。穀，在今山東省東阿縣舊縣治。㊶使子玉去宋　楚令尹成得臣，字子玉。去年冬領兵與陳、蔡、鄭、許諸侯軍圍宋都商丘，今命子玉撤兵。㊷無從晉師　不要追蹤晉軍。從，跟蹤；追逐。㊸晉侯在外十九年　晉文公重耳因驪姬讒害，於魯僖公五年逃亡到狄，後流亡衛、齊、曹、宋、鄭、楚、秦等國，至僖公二十四年終於回晉國為君，歷時十九年。㊹情偽　真假虛實。情，實。㊺天假之年二句　上天給他年壽，並除去要害他的人。假，給。按，重耳出亡時年十七，在外十九年，流離轉徙，猶得不死，三十六歲時回國為君，至此當年四十。獻公子九人，惟重耳獨存，要害他的人如驪姬、惠公、懷公及呂甥、郤芮等皆死。㊻軍志曰六句　古代的兵書《軍志》說：「適可而止。」又說：「明知難以取勝，就要撤退。」又說：「擁有正義的人不可抵敵。」允當，恰如其分；無過無不及。知難而退，成語。宣公十二年傳：「見可而進，知難而退，軍之善政也。」㊼伯棼　楚大夫鬬椒，字伯棼，又字子越。鬬伯比之孫。㊽以間執讒慝之口　乘機杜塞說壞話的人的嘴巴。間，隙。執，服；折服。慝，惡。讒慝指蔿賈，見僖公二十七年傳。㊾西廣句　都是軍隊的名稱。西廣，楚軍制分東西二廣，杜注謂十五乘為一廣。東宮，太子所屬的部隊。若敖為楚武王之祖，若敖初設親軍六卒，近似特種部隊，由宗族子弟組成，一卒三十乘，六卒一百八十乘。詳江永《羣經補義》。杜注謂一卒為百人，以徒法釋車法，誤。(50)宛春　楚大夫。(51)子犯　狐偃字子犯，晉文公母舅，與其兄狐毛從晉文公流亡，現任上軍副將，狐毛為上軍主將。(52)君取一三句　意謂文公是君，只得釋宋圍一種好處；子玉為臣，卻要得復衛、封曹二種好處，這就不能錯失戰機了。(53)與　許可；答應。(54)楚一言二句　楚國一句話（指復衛、封曹、釋宋圍）想安定衛、曹、宋三國，如我們說不同意，那麼一句話就亡了三國。(55)謂諸侯何　對齊、秦等諸侯怎麼說呢。(56)楚有三施二句　楚有施恩於三國的好處，我們如不同意，三國將怨恨我們。(57)私許復曹衛以攜之　暗中答應曹國、衛國恢復其國家，以離間曹、衛同楚國的關係。故下文「告絕於楚」。攜，離間。(58)師老　軍隊在外日久，疲憊不堪。楚軍去冬圍宋，至此已五、六月。(59)師直為壯三句　軍隊理直就氣壯，理虧就氣衰；士氣壯衰不在於出兵時間的長短。(60)微楚之惠三句　如沒有楚國的恩惠，我們便不會到這裏；退兵九十里迴避他，就是報答他的恩惠。微，通「非」。三舍，九十里。古時行軍日行三十里即止宿，故一舍為三十里。辟，同「避」。晉文公以前流亡至楚時，楚成王以禮款待，並資送文公至秦。晉文公曾說：「晉、楚治兵，遇於中原，其辟君三舍」，作為對楚的報答。見僖公二十三年傳。(61)背惠三句　背棄恩惠，不實踐諾言，反而庇護楚國的仇敵（宋國），我們就理虧，楚國就理直氣壯了。「言」指退避三舍的諾言。亢，庇護；捍禦。(62)其眾素飽二句　謂楚軍士氣一向飽滿，不能說疲憊而士氣衰落。(63)戊辰　初一日。(64)宋公　宋成公，名王臣。宋國始封為公爵，故稱其君為公。(65)國歸父　齊國上卿。(66)崔夭　齊國大夫。(67)小子憖　秦穆公幼子。(68)次于城濮　進駐城濮。行軍一宿稱舍，再宿稱信，三宿以上稱次。城濮，衛地，在今河南省濮陽縣東之濮城鎮，舊稱臨濮集，即在今范縣南七十里。(69)背酅而舍　背靠險阻的丘陵地帶紮營。(70)原田二句　休耕地裏的草長得茂盛，要捨棄去年耕種的舊田，用這休耕的新田。喻晉軍形勢大好，要晉侯忘掉楚國的舊恩，謀求新的霸業。原田，即趄田，今謂之休耕地，所長之草用作綠肥。說詳段注《說文》。每每，同「莓莓」。草盛貌。(71)表裏山河　晉國外有黃河，內有太行山，足以固守。表，外。(72)欒貞子　欒枝謚貞子，晉下軍主將。(73)漢陽諸姬二句　漢水以北的那些姬姓國家，被楚國吞併完了。水的北岸稱陽。楚滅晉同姓諸國，故下文謂「大恥」。(74)盬　吸吮；咬。(75)我得天三句　意謂「楚子伏」於晉侯，則晉侯仰臥，故云得天保佑；楚王俯伏，面向地，象徵服罪；楚王咬其腦，齒剛腦柔，柔可克剛，故云「柔之」，使楚順服。晉文公本因疑懼而作夢，狐偃曲為解釋，以消其疑慮，實不足信。(76)鬬勃　楚大夫，鬬氏名勃，字子上，統領右軍。(77)戲　嬉耍；玩玩。此從錢鍾書說，詳《管錐編》。《經義述聞》引《國語》韋注「戲，角力也。」(78)馮軾而觀之　靠在車前的橫木上觀看熱鬧。馮，同「憑」。倚靠。軾，車廂前的橫木，供人扶手。(79)得臣與寓目焉　得臣（子玉之名）也能陪您一起親眼觀光一番。與，一起。(80)為大夫退二句　以為大夫（指子玉）已經退兵回去，怎麼跟蹤而來，竟敢抵擋晉君呢。為，同「謂」。其，豈。81既不獲命二句　意謂既然楚國不允許退兵罷戰，那就麻煩大夫（指鬬勃）去對楚國將領們說。82戒爾車乘　小心地準備好你們的戰車。春秋時車戰，出軍以乘為單位，四馬一車、七十五名士卒為一乘。83詰朝　明天早上。指四月初二日上午。84韅靷鞅靽　都是馬身上用來駕車的皮製韁繩，背上的叫韅，胸前的叫靷，頸脖和腹部的叫鞅，足後的叫靽。古以四馬駕車，兩馬在中間的叫服馬，左右兩旁的叫驂馬，驂馬之首當服馬之胸。服馬胸前之靷有環，驂馬之外轡貫於環中，使驂馬不能外出，服馬行，驂馬亦得行。四字形容「晉軍七百乘」裝備齊整。85有莘之虛　有莘，古莘國，稱有莘氏，《春秋輿國》等書謂故址在今山東省曹縣北十八里。按下文晉師列陣之「莘北」即城濮，則晉侯所登之有莘之墟，當在城濮之南，即在今河南省濮陽縣東濮城鎮之南，不應遠在今曹縣境。虛，同「墟」。舊居的廢墟。86己巳　四月初二日。87以下軍之佐當陳蔡　胥臣以下軍副將的軍隊抵擋陳、蔡二國的軍隊。陳、蔡之軍本從楚國圍宋，此時屬楚之右師。88子西　鬬宜申的字。89子上　鬬勃的字。90狐毛設二旆而退之　上軍主將狐毛分前軍為兩隊，樹立二面旌旗向後撤退。這是設疑兵迷惑敵人，以便與另一支狐偃的上軍分道前後夾擊楚之左師。旆，有飄帶的旌旗。指先驅車、前軍。劉貴陽《經說》云：「設二旆，設前軍之兩隊也。」杜注謂旆為軍中大旗，中軍主帥所在立二旆。狐毛偽裝中軍以誘敵，說亦可通。91使輿曳柴而偽遁　讓戰車拖著樹梢（揚起塵土）假裝逃跑。曳，拖；拉。92郤溱　晉中軍副將。93中軍公族　中軍中由公室子弟組成的精銳部隊。

【語　譯】魯僖公二十八年春季，晉文公將要討伐曹國，先向衛國借道，衛國不答應。晉軍就回頭從南河渡過黃河，再向東侵入曹國，又討伐衛國。正月初九日，佔領衛地五鹿。二月，晉國中軍主帥郤縠死，就讓先軫接任中軍統帥，胥臣接任下軍副帥，這是尊崇有才德的人。晉文公和齊昭公在衛地斂盂結盟。衛成公請求加盟，晉國人不允許。衛成公就要跟楚國結交，但國內的人不願意，所以把衛成公趕出都城，來討好晉國。衛成公就離開國都，避居到衛地襄牛。

魯國的公子買領兵駐守衛國。楚軍救援衛國，沒有得勝。魯僖公害怕晉國，就殺了公子買討好晉國。一面又欺騙楚國人說：「公子買沒有完成防守衛國的任務，所以殺了他。」

晉文公發兵包圍曹國都城，攻打城門，死傷的人很多。曹軍把晉兵的屍體放在城上。晉文公為此很擔心，聽到士兵們計議著，聲稱「把軍營駐紮到曹國人的墓地上」。於是把軍營遷移到墓地。曹國人就喧擾恐懼，把他們所殺死的晉兵的屍體用棺木殮裝了運出城來。晉軍趁曹國人亂哄哄時攻城。三月初八日，攻入曹國都城，歷數曹共公的罪狀，因為他不用僖負羈，然而乘軒車的大夫卻有三百人之多。還責令他供認當年觀看晉文公駢脅的罪狀。又下令士兵不許進入僖負羈的家，而且赦免他的族人，這是報答當年他饋送食物給晉文公的恩德。可是魏犨、顛頡兩人卻發怒說：「我們的功勞還沒有考慮，哪有什麼報答？還說報答僖負羈！」就放火燒了僖負羈的家。作戰時魏犨胸部受傷。晉文公本想殺死他，但愛惜他的才幹，就先派人去慰問，觀察他受傷的情況，如果傷勢很重，就準備殺了他。魏犨包紮好胸部傷口，出見使者，說：「託國君的福，我不是很安好嗎？」說完就向上連跳三次，合掌三次，又曲身向前跳三次，合掌三次。晉文公就赦免了他，而殺死了顛頡，在全軍宣告示眾，立舟之僑為兵車右衛，接替魏犨的職務。

宋國又派大夫門尹般到晉軍告急求救。晉文公說：「宋國人來告急求救，如果不去救援，宋國就會跟我們絕交；請楚國撤軍解圍，楚國又不答應。我想要開戰了，可齊國、秦國又認為還不行。該怎麼辦？」先軫說：「讓宋國不要向我晉國求救，而去送財物給齊、秦二國，靠齊、秦去求楚國撤軍解圍。我們逮捕曹共公，把曹國、衛國的田地分給宋國人。楚國捨不得曹、衛，必定不答應齊、秦的要求。這樣齊、秦喜得宋國的賄賂，又惱恨楚國的頑固，能夠不同意參戰嗎？」晉文公聽了很高興，就拘捕了曹共公，把曹、衛的田地分給宋國人。

楚成王進入申城住下來，讓申叔撤離齊國的穀城，讓子玉撤離宋國都城，說道：「不要去追蹤晉軍。晉文公在外流亡十九年，最終得到晉國為國君。艱難險阻，他都經歷過了；民情真偽，他都知道了。上天給他年壽活下來，並剷除了禍害他的人。他是上天置立的君主，難道誰能推翻得了麼？兵書《軍志》說：『適可而止。』又說：『知道難以取勝，就要撤退。』又說：『有正義的人不可抵敵。』這三條記載，就是說的晉國了。」子玉叫伯棼去向楚成王請求出兵作戰，說：「不敢說一定會有大功，只希望藉此機會杜塞說壞話的人的嘴巴。」楚成王大怒，故意少給他軍隊，只讓西廣、東宮和若敖的一百八十輛兵車跟了去。

子玉派宛春到晉軍通報說：「請恢復衛成公的君位，把土地還給曹國，這樣的話，我們就解除對宋都的包圍。」子犯說：「子玉太無禮！我們晉君只得到釋宋圍的一種好處，而子玉為楚臣卻要得到復衛封曹的兩種好處，這就不可錯失戰機了。」先軫說：「您要答應他的請求。安定別人的國家叫禮。現在楚國人一句話可安定衛、曹、宋三國，我們如果不答應，一句話就使三國滅亡，我們就無禮，還靠什麼去作戰呢？不答應楚國的條件，這等於拋棄了宋國。我們既然是為救宋國而來，結果又拋棄他，那怎麼對齊、秦等諸侯說呢？楚國倒對三國有恩施，三國對我們就有怨仇。怨仇太多了，還憑什麼去作戰？不如私底下答應曹、衛恢復他們的國家，來離間他們跟楚國的關係，一面逮住宛春激怒楚國，等到戰勝以後再考慮曹、衛復不復國的事。」晉文公聽了很高興。於是拘禁宛春，押在衛國，同時暗中許諾曹、衛復國。曹、衛兩國就跟楚國宣告斷絕關係。

子玉大怒，進兵追逐晉軍，晉軍後撤。軍官說：「晉國國君竟畏避楚臣，這是一種恥辱。而且楚軍出征在外時間很久了，已疲憊不堪，我們為什麼要後退呢？」子犯說：「用兵作戰，理直才氣壯，理虧就氣衰，哪在於用兵時間的長短呢？以前晉君在外流亡時，如果沒有楚國的禮待恩惠，我們也不會到這一步。那時曾許諾退兵九十里以迴避楚軍，作為對恩惠的報答。如果背棄恩德，不守諾言，反而庇護他們的仇敵宋國，那我們就理虧而楚軍卻理直氣壯了。他們的士氣一向飽滿，不能認為已經衰疲。如果我們主動退兵，楚軍也退兵回去，我們還求什麼呢？如果他們不回去，那麼晉君退兵而楚國臣下進犯，理虧的就是他們了。」於是晉軍主動撤退九十里。楚軍很多將士要求停止前進，但子玉不允許。

夏季四月初一日，晉文公、宋成公、齊國上卿國歸父、大夫崔夭、秦穆公幼子慭一起駐紮在衛地城濮。楚軍背靠險阻的丘陵地帶紮營。晉文公為此很擔憂，聽到眾人唱誦道：「休耕田裏的綠草長得正繁茂，快丟開舊田，謀求耕種這新田，定可豐收。」晉文公疑惑不決。子犯說：「出戰吧！戰如得勝，必定得到諸侯的擁護。如果不勝，我國外有黃河，內有高山，也必定沒有啥禍害的。」晉文公說：「那楚國的恩惠怎麼辦？」欒枝說：「漢水以北的那些姬姓國，都已被楚國吞併光了。不能只掛念一點小恩小惠卻忘了滅我同姓諸侯國的大恥大辱。不如出戰吧！」晉文公夜裏作夢和楚成王搏鬥，楚王伏在自己身上咬自己的腦漿，因此感到害怕。子犯說：「這個夢吉利。您仰面朝天，得天保佑；楚王面向地下，就是服罪，我們將使楚國順服了。」

子玉派大夫鬭勃前去挑戰，說：「請求跟晉君的士兵戲耍一番，晉君可以靠在車前的橫木上觀看熱鬧，得臣也能陪同一起親眼觀賞觀賞了。」晉文公派欒枝回答說：「我們國君知道你的意思了！楚君的恩惠，沒有敢忘記，所以退避到這裏。我們以為大夫已經退兵了，怎麼追蹤而來，竟敢抵擋晉君呢？既然不允許退兵罷戰，那就麻煩大夫對你的將士們說：『小心準備好你們的戰車，忠敬你們國君的大事，明天早上將再見。』」

晉軍戰車七百輛，裝備齊全，駕車的馬韁如韅靷鞅靽都套好。晉文公登上有莘國的廢墟觀察軍容，說：「年輕的和年長的排列有序，合於禮，該是可以用來作戰了。」就下令砍伐山上的樹木，以增加武器用具。四月初二日，晉軍在莘北擺開戰陣，下軍副帥胥臣帶兵抵敵陳國、蔡國的軍隊。楚國令尹子玉用若敖的一百八十輛戰車統帥中軍，說：「今天必定消滅晉軍了！」楚國大夫子西鬭宜申率領左軍，子上鬭勃率領右軍。晉國下軍副帥胥臣用老虎皮蒙在馬身上，搶先進攻陳、蔡二國軍隊。陳、蔡二軍四散逃跑，楚國的右軍接著潰敗。晉國上軍主帥狐毛把前軍分為兩隊，樹著旆旗向後退兵，以迷惑敵人。晉國下軍主帥欒枝又讓兵車拖著樹枝（揚起塵土）假裝逃跑，以誘敵深入。楚軍主力就去追擊。晉軍的先軫、郤溱就率領中軍的精銳部隊從側面攔腰攻擊楚軍。狐毛和狐偃分別率領上軍前後夾擊楚將子西的左軍，把他打得潰敗。楚全軍大敗崩潰。子玉趕快下令收兵，停止前進，才沒有跟著潰敗覆滅。

【說　明】本章所記晉、楚城濮之戰，是春秋時代諸侯爭霸的一次大戰役。戰前雙方兵力是楚強而晉弱。楚有曹、衛、陳、蔡、鄭、許、魯等七個同盟國，前年攻取齊國穀城，去年又兵圍宋都，勢不可擋。楚自熊通自稱楚武王以來的百年中，軍事上還未受過挫折。而晉國自獻公死後，二十年來未曾安定；晉文公回國僅四年，實力無法與楚相較。但由於君臣協力，將帥勇謀，作戰指揮正確，使劣勢和被動向著優勢和主動轉化，終於一戰而勝，大敗楚軍。首先戰略得當。晉攻取弱小的曹、衛而不直接救宋，以避楚軍鋒銳，爭取主動。楚救衛不克，魯就兩面討好，楚陣營已局部削弱。其次，宋再告急，就讓宋國賄賂齊、秦，由齊、秦求楚釋圍。楚不知是晉的妙計，因而激怒齊、秦。晉爭取到齊、秦聯盟，使楚陷於孤立，這是戰前的重要一步。第三，楚成王看到這個形勢，就命申叔撤離穀邑，命子玉撤去宋圍，關照子玉「無從晉師」。但子玉剛愎自用，不從王命，造成國君與將帥不協，各行其是。當子玉要求晉國復立曹、衛，作為楚釋宋圍的條件時，晉能分析利弊，謹慎從事，採取私許復曹、衛的離間之計，使曹、衛告絕於楚。子玉惱羞成怒，輕敵冒進，追蹤晉軍，急於一戰，陷入了盲目被動的劣勢而難以自拔。第四，晉軍又主動「退避三舍」，既可聲言報答以前楚王禮待之惠，做到信守諾言，理直氣壯；實際上又是戰略退卻，欲伸先屈；選好戰場，伺機決戰。晉、宋、齊、秦結成聯盟，次於城濮。局勢已進一步轉為有利於晉。這樣完全按照晉國的部署，牽著子玉的鼻子，讓他一步一步走向大戰，走向失敗。

臨戰時，晉文公還因疑慮而作惡夢，說明他深怕有失，十分審慎。而子玉使鬬勃請戰，卻把慘毒殘民的戰爭說成「請戲」，要觀戲，要寓目，自示從容整暇，而輕敵之情溢於言外。正如劉知幾所稱，這是左氏「用晦」，實寓驕兵必敗之意。大戰開始，晉軍避實擊虛，先擊潰陳、蔡雜牌軍，擊潰楚軍右師。又使前軍設疑兵而退，使下軍詐偽逃遁，誘敵深入，然後再集中局部的優勢兵力襲擊楚軍，前後夾攻，擊潰楚軍左師。這樣各個擊破，因而晉軍全局轉為優勢，使楚軍無法挽回敗局。子玉收兵，只保持若敖之六卒而已。可見晉國之所以取勝，是由於在政治上孤立敵人，在軍事上採取正確的作戰方針，因而能處於有理有利地位。城濮之戰成為中國古代戰史上以少擊眾、以弱勝強的典型戰例。戰後，楚國勢力被迫退出黃河流域，晉國獨霸中原。下章即敘戰後情況。

傳 晉師三日館、穀❶，及癸酉❷而還。甲午❸，至于衡雍❹，作王宮于踐土❺。

鄉役之三月❻，鄭伯如楚，致其師❼。為楚師既敗而懼，使子人九行成于晉❽。晉欒枝入盟鄭伯。五月丙午⑨，晉侯及鄭伯盟于衡雍。丁未⑩，獻楚俘于王：駟介⑪百乘，徒兵⑫千。鄭伯傅王，用平禮也⑬。己酉⑭，王享醴，命晉侯宥⑮。王命尹氏及王子虎⑯、內史叔興父⑰，策命晉侯為侯伯⑱，賜之大輅之服⑲、戎輅之服⑳，彤㉑弓一、彤矢百，玈弓矢千㉒，秬鬯一卣㉓，虎賁㉔三百人，曰：「王謂叔父㉕：敬服王命，以綏四國㉖，糾逖王慝㉗。」晉侯三辭，從命，曰：「重耳敢再拜稽首㉘，奉揚天子之丕顯休命㉙。」受策以出。出入三覲㉚。

衛侯聞楚師敗，懼，出奔楚，遂適陳㉛，使元咺奉叔武以受盟㉜。癸亥㉝，王子虎盟諸侯于王庭，要言㉞曰：「皆獎㉟王室，無相害也。有渝㊱此盟，明神殛㊲之，俾隊其師㊳，無克祚國，及而玄孫，無有老幼㊴。」君子謂是盟也信，謂晉於是役也，能以德攻㊵。

初，楚子玉自為瓊弁玉纓㊶，未之服也。先戰，夢河神謂己曰：「畀余，余賜女孟諸之麋㊷。」弗致㊸也。大心與子西使榮黃諫㊹，弗聽。榮季曰：「死而利國，猶或為之，況瓊玉乎？是糞土也。而可以濟師㊺，將何愛焉？」弗聽。出，告二子曰：「非神敗令尹㊻，令尹其不勤民㊼，實自敗也。」既敗，王使謂之曰：「大夫若入，其若申、息之老何㊽？」子西、孫伯曰：「得臣將死，二臣止之曰：

『君其將以為戮？』[49]」及連穀[50]而死。晉侯聞之，而後喜可知[51]也。曰：「莫余毒也已[52]。蔿呂臣[53]實為令尹，奉己而已，不在民矣[54]。」

或訴元咺於衛侯曰：「立叔武矣！」[55]其子角[56]從公，公使殺之。咺不廢命[57]，奉夷叔[58]以入守。六月，晉人復衛侯[59]。甯武子與衛人盟于宛濮[60]，曰：「天禍衛國，君臣不協，以及此憂也。今天誘其衷[61]，使皆降心以相從[62]也。不有居者，誰守社稷？不有行者[63]，誰扞牧圉[64]？不協之故，用昭乞盟于爾大神，以誘天衷[65]。自今日以往，既盟之後，行者無保其力[66]，居者無懼其罪。有渝此盟，以相及[67]也。明神先君，是糾是殛[68]。」國人聞此盟也，而後不貳。衛侯先期入，甯子先[69]，長牂[70]守門，以為使也，與之乘而入。公子歂犬、華仲前驅。叔孫將沐[71]，聞君至，喜，捉髮[72]走出，前驅射而殺之。公知其無罪也，枕之股而哭之。歂犬走出，公使殺之。元咺出奔晉。

城濮之戰，晉中軍風于澤[73]，亡大旆之左旃[74]。祁瞞奸命[75]，司馬[76]殺之，以徇于諸侯，使茅茷代之。師還，壬午[77]，濟河。舟之僑先歸，士會攝右[78]。秋七月丙申[79]，振旅[80]，愷[81]以入于晉。獻俘、授馘[82]，飲至、大賞[83]，徵會討貳[84]。殺舟之僑[85]以徇于國，民於是大服。君子謂文公其能刑矣，三罪[86]而民服。《詩》云：

「惠此中國，以綏四方[87]。」不失賞刑之謂也。

冬，會于溫[88]，討不服[89]也。

衛侯與元咺訟[90]，甯武子為輔[91]，鍼莊子為坐[92]，士榮為大士[93]。衛侯不勝。殺士榮，刖[94]鍼莊子，謂甯俞忠而免之。執衛侯，歸之于京師，寘諸深室[95]，甯子職納橐饘焉[96]。元咺歸于衛，立公子瑕。

是會也，晉侯召王，以諸侯見[97]，且使王狩。仲尼曰[98]：「以臣召君，不可以訓。」故書曰：「天王狩于河陽[99]。」言非其地也，且明德也[100]。壬申，公朝于王所[101]。

丁丑，諸侯圍許[102]。晉侯有疾，曹伯之豎侯獳貨筮史[103]，使曰以曹為解[104]：「齊桓公為會而封異姓[105]，今君為會而滅同姓。曹叔振鐸[106]，文之昭也；先君唐叔[107]，武之穆也。且合諸侯而滅兄弟，非禮也。與衛偕命[108]，而不與偕復，非信也；同罪異罰，非刑也。禮以行義，信以守禮，刑以正邪。舍此三者，君將若之何？」公說，復曹伯，遂會諸侯于許[109]。

晉侯作三行[110]以禦狄。荀林父將中行，屠擊將右行，先蔑將左行。

【注　釋】❶館穀　住下來休息，吃繳獲的糧食。館，舍。用作動詞。❷癸酉　四月初六日。❸甲午　二十七日。❹衡雍　鄭地，在今河南省原陽縣西，舊原武縣西北五里。❺作王宮于踐土　為周襄王前來慰勞在踐土建造行宮。踐土，鄭地，在今河南省原陽縣西，武陟縣東，距衡雍三十里。經文云：「五月癸丑（十六日）」諸侯盟於踐土。傳文闕。❻鄉役之三月　在城濮戰役以前三個月，即在一月。鄉，同「嚮」。不久前。❼致其師　送去鄭國的軍隊，助楚作戰。此言鄭實出兵，雖上文敘戰事時並無鄭師。❽子人九行成于晉　子人九，鄭國公族，子人氏名九。行成，求和。❾丙午　五月初九日。❿丁未　初十日。⓫駟介　駟，同駕一輛車的四匹馬。介，甲。古時戰車之馬必披甲衣。⓬徒兵　步兵。⓭鄭伯傅王二句　行獻俘禮時，鄭文公給周襄王當贊禮官，用當初周平王接見晉文侯的禮儀接見晉文公。傅，相；做贊禮官。平，指周平王。平王接見晉文侯時以鄭武公為上相。⓮己酉　十二日。⓯王享醴二句　周襄王設宴用甜酒款待晉文公，還讓晉文公敬酒相酬。享，同「饗」。以酒肉宴請人。醴，甜酒。侑，勸人多飲加餐。⓰尹氏及王子虎　二人是周王的卿士。⓱內史叔興父　周大夫，名興字叔，官內史，掌策命。⓲策命句　在簡策上書寫王命，命晉文公為諸侯之長。⓳大輅之服　乘大輅時穿的以雉雞羽毛為裝飾的冕服。大輅，本是天子之車，塗金的稱金輅，以賜諸侯。⓴戎輅之服　乘兵車時穿的用熟皮製成的冠服，即韋弁之服。戎輅，天子所乘的兵車，也稱革輅。周王所賜是包括車馬和相應的服飾及儀仗等器物的。㉑彤　紅。指漆上紅色的。㉒玈弓矢千　漆上黑色的弓十個，箭一千枝。古代一弓百矢。㉓秬鬯一卣　用黑黍和香草釀成的香酒一卣。鬯，香酒。卣，盛酒器。㉔虎賁　勇士；衛士。言其勇猛如虎奔。㉕叔父　指晉文公。周王稱同姓諸侯為叔父或伯父。㉖以綏四國　以安撫四方諸侯。㉗糾逖王慝　為周王督察和懲治作惡的壞人。糾，察。逖，遠。用作動詞。放逐到遠方。慝，惡。㉘再拜稽首　先拜兩次，後跪拜叩頭到地。㉙奉揚句　接受和發揚天子宏大而顯耀的賞賜和策命。丕，大。顯，明；顯耀；光榮。休，指賞賜（從楊樹達說）。命，指策命。㉚出入三覲　前後共朝見三次。覲，進見。獻俘、王享、受策，凡三覲。㉛出奔楚二句　衛成公從襄牛逃奔去楚國，到了陳國。適，到……去。㉜使元咺句　衛成公使元咺侍奉叔武去接受諸侯訂立的盟約。元咺，衛國大夫。叔武，衛成公的兄弟。盟指五月癸丑（十六日）踐土之盟及癸亥（二十六日）諸侯會於王庭之盟。㉝癸亥　五月二十六日。㉞要言　約言。㉟獎　扶助。㊱渝　變；叛變。㊲殛　誅罰。㊳俾隊其師　使他的軍隊覆滅。隊，同「墜」。隕落；顛覆。㊴無克祚國三句　不能保有君位，災難降到你的子孫後代，無論老幼，都會受到神靈的懲罰。祚，福；使國運好。及，「及難」的省說。玄孫，曾孫之子，即第五代子孫。也通稱曾孫以後的子孫。㊵以德攻　依仗德義進行攻伐，所以獲勝。㊶瓊弁玉纓　鑲飾美玉的馬冠和馬鞅。馬冠戴在馬鬣毛前，馬鞅套前馬頸上。瓊，赤玉。弁，帽。纓，即馬鞅。二物漢代人皆解為馬飾，杜注解為皮弁，則為子玉自戴之物，不知何據。(42)畀余二句　畀，給。女，同「汝」。你。孟諸，宋地，在今河南省商丘市東北之孟諸澤。麋，通「湄」。水澤草地。河神此言是說讓你戰勝，擁有宋國土地。(43)弗致　不肯送給河神。按當時迷信，河神託夢，就應把寶物作為祭品，投入黃河。(44)大心句　大心，子玉之子，下稱孫伯。子西，鬬宜申的字，統率楚軍左師。榮黃，即榮季，子玉的部將。(45)而可以濟師　如果可以使軍隊得勝。而，如果。濟，成功。用作使動。(46)令尹　楚國最高官職，兼治軍民。此指子玉。(47)不勤民　不為百姓操勞。勤，勞。(48)其若申息之老何　將如何去見申、息二地的父老呢。楚王使者如此說，實欲子玉自殺，因申、息二地子弟皆從子玉而陣亡。此即《史記・項羽本紀》言項羽無面目見江東父老之意。申，姜姓國，為楚所滅，其地在今河南省南陽市。息，姬姓國，為楚所滅，其地在今河南省息縣。(49)君其將以為戮　國君難道會把你殺了嗎？即不必自殺，楚王可能赦其死罪。其，豈；難道。(50)連穀　今地不詳，當是楚地。子玉到連穀，未見楚王赦命，只好自殺。文公十年傳謂楚王赦命「不及」。(51)後喜可知　指晉文公喜悅之情見於顏色。知，猶「見」，說詳顧炎武《左傳杜解補正》。(52)莫余毒也已　沒有誰能害我了。毒，害。余，我。按，晉文公流亡至楚時，子玉就勸楚王殺他。《說苑》：「楚有子玉得臣，文公為之側席而坐（坐不安席）。」可見子玉對文公的威脅是很大的。(53)蔿呂臣　楚大夫，即叔伯，見僖公二十三年傳。(54)奉己二句　只知保全自己的祿位，不會為百姓操心了。(55)或訴二句　有人在衛成公面前毀謗元咺，說他「已立叔武為衛侯了」。訴，告狀；毀謗。(56)角　元角，元咺之子，被衛成公殺害。(57)不廢命　指沒有廢棄衛成公給他的使命，即奉叔武受踐土之盟，然後入守衛國。(58)夷叔　即叔武，夷是謚號。下文又稱叔孫。(59)晉人復衛侯　叔武受盟後，晉國聽任衛成公回國復位。(60)甯武子句　衛成公回國復位前，先遣甯武子與衛國大臣、公族議訂盟約。甯武子，名俞，衛國大夫，下稱甯子、甯俞。宛濮，衛地，在今河南省長垣縣西南二十里之宛亭。(61)天誘其衷　上天誘導、啟發人們的天心。即所謂天心在我、天良未泯之意。衷，心。指人的天心、天良。下文稱天衷。(62)降心以相從　意謂放棄成見，互相遷就。即所謂和衷共濟。(63)行者　指衛成公及跟隨其出奔的人。(64)扞牧圉　扞，保衛。牧，養牛的人。圉，養馬的人。(65)用昭乞盟二句　因此乞求在大神面前明白宣誓，以啟發人們的天心。用，以；因。昭，明。大神，指天地及先祖的神靈。(66)無保其力　不要仗恃自己的功勞。保，恃。(67)以相及　結果災難會降落到他的頭上。及，及難；遭到災難。經傳常省為「及」。(68)是糾是殛　「糾是殛是」的倒裝句，督察、誅戮這些人。(69)衛侯先期入二句　衛侯在約定日期之前就回國，甯武子又在衛侯之前回國。先，用作動詞。在……之前。(70)長牂　衛國大夫。負責守衛城門。因與甯武子同乘一車入城，城不守，故衛侯能直入而殺叔武。(71)叔孫將沐　叔孫即叔武。沐，洗頭。(72)捉髮　握髮。(73)風于澤　在沼澤地遇到大風。(74)大旆之左旃　前軍左邊的大旗。大旆，指前軍。此從劉書年說，參上文「二旆」注。旆，用赤色帛做的曲柄大旗。(75)奸命　違犯軍令。(76)司馬　官名，執掌軍法和獎懲。(77)壬午　六月十六日。(78)士會攝右　士會，士蔿之孫，字季，諡武子，又名隨會、范會。攝，代理。右，車右；兵車右衛。(79)七月丙申　王韜按曆推算，丙申為六月三十日，晦日。(80)振旅　此指軍隊作戰勝利歸來。(81)愷　愷樂；愷歌。俗作「凱」。《周禮·春官》：「王師大捷，則令愷歌。」(82)獻俘授馘　意謂統計生俘和殺死敵人的數字以告祭祖廟。馘，戰爭中殺死了敵人，割取他的左耳，以計數報功。(83)飲至大賞　犒勞士兵，遍賞有功。(84)徵會討貳　徵召諸侯相會（即下文溫之會），討伐有貳心的諸侯。(85)殺舟之僑　舟之僑本任車右，因擅自先歸，故被殺。(86)三罪　指殺顛頡、祁瞞、舟之僑三個罪人。(87)詩云三句　見《詩經·大雅·民勞》。意謂施恩德於中原國家，安撫四方諸侯。綏，安撫。(88)溫　晉地，在今河南省溫縣。據經文，會盟於溫地的有晉文公、魯僖公、齊昭公、宋成公、蔡莊公、鄭文公、陳共公、莒子、邾子、秦穆公幼子。(89)不服　指衛、許二國諸侯。(90)訟　訴訟；爭辯曲直。元咺以衛侯殺叔武事訴於晉，故衛成公爭訟。(91)輔　相。指甯武子作衛成公的訴訟人。(92)坐　在法官面前對質，訴訟曲直。此指對質的人。古時國君不能與臣對質，故由鍼莊子作代理，即作代理被告。(93)大士　相當於答辯人。衛侯敗訴，故士榮之罪獨重。輔、坐、大士，是當時訴訟有此名目，非平日官名。(94)刖　砍去腳的酷刑。(95)寘諸深室　把他囚禁在牢房裏。寘，同「置」。囚室幽深，故稱深室。(96)甯子職納句　甯武子負責送衣食給他。納，送入。橐，口袋。古時橐兩端有底，中間開口，兩端盛物，在中間舉起，可以肩擔。饘，稠粥。焉，於彼。杜注謂橐以盛衣，故橐饘指衣食。(97)以諸侯見　帶領諸侯朝見周襄王。以，率領。(98)仲尼曰　以下二句是孔子的話，解釋《春秋》為什麼寫「天王狩于河陽」，是為了隱諱晉文公以臣召君的失禮行為。(99)河陽　晉地，在今河南省孟縣西三十五里。(100)言非其地二句　意謂這是說河陽本不是君王狩獵的地方（是晉侯召王，王才至河陽見諸侯），也是表明晉文公勤王和周天子的仁德。(101)壬申二句　十月初七日，魯僖公到周襄王的住所朝見周襄王。溫之會，晉以諸侯見王，故不獨僖公朝於王所。(102)丁丑二句　十一月十二日，晉國等諸侯軍圍攻許國。許本從楚，楚敗，許未赴踐土之盟，亦未朝王，故伐之。許都在今河南省許昌市。(103)曹伯之豎句　曹共公的侍從侯獳賄賂晉國的卜筮官。豎，未成年而隨侍諸侯的小臣。貨，賄賂。(104)使曰以曹為解　使卜筮官為曹國解釋疏通。為解，為辭，即以下所說的話。(105)封異姓　指重建邢、衛、杞等異姓諸侯國。(106)叔振鐸　曹國始封君，是周文王的兒子。(107)唐叔　晉國始封君，是周武王的兒子。(108)與衛偕命　曹和衛一同得到晉君允許復國的諾言。(109)遂會諸侯于許　經文謂曹共公復君位後「遂會諸侯圍許」。(110)作三行　建立三個步兵師。行，步卒。三行指左行、中行、右行，即步兵之左軍、中軍、右軍。

【語　譯】晉軍住下來休息了三天，吃繳獲楚軍的糧食，到四月初六日起兵回國。二十七日到達鄭地衡雍，在踐土為周襄王建造了一座行宮，準備他來慰勞將士。在城濮戰役以前三個月，鄭文公曾把他的軍隊送到楚國，現在因楚軍戰敗而害怕，就派大夫子人九到晉國去求和。晉國派大夫欒枝到鄭國和鄭文公訂立盟約。五月初九日，晉文公和鄭文公又在衡雍訂立盟約。五月十日，晉國向周襄王行獻俘禮：有披甲衣的四匹馬拉的戰車共一百輛，步兵一千人。這時鄭文公作獻俘禮的贊禮官，周襄王用當初周平王接見晉文侯的禮儀接見晉文公。五月十二日，周襄王設宴享之禮用甜酒款待晉文公，還讓晉文公敬酒相酬。周王命卿士尹氏、王子虎和內史叔興父用策書命晉文公為諸侯領袖，賜給他鍍金的大輅車、戎輅車和相應的冕服、戎服以及飾物、儀仗，還有漆紅色的弓一把、紅色的箭一百枝，漆黑色的弓十把、箭一千枝，黑黍加香草釀成的香酒一卣，勇猛的衛士三百人。並對晉文公說：「天子對叔父說：要恭敬地服從王命，安撫四方諸侯，為王室督察、懲治作惡的壞人。」晉文公辭謝三次，然後接受策命，說：「重耳恭謹地再拜叩頭，接受和發揚天子宏大而顯貴的賞賜和策命。」晉文公接受了策書退出王宮。如此朝見周王前後共三次。

衛成公聽說楚軍打了敗仗，就很害怕，從襄牛逃亡去楚國，就跑到了陳國，派大夫元咺侍奉他的兄弟叔武去接受踐土的盟約。五月二十六日，周王卿士王子虎和諸侯在王庭盟誓，盟約說：「大家都要扶助王室，諸侯之間不可互相傷害。誰要是違背盟約，就會受到神靈的誅罰，覆滅他的軍隊，不能再享有君位，災難一直降臨到他的子孫後代，無論老幼都不能幸免。」君子認為這次結盟是誠信的，認為晉國在這次戰役中，能依仗德義進行征討，所以獲勝。

當初，楚國令尹子玉私自製作了鑲飾美玉的馬冠和馬鞅，還沒有服用。作戰之前，他夢見黃河神對自己說：「把那寶物送給我，我就賜給你孟諸的水草地。」子玉不肯送給河神。他的兒子大心和將領子西就派子玉的部將榮黃去勸導，可是子玉不聽從。榮黃勸他說：「如果死了對國家有利，尚且要不惜犧牲，何況只是玉冠呢？和國家利益相比，這不過如同糞土罷了。如果可以使軍隊戰勝，有什麼捨不得呢？」但子玉還是不聽從。榮黃出來告訴大心和子西說：「不是河神要叫令尹失敗的，是令尹不為百姓著想，實在是他自取敗亡呀！」子玉戰敗之後，楚成王派使臣對他說：「如果大夫回國，怎麼去對申、息兩地的父老交代呢？」子西和大心對使臣說：「子玉本要自殺，是我們二人阻止他，說：『不要自殺，國君難道會把你殺戮嗎？』」子玉到了連穀，楚王沒有赦令，子玉就自殺了。晉文公聽到這事，喜悅之情見於顏色，說道：「再也沒有誰能害我了！蔿呂臣做楚國令尹，不過是保全自己的祿位罷了，他是不會給百姓操心的。」

有人在衛成公面前毀謗元咺，說：「他立叔武做國君了。」元咺的兒子元角跟隨衛成公，衛成公派人殺了他。元咺並沒有因此而廢棄衛成公給他的使命，仍然侍奉叔武去受盟，然後回國攝政。六月，晉國讓衛成公回國復位。衛成公派大夫甯武子和衛國大臣、公族在宛濮盟誓說：「上天降禍難給衛國，君臣不協和，因此遭到這樣的憂患。現在上天啟發人們的天心，使大家放棄成見，互相遷就，和衷共濟。如果沒有留居國內的人，那誰來守衛國家呢？沒有跟隨國君出行的人，那誰來保護牧牛養馬的人？因為不協和，所以乞求在大神面前明白誓盟，以誘導人們的天心：從今天訂立盟約之後，出亡在外的人不要依恃自己的功勞，留居國內的人不要怕自己獲罪。誰要是違背這個盟約，災難就落到他的頭上。天神和先君在上，會督察和懲罰這樣的人。」國內的人知道了這個盟約以後，就沒有貳心。衛成公在約定的日期之前就回國，甯武子又在他之前進入國都。長牂負責守衛城門，以為甯武子是國君的使者，就和他同乘一輛車入城。公子歂犬、大夫華仲作衛成公的先驅，就直入都城。叔武正要洗頭，聽說國君來到，很高興地握著頭髮跑出來迎接，不料前驅二人用箭把他射死了。衛成公知道他沒有罪，把頭枕在他的大腿上哭悼他。歂犬逃出去，衛成公把他殺了。大夫元咺就逃亡到晉國。

在城濮之戰時，晉國的中軍在沼澤地遇到大風，丟掉了前軍左邊的大旗。祁瞞犯了軍令，執法官司馬把他殺了，通報諸侯，另派茅茷接替他的職務。晉軍勝利回國，六月十六日渡過黃河，舟之僑擅自先行回國，由士會代理車右。秋季，七月丙申日，軍隊得勝回到晉國，高奏凱歌，進入國都。先在太廟祭告俘獲和殺死敵人的數字，飲酒犒勞，論功行賞。然後召集諸侯會盟，討伐有貳心的國家。殺舟之僑，並通報全國，於是百姓心悅誠服。君子認為晉文公能嚴明刑法，只殺了顛頡、祁瞞、舟之僑三個罪人，全國百姓都順服了。《詩》

說：「施惠給中原國家，安定四方諸侯。」說的就是不失公正的賞罰。

冬季，魯僖公、晉文公、齊昭公、宋成公、蔡莊公、鄭文公、陳共公、莒子、邾子、秦穆公幼子在溫地會見，商量出兵討伐不服號令的國家。

衛成公和元咺爭訟曲直，甯武子作衛成公的訴訟人，鍼莊子做衛成公的代理被告，士榮作衛成公的答辯人。衛成公沒有勝訴。晉國就殺了士榮，砍了鍼莊子的腳，認為甯武子忠誠而赦免了他。同時逮捕衛成公，押送到京師，囚禁在牢房裏，由甯武子負責給他送衣食。於是元咺回到衛國，立公子瑕為國君。

這次溫地會盟時，晉文公召請周襄王前來，並帶領諸侯去朝見，還讓周襄王打獵。孔子說：「以臣下而召請君王，是不能作為法則的。」所以《春秋》記載說：「天王狩于河陽。」意思是說這不是周王打獵的地方，也是表明晉文公勤王和周王的仁德。十月初七日，魯僖公到周襄王住所朝見周襄王。

十一月十二日，諸侯包圍許國都城。這時晉文公生了病，曹共公的侍從侯獳賄賂晉國的小筮官，要他為曹國說疏通的話：「以前齊桓公主持會盟是重建異姓的諸侯國，現在國君主持會盟卻滅掉同姓的國家。曹國的始封君叔振鐸是周文王的兒子，晉國的始封君唐叔是周武王的兒子。現在會合諸侯滅掉同姓的兄弟之國，這是不合禮法的。曹國和衛國曾一起得到國君許諾他們復國，但現在曹國並沒有同衛國一起復建，這是不守信義；罪過相同而處罰不同，這是不合刑律的。禮是用來推行道義的，信是用來維護禮的，刑法是用來糾正邪惡的。丟掉這禮、信、刑三者，國君將怎樣治理國家呢？」晉文公聽了很感動，就恢復了曹共公的君位，曹共公就到許國和諸侯相會，共同包圍許國。

晉文公建立三個步兵師稱三行，來防禦狄人侵犯，由荀林父統率中行，屠擊率領右行，先蔑率領左行。

【說 明】 本章記敘城濮之戰以後即四月二日以後的情況。周襄王宴享晉文公，策命為諸侯之長，賞賜車服，確立了晉文公在諸侯中的特殊地位。諸侯盟於踐土（有經無傳），又盟於王庭，處理戰後中原各國的關係，強調共扶王室，不得相害。從而結束了中原地區在齊桓公死後的動盪局面，又暫時趨於穩定。

傳文補敘子玉夢見河神與戰敗身死的情況，寫出子玉本是晉侯的勁敵。晉軍凱旋而歸。四月六日還師，二十七日至衡雍，獻俘朝王；六月十六日過黃河，七月丙申入晉都，高唱凱歌，告祭祖廟，不失刑賞，這都是誇耀晉文公的業績。對原來親附楚國的鄭、衛、曹等國都逐一作了交代，著重寫衛成公復位前後的紛爭。由於衛成公結交楚國，被國人逐出國都，遂出奔楚陳。戰後仍分裂為居者行者，實為親晉親楚兩派，雖盟於宛濮，但衛成公狠毒凶殘，殺元角、叔武，以致與元咺爭訟。十月諸侯會於溫，將衛成公囚於京師，並圍攻許國，但下年經傳未敘圍許後文，《說苑·敬慎》云：「進而圍許，兵亟弊，不能服，罷諸侯而歸。」則圍許之役，當是無功而罷。楚子玉之死及子西返楚情況可參見文公十年傳。

二十九年

庚寅，西元前六三一年。周襄王二十二年、齊昭公二年、晉文公六年、秦穆公二十九年、楚成王四十一年、宋成公六年、衛成公四年、陳共公朔元年、蔡莊公十五年、曹共公二十二年、鄭文公四十二年、燕襄公二十七年、許僖公二十五年。

經 二十有九年春，介葛盧來。

公至自圍許。

夏六月，會王人、晉人、宋人、齊人、陳人、蔡人、秦人盟于翟泉。

秋，大雨雹。

冬，介葛盧來。

傳 二十九年春，介葛盧❶來朝，舍于昌衍❷之上。公在會❸，饋之芻、米❹，禮也。

夏，公會王子虎、晉狐偃、宋公孫固、齊國歸父、陳轅濤塗、秦小子憖❺盟于翟泉❻，尋踐土之盟❼，且謀伐鄭也。卿不書，罪之也❽。在禮，卿不會公、侯❾，會伯、子、男可也❿。

秋，大雨雹，為災也⓫。

冬，介葛盧來。以未見公，故復來朝。禮之，加燕好⓬。介葛盧聞牛鳴，曰：「是生三犧⓭，皆用之⓮矣。其音云⓯。」問之而信⓰。

【注釋】❶介葛盧　介國國君名葛盧。介，小國名。《春秋彙纂》及顧棟高《大事表》以為介是東夷國，在今山東省膠州市西南七十里。恐不確。明年經文云「介人侵蕭」，蕭在今安徽省蕭縣，與膠州市相距七百里以上。介一小國，何能作此遠征。疑介國在今山東省南部、安徽省蕭縣以北之某地。❷昌衍　即昌平山，在今山東省曲阜市東南五十里、泗水縣南六十里。❸公在會　指魯僖公正在會同諸侯圍攻許都，由經文「公至自圍許」可知。❹芻米　乾草和糧食。芻，餵牲口的草料。❺秦小子憖　秦穆公的幼子，名憖。❻翟泉　又作「狄泉」，春秋時在王城外，後王城併入洛陽，才在洛陽舊城中。杜注云：「翟泉，今洛陽城內大倉西南池水也。」在今河南省洛陽市東北二十五里。❼尋踐土之盟　重溫踐土之盟的誓約。尋，溫；重申。踐土之盟，見去年經文。踐土，鄭地，在今河南省原陽縣西南。❽卿不書二句　經文只稱「晉人、宋人」等，沒有寫出參加會盟的各國卿士的名字，是貶責他們。卿，執政大夫，位在大夫之上。此指狐偃、公孫固等。罪，貶低；譴責。❾在禮卿不會公侯　按照周禮，諸侯國的卿不能跟公、侯會盟。意謂魯僖公是公爵，親往翟泉，其他諸侯國只派卿來會盟，是失禮，故《春秋》不書卿名。❿會伯子男可也　公侯的卿往會伯、子、男爵級的諸侯是可以的。按周禮，列國的卿相當小國的諸侯，故可往會伯、子、男。⓫大雨雹為災也　落下大雨和冰雹，造成災害，故經文才記載「大雨雹」。雨，動詞。落雨。雹，空中水蒸氣遇冷結成冰粒或冰塊，常在夏秋季隨暴雨降落成災。⓬加燕好　比常禮更加豐盛的宴饗和饋贈上好的禮物。燕，通「讌」、「宴」。用酒食款待客人。好，好貨。指禮物。⓭三犧　三頭作祭牲的小牛。犧，古代祭祀用的毛色純一的牲畜。⓮用之　把牠殺了用作祭祀。⓯其音云　牠的叫聲才如此。云，如此。⓰信　真實。指言語真實。

【語　譯】魯僖公二十九年春季，介國國君葛盧來魯國朝見，魯國讓他住在昌衍山上。當時魯僖公正在會同諸侯圍攻許國，魯國就贈送給他草料、糧食等物品，這是合於禮的。

夏季，魯僖公和周王卿士王子虎、晉國大夫狐偃、宋國大夫公孫固、齊國大夫國歸父、陳國大夫轅濤塗、秦國公子慭在翟泉結盟，重溫踐土的盟約，同時謀劃進攻鄭國。《春秋》沒有寫出各國卿大夫的名字，只寫「晉人、宋人」等，是表示貶責他們。因為按照禮制，諸侯國的卿是不能同公、侯會盟的，只可以和伯、子、男爵級的諸侯會盟。

秋季，落大雨和冰雹，給魯國造成災害，《春秋》才加以記載。

冬季，介葛盧又來魯國，因為前次沒有見到魯僖公，所以再次來朝見。魯國對他優禮有加，比常禮更加豐盛的宴請他，並贈送給他上等禮品。介葛盧聽到牛叫，就說：「這頭牛生了三頭小牛，都被殺了用作祭祀了，所以牠的叫聲才會如此。」去詢問一下，果真是這樣。

【說　明】魯僖公同周王卿士王子虎與晉、宋、齊、陳、秦五國（經文有蔡國，共六國）在王城外的翟泉會盟，魯僖公是公爵諸侯，親來翟泉，但五國諸侯沒有赴會，只派卿（執政大夫）參加會盟，這是看低了魯僖公，使他感到難堪。所以《春秋》不書卿名，只稱其為「晉人、宋人」。傳文按周禮予以解釋：「卿不會公、侯。」不書卿名是譴責他們的意思（書王人，非貶）。其實公侯伯子男，諸侯分此五級，既非事實，僅為虛名，難以褒貶。如魯、宋是公，齊、晉是侯，秦、鄭是伯，楚是子，許是男，此種爵級已無實際意義。時至春秋，禮樂崩壞，唯強力而已。而《春秋》猶拘泥陳規，以公爵自尊，實是可笑。

三十年

辛卯，西元前六三〇年。周襄王二十三年、齊昭公三年、晉文公七年、秦穆公三十年、楚成王四十二年、宋成公七年、衛成公五年、陳共公二年、蔡莊公十六年、曹共公二十三年、鄭文公四十三年、燕襄公二十八年、許僖公二十六年。

經 三十年春王正月。

夏，狄侵齊。

秋，衛殺其大夫元咺及公子瑕。衛侯鄭歸于衛。

晉人、秦人圍鄭。

介人侵蕭。

冬，天王使宰周公來聘。

公子遂如京師，遂如晉。

傳 三十年春，晉人侵鄭，以觀其可攻與否。狄間晉之有鄭虞也❶，夏，狄侵齊。

晉侯使醫衍酖衛侯❷。甯俞貨醫❸，使薄❹其酖，不死。公為之請❺，納玉於王與晉侯，皆十瑴⑥，王許之。秋，乃釋衛侯。衛侯使賂周歂、冶廑曰：「苟能納我，吾使爾為卿⑦。」周、冶殺元咺及子適、子儀⑧。公入，祀先君，周、冶既服將命⑨，周歂先入，及門，遇疾而死，冶廑辭卿。

九月甲午⑩，晉侯、秦伯圍鄭⑪，以其無禮於晉⑫，且貳於楚⑬也。晉軍函陵⑭，秦軍氾南⑮。佚之狐⑯言於鄭伯曰：「國危矣！若使燭之武⑰見秦君，師必退。」公從之。辭曰⑱：「臣之壯也，猶不如人；今老矣，無能為也已⑲！」公曰：「吾不能早用子，今急而求子，是⑳寡人之過也！然鄭亡，子亦有不利焉。」許之。

夜，縋而出㉑。見秦伯曰：「秦、晉圍鄭，鄭既知亡矣！若亡鄭而有益於君，敢以煩執事㉒。越國以鄙遠㉓，君知其難也，焉用亡鄭以陪鄰㉔？鄰之厚，君之薄也㉕。若舍鄭以為東道主㉖，行李㉗之往來，共其乏困㉘，君亦無所害。且君嘗為晉君賜矣㉙，許君焦、瑕㉚，朝濟而夕設版焉㉛，君之所知也。夫晉，何厭之有㉜？既東封鄭，又欲肆其西封㉝，若不闕秦，將焉取之㉞？闕秦以利晉，唯君圖之㉟。」秦伯說㊱，與鄭人盟，使杞子、逢孫、楊孫㊲戍之，乃還。

子犯㊳請擊之。公曰：「不可。微夫人之力不及此㊴。因人之力而敝之，不仁㊵；失其所與，不知㊶；以亂易整，不武㊷。吾其㊸還也！」亦去之㊹。

初，鄭公子蘭㊺出奔晉，從於晉侯伐鄭，請無與圍鄭㊻，許之，使待命于東㊼。鄭石甲父、侯宣多㊽逆㊾以為大子，以求成㊿于晉，晉人許之。

冬，王使周公閱(51)來聘，饗有昌歜、白、黑、形鹽(52)。辭曰：「國君，文足昭也，武可畏也(53)，則有備物之饗，以象(54)其德；薦五味，羞嘉穀，鹽虎形，以獻其功(55)。吾何以堪之(56)？」

東門襄仲(57)將聘于周，遂初聘于晉(58)。

【注釋】❶狄間晉句　狄人鑽了晉國跟鄭國有戰事的空子。間，乘隙。虞，憂患。指戰爭。晉與齊同盟，故狄乘晉無暇顧及而入侵齊國。❷晉侯使醫衍酖衛侯　晉文公指使名叫衍的醫生去毒死衛成公。前年衛成公被囚京師，故衍當是周王室的醫生。酖，用有毒的鴆鳥的羽毛泡成的毒酒。用作動詞。毒死。亦作「鴆」。❸甯俞貨醫　甯俞買通醫生。甯俞，甯武子名俞，衛國大夫，負責給衛侯送衣食。貨，賄賂；送財物買通人。❹薄　少；稀薄；不濃。使動用法。使毒酒不濃，即少放毒藥。❺公為之請　魯僖公為衛侯請求。❻瑴　合在一起的兩塊玉，即一對玉器。亦作「珏」。❼卿　執政大夫。爵位在公侯之下、大夫之上。❽元咺及子適子儀　元咺，衛大夫。子適，即公子瑕，前年立為衛君。子儀，子適的母弟。❾周冶既服將命　周、冶二人已經穿好卿的禮服，準備接受任命為卿。受命必於太廟，下文「及門」即指到太廟的大門。❿甲午　十日。⓫晉侯秦伯圍鄭　晉國始封為侯爵，故稱晉侯，指晉文公。秦國始封為伯爵，故稱秦伯，此指秦穆公。鄭都新鄭，在今河南省新鄭市。⓬以其無禮於晉　指晉文公（名重耳）作公子時，在外流亡至鄭國，鄭文公沒有以禮相待。見僖公二十三年傳。以，因。⓭貳於楚　對晉有貳心，而親附楚國。貳，有貳心；從屬二主。城濮之戰時，鄭文公曾送軍隊去楚國，助楚擊晉。見僖公二十八年傳。⓮軍函陵　軍，駐兵。用作動詞。函陵，鄭地，在今河南省新鄭市北十三里，兩面有山，中如函谷。⓯氾南　東氾水之南，鄭地，在今河南省中牟縣南。東氾水今已湮沒。⓰佚之狐　鄭國大夫。古人在姓氏和名字之間常加「之」字，如宮之奇、介之推等。⓱燭之武　鄭國大夫。鄭樵《通志》云：「以其居于燭地，故言燭之者，猶言介之推、佚之狐也。」⓲辭曰主語是燭之武。⑲無能為也已　沒有能力做什麼了。已，同「矣」。⑳是　此；這。代詞。㉑縋而出　用繩子繫住身體從城上垂下，這樣出了城。㉒敢以煩執事　拿亡鄭的事來麻煩您。敢，表敬副詞。以，把；拿。介詞。以字下省代詞「之」，指亡鄭。執事，對人的敬稱，字面上指對方手下的辦事人員，實指對方本人，此指秦穆公。㉓越國以鄙遠　越過晉國，把遠處的鄭國作為（秦國的）邊邑。鄙，邊邑。用作動詞。遠，遠的地方。指鄭國。秦在西，鄭在東，晉隔在中間，秦若得鄭地，要越過晉國而佔有其地，猶後世之飛地，是很難鎮守的。㉔焉用亡鄭以陪鄰　為什麼要滅亡鄭國用來增加鄰國（晉國）的土地呢。焉，何。疑問代詞。以，連詞，表示結果。陪，通「倍」。增益。鄰，秦之鄰。指晉國。秦難以越國而鎮守鄭地，則鄭亡，其地不歸於秦，必歸於晉，故云「陪鄰」。㉕鄰之厚君之薄也　鄰國強大了，就是秦國削弱了。厚，強；增加土地。君，秦君。指秦國。薄，弱；削弱力量。㉖若舍鄭以為東道主　如果捨棄鄭國（不滅鄭，存鄭），把鄭國作為秦國東方道上的主人。秦如有事於中原，必東行經鄭國境，鄭可作主人，接待秦客。後世專以「東道」、「東道主」代稱主人，語出於此。㉗行李　古代專指外交使臣，亦作「行理」。諸侯國有「行人」掌管外交。與今行李作行裝義有別。㉘共其乏困　供應他們資糧。共，同「供」。乏困，指使臣路上資費食糧不足。乏，行而無資。困，居而無食。㉙嘗為晉君賜矣　曾經給予晉惠公恩惠了。為，給予。晉君，指晉惠公夷吾，晉文公的異母弟。曾流亡秦國，秦穆公助他先於晉文公回國為君。見僖公九年傳。㉚許君焦瑕　晉惠公曾答應把「河外列城五，東盡虢略，南及華山」的地區割給秦國，作為酬報。見僖公十五年傳。焦、瑕即其中二城。焦，故焦城在今河南省陝縣南二里。即今河南省三門峽市南郊。瑕，在今河南省陝縣西南三十里，靈寶市之東。㉛朝濟而夕設版焉　早上渡過黃河（回晉國為君），晚上就在那裏築牆拒守。濟，渡河。版，打土牆用的夾板。這裏指版築的土牆，即防禦工事。朝夕是說晉背棄信義之快速，不可信賴。焉，於彼；在那裏。指在焦、瑕。㉜何厭之有　「有何厭」的倒裝句，古代的反詰句式。厭，通「饜」。滿足。㉝既東封鄭二句　意謂晉國在東面把鄭國作為其疆域之後（即亡鄭之後），又要擴展它西面的疆界。既，……之後。封，前封字為動詞，意動用法，「封鄭」是動賓結構，以鄭國為其封疆；後封字是名詞，疆界。肆，伸展；擴張。㉞不闕秦二句　意謂晉向西開拓封疆，不侵奪秦國的土地，將從何處取得土地呢。闕，通「缺」。虧損。指侵奪。焉，哪裏；何處。疑問代詞。㉟唯君圖之　希望秦君考慮這事吧。唯，表示希望的語氣詞。㊱說　同「悅」。心悅誠服。㊲杞子逢孫楊孫　三人都是秦國大夫。㊳子犯　晉文公母舅狐偃，字子犯。㊴微夫人句　如果不是那個人（秦穆公）的幫助，我們不會到這地位。晉文公重耳是靠秦穆公幫助才回國為君的。微，通「非」。夫，彼；那。㊵因人之力二句　憑倚那人的力量（為國君）卻回過來傷害他，這是不道德的。因，憑藉；倚靠。敝，壞；損害。㊶失其所與二句　喪失自己的盟國，這是不明智的。與，結交。所與，結交的人；同盟者。指秦國。知，通「智」。㊷以亂易整二句　秦、晉由步調一致變為相互攻伐，這不算是勇武。易，變。整，指步調一致。武，古時以能制止戰亂為武。㊸其　表示委婉語氣的副詞，相當於「還是」。㊹去之　離開鄭國。㊺公子蘭　鄭文公庶子，後為鄭穆公，是晉、鄭講和的關鍵人物。《史記・鄭世家》云：鄭文公有三夫人，子五人，皆以罪早死，如子華、子臧皆被殺，唯餘庶子。㊻請無與圍鄭　請求讓自己不參與圍困鄭都的戰事。因子蘭是鄭國公子。㊼東　指晉國東部，接近鄭國邊界。㊽石甲父侯宣多　二人為鄭國大夫。石甲父名癸，字甲父。侯宣多，於魯文公二年被殺。㊾逆　迎。㊿求成　求和。(51)周公閱　周襄王太宰，名閱，是周公旦之後。經文稱宰周公。(52)饗有句　饗，宴享；以酒食款待人。昌歜，昌蒲根做的醃菜，又稱昌本、昌蒲菹。白黑，指白米糕、黑黍糕。形鹽，虎形塊鹽。(53)文足昭二句　文治足以顯揚四方，武功足以使人敬畏。(54)象　象徵；用具體的事物表示某種意義。(55)薦五味四句　意謂進獻五味調和的菜肴、美好的米食和虎形的塊鹽，以象徵他的功業。薦，舉；進。五味，甜酸苦辣鹹。昌蒲菹有五味之和。羞，同「饈」。美味的食品。此處與「薦」互文，用作動詞，進獻食品。嘉穀指稻黍，即指白、黑米糕。獻，與「象」互文，象徵。(56)堪之　承受得了這樣的宴請。(57)東門襄仲　即魯國公子遂，字襄仲，因治軍營於東門，故稱東門襄仲（從鄭玄說）。(58)遂初聘于晉　於是順路到晉國作首次訪問。杜注云：「自入春秋，魯始聘晉，故曰初。」聘，訪問。古代諸侯之間或諸侯與天子之間派臣問候，都叫聘。聘問必致送禮物。

【語　譯】魯僖公三十年春季，晉國人入侵鄭國，試探鄭國是否可以攻打。狄人卻鑽了晉國對鄭國有戰爭的空子，在夏季就入侵齊國。

　晉文公指使名衍的醫生去毒死關在牢房裏的衛成公。衛國大夫甯俞買通醫生，讓他把毒酒弄得淡薄不濃，所以衛成公沒有被毒死。魯僖公又去替衛成公請求，把美玉獻給周襄王和晉文公，都是送十對寶玉。周襄王答應了他的請求，到秋季就釋放了衛成公。衛成公派人賄賂衛國的周歂、冶廑二人，說：「如果能接納我當國君，我就使你們二位做衛國的卿。」於是周、冶二人殺死了大夫元咺、國君公子適和公子儀。衛成公回國，在太廟祭祀先君，周、冶二人已經穿好卿的禮服，準備到太廟去接受任命，周歂走在前面先進去，剛走到廟門口，突然發病而死。冶廑害怕了，趕忙辭去卿位。

九月十日，晉文公、秦穆公帶兵圍困鄭國都城，是因為鄭文公以前對流亡的晉文公重耳無禮，去年又對晉有貳心，而親附楚國。晉軍駐紮在函陵，秦軍駐紮在氾南。鄭國大夫佚之狐對鄭文公說：「國家危急了！假如派燭之武去拜見秦穆公，秦軍就必定退走。」鄭文公聽從了他的話，就派燭之武去見秦穆公。燭之武推辭說：「下臣年壯的時候，尚且不及別人有才幹；現在年老了，更加無能為力了。」鄭文公說：「我沒有能及早重用您，到現在國家危急了才來請您，這是我的過錯。然而如果鄭國滅亡了，對您也有不利呀！」燭之武才答應接受這個任務。

到夜裏，燭之武用繩子繫住身子從城上垂吊到城外，這樣出了城，到氾南拜見秦穆公，說道：「如今秦、晉兩國大軍圍困鄭國，鄭國已經知道自己要滅亡了。不過假如滅亡了鄭國而對您國君有好處，那還敢麻煩國君您。然而秦國要越過別的國家，把遠處的鄭國作為秦國的邊邑，國君您知道那是很難鎮守的。那您為何要滅亡鄭國用來增加鄰國的土地呢？鄰國土地擴大，就是國君您力量的削弱。如果國君捨棄滅亡鄭國，讓它做您東方道上的主人，您的外交使臣往來時，由鄭國接待，供應他們資費和食糧，這對國君您也沒有什麼害處。況且國君您曾施給晉惠公恩惠了，晉惠公答應把焦、瑕兩地割讓給秦國作酬報，但晉君早上從秦國渡過黃河，回國為君，晚上就在那裏設版，築好土牆等防禦工事，這是國君您清楚的事。那個晉國哪有滿足的時候？如果滅亡了鄭國，晉國就在東邊把鄭國作為他的疆域，之後，又要擴展他西邊的疆界，那時如果不虧損秦國，又將從何處去取得土地呢？所以滅亡鄭國是損害秦國而有利晉國的事，希望國君您考慮怎麼辦吧！」秦穆公聽了心悅誠服，就反過來和鄭國人結盟，還派杞子、逢孫、楊孫三位大夫留在鄭國守衛，自己領兵撤回秦國去了。

晉國大夫子犯請求追擊秦軍。晉文公說：「這不行。當年如果不倚靠秦穆公的力量，我們不會到這地位。憑藉別人的力量辦成事，卻反過來損害他，這是不道德的；喪失自己的盟國，這是不明智的；秦、晉步調一致變為互相攻伐，這不是勇武。我們還是回去吧！」於是晉軍也離開鄭國回去了。

當初，鄭國公子蘭逃亡到晉國，這次跟隨晉文公討伐鄭國，他請求不參加圍攻鄭都，晉文公答應了，讓他留在晉國東部邊境等候命令。鄭國大夫石甲父、侯宣多二人把他接回去立為太子，以此跟晉國講和，晉國人允許了。

冬季，周襄王派太宰周公閱到魯國訪問，魯國宴請他時，食品有昌蒲菹、白米糕、黑黍糕、虎形塊鹽。周公推辭說：「國君的文治足以顯揚四方，武功足以使人敬畏，宴饗才可備有各種物品，以象徵他的德行；進獻五味調和的菜肴、美好的米食，還有虎形塊鹽，以象徵他的功業。我怎麼承受得起這樣的宴禮呢？」

魯國公子東門襄仲將要到成周去回訪，就順路到晉國作首次聘問。

【說　明】本傳主要記敘城濮之戰以後，晉、秦聯軍圍攻鄭都的事。鄭國危在旦夕，鄭文公起用老臣燭之武往見秦穆公，瓦解了秦、晉聯盟，說服秦軍退兵，使鄭國轉危為安。這便是歷史上著名的「燭之武退秦師」的故事。文章不足三百字，卻完整地記敘了這一複雜的歷史事件，刻畫出燭之武捐棄前嫌、以國事為重，臨危受命、挽救國家危亡的這個古代愛國者的形象。傳文重點記述他說秦的一段言辭：首先他承認「鄭既知亡矣」的危急處境，然後從晉、秦、鄭三國的地理位置，秦、晉交往的歷史來闡述鄭之存亡與秦之利害關係，一層說亡鄭於秦無益，秦難以「越國以鄙遠」；二層說亡鄭有利於晉，不利於秦，「鄰之厚，君之薄也」。三層說存鄭於秦無害而有利，鄭可為秦東道之主。四層說晉忘恩背信的歷史教訓，要穆公清醒，不要盲從。五層說晉不知饜足，亡鄭之後又要擴展其西部疆界。最後總結，亡鄭是「闕秦以利晉」的事。如此逐層推進，侃侃而談，卻深刻分析了當時的形勢與利害得失，句句入情入理，又處處為秦利害著想，全不以亡鄭為念而卑躬乞求或怒目斥責，因此使穆公恍然大悟，心悅誠服，轉而與鄭聯盟，援鄭駐防，晉軍無功而返，鄭國轉危為安。這就展示了燭之武洞察形勢、富有政治鬥爭經驗和善於外交辭令的謀臣形象，也表現出古人說理嚴密的思維方式和具有中國特色的語言層次結構形式。全文文字凝煉，概括力強。如「臣之壯也，猶不如人」，怨責鄭伯不知用人，卻又含而不露，委婉而有分寸；「夜，縋而出」，前二字作狀語，四個字寫明了出城的時間、方式，也反映出形勢的危急和燭之武不顧個人安危的品格。總之，這是古代史傳散文中極有史學、文學價值的精彩篇章。

三十一年

壬辰，西元前六二九年。周襄王二十四年、齊昭公四年、晉文公八年、秦穆公三十一年、楚成王四十三年、宋成公八年、衛成公六年、陳共公三年、蔡莊公十七年、曹共公二十四年、鄭文公四十四年、燕襄公二十九年、許僖公二十七年。

經 三十有一年春，取濟西田。

公子遂如晉。

夏四月，四卜郊，不從，乃免牲，猶三望。

秋七月。

冬，杞伯姬來求婦。

狄圍衛。十有二月，衛遷于帝丘。

傳 三十一年春，取濟西❶田，分曹地也。使臧文仲❷往，宿於重館❸。重館人告曰：「晉新得諸侯，必親其共❹。不速行，將無及❺也！」從之。分曹地自洮以南，東傅于濟❻，盡曹地也。襄仲❼如晉，拜曹田也。

夏四月❽，四卜郊，不從，乃免牲，非禮也❾。猶三望❿，亦非禮也。禮不卜常祀，而卜其牲、日⑪。牛，卜日曰牲⑫。牲成而卜郊，上怠慢⑬也。望，郊之細⑭也。不郊，亦無望可也⑮。

秋，晉蒐⑯于清原⑰，作五軍⑱以禦狄。趙衰為卿⑲。

冬，狄圍衛，衛遷于帝丘⑳，卜曰：「三百年㉑。」衛成公夢康叔㉒曰：「相奪予享！」㉓公命祀相。甯武子不可，曰：「鬼神非其族類，不歆其祀㉔。杞、鄫何事㉕？相之不享，於此㉖久矣，非衛之罪也。不可以間成王、周公之命祀㉗，請改祀命㉘。」

鄭洩駕㉙惡公子瑕，鄭伯亦惡之，故公子瑕出奔楚。

【注釋】❶濟西　濟水以西，其地本屬曹國。僖公二十八年，晉文公討伐曹國，分其地與諸侯，至此乃將濟西之田分給魯國。濟水源出河南省濟源市王屋山，春秋時流經晉、衛、曹、魯、齊諸國。為曹、魯分界之濟水，當在今山東省巨野縣、舊壽張縣、東平縣之間。濟水今已湮，僅存發源處。❷臧文仲　魯國大夫，即臧孫辰。❸重館　重地的賓館。重，魯地名，在今山東省魚臺縣西北十一里。館，候館；賓館。《周禮・地官》：「凡國野之道，十里有廬，廬有飲食；三十里有宿，宿有路室；五十里有市，市有候館。」候館有室以安頓行人，有樓榭足供候望。❹必親其共　必定親近對他恭敬的人。《國語・魯語上》作「必親先者」。共，同「恭」。先至為恭，後至則為不恭。❺無及　趕不上，意謂分不到土地。及，趕上。❻自洮二句　從洮水往南，東面靠著濟水。洮，水名，在今山東省鄄城縣西南。傅，通「附」。靠著。洮之北屬魯國，洮之南本屬曹國，今分與魯國，東至濟水。其地當在今山東省巨野縣、東平縣之西，包括梁山縣、鄆城縣、鄄城縣等地，即曹國北部地區。《國語・魯語上》：「獲地于諸侯為多。反，既覆命，為之請曰：地之多，重館人之力也，請賞之。乃出而爵之。」❼襄仲　魯國公子遂，也稱東門襄仲。❽夏四月　魯用周正，周正四月即夏正二月。❾四卜郊四句　四次占卜可否郊祭，結果都不從人意（不吉利），就不舉行郊祭，已經準備的祭牲（牛），也免而不殺，這是不合於禮制的。郊，郊祭，祭天，祈求農事豐收。郊祭當在夏正之正月，郊祭後開始春耕。免牲，為郊祭準備的祭牲（牛）免而不殺，即不舉行郊祭。❿猶三望　仍然望祭三處山川。望，祭名，遙祭名山大川，在郊祭時舉行。魯國之三望指祭祀大海、泰山、淮水。⓫禮不卜常祀二句　按照禮制，按時祭祀的常規祭祀不用占卜，只占卜使用的祭牲（牛）和占卜吉日。郊祀即為常祀。占卜祭牲是看牛是否合宜，如毛色不純或肢體不全、有傷口，就不宜作祭牲。辛日是郊祭的吉日。魯郊當於夏正十二月卜夏正正月的辛日。⓬牛卜日曰牲　作祭祀用的牛，在卜得吉日以後就改稱「牲」。⓭牲成二句　已卜得吉日，牛已成為「牲」，還去占卜可否郊祭，這是在上者怠慢祭典，褻瀆占卜用的龜策。此釋卜郊之非禮。怠慢，輕慢；不敬。⓮望郊之細　望祭是郊祭的細節。定公二年傳：「望，郊之屬也。」望祭是郊祭的附屬部分。⓯不郊二句　不舉行郊祭，就更沒有必要舉行望祭了。此釋猶三望之非禮。⓰蒐　打獵。此指藉秋獵進行軍事演習、檢閱軍隊。⓱清原　在今山西省稷山縣東南二十多里，亦稱晉原。⓲作五軍　建立五個軍的編制。僖公二十八年晉作三行，今改三行步兵為車兵，為左、中、右三軍，再加上軍、下軍二新軍，共五軍。⓳卿　春秋時高級官員的爵位名稱。在公侯之下，大夫之上。疑此卿為新軍統帥。⓴帝丘　在今河南省濮陽縣西南三十里，舊滑縣縣治東北七十里之土山村。僖公二年，衛國遷都楚丘，在今河南省滑縣東，今遷帝丘。㉑卜曰三百年　占卜說衛都於此可立國三百年。衛從此年以後歷十九君，至秦二世元年（西元前二〇九年）始廢，歷四二一年，可見左氏所記興亡之言不必盡驗（見顧炎武《日知錄》卷四）。㉒康叔　衛國始封君，名封，周文王之子，武王之弟。㉓相奪予享　夏后相奪走我的祭獻供品。相，夏后啟之孫，仲康之子。其所居當在帝丘。㉔鬼神二句　意謂不是同族人的祭祀，鬼神就不享用他的祭品。族類，同義複詞。歆，祭祀時鬼神享用祭品的香氣，是一種迷信說法。㉕杞鄫何事　杞國、鄫國何曾祭祀過相。杞、鄫本是夏朝後代的封國，本應祭祀夏后相。杞，本在河南省杞縣，西周時已東遷，春秋時又遷至今山東省昌樂縣東南七十里。鄫，在今山東省棗莊市東。㉖此　指杞、鄫二國。㉗不可以句　謂不能違反周成王、周公旦所規定的祭祀。間，通「干」。犯；違反。諸侯之國所當祀者，皆由周王室命定，祀相即犯成王、周公之命祀。㉘改祀命　改正祀相的命令。㉙洩駕　鄭國大夫，與隱公五年傳之洩駕並非一人。

【語　譯】魯僖公三十一年春季，魯國分得濟水以西的田地，這是把曹國的土地分割給魯國的。魯國派大夫臧文仲前去受地，途中住宿在重地的賓館裏。賓館的管理人員告訴他說：「晉國新近得到許多諸侯國為盟邦，必定親近恭順他的人，你如果不快點趕去，怕會趕不上分地呢！」臧文仲聽信他的話趕先去了，分到曹國的土地，從洮水以南，東邊靠著濟水，這本來都是曹國的田地。魯國公子東門襄仲到晉國去，拜謝分得曹國的田地。

夏季四月，魯國四次占卜可否郊祭，占卜的結果都不順意，就免了殺祭牲，不舉行郊祭，這是不合於禮制的。但還是舉行望祭，祭了大海、泰山、淮水三處名山大川。這也是不合於禮制的。按照禮制，郊祭是常規祭祀，本是按時祭祀而不用占卜的，只要占卜祭祀用的犧牲和日期。牛，在占卜得吉日後就改稱「牲」。已經成了「牲」還去占卜能否郊祭，這是在上者輕慢祭祀大典，褻瀆占卜用的龜甲。望祭山川，是郊祭的細節，不舉行郊祭大典，也就更不必舉行望祭山川了。

秋季，晉國在清原大規模檢閱軍隊，進行演習，編成五個軍來抵禦狄人。大夫趙衰被任命為卿。

冬季，狄人圍攻衛國，衛國由楚丘遷都到帝丘，占卜的結果說：「在這裏可以立國三百年。」衛成公夢見始祖康叔對他說：「夏后啟的孫子相奪走了祭我的供品。」衛成公就命令祭祀夏后相。甯武子認為不可以，說：「不是同族人的祭祀，鬼神是不會享用那祭品的。杞國和鄫國是夏朝帝后的後代，他們為什麼不祭祀夏后相？在杞、鄫二國已經很久不祭祀相了，這並非衛國的罪過。衛國不可以違犯周成王、周公旦有關祭祀的規定，所以請國君改變祭祀相的命令。」

鄭國大夫洩駕厭惡公子瑕，鄭文公也討厭他，所以公子瑕逃亡到了楚國。

【說　明】「國之大事，在祀與戎」，祭祀是古代貴族的大事，是諸侯政權的象徵。祭祀的名目繁多，本傳所記是郊祭、望祭。《春秋》記載郊祭就有九次，古今對此異說紛繁，今以傳解傳，郊祭就是祭天，祈求上天風調雨順，農事豐收。襄公七年傳云：「夫郊，祀后稷以祈農事。」郊祭是夏正正月舉行的祈穀之禮，是依時舉行的常規祭祀，不用占卜。郊祭後就開始春耕。襄公七年傳云：「故啟蟄而郊，郊而後耕。」桓公五年傳云：「凡祀，啟蟄而郊。」啟蟄即驚蟄。古之驚蟄在雨水前，是夏正正月的節氣。漢代行太初曆，改驚蟄在雨水後，始為夏正二月節氣。古時也有過了正月郊祭的，那就不是常祀了，《春秋》就要記載，所謂「過則書」。郊祭不用占卜，即所謂「禮不卜常祀」。但郊祭所用的祭牲（牛）和日期必須占卜。卜牛就是檢查牛犢的赤色毛是否純一、肢體是否完全、有無傷口，如毛色不純或有傷口就不能用作祭祀，必須改卜。所以宣公三年傳云：「正月，郊牛之口傷，改卜牛。」卜日是選在辛日，《禮記・郊特牲》「郊之用辛」，辛日是郊祭的吉日。在夏正十二月就要卜正月的辛日。吉日卜定後，牛就改稱為牲，備作祭祀之用。犧牲一詞古時就指祭牲，如莊公十年傳的「犧牲、玉帛」就是指祭牲和玉帛等祭品，所謂色純為犧，體全為牲。到後世，把為正義事業獻出生命、或為某種目的捨棄權利、利益叫作犧牲，那是引申比喻義。本傳說魯國本不用占卜，卻在周正四月，過了郊祭時節，牲都已備成了，卻去占卜可否郊祭，還卜了四次，所以說是「非禮也」。至於望祭，是在郊祭時遙望名山大川進行祭祀。祭哪些山川，視各國地理情況而定，魯國是祭「海、岱、淮」，實指黃海、泰山、淮河，故稱三望。魯國不舉行郊祭，卻舉行望祭，所以說「亦非禮也」，「不郊，亦無望可也」。

衛國遷都後，夏后相這個餓鬼搶奪衛始祖康叔的祭品，衛侯命祀相。甯武子說「鬼神非其族類，不歆其祀」，即僖公十年傳狐突對申生死後鬼神現身時說的「神不歆非類，民不祀非族」。《論語・為政》云：「非其鬼而祭之，諂也。」〈曲禮〉云：「非其祭而祭之，名曰淫祀，淫祀無福。」左氏多次寫到祭祀鬼神問題，對此種迷信古人早就加以批評。《論衡》說，左氏「言多怪，頗與孔子不語怪力相違反也。」范寧〈穀梁傳集解序〉說：「左氏艷而富，其失也巫。」就是批評左氏多敘鬼神之事。汪中《述學》內篇一則謂「左氏之言鬼神，未嘗廢人事」，有資「戒勸」。這兩方面的評說都是很有意義的。

三十二年

癸巳，西元前六二八年。周襄王二十五年、齊昭公五年、晉文公九年、秦穆公三十二年、楚成王四十四年、宋成公九年、衛成公七年、陳共公四年、蔡莊公十八年、曹共公二十五年、鄭文公四十五年、燕襄公三十年、許僖公二十八年。

經 三十有二年春王正月。

夏四月己丑，鄭伯捷卒。

衛人侵狄。

秋，衛人及狄盟。

冬，十有二月己卯，晉侯重耳卒。

傳 三十二年春，楚鬬章請平❶於晉，晉陽處父報之❷，晉、楚始通❸。

夏，狄有亂，衛人侵狄，狄請平焉。秋，衛人及狄盟。

冬，晉文公卒❹。庚辰❺，將殯於曲沃❻。出絳❼，柩❽有聲如牛。卜偃❾使大夫拜，曰：「君命大事❿：將有西師過軼我⓫，擊之，必大捷焉。」杞子⓬自鄭使告于秦曰：「鄭人使我掌其北門之管⓭，若潛師⓮以來，國可得也。」穆公訪諸蹇叔⓯，蹇叔曰：「勞師以襲遠⓰，非所聞也。師勞力竭，遠主備之，無乃不可乎？師之所為，鄭必知之，勤而無所，必有悖心⓱。且行千里，其⓲誰不知？」公辭焉。召孟明⓳、西乞⓴、白乙㉑，使出師於東門之外。蹇叔哭之，曰：「孟子！吾見師之出，而不見其入㉒也！」公使謂之曰：「爾何知？中壽㉓，爾墓之木拱㉔矣！」蹇叔之子與師㉕，哭而送之，曰：「晉人禦師必於殽㉖。殽有二陵㉗焉：其南陵，夏后皋㉘之墓也；其北陵，文王之所辟㉙風雨也。必死是間㉚，余收爾骨焉！」秦師遂東㉛。

【注釋】❶請平　求和。平，講和。僖公二十八年城濮之戰，楚國被晉國打敗，至此請求和解。❷陽處父報之　晉國大夫陽處父回訪楚國。《清一統志》謂今山西省太谷縣東十五里有故陽城（今名陽邑）為陽處父食邑，以邑為氏。❸始通　指晉、楚從此始有使者正式交往。❹晉文公卒　經文謂卒於十二月己卯，即初九日。❺庚辰　十二月十日。❻殯於曲沃　把靈柩停放到曲沃的祖廟裏。殯，停柩待葬。曲沃，在今山西省聞喜縣東，為晉國舊都，晉國祖廟在此。《元和郡縣志》謂晉文公靈柩後來葬在今山西省絳縣東二十里。❼絳　晉都城，在今山西省翼城縣東南。❽柩　殮屍的棺材。在床曰屍，在棺曰柩。❾卜偃　晉國卜筮之官，名偃。❿君命大事　晉文公發布軍令。杜注：「聲自柩出，故曰君命。」大事，指軍事。⓫有西師過軼我　西師指秦軍，因秦在晉西。軼，本指後車超越前車。過軼，指越境而過。秦軍襲鄭，必過晉國南境。按禮，過人之國，必遣使假道，秦未向晉假道，所以過軼即隱公九年傳之「侵軼」，即侵入晉國，故晉伐之。⓬杞子　秦國大夫，僖公三十年秦、鄭結盟後，秦使杞子等三人帶兵留鄭戍衛。⓭管　鑰匙。兼指鎖。⓮潛師　偷偷地發兵。⓯訪諸蹇叔　就這件事向蹇叔徵詢意見。訪，詢問；討教。與今訪問義微殊。諸，「之於」的合音合義詞。之，指代潛師襲鄭之事。蹇叔，秦國老臣，上大夫。⓰勞師以襲遠　勞苦軍隊，去襲擊遠方的國家。以，而。遠，指鄭國。下文「遠主」，指鄭國君主。從秦都雍（今陝西省鳳翔縣）至鄭都（今河南省新鄭市），約有千里。⓱勤而無所二句　意謂鄭國知而有備，則秦軍遠行千里，士卒勞苦而一無所得，必懊喪而有怨忿情緒。勤，勞。悖，逆；違反。⓲其　表示反問語氣的副詞。⓳孟明　即百里孟明視。百里是姓氏，字孟明，名視。為百里奚之子。下文稱孟子。⓴西乞　名術，下稱西乞術。㉑白乙　名丙，下稱白乙丙。以上三人為秦軍三帥。㉒不見其入　不見師之入。指秦軍不能全師而歸，孟明可能戰死在外。這是不祥之語。㉓中壽　六十、七十歲（從洪亮吉說）。時蹇叔當有七、八十歲，已過中壽。㉔拱　合手曰拱，兩手相拱。此指手指合圍那麼粗細，即俗語碗口粗。舊注兩手合抱，即誤為兩臂合抱。此謂如中壽而死，墓上種的樹木長得兩手相拱那麼粗了。蹇叔所言為不祥之語，故秦伯以詛咒相報，斥其老而不死，昏悖無知。㉕與師　參加在出征的軍隊中。㉖禦師必於殽　謂晉軍必於殽山伏兵狙擊秦軍。殽，同「崤」。山名，在河南省洛寧縣西北六十里，北接陝縣，東接澠池縣。㉗二陵　崤山有東崤山（北陵）、西崤山（南陵）兩座山頭。陵，山頭。

東崤在洛寧縣北二十里，西崤在陝縣東南七十里，稱二崤，相距三十五里。古道在二崤之間，上為峻坡，下為絕澗，石坂道奇狹，不能容兩車並進，故為絕險之地，是晉國的要道關塞，秦襲鄭必走此道。㉘夏后皋　夏桀的祖父。后，帝。㉙辟　同「避」。㉚必死是間　指晉軍必設伏此間，暗示三帥早為之備，惜三帥無謀，竟然不顧。是間，此二陵之間。是，此。㉛遂東　就向東進軍。東，東進。

【語　譯】魯僖公三十二年春季，楚國大夫鬭章到晉國請求講和，晉國大夫陽處父到楚國回訪，從此晉、楚二國開始有使者正式交往。

夏季，狄人內部發生動亂，衛國人乘機侵襲狄人，狄人請求講和。秋季，衛國和狄人結盟。

冬季，十二月初九日，晉文公死。十日，將要出殯到曲沃祖廟停放靈柩。靈柩剛出國都絳城，靈柩裏就發出聲音如牛叫。卜偃請大夫們趕快跪拜，說：「國君在發布軍事命令：將有西方的軍隊過境，侵入我國，如果前去襲擊，必定大勝。」留在鄭國守衛的秦國大夫杞子從鄭國派人報告秦穆公說：「鄭國人讓我掌管都城北門的鑰匙，如果偷偷地派軍隊來，就可佔領鄭國都城了。」秦穆公去徵求老臣蹇叔的意見。蹇叔說：「勞苦軍隊，去侵襲遠在千里的國家，我還沒有聽說過有這樣的事。我們的軍隊疲勞，力量用盡，遠地的鄭國早有防備，這樣去襲擊恐怕不行吧？況且我軍的行動，鄭國必定會知道。如果我軍辛勞而一無所得，士兵必定懊喪而有怨忿情緒。而且行軍千里，有誰會不知道呢？」秦穆公拒絕了他的勸諫，仍召見三位將帥孟明視、西乞術、白乙丙，命令他們在東門外發兵。蹇叔對出征的將領哭著說：「孟子，我看到軍隊出去，然而看不到軍隊回來了！」秦穆公派人對蹇叔說：「你懂什麼？如果你六、七十歲死了，你墳墓上的樹也長得兩手相拱那麼粗了！」蹇叔的兒子也參加在出征的軍隊中，蹇叔哭著去送行，說：「晉軍必定在崤山伏擊秦軍。崤山有兩座山頭，它的南陵有夏代帝皋的墳墓，它的北陵是周文王避風雨的地方。你必定死在這兩座山陵之間，到時我去那裏收你的屍骨吧！」秦國軍隊照舊向東進發。

【說　明】本傳當與下年傳文連讀。

二年前，秦、鄭聯盟，秦國圖謀中原以稱霸的野心開始膨脹。今年冬，留鄭戍衛的大夫杞子掌管北門的鎖鑰，密報秦伯，要秦派兵來偷襲鄭國，想內應外合，一舉滅鄭。不料晉軍於崤山伏擊，這就是春秋時期有名的崤之戰，它反映了秦、晉之間爭霸的尖銳矛盾。本年傳文只寫崤之戰的起因、杞子密報和秦出師的經過，而以蹇叔哭師為主要內容，預示秦師必敗於崤。秦穆公已忘記了前年鄭國老臣燭之武關於秦國難以「越國以鄙遠」的戰略分析，利令智昏，又拒絕了蹇叔的哭諫，貿然出兵，勞師襲遠，且師出無名；秦軍必經晉地二崤之間的絕險古道，又為保密而未遣使假道，就給晉以可乘之機。所以傳文寫出秦軍的這次行動，帶有極大的盲目性和冒險性，在戰略上已陷於十分被動的境地，勢必遭晉軍伏擊而大敗崩潰。傳文寫晉文公死後殯屍於棺，然仍死而有知，在靈柩中還能發布軍事命令：襲擊西師必大捷。這當然是迷信，故杜注謂「卜偃聞秦密謀，故因柩聲以正眾心」。其說固然合理，然秦軍千里奔襲，有目共睹，其誰不知？左氏藉卜筮之辭以言人事，我們不必因其鬼神迷信而附會其說，強為之解。

三十三年

甲午，西元前六二七年。周襄王二十六年、齊昭公六年、晉襄公驩元年、秦穆公三十三年、楚成王四十五年、宋成公十年、衛成公八年、陳共公五年、蔡莊公十九年、曹共公二十六年、鄭穆公蘭元年、燕襄公三十一年、許僖公二十九年。

經 三十有三年春王二月，秦人入滑。

齊侯使國歸父來聘。

夏四月辛巳，晉人及姜戎敗秦師于殽。

癸巳，葬晉文公。

狄侵齊。

公伐邾，取訾婁。

秋，公子遂帥師伐邾。

晉人敗狄于箕。

冬十月，公如齊。十有二月，公至自齊。乙巳，公薨于小寢。

隕霜不殺草，李梅實。

晉人、陳人、鄭人伐許。

傳 三十三年春，秦師過周北門❶，左右免冑而下❷，超乘❸者三百乘。王孫滿❹尚幼，觀之，言于王曰：「秦師輕而無禮❺，必敗。輕則寡謀，無禮則脫❻。入險而脫，又不能謀，能無敗乎？」及滑❼，鄭商人弦高將市於周❽，遇之，以乘韋先牛十二犒師❾，曰：「寡君聞吾子將步師出於敝邑❿，敢犒從者⓫。不腆⓬敝邑，為從者之淹⓭，居則具一日之積，行則備一夕之衛⓮。」且使遽⓯告於鄭。鄭穆公⓰使視客館⓱，則束載、厲兵、秣馬⓲矣。使皇武子辭焉⓳，曰：「吾子淹久於敝邑，唯是脯資餼牽竭矣，為吾子之將行也⓴。鄭之有原圃㉑，猶秦之有具囿㉒

也，吾子取其麋鹿，以閒敝邑㉓，若何？」杞子奔齊，逢孫、楊孫奔宋。孟明曰：「鄭有備矣，不可冀㉔也！攻之不克，圍之不繼㉕，吾其還也。」滅滑而還。

齊國莊子㉖來聘，自郊勞至于贈賄㉗，禮成而加之以敏㉘。臧文仲言於公曰：「國子為政，齊猶有禮，君其朝焉！臣聞之，服於有禮，社稷之衛也。」

晉原軫㉙曰：「秦違蹇叔，而以貪勤民㉚，天奉㉛我也。奉不可失，敵不可縱。縱敵患生，違天不祥，必伐秦師。」欒枝㉜曰：「未報秦施，而伐其師，其為死君乎㉝？」先軫曰：「秦不哀吾喪，而伐吾同姓㉞，秦則無禮，何施之為㉟？吾聞之，一日縱敵，數世之患也。謀及子孫，可謂死君乎？」遂發命，遽興姜戎㊱。子墨衰絰㊲，梁弘御戎，萊駒為右㊳。夏四月辛巳㊴，敗秦師于殽，獲百里孟明視、西乞術、白乙丙以歸。遂墨以葬文公，晉於是始墨㊵。

文嬴請三帥㊶，曰：「彼實構㊷吾二君，寡君若得而食之，不厭㊸，君何辱討焉㊹？使歸就戮于秦，以逞㊺寡君之志，若何？」公許之。先軫朝，問秦囚。公曰：「夫人請之，吾舍㊻之矣。」先軫怒，曰：「武夫力而拘諸原㊼，婦人暫而免諸國㊽，墮軍實而長寇讎㊾，亡無日矣！」不顧而唾㊿。公使陽處父(51)追之，及諸河(52)，則在舟中矣。釋左驂(53)以公命贈孟明。孟明稽首曰：「君之惠，不以纍臣釁鼓㊹，使歸就戮于秦。寡君之以為戮，死且不朽㊺。若從君惠而免之，三年將拜君賜㊻。」秦伯素服郊次㊼，鄉師㊽而哭，曰：「孤違蹇叔，以辱二三子，孤之罪也。」不替孟明㊾，曰：「孤之過也。大夫何罪？且吾不以一眚掩大德㊿。」

【注釋】❶周北門　成周洛邑王城的北門。在今河南省洛陽市西北。❷左右免冑而下　兵車上的左右甲士脫下頭盔，跳下戰車。古時非主帥兵車，御者在中，左右為甲士。兵車過天子之王城，左右甲士皆免冑下車步行，對天子表示敬意。御者不下車，仍駕車前行。按禮車乘過王城應「卷甲束兵而趨」，此僅免冑，未脫甲衣，亦未束其兵器，是失禮之舉。❸超乘　一躍而登上兵車。超，跳。乘，戰車。名詞。上句言「下」，此言「超乘」，說明剛一下車就又跳上車去，並未步行過王城。❹王孫滿　周襄王孫，名滿。❺輕而無禮　輕狂放肆，不莊重。輕指超乘，無禮指僅免冑，未卷甲束兵，未步行過北門。❻脫　粗疏；忽略。即粗心大意，沒有紀律約束。❼滑　姬姓國，故城在今河南省偃師市南二十里之緱氏鎮。在洛陽市之東，新鄭市西北。秦滅滑後不能守其地，後為晉所得。❽將市於周　要到周都洛邑去做買賣。弦高當是由東往西，秦軍由西往東，相遇於滑國。❾以乘韋先句　先送給秦軍四張熟牛皮，隨即又送去十二頭牛犒勞秦軍。乘，四。一輛兵車為一乘，每乘駕以四馬，故乘可代稱四。韋，熟皮。先，在前。古人送禮，皆先輕後重，故先送「乘韋」，後送「牛十二」。❿寡君句　我們鄭國國君聽說你們將行軍經過我國。這是弦高機智地謊稱自己奉鄭君之命前來犒勞秦軍。寡君，對別國人稱自己的國君。此指鄭國國君。吾子，尊稱對方，表示親切。步師，行軍。步，行。敝邑，對自己國家的謙稱。⓫敢犒從者　敢，表謙之詞，有冒昧之意。從者，指部下。⓬不腆　不豐厚；不富有。為當時客套習慣用語。⓭淹　耽擱；久留。常「淹久」連用。⓮居則二句　謂秦軍如果住下來，就供給一天的食用；如果行軍離去，就在前一天晚上代為站崗守衛，免得你們的士兵勞累。積，指食用的米、菜、薪（燒柴）、芻（馬的飼料）。⓯遽　傳車。接力的快馬駕的驛車，每過一驛站，就換一次馬，務求急速傳送信息。⓰鄭穆公　名蘭，鄭文公庶子。去年鄭文公死，穆公即位。在位二十二年。⓱客館　招待外賓的住所。前年燭之武退秦師，秦、鄭結盟，秦國三大夫杞子、逢孫、楊孫留鄭戍衛，鄭使住客館，以客禮待之。⓲束載厲兵秣馬　捆束行裝，備好馬車，磨礪兵器，餵飽馬匹。這是準備作戰的舉動，待秦軍到來，可為內應。厲，同「礪」。秣，馬吃的草料。用作動詞。秣馬厲兵成語出於此。⑲使皇武子辭焉　派大夫皇武子去道歉。實是表示已知其密謀，下逐客令。辭，辭謝；用委婉的辭語表示歉意。⑳唯是二句　意謂恐怕這些食物都吃完了，所以你們才準備要走吧。是，此。脯，乾肉。資，同「粢」。食糧。餼，已殺牲畜的生肉。牽，活的牲畜。四字泛指食物。㉑原圃　鄭國的獵苑，在今河南省中牟縣西北，東西四十二里，南北二十里左右。㉒具囿　秦國的獵苑，在今陝西省鳳翔縣境內。畢沅謂在今華陰縣東，今名楊華藪。㉓以閒敝邑　意謂仍留在敝國，不必離去。閒，同「閑」。安；止；留。有釋「閒」為休閒義，謂你們走吧，讓敝國休息。皇武子辭謝當不如此說，上下句意亦扞格不順，故不取。㉔不可冀　謂佔領鄭國沒有希望了。冀，希望。這是上接弦高犒師之語。㉕不繼　沒有後續的援軍。㉖國莊子　經文作「齊侯使國歸父來聘」，則國莊子即國歸父，齊國上卿，下稱「國子」，國為氏。㉗自郊勞至于贈賄　郊勞，在離都城三十里的郊外迎接慰勞，所謂郊迎三十里。這是聘禮之始。贈賄，聘問已畢，賓行，舍於郊，國君又使卿大夫贈禮送行。這是聘禮之終。賄，禮物。名詞。㉘敏　儀容好。㉙原軫　即先軫，晉國將帥，因食邑於原，故稱原軫，以邑為氏。㉚以貪勤民　由於貪得而使軍民勞苦。勤，勞。用作使動。㉛奉　給與。一說「助」。㉜欒枝　晉國將領，又稱欒貞子。㉝其為死君乎　難道心目中還有先君嗎。其，豈。為，有。死君，指晉文公。顧炎武說：「死君謂忘其先君。」晉文公主張與秦友好，曾說：「微夫人之力不及此。因人之力而敝之，不仁。」見僖公三十年傳。㉞同姓　指鄭國、滑國。鄭、滑與晉同姓姬。㉟何施之為　還有什麼恩惠可說。施，恩惠。名詞。何……為，古代漢語常見的固定結構，是反問句式。㊱遽興姜戎　迅速調動姜姓戎族起兵。遽，急速。姜戎，雜處於秦、晉之間的姜姓戎族。㊲子墨衰絰　晉襄公穿的喪服染成黑色。子，指晉襄公，晉文公之子，名驩，在位七年。因晉文公未葬，新君居喪期間只能稱子，不能稱公侯爵位。墨，染成黑色。用作動詞。衰，同「縗」。喪服。白麻布製成。襄公服父喪，用斬衰，不緝邊。絰，繫於頭額和束於腰的麻布。襄公此時居喪，宜喪服，而喪服為白色，不宜從戎，故染成黑色。因戎服是黑色。㊳梁弘二句　梁弘為晉襄公駕御兵車，萊駒為車右，護衛晉襄公。㊴辛巳　十三日。敗秦師於崤，崤山見上年傳注。㊵遂墨以葬二句　就穿了黑色喪服來安葬晉文公，晉國從此開始穿黑色喪服成為習俗。經文謂四月癸巳（二十五日）葬晉文公。㊶文嬴請三帥　文嬴請晉襄公釋放三位將帥。文嬴，晉文公夫人，秦穆公女兒，晉襄公嫡母。僖公二十三年傳云「秦伯納女五人」，文嬴當在其中。嬴是姓，文是夫君（文公）謚號。三帥，指秦將百里孟明視、西乞術、白乙丙三人。㊷構　挑撥離間。㊸寡君二句　寡君，指秦穆公。不厭，不滿足。意謂還不能消解對三帥的心頭之恨。㊹君何辱討焉　國君何必屈辱自己去懲罰他們呢。焉，於彼。㊺逞　快。逞志，快意；滿足願望。㊻舍　同「捨」。放走。㊼武夫句　戰士們拚死力在戰場上把他們擒獲。原，指戰場。㊽婦人句　一個女人倉猝之間就在國都把他們放跑了。暫，猝然；突然；一下子。王引之《述聞》謂：「暫，讀為漸。漸，詐欺也。」章炳麟謂：「此暫亦詐也。文嬴言皆詐語也。」亦通。㊾墮軍實句　毀棄了自己的勝利果實，助長了敵人的氣焰。墮，同「隳」。即「毀」字。毀壞；糟蹋。㊿不顧而唾　不顧襄公在面前就向地上吐唾沫。極寫先軫忿怒失禮之狀。古禮，在尊長之前不能洟唾。顧，亦解作回頭。(51)陽處父　晉大夫，亦稱陽子。(52)及諸河　趕到黃河岸邊。及，追趕上。(53)釋左驂　解下左邊的驂馬。古時四馬駕一車，中間兩匹叫服馬，左右兩旁的叫驂馬。陽處父假託晉襄公之命，把左驂贈給孟明，想誘其上岸受贈拜謝，因而捕獲他。(54)不以纍臣釁鼓　不把我們這些囚虜之臣殺了，拿血去塗鼓。纍，囚繫。釁，古時新製成的鐘鼓，要殺牲以血塗抹其罅隙，稱為釁，然後祭祀。古時亦有殺俘因以釁祭的。此釁鼓猶言殺戮，未必釁鼓。(55)寡君之以為戮二句　意謂如果我們的國君把我們殺了，我們死了也不忘你的恩德。(56)若從君惠二句　如果依託晉君的恩惠而赦免我們，三年之後再來拜謝晉君的恩賜。意謂三年之後再來復仇。(57)素服郊次　穿著素服，住在郊外等候。素服，凶服；白的沒有染色的麻衣。古禮，以下五種情況穿素服：死亡、荒年、災禍（水火等）、圍敗、寇亂。此為圍敗之服。說詳顧炎武《日知錄》五。(58)鄉師　對著釋放回來的將士。鄉，同「向」。(59)不替孟明　不廢棄孟明的職務，即仍讓他任將帥之職。替，廢；中止。此句為左氏記事之語。王念孫考證，下有「曰」字，說見王引之《述聞》。(60)不以一眚掩大德　不因一點小過失而抹煞大的功德。眚，本指眼翳，引申為過失。此謂敗於崤是小過。

【語　譯】魯僖公三十三年春天，秦軍經過成周王城的北門，戰車上除御手外，左右甲士都脫去頭盔跳下車來，但隨即又跳上車去，並沒有步行對周王致敬，這樣的戰車共有三百輛。周王的孫子姬滿雖然年紀還小，看到這情形，就去對周襄王說：「秦軍輕狂無禮，一定打敗仗。因為輕狂不敬，就缺少謀略；沒有禮法就疏忽大意，沒有紀律約束。進入險地而輕狂，不謹慎從事，沒有約束，又沒有謀略，能不打敗仗嗎？」當秦軍到達滑國時，鄭國商人弦高正要到成周都城洛邑去做買賣，在滑國遇見了秦軍，就假託奉鄭國君主之命，先送去四張熟牛皮，隨即又送去十二頭牛犒勞秦軍，說道：「我們國君聽說你們將要行軍經過敝國，所以冒昧地來犒勞你的將士。敝國雖然不富裕，但為了你們行軍在外，如在敝國住下來，就供應一天的糧食、菜肴、柴草和草料；如果行軍離去，就在前一天晚上代為守夜防衛。」弦高一面又派接力馬車急速向鄭國報告。鄭穆公得到報告後，就派人去探視杞子等秦國大夫住的賓館，發覺他們原來已經裝束整齊，備好戰車，磨礪兵器，餵飽軍馬（只待秦國大軍到來了）。就再派大夫皇武子去辭謝道歉，說：「大夫們久留在敝國協防，恐怕這些乾肉、糧食、牲口都吃完了，所以你們就要走了吧！鄭國有獵苑原圃，就同秦國有獵苑具囿一樣，你們不妨自己去原圃獵取麋鹿，仍然留居在敝國，好不好？」秦國大夫知道鄭國已發覺他們的陰謀了，杞子就向東逃到齊國，逢孫、楊孫向東逃到宋國。已到了滑國的秦將孟明，在接受弦高犒勞以後就說：「鄭國已有防備了，我們的圖謀沒有希望了，即使去攻打鄭國也不能取勝，如果去包圍它又沒有後續援軍。我們還是回去吧！」就滅亡了滑國而後回秦國去。

齊國的國莊子到魯國來聘問，魯國從郊外迎接慰勞到贈禮送行，自始至終禮節周到，加上儀容又好。魯大夫臧文仲對魯僖公說：「齊國有國子執政，齊國還是一個有禮義的國家，國君還是去朝見吧！下臣聽說：順服於禮義之邦，這是國家的一種安全保障。」

晉國大夫先軫說：「秦君違背老臣蹇叔的勸諫，因為貪心而勞苦軍民，這是上天給我們的良機。天賜良機不能錯失，敵人不可放跑。放走敵人就會產生禍患，違背天意就不吉利。所以定要討伐秦軍。」大夫欒枝說：「還沒有報答秦國的恩惠，如今反而進攻他的軍隊，難道忘掉先君的遺言麼？」先軫說：「我們有國喪，秦國不來弔唁致哀，反而要攻滅我們同姓的鄭國、滑國，可見秦國就是無禮，還有什麼恩惠？我聽說：一天放走了敵人，就會給幾代人帶來禍患。如今襲擊秦軍，是為子孫後代打算，怎能說忘記先君的遺言呢？」於是就下令發兵，還急速徵調姜姓戎族的軍隊。晉襄公把白色喪服染成黑色，由梁弘駕御戰車，由萊駒作為車右。夏季四月十三日，晉軍在崤山把秦軍打得大敗，連三個將帥百里孟明視、西乞術、白乙丙也被俘虜了，凱旋而歸。於是晉襄公就穿了黑色喪服安葬晉文公，晉國從此開始用黑色喪服成為習俗。

晉文公夫人文嬴請襄公釋放秦國的三位將帥，說道：「他們實是挑撥離間秦、晉二國國君關係的罪人，我的君父秦穆公如果得到他們，就是吃了他們的肉也不解恨，晉君何必屈辱自己去懲罰他們呢？不如讓他們回秦國去受殺戮，來滿足秦君的心意。你看怎麼樣？」晉襄公就答應了母親的要求。先軫上朝，問起秦國的囚犯在哪裏。晉襄公說：「夫人請求釋放，我就把他們放走了。」先軫大怒，說：「戰士們拚死力在戰場上把他們擒獲，一個女人一下子在國都把他們放跑了。毀棄我們戰勝的成果而助長敵人的氣焰，晉國滅亡沒有多少日子了。」說完，也不顧晉襄公在面前，就直往地上吐唾沫。晉襄公就派陽處父去追趕秦國的三帥，陽處父趕到黃河岸邊，他們已經在渡船上了。陽處父解下車左邊的驂馬，假稱奉晉襄公之命送給孟明視。孟明在船上叩頭說：「承蒙國君恩賜，沒有把我們殺了拿血塗鐘鼓，而是讓我們回到秦國受殺戮。如果我們的國君把我們殺了，我們雖死也不忘晉君大恩，如果依託晉君的恩惠而赦免我們，三年之後就再來拜領國君的恩賜。」秦穆公穿著白色素服，住在郊外迎候，對著釋放回來的將士號哭，說道：「我違背蹇叔的勸導，結果使你們諸位受到屈辱，這是我的罪過。」不廢黜孟明將帥的職務，又說：「這是我的過錯，諸位大夫有什麼罪？再說，我不能因為這次失敗的小過失而抹煞諸位大的功德。」

【說　明】本傳緊接上年傳文，寫秦、晉崤山之戰的史事，但對戰役的過程並未作具體記敘，卻詳敘戰前發生的事件、有關人物對這一戰役的看法、主張、行動以及戰後的情況。如寫秦國過周都王城時的輕狂失禮行為，借王孫滿之口，再次預示秦軍必敗的緣由。又寫鄭國商人弦高途遇秦軍，就假託奉鄭君之命前去犒師，並派傳車急速報告鄭國，使杞子等人的陰謀失敗，又使秦將孟明等人以為鄭國早有防備而徒勞往返。弦高犒師雖是偶然因素，但提示人們，偶然因素有時能對事情的發展和結局產生決定性的影響，與「師行千里，其誰不知」的必然性正相印證。弦高的愛國行動挽救了鄭國的一場災難；而晉國卻乘秦軍回國途經崤山時，與姜戎之軍前後伏兵襲擊，盡殲秦軍。三帥被俘，其敗狀可知。《公羊傳》云：「匹馬隻輪無反者。」《史記・秦本紀》云：「無一人得脫者。」三百乘全軍覆沒，驗證了蹇叔預見的必然性與準確性。秦軍失敗的根本原因就在於戰爭的非正義性和勞師襲遠的戰略錯誤，而秦軍自身的輕狂驕縱，不把鄭國放在眼裏；又以為晉有國喪，岸然不顧蹇叔之言；及至陡覺有變，就匆忙還師；入險地又粗疏不謹，這也注定了秦軍覆滅的命運。左氏所記的這些歷史經驗，都是有借鑑意義的。

戰後，文嬴以詐語釋放三帥。秦穆公引咎自責，罪己而不罪人，仍重用孟明為帥，所謂「不以一眚掩大德」，又預示秦國將重新崛起。崤之戰，晉國雖扼制了秦國東進稱雄的勢頭，但從大局看，秦、晉之間的友好關係由此破壞殆盡，兩國從此開始對峙。晉國處於秦、楚兩強之間，形勢轉而不利。二年後，孟明果率「拜賜之師」伐晉，爆發了彭衙之役。

傳文善於通過人物語言以突出人物形象。上年寫蹇叔的深謀遠慮，本傳寫王孫滿的聰穎敏銳。特別寫弦高的機智靈活、臨危不亂、棄財紓難，突出了這個愛國商人的光輝形象，成為《左傳》的出色篇章。皇武子等人的外交辭令也婉轉含蓄，富有文采。

本傳在「秦軍滅滑而還」以後，本應接寫先軫出師，敗秦兵於崤的史事，今插述齊國國莊子聘魯一節，使前後文割裂。故疑此節本在崤之戰以後，或為後人續增，以為下文僖公朝齊張本。

傳 狄侵齊，因晉喪也。

公伐邾❶，取訾婁❷，以報升陘之役❸。邾人不設備。秋，襄仲❹復伐邾。

狄伐晉，及箕❺。八月戊子❻，晉侯敗狄于箕，郤缺❼獲白狄子❽。先軫曰：「匹夫逞志於君，而無討，敢不自討乎？❾」免冑入狄師❿，死焉。狄人歸其元⓫，面如生。初，臼季⓬使過冀⓭，見冀缺耨⓮，其妻饁⓯之，敬，相待如賓。與之歸，言諸文公曰：「敬，德之聚也⓰。能敬必有德。德以治民，君請用之！臣聞之，出門如賓，承事如祭，仁之則也⓱。」公曰：「其父有罪，可乎？」對曰：「舜之罪也殛鯀⑱，其舉也興禹⑲。管敬仲，桓之賊也⑳，實相以濟㉑。〈康誥〉曰：『父不慈，子不祗，兄不友，弟不共，不相及也。』㉒《詩》曰：『采葑采菲，無以下體。』㉓君取節焉㉔可也。」文公以為下軍大夫。反自箕，襄公以三命㉕，命先且居將中軍㉖；以再命，命先茅之縣㉗賞胥臣，曰：「舉郤缺，子之功也。」以一命，命郤缺為卿㉘，復與之冀，亦未有軍行㉙。

冬，公如齊朝，且弔有狄師㉚也。反，薨于小寢，即安也㉛。

晉、陳、鄭伐許㉜，討其貳於楚㉝也。楚令尹子上㉞侵陳、蔡。陳、蔡成㉟，遂伐鄭，將納公子瑕㊱。門㊲于桔柣之門㊳，瑕覆㊴于周氏之汪㊵，外僕髡屯禽之以獻㊶。文夫人斂而葬之㊷鄶城㊸之下。

晉陽處父㊹侵蔡，楚子上救之，與晉師夾泜而軍㊺。陽子患之，使謂子上曰：「吾聞之，文不犯順㊻，武不違㊼敵。子若欲戰，則吾退舍㊽，子濟而陳㊾，遲速唯命。不然，紓我㊿。老師(51)費財，亦無益也！」乃駕以待(52)。子上欲涉，大孫伯(53)曰：「不可。晉人無信，半涉而薄我(54)，悔敗何及？不如紓之。」乃退舍。陽子宣言(55)曰：「楚師遁矣。」遂歸，楚師亦歸。大子商臣譖子上(56)曰：「受晉賂而辟之，楚之恥也。罪莫大焉。」王殺子上。

葬僖公，緩作主㊼，非禮也。凡君薨，卒哭而祔㊽，祔而作主㊾，特祀於主㊿，烝、嘗、禘於廟(61)。

【注　釋】❶邾　曹姓小國，本都於邾（今山東省曲阜市東南），後遷繹（今山東省鄒城市），改稱鄒國。❷訾婁　邾地，《春秋彙纂》說：「在今山東省濟寧縣境。」❸升陘之役　魯僖公被邾軍敗於升陘，見僖公二十二年傳。升陘，魯地，今地不詳。❹襄仲　即魯國公子遂，又稱東門襄仲。❺箕　晉地，江永《考實》據成公十三年傳說：箕地在晉國河縣附近，即在今山西省蒲縣東北，舊稱箕城。❻戊子　二十二日。❼郤缺　晉大夫，因食邑於冀，又稱冀缺。其父郤芮為晉惠公舊臣。僖公二十四年晉文公回國為君，郤芮欲害文公，被秦穆公所殺。下文「其父有罪」即指此事。郤芮被殺後，郤缺回冀地務農為生。❽白狄子　白狄族的首領，隗姓。白狄為狄族的一個部族，其地在今陝西省延安市及安塞、延川、延長、宜川、黃龍諸縣。僖公二十四年晉文公曾「從狄君以田渭濱」。❾匹夫三句　謂我這個不知禮義的人在國君面前放肆無禮，卻沒有受到懲罰，怎敢不自己懲罰自己。逞志，快意，引申為逞強放肆。此指為了文嬴釋放三帥，先軫不顧而唾的失禮行為。討，懲罰。❿免冑入狄師　脫去頭盔，衝入狄軍戰陣。此即先軫「自討」，事當在獲白狄子之前。⓫元　頭。⓬臼季　即司空季子，名臣，字季，又稱胥臣，食邑於臼，故稱臼季。⓭冀　本為小國，為晉所滅，後為郤氏食邑。故城在今山西省河津市東北之冀亭。⓮耨　鋤田除草。⓯饁　送飯到田裏吃。⓰敬德之聚也　恭敬是德行的集中表現。⓱出門三句　出門如同會見賓客一樣莊重，承辦事情如同參加祭祀一樣恭謹，這是仁愛的準則。⓲舜之罪也殛鯀　舜懲辦罪人時放逐了鯀。舜，我國古代父系氏族社會後期部落聯盟的領袖，史稱虞舜，為上古五帝之一。罪，懲辦罪人。殛，誅殺。此指流放極遠之地。鯀，夏禹的父親，為堯治水，九年而水不息。舜登位，巡行天下，視鯀之治水無狀，乃殛鯀於羽山以死。⓳其舉也興禹　舜舉拔人材時，卻起用鯀的兒子大禹。其，相當於「舜之」。興，起。指任用。禹，我國古代部落聯盟領袖，亦稱夏禹。舜用禹治水，禹八年於外，三過家門而不入，疏九河而注諸海，決汝漢淮泗而注之江，中原地區才得以耕種而給民以食用。⓴管敬仲二句　管仲本是齊桓公的仇敵。管敬仲，即管仲，字夷吾。賊，對敵人的蔑稱。齊襄公被殺後，管仲奉公子糾，與公子小白（齊桓公）爭位，曾射中小白的帶鉤。㉑實相以濟　使管仲為國相果真成就霸業。相，使為相。使動用法。濟，成。㉒康誥曰六句　今本《尚書・康誥》無此文。句意謂父不慈愛，子不敬誠，兄不友愛，弟不恭敬，他們各有過錯，是互不相關的。祗，恭敬。共，同「恭」。及，涉及；相關。㉓詩曰三句　見《詩經・邶風・谷風》，意謂採摘蔓菁，採摘蘿蔔，不要以為它們的下體（根）不好而拋棄了。采，「採」的本字。葑，蔓菁，也稱蕪菁，其根可食，即俗稱大頭菜。菲，蘿蔔一類的植物，自古以來其塊根供食用。此詩用以比喻勿因其為罪人之子而棄之。㉔取節焉　猶言取用他的長處。焉，於此。㉕三命　三次賜命。春秋時諸侯任命卿大夫，有一命、再命、三命之別，以三命為貴，所賜車服亦隨命數不同而不同。㉖命先且居將中軍　先且居，先軫之子，字伯，食邑於蒲、霍，故又稱蒲城伯、霍伯。將，用作動詞。率領；做主帥。晉有五軍，中軍帥即五軍統帥。㉗先茅之縣　先茅為晉大夫，無後嗣，故取其食邑先茅之縣改賞胥臣。縣，邑。據《一統志》先茅之縣在今山西省平陸縣西南。㉘卿　諸侯國高級官員的爵位名，在公侯之下，大夫之上。郤缺，晉文公時為下軍大夫，今俘獲白狄子有功，升至卿位。㉙軍行　軍中職位。指五軍將佐之位。㉚弔有狄師　慰問齊國遭受狄軍侵略的災禍。弔，慰問。㉛薨于小寢二句　魯僖公從齊國回來後，死在小寢室裏，是由於貪圖安逸，沒有移居正寢。《禮記》：「天子死曰崩，諸侯死曰薨，大夫死曰卒，士曰不祿，庶人曰死。」這是奴隸社會等級制度的反映。小寢，諸侯釋服燕（宴）安之所。古時諸侯有三寢，正寢一，燕寢二。燕寢稱小寢，平日居小寢，疾病則移居正寢（大寢）。古禮以死於正寢為順正，死於小寢為不順，故傳文解釋為「即安也」。㉜許　許國，其地在今河南省許昌市。㉝貳於楚　一面與晉、鄭友好，一面又親附楚國。貳，從屬二主。㉞令尹子上　令尹是楚國的最高官職，兼治軍民。子上即鬬勃。㉟成　講和。指跟楚國達成和議。㊱納公子瑕　把公子瑕送回鄭國去做國君。公子瑕，鄭文公子，鄭穆公兄弟，因鄭文公厭惡他而奔楚，見僖公三十一年傳。㊲門　攻城。㊳桔柣之門　鄭國都城遠郊之門，在今河南省新鄭市。見莊公二十八年傳注。㊴覆　兵車傾倒。㊵周氏之汪　周氏的池塘。汪，污濁的池水。㊶外僕句　鄭國都城外的僕人名叫髡屯的，把公子瑕擒獲了獻給鄭穆公。禽，同「擒」。下文言葬，則公子瑕被殺可知。㊷文夫人斂而葬之　文夫人，鄭文公夫人。鄭文公有三夫人，此或為子瑕之母蘇氏。斂，將屍體裝入棺材。後作「殮」。㊸鄶城　鄶本為小國，為鄭所滅，故城在今河南省新密市東南三十里，新鄭市西北三十里。㊹陽處父　晉國大夫，又稱陽子。㊺夾泜而軍　夾著泜水兩岸，駐軍對峙。泜，水名，今名沙河，源出河南省魯山縣西南之堯山，東流經魯山、葉縣，與北沙河合流。夾泜而軍之處，當在下游，始近蔡國，疑在今郾城縣境。㊻文不犯順　講文的就不能違犯言辭順理。順，即《論語》「名不正則言不順」的順。句意謂我是名正言順，你不能違犯我的話。㊼違　迴避；躲避。㊽退舍　退兵三十里。古時行軍，日行三十里即舍止（住宿休息），故一舍為三十里。㊾子濟而陳　你渡過河來擺好戰陣。濟，渡河。陳，「陣」的古字，動詞。列陣；布列戰陣。㊿紓我　讓我軍寬緩一下，鬆口氣。紓，緩。句意謂楚軍後退三十里，讓我軍過河列陣。(51)老師　勞累士兵。師在外日久為老，故老有疲勞之意。此「老」

為使動用法。52駕以待　馬駕著戰車等待楚軍進退。53大孫伯　即成大心，成得臣子玉之子。54薄我　迫近我，即襲擊我軍。55宣言　揚言；宣告。56譖子上　在楚成王面前說壞話誣陷子上。譖，在背後說別人的壞話加以誣陷。楚成王立商臣為太子時，子上曾加阻止（見文公元年傳），故商臣陷害子上。57緩作主　遲後建立牌位。主，神主；牌位。古禮，諸侯死後五月而葬，就要在祖廟立神主附祭於祖。據經文，魯僖公死於本年十二月乙巳（十一日），至明年（文公元年）四月安葬，然僖公主作於文公二年二月，即遲後十個月才立神主祔祭於祖，故云「非禮」。一本「緩」字屬上句，誤。葬僖公並未遲緩。58卒哭而祔　在停止哭泣的祭禮以後，就將新死者附祭於祖廟。卒哭，古禮父母之喪，朝夕之間，哭無定時，有弔喪者至，就要號哭。諸侯死，五月而葬，自葬之日起至第十二日共虞祭七次，第十四日行卒哭之禮，此後只在朝夕哭，停止不定時號哭，故曰卒哭。祔，以新死者之神主附祭於祖廟。故葬後第十四日就要「作主」在祖廟祔祭。59祔而作主　祔祭於祖廟時就要製作牌位。《公羊傳．文公二年》謂喪主有二：「虞主用桑，練主用栗。」死後週年（第十三個月）祭練主，埋桑主，栗木做的牌位入藏於祖廟。60特祀於主　單獨向新死者之主祭祀。卒哭之後，還有小祥（第十三月）祭、大祥（第二十五月）祭、禫祭（第二十七月除服祭）等，是只祭新死者之主。61烝嘗禘於廟　遇到烝祭、嘗祭、禘祭，就在祖廟中合先祖共祭。烝，冬祭名，夏正冬十月收穫之後祭祖。嘗，秋祭名，夏正秋七月（或說八月），新穀始登，天子、諸侯嘗新，先祭祖。禘，對先祖舉行大祭。三年之喪（即死後第二十五月）在祖廟禘祀。

【語譯】狄軍侵入齊國，是乘晉文公死，晉國有喪事，不能顧及齊國。

魯僖公討伐邾國，佔領了訾婁，以報復升陘之役。邾國沒有設防。秋季，魯國公子襄仲再次攻打邾國。

白狄攻打晉國，渡過黃河，侵入箕地。八月二十二日，晉襄公在箕地打敗白狄人，郤缺活捉了白狄的首領。在戰前，先軫說：「我這個不知禮義的人在國君面前放肆無禮，國君沒有懲罰我，我怎能不自己懲罰自己？」到戰時，他脫下頭盔，衝入狄軍，戰死在戰場上。狄人送回他的頭顱，面色像活著一樣。當初，晉國大夫臼季出使，經過晉國冀邑，看到郤缺在田裏鋤地除草，他的妻子給他送飯到田頭，很是恭敬，夫婦間相敬如賓。臼季就同郤缺一起回到都城，向晉文公推薦郤缺，說：「恭敬是德行的集中表現，能夠謙恭有禮，就必定有德行。德行好的人才能治理百姓。請國君任用郤缺。我聽說：出門好像會見賓客一般莊重，辦事好像參加祭祀一般恭謹，這是仁愛的準則。」晉文公說：「可是他的父親郤芮有罪，能任用他嗎？」臼季回答說：「古時虞舜懲辦罪人時放逐了鯀，舉用人材時卻起用了鯀的兒子大禹。管仲本是齊桓公的仇敵，可是齊桓公真的用他為國相，竟完成了霸業。〈康誥〉說：『父親不慈愛，兒子不誠敬，哥哥不友愛，弟弟不謙恭，他們各有過錯，卻是互不相關的。』《詩》說：『採摘蔓菁，採摘蘿蔔，不要把它的根當作廢物拋棄了。』國君取用他的長處就可以了，勿要因為他是罪人的兒子而拋棄他。」晉文公就任命郤缺為下軍大夫。這次晉軍從箕地勝利歸來，晉襄公三次賜命，命先且居做中軍主帥；兩次賜命，把大夫先茅的食邑賞給胥臣，說：「你以前推舉郤缺，那是你的功勞。」又用一次賜命，命郤缺為卿，恢復冀地作為他的食邑，但是在軍中他沒有職位。

冬季，魯僖公去齊國朝見齊昭公，同時對狄軍入侵齊國的災患表示慰問。僖公回國後，住在小寢裏直到死去，沒有移居正寢是因為圖安逸的緣故。

晉國聯合陳國、鄭國進攻許國，是為了討伐他有貳心、親附楚國。楚國令尹子上就入侵陳國、蔡國。陳、蔡二國跟楚國講和，楚國接著就攻打鄭國，準備把鄭國公子瑕送回去做國君。楚軍在鄭郊桔柣之門攻城，公子瑕的兵車翻倒在周氏的池塘裏，被鄭國都城外的僕人髡屯活捉了獻給鄭穆公。公子瑕被殺後，鄭文公的夫人給他殯殮了安葬在鄶城下。

晉國大夫陽處父率軍侵入蔡國，楚國令尹子上前去救援，和晉軍夾著泜水駐軍對峙。陽處父為此很擔憂，就派人對子上說：「我聽說，從文的方面講，不能違犯言辭順理；講武的就不能迴避敵人。你如想作戰，那麼讓我退兵三十里，你渡過河來擺開戰陣，晚打早打聽你的。如果不這樣，就讓我寬緩一下，你退兵三十里，我渡過河來布列戰陣。否則這樣對峙著疲勞軍士，糜費錢財，也沒有什麼好處。」他的戰車駕好馬等待楚軍的進退。子上想要渡過河去，大孫伯說：「不行。晉國人不講信用。如果我軍渡河只一半時晉軍襲擊我們，那時戰敗了後悔還來得及麼？不如先讓他們一步。」楚軍就退兵三十里。陽處父宣告說：「楚軍逃跑了！」就帶兵回晉國去。楚軍也就回國去了。楚國太子商臣在楚王面前說子上的壞話陷害子上：「子上接受了晉國的賄賂，所以退避不戰，這是楚國的恥辱。子上的罪沒有比這再大的了！」楚成王不辨是非，把子上殺死了。

魯國安葬魯僖公，卻延遲十個月才給僖公製作神主牌位，這是不合禮制的。凡國君死去，五個月時安葬，葬後第十四天就停止不定時的號哭，把新死者附祭於祖廟，附祭時就要製作牌位，而且要單獨向新死者的神主祭祀，遇到烝祭、嘗祭和大祭時，就在祖廟中同其他祖先一起祭祀。

【說　明】本章寫崤之戰以後魯伐邾、晉敗狄、晉鄭伐許、楚伐陳蔡、楚伐鄭、晉侵蔡。攻伐不斷，中原社會因戰亂而動盪不安。晉、楚夾泜而軍，只因陽處父的機警和策略，才避免了一場大戰。

傳文補敘晉文公時，郤芮被殺後，其子郤缺耕耨於冀邑，夫婦「相待如賓」（成語相敬如賓即出於此）。胥臣因而推舉他為大夫。晉文公開始尚有顧慮。胥臣先引用虞舜殛鯀而用其子大禹、齊桓公去私怨而用管仲為相的故事，又用《詩經‧谷風》勿因葑菲之下體（根部）而棄之為比喻，說明勿因罪人之子而棄之不用。說理明白，見解高明。郤缺為大夫後果真力戰而擒白狄子，建立大功。其子郤克後來也是晉國名將。本年晉主帥先軫死於戰陣，舉其子將中軍。而楚國主將子上卻被商臣誣陷而死。楚成王如此昏憒，明年終於自食其果，為太子商臣的宮兵所困，被逼自縊，死前要吃熊掌也沒能吃成。玩索史事，實是既有趣而又有所鑑知的。

僖公三十一年傳，講到郊祭、望祭的禮制，本章又講到諸侯之死、之葬及祭祀的種種名目。奴隸主貴族統治階級如此重視祭祀，因為那是表示地位和權力的象徵，是關係到諸侯世系、爵位承襲的大事，所以禮法特別講究，經傳也詳加記述，但在今天來說，當然已失去了它的意義，不必深究。

本年十二月乙巳（十一日），魯僖公死。本傳為僖公傳文之末章。葬僖公及「作主」事皆當編次在下年經傳，今附記於此。杜注謂「簡編倒錯」，劉文淇則謂：「傳多附記之例，如閔公末年言成風事、又言邢、衛，皆非其年之事。」此亦是附記，非錯誤。

文公

【題解】魯文公，名興，僖公之子，母為聲姜。在位十八年，謚「文」。《逸周書・謚法解》：「經緯天地曰文。」

文公比較懦弱。齊昭公夫人叔姬為魯女，文公元妃姜氏為齊女，然齊多次侵魯。魯為自保其國，與宋、衛、曹、莒等國修好會盟。又求助於晉，三年、八年、十三年、十四年多次朝聘，與晉結盟。但晉卻未能制止齊國侵魯。魯只得屈辱求和，十六年、十七年兩次與齊結盟。十八年齊懿公無道被殺，魯邊境始安。故終文公之世，齊、魯未見交好；文公也未建樹大業，十一年叔孫得臣敗入侵之狄，獲長狄僑如，算是唯一的一件盛事了。

崤山之戰後，秦、晉反目成仇，連年互相攻伐，削弱了彼此的實力。秦穆公不能東出稱雄，就廣地益國，稱霸西戎。而晉國霸業中衰，猶以霸主自居，於是有〈鄭子家與趙宣子書〉（十七年傳），聲情並茂，是小國為維護其主權、聲討霸權主義的著名檄文。逼死楚成王而自立的楚穆王又乘機滅江、六、蓼，伐鄭、宋，辱宋昭公。又伐羣舒、圍巢，深入江淮地區。十四年，楚莊王即位。莊王平定子儀、鬬克之亂，克服饑荒，滅庸、敗戎，服羣蠻，獨霸南方。預示宣公之世將是楚國稱雄的時代。

文公六年，秦穆公死，康公立。穆公以子車氏三子殉葬，國人賦〈黃鳥〉分輓三良。傳文對此痛加抨擊，說秦穆公不宜為君，《春秋》亦不書穆公之死。這種人殉表明秦國還保留著不合人道的野蠻習俗。

文公之世已入春秋中期，各國卿大夫勢力日強，公室卑微，大夫專權。文公六年晉襄公死，太子幼小，趙盾屈服於宗法勢力，立之為君，於是由趙盾執政當國，首開卿大夫專權之途。《史記・六國年表》云：「是後陪臣執政，六卿擅晉權，征伐會盟，威重於諸侯。」魯文公死，襄仲殺嫡立庶（宣公），魯君於是乎失國，三桓逞強。各諸侯國內部權位之爭日趨激烈，成為各國政局的共同特點。

傳文還記錄了十八年中的水旱（十三年）、饑荒（十六年）、地震（九年）、日食（元年、十五年）等諸多自然現象，特別記錄了十四年七月「有星孛入于北斗」，這是世界上哈雷彗星及其行道情況的最早記錄，具有極為珍貴的史料價值。

傳文常補敘往事，以明史事原委。如文公元年傳補敘往年楚成王立商臣為太子時，子上曾予諫止，故商臣啣恨。這說明了僖公三十三年傳商臣譖害子上的緣由。文公十年傳寫子西謀亂被殺，方補敘崤戰時楚成王止子西自殺及其後爭權事。這樣就使僖公二十八年傳城濮戰後子西、子上都有了下文。讀者曉然而歎服左氏編次史事之匠心。

元年

乙未，西元前六二六年。周襄王二十七年、齊昭公七年、晉襄公二年、秦穆公三十四年、楚成王四十六年、宋成公十一年、衛成公九年、陳共公六年、蔡莊公二十年、曹共公二十七年、鄭穆公二年、燕襄公三十二年、許僖公三十年。

經 元年春王正月，公即位。

二月癸亥，日有食之。

天王使叔服來會葬。

夏四月丁巳，葬我君僖公。

天王使毛伯來錫公命。

晉侯伐衛。

叔孫得臣如京師。

衛人伐晉。

秋，公孫敖會晉侯於戚。

冬十月丁未，楚世子商臣弒其君頵。

公孫敖如齊。

傳 元年春，王使內史叔服來會葬❶。公孫敖❷聞其能相人也，見其二子焉❸。叔服曰：「穀也食子❹，難也收子❺。穀也豐下❻，必有後於魯國❼。」

於是閏三月，非禮也❽。先王之正時也，履端於始，舉正於中，歸餘於終❾。履端於始，序則不愆❿；舉正於中，民則不惑；歸餘於終，事則不悖⓫。

夏四月丁巳⓬，葬僖公。

王使毛伯衛⓭來賜公命⓮。叔孫得臣⓯如周拜。

晉文公之季年，諸侯朝晉，衛成公不朝，使孔達⓰侵鄭，伐緜、訾及匡⓱。

晉襄公既祥⓲，使告於諸侯而伐衛，及南陽⓳。先且居⓴曰：「效尤，禍也㉑。請君朝王，臣從師[22]。」晉侯朝王于溫[23]。先且居、胥臣[24]伐衛。五月辛酉朔，晉師圍戚[25]。六月戊戌[26]，取之，獲孫昭子[27]。衛人使告於陳，陳共公曰：「更伐之[28]，我辭之[29]。」衛孔達帥師伐晉。君子以為古[30]。古者，越國而謀[31]。

秋，晉侯疆戚田[32]，故公孫敖會之。

初，楚子[33]將以商臣為大子，訪諸令尹子上[34]。子上曰：「君之齒未也[35]，而又多愛[36]，黜乃亂[37]也。楚國之舉[38]，恆在少者。且是人[39]也，蠭目而豺聲[40]，忍人[41]也，不可立也。」弗聽。既[42]，又欲立王子職[43]，而黜大子商臣。商臣聞之而未察[44]，告其師潘崇曰：「若之何而察之？」潘崇曰：「享江羋[45]而勿敬也。」從之。江羋怒曰：「呼[46]！役夫[47]，宜君王之欲殺女[48]而立職也。」告潘崇曰：「信[49]矣。」潘崇曰：「能事諸[50]乎？」曰：「不能。」「能行[51]乎？」曰：「不能。」「能行大事[52]乎？」曰：「能。」冬十月，以宮甲[53]圍成王。王請食熊蹯[54]而死，弗聽。丁未[55]，王縊。謚之曰「靈」[56]，不瞑[57]。曰「成」[58]，乃瞑。穆王[59]立，以其為大子之室[60]與潘崇，使為大師[61]，且掌環列之尹[62]。

穆伯[63]如齊，始聘焉，禮也。凡君即位，卿出並聘[64]，踐脩舊好[65]，要結[66]外援，好事鄰國，以衛社稷，忠、信、卑讓之道也。忠，德之正[67]也。信，德之固[68]

也。卑讓，德之基[69]也。

殽之役[70]，晉人既歸秦帥[71]，秦大夫及左右皆言於秦伯[72]曰：「是敗也，孟明之罪也，必殺之。」秦伯曰：「是孤之罪也。周芮良夫[73]之詩[74]曰：『大風有隧[75]，貪人敗類[76]。聽言則對[77]，誦言如醉[78]。匪用其良[79]，覆俾我悖[80]。』是貪故也，孤人謂矣。孤實貪以禍夫子[81]，夫子何罪？」復使為政。

【注　釋】❶內史叔服來會葬　內史，官名。叔服，周王的卿士。會葬，指參加魯僖公的葬禮。❷公孫敖　魯桓公之孫，慶父之子，名敖，字穆伯，又稱穆伯敖。❸見其二子焉　使其二子拜見叔服。公叔敖的兒子，一個名穀，字文伯；一個名難，字惠叔。❹食子　奉祀供養您。食，供養。子，對男子的敬稱。❺收子　殮屍殯葬您。見文公十五年傳。❻豐下　面頰的下巴豐滿。下，下頷。❼有後於魯國　有後代在魯國做高官。文伯穀的後嗣世為魯卿，稱孟孫氏。❽於是閏三月非禮也　在今年有閏三月，這是不合曆法習慣的。經文：「二月癸亥，日有食之。」左氏以為日食必在朔日，二月癸亥為朔日，則四月無丁巳，而經文「四月丁巳，葬我君僖公」，於是認為其間必有閏三月，故憑空云「於是閏三月，非禮也」。詳見江永《羣經補義》。又按授時曆推算，是三月癸亥朔日食，經書誤以癸亥為二月晦，而以甲子為三月朔。見《宋史・律曆志》、王韜《春秋曆推考》。❾先王之正時四句　謂先王端正四時曆法，年曆的推算以冬至作為一年的開端，測定春分、秋分、夏至、冬至的月份作為四季的中月，把剩餘的日子歸在一年的末尾（閏月置於歲末。今置於三月，故云「非禮」）。始，指冬至。正，指日影在正北（冬至）、正南（夏至）、正東（春分）、正西（秋分）。中，指四時的中間月份，即仲月。這樣就寒暑不亂。按：「歸餘於終」是先王曆法，如殷武丁至祖甲歲終置閏名十三月，祖甲之後，閏已不必在歲終，西周初已歲中置閏。❿序則不愆　時序就不會錯亂。愆，差錯。⓫悖　謬誤；差錯。⓬丁巳　二十六日。⓭毛伯衛　周王卿士，毛伯名衛，毛為其食邑。⓮賜公命　賜爵命給魯文公。新君即位，天子策書賜爵命，賜玉瑞、冕服，表示新君爵位合於禮法。⓯叔孫得臣　叔牙之孫（叔牙為魯桓公之子，莊公之弟），公孫茲之子，又稱莊叔得臣，其後嗣為叔孫氏。⓰孔達　衛國大夫，又稱孔莊叔達，其孫即孔成子。⑰緜訾及匡　緜，同「綿」。今地不詳，當近匡邑。訾，即訾婁，在今河南省滑縣南，與長垣縣接界。匡，在今河南省長垣縣西南十五里之匡城。三邑本為衛地，後屬鄭國，故伐之。⑱既祥　小祥祭之後。喪禮，父母死後十三月舉行祭祀（週年祭），稱小祥。晉文公死於僖公三十二年冬十二月，則小祥於三十三年十二月。⑲南陽　相當於今河南省新鄉地區所轄各縣，其地在黃河以北、太行山之南，故晉國稱之為南陽。⑳先且居　晉中軍主帥，先軫之子，食邑於蒲、霍，故又稱蒲城伯、霍伯。㉑效尤禍也　仿效錯誤的做法，這是禍害。效，模仿。尤，過錯。指衛不朝於晉，故衛招來禍患。㉒從師　跟隨軍隊。率領軍隊的謙虛說法。㉓溫　在今河南省溫縣西南。㉔胥臣　即司空季子，又稱臼季。㉕戚　衛地，在今河南省濮陽縣北七里，古時為交通樞要。㉖戊戌　初八日。㉗孫昭子　衛國駐守戚邑的大夫，衛武公四世孫，世代食邑於戚。㉘更伐之　由侵鄭改為伐晉。更，改；另外。㉙辭之　跟他們去講和。辭，說。下年傳「陳侯為衛請成于晉」，即指此事。㉚古　通「沽」。粗疏；忽略；不慎重。㉛越國而謀　到別的國家去給自己謀劃。㉜疆戚田　劃定戚地田土的疆界。㉝楚子　楚成王。楚始封君為子爵，楚武王起自稱王，但經傳仍稱楚君為楚子。㉞訪諸令尹子上　為這事詢問令尹子上的意見。訪，詢問；徵求意見。上古「訪」無拜訪義。諸，「之於」的合音合義詞。之，指立商臣為太子的事。子上，即鬭勃。按，子上任令尹在僖公二十九年之後，此事當在子上未任令尹時，故傳文云「初」。㉟君之齒未也　國君的年歲還不算大。齒，歲數；年齡。楚文王取息嬀為夫人，生成王，事在魯莊公十四年（西元前六八〇年），則僖公二十八年（西元前六三二年），楚成王不過四十九歲，立商臣為太子事當還在此之前，故云「齒未也」。㊱多愛　意謂內宮多有寵愛的姬妾。《史記・楚世家》作「多內寵」。㊲黜乃亂　意謂以後另有愛子，要立為太子，必黜商臣，就會有禍亂。黜，廢；免去職位。㊳舉　立。指立太子。㊴是人　此人。指商臣。㊵蠭目而豺聲　眼睛像胡蜂（眼珠凸出），說話聲音像豺狼。蠭，同「蜂」。㊶忍人　殘忍的人。㊷既　已然。指立商臣為太子以後。㊸王子職　楚成王庶子。㊹未察　消息還沒有弄確實。察，審察確實。㊺享江芈　享，同「饗」。以酒食款待人。江芈，楚成王妹，嫁給江國之君，楚為芈姓。㊻呼　表示驚怪的歎詞。亦作「吁」。㊼役夫　對僕役的賤稱。此為罵詞，相當於賤東西、奴才。㊽殺女　殺死你。女，同「汝」。《韓非子・內儲說》作「廢汝」。㊾信　真的；確實。㊿事諸　事奉公子職。諸，之，指公子職。(51)行　出行；逃到國外。(52)行大事　指殺死國君。即軍事政變。(53)宮甲　東宮太子的甲兵。(54)熊蹯　熊掌。蹯，獸的足掌。熊掌難煮熟，楚王求食熊掌後再死，是想拖延時間以望救援。(55)丁未　十八日。經文作「冬十月丁未，楚世子商臣弒其君頵」。楚成王名熊惲，頵即惲。(56)謚之曰靈　給他謚號「靈」。謚，古代帝王、諸侯、貴族大臣死後給以帶有褒貶意義的稱號。此「謚」用作動詞。靈是有貶義的惡謚，常作無道昏君的謚號。謚法：「亂而不損曰靈。」(57)不

瞑 不閉眼。古禮，安葬後才加謚，此為未殮就加謚。(58)成 是褒義的謚號。謚法：「安民立政曰成。」(59)穆王 楚穆王，即商臣。(60)為大子之室 指做太子時所居宮室中的所有財物、僕妾。非指所居之宮室。大，同「太」。(61)大師 太師，官名，國君的師傅，是尊榮之位。(62)掌環列之尹 掌管宮廷警衛軍的長官，後人謂之環衛官，相當漢代的衛尉。尹，長官。(63)穆伯 即公孫敖。僖公末年，齊、魯相伐。文公立，始使公孫敖聘齊。(64)並聘 向各諸侯國普遍聘問。並，一起；普遍。(65)踐脩舊好 繼續發展過去的友好關係。踐，讀如「纘」，繼承。脩，同「修」。(66)要結 同義複詞。約定結交。要，約。(67)忠德之正 忠誠是道德純正的表現。(68)信德之固 講信義是道德穩固的表現。(69)卑讓德之基 謙讓是道德的基礎。(70)殽之役 去年秦、晉崤山之戰，見僖公三十三年傳。(71)秦帥 指秦軍統帥孟明視、西乞術、白乙丙三人。(72)秦伯 秦穆公。秦始封君為伯爵，故其君稱秦伯。(73)芮良夫 周厲王的卿士。(74)詩 見《詩經・大雅・桑柔》第十三章。〈詩序〉云：「〈桑柔〉，芮伯刺厲王也。」(75)隧 迅疾；猛烈。杜注：「隧，蹊徑也。言貪人敗類，若大風之行，毀壞眾物，所在成蹊徑。」(76)貪人敗類 貪得之人毀壞良善。類，善；好的事物。(77)聽言則對 聽到胡言亂語就應和。此指杞子自鄭國密報秦穆公，說秦潛師以來，鄭國可滅，秦君信以為真，出師襲鄭。(78)誦言如醉 聽到述說《詩》、《書》的文句，卻如喝醉了酒一般。指不聽蹇叔的良言勸諫。(79)匪用其良 不任用有才能的賢人。匪，同「非」。良，賢良。(80)覆俾我悖 反而使我做錯事。覆，反。俾，使。悖，逆；差錯。隧、類、對、醉、悖五字為韻。(81)以禍夫子 結果使那個孟明受禍害。夫子，對男子的敬稱。指孟明視。禍，使動用法。

【語　譯】魯文公元年春季，周襄王派內史叔服來魯國參加魯僖公的葬禮。魯國的公孫敖聽說他能給人看相，就帶領他的兩個兒子穀和難去拜見叔服。叔服看了說：「您的大兒子穀，將來會祭祀供養您；小兒子難將來會收殮屍體安葬您。穀的下頷豐滿，必有後代在魯國做高官。」

在今年有閏三月，這是不合古時曆法傳統的。先王制定曆法，端正時令，以冬至作為一年的開端，測定春分、秋分、夏至、冬至的月份作為四季的仲月，把剩餘的日子歸在年終作為閏月。年曆推算以冬至作為一年的開端，時序就不會錯亂；把分、至的月份作為四季的仲月，百姓就不會對寒暑感到迷惑；把剩餘的日子歸在歲末置閏月，一年的事情就不會有差錯。

夏季四月二十六日，魯國為魯僖公舉行葬禮。

周襄王派遣毛伯衛來魯國給魯文公策賜爵命。魯國派叔孫得臣到成周去拜謝周王的賜命。

晉文公末年，諸侯都到晉國來朝見，只有衛成公不去朝見，反而派大夫孔達攻打鄭國的綿、訾、匡三個城邑。晉襄公在舉行對晉文公的小祥祭以後，就派使臣通告諸侯，討伐衛國，兵出太行山，到達南陽。這時先且居說：「仿效衛成公的壞樣子，就是禍患。請國君去拜見周王，讓下臣跟隨軍隊去伐衛。」晉襄公就到溫地朝見周襄王。先且居、胥臣二人領兵進攻衛國。五月初一，晉軍包圍衛地戚邑。六月初八，佔領了戚邑，俘虜了大夫孫昭子。衛成公派人到陳國求援，陳共公說：「由侵鄭改為伐晉，然後我去晉國講和。」衛國大夫孔達就領兵進攻晉國。君子認為衛國這樣做太粗疏。粗疏，指的是到別國去讓別人給自己出謀劃策。

秋季，晉襄公把戚邑的田地劃入疆界，所以魯國大夫公孫敖去拜會晉君。

當初，楚成王要立商臣為太子，為此詢問令尹子上的意見。子上說：「國君的年紀還不算大，而且內宮寵姬又多，立了商臣以後，一旦有了愛子再改立，就要廢黜商臣，那時就會產生禍亂。再說楚國立太子，歷來選立年紀輕的。而且商臣這個人，眼珠凸出像胡蜂，說話聲音像豺狼，是一個心地殘忍的人，不可以立為太子。」楚成王沒有聽子上的話，立了商臣為太子。後來，又想要改立王子職，而廢黜太子商臣。商臣聽到了消息還沒有弄確實，就去向他的老師潘崇求教，說：「怎樣才能證實這消息？」潘崇說：「你設宴款待姑母江芈而故意表示不尊敬。」商臣照著去做。江芈果然發怒說：「啊！賤骨頭，難怪君王要殺死你而改立王子職為太子。」商臣就去告訴潘崇說：「事情證實了，真的是這樣。」潘崇問道：「你能臣事王子職嗎？」商臣說：「不能。」潘崇說：「你肯逃亡到國外去嗎？」商臣說：「不能。」潘崇說：「你敢辦大事嗎？」商臣說：「能。」就在這年冬季十月，商臣率領東宮太子的甲兵包圍了楚成王的宮室。楚成王請求吃了熊掌再死。商臣不答應。十月十八日，逼得楚成王上吊自殺。死後，給他加謚號叫「靈」，成王不肯閉眼。改謚號為「成」，他才閉上眼睛。商臣即位為楚穆王以後，就把他做太子時所居宮室裏的財物、僕妾都賞賜給潘崇，任命他為太師，還作掌管宮城警衛軍的長官。

魯文公即位後，穆伯敖到齊國去，開始聘問齊國，這是合於禮制的。凡是新君即位，就派卿士到各國去普遍訪問，繼續發展過去的友好關係，約定和結交外援，善待鄰國，藉以保衛自己的國家，這是忠、信、卑讓的正道。忠誠是德行純正的表現；信義是道德穩固的表現；謙讓是品德的基礎。

崤山戰役後，晉國放回了秦國的三位統帥，秦國的大夫和左右侍臣都對秦穆公說：「這次戰敗是孟明的大罪，定要殺死他。」秦穆公說：「這是我的罪過。以前周朝的芮良夫有詩說：『大風迅猛摧毀莊稼，貪婪的人也會毀壞善良的人。聽到了胡言亂語就應和，聽到《詩》、《書》的良言卻像喝醉了酒。不任用那些有才能的賢人，結果反而使我做事悖逆差錯。』這是由於貪婪的緣故，說的就是我呀！我實是由於貪得鄭國，以致禍害了孟明。孟明自己有什麼罪呢？」所以仍舊讓孟明執政。

【說　明】魯文公即位，周王策賜爵命。魯派公孫敖等大夫遍訪諸侯國，善待鄰近的齊國，以安定內政。僖公末年，齊、魯相伐，破壞了友好關係。公孫敖聘齊，從而恢復和改善了友好關係。公孫敖是桓公之孫、共仲（慶父）之子。公孫敖（穆伯敖）長子文伯穀，其後代為孟孫氏。公孫茲（戴伯茲）是桓公之孫、叔牙之子。公孫茲之子叔孫得臣，其後代為叔孫氏。春秋後期，孟孫氏、叔孫氏及季孫氏世代成為魯國最有權勢的三家大夫。

楚成王在位四十六年，盡滅江、黃、道、柏諸小國，佔有漢水以北、淮河以南大片土地，而且勢力擴張到淮河下游、入侵徐泗，並曾一度北霸中原，控制許、蔡，連鄭、衛也貳屬於楚，可說是開創了楚國空前的霸業。但在處理內政方面他顯然缺少魄力。以前令尹子玉剛愎自用，不從君命，他未能果斷處置，導致城濮之戰的慘敗；又不聽令尹子上的諫言，仍立商臣為太子，商臣譖害子上，他不加審察，以致誤殺子上；今年又要改立王子職而廢黜商臣，以致發生軍事政變，被逼自殺，臨死前想吃熊掌而不得，望有救兵而不見，這是他當斷不斷的必然結果。楚成王與齊桓公一樣，也是一時之雄主，左氏卻有意寫出他們都不得好死，且文字生動，深有意味，表明左氏深邃的歷史識見。

本傳兩次寫到相術：叔服相公孫敖二子，子上相商臣。趙翼《甌北集・贈相士彭鐵嘴》云：「古人相法相心曲：豺聲忍，烏喙毒，鳶骨躁，牛腹黷（黷，隨便；不鄭重）。初不專以論禍福，論之實始周叔服。」叔服當是相術之祖。豺聲忍，子上論商臣「蜂目而豺聲，忍人也」。商臣確是殘忍狠毒之人。《儒林外史》寫嚴貢生「蜜蜂眼」，即「蜂目」，就是眼珠兒像是要凸出眼眶似的。然而眼珠兒凸出何以獨比之為蜂目，而不比之於蜻蜓、蒼蠅、青蛙之目？黎士宏《仁恕堂筆記》記周之亮先生之言云：「蓋蜂欲螫人，則左右營營，徘徊閃爍故耳。」雖未必得蜂目之意，然不失為妙喻。世上蜂目之人常見，卻未必都是心地殘忍的。古人論相之說如《論衡・骨相》、《潛夫論・相列》、《癸巳類稿》的〈原相〉，而吳處厚《青箱雜記》申說《荀子・非相》尤詳。相，有形相、有心相。荀子說「形不勝心」，是說相惡心善，不妨害他成為君子；如相善心惡，則仍是奸邪小人。吳氏則謂「有心無相，相逐心生；有相無心，相逐心滅。」這是說心相最為重要，心相善，形相會隨之變好而生善相；心相惡，則雖生有善相，也會隨之而消失，變為惡相。形相的善惡是隨心相的善惡而生滅變化的。這就是世俗所說的「修心補相」的意思了。以上參讀《管錐編・左傳正義》。

本傳末節寫崤山之戰後秦伯自責，這是上年傳文「不替孟明」的復述，為下年傳文秦伐晉的彭衙之役先述其原由，故可與上、下傳文連讀。

二年

丙申，西元前六二五年。周襄王二十八年、齊昭公八年、晉襄公三年、秦穆公三十五年、楚穆王商臣元年、宋成公十二年、衛成公十年、陳共公七年、蔡莊公二十一年、曹共公二十八年、鄭穆公三年、燕襄公三十三年、許僖公三十一年。

經 二年春王二月甲子，晉侯及秦師戰于彭衙，秦師敗績。

丁丑，作僖公主。

三月乙巳，及晉處父盟。

夏六月，公孫敖會宋公、陳侯、鄭伯、晉士縠盟于垂隴。

自十有二月不雨，至于秋七月。

八月丁卯，大事于太廟，躋僖公。

冬，晉人、宋人、陳人、鄭人伐秦。

公子遂如齊納幣。

傳 二年春，秦孟明視❶帥師伐晉，以報殽之役。二月，晉侯禦之。先且居❷將中軍，趙衰❸佐之。王官無地❹御戎❺，狐鞫居❻為右❼。甲子❽，及秦師戰於彭衙❾，秦師敗績❿。晉人謂秦「拜賜之師」⓫。

戰於殽也，晉梁弘⓬御戎，萊駒⓭為右。戰之明日，晉襄公縛秦囚，使萊駒以戈斬之。囚呼，萊駒失戈。狼瞫⓮取戈以斬囚，禽之以從公乘⓯，遂以為右。箕之役⓰，先軫⓱黜之⓲而立續簡伯。狼瞫怒。其友曰：「盍⓳死之？」瞫曰：「吾未獲死所。」其友曰：「吾與汝為難⓴。」瞫曰：「《周志》㉑有之：『勇則害上㉒，不登于明堂㉓。』死而不義㉔，非勇也。共用㉕之謂勇。吾以勇求右，無勇而黜，亦其所也㉖。謂上不我知，黜而宜，乃知我矣。子姑待之。」及彭衙，既陳㉗，以其屬㉘馳秦師，死焉。晉師從之，大敗秦師。君子謂：「狼瞫於是乎君子，《詩》曰：『君子如怒，亂庶遄沮㉙。』又曰：『王赫斯怒，爰整其旅㉚。』怒不作亂，而以從師，可謂君子矣。」

秦伯猶用孟明㉛。孟明增脩國政，重施於民。趙成子言於諸大夫曰：「秦師又至，將必避之。懼而增德，不可當也。《詩》曰：『毋念爾祖，聿脩厥德㉜。』孟明念之矣。念德不怠，其可敵乎？」

丁丑㉝，作僖公主㉞。書，不時也㉟。

晉人以公不朝㊱，來討，公如晉。夏四月己巳㊲，晉人使陽處父盟公以恥之㊳。書曰「及晉處父盟」，以厭之也㊴。適晉不書，諱之也㊵。

公未至㊶，六月，穆伯會諸侯及晉司空士縠盟于垂隴㊷，晉討衛故也。書「士縠」，堪其事也㊸。陳侯為衛請成于晉㊹，執孔達以說㊺。

秋八月丁卯㊻，大事于大廟㊼，躋僖公，逆祀也㊽。於是夏父弗忌為宗伯㊾，尊僖公，且明見㊿曰：「吾見新鬼大，故鬼小(51)。先大後小，順也。躋聖賢，明也(52)。明、順，禮也。」君子以為失禮：禮無不順(53)。祀，國之大事也。而逆之，可謂禮乎？子雖齊聖(54)，不先父食(55)久矣！故禹不先鯀(56)，湯不先契(57)，文、武不先不窋[58]。宋祖帝乙，鄭祖厲王，猶上祖也[59]。是以〈魯頌〉曰：「春秋匪解，享祀不忒，皇皇后帝，皇祖后稷[60]。」君子曰：「禮，謂其后稷親而先帝也[61]。」《詩》曰：「問我諸姑，遂及伯姊[62]。」君子曰：「禮，謂其姊親而先姑也。」

仲尼[63]曰：「臧文仲[64]，其不仁者三，不知者三[65]。下展禽[66]，廢六關[67]，妾織蒲[68]，三不仁也。作虛器[69]，縱逆祀[70]，祀爰居[71]，三不知也。」

冬，晉先且居、宋公子成[72]、陳轅選[73]、鄭公子歸生[74]伐秦，取汪[75]及彭衙而還，以報彭衙之役。卿不書，為穆公故，尊秦也，謂之崇德[76]。

襄仲[77]如齊納幣[78]，禮也。凡君即位，好舅甥[79]，脩昏姻[80]，娶元妃以奉粢盛[81]，孝也。孝，禮之始也。

【注　釋】❶孟明視　秦國主帥，百里奚之子，字孟明，名視。殽山之戰中被晉國俘虜，後放歸。見僖公三十三年傳。❷先且居　晉國主帥，先軫之子。❸趙衰　晉大夫，曾從晉文公流亡在外，後為晉國主要謀臣。此時輔佐先且居，為中軍副帥。下文稱趙成子。❹王官無地　人名，王官或為其食邑，以邑為氏，名無地。❺御戎　為主帥（晉侯）駕御戰車。戎，兵車。❻狐鞫居　狐氏，食邑於續，名鞫居，字簡伯，故又稱續簡伯、續鞫居。❼為右　做主帥兵車的右衛。右，車右，後稱驂乘。狐氏於箕之役時已為車右。❽甲子　據經文為二月甲子，即初七日。❾彭衙　秦地，在今陝西省白水縣東北四十里之彭衙堡。晉禦秦師侵犯而戰於秦地，傳文未言其詳。❿敗績　大敗崩潰。⓫拜賜之師　孟明視放歸時曾對晉大夫陽處父說「三年將拜君賜」，故晉人以此語譏諷秦軍。⓬梁弘　晉大夫，殽山之戰時為晉襄公駕御戰車。⓭萊駒　晉大夫，殽山之戰時為晉襄公的車右。⓮狼瞫　晉將士，殽山之戰時代萊駒為車右。⓯禽之以從公乘　擒住萊駒，緊跟晉襄公的兵車。禽，同「擒」。乘，兵車。⑯箕之役　僖公三十三年八月，狄人攻晉，晉敗狄於箕。箕，晉地，在今山西省蒲縣東北。⑰先軫　晉國名將，城濮之戰、殽之戰、箕之役，皆任晉中軍主帥。又稱原軫，死於箕之役。⑱黜之　指免去狼瞫車右的職位。黜，廢；免職。按，車右之職雖有常員，但臨戰必重新卜選。箕之役，狼瞫未選上。⑲盍　「何不」的合音詞。⑳為難　發難。即犯上作亂，殺死先軫。㉑周志　周書（古書多稱為志）。因所載不見於《尚書》的〈周書〉，東漢許慎稱之為《逸周書》。下引文見《逸周書・大匡》。㉒勇則害上　有勇武精神，如果殺害上級領導（就是不義）。則，如。假設連詞。上，指先軫。㉓不登于明堂　意謂不義之人，死後不能進明堂享祀配食。古時有功之臣，銘書記功，死後在太廟立神位受配享祔祭之禮。明堂，古時行大禮之宮統稱明堂，此指太廟。㉔死而不義　死如果不合道義。意謂如作亂犯上，殺先軫，則己必死，是不義之死。㉕共用　恭敬地為國家所用。共，同「恭」。㉖亦其所也　猶言「亦其宜也」，也是合宜的。㉗既陳　擺好戰陣之後。陳，「陣」的古字，用作動詞。列陣。㉘屬　部屬；部下。㉙詩曰三句　見《詩經・小雅・巧言》，意謂君子見讒人如果怒而責之，則禍亂就可很快制止。本傳引用僅就字面取義。庶，表示可能的副詞，庶幾。遄，疾速。沮，止；終止。㉚又曰三句　見《詩經・大雅・皇矣》，意謂周文王勃然大怒，於是就整頓好了軍隊。赫斯，赫然；發怒的樣子。爰，於是。㉛秦伯猶用孟明　指孟明於彭衙戰敗，秦穆公仍然任用孟明執掌國政。㉜詩曰三句　見《詩經・大雅・文王》，意謂懷念你的祖先，修明你的德行。毋、聿，都是句首語氣助詞，無義。厥，其。㉝丁丑　二十日。據經文為二月二十日。㉞主　死者的神主；牌位。㉟書不時也　《春秋》之所以記載，是由於製作神主不及時。按喪禮，文公元年四月丁巳葬僖公，葬後第十四日行卒哭之禮，就應立僖公神主祔祭於祖廟，今遲緩十個月，始作主，故《春秋》加以記載，傳文以「不時」解釋經文。㊱公不朝　指魯文公沒有去朝見晉襄公。㊲己巳　十三日。經書「三月乙巳（十九日），及晉處父盟」，月日不同。疑魯文公三月乙巳去晉，四月會盟。㊳使陽處父盟公以恥之　晉國派大夫陽處父和魯文公會盟，使文公受屈辱。按禮，公侯不與別國的卿大夫會盟。魯文公是公爵，與晉大夫會盟是降低了身分，故云「恥之」。恥，使受羞辱。使動用法。㊴書曰二句　經文記載說「及晉處父盟」，不說「陽處父」，去其氏族，這是表示憎惡他。厭，厭棄；憎惡。㊵適晉二句　魯文公到晉國去，《春秋》不加記載，這是故意隱諱不說。即所謂為尊者諱，免得魯文公難堪。這是釋經之語。㊶公未至　魯文公沒有回到魯國。魯文公三月至晉，四月盟，何以至六月猶未返魯，傳文未詳。㊷穆伯句　經文作「公孫敖會宋公、陳侯、鄭伯、晉士縠盟于垂隴」。穆伯，魯桓公之孫，即公孫敖，字穆伯。士縠，晉大夫，士蔿之子，官任大司空，掌土木建築。垂隴，鄭地，在今河南省滎陽市東北。此盟以晉為主，晉伐衛，取戚邑，衛又伐晉，故晉與魯、宋、陳、鄭諸國會盟於垂隴。㊸書士縠二句　意謂經文寫出士縠的名字，是因為士縠能勝任其事。這是釋經之語，因在此以前，各國大夫凡參加會盟，只稱「人」，不書其名。自此以後，霸國大夫會盟書其名，小國大夫仍稱「人」，不書名，這當是據形勢而漸變其書法。㊹陳侯句　陳共公替衛國向晉國求和。成，講和。這是陳侯履行上年「我辭之」的諾言。㊺執孔達以說　拘捕衛國大夫孔達來討好晉國。執，捕押。說，同「悅」。㊻丁卯　十三日。㊼大事于大廟　在太廟大祭。大事，指大祭。諸侯之喪，二十五月而畢，在太廟祭祀先祖，謂之禘祀。魯僖公死於三十三年十二月，至此八月大祭，可見禘祀亦無定月。大廟，太廟；周公之廟。大，同「太」。㊽躋僖公二句　把僖公的神位升於閔公之上，這是顛倒先後順序的祭祀。躋，升。逆，不順。按，《史記》謂閔公為兄、僖公為弟。《漢書》則謂僖公為閔公的庶兄。但無論為兄為弟，依古禮，僖公是繼閔公而為君，閔公神位當在上。按區別世代先後的昭穆來說，閔公為昭，僖公為穆。今升僖公於前，祀位變，昭穆亦變，故云「逆祀」。〈魯語上〉記此事較詳。㊾於是句　在這時夏父弗忌任宗伯。夏父弗忌，魯大夫，夏父展之後。宗伯，官名，亦稱宗人，掌宗族禮法。㊿且明見　等於「且明所見」，而且說明他所見到的。(51)新鬼二句　新死之鬼指僖公。故鬼，死去已久之鬼。指閔公。(52)躋聖賢二句　使聖賢的神位上升，這是明智的。夏父弗忌以為僖公是魯國的聖君賢君。(53)禮無不順　按禮制辦事沒有不順理的。按，此句以下至「先姑」，都是君子的評論；實是左氏的評論，託之君子而已。(54)子雖齊聖　兒子即使聰明聖哲。齊聖，古人常用語。齊，知慮敏捷。(55)不先父食　不能在父親的神位之前享受祭祀。喻後立之君不能位在先立之君之前受祀。先，在前面。(56)禹不先鯀　夏禹死後，其神位不能在鯀之前受祀。鯀，夏禹的父親，因有罪被放逐而死。禹為建立夏朝的聖君。(57)湯不先契　湯，建立商朝的聖君。契，商湯的十三世祖。(58)不窋　杜注以為后稷之子。則不窋當是周文王的十四世祖。(59)宋祖帝乙三句　宋國以帝乙為先祖，鄭國以周厲王為先祖，宋、鄭始封之君還尊尚其父祖。祖，以為先祖。意動用法。帝乙，商朝國君，微子之父。帝乙傳位紂王，封微子於宋。厲王，鄭桓公之父。鄭桓公為鄭國始封君。上，同「尚」。尊崇。(60)魯頌曰五句　見《詩經・魯頌・閟宮》，意謂四時之祭祀，毫不懈怠，沒有差錯，祭祀皇大的天帝，然後祭祀先祖后稷。春秋，指四時。匪，同「非」。解，同「懈」。忒，差錯；失誤。皇皇，盛大，讚美之詞。后帝，同義詞連用，即天帝。后稷，周族始祖，名棄，別姓姬，唐堯時為稷官，努力農耕，教民稼穡，其曾孫公劉遷於豳，公劉九世孫古公亶父遷岐山，逐漸昌盛。古公亶父之孫姬昌即周文王。(61)君子曰三句　這是君子對〈魯頌〉詩句的評論，意謂這是合於禮的，因為詩句認為他們的先祖后稷雖是宗族之親，祭祀時卻先祭天帝。按，成王以周公功大，命魯國可郊祭天帝，配祭始祖后稷。襄公七年傳云：「夫郊祀后稷，以祈農事也。」(62)詩曰三句　見《詩經・邶風・泉水》，意謂問候我的姑母們，然後才問候到我的大姊。姑，父親的姊妹。伯姊，大姊。(63)仲尼　孔子名丘，字仲尼，生於魯襄公二十一年（西元前五五二年），死於哀公十六年（西元前四七九年）。相傳孔子曾修訂《春秋》。左氏所引孔子之語與《論語》等書文字並不相同。(64)臧文仲　魯大夫，亦稱臧孫辰，魯孝公之後，歷莊公、閔公、僖公至文公，已是四朝老臣。(65)不知者三　不明智的事有三件。知，通「智」。(66)下展禽　使展禽屈居下位。下，使動用法。展禽，展氏名禽，居於柳下，私諡惠，故稱柳下惠。《論語·衛靈公》：「臧文仲其竊位者歟，知柳下惠之賢而不與立也。」(67)廢六關　設立六個關卡（收稅）。廢，置，反義為訓。《孔子家語》廢字作「置」。王肅注云：「六關，關名，魯本無此關，文仲置之以稅行者，故謂不仁。」(68)妾織蒲　讓小妾織蒲席販賣，與民爭利。(69)作虛器　製作無用的器物。指家中蓄養大蔡之龜，且為之築室。《論語·公治長》：「臧文仲居蔡（為大蔡之龜作居室），山節藻棁，何如其知也。」即指此事。(70)縱逆祀　縱容夏父弗忌升僖公之位而祭祀。《禮記》云：「孔子曰：臧文仲安知禮？夏父弗忌逆祀而弗止也。」雖當時執政者為公子遂（東門襄仲），但臧文仲為四朝老臣，其言行足以左右政事，可他未制止逆祀。(71)祀爰居　爰居是一種大海鳥，舉頭高八尺，如馬駒，似鳳凰。見《爾雅·釋鳥》注。《國語·魯語上》：「海鳥曰爰居，止於魯東門之外三日，臧文仲使國人祭之。展禽曰：今海鳥至，己不知而祀之，以為國典，難以為仁且知矣。」(72)公子成　杜注為宋莊公之子。(73)轅選　陳國大夫，轅濤塗之後裔。(74)公子歸生　鄭國公子，字子家。(75)汪　秦地，在彭衙附近，《方輿紀要》謂在白水縣之汪城。(76)卿不書四句　意謂《春秋》不記載先且居、公子成等卿大夫的名字，只書「晉人、宋人、陳人、鄭人伐秦」，是為了秦穆公的緣故。尊重秦國，這叫做崇尚德行。這是說明經文這樣寫是反對晉先且居等伐秦，而崇尚秦穆公有德行。(77)襄仲　魯公子遂，字襄仲。(78)納幣　致送玉帛財物作聘禮。(79)好舅甥　加強舅甥之國的友好關係。好，用作動詞。齊與魯世為婚姻，春秋時魯國十二諸侯，有六人娶齊女為夫人。如僖公即娶齊女聲姜為夫人，生文公，故齊、魯為舅甥之國。(80)脩昏姻　辦理婚姻之事。昏，同「婚」。(81)娶元妃以奉粢盛　為魯文公娶元配夫人以奉祀祖先。文公為初娶，故云娶元妃。元，首；頭一個。此年納幣，至四年夏迎娶齊女為夫人。奉，捧；進獻。粢盛，供祭祀用的黍稷之類食品。

【語　譯】魯文公二年春季，秦將孟明視領兵攻打晉國，以報復殽山之戰的失敗。二月，晉襄公出兵抵禦秦軍，由先且居率領中軍，趙衰輔助他。王官無地給晉襄公駕御戰車，狐鞫居擔任戰車右衛。二月初七，和秦軍在彭衙開戰，秦軍大敗。晉國人說，這是秦國「來拜謝恩賜的戰役」。

在殽山作戰時，晉將梁弘給晉襄公駕御戰車，萊駒擔任車右。作戰的第二天，晉襄公捆綁了秦國的俘虜，命萊駒用戈去砍死他。俘虜大聲呼喊，萊駒一驚，把戈掉在地上。狼瞫馬上拾起戈斬死俘虜，抓住了萊駒緊跟晉襄公的戰車，晉襄公就讓狼瞫擔任車右，換下了萊駒。後來晉國和狄人在箕地作戰，晉主帥先軫免去了狼瞫車右的職位，而任用續簡伯為車右。狼瞫大怒，他的朋友說：「為什麼不去死？」狼瞫說：「我沒有找到死的好地方。」他的朋友說：「我跟你一起發難，殺死先軫。」狼瞫說：「《周志》有這樣的話：『勇武的人，如果去殺害在上的人，死後就不能進入明堂受祀配祭。』那樣死得不合道義，不是真勇敢。為國家所用才叫做勇敢。我在崤山之戰中因為勇敢求得車右的職位，箕之役時認為我不勇敢而被廢黜，也是合宜的。如果說上面的人不瞭解我，廢黜得合宜，就算瞭解我了。您姑且等著吧！」到這次彭衙作戰時，戰陣布列好以後，狼瞫就率領他的部屬勇猛地衝進秦軍的戰陣，戰死在陣地上。晉軍跟著衝上去，所以把秦軍打得大敗。君子認為：「狼瞫由此可以算得君子了！《詩》說：『君子如果發怒，動亂就可以很快制止。』又說：『周文王勃然大怒，於是就整頓好了軍隊。』狼瞫發怒，卻不去犯上作亂，而是勇猛地衝鋒陷陣，追擊敵軍，可以說是君子了！」

秦穆公仍然任用孟明視執掌國政，孟明進一步治理國家政事，給百姓以優厚的好處。晉大夫趙衰對大夫們說：「秦軍如果再次來犯，必定要避開它的鋒芒。孟明由於畏懼而進一步修明德政，那是銳不可擋的。《詩》說：『懷念你的祖先，修明你的德行。』孟明記住這兩句詩了，想到要修明德政而努力不懈，我們怎麼可以抵擋呢？」

二月二十日，魯國製作僖公的神主牌位。《春秋》之所以記載這件事，是由於製作不及時。

晉國人因為魯文公不去朝見晉襄公而前來討伐，魯文公就到晉國去。夏季四月十三日，晉國派大夫陽處父同魯文公會盟，使魯文公受到屈辱。《春秋》記載說：「及晉處父盟。」不稱「陽」氏，是表示厭惡他。魯文公到晉國去的事也不加記載，這是故意為尊者隱諱不說。

魯文公到晉國去了還沒回來，六月，魯國大夫穆伯在鄭地垂隴和宋成公、陳共公、鄭穆公、晉國司空士縠會盟，這是為了晉國攻打衛國的緣故。《春秋》寫出「士縠」的名字而不寫「晉人」，是由於認為士縠能勝任會盟的事。陳共公替衛國向晉國求和，拘捕了衛國大夫孔達以討好晉國。

秋季八月十三日，魯國在太廟大祭，把僖公的牌位升到閔公之上，這是顛倒了順序的逆祀。當時夏父弗忌擔任宗伯之職，他尊崇僖公，而且宣告他所見到的，說：「我見到新鬼大，舊鬼小，先大後小，這是順理的。使聖賢的神位上升，這是明智的。明智又順理，是合於禮法的。」但君子認為這是失禮，如按禮制辦事，就沒有不順理的。祭祀是國家的大事。顛倒了君位的先後順序來祭祀，能說是合於禮嗎？兒子雖然聰明賢哲，也不能在父親神位之前受祀，這是由來已久的了。所以夏禹不能在父親鯀的神位之前，商湯不能在先祖契的神位之前，文王、武王不能在先祖不窋的神位之前。宋國以帝乙為先祖，鄭國以周厲王為先祖，宋國、鄭國的始封之君微子、鄭桓公還尊尚其父祖。因此〈魯頌〉說：「一年四季的祭祀不能懈怠，不能差錯，祭祀皇大的天帝，然後祭祀先祖后稷。」君子說：「這是合於禮的，因為它是說后稷雖然是宗親先祖，然而要把祭祀天帝放在前面。」《詩》說：「問候我的諸位姑母，然後再問候到各位大姊。」君子說：「這是合於禮的，因為姊姊雖然親密，然而卻先問候姑母。」孔子說：「臧文仲，他不仁義的事有三件，不聰明的事有三件。使展禽屈居下位而不用，設立六個關卡收稅，讓小妾織蒲席販賣與民爭利，這是三件不仁義的事。家中蓄養大蔡之龜，還專門為牠造了居室，縱容顛倒君位順序的逆祀，祭祀海鳥爰居，這是三件不聰明的事。」

冬季，晉國大夫先且居、宋國公子成、陳國轅選、鄭國公子歸生，聯合攻打秦國，佔領了汪地和彭衙而後回國，以報復秦國發動的彭衙之役。這些卿大夫的名字《春秋》不加記載，只記「晉人、宋人、陳人、鄭人伐秦」，是為了秦穆公的緣故，尊重秦國，這叫做崇尚德行。

魯國公子東門襄仲到齊國去致送玉帛聘禮，這是合於禮法的。凡是新君即位，加強舅甥國家之間的友好關係，辦理婚姻的聘禮，為魯文公娶元配夫人來奉祀祖先，這是孝道。孝，是崇尚禮義的開始。

【說　明】崤山之戰，秦戰敗，兩年後，秦報仇心切，又派兵攻打晉國，戰於彭衙，結果又遭大敗，被晉人諷稱為「拜賜之師」。傳文對彭衙之役沒有作正面記敘，而詳寫晉將狼瞫的可貴品格。在崤山戰役中，他因勇猛而替代萊駒，任主帥兵車右衛。到箕之役時，主帥先軫不瞭解他，廢了他車右的軍職，他為此十分惱怒。他的朋友慫恿他發難，犯上作亂，但他識大義，認為作亂是不義之事，並非是勇敢的表現；為國家所用、為國家而死才是真勇敢，才死得其所。這是追敘兩年前的事。到今年彭衙之役，他勇猛當先，率領所屬部下衝鋒陷陣，戰死在敵陣中。晉軍跟著他殺開的血路衝上去，才大敗秦軍。這說明晉國彭衙之役的勝利，狼瞫是第一功臣。傳文藉君子之口，盛讚狼瞫不計個人恩怨，「怒不作亂」，為國戰死，以陣亡為死得其所，堪稱君子。這表現了左氏進步的生死觀和歷史觀。

晉伐衛，又因晉襄公即位後魯文公沒有去朝見，又伐魯。魯文公只得親赴晉國。晉又只派大夫陽處父接待，與之會盟，使魯文公受辱，感到難堪。這表明在晉襄公時期，晉仍以霸主自居。

傳文最後寫魯國大祭祖廟，升僖公之神位於閔公之上，尊僖公為聖賢。傳文據禮加以批評，並引用孔子的話，批評魯國元老臧文仲縱容逆祀為不智之舉，反映了當時的宗法觀念。

三年

丁酉，西元前六二四年。周襄王二十九年、齊昭公九年、晉襄公四年、秦穆公三十六年、楚穆王二年、宋成公十三年、衛成公十一年、陳共公八年、蔡莊公二十二年、曹共公二十九年、鄭穆公四年、燕襄公三十四年、許僖公三十二年。

經 三年春王正月，叔孫得臣會晉人、宋人、陳人、衛人、鄭人伐沈，沈潰。

夏五月，王子虎卒。

秦人伐晉。

秋，楚人圍江。雨螽於宋。

冬，公如晉。十有二月己巳，公及晉侯盟。晉陽處父帥師伐楚以救江。

傳三年春，莊叔❶會諸侯之師❷伐沈❸，以其服於楚也。沈潰。凡民逃其上曰潰，在上曰逃❹。

衛侯如陳，拜晉成❺也。

夏四月乙亥❻，王叔文公❼卒。來赴❽，弔如同盟❾，禮也。

秦伯伐晉，濟河焚舟❿，取王官及郊⓫，晉人不出⓬。遂自茅津⓭濟，封殽尸而還⓮。遂霸西戎⓯，用孟明⓰也。君子是以知秦穆之為君也，舉人之周⓱也，與人之壹⓲也。孟明之臣也，其不解也，能懼思⓳也。子桑⓴之忠也，其知人也，能舉善㉑也。《詩》曰：「于以采蘩？于沼于沚。于以用之？公侯之事㉒。」秦穆有焉。「夙夜匪解，以事一人㉓。」孟明有焉。「詒厥孫謀，以燕翼子㉔。」子桑有焉。

秋，雨螽㉕于宋，隊而死㉖也。

楚師圍江㉗，晉先僕㉘伐楚以救江。

冬，晉以江故告于周。王叔桓公㉙、晉陽處父伐楚以救江，門于方城㉚，遇息公子朱㉛而還。

晉人懼其無禮於公㉜也，請改盟。公如晉，及晉侯盟。晉侯饗公㉝，賦〈菁菁者莪〉㉞。莊叔以公降拜㉟，曰：「小國受命於大國，敢不慎儀㊱？君貺之以大禮㊲，何樂如之！抑㊳小國之樂，大國之惠也。」晉侯降，辭㊴。登，成拜㊵。公賦〈嘉樂〉㊶。

【注釋】❶莊叔　魯大夫，叔牙之孫，公孫茲之子，名得臣，亦稱叔孫得臣，莊當是諡號。其後代稱叔孫氏。❷諸侯之師　指晉、宋、陳、衛、鄭五國諸侯軍。見經文。❸沈　姬姓小國，始封之君為周公之孫，其地在今河南省沈丘縣東南之沈丘集（亦稱沈丘城），即在安徽省臨泉縣西北。❹凡民逃其上二句　凡是百姓逃離他們的國君叫「潰」（不叫「逃」），國君逃跑叫「逃」（不叫「潰」）。這是解釋經文潰、逃二字字義的不同。❺拜晉成　拜謝陳國出面促成衛、晉講和。成，講和。陳共公為衛向晉求和事見上年傳。❻四月乙亥　四月二十四日。經文作「夏五月」，恐有誤。❼王叔文公　周王卿士王子虎，文為諡號。〈周語〉稱為太宰文公，太宰為其官職。❽來赴　給魯國發來訃告。赴，通「訃」。❾弔如同盟　魯國前去弔唁像對同盟國諸侯之喪一樣。❿濟河焚舟　渡過黃河就燒掉渡船。這是表示要決一死戰。濟，渡河。⓫王官及郊　王官，晉邑，在今山西省聞喜縣西，即《水經注・涑水》所說的王官城。郊，地名，其地當近王官。《史記・秦本紀》作「取王官及鄗」。郊、鄗古音同，字可通假。⓬不出　不出城迎戰。當是從上年傳文趙衰之言：「秦師又至，將必避之。」⓭茅津　即今山西省平陸縣之茅津渡，南岸即河南省陝縣之大陽渡。秦軍當是自西渡河而東，攻佔王官後，再自北而南，於茅津渡過黃河，再向東即至崤山。⓮封殽尸而還　在殽山為死亡的將士堆土築墳，掩埋屍骨，然後回國。封，聚土築墳。僖公三十三年四月殽山之戰，秦全軍覆沒，至此已三年，豈尚有屍骨可埋？僅作大墳為標記而已。⓯遂霸西戎　就在西方少數民族地區稱霸。〈秦本紀〉云：「三十七年，秦用由余謀，伐戎王，益國十二，開地千里，遂霸西戎。」⓰孟明　百里奚之子，字孟明，名視，秦軍主帥。⓱舉人之周　提拔人才，考慮全面。周，備；全面。即僖公三十三年傳所謂「不以一眚掩大德」之意。⓲與人之壹　任用人才，專一無二心。以上二句指孟明屢次戰敗而穆公仍信用為將。⓳懼思　意謂戰敗後能有所戒懼，能力圖奮發，修明德政。即上年傳趙衰語「懼而增德」之意。⓴子桑　秦大夫公孫枝，字子桑。㉑能舉善　能夠舉拔賢良之人。《呂氏春秋》及《韓非子》皆謂子桑曾舉薦百里奚，孟明是百里奚之子，故此傳以孟明助穆公霸於西戎歸功於子桑。㉒詩曰五句　見《詩經・召南・采蘩》，意謂到哪裏去採摘白蒿。到水池邊、到小洲上採摘。採來作什麼用。供公侯祭祀用。于以，於何；在何處（從楊樹達說）。蘩，白蒿，可食用。沼，水池。沚，小沙洲。引用此詩是表示忠信之意，謂穆公能以誠待人，故人忠信，能為穆公所用。㉓夙夜二句　見《詩經・大雅・烝民》，意謂從早到夜，努力不懈，以事奉國君一個人。匪，同「非」。解，同「懈」。一人，指周宣王，傳文借以指秦穆公。㉔詒厥二句　見《詩經・大雅・文王有聲》，意謂把好的謀略政策留給他的子孫，以安定和輔助他們。詒，遺留。厥，其。燕，安。翼，輔佐。傳文引此詩讚子桑舉百里奚父子輔佐穆公。㉕雨螽　像雨點一樣落下蝗蟲。雨，落。動詞。螽，螽斯，一種吃農作物的害蟲。《說文》：「螽，蝗也。」㉖隊而死　螽斯墜落下來就已死掉。隊，同「墜」。隊而死猶死而隊。㉗江　小國名，嬴姓，在今河南省息縣西南。蓋因晉伐沈，故楚圍攻江。㉘先僕　晉大夫。㉙王叔桓公　周王卿士，王叔文公（王子虎）之子。桓當是諡號。㉚門于方城　攻打方城山的關口。門，攻打之意。方城，山名，今湖北與河南二省交界之桐柏、大別諸山，楚統名方城山。㉛息公子朱　楚大夫，息縣長官，名子朱，是圍攻江國的主將，聞晉軍來伐即解圍退兵。故晉軍遇見子朱，就知道楚軍已撤圍，故亦退兵回國。息，楚邑，在今河南省息縣。楚稱縣的長官為公。㉜無禮於公　指去年晉使陽處父與魯文公會盟以恥之，這是失禮的事，故請求魯國改訂盟約。㉝饗公　設宴款待魯文公。㉞菁菁者莪　《詩經・小雅》中的篇名。菁菁，茂盛的樣子。莪，莪蒿，一種多年生的草本植物。傳義取其詩句「既見君子，樂且有儀」。㉟莊叔以公降拜　莊叔得臣使魯文公走下臺階下拜。是拜謝晉襄公把魯文公比作君子。以，相當於「使」。㊱敢不慎儀　豈敢對禮儀不謹慎。㊲貺之以大禮　賞賜我們宴饗之禮。貺，賞賜。㊳抑　句首語助詞，無義。見《經傳釋詞》。㊴晉侯降辭　晉襄公走下臺階辭讓。即不讓魯文公下拜。㊵登成拜　兩人都升階登上殿堂，然後完成對拜之禮。㊶嘉樂　《詩經・大雅》中的篇名。傳義取其詩句「顯顯令德，宜民宜人，受祿于天」。

【語　譯】魯文公三年春季，魯大夫莊叔得臣會合晉、宋、陳、衛、鄭等國的軍隊去攻打沈國，是因為沈國順服楚國的緣故。沈國百姓潰散逃跑。凡是百姓不顧他們的國君四散逃跑，經文就說「潰」；凡是國君逃跑，經文就說「逃」。

衛成公到陳國去，拜謝陳共公促成晉、衛二國講和。

夏季四月二十四日，周王卿士王叔文公死，發來訃告，魯國就像同盟國諸侯死去一樣前去弔唁，這是合於禮法的。

秦穆公領兵攻打晉國，渡過黃河，就燒掉渡船，表示要決一死戰。向東攻佔了晉邑王官城和鄗地。晉軍堅守，不出城迎戰。秦軍就向南，在茅津渡過黃河，向東到殽山，為三年前在這裏陣亡的將士掩埋屍骨，堆土築墳，表示哀悼而後回國。不久，秦國就稱霸西方少數民族地區，這是由於重用孟明的結果。君子由此知道：秦穆公是這樣做國君的，他提拔人才，考慮全面；任用人才，專一不二。孟明是這樣作臣子的，他從早到夜，努力不懈，能夠因戰敗而戒懼，力圖修明德政。子桑是這樣的忠誠，他瞭解別人，能夠舉薦賢良百里奚父子。《詩經・采蘩》說：「到哪裏去採摘白蒿？到水池邊、到沙洲上採摘。採摘來作什麼用？供公侯祭祀用。」秦穆公就是這樣（選拔和信用人才）的。《詩經・烝民》說：「從早到夜努力不懈，為了侍奉國君一個人。」孟明就是這樣做的。《詩經・文王有聲》說：「把好的謀略政策留傳給子孫，以安定、輔佐他們。」子桑就是這樣做的。

秋季，在宋國像雨點一樣落下蝗蟲，落下時蝗蟲就死掉了。

楚軍圍攻江國。晉國大夫先僕領兵攻打楚國，以救援江國。

冬季，晉國把楚國圍攻江國的事報告周襄王。周王卿士王叔桓公和晉國大夫陽處父領兵討伐楚國，救援江國。晉軍攻打方城山的關口，遇見楚軍主將息公子朱，就退兵回國。

晉國怕去年對魯文公有所失禮，請求改訂盟約。魯文公就到晉國去，和晉襄公重新結盟。晉襄公設宴款待魯文公，席間朗誦《詩經・菁菁者莪》篇。莊叔得臣就讓魯文公走下臺階拜謝，說：「小國到大國接受賜命，豈敢對禮儀不謹慎？君侯賞賜我們宴饗大禮，這是多麼令人快樂的呀！小國的快樂，是大國恩賜的。」晉襄公走下臺階辭讓。兩人一起登上臺階到了殿堂，然後對拜，完成拜禮。魯文公朗誦《詩經・嘉樂》篇。

【說明】秦穆公親自領兵攻打晉國，為三年前崤之戰和去年彭衙之役的失敗報仇，渡河焚船，表示要決一死戰。晉軍採取堅壁自守的策略，使秦軍無法獲得預期的戰果，只得在攻佔晉邑王官之後，由茅津南渡，到崤山為陣亡將士聚土築墳，然後回國。秦國仍然無法突破晉國的封鎖去稱霸中原，於是西向討伐諸戎，併國十二，開拓疆土，在西部地區確立了強勢地位，成為繼齊、晉、楚之後的又一個大國。在中原地區，晉、楚爭霸的格局仍然沒有改變。晉伐沈，楚伐江，晉又伐楚以救江，表明晉、楚之間的衝突仍相當尖銳。

四年

戊戌，西元前六二三年。周襄王三十年、齊昭公十年、晉襄公五年、秦穆公三十七年、楚穆王三年、宋成公十四年、衛成公十二年、陳共公九年、蔡莊公二十三年、曹共公三十年、鄭穆公五年、燕襄公三十五年、許僖公三十三年。

經 四年春，公至自晉。

夏，逆婦姜于齊。

狄侵齊。

秋，楚人滅江。

晉侯伐秦。

衛侯使甯俞來聘。

冬十有一月壬寅，夫人風氏薨。

傳 四年春，晉人歸孔達❶於衛，以為衛之良也，故免之。

夏，衛侯如晉拜。曹伯如晉會正❷。

逆婦姜于齊❸，卿不行❹，非禮也。君子是以知出姜之不允於魯❺也，曰：「貴聘而賤逆之❻，君而卑之❼，立而廢之❽，棄信而壞其主❾，在國必亂，在家必亡❿。不允宜哉。《詩》曰：『畏天之威，于時保之⓫。』敬主⓬之謂也。」

秋，晉侯伐秦，圍邧⓭、新城⓮，以報王官之役⓯。

楚人滅江⓰，秦伯為之降服⓱、出次⓲、不舉⓳、過數⓴。大夫諫，公曰：「同盟滅㉑，雖不能救，敢不矜㉒乎？吾自懼㉓也！」君子曰：「《詩》云：『惟彼二國，其政不獲，惟此四國，爰究爰度㉔。』其秦穆之謂矣！」

衛甯武子㉕來聘，公與之宴，為賦〈湛露〉及〈彤弓〉㉖。不辭，又不答賦。使行人私焉㉗。對曰：「臣以為肄業及之㉘也。昔諸侯朝正於王㉙，王宴樂之，於是乎賦〈湛露〉，則天子當陽㉚，諸侯用命㉛也。諸侯敵王所愾㉜，而獻其功㉝，王於是乎賜之彤弓㉞一、彤矢百、玈弓矢千㉟，以覺報宴㊱。今陪臣㊲來繼舊好，君辱貺之㊳，其敢干大禮以自取戾㊴？」

冬，成風薨㊵。

【注　釋】❶孔達　衛國大夫。文公元年，孔達領兵伐晉。二年，衛求和，執孔達以悅晉，晉、衛講和。至此晉釋放孔達回國。❷曹伯如晉會正　曹共公到晉國去商談納貢的政事。會正，杜注：「會受貢賦之政也。」正，通「政」。當時小國要向霸主納貢。❸逆婦姜于齊　魯國到齊國去迎娶姜氏（文公夫人）。逆，迎。婦，因文公之母聲姜還健在，新婦有姑，故姜氏稱「婦」。杜注「稱婦，有姑之辭」。❹卿不行　魯國沒有派上卿去迎娶。按禮，凡諸侯之女嫁別國諸侯，由上卿送行，迎娶國亦應上卿前去迎娶。今齊女嫁魯文公，魯卿不行，故云非禮。❺出姜之不允於魯　姜氏不終於魯。即姜氏在魯國沒有好結果。後來魯文公一死，姜氏之子被殺，自己也只能回歸齊國而終其一生，故稱「出姜」、「不允於魯」。允，遂；終。見文公十八年傳。❻貴聘而賤逆之　用尊貴的禮節行聘禮，卻用低賤的禮節迎娶她。文公二年冬，魯國派上卿公子遂（魯莊公之子）至齊納幣行聘，故云貴聘。今魯卿不行，不以夫人之禮迎娶，故云賤逆。❼君而卑之　以之為小君（國君夫人）卻又卑賤她。君，指小君，國君之妻。意動用法。卑，輕視。卑之即「賤逆之」。❽立而廢之　立為夫人而不以夫人之禮待她，等於是廢棄她。❾棄信而壞其主　背棄納幣定親時的信義而毀損她夫人的地位。主，內主。夫人為諸侯內宮之主。❿在家必亡　這種事發生在大夫家必定使家族敗亡。家，指大夫，與指諸侯的國相對言。⓫詩曰三句　見《詩經・周頌・我將》，意謂敬畏上天的威靈，因此就能保有福祿。傳文是借指保重夫人之位，即「敬主」。于時，於是。⓬敬主　崇敬國君夫人的身分。⓭刓　一作「邧」。秦地，在今陝西省澄城縣南、大荔縣東北。⓮新城　即原來梁國的新里，僖公十八年被秦攻取，故城在今陝西省澄城縣東北二十里。⓯王官之役　見去年傳。王官，晉地，在今山西省聞喜縣西。⓰江　嬴姓小國，故城在今河南省息縣西南。⓱降服　改穿素服。這是遇有大災時的冠服。⓲出次　離開平時居室，出居別處。成公五年傳杜注：「出次，舍于郊。」⓳不舉　不用平時盛膳，不奏樂。古時自天子以至大夫，用膳謂之「舉」，庶民則謂之「食」。舉為盛饌，以樂助食。舉，兼食與樂言之。不舉即減膳撤樂。⓴過數　超過了應有的禮數。數，指為他國被滅而哀悼的禮數。㉑同盟滅　指江國被滅。秦江為同姓之國，或亦為同盟之國。㉒矜　哀憐；同情。㉓自懼　自己戒懼、警惕。㉔詩云五句　見《詩經・大雅・皇矣》，意謂他們兩個國家（指夏朝、商朝），政事不得人心，於是四方的諸侯國，就推究原因，設法自謀。不獲，杜注「不得人心」，于省吾謂獲即矱，法度，則不獲猶言不合法度。四國，虛指四方國家。爰，於是。度，圖謀。傳文引詩謂夏商不得人心，因而滅亡。今諸侯國以此為鑑，圖謀自強。說明秦穆公「自懼」就是這個意思。㉕甯武子　衛國大夫，名俞，亦稱甯俞，武當是其謚號。曾助衛成公復位。㉖湛露及彤弓　都是《詩經・小雅》中的篇名。㉗使行人私焉　派使者私下探問甯武子。行人，官名，外交使臣。㉘肄業及之　在練習演唱《詩經》的篇章時才朗誦到這兩首詩的。肄，練習；學習。業，版；古時供習字書寫用的木片。此指書冊、篇卷。甯武子明知魯文公賦〈湛露〉、〈彤弓〉詩不合於禮，卻假裝不知而為此託辭。孔子曾讚甯武子「邦有道則知，邦無道則愚；其知可及也，其愚不可及也」（見《論語・公冶長》）。於此可見一斑。㉙朝正於王　諸侯於新春正月到京師朝賀天子。㉚天子當陽　天子對著太陽。㉛用命　效命；效勞。按〈湛露〉首章云「湛湛露斯，匪陽不晞」。晞，乾。〈詩序〉云：「天子宴諸侯也。」天子宴請諸侯才賦此詩，首章二句是以「露」起興，表宴樂之意。甯武子以陽喻天子，以露水比諸侯；露水非陽不晞，諸侯要效命天子。這是以己意解詩，非詩本意。㉜敵王所愾　把天子所痛恨的人作為仇敵。敵，意動用法。以之為仇敵。愾，憤恨；憤怒。㉝獻其功　指諸侯討伐四夷有功，就向天子奏報。㉞彤弓　漆有朱紅色的弓。㉟玈弓矢千　漆上黑色的弓十把，箭一千枝。古時一弓百矢，此言玈矢千，則弓十可知。㊱以覺報宴　為表彰其功勞，就用宴樂款待他，表示酬勞。覺，杜注「明也」，表彰。一說通「校」，計數（功勞）。按，自「諸侯敵王所愾」至此句，是說天子在賞賜有功諸侯的宴樂時才賦〈彤弓〉，〈詩序〉云：「天子賜有功諸侯也。」㊲陪臣　大夫對天子自稱陪臣。因以上是論天子賦詩之禮，故甯武子自稱陪臣。㊳君辱貺之　蒙國君賜我宴樂。辱，表敬副詞。貺，賞賜。㊴其敢句　哪敢觸犯宴饗大禮來自取罪過。其，豈。干，犯。大禮，指宴饗之禮。戾，罪過。㊵成風薨　僖公的母親（文公的祖母）成風死。薨，王侯及其夫人死曰薨。成風雖為魯莊公之妾，非元妃，然經書「夫人」，書「薨」，視同夫人之禮。

【語　譯】魯文公四年春季，晉國人釋放孔達，讓他回到衛國，是由於認為他是衛國的良臣，所以赦免了他的罪。

夏季，衛成公到晉國去拜謝釋放孔達。曹共公到晉國去商議納貢數目的政事。

魯國到齊國迎娶姜氏，但魯國沒有派上卿去迎接，這是不合禮制的。君子由此知道姜氏在魯國不會有好結果。他們說：「前年用尊貴的禮節去行聘，今年卻用卑賤的禮節迎娶她；行聘時是作為文公的夫人，現在卻輕賤她；立她為夫人，卻不以夫人之禮相待，等於廢棄她；背棄了行聘定親的信義，毀損她夫人的身分。這樣的事發生在諸侯國，就必定使國家動亂；發生在大夫家，就必定使家族敗亡。姜氏沒有好結果是很自然的。《詩經・周頌》說：『敬畏上天的威靈，於是就保全福祿。』這說的就是要敬重諸侯夫人。」

秋季，晉襄公攻打秦國，圍困秦國刓地和新城。這是為了報復去年的王官之役。

楚國人滅亡了江國。秦穆公為此改穿白色的素服，離開正寢，出居別室，減少膳食，撤去音樂。這超過了哀悼江國的禮數。大夫們勸諫他，他說：「同盟的江國滅亡了，雖然不能去救援，豈敢不哀憐它呢？我也是警惕自己呀！」君子認為：「《詩經・皇矣》說：『夏、商那兩個國家，政事不得人心，所以敗亡。於是四方的諸侯國就推究其原因，自謀圖存。』這說的就是秦穆公警惕自己的意思吧！」

衛國卿大夫甯武子來魯國訪問，魯文公設宴樂款待他，席間為他朗誦〈湛露〉、〈彤弓〉這兩首詩。甯武子沒有說話，也不賦詩答謝。魯文公就派外交使臣去私下探問原因。甯武子回答說：「下臣本來以為國君是在練習誦《詩》才朗誦到這兩首詩的。從前諸侯在新春正月到京師朝賀天子，天子設宴奏樂款待諸侯，在這時天子就朗誦〈湛露〉這首詩。那是表示天子對著太陽，諸侯如同露水；露水非陽不晞，諸侯要為天子效命。再說，諸侯把天子所痛恨的人作為仇敵加以討伐，有了功勞就奏報。天子就賞賜他漆上紅色的弓一把，漆上紅色的箭一百枝；黑色的弓十把，黑色的箭一千枝，為表彰他的功勞而用宴樂來酬報。這時天子就朗誦〈彤弓〉這首詩。現在我作為陪臣來繼承發展衛、魯兩國的友好關係，承蒙國君賜我宴樂，我哪敢觸犯宴樂大禮來自取罪過呢？」

冬季，魯僖公的母親成風去世。

【說　明】魯國派人到齊國迎娶魯文公夫人姜氏，沒有按應有的禮儀派上卿去迎接，與前年派上卿公子遂去納幣定親的規格不同。「貴聘賤逆」，就從一個側面反映出魯、齊兩國關係仍比較冷淡。

晉國為報王官一役的仇，出兵伐秦。秦、晉連年交戰，關係惡化。說明晉堅持封鎖秦國，不讓秦東進中原。而楚國依靠軍事力量終於滅掉江國，其勢力正逐漸北進，已深入到淮河中上游地區。

五　年

己亥，西元前六二二年。周襄王三十一年、齊昭公十一年、晉襄公六年、秦穆公三十八年、楚穆王四年、宋成公十五年、衛成公十三年、陳共公十年、蔡莊公二十四年、曹共公三十一年、鄭穆公六年、燕襄公三十六年、許僖公三十四年。

經 五年春王正月，王使榮叔歸含，且賵。

三月辛亥，葬我小君成風。王使召伯來會葬。

夏，公孫敖如晉。

秦人入鄀。

秋，楚人滅六。

冬，十月甲申，許男業卒。

傳 五年春，王使榮叔❶來含❷且賵❸，召昭公❹來會葬，禮也。

初，鄀❺叛楚即秦❻，又貳於楚❼。夏，秦人入鄀❽。

六❾人叛楚，即東夷❿。秋，楚成大心⓫、仲歸⓬帥師滅六。

冬，楚公子燮滅蓼⓭。臧文仲⓮聞六與蓼滅，曰：「皐陶⓯、庭堅⓰不祀忽諸⓱。德之不建，民之無援，哀哉！」

晉陽處父⓲聘于衛，反過甯⓳，甯嬴⓴從之。及溫㉑而還。其妻問之，嬴曰：

「以剛㉒。〈商書〉曰：『沉漸剛克，高明柔克㉓。』夫子壹之㉔，其不沒乎㉕！天為剛德㉖，猶不干時㉗，況在人乎？且華而不實㉘，怨之所聚也。犯而聚怨㉙，不可以定身㉚。余懼不獲其利，而離其難㉛，是以去之。」

晉趙成子㉜、欒貞子㉝、霍伯㉞、臼季㉟皆卒。

【注釋】❶榮叔　周大夫。莊公元年經文亦有榮叔來魯，疑此榮叔或為其後人。此句當與上年傳文「成風薨」連讀。❷含　送來放在死者（成風）口中的珠玉。古時以珠玉等物實於死者口中曰含，所實之物亦曰含。《公羊傳》何休注：含，「天子以珠，諸侯以玉，大夫以碧，士以貝，春秋之制也。」榮叔遠道致送，成風已入殮，按《禮記》所說，未葬之前，用葦席承之。❸賵　用作動詞。饋贈助辦喪事的財物。如車馬束帛之類。❹召昭公　周王卿士，經文稱召伯。召氏世為天子卿，稱伯。召伯來魯當在三月，在榮叔之後。經文云：「三月辛亥（十二日），葬我小君成風。」❺鄀　位於秦、楚交界處的小國，其都城稱商密，在今河南省淅川縣西南。❻即秦　親近秦國。即，就；靠近。僖公二十五年傳云：秦伐鄀，商密降秦。❼貳於楚　兩屬於楚。即一面親秦，一面又臣屬楚國。❽入鄀　佔領鄀都商密，併入秦國。但鄀國未亡，自此南遷至今湖北省宜城市東南九十里，稱上鄀。《水經注・沔水》稱之為鄀縣。上鄀為楚附庸，後為楚所滅。❾六　偃姓小國，傳為皐陶後代。彝器金文作「彔」。其地在今安徽省六安市北。❿東夷　我國古代對東部各部族統稱東夷。此指淮河流域的夷族。⓫成大心　楚大夫。其父是楚令尹成得臣，字子玉，已死於城濮之戰。⓬仲歸　楚大夫，字子家。⓭蓼　姬姓小國，傳為顓頊後代。其地在今河南省固始縣東北之蓼城岡。⓮臧文仲　魯國老臣，即臧孫辰。⓯皐陶　相傳為舜的司法官，是少昊之後。⓰庭堅　相傳為上古部族首領顓頊（高陽氏）之子，為蓼國先祖。⓱不祀忽諸　即忽焉不祀，意謂很快就絕祀了。忽諸，忽焉；快速。倒置句末。⓲陽處父　晉大夫，亦稱陽子，食邑於溫（今河南省溫縣）。⓳反過甯　反，同「返」。甯，晉邑，在今河南省獲嘉縣。⓴甯嬴　當是甯邑的大夫，並非庶民，故書其名氏。杜注以為是掌逆旅之大夫。㉑溫　《國語・晉語》韋注為溫山，在今河南省修武縣北五十里。㉒以剛　太剛強。以，太。㉓商書曰三句　見今本《尚書・周書・洪範》。左氏引〈洪範〉句皆謂〈商書〉。句意謂本性深沉陰柔的人要用陽剛之氣克制自己，本性豪爽陽剛的人要用陰柔之氣克制自己。剛柔相濟，方能成全本性。

沉漸，今本《尚書》作沉潛。漸，通「潛」。指人的個性陰沉。高明，指個性豪爽。㉔夫子壹之　夫子，指陽處父。壹，指個性只有其中一個方面，即謂陽處父為高明之性，又太剛。㉕其不沒乎　恐怕不得善終吧。其，副詞，表示測度語氣。㉖天為剛德　古以天為純陽，有陽剛之德。㉗猶不干時　尚且不干預四時運行的次序。意謂天亦有柔德。古以春夏為陽剛，秋冬為陰柔。干，犯；干預。㉘華而不實　光開花而不結實。比喻言過其實、言過其行。華，同「花」。㉙犯而聚怨　意謂本性太剛，又華而不實，就會得罪人，招來仇怨。犯，觸犯人；得罪人。㉚定身　保全自身。定，安。㉛離其難　遭到他的災難。離，通「罹」。遭遇。㉜趙成子　晉謀臣趙衰，彭衙之役為中軍佐。「成」是諡號。㉝欒貞子　晉大夫欒枝，城濮之戰為下軍主帥。「貞」是諡號。㉞霍伯　晉中軍主帥先且居，先軫之子，食邑於霍，故稱霍伯。㉟臼季　晉大夫，即胥臣，城濮之戰為下軍佐（下軍副帥）。

【語　譯】魯文公五年春季，周襄王派大夫榮叔來魯國致送含在死者口中的玉塊和助辦喪事的財物，又派召昭公來參加葬禮，這是合於禮儀的。

當初，鄀國背叛楚國，親近秦國，後來又臣屬楚國。今年夏季，秦國人佔領了鄀國都城，作為秦地。六國人背叛楚國，親近東夷。秋季，楚國大夫成大心、大夫仲歸領兵滅亡了六國。

冬季，楚國公子燮滅亡了蓼國。魯國老臣臧文仲聽到六國和蓼國滅亡，就說：「皐陶、庭堅這一下子絕祀了。道德如此敗壞，百姓遭難沒人救援，真是可悲啊！」

晉國大夫陽處父到衛國聘問，回國時路過晉國甯邑，甯地的大夫甯嬴願意跟從他。但跟著走到溫山以後，甯嬴就回去了。他的妻子問他，他說：「陽大夫個性太剛強了。〈商書〉說：『本性陰沉柔弱的人要用陽剛之氣來克制，本性豪爽剛強的人要用陰柔之氣來克制。』陽大夫只具有豪爽陽剛的一面，又太剛，恐怕不得好死。上天純陽，有陽剛的德性，尚且不干預四時運行的次序，還有陰柔之德，何況我們人呢？而且他言過其實，言過其行，好像光開花不結實，這樣就會招聚仇怨。個性太剛，又華而不實，就會得罪人，招來怨仇，就不能保全自身。我怕跟了他得不到好處，反而會遭到災禍，因此離開他回來了。」

晉國大夫趙成子趙衰、欒貞子欒枝、霍伯先且居、臼季胥臣在這年都去世了。

【說　明】楚國於去年滅了江國，今年又滅了六、蓼兩個小國，勢力迅速擴張，直逼淮河中游地區。而晉國四卿皆死，於此可見晉、楚二強力量之消長。而秦人入鄀，佔取商密，以報楚滅江之仇。秦人當是出藍關（今陝西省藍田縣）、商州而至古商密之地，力圖與楚抗衡。

本傳寫甯嬴事，說陽處父性格太剛，未能全性，故恐不得安身善終。這並非孤立的章節，應與下年「蒐于夷」、晉「殺處父」章合讀。此傳甯嬴所言實為下年殺處父張本，因編年為史，不得不分列兩年。

六　年

庚子，西元前六二一年。周襄王三十二年、齊昭公十二年、晉襄公七年、秦穆公三十九年、楚穆王五年、宋成公十六年、衛成公十四年、陳共公十一年、蔡莊公二十五年、曹共公三十二年、鄭穆公七年、燕襄公三十七年、許昭公錫我元年。

經六年春，葬許僖公。

夏，季孫行父如陳。

秋，季孫行父如晉。

八月乙亥，晉侯驩卒。

冬十月，公子遂如晉。葬晉襄公。

晉殺其大夫陽處父。

晉狐射姑出奔狄。

閏月不告朔，猶朝于廟。

傳 六年春，晉蒐于夷❶，舍二軍❷，使狐射姑將中軍❸，趙盾❹佐之。陽處父❺至自溫，改蒐于董❻，易中軍❼。陽子，成季之屬也❽，故黨❾於趙氏。且謂趙盾能，曰：「使能，國之利也。」是以上之❿。宣子於是乎始為國政⓫，制事典⓬，正法罪⓭，辟獄刑⓮，董逋逃⓯，由質要⓰，治舊洿⓱，本秩禮⓲，續常職⓳，出滯淹⓴。既成，以授大傅㉑陽子與大師賈佗㉒，使行諸晉國，以為常法。

臧文仲以陳、衛之睦也，欲求好於陳。夏，季文子㉓聘于陳，且娶焉。

秦伯任好㉔卒，以子車氏㉕之三子奄息、仲行、鍼虎為殉㉖，皆秦之良也。國人哀之，為之賦〈黃鳥〉㉗。君子曰：「秦穆之不為盟主也宜哉！死而棄民。先王違世㉘，猶詒之法㉙，而況奪之善人㉚乎？《詩》曰：『人之云亡，邦國殄瘁。』㉛無善人之謂，若之何奪之？古之王者，知命之不長，是以竝建聖哲㉜，樹之風聲㉝，分之采物㉞，著之話言㉟，為之律度㊱，陳之藝極㊲，引之表儀㊳，予之法制㊴，告之訓典㊵，教之防利㊶，委之常秩㊷，導之禮則㊸，使毋失其土宜㊹，眾隸賴之，而後即命㊺，聖王同之㊻。今縱無法以遺後嗣，而又收其良以死，難以在上㊼矣！」君子是以知秦之不復東征也。

秋，季文子將聘于晉，使求遭喪之禮(48)以行。其人曰：「將焉用之？」文子曰：「備豫不虞(49)，古之善教也。求而無之實難(50)，過求何害？」

八月乙亥(51)，晉襄公卒。靈公(52)少，晉人以難(53)故，欲立長君(54)。趙孟(55)曰：「立公子雍(56)。好善而長，先君(57)愛之，且近於秦(58)。秦，舊好也。置善則固，事長則順，立愛則孝，結舊則安。為難故，故欲立長君。有此四德(59)者，難必紓(60)矣。」賈季(61)曰：「不如立公子樂(62)。辰嬴嬖於二君(63)，立其子，民必安之。」趙孟曰：「辰嬴賤，班在九人(64)，其子何震(65)之有？且為二君嬖，淫也。為先君子，不能求大，而出在小國(66)，辟(67)也。母淫子辟，無威；陳小而遠，無援，將何安焉？杜祁(68)以君故，讓偪姞而上之(69)，以狄故，讓季隗而己次之(70)，故班在四。先君是以愛其子，而仕諸秦，為亞卿焉(71)。秦大而近，足以為援；母義子愛，足以威民。立之，不亦可乎？」使先蔑(72)、士會(73)如秦逆公子雍。賈季亦使召公子樂于陳，趙孟使殺諸郫(74)。賈季怨陽子之易其班(75)也，而知其無援於晉也。九月，賈季使續鞫居(76)殺陽處父。書曰：「晉殺其大夫」，侵官也(77)。

冬十月，襄仲(78)如晉，葬襄公。

十一月丙寅(79)，晉殺續簡伯。賈季奔狄。宣子使臾駢(80)送其帑(81)。夷之蒐，賈季戮(82)臾駢，臾駢之人欲盡殺賈氏(83)以報焉。臾駢曰：「不可。吾聞〈前志〉有之曰：『敵惠敵怨，不在後嗣，忠之道也(84)。』夫子(85)禮於賈季，我以其寵報私怨，無乃不可乎？介人之寵(86)，非勇也。損怨益仇，非知也(87)。以私害公，非忠也。釋此三者(88)，何以事夫子？」盡具其帑與其器用財賄，親帥扞(89)之，送致諸竟(90)。

閏月不告朔(91)，非禮也。閏以正時(92)，時以作事(93)，事以厚生(94)。生民之道，於是乎在矣(95)。不告閏朔，棄時政也，何以為民？

【注釋】❶蒐于夷　在夷地檢閱軍隊。蒐，檢閱；檢查。夷，魯莊公十六年，晉攻取其地。今地不詳。❷舍二軍　晉文公八年建立五軍，各有將佐，共十卿。今廢二軍，恢復晉文公四年時三軍之制。舍，廢；棄。二軍，指五軍中新立的上軍、下軍。❸狐射姑將中軍　狐射姑是狐偃之子，食邑於賈，字季，故又稱賈季。狐偃為晉文公舅父。將，率領。中軍之將，即三軍統帥。❹趙盾　趙衰之子，晉國名臣，死後諡宣，故又稱宣子。又稱趙孟。❺陽處父　晉大夫，時官為太傅。食邑於溫（今河南省溫縣）。上年聘問衛國，返晉時路過溫地而停留，故云「至自溫」。下文稱陽子。❻董　《水經注・涑水》謂即董澤，則在今山西省聞喜縣東北四十里之東鎮。杜注謂在汾陰縣，則在今山西省萬榮縣西六十里之榮河鎮。今姑從前說。❼易中軍　改換中軍將佐。《穀梁傳》云：「使狐射姑為將軍，趙盾佐之。陽處父曰：『不可。古者君之使臣也，使仁者佐賢者，不使賢者佐仁者。今趙盾賢，射姑仁，其不可乎！』襄公曰：『諾。』」遂使趙盾將中軍，射姑佐之。❽陽子二句　陽處父是成季的部屬。成季，趙衰字季，諡成，故稱成季，又稱趙成子。陽處父本由趙衰推舉，方得進用為大夫，所以說是他的部下。❾黨　用作動詞。偏袒。❿是以上之　因此使趙盾居於上位，即升任中軍帥。是以，以是；因此。⓫為國政　掌管國家政事。晉以中軍帥掌國政。⓬制事典　制定國家的典章制度。⓭正法罪　訂正法律，作為判罪的依據。⓮辟獄刑　清理訴訟積案。辟，治理。此指斷案。⑮董逋逃　督察追捕負罪逃亡的罪犯。董，督。逋逃，同義詞連用。⑯由質要　用契約、賬冊作為出納的憑證。由，用。質，買賣的契約，雙方各執一半，而文字全同，以為憑信。要，即會計賬目。歲計曰會，月計曰要。⑰治舊洿　清除積久的污垢。洿，污穢。指政治上的污垢、不利於國家的積弊。⑱本秩禮　恢復被破壞的秩序和禮制。本，用作動詞。⑲續常職　重建已廢缺的常任官職。⑳出滯淹　把被壓抑、埋沒的賢人舉拔出來，任以官職。㉑大傅　太傅，官名，爵位為卿，晉太傅主管禮刑。大，同「太」。㉒大師賈佗　大師，即太師。官名，爵位為卿。賈佗，曾從重耳（晉文公）流亡在外。〈晉世家〉謂重耳自小好士，年十七，有賢士五人，賈佗為其中之一。㉓季文子　魯國公子季友之孫，仲無佚之子，稱季孫行父，文當是謚號。㉔秦伯任好　秦穆公名任好。㉕子車氏　子車是姓氏，三子奄息、仲行、鍼虎，上字是字，下字是名，都是秦國大夫，稱三良。㉖殉　殉葬；奴隸社會用活人給奴隸主貴族陪葬。㉗黃鳥　《詩經・秦風》中的篇名。〈詩序〉云：「〈黃鳥〉，哀三良也。國人刺穆公以人從死而作是詩也。」㉘違世　去世。違，離。㉙詒之法　把法規留給百姓。詒，遺；傳。之，承上文指「民」。㉚奪之善人　奪走百姓的賢臣。之，其。㉛詩曰三句　見《詩經・大雅・瞻卬》，意謂賢人死去，國家受到損失而困病。之、云，都是句中助詞，無義。殄，病；損害。瘁，困病。㉜竝建聖哲　普遍培養、選用賢能的人。竝，「並」的異體字，普遍。按，此句以下十二句，意謂王者知命之不長，故即位後便施行這十二件事，制法度以遺後代，並非只為自己當世，更不是臨死時才去做的。㉝樹之風聲　給人們樹立好的風氣和社會輿論。㉞分之采物　把采章物色如旌旗車服之類分給他們，以別尊卑。采物，亦作「物采」，指車服之類。古時尊卑不同，物采不同。㉟著之話言　為後人把善言記錄在典冊上。話言，常指善言、遺訓。㊱為之律度　給人們制訂法律。律度，法度，同義詞連用。㊲陳之藝極　向人們公布行為準則。藝極，規範；準則。同義詞連用。㊳引之表儀　樹立表率來引導人們。表儀，亦作「儀表」，表率；榜樣。《韓詩外傳》：「可以為表儀者，人師也。」㊴予之法制　給他們法規章程，讓他們照辦。以上四句只是「為、陳、引、予」四個動詞不同，「律度」等四個名詞意義相近，且都是同義複詞。㊵告之訓典　告訴人們以前留傳下來的典籍圖書，供學習教化。㊶教之防利　教育人們提防貪求私利。㊷委之常秩　委任常設的職官。或謂常秩為祿秩有常，即按時付給俸祿。㊸導之禮則　教導人們合於禮義。㊹失其土宜　違背因地制宜的法則。㊺即命　同「即世」。是死的不同說法。所謂天命已終，而往就之。㊻聖王同之　聖人和先王都是這樣做的。㊼在上　在上位，即做國君。㊽求遺喪之禮　準備如果遭到喪事應備的禮儀物品。古時大臣出境，可能預慮喪事，防其未然。依《儀禮・聘禮》，遭喪之禮有五：國君之喪，國夫人或太子之喪，聘問國國君之喪，使者父母之喪，賓介之喪。傳文未言備何種喪禮。㊾備豫不虞　預先準備意料不到的事。豫，事先有備。備、豫同義。

虞，意料。【50】求而無之實難　臨到有喪事需求時卻沒有預備好，就實在困難了。【51】乙亥　十四日。【52】靈公　晉靈公，名夷皐。此時尚抱在其母穆嬴懷中，見下年傳。【53】難　晉當時有何國難，傳未言及，疑指秦、狄人侵或楚伐其盟國，晉處在艱難時期。【54】立長君　立年長的為國君。因靈公太幼小。【55】趙孟　即趙盾。此後趙氏世稱趙孟，如趙武、趙鞅等皆稱趙孟。【56】公子雍　晉文公子，晉襄公庶弟，其母為杜祁。【57】先君　指晉文公。【58】近於秦　親近秦國，因公子雍仕於秦。【59】四德　指上述固、順、孝、安。【60】紓　緩；解。【61】賈季　即狐射姑，見注❸。【62】公子樂　晉文公子，公子雍之弟，其母為辰嬴。【63】辰嬴句　辰嬴受到懷公、文公二君的寵愛。辰嬴，秦穆公女。晉惠公之子圉入質於秦時，穆公以辰嬴妻之，後子圉逃歸為晉懷公，故稱懷嬴。後懷公被殺。重耳流亡至秦時，穆公又以懷嬴妻之，稱辰嬴。嬴為姓，辰或為謚號。嬖，寵。【64】班在九人　意謂在晉文公的妃妾中，辰嬴位次排在第九。班，列；位次。晉文公嫡夫人文嬴，妃妾有偪姞（生襄公）、季隗、杜祁（生公子雍）、齊姜，另有秦女四人（辰嬴在其中）。【65】震　威；威勢。【66】不能求大二句　謂公子樂不能求得去大國，而出居在小國做事。小國指陳國。古時公子多出國學習或任職，如公子雍仕於秦，公子樂仕於陳。【67】辟　同「僻」。陋。指見識鄙陋。【68】杜祁　晉文公妃妾，公子雍之母，為祁姓杜國之女。杜國故址在今陝西省西安市故杜陵地。【69】讓偪姞句　讓偪姞位居自己之上。偪姞，晉文公妃妾，晉襄公之生母。杜祁為了襄公的緣故，讓偪姞居上位。偪國，姞姓，今地不詳。【70】讓季隗句　杜祁讓位給季隗，自己居於她的下位。季隗，赤狄廧咎如之女，隗姓。文公為公子出亡於狄時，娶季隗為妻。狄為晉之強鄰。以上四句是說杜祁本班列第二，讓偪姞、季隗，才列第四。以見杜祁之貴，辰嬴之賤；並見杜祁之賢與義。【71】為亞卿焉　謂公子雍在秦國已官至亞卿。亞卿，次於卿，即為大夫。【72】先蔑　晉大夫，又稱士伯，晉文公五年時為左行主將。【73】士會　晉大夫，士蔿之孫，成伯之子，字季，謚武，故又稱士季、士季武子。食邑於隨、范，又稱隨會、范會。城濮之戰以後為文公車右。【74】郫　晉地，在今河南省濟源市西一百多里之邵源鎮，為晉由河內出王屋山至河外的隘道。【75】易其班　改變他的地位。狐射姑（賈季）本為中軍帥，陽子把他降為中軍佐。【76】續鞫居　即狐鞫居，食邑於續，又稱續簡伯。箕之役、彭衙之役皆為車右。【77】書曰三句　謂《春秋》記載說「晉殺其大夫陽處父」，是因為陽處父侵奪官職的緣故。陽處父時為太傅，以老臣的身分請晉襄公改蒐於董和改易中軍將佐，屬於越權專斷，故謂侵官。與上年傳文說他個性太剛，「犯而聚怨」相應。【78】襄仲　魯國正卿東門襄仲，魯莊公子，亦稱公子遂。【79】丙寅　按十一月無丙寅日。疑為十月丙寅，即初五日。【80】臾駢　趙盾屬下的大夫。【81】帑　同「孥」。妻子兒女的統稱。【82】戮　辱；罰。【83】賈氏　指賈季的妻子兒女等眷屬。【84】前志四句　引句不知所出。句意謂有恩惠給對方或同對方有仇怨，都同他的後代無關，即不可求其子孫報恩或向他的子孫報仇，這是忠恕之道。敵，對；對方。【85】夫子　指趙盾。⑯介人之寵　利用別人（趙盾）的寵信（公報私仇）。介，因；憑藉；利用。⑰損怨二句　消滅了我的怨氣，卻增加了別人對我的仇恨，這不是明智的做法。知，同「智」。⑱釋此三者　丟掉這三種美德。三者指勇、知、忠。⑲扞　保衛；護衛。⑳送致諸竟　把他們護送到邊境上。竟，同「境」。㉑告朔　每月朔日（初一）告祭於祖廟的禮儀。㉒閏以正時　即以閏正時。用置閏月的辦法來補正四時季節。地球繞太陽一周為三六五．二四二一九日（即一回歸年），而陰曆以月亮繞地球一周為一月，一年為三五四日或三五五日，四季節氣又必須以地球繞日為準，故置閏以補差數，四時節氣才不致有誤。㉓時以作事　以時作事，確定四時節氣，是為了按農時從事耕作。㉔事以厚生　依靠農事勞作使百姓衣食豐足。生，養生的衣食。㉕生民二句　養活百姓的方法就在於此。於是乎在，即「在於此」。

【語　譯】魯文公六年春季，晉國在夷地檢閱軍隊，撤去二軍，仍恢復三軍建制，讓狐射姑做中軍主帥，趙盾做副帥輔佐他。大夫陽處父從溫地回來，就改在董地檢閱軍隊，改換了中軍將佐，趙盾升為中軍帥，狐射姑降為中軍佐。陽處父本是成季趙衰的屬下，所以偏袒趙氏，而且認為趙盾有才幹，說：「任用能幹的人，是有利國家的。」因此使趙盾升居上位。趙盾從這時開始就執掌晉國大權，制定典章制度，修訂法律便於定罪，清理訴訟積案，判刑定罪，督察追捕負罪潛逃的罪犯，用契約、賬冊作為財物出入的憑證，清除政治上的污垢弊端，恢復被破壞的秩序和禮制，重建已廢缺的常任官職，把被壓抑和埋沒的賢人能人舉拔出來加以任用。這九件事完成後，就交給太傅陽處父和太師賈佗，讓他們在全國推行，作為經常要辦理的基本法則。

魯國老臣臧文仲由於陳、衛兩國和睦，就想跟陳國友好結交。夏季，魯國大夫季文子就到陳國去訪問，還娶了陳國女子作妻室。

秦穆公任好去世，用子車氏的三個兒子奄息、仲行、鍼虎殉葬，他們都是秦國傑出的人物。國人都為此很哀痛，為他們作了〈黃鳥〉這首詩。君子說：「秦穆公不能做諸侯的盟主、建立霸業，是活該如此。因為他死的時候，還要殘害臣民。先王去世時，都給後人留下法度，又怎能奪走百姓的賢人呢？《詩經．瞻卬》說：『賢人的死亡，使國家受到損失而困病。』說的是國家已經沒有賢人了，為什麼還要把賢人奪走呢？古時身居王位的人，知道自己的壽命不能長久，因此普遍培養、任用很多賢能的人，給人們樹立好的風氣和輿論，分給他們旌旗車服以別尊卑，把有益的善言記錄在典冊上作為遺訓，為人們制定法度法規，向人們公布各種行為準則，樹立表率來引導人們，給人們以法規章程，讓大家照辦，告訴人們先王留下的典籍圖書，以供學習，教育人們提防貪求私利，委任官府的常任職官，付給一定的俸祿，教導人們合乎禮儀規範，使人們不要違背因地制宜的法則，讓公眾臣民都信賴他。這樣的做法到死為止，聖人和先王都是如此。如今國君沒有法則留給後代也就罷了，竟又將百姓中的賢人作殉葬，這就難以處在上位做國君了！」君子由此知道秦國再也不能向東征伐了。

秋季，魯國大夫季文子將要到晉國去聘問，讓隨行的人去準備遭到喪事的禮儀然後才動身。那人說：「準備以後做什麼用？」季文子說：「預先準備好意料不到的事故，這是古代的好教訓。否則有事需求時卻沒有預備好，就處在困難境地了。準備了如果用不著，又有什麼害處呢？」

八月十四日，晉襄公去世。晉靈公還年幼，晉國人認為國家有難，想立年長的做國君。趙孟說：「就立公子雍為國君吧！他為人善良又年長，先君晉文公喜歡他，而且秦國親近他。秦國是晉國的老盟友。立善良的人為國君，政權就鞏固；事奉年長的國君，就順理；立先君所愛的人，就合於孝道；結交友好鄰國，國家就安定。因為國家有難，所以臣民要立年長的做國君，有了以上四項德行，國難就必定緩解了。」賈季說：「不如立公子樂為君好。他的母親辰嬴受到懷公、文公兩位國君的寵愛，立她的兒子做國君，百姓就能安定。」趙孟說：「辰嬴身分低賤，在妃妾中位次排在第九，那她的兒子有什麼威望呢？況且她被兩位國君寵愛，可見是個淫蕩的女人。作為先君的兒子，不能謀求去大國任職，卻出居小國陳國，見識就鄙陋。母親淫蕩，兒子鄙陋，沒有威望；陳是小國，離晉國又遠，我們遇有急難，也不能前來救援，怎能讓百姓安定呢？公子雍的母親杜祁，因為晉襄公的緣故，讓偪姞位居自己之上；又因狄族的緣故，讓位給狄女季隗，自己居於她的下位，所以才位次第四。先君晉文公因此喜歡她的兒子，讓他到秦國做官，已經到亞卿的地位。秦是大國，又靠近晉國，有難能夠救援。母親有道義，兒子討人喜歡，足以威服百姓。立公子雍為君不是很好嗎？」趙盾就派大夫先蔑、士會二人到秦國去迎接公子雍回來，賈季也派人到陳國去迎公子樂回來。趙盾就派人在郫地殺死了公子樂。賈季怨恨陽處父把他從中軍帥的地位降為中軍佐，又知道他在晉國沒有誰會援助他，所以九月裏，就派續鞫居去殺死了陽處父。《春秋》記載說：「晉殺其大夫陽處父。」這是因為陽處父侵奪官職的緣故。

冬季十月，魯國執政大夫襄仲到晉國參加晉襄公的葬禮。

十一月丙寅日，晉國殺死續簡伯，賈季逃亡到狄國。趙盾派臾駢把賈季的妻子兒女送去。因為春季在夷地檢閱軍隊時，賈季曾侮辱過臾駢，所以臾駢的部下要殺盡賈季的家屬來報仇。臾駢阻止說：「不行。我知道〈前志〉上有這樣的話：『有恩惠於人或對人有怨仇，都同他的子女無關，這是忠恕之道。』趙盾對賈季很有禮貌，我由於趙盾的寵信卻借機報私仇，這恐怕不可以吧？利用別人的寵信去公報私仇，這不算勇敢。出了自己的怨氣，卻增加了相互間的仇恨，這不算明智。為了私怨而妨害公事，這不是忠誠。拋棄了勇、智、忠三種品德，還憑什麼去臣事趙盾呢？」於是臾駢把賈季的妻兒眷屬和他們的器用財物全部整理好，親自帶領護送，一直把他們送到邊境上。

閏月初一，魯國不到祖廟舉行告朔的儀式，這是不合禮制的。置立閏月是用來補正四時的差誤，確定四時節氣，是為了據以安排農事勞作，不誤農時進行勞作是為了使百姓衣食富足，這就是養活百姓的方法。可是現在閏月初一不舉行告朔之禮，這就放棄了施政的時令，又怎能治理百姓呢？

【說　明】本年，秦穆公和晉襄公死，本傳主要寫秦、晉兩國史事。秦穆公在位三十九年，能任用公孫枝（子桑）、百里奚等賢大夫，使國勢日強；能扶持晉惠公、晉文公回國為君，結為「秦晉之好」；但為貪得鄭地而兵敗崤山，後又敗於彭衙而失彭衙之地；秦由於晉的遏制，終未能稱霸中原。只得信用孟明，向西擴展。併國十二，稱霸西戎，仍不失為一代雄主。而死時以子車氏三子殉葬，令人髮指。《墨子・節葬》云：「天子殺殉，眾者數百，寡者數十；將軍大夫殺殉，眾者數十，寡者數人。」後來改用陶俑、木偶殉葬。而在秦國，西元前六七八年，秦武公死，猶「以人從死」。《史記・秦本紀》又云：「繆公卒，葬雍，從死者百七十七人，秦之良臣子輿氏三人名曰奄息、仲行、鍼虎亦在從死之中。」這表明秦國在許多方面依舊沿襲奴隸制舊習。傳文對此暴行痛加筆伐：「不為盟主也宜哉」，奪人之善人，「難以在上矣」，更不能算是聖主賢君了。國人哀之，為之賦《詩經・秦風・黃鳥》三章，分輓三良。〈詩序〉云：「國人刺穆公以人從死而作是詩也。」亦有謂三良是穆公遺命殺之而葬。至漢代，則有三良自殺之說，《史記正義》引應劭云：「秦穆公與羣臣飲酒酣，公曰：『生共此樂，死共此哀。』于是奄息、仲行、鍼虎許諾。及公薨，皆從死。」《詩》鄭玄箋亦云「三良自殺以從死」。這與傳文及詩義皆不合。〈黃鳥〉云：「維此奄息，百夫之特。臨其穴，惴惴其慄。彼蒼者天，殲我良人！如可贖兮，人百其身！」充分反映出人民對他們的悼惜及對殘暴統治者的憎恨。還是朱熹說了公道話：「今親臨穴惴惴之言，則是迫而納之于壙。」（即今所謂活埋。）「穆公于此，其罪不可逃矣！」一切殘害人民的罪行，總是難逃歷史的懲罰！

晉國由於趙衰等四卿死，為謀三軍將佐而於夷地閱兵。陽處父請襄公改於董地閱兵，又改易中軍將佐，升趙盾為將而降狐射姑為佐。趙盾由此正法度、除積弊，秉持國政而成名臣，陽子卻由此被忌恨而遭殺身之禍。經傳謂陽子越權侵官，故而被殺。然從陽子說來，只是秉性太剛直，直言無忌，近於專斷，不知韜晦，以致「犯而聚怨」，應了上年傳文之言，死得可惜。狐射姑殺陽子洩私憤，亦非君子，其識見猶不及臾駢。晉襄公死，晉國為君位發生爭執。趙盾要立公子雍為君，狐射姑要立公子樂。公子樂回國途中，被趙盾部下所殺，可見趙盾剛毅果斷的性格。狐射姑奔狄，趙盾又派人護送其眷屬去狄，又說明趙盾是個隨機應變、機智有為又可畏的人，難怪晉國從此要成為趙家的天下了。

七年

辛丑，西元前六二〇年。周襄王三十三年、齊昭公十三年、晉靈公夷皐元年、秦康公罃元年、楚穆王六年、宋成公十七年、衛成公十五年、陳共公十二年、蔡莊公二十六年、曹共公三十三年、鄭穆公八年、燕襄公三十八年、許昭公二年。

經 七年春，公伐邾。

三月甲戌，取須句。遂城郚。

夏四月，宋公王臣卒。

宋人殺其大夫。

戊子，晉人及秦人戰于令狐。

晉先蔑奔秦。

狄侵我西鄙。

秋八月，公會諸侯、晉大夫盟于扈。

冬，徐伐莒。

公孫敖如莒涖盟。

傳 七年春，公伐邾❶，間晉難❷也。三月甲戌❸，取須句❹，寘文公子焉❺，非禮也。

夏四月，宋成公❻卒。於是公子成❼為右師❽，公孫友❾為左師，樂豫❿為司馬，鱗矔⓫為司徒，公子蕩⓬為司城，華御事⓭為司寇。昭公⓮將去羣公子⓯，樂豫曰：「不可。公族，公室之枝葉也，若去之，則本根無所庇蔭⓰矣！葛藟⓱猶能庇其本根，故君子以為比⑱，況國君乎？此諺所謂『庇焉而縱尋斧焉』⑲者也。必不可，君其圖之。親之以德，皆股肱也，誰敢攜貳⑳？若之何去之？」不聽。穆、襄之族㉑率國人以攻公，殺公孫固、公孫鄭于公宮。六卿和公室㉒，樂豫舍司馬，以讓公子卬㉓。昭公即位而葬㉔。書曰「宋人殺其大夫」。不稱名，眾也，且言非其罪也㉕。

秦康公㉖送公子雍㉗于晉，曰：「文公之入也無衛，故有呂、郤之難㉘。」乃多與之徒衛㉙。穆嬴㉚日抱大子㉛以啼于朝，曰：「先君何罪？其嗣亦何罪？舍適嗣㉜不立，而外求君，將焉寘此？」出朝則抱以適趙氏㉝，頓首於宣子，曰：「先君奉此子也而屬諸子㉞，曰：『此子也才，吾受子之賜㉟；不才，吾唯子之怨㊱。』今君雖終，言猶在耳，而棄之，若何？」宣子與諸大夫皆患穆嬴，且畏偪㊲，乃背先蔑㊳而立靈公，以禦秦師。箕鄭居守㊴。趙盾將中軍，先克㊵佐之。荀林父㊶佐上軍。先蔑將下軍㊷，先都㊸佐之。步招御戎，戎津為右㊹。及堇陰㊺，宣子曰：「我若受秦，秦則賓也㊻；不受，寇也。既不受矣，而復緩師㊼，秦將生心㊽。先人有奪人之心，軍之善謀也㊾。逐寇如追逃，軍之善政也㊿。」訓卒，利兵，秣馬，蓐食(51)，潛師夜起。戊子(52)，敗秦師于令狐(53)，至于刳首(54)。己丑(55)，先蔑奔秦，士會[56]從之。

先蔑之使也，荀林父止之，曰：「夫人、太子猶在，而外求君，此必不行。子以疾辭，若何？不然將及[57]。攝卿以往[58]，可也，何必子？同官為寮[59]，吾嘗同寮，敢不盡心乎？」弗聽。為賦〈板〉之三章[60]，又弗聽。及亡，荀伯盡送其帑[61]，及其器用財賄於秦，曰：「為同寮故也。」士會在秦三年，不見士伯。其人[62]曰：「能亡人於國[63]，不能見於此，焉用之[64]？」士季曰：「吾與之同罪[65]，非義之[66]也，將何見焉？」及歸[67]，遂不見。

狄侵我西鄙[68]，公使告于晉。趙宣子使因賈季問酆舒[69]，且讓之[70]。酆舒問於賈季曰：「趙衰[71]、趙盾孰賢？」對曰：「趙衰，冬日之日[72]也；趙盾，夏日之日也。」

秋八月，齊侯、宋公、衛侯、陳侯、鄭伯、許男、曹伯，會晉趙盾盟于扈[73]，晉侯立故也。公後至，故不書所會[74]。凡會諸侯，不書所會，後也。後至不書其國，辟不敏[75]也。

穆伯[76]娶于莒[77]，曰戴己[78]，生文伯[79]；其娣[80]聲己，生惠叔[81]。戴己卒，又聘于莒。莒人以聲己辭[82]，則為襄仲聘[83]焉。冬，徐伐莒，莒人來請盟，穆伯如莒涖[84]盟，且為仲逆[85]。及鄢陵[86]，登城見之，美，自為娶之。仲請攻之，公將許之。叔仲惠伯[87]諫曰：「臣聞之，兵作於內為亂，於外為寇。寇猶及人，亂自及也[88]！今臣作亂而君不禁，以啟寇讎[89]，若之何？」公止之。惠伯成之[90]，使仲舍之，公孫敖反之[91]，復為兄弟如初，從之。

晉郤缺[92]言於趙宣子曰：「日衛不睦[93]，故取其地[94]。今已睦矣，可以歸之。叛而不討，何以示威？服而不柔[95]，何以示懷[96]？非威非懷，何以示德？無德何以主盟？子為正卿，以主諸侯[97]，而不務德，將若之何？《夏書》曰：『戒之用休，董之用威，勸之以〈九歌〉，勿使壞[98]。』九功之德，皆可歌也，謂之〈九歌〉。六府三事，謂之九功。水、火、金、木、土、穀，謂之六府。正德、利用、厚生，謂之三事[99]。義而行之[100]，謂之德、禮。無禮不樂，所由叛也[101]。若吾子[102]之德，莫可歌也，其誰來之？盍使睦者歌吾子乎[103]？」宣子說[104]之。

【注釋】❶邾　曹姓小國，都於邾，在今山東省曲阜市東南。後遷繹（今山東省鄒城市），改稱鄒國。❷間晉難　乘晉國襄公死、爭立新君的空隙。間，乘隙。❸甲戌　十七日。❹須句　風姓小國，在今山東省東平縣西北之故朐城。此時被邾所滅，故魯伐邾，收復須句。❺寘文公子焉　安置邾文公的兒子到須句作守城大夫。其時邾文公子叛邾奔魯，故命他守須句。寘，同「置」。焉，於彼。❻宋成公　宋襄公子，名王臣，在位十七年。❼公子成　宋莊公子。❽右師　官名。宋以右師、左師、司馬、司徒、司城、司寇為六卿。六卿之輕重次序時有不同。右師、左師共掌國政，相當於國相。司馬，掌軍事兵政。

司徒掌戶籍田賦徒役。司城即司空，掌土木建築。司寇掌刑獄。❾公孫友　宋桓公孫，宋襄公庶兄目夷（子魚）之子。❿樂豫　宋戴公玄孫。⓫鱗矔　宋桓公孫，公鱗之子，又稱東鄉矔。⓬公子蕩　宋桓公子，襄公庶弟。⓭華御事　華督之孫，華元之父，又稱華孫御事。⓮昭公　宋昭公，名杵臼，宋成公子。⓯去羣公子　指殺掉公族中不順從自己的公族子弟。⓰無所庇蔭　就沒有枝葉來庇護樹根了。庇，遮蔽；庇護。蔭，遮蓋。⓱葛藟　一種蔓生植物，屬葡萄科，可作藥用。⓲君子以為比　君子以葛藟作比喻。指《詩經・王風・葛藟》，有句云：「綿綿葛藟，在河之滸。終遠兄弟，謂他人父。謂他人父，亦莫我顧。」〈詩序〉謂此詩刺周室衰微，棄其九族，使家族流離失所，不能如葛藟庇護其本根。⓳庇焉而縱尋斧焉　意謂枝葉遮護了本根，卻要用斧頭去砍枝葉。縱尋，都是「用」的意思。⓴攜貳　離心；有貳心。攜，離。㉑穆襄之族　宋穆公、宋襄公的子孫。穆公名和，宋莊公之父，在位九年（西元前七二八年至前七二〇年）。襄公名茲父，宋成公之父，在位十四年（西元前六五〇年至前六三七年）。㉒和公室　同公室和解。公室指昭公之黨。㉓公子卬　宋成公子，昭公弟。㉔昭公即位而葬　昭公即位後葬成公。按禮，宋成公安葬後，昭公於次年朝廟，才改元即位。㉕不稱名三句　這是釋經之語，謂經文不記載被殺大夫的名字，是因為殺者及死者人很多，而且是說明不是他們有罪。死者無罪，例不稱名。㉖秦康公　秦穆公之子，名罃。其母穆姬為晉獻公女、晉文公異母姊，故秦康公是晉文公外甥。相傳文公入晉時，罃送至渭陽，故後以渭陽喻甥舅之情。㉗公子雍　晉文公子，晉襄公庶弟，仕於秦。襄公死，秦送公子雍回晉，欲立為君。㉘呂郤之難　晉文公入晉為君時，晉惠公舊臣呂甥、郤芮怕受逼害，故焚公宮，欲害文公。難，發難；作亂。見僖公二十四年傳。㉙徒衛　步兵作衛士。徒，步卒。㉚穆嬴　晉襄公夫人，當是秦穆公女，太子夷皐之母。㉛大子　襄公太子夷皐，立為晉靈公。㉜適嗣　嫡子。適，通「嫡」。封建宗法制度稱正妻為嫡，正妻所生之子為嫡子，非正妻所生之子為庶子。㉝適趙氏　到趙家門上。適，前去。趙氏指趙盾，下稱宣子，為晉國正卿、中軍帥，掌國政。宣為其諡號。㉞屬諸子　把這孩子託付給您。屬，同「囑」。諸，「之於」的合音合義詞，指太子夷皐。子，用作對稱代詞，猶今言「您」。㉟受子之賜　接受您的恩賜。就是要趙盾教育、輔助其子成材、做國君。㊱唯子之怨　即唯子是怨，只是怨恨您。之，助賓語「子」前置。㊲畏偪　怕穆嬴的黨徒迫害。偪，同「逼」。脅迫；迫害。〈晉世家〉作「畏誅」。㊳背先蔑　即背棄公子雍，立太子夷皐為國君。先蔑，又稱士伯，晉文公時為步軍左行主將。晉襄公死，因太子夷皐年幼，趙盾派先蔑、士會去秦迎公子雍回國，欲立為君（見上年傳文），今背棄之。㊴箕鄭居守　箕鄭居都城留守。箕鄭，晉國卿大夫，文公時為將佐，此時為上軍主將。㊵先克　晉國中軍帥先且居之子、先軫之孫。㊶荀林父　晉國卿大夫，又稱荀伯，晉文公時為步軍中行主將，現為上軍佐，因上軍將箕鄭留守，故獨領上軍前行。㊷先蔑將下軍　先蔑率領下軍。將，用作動詞。率領。下軍即後軍。先蔑和士會二人當是從秦國先自回來，故為下軍主將。㊸先都　晉國卿大夫，文公時為下軍佐。㊹步招二句　步招為趙盾駕御戰車，戎津為趙盾兵車右衛。㊺堇陰　晉地，在今山西省臨猗縣東。㊻我若二句　意謂我們如果接受秦所護送的公子雍為君，那麼秦國就是貴賓，當待以賓禮。㊼緩師　軍隊遲緩前行。㊽生心　產生別的念頭，即可能以武力強納公子雍為君。㊾先人二句　意謂先發制人，爭取主動，可以使敵人喪失作戰的決心。這是軍隊作戰的好謀略。㊿逐寇二句　追擊敵人像追逐逃跑的人一樣，這是軍隊作戰的好戰術。51蓐食　厚食；讓士兵吃飽。一說在寢蓐上吃飯。蓐，草墊子。52戊子　四月初一日。53令狐　晉地，在今山西省臨猗縣西。按下言「及刳首」，則令狐在河東，不在河西合陽縣。54刳首　晉地，在今狐之西三十里，即今臨猗縣西之臨晉鎮，舊臨晉縣治。55己丑　四月初二日。56士會　晉大夫，士蔿之孫，字季，謚武，故又稱士季、士季武子；食邑於范，又稱范會。57將及　將要遭到災禍。及，「及難」的省說。58攝卿以往　派個暫代卿職的大夫前去。攝，代理。先蔑為下軍將帥，卿職。59同官為寮　在一起做官就是同僚。寮，通「僚」。在一起做官的人。晉文公五年，荀林父將中行，先蔑將左行，故云「嘗同寮」。見僖公二十八年傳。60板之三章　指《詩經・大雅・板》，第三章云：「我雖異事，及爾同寮。我即爾謀，聽我囂囂。我言維服，勿以為笑。先民有言，詢於芻蕘。」意謂你應聽從同僚之謀。61帑　同「孥」。指先蔑的妻子兒女。62其人　指士會的隨從人員。63能亡人於國　能和那個人一起逃亡到這個秦國。64焉用之　何用如此；何必這樣不相見。65同罪　犯有同樣的罪。指迎公子雍之罪。66非義之　並非認為他有道義（才一起逃來秦國）。義，以之為義。意動用法。67及歸　直到回歸晉國。士會歸晉在魯文公十三年。68西鄙　指魯國西部邊境。鄙，邊境地區。69趙宣子句　趙宣子派人通過賈季責問酆舒。趙宣子，即趙盾。因，憑藉。賈季，即狐射姑，狐偃之子，食邑於賈，字季。本為晉中軍佐，上年出奔狄。酆舒，赤狄國國相。70讓之　責備他侵犯魯國西鄙。讓，斥責。71趙衰　趙盾之父，晉國重臣，侍文公、襄公。死於魯文公五年。72冬日之日　冬天的太陽。喻指趙衰待人親切可愛，與下句「夏日之日」酷熱可畏相對言。73扈　鄭地，在今河南省原陽縣西約六十里，原武鎮北之扈亭。晉靈公初立為君，尚在襁褓中，不能主持會盟，故由正卿趙盾與諸侯會盟於扈。74公後至二句　魯文公遲後到會，所以《春秋》不記載會盟的諸侯國及晉大夫的名字，只記「公會諸侯、晉大夫盟于扈」。75辟不敏　為了避免弄不清楚而誤記。辟，同「避」。76穆伯　魯桓公之孫，慶父之子，字穆伯，名敖，又稱公孫敖。77莒　小國，己姓。在今山東省莒縣一帶。穆伯娶婦於莒是追敘往事。78戴己　莒國之女，與妹聲己同為穆伯夫人。戴、聲當是謚號。79文伯　名穀，其後嗣稱孟氏，世為魯卿。80娣　妹。81惠叔　文伯穀之弟，名難。見文公元年傳。82以聲己辭　由於有聲己可繼為夫人，所以不接受聘禮。83為襄仲聘　給襄仲下聘禮定親。襄仲，魯桓公孫，莊公子，名遂，字仲，故又稱公子遂，又單稱仲。襄仲與公孫敖（穆伯）是從父兄弟（俗稱堂兄弟）。聘，以禮物定親。84涖　臨；參加。亦作「莅」、「蒞」。85為仲逆　給襄仲迎娶莒女。86鄢陵　莒邑，當在今山東省沂水縣（莒縣之北）。一說在臨沭縣。與鄭國之鄢陵為異地同名。87叔仲惠伯　魯桓公曾孫，叔牙之孫，名彭，字惠伯。88寇猶及人二句　意謂外寇入侵，尚且不免要傷亡；內亂就是自己打自己了，死傷的都是一家人。89以啟寇讎　由此引發外敵入侵。讎，仇敵。90成之　使他們和解。成，和。使動用法。91反之　把莒女送回莒國。反，同「返」。92郤缺　晉公族，姬姓郤氏。郤芮之子，郤克之父。晉文公時為下軍大夫，襄公時為卿。93日衛不睦　往日衛國對晉國不和好，即不順服。94取其地指晉取衛地戚邑（今河南省濮陽縣北）。見文公元年傳。95柔　懷柔；撫慰。96示懷　顯示關懷，即給予恩惠。上言示威，此言示懷，即恩威並用。97子為正卿二句　您是晉國正卿，又要主持諸侯會盟的事。趙盾為中軍帥，統率三軍，執掌國政，所以是正卿；晉是霸主，諸侯領袖，而晉靈公年幼，由趙盾專政，故云「主諸侯」。今年八月，七諸侯與晉盟於扈就是由趙盾主持的盟會。98夏書曰五句　見《尚書・夏書・大禹謨》，意謂：「把喜慶的事告誡他，用威刑督察他，用〈九歌〉勉勵他，不要讓他學壞。」休，美；喜慶。董，督。九歌，傳為夏后啟之歌。〈離騷〉：「啟〈九辯〉與〈九歌〉。」以下為郤缺解釋之語，偽古文《尚書》一併採入〈大禹謨〉。99正德二句　端正德行、有利使用、富裕民生，這叫「三事」。這是解釋何謂三事。三事實互相關連，見襄公二十八年傳。100義而行之　認為這九種事功合於道義而加以推行。101無禮不樂二句　意謂霸主沒有禮、德，就沒有什麼可讓人歌唱的，就沒有音樂，沒有快樂，叛亂就由此產生了。所由，即由所。所，指代「無禮不樂」。102吾子　用作對稱代詞，表示恭敬、親昵，相當於「您」。103盍使句　何不使歸服的人（指衛國）歌頌您的德行呢。盍，「何不」的合音詞。104說　同「悅」。高興。

【語　譯】魯文公七年春季，魯文公發兵攻打邾國，這是魯國乘晉國內亂的空子。三月十七日，魯國攻佔須句國，讓邾文公的兒子去須句當守城大夫，這是不合禮義的。

夏季四月，宋成公死了。這時候公子成做右師，公孫友做左師，樂豫做司馬，鱗矔做司徒，公子蕩做司城，華御事做司寇。宋成公兒子宋昭公準備殺死不順從自己的公族子弟。樂豫說：「不行。公族，是公室的枝葉，如果去掉它，那麼樹幹樹根就沒有啥遮護了。葛藟還能庇護自己的軀幹和根子，所以君子把它作為比喻，要像葛藟一樣庇護兄弟，何況您是國君呢？如果要殺公族子弟，這就是俗話所說的『有樹蔭庇護了，卻要用斧頭去砍枝葉了』一樣不好。這是一定不行的，希望國君多考慮一下。如果用德行去親愛他們，他們就都是輔佐國家的股肱重臣，誰敢有貳心呢？怎麼竟要殺死他們呢？」宋昭公不聽勸諫。宋穆公、宋襄公的族人就率領都城的貴族攻打昭公，在宮裏殺死了公孫固、公孫鄭等大夫。公子成、樂豫等六卿就同公室和解，樂豫放棄了司馬的官職，讓給公子卬。昭公即位後安葬了宋成公及被殺的人。《春秋》記載說「宋人殺其大夫」，不記載他們的名字，是由於人很多，而且表明不是他們有罪。無罪而死，按例不寫出名字。

秦康公送晉文公的公子雍到晉國去，說：「以前晉文公回國時沒有衛士，所以有呂甥、郤芮發難作亂。」所以這次就多給公子雍步兵衛士。晉襄公夫人穆嬴每天抱著太子夷皋到朝廷上啼哭，叫喊說：「先君晉襄公有什麼罪？他的繼承人有什麼罪？丟棄這個嫡子不立為君，反而到外邊去找人回國做國君，你們要把這個孩子安置到哪裏呢？」哭著走出朝廷，就抱著孩子到趙氏家去，向宣子趙盾叩頭，說：「先君曾捧著這孩子把他囑託給您，說道：『這孩子如果成材，我就接受了您的賜予；如果不成材，我就只是怨恨您。』現在國君雖然去世，話音還在耳邊，可是竟要拋棄他，這是為什麼？」趙宣子和大夫們都擔憂穆嬴出亂子，而且怕遭到脅逼，就背棄了先蔑去迎來的公子雍而立太子夷皋為晉靈公，並且發兵抵禦秦軍。上軍主將箕鄭在國都留守。趙盾率領中軍，先克輔佐他；荀林父為上軍副帥；先蔑率領下軍，先都輔佐他。步招為趙盾駕御戰車，戎津為戰車右衛。晉軍到達菫陰後，趙盾說：「我們如果接受秦國送公子雍回來為國君，秦國人就是貴賓；如果不接受，他們就是敵寇。既然已經不接受公子雍了，卻又慢慢地出兵前行，這樣秦國將會動別的念頭。先發制人就能使敵人喪失作戰的決心，這是軍隊的好戰略。追逐敵人好像追逐逃跑的人，這是作戰的好戰術。」於是就訓練士兵，磨礪武器，把馬餵飽，讓士兵吃飽，軍隊悄悄地半夜起兵。四月初一日，在令狐把秦軍打敗，一直追逐到刳首。初二日，先蔑逃亡到秦國，士會跟著他逃亡。

先蔑出使秦國的時候，荀林父曾勸阻他，說：「襄公夫人和太子還在，卻到外邊去找公子雍回來做國君，這一定是行不通的。您以生病作藉口辭謝不去，行不行？不這樣，禍難就會惹到您身上。派一個代理卿職的大夫前去就可以了。為何必定要您這個卿去呢？在一起做官就是同僚，我曾經和您是同僚，怎敢不盡我的心意呢？」先蔑不聽勸。荀林父又給他朗誦〈大雅·板〉詩的第三章，勸他要聽同僚的話，可他還是不聽從。等到先蔑逃亡去秦國，荀林父就把他的妻子兒女和他們的器用財物全部送到秦國，說：「這是為了同僚的緣故。」士會在秦國呆了三年，沒有和士伯見過面。他的隨從說：「能和那個人一起逃亡到這個秦國，卻不能在這裏見面，何用如此呢？」士會說：「我和他犯同樣的罪，我並不是認為他有道義才跟著來的，要見他幹什麼？」一直到回晉國，士會始終沒有見過先蔑。

狄人侵犯我魯國西部邊境，魯文公派使者向晉國報告。趙宣子就派人通過賈季去責問狄國相酆舒，並且責備他侵犯魯國。酆舒問賈季道：「趙衰、趙盾兩人，哪個賢明？」賈季回答說：「趙衰，是冬天的太陽；趙盾，是夏天的太陽。」

秋季八月，齊昭公、宋昭公、衛成公、陳共公、鄭穆公、許昭公、曹共公和晉國的趙盾在鄭國扈地結盟，這是為了晉靈公即位的緣故。魯文公晚到，所以《春秋》沒有記載會盟的諸侯國及卿大夫的名字。凡是和諸侯會盟，如果不記載參加會盟的國家，就是因為魯公晚到的緣故。晚到，就不記載哪些國家會盟，是為了避免弄不清楚而誤記。

從前，魯國大夫穆伯在莒國娶妻，名叫戴己，生了文伯穀；她的妹妹聲己，生了惠叔難。後來戴己死了，穆伯又到莒國下聘禮定親。莒國人由於有聲己可繼為夫人而不接受聘禮，穆伯就給堂兄弟襄仲行聘定親。今年冬季，徐國攻打莒國，莒國人來魯國請求結盟支援，穆伯到莒國參加會盟，同時為襄仲迎娶莒女。到了莒國鄢陵，登上城樓見到莒女，莒女真美，穆伯就自己娶了她。襄仲請文公允許他去攻打穆伯，文公準備答應。叔仲惠伯勸諫說：「下臣聽說：『士兵在內部攻打叫亂，在外部入侵叫寇。外寇入侵尚且不免有人傷亡，內亂就是自己打自己了。』現在臣子作亂而國君不加禁止，如果由此引起外敵入侵，那怎麼辦？」魯文公就阻止襄仲去攻打穆伯。叔仲惠伯給他們和解：使襄仲放棄莒女，使穆伯把莒女送回莒國，使他倆作為兄弟又和好如初。襄仲和穆伯都聽從了。

晉卿郤缺向趙宣子進善言說：「往日衛國不順服晉國，所以佔取他們的土地。現在已經順服了，可以把土地歸還給他們了。背叛時不加討伐，怎麼來顯示聲威？順服了不加撫慰，怎麼來顯示關懷？不顯示聲威，不顯示關懷，那怎麼來顯示德行？沒有德行，怎麼能主持盟會？您作為正卿，晉國是諸侯盟主，您要主持諸侯會盟的事，如果不致力德行，將怎麼辦呢？〈夏書〉說：『把喜事告誡他，用聲威督察他，用〈九歌〉勉勵他，不能讓他學壞。』有關九種事功的德行都可以歌頌，就稱它為〈九歌〉。六府三事叫做九功。水、火、金、木、土、穀，叫做六府；端正德行、有利使用、富裕民生，叫做三事。認為這九種事功合於道義而去推行，就叫德、禮。沒有德禮，就沒有什麼可歌頌的，也就不快樂，叛亂就是由此發生的。像您現在的德行，沒有什麼可以歌頌的，會有誰肯來歸服呢？何不使已歸服的人歌頌您呢？」趙宣子聽了很高興。

【說　明】本傳主要寫宋、晉二國史事。宋成公死，其子杵臼立為昭公。昭公要誅殺公族中不服自己的子弟，真是所謂「庇焉而縱尋斧焉」，枝葉是庇蔭本根的，如砍去枝葉，本根就無所庇護了。而排斥異己，卻自古已然。結果公族作亂，就是貴族造反。六卿出面與公室議和，昭公始得即位。

上年八月晉襄公死，因太子尚在襁褓之中，正卿趙盾就派先蔑、士會去秦國迎接公子雍回國，想立他為君。先蔑、士會去後先回，公子雍在今年由秦康公派步兵護送回晉國。雍是晉文公庶子，因迴避晉襄公而仕於秦，如由他入主晉國，自然有利於秦。但晉襄公夫人穆嬴抱了太子夷臯天天啼哭於朝廷、頓首於宣子，鬧得上下不寧。趙盾迫於宗法制度，轉而擁立夷臯為君。他就是日後的無道昏君晉靈公。趙盾領兵拒秦師與公子雍於國境西部，而且果斷地先發制人，潛師夜起，四月初一日，敗秦師於令狐。這就加深了秦、晉的仇怨，也使先蔑、士會怕有迎公子雍之罪而逃亡秦國。隨後八月，趙盾主持晉國與齊、宋等七諸侯國在扈地會盟，從而首開晉卿專權之途。晉國大權落入趙氏，反映了春秋中期各國卿大夫階層勢力的不斷增強，逐漸躍居到春秋爭霸的歷史舞臺的前列。末章寫郤缺在晉以武力敗秦和主持扈盟之後，勸趙盾用懷柔之策，歸還衛國土地，以修九功之德，使順服者可以有所歌頌。這就是古代傳統政治思想中所謂的恩威並用、剛柔相濟的王霸之術。

魯國公孫敖（穆伯）為襄仲（公子遂）聘莒女，到迎娶時因見莒女美貌，就自娶之。以致堂兄弟反目為仇。襄仲是魯國上卿、文公叔父，已執政十五年。穆伯是文公堂叔，為魯卿已近三十年，兒子文伯穀、惠叔難都已成人，卻為爭奪一個美女而要兵戎相見，兄弟相殘。可見生活腐敗靡爛到何等地步。此傳又為明年傳寫穆伯攜財奔莒、隨從莒女張本。

八年

壬寅，西元前六一九年。周襄王三十四年、齊昭公十四年、晉靈公二年、秦康公二年、楚穆王七年、宋昭公杵臼元年、衛成公十六年、陳共公十三年、蔡莊公二十七年、曹共公三十四年、鄭穆公九年、燕襄公三十九年、許昭公三年。

經 八年春王正月。

夏四月。

秋八月戊申，天王崩。

冬十月壬午，公子遂會晉趙盾，盟于衡雍。

乙酉，公子遂會雒戎，盟于暴。

公孫敖如京師，不至而復。丙戌，奔莒。

螽。

宋人殺其大夫司馬。宋司城來奔。

傳 八年春，晉侯①使解揚②歸匡、戚之田③于衛，且復致公壻池之封，自申至于虎牢之竟④。

夏，秦人伐晉，取武城⑤，以報令狐之役⑥。

秋，襄王⑦崩。

晉人以扈之盟⑧來討。冬，襄仲⑨會晉趙盾，盟于衡雍⑩，報⑪扈之盟也。遂會伊、雒之戎⑫。書曰「公子遂」，珍之也⑬。

穆伯⑭如周弔喪，不至⑮，以幣⑯奔莒⑰，從己氏⑱焉。

宋襄⑲夫人，襄王之姊也，昭公不禮焉⑳。夫人因戴氏之族㉑，以殺襄公之孫孔叔、公孫鍾離及大司馬公子卬㉒，皆昭公之黨也。司馬握節㉓以死，故書以官㉔。司城㉕蕩意諸㉖來奔，效節於府人而出㉗。公以其官逆㉘之，皆復之㉙。亦書以官㉚，皆貴之也。

夷之蒐㉛，晉侯將登箕鄭父、先都㉜，而使士縠、梁益耳將中軍㉝。先克㉞曰：「狐、趙之勳㉟，不可廢也。」從之。先克奪蒯得㊱田于堇陰，故箕鄭父、先都、士縠、梁益耳、蒯得作亂。

【注釋】❶晉侯　晉靈公。晉始封君為侯爵，故稱晉侯。這時靈公年幼，由趙盾專政。❷解揚　晉大夫，字子虎，食邑於解（今山西省運城市西南之解州鎮，舊解縣治），以邑為氏，亦稱霍虎。❸匡戚之田　本為衛地，魯文公元年被晉攻佔，今歸還衛國。匡邑在今河南省長垣縣西南十五里之匡城。戚邑在今河南省濮陽縣北。❹且復致二句　意謂而且又把公壻池的封地還給鄭國，封地是從申到虎牢的地區。致，給。公壻池，晉大夫，公壻氏名池。見文公十七年傳。封，封地；采邑。一說是公壻池所定的疆界。申，在今河南省鞏義市舊鞏縣治以東，至滎陽市西北之汜水鎮。虎牢，即今汜水鎮西二里之成皋故城。竟，同「境」。地域；地區。自申至虎牢之地本為鄭地，今歸匡、戚於衛，就一併將申、虎牢歸還鄭國。傳文不明言鄭，是因為不言自明（從沈欽韓說。顧炎武、洪亮吉亦同此說）。❺武城　晉邑，在今陝西省華縣東北十七里。❻令狐之役　見上年傳文。❼襄王　周襄王，周惠王子，名鄭，在位三十四年。❽扈之盟　見上年傳。晉與諸侯會盟於扈，魯文公遲後才到，故晉來討伐。❾襄仲　魯國上卿，魯莊公子，名遂，字仲，謚襄，故又稱公子遂、東門襄仲、仲遂。❿衡雍　鄭地，在今河南省原陽縣西、原武鎮西北。⓫報　補償。⓬伊雒之戎　散居在伊河、洛河之間的戎族。亦稱雒戎。其地在今河南省洛陽市西南伊川、洛寧諸縣。參見僖公十一年、二十二年傳。雒，後作「洛」。經文云：「公子遂會雒戎，盟于暴。」暴，地名，在衡雍附近。⓭書曰二句　意謂經文不稱「襄仲」而稱他為「公子遂」，這是表示看重他。珍，貴；尊重。與下文「貴之」同義。按，襄仲會趙盾是奉魯文公之命，會雒戎是否奉命或自己專斷，傳文未詳，但云「珍之」，則當有利於國家。杜注：「伊雒之戎將伐魯，公子遂不及復君，故專命與之盟。」⓮穆伯　魯桓公孫，慶父之子，名敖，字穆伯，亦稱公孫敖、穆伯敖。⓯不至　沒有到成周去弔襄王之喪。東周都城成周城在今河南省洛陽市舊城之東。⓰幣　古人用作禮物的珠玉皮帛等物。此指穆伯所攜弔喪之禮物。⓱莒　己姓國，在今山東省莒縣一帶。成周在魯國之西，莒國在魯之東，穆伯離魯不至成周，即東向去莒國。⓲己氏　莒國之女。穆伯本為襄仲行聘，迎娶時因見己氏美而竟自娶之，後送回莒國（見上年傳）。今攜財物逃奔莒國，跟隨己氏而去。⓳宋襄　宋襄公，名茲父，已死了十八年，其子為宋成公，孫為宋昭公。⓴昭公不禮焉　宋昭公不禮待她。禮，用作動詞。以禮相待。焉，用作「之」，指宋襄公夫人，即昭公祖母。㉑因戴氏之族　依靠宋戴公的族人。因，依憑。戴氏之族，指宋戴公的後人華氏、樂氏、皇氏。宋戴公是宋莊公的曾祖父。㉒公子卬　宋成公子，昭公弟，官為司馬，掌軍隊兵政。㉓節　符節；國君賜給大臣用作憑證的信物。宋國六卿皆賜符節。公子卬握節而死，是表示他忠於昭公，不廢君命。㉔故書以官　所以經文記載他的官職（司馬）而不寫他的名字。經文作「宋人殺其大夫司馬」。卿大夫書官名，為《春秋》特例，故傳文下云「皆貴之也」。㉕司城　官名，即司空，掌土木建築。宋六卿之一。㉖蕩意諸　杜注「公子蕩之孫」。去年傳「公子蕩為司城」，杜注「桓公子也」。則公子蕩為襄公庶弟。去年穆襄之族作亂後，公子蕩以司城之職傳於其孫意諸。意諸的祖母及母親都是魯女，故意諸奔魯。見僖公二十五年經。㉗效節句　把符節送還府人而後出奔魯國。效，致；給。府人，管理財物的官員。㉘逆　迎；接待。按禮，接待異國逃亡之臣，應按其原官降一級安置。㉙皆復之　意謂對蕩意諸的隨從官屬，也都按原官職接待。杜注「此即請宋而復之」。按，把他們送回宋國事在文公十一年傳，杜注恐誤作一事。㉚亦書以官　經文也記載他的官職「司城」而不記名字。經作「宋司城來奔」。㉛夷之蒐　晉國在夷地檢閱軍隊。見文公六年傳。㉜晉侯句　晉襄公將要提升箕鄭父、先都的官職。登，升。箕鄭父，即箕鄭。僖公三十一年傳，晉文公蒐於清原，作五軍，除原上中下三軍外，建立新上軍、新下軍。五軍各有將佐，共十卿。據《國語・晉語四》，箕鄭為新上軍佐（副帥），先都為新下軍佐。至夷之蒐時，十卿中唯有箕鄭、先都二人在，其餘八卿已死，故襄公將升其官職，或由佐升為將。然前年中軍佐狐射姑出奔狄之後，至去年令狐之役時，先克升為中軍佐，箕鄭以上軍將留守，先都仍為下軍佐，故二人恨先克，後因作亂被殺。㉝使士穀梁益耳將中軍　本來打算讓士穀和梁益耳共同率領中軍。將，用作動詞。率領。士穀，即先穀，本為司空，散卿之位，未有軍職。梁益耳，晉大夫，梁氏名益耳。二人因恨先克，後作亂被殺。㉞先克　先且居之子，先軫之孫，為晉中軍佐。㉟狐趙之勳　指狐偃、趙衰有跟從晉文公流亡和輔佐文公為君的功勞。由於晉襄公聽從先克的意見，故夷之蒐時改變主意，任狐偃之子狐射姑為中軍將，趙衰之子趙盾為中軍佐。後又因陽處父之言，升趙盾為中軍將，降狐射姑為中軍佐。見文公六年傳。㊱蒯得　晉大夫，其食邑之田在堇陰。去年令狐之役，晉軍至堇陰，先克以中軍佐的權力奪其田地，故蒯得恨而作亂。下年先克與蒯得皆被殺。堇陰，晉地，在今山西省臨猗縣東。

【語　譯】魯文公八年春季，晉靈公派遣解揚把匡地、戚地的田地歸還給衛國，同時又把公壻池的封地，從申邑到虎牢的地區歸還給鄭國。

夏季，秦國人攻打晉國，攻佔了武城，以報復去年令狐之役的怨仇。

秋季，周襄王去世。

晉國人由於扈地會盟時魯文公晚去而來討伐魯國。冬季，魯國上卿襄仲和晉國正卿趙盾在衡雍相會結盟，以補償扈地會盟魯文公遲到的禮數。襄仲因此就和伊、雒的戎人相會結盟。《春秋》經文稱他為「公子遂」而不稱「襄仲」，這是表示尊重他。

魯國派大夫穆伯去成周為周襄王弔喪，可是他並沒有到成周去，而是帶了弔喪的禮物向東逃亡到莒國，跟隨莒女己氏去了。

宋襄公夫人是周襄王的姊姊，是宋昭公的祖母，可是宋昭公對她不以禮相待。宋襄公夫人就依靠宋戴公的後代公族子弟，殺了襄公的孫子孔叔、公孫鍾離和大司馬公子卬，他們都是宋昭公的黨羽。司馬公子卬死時手裏還握著國君賜給的符節，所以《春秋》記載他的官職「司馬」而不寫他的名字。宋國司城蕩意諸逃亡來魯國，他是把符節送還給府人以後再逃出來的。魯文公按照他原來的官職接待他，他的隨從官屬也都按原職來接待。《春秋》也記載他的官職「司城」而不寫他的名字，這都是表示尊重他們。

晉國在夷地閱兵的時候，晉襄公本打算提升箕鄭父、先都的官職，打算讓士穀、梁益耳共同率領中軍。但先克說：「狐偃、趙衰兩家的功勞不能廢棄。」晉襄公聽從了他的意見，就改任狐射姑、趙盾率領中軍。令狐之役時，中軍佐先克在堇陰奪取了大夫蒯得的田地。所以箕鄭父、先都、士穀、梁益耳、蒯得五個卿大夫發動叛亂。

【說　明】春秋時期，由於諸侯大夫的爵位、封邑是世襲的，隨著諸侯大夫的子孫繁衍，各國都形成了龐大的貴族階級。在位諸侯，倚輕倚重，處置失當，就必然使政治權位和經濟利益的爭奪更為激烈，以致釀成貴族作亂的流血事件。本傳所記就是宋、晉二國內部鬥爭的史事。

去年，宋國穆襄之族作亂，反對宋昭公；今年又有襄公夫人勾結戴公之族作亂。宋戴公是宋桓公的四世祖，宋昭公是宋戴公以後的第十世國君。但戴公之子武公，之孫宣公、穆公，他們的子子孫孫，形成了各個公族集團。戴公之族就有華氏、樂氏、皇氏等公族，襄公夫人與之勾結，發動叛亂，與其孫宋昭公一黨相殘殺。真是禮崩樂壞，反映了制度的腐敗。

秦、晉因崤山之戰而關係惡化，八年來兩國戰事不斷，彭衙之役、王官之役、新城之役、令狐之役，今年又有武城之役。這都削弱了秦、晉自身的力量，使人民遭受兵災之難。而晉國內部爭權奪利的鬥爭，也牽制和消耗了稱霸諸侯的實力。前年狐偃之子狐射姑與趙衰之子趙盾的矛盾，導致狐氏殺陽處父，趙氏殺狐鞫居，射姑奔狄。去年先蔑、士會奔秦。今年傳文又補敘前年史事：先軫之孫先克以推崇狐、趙之功，使狐射姑、趙盾為中軍將佐，使士穀、梁益耳無法染指中軍；使文公時已為十卿之一的箕鄭、先都無法提升。狐射姑出奔後，去年令狐之役時，先克升為中軍佐，使箕鄭為上軍將而留守，使先都仍為下軍佐而不得提升。故箕鄭、先都、士穀三卿和大夫梁益耳都忌恨先克。又因先克奪大夫蒯得田地，導致今年三卿二大夫共同作亂。這一章應與明年傳文「賊殺先克」和箕鄭等五人被殺事相連讀，傳文為編年史，不得不分列兩傳。

九年

癸卯，西元前六一八年。周頃王壬臣元年、齊昭公十五年、晉靈公三年、秦康公三年、楚穆王八年、宋昭公二年、衛成公十七年、陳共公十四年、蔡莊公二十八年、曹共公三十五年、鄭穆公十年、燕襄公四十年、許昭公四年。

經 九年春，毛伯來求金。

夫人姜氏如齊。

二月，叔孫得臣如京師。辛丑，葬襄王。

晉人殺其大夫先都。

三月，夫人姜氏至自齊。

晉人殺其大夫士穀及箕鄭父。

楚人伐鄭。

公子遂會晉人、宋人、衛人、許人救鄭。

夏，狄侵齊。

秋八月，曹伯襄卒。

九月癸酉，地震。

冬，楚子使椒來聘。

秦人來歸僖公、成風之襚。葬曹共公。

傳九年春王正月己酉❶，使賊殺先克❷。乙丑❸，晉人殺先都、梁益耳。

毛伯衛❹來求金❺，非禮也。不書王命，未葬也❻。

二月，莊叔❼如周，葬襄王。

三月甲戌❽，晉人殺箕鄭父、士穀、蒯得。

范山❾言於楚子❿曰：「晉君少，不在諸侯⓫，北方可圖⓬也。」楚子師于狼淵⓭以伐鄭，囚公子堅、公子尨及樂耳⓮。鄭及楚平。

公子遂⓯會晉趙盾⓰、宋華耦⓱、衛孔達⓲、許大夫救鄭，不及楚師⓳。卿不書，緩也，以懲不恪⓴。

夏，楚侵陳㉑，克壺丘㉒，以其服於晉也。

秋，楚公子朱㉓自東夷伐陳，陳人敗之，獲公子茷㉔。陳懼，乃及楚平㉕。

冬，楚子越椒㉖來聘，執幣傲㉗。叔仲惠伯㉘曰：「是必滅若敖氏之宗㉙。傲其先君㉚，神弗福也。」

秦人來歸㉛僖公、成風之襚㉜，禮也。諸侯相弔賀也，雖不當事㉝，苟有禮焉，書也，以無忘舊好。

【注釋】❶王正月己酉　周曆正月初二日。周曆正月相當夏曆（今農曆）十一月。❷使賊殺先克　派殺人凶手殺死先克。此承上年傳「故箕鄭父、先都、士穀、梁益耳、蒯得作亂」，故此句主語當是作亂的五人。如是晉靈公、趙盾，則句首當有「晉侯」或「晉人」二字，且不必用「賊」字。賊，殺人者，即凶手。先克，晉卿，官中軍佐，先軫之孫，先且居之子，因遭五人忌恨，故被殺。❸乙丑　十八日。❹毛伯衛　周王室卿士，名衛。❺求金　即隱公三年傳之「求賻」，求取辦喪事的財物。❻不書二句　意謂《春秋》不說這是周王的使命，是由於周襄王還沒有安葬。按禮，舊王死，未葬，新君不能稱王，故不書王命。❼莊叔　魯大夫，叔牙之孫，名得臣，稱叔孫得臣、莊叔得臣。其後代為叔孫氏。❽甲戌　二十八日。❾范山　楚大夫。范為食邑，以邑為氏。❿楚子　楚穆王，楚成王子，名商臣，為人殘忍。楚始封君為子爵，故稱其君為楚子。⓫不在諸侯　謂心意不在於稱霸諸侯。⓬圖　圖謀；謀取。⓭師于狼淵　從狼淵出兵。師，出師。用作動詞。狼淵，在今河南省許昌市西南之繁城鎮，當屬許國轄境，北距鄭國都（今新鄭市）僅百餘里。《水經注・潩水》謂之狼陂，云「陂南北三十里，東西十里」。⓮公子堅公子尨及樂耳　三人都是鄭國大夫。⓯公子遂　魯國上卿，魯莊公子，名遂，字仲，又稱襄仲。⓰趙盾　晉國正卿，趙衰之子，又稱趙宣子。⓱華耦　宋國卿，司寇華御事長子，其弟為華元。⓲孔達　衛國卿。⓳不及楚師　沒有趕上楚軍。即不及救鄭，救鄭沒救成。⓴卿不書三句　意謂《春秋》不寫出趙盾、華耦、孔達等卿的名字（只寫「公子遂會晉人、宋人、衛人、許人救鄭」），是因為他們出兵遲緩（沒有趕上救鄭），以此懲戒他們辦事不嚴肅認真。恪，恭敬；謹慎。

㉑陳　陳國，都城在今河南省淮陽縣。㉒壺丘　陳邑，在今河南省新蔡縣東南。㉓公子朱　楚大夫，即息公子朱。楚稱縣大夫為「公」。㉔公子茷　楚國公子。于鬯《香草校書》謂「陳人敗之」陳人二字蓋衍文，此為楚敗陳，公子茷為陳國公子云云，恐不可信。㉕乃及楚平　就同楚國講和。杜注：「以小勝大，故懼而請平也。」㉖子越椒　楚大夫，鬬氏名椒，字子越，又字伯棼。令尹子文的姪兒。古人多以字與名連言，先字後名，故稱子越椒；秦之孟明視、魯之穆伯敖亦然。㉗執幣傲　手裏拿著禮物，顯出傲慢的樣子。幣，用作禮物的珠玉皮帛等物。㉘叔仲惠伯　魯大夫，叔牙之孫，武仲休之子，名彭，亦稱惠伯彭。㉙若敖氏之宗　若敖氏這一族。若敖為楚武王之祖，其後人以若敖為氏。若敖氏生鬬伯比，伯比生令尹子文及司馬子良，子良生子越椒，故子越即若敖氏曾孫。楚滅若敖氏一族見宣公四年傳。㉚傲其先君　古時出使聘問，必將玉圭等禮物告祭祖廟，故謂禮物即先君之物。今子越執幣而傲，即傲其先君。見文公十二年傳。㉛歸　通「饋」。贈送。㉜僖公成風之襚　魯僖公在位三十三年而死，葬於文公元年。成風是僖公母親，死於文公四年，葬於五年。襚，贈送給死者的衣被。《說文》作「裞」。秦來贈襚是表示對魯國友好。㉝不當事　即不及時。古禮，贈死者衣衾宜及屍，弔生宜及哀。今僖公死已及十年，成風死已及六年，秦國始來贈襚，故謂不當事。

【語譯】魯文公九年春季，周王曆法的正月初二日，晉國作亂的卿大夫箕鄭、先都等人派凶手暗殺晉中軍佐先克。十八日，晉國人殺死了先都、梁益耳。

周王卿士毛伯衛來魯國求取辦襄王喪事的財物，這是不合禮儀的。《春秋》沒有記載說這是周頃王的使命，是由於周襄王還沒有安葬。

二月，魯國莊叔得臣到成周去參加周襄王的葬禮。

三月二十八日，晉國人殺死了作亂的卿大夫箕鄭父、士穀、蒯得。

范山對楚穆王說：「晉國國君年紀很小，晉國的心意不在於稱霸諸侯，楚國可以謀取北方了。」楚穆王就從狼淵出兵去攻打鄭國，囚禁了鄭國大夫公子堅、公子尨和樂耳。鄭國和楚國講和。

魯國上卿公子遂會同晉國趙盾、宋國華耦、衛國孔達、許國大夫去救援鄭國，沒有趕上楚軍，沒有來得及救援鄭國。《春秋》不記載趙盾等卿的名字，只稱「晉人、宋人、衛人、許人」，是因為他們出兵遲緩，以此來懲戒他們辦事不嚴肅認真。

夏季，楚國侵入陳國，攻佔壺丘。這是為了陳國歸服晉國的緣故。

秋季，楚國息公子朱又從東夷進攻陳國，陳國人把他打敗了，還俘虜了公子茷。陳國害怕楚國來報復，就同楚國講和。

冬季，楚國大夫子越椒來魯國聘問，手裏拿著禮物顯出傲慢的樣子。魯國大夫叔仲惠伯說：「這個人必然會使若敖氏這一宗族滅亡的。向他的先君表示傲慢，神靈就不會降福給他。」

秦國人來魯國向已經死去的僖公和僖公母親成風贈送衣衾，這是合於禮儀的。諸侯國之間互相弔喪賀喜，雖然不及時，如果符合禮儀，《春秋》就要加以記載，以表示沒有忘記過去的友好情意。

【說　明】秦、晉連年相伐；晉君新立、年少，不能主持國政；卿大夫為爭權相殘。晉已無力稱霸中原。雄視南方的楚國，乘機北進，謀取中原，加緊了圖霸的步伐，先後迫降鄭、陳二國。晉趙盾率魯、宋、衛、許聯軍救鄭也未能奏效，晉與中原七國諸侯的扈之盟實已瓦解。黃河以南地區已為楚國所控制。

秦國給已死多年的魯僖公和成風贈送衣衾，是一種政治活動，目的是討好魯國，以利於與晉對抗。楚王派子越聘魯，意在拉攏魯國，瓦解晉、魯衡雍之盟，孤立宋、衛。但子越持楚戰勝之威傲視魯國，惠伯斷言楚必滅若敖氏，此與宣公四年傳子文所言「若敖氏之鬼不其餒而」是同一意思。惠伯之言實為宣公四年楚滅若敖氏張本。

十　年

甲辰，西元前六一七年。周頃王二年、齊昭公十六年、晉靈公四年、秦康公四年、楚穆王九年、宋昭公三年、衛成公十八年、陳共公十五年、蔡莊公二十九年、曹文公壽元年、鄭穆公十一年、燕桓公元年、許昭公五年。

經 十年春王三月辛卯，臧孫辰卒。

夏，秦伐晉。

楚殺其大夫宜申。

自正月不雨，至于秋七月。

及蘇子盟于女栗。

冬，狄侵宋。

楚子、蔡侯次于厥貉。

傳 十年春，晉人伐秦，取少梁❶。夏，秦伯伐晉，取北徵❷。

初，楚范巫矞似❸謂成王❹與子玉❺、子西❻曰：「三君皆將強死❼！」城濮之役，王思之，故使止子玉曰：「毋死！」不及❽；止子西，子西縊而縣絕❾，王使適至，遂止之，使為商公❿。沿漢泝江⓫將入郢⓬。王在渚宮⓭，下，見之。懼而辭⓮曰：「臣免於死，又有讒言，謂臣將逃，臣歸死於司敗⓯也！」王使為工尹⓰。又與子家⓱謀弒穆王。穆王聞之，五月，殺鬭宜申及仲歸。

秋七月，及蘇子⓲盟于女栗⓳，頃王⓴立故也。

陳侯、鄭伯會楚子于息㉑。冬，遂及蔡侯次㉒于厥貉㉓，將以伐宋。宋華御事㉔

曰：「楚欲弱我㉕也！先為之弱㉖乎？何必使誘㉗我？我實不能，民何罪？」乃逆㉘楚子，勞㉙且聽命，遂道以田㉚孟諸㉛。宋公為右盂㉜，鄭伯為左盂，期思公復遂㉝為右司馬，子朱㉞及文之無畏㉟為左司馬，命夙駕㊱載燧㊲。宋公違命，無畏抶其僕以徇㊳。或謂子舟曰：「國君不可戮㊴也！」子舟曰：「當官而行，何彊之有㊵？《詩》曰：『剛亦不吐，柔亦不茹。』『毋縱詭隨，以謹罔極㊶。』是亦非辟彊㊷也，敢愛死㊸以亂官㊹乎？」

厥貉之會，麇子㊺逃歸。

【注釋】❶少梁　古梁國，嬴姓。秦穆公十九年滅梁。今陝西省韓城市南二十二里有少梁城，即古梁國。❷北徵　晉邑，《漢書・地理志》顏注及《史記索隱》皆謂在（今陝西省）澄城縣西南二十五里。然恐晉之疆域不至此，存疑待考。❸范巫矞似　范邑的女巫名叫矞似。范，楚邑。巫，專以祈禱求神為職業的人。❹成王　楚成王，名頵，在位四十四年。被太子商臣（穆王）所逼，自縊而死。見文公元年傳。❺子玉　楚大夫，成得臣，字子玉，僖公二十三年為令尹。楚之令尹為最高長官，兼治軍民。子玉為人剛愎自用，城濮戰敗後自殺。見僖公二十八年傳。❻子西　楚大夫，鬭氏，名宜申，字子西，官司馬，後率領楚軍左師，敗於城濮。下文稱鬭宜申。❼強死　強健而死，無病而死，即被殺。❽王思之四句　楚成王想起了范巫的那句話，所以派人阻止子玉自殺，說「不要去死」，但使者沒有趕到，子玉已自殺了。僖公二十八年傳云：「既敗，王使謂之（子玉）曰：『大夫若入，其若申、息之老何？』子玉及連穀而死。」則楚成王嘗兩次遣使，前使欲其自殺，後使止其死而不及。❾縣絕　繫的繩子斷了。縣，同「懸」。用作名詞。指自縊所繫的繩子。❿商公　商邑的大夫。楚稱縣尹為公。商，按杜注當在今陝西省商州市東南的商洛鎮，然當時楚境恐不至此。江永《考實》謂指商密，即原鄀國都城，當在今河南省淅川縣西南，與下文「沿漢泝江」正合。⓫沿漢泝江　順漢水而下，至長江後再向上游逆水而行，去郢都。沿，順流。泝，同

「溯」。逆流。⑫郢　楚國都城，在今湖北省江陵縣北十里之紀南城。⑬渚宮　楚成王的別宮，在今江陵縣治西北隅。⑭懼而辭　子西害怕，就為自己入郢找藉口。子西入郢為亂，本不要讓成王看見，所以見了很害怕，恐成王生疑，就找託辭為自己解說。辭，託辭；藉口。⑮歸死於司敗　回來請求死在司敗的官府。司敗，楚官府名，即魯、宋等國的司寇，主管刑獄。⑯工尹　掌百工之官，亦可臨時統領軍隊。按，從「初」至此「為工尹」，都是追敘以前史事，下句「謀弒穆王」始為本年事。⑰子家　楚大夫，名仲歸。⑱蘇子　周王卿士。蘇氏原封於溫，後狄人滅溫，蘇子奔衛（見僖公十年傳）。此蘇子當為其後人。⑲女栗　地名，今地不詳。⑳頃王　周頃王，襄王之子，名壬臣。㉑息　楚邑，在今河南省息縣。㉒次　軍隊臨時駐紮。莊公三年傳云：「凡師，一宿為舍，再宿為信，過信為次。」㉓厥貉　地名，在今河南省項城市境內。㉔華御事　宋國司寇，為宋六卿之一，華督之孫，其子為華耦、華元。㉕弱我　使我歸服。強則抗之，弱則服之，故弱有順服義。㉖先為之弱　先主動向他順服。㉗誘　疑有逼迫之意。㉘逆　迎接。㉙勞　慰勞。㉚道以田　為楚穆王去田獵作前導。道，同「導」。田，田獵。據下文當是冬季圍獵。古之田獵即軍訓練兵。㉛孟諸　宋地，在今河南省商丘市東北，古稱孟諸澤。㉜盂　圍獵陣名，即圓陣圍獵。盂，取迂曲之意。右盂是右邊圓陣，左盂是左邊圓陣。㉝期思公復遂　楚大夫，名復遂，食邑期思，故稱期思公。期思，楚邑，在今河南省固始縣西北七十里。㉞子朱　楚大夫，又稱息公子朱。㉟文之無畏　楚大夫，名無畏，字舟，食邑於申，又稱申舟、子舟，為楚文王後代。㊱夙駕　早上駕車出獵。㊲燧　取火的器具，又稱木燧，古代鑽木取火。當是田獵時用以焚燒草木。㊳抶其僕以徇　笞擊宋昭公的御手，在全軍示眾。抶，笞擊；鞭打。徇，示眾。㊴戮　侮辱。㊵當官二句　意謂我當了司馬官，履行職責，我有什麼強橫。彊，同「強」。有人責其強暴，故作此語辯解。㊶詩曰五句　前二句見《詩經・大雅・烝民》，引句上下倒置，意謂硬的不吐出來，軟的不吞下去。猶言不怕強硬的，也不欺軟弱的。《方言》：「茹，食也。」後二句見《詩經・大雅・民勞》，意謂不要放縱狡詐的人，以便使放蕩的行為得到約束。詭隨，疊韻聯綿詞。譎詐；欺謾無禮。謹，恭敬；檢約。使動用法。罔極，無準則。指行為放蕩不羈。㊷非辟彊　不避強橫。辟，同「避」。彊，同「強」。㊸愛死　惜死；愛惜生命。㊹亂官　為官而不盡職盡責。㊺麇子　麇國國君。麇，小國名，在今湖北省鄖縣。一說在今湖北省當陽市東南。

【語　譯】魯文公十年春季，晉國人攻打秦國，佔領了少梁城。夏季，秦康公領兵攻打晉國，佔領了北徵。

當初，楚國范地的巫人名矞似的曾預言楚成王、子玉和子西說：「這三位都將在強健時被殺死。」城濮之戰時，楚成王想起了這句話，所以派人阻止子玉自殺，說：「不要去死！」使者沒有趕到，子玉就自殺了。派使者阻止子西自殺，子西正在上吊而繫的繩子斷了，楚成王的使者剛巧來到，就阻止了他自殺，讓他做了商公。後來子西沿漢水順流而下，到了長江再逆流而上，將要進入郢都。楚成王在渚宮看見了，就下來接見他。子西本想入郢都作亂，所以見了成王很害怕，就找藉口為自己解釋說：「下臣幸免於死，但又有人說壞話誣陷我，說我準備逃走，現在我就回來請求死在司敗的官府裏。」楚成王就讓他做了工尹官。後來他又與子家策劃，要殺死楚穆王。穆王聽到後，今年五月，就殺死了子西鬬宜申和子家仲歸。

秋季七月，魯文公同周王卿士蘇子在女栗地方會盟，這是為了周頃王即位的緣故。

陳共公、鄭穆公到楚國息邑會見楚穆王。冬季，就和蔡莊公一起領兵駐紮在厥貉，準備攻打宋國。宋國司寇華御事說：「楚國要讓我們歸服，不如我們先主動向他順服吧？他們何必用這架勢來逼迫我們呢？我們確實不能對抗，楚軍若來，人民有什麼罪要遭難呢？」於是就親自去迎接楚穆王，慰勞楚軍，同時聽候命令。接著給楚穆王做前導，到宋地孟諸澤去冬獵。宋昭公率領右邊圓陣，鄭穆公率領左邊圓陣，楚大夫期思公復遂任右司馬，息公子朱和文之無畏任左司馬，下令早上駕好車馬，裝載取火工具後就出發。宋昭公違背了命令，左司馬無畏就鞭打宋昭公的御手，在全軍示眾。有人對文之無畏說：「對宋國國君是不可以侮辱的。」無畏說：「我當了司馬官履行我的職責，有什麼強橫？《詩》說：『硬的不吐出來，軟的不吞下去（不怕強硬的，也不欺侮軟弱的）。』《詩》又說：『不要放縱狡詐的人，以便使放蕩的行為得到約束。』這就是不避強橫的意思。我怎敢愛惜生命而放棄為官的職責呢？」

在厥貉諸侯相會的時候，麇國國君逃了回去。

【說　明】上年，楚國降服了鄭、陳二國，又聘問魯國。今年就乘秦、晉相伐的機會，會同鄭、陳、蔡三國諸侯，北伐宋國。宋昭公無能力治理內政，前兩年兩次挑起公族內亂，現在又無力外禦強楚。司寇華御事為避免人民遭兵災之難，主動歸服，親迎楚穆王至宋，又為穆王冬獵孟諸作馬前卒。楚國司馬文之無畏（子舟）

盛氣凌人，為了宋昭公未能及早駕車侍候，就鞭打其駕御兵車的大夫，當眾侮辱宋昭公，全然不把這個公爵之君放在眼裏。所謂「剛亦不吐」，他比你還要強硬。這也說明宋昭公的軟弱無能。時至春秋中期，以武力稱強，強國的大夫就可向弱國之君行凶施威。弱國無外交，弱國無尊嚴，自古已然。

本傳寫無畏強暴之事，為宣公十四年傳宋人殺子舟張本。「麇子逃歸」應與下年傳「楚子伐麇」連讀，蓋本為一傳，後人割裂分置。

十一年

乙巳，西元前六一六年。周頃王三年、齊昭公十七年、晉靈公五年、秦康公五年、楚穆王十年、宋昭公四年、衛成公十九年、陳共公十六年、蔡莊公三十年、曹文公二年、鄭穆公十二年、燕桓公二年、許昭公六年。

經 十有一年春，楚子伐麇。

夏，叔彭生會晉郤缺于承匡。

秋，曹伯來朝。

公子遂如宋。

狄侵齊。

冬十月甲午，叔孫得臣敗狄于鹹。

傳 十一年春，楚子伐麇❶。成大心❷敗麇師於防渚❸。潘崇❹復伐麇，至于錫穴❺。

夏，叔仲惠伯❻會晉郤缺❼于承匡❽，謀諸侯之從於楚者❾。

秋，曹文公來朝，即位而來見也。

襄仲❿聘于宋，且言司城蕩意諸⓫而復之，因賀楚師之不害⓬也。

鄋瞞⓭侵齊，遂伐我。公卜，使叔孫得臣⓮追之，吉。侯叔夏御莊叔，緜房甥為右，富父終甥駟乘⓯。冬十月甲午⓰，敗狄于鹹⓱，獲長狄僑如⓲。富父終甥摏其喉以戈⓳，殺之，埋其首於子駒之門⓴，以命宣伯㉑。

初，宋武公㉒之世，鄋瞞伐宋。司徒皇父㉓帥師禦之，耏班㉔御皇父充石，公子穀甥為右，司寇牛父駟乘，以敗狄于長丘㉕，獲長狄緣斯㉖。皇父之二子㉗死焉，宋公於是以門賞耏班㉘，使食其征，謂之耏門。

晉之滅潞㉙也，獲僑如之弟焚如。齊襄公之二年㉚，鄋瞞伐齊。齊王子成父㉛獲其弟榮如㉜，埋其首於周首㉝之北門。衛人獲其季弟簡如㉞。鄋瞞由是遂亡。

郕㉟太子朱儒自安於夫鍾㊱，國人弗徇㊲。

【注釋】❶楚子伐麇　楚穆王攻打麇國。此句接上年傳文「麇子逃歸」。麇，國名，在今湖北省鄖縣。❷成大心　楚令尹，字孫伯，成得臣（子玉）之子。❸防渚　麇地，在今湖北省房縣縣治。❹潘崇　楚大夫，官太師，統領宮庭禁衛。見文公元年傳。❺錫穴　從《唐石經》，字作「錫」，不作「鍚」。當是麇國都城，《漢書・地理志》稱錫縣。據《水經注・漢水》，其地在今湖北省鄖縣西一百八十里，陝西省白河縣之東。楚軍雖至此，當年並未滅麇。❻叔仲惠伯　魯大夫，叔牙之孫，武仲休之子，字惠伯，名彭。經文稱叔彭生。❼郤缺　晉大夫，襄公元年為卿，郤芮之子，郤克之父。❽承匡　即匡城，在今河南省睢縣西三十里。阮刻本作「筐」，今從《石經》作「匡」。❾謀諸侯之從於楚者　商量如何對付順從楚國的諸侯。諸侯，指陳、鄭、蔡、宋諸國。❿襄仲　魯上卿，莊公子，文公叔父，名遂。又稱公子遂。⓫蕩意諸　宋國六卿之一，官司城（即司空），掌土木建築。魯文公八年因宋國內亂奔魯，今襄仲為他疏通，讓他回國復官。⓬楚師之不害　指上年楚軍伐宋，宋先聽命，未遭戰禍。⓭鄋瞞　國名，實為部落，又稱長狄，是狄族之一種。其地在今山東省濟南市北，一說在今山東省高青縣。⓮叔孫得臣　魯卿，叔牙之孫，公孫茲之子，名得臣，又稱莊叔。下文「侯叔夏、緜房甥、富父終甥」三人都是魯大夫，莊叔的部屬。⓯駟乘　古代兵車一般乘三人，此為主帥莊叔的兵車，乘四人，第四人稱駟乘，職責為車右的副手，與車右共同護衛主帥。⓰甲午　初三日。⓱鹹　魯地，在今山東省巨野縣之南。按，鄋瞞侵齊伐魯，敗於鹹，可見其活動地域之廣。⓲長狄僑如　鄋瞞國君長，即長狄部落酋長。長狄，夏代稱防風氏，殷代稱汪芒氏，周代稱長狄。《國語・魯語下》敘長狄事頗怪誕，謂僑如身高三丈云云。⓳摏其喉以戈　用戈戟抵住他的咽喉。摏，同「舂」。衝；抵著。戈，古代戈戟不分，戟為戈矛合體，勾、啄、刺三用。此戈即是戟。按，「以戈」當連上「摏其喉」為句，若連下「殺之」為句，則殺之始用戈，「摏其喉」用何物不明。⓴子駒之門　魯都城北郭最西面的城門。《山東通志》云：「魯郭北面三門，最西為子駒門。」㉑以命宣伯　以僑如為宣伯命名。命，命名。宣伯，叔孫得臣之子。叔孫得臣俘獲長狄僑如後，即以僑如之名名其子宣伯，故宣伯名僑如，稱叔孫僑如。這是為了旌彰其功。見襄公三十年傳。㉒宋武公　宋戴公之子，宋宣公、宋穆公之父，在位十八年，卒於西元前七四八年。故下文所敘為春秋以前史事。㉓司徒皇父　宋戴公之子，字皇父，名充石。下稱皇父充石。官為司徒，宋六卿之一。㉔耏班　宋大夫，耏氏名班。㉕長丘　宋地，在今河南省封丘縣南八里有長丘亭。㉖緣斯　長狄部落酋長，僑如的祖先。㉗皇父之二子　皇父和這二人。之，與。《經傳釋詞》：「之，猶與也。」二子，指宋大夫公子穀甥、司寇牛父。皇父等三人皆戰死，故下文獨賞耏班。㉘以門賞耏班　門，指城門所徵之稅，以此稅賞耏班，即下句「使食其征」。征，徵稅。《周禮・地官・司門》：「幾出入不物者，正其貨賄。」鄭注：「正讀為征，征稅也。」可知城門有稅，與關卡之稅不同。說詳《經義述聞》。㉙晉之滅潞　潞國是赤狄之別種，當時尚在氏族社會，故其國實為部落，稱潞氏。酋長為焚如，是長狄僑如之弟。其居地稱曲梁，在今山西省潞城市東北四十里，今名石梁。晉景公六年（西元前五九四年）晉始滅潞，事見宣公十五年經傳。故晉滅潞獲焚如是二十二年以後的事，因前言魯獲僑如而敘及後事，與上段「初」字不接。㉚齊襄公之二年　即魯桓公十六年（西元前六九六年）。如此年已獲焚如之弟榮如，則與宣公十五年（西元前五九四年）晉滅潞、獲焚如上下相距一百零三年，絕無此事理，故齊襄公二年有誤，當從〈魯世家〉、〈齊世家〉作「齊惠公二年」，即魯宣公二年（西元前六〇七年）。如此始合事理。傳文按兄弟排行先後，依次敘僑如、焚如、榮如、簡如之亡。如按被獲先後，則為僑如（魯文公十一年）、榮如、簡如（齊惠公二年、魯宣公二年）、焚如（晉景公六年、魯宣公十五年），前後共二十三年，鄋瞞遂亡。㉛王子成父　齊國大夫。《韓非子・外儲說左下》作「公子城父」。㉜榮如　鄋瞞酋長，焚如之弟，僑如二弟。僑如亡後，當由榮如繼位。㉝周首　齊邑，在今山東省東阿縣東北。㉞季弟簡如　榮如之弟，僑如三弟。季，排行最後的。杜注：「鄋瞞伐齊退走，至衛見獲。」則衛人獲簡如亦在齊惠公二年（魯宣公二年），如若追敘前事，則下句不當云「遂亡」。㉟郕　國名，武王弟成叔武始封國，本在西周畿內，東遷後改封於山東，在今山東省寧陽縣北。一說為東漢時之郕陽縣，在今河南省范縣境內。㊱夫鍾　郕邑，今山東省汶上縣治東北有夫鍾里。㊲徇　順從。

【語　譯】魯文公十一年春季，楚穆王攻打麇國，楚令尹成大心在防渚打敗麇軍。楚大夫潘崇再次領兵攻打麇國，一直打到錫穴。

夏季，魯國大夫叔仲惠伯在承匡會見晉國卿郤缺，商量如何對付順從楚國的鄭、宋、陳、蔡等諸侯國。秋季，曹文公來魯國朝見魯文公，這是由於他剛即位故而來朝見的。

魯國上卿襄仲到宋國聘問，同時替宋國司城蕩意諸疏通，讓他回宋國復位。這次聘問還祝賀宋國沒有遭到楚軍攻伐的戰禍。

鄋瞞長狄族侵犯齊國，接著又攻打我魯國。魯文公占卜了一個卦，卦辭說派叔孫得臣去追擊敵人，大吉利。就由侯叔夏給叔孫得臣駕御戰車，綿房甥擔任戰車右衛，富父終甥為車上第四人，作右衛的副手。冬季，十月初三日，在鹹地打敗狄人，俘獲了長狄族酋長僑如，富父終甥用戈戟抵住他的咽喉，殺死了他，把他的頭埋在都城北郭子駒之門的地下。叔孫得臣就給兒子宣伯取名叫僑如，表示記功。

從前，在宋武公時代，鄋瞞狄族進攻宋國。宋國司徒皇父充石領兵抵禦。讓耏班給皇父充石駕御戰車，公子穀甥為戰車右衛，司寇牛父作右衛副手，在長丘打敗了狄人，俘獲了長狄酋長緣斯。皇父充石和公子穀甥、牛父兩位大夫都戰死了。宋武公因此就把城門稅賞給耏班，讓他徵收門稅作為他的收入，這個城門就稱為耏門。

晉國滅亡潞國的時候，俘獲了長狄僑如的弟弟焚如。齊襄公二年，鄋瞞狄族又進攻齊國，齊國大夫王子成父俘獲了焚如的弟弟榮如，把他的頭埋在周首城的北門地下。榮如的弟弟簡如逃跑到衛國，被衛國人俘獲了。鄋瞞國由此就滅亡了。

郕國太子朱儒自己安逸地居住在夫鍾城，國都內的百姓不肯順從他。

【說　明】本傳主要寫魯國史事。上年楚降服宋國後，魯國不安，故加強外交活動以自衛，先與晉國會商對策，又出使宋國，要送回司城蕩意諸，表示友好。鄋瞞狄族來犯時，魯文公使叔孫得臣領兵打敗狄族，俘獲了酋長僑如。這大概是魯文公即位十一年來的頭一件威風的事。傳文由此追敘一百三十二年以前即春秋之前宋武公時代打敗長狄，俘獲僑如先祖長狄緣斯的故事，又敘述九年後（魯宣公二年、齊惠公二年）齊國俘虜僑如二弟榮如、衛人俘虜榮如之弟簡如，以及二十二年後（魯宣公十五年）晉國滅潞國狄族部落，俘獲僑如大弟焚如史事。「鄋瞞由是遂亡」。可見左氏為編年之史，繫事於年月，但又並不拘泥，間有用《國語》體例，此傳鄋瞞即是一例，以明鄋瞞長狄存亡始末。齊襄二年乃齊惠二年之誤，蓋後人傳抄所致，而《史記》不誤，可以為證。

宋卿蕩意諸出奔魯國，此傳為言復之。這是為宣公十六年傳蕩意諸之死張本。蕩氏何時歸宋，則傳未書。末章言郕太子事當與下年傳「郕伯卒」、「太子來奔」連讀，或本是一傳。

十二年

丙午，西元前六一五年。周頃王四年、齊昭公十八年、晉靈公六年、秦康公六年、楚穆王十一年、宋昭公五年、衛成公二十年、陳共公十七年、蔡莊公三十一年、曹文公三年、鄭穆公十三年、燕桓公三年、許昭公七年、杞桓公二十二年。

經 十有二年春王正月，郕伯來奔。

杞伯來朝。

二月庚子，子叔姬卒。

夏，楚人圍巢。

秋，滕子來朝。

秦伯使術來聘。

冬十有二月戊午，晉人、秦人戰于河曲。

季孫行父帥師城諸及鄆。

傳 十二年春，郕伯❶卒，郕人立君❷。太子以夫鍾❸與郕邽❹來奔。公以諸侯逆之，非禮也。故書曰「郕伯來奔」，不書地，尊諸侯也❺。

杞桓公❻來朝，始朝公也，且請絕叔姬❼，而無絕昏❽，公許之。二月，叔姬卒。不言「杞」，絕也❾。書叔姬，言非女也。

楚令尹大孫伯⑩卒，成嘉⑪為令尹。羣舒⑫叛楚。夏，子孔執舒子平⑬及宗子⑭，遂圍巢⑮。

秋，滕昭公⑯來朝，亦始朝公也。

秦伯使西乞術⑰來聘，且言將伐晉。襄仲⑱辭玉⑲，曰：「君不忘先君之好，照臨魯國，鎮撫其社稷，重之以大器⑳，寡君敢辭玉。」對曰：「不腆敝器㉑，不足辭也。」主人三辭，賓答曰：「寡君願徼福㉒于周公㉓、魯公㉔以事君，不腆先君之敝器㉕，使下臣致諸執事㉖，以為瑞節㉗，要結㉘好命，所以藉寡君之命㉙，結二國之好，是以敢致之。」襄仲曰：「不有君子，其能國乎？國無陋矣。」㉚厚賄之㉛。

秦為令狐之役㉜故，冬，秦伯伐晉，取羈馬㉝。晉人禦之，趙盾㉞將中軍，荀林父㉟佐之。郤缺㊱將上軍，臾駢㊲佐之。欒盾㊳將下軍，胥甲㊴佐之。范無恤御戎㊵，以從秦師于河曲㊶。臾駢曰：「秦不能久，請深壘固軍㊷以待之。」從之。秦人欲戰，秦伯謂士會㊸曰：「若何而戰？」對曰：「趙氏新出其屬曰臾駢，必實為此謀，將以老㊹我師也。趙有側室㊺曰穿㊻，晉君之壻㊼也，有寵而弱㊽，不在軍事㊾，好勇而狂，且惡臾駢之佐上軍也。若使輕者肆焉㊿，其可！」秦伯以壘祈戰于河(51)。

十二月戊午(52)，秦軍掩(53)晉上軍。趙穿追之不及。反，怒曰：「裹糧坐甲(54)，固敵是求(55)，敵至不擊，將何俟焉？」軍吏曰：「將有待也。」穿曰：「我不知謀，將獨出。」乃以其屬出。宣子曰：「秦獲穿也，獲一卿矣！秦以勝歸，我何以報？」乃皆出戰，交綏(56)。秦行人(57)夜戒晉師曰：「兩君之士皆未憖(58)也，明日請相見也！」臾駢曰：「使者目動而言肆(59)，懼我也，將遁矣。薄諸河(60)，必敗之。」胥甲、趙穿當軍門(61)呼曰：「死傷未收(62)而棄之，不惠(63)也。不待期(64)而薄人於險，無勇也。」乃止。秦師夜遁。後侵晉，入瑕(65)。

城諸及鄆(66)，書，時也(67)。

【注釋】❶郕伯　郕國國君。郕國在今山東省寧陽縣北，一說即東漢時的郕陽縣，在今河南省范縣境內。❷郕人立君　此承上年傳末章「太子朱儒自安於夫鍾，國人弗徇（從）」，故郕人另立國君。❸夫鍾　郕邑，在今山東省汶上縣。❹郕邽　郕國的國寶玉圭。邽，本當作「圭」，後人傳寫誤作「邽」，杜注亦誤邽為郕邑。❺故書曰三句　所以《春秋》記載說「郕伯來奔」（這是魯國把太子朱儒視為諸侯郕伯），但不記載奉獻夫鍾土地的事，就是尊重他為諸侯（要諱言他竊邑之罪）。❻杞桓公　杞國國君，杞惠公之子，杞成公之弟，名姑容，在位七十一年（西元前六三七年至前五六七年）。經文稱杞伯。魯文公即位後，始來朝見。杞都於緣陵，在今山東省昌樂縣東南七十里。❼絕叔姬　斷絕同叔姬的關係，即離婚，使叔姬回魯國。叔姬本杞桓公夫人，魯僖公之女。僖公三十一年經「冬，杞伯姬來求婦」，此婦當即叔姬，時杞桓公即位已八年。杞伯姬為杞桓公之母，魯莊公之女。❽無絕昏　但不斷絕兩國的婚姻關係。指立叔姬之妹為夫人。叔姬之妹當隨姊陪嫁。成公五年經「杞叔姬來歸」，即叔姬之妹繼為夫人者。昏，同「婚」。❾不言二句　《春秋》作「子叔姬卒」，不說「杞」字，是因為杞國已和她斷絕了關係。❿大孫伯　即成大心，成得臣之子。⓫成嘉　成大心之弟，字子孔。成得臣之後以「成」為氏。下文稱其字子孔。⓬群舒　舒國偃姓，宗國在今安徽省舒城縣。散居於今舒城縣、廬江縣、巢湖市一帶的有舒庸、舒蓼、舒鳩、舒龍、舒鮑、舒龔等國，皆同宗異國，稱為群舒。⓭舒子平　群舒之國的國君名平。《春秋》於所謂「蠻夷」之君多稱「子」。⓮宗子　宗國國君。⓯巢　巢國，群舒之國。在今安徽省巢湖市（原巢縣）東北五里有居巢故城。巢滅於吳公子光六年。⓰滕昭公　滕國國君。滕國在今山東省滕州市（原滕縣）。⓱西乞術　秦大夫，崤山之戰時為秦軍三帥之一。⓲襄仲　魯上卿，莊公之子，名遂，字仲，又稱公子遂。⓳辭玉　不接受玉器。玉，指圭璋之類禮物，古時極為珍貴。⓴重之以大器　贈給我們貴重的禮物。重，貴重。用作動詞。大器，指玉。㉑不腆敝器　敝國的禮物不豐盛。腆，豐；厚。㉒徼福　求福。此句為當時常用辭令。㉓周公　指周公姬旦，武王之弟，為魯國始祖。㉔魯公　指周公旦之子伯禽，為魯國始封君。㉕先君之敝器　古時出使聘問，必告祭祖廟，故聘禮稱先君之器。㉖執事　對方的左右辦事人員，實敬稱對方。㉗瑞節　祥瑞的信物。杜注「節，信也」。古時以禮物作為奉命出使的信物。㉘要結　要約。㉙所以句　把它用來表示寡君的使命。所，指代禮物。以，用。「所以」為固定結構，與現代語「所以」不同。寡君，向別國人稱自己的國君為寡君。按，以上辭令都是說明這些禮物是表示使命的意義重大，不能辭而不受。㉚不有君子三句　如果沒有這樣的君子，豈能治理好國家。秦國沒有戎狄之邦的鄙陋。這是稱讚西乞術為君子；秦雖僻處西方，但有君子，國可治而無陋。其，豈。㉛厚賄之　用豐厚的禮物送給他。賄，財物。用作動詞。贈送。㉜令狐之役　見文公七年傳。令狐，晉邑，在今山西省臨猗縣西十五里。㉝羈馬　晉邑，在今山西省永濟市南三十六里。㉞趙盾　趙衰之子，趙夙之孫，又稱宣子，是晉國正卿，率領中軍，為三軍統帥。㉟荀林父　又稱荀伯，為中軍副帥，輔佐趙盾。㊱郤缺　郤芮之子，率領上軍。㊲臾駢　本為趙盾屬下大夫，現升為上軍副將，輔佐郤缺。㊳欒盾　欒枝之子，率領下軍。㊴胥甲　胥臣之子，又稱胥甲父，為下軍副將，輔佐欒盾。㊵御戎　為趙盾駕御戰車。㊶河曲　晉地，在今山西省永濟市南。黃河自此東折，故稱河曲。㊷深壘固軍　高築壁壘，鞏固軍營。深、固，都是用作使動詞。壘，軍營四周挖土築成的土牆。深溝高壘以防護軍營。㊸士會　本是晉大夫，士蔿之孫，字季，又稱士季，文公七年奔秦，此時為秦軍謀士。㊹老　軍隊在外日久而疲勞。用作使動詞。㊺側室　同宗旁支子弟，俗稱堂房兄弟。見桓公二年傳「卿置側室」注。㊻穿　趙穿，趙夙庶孫，與趙盾為從父兄弟，故稱側室。㊼晉君之壻　趙穿是晉襄公的女婿。壻，同「婿」。趙穿時在上軍，雖非將佐，但爵位為卿，亦有所屬軍隊。㊽弱　年少。㊾不在軍事　不懂軍事。在，察；知。㊿使輕者肆焉　派些勇敢而不剛強的人去突襲，然後迅速後退。與隱公九年傳「使勇而無剛者，嘗寇而速去之」同意。輕者，輕敵者，即勇而無剛者。肆，伐；突襲而退。杜注：「肆，暫往而退也。」這是要惹怒趙穿，誘其出營追擊。(51)以璧祈戰于河　把玉璧投入黃河，向黃河神祈求戰爭勝利。(52)戊午　初四日。(53)掩　襲擊而退，即上文「肆」字。(54)坐甲　披著甲衣。(55)固敵是求　本來就要尋求敵人作戰。這是「固求敵」的倒裝句式，賓語「敵」前置後加「是」複指賓語。(56)交綏　交退；雙方一接戰就彼此退卻。綏，通「退」。古同聲通假。(57)行人　使者。(58)未憖　意謂沒有痛快地打一仗。憖，願；樂意；快意。參《說文》段注。(59)目動而言肆　意謂眼神不安而聲音失常。肆，放；放聲。(60)薄諸河　把秦軍逼到黃河邊上。薄，通「迫」。逼近。(61)軍門　三軍的營門。(62)收　收聚。此處有救護意。古時交戰如不是大敗，必收其死傷。此戰雖無大戰，亦有死傷。(63)不惠　不仁慈。(64)不待期　不等到約定的日期。秦約明日相見，而晉軍要當夜出戰。(65)瑕　晉地，在今山西省芮城縣南。一說在今河南省靈寶縣東舊曲沃鎮。(66)城諸及鄆　在諸地和鄆地築城。諸，魯邑，在今山東省諸城市西南三十里。鄆，魯邑，指東鄆，在今山東省沂水縣東北五十里。兩地都與莒國相鄰，築城為防莒人入侵。(67)書時也　《春秋》記載這件事，是因築城合於時令。古代在冬季農閒時才築城。

【語　譯】魯文公十二年春季，郕國國君死了，郕國人又立了國君。太子朱儒把夫鍾地方和郕國的寶圭作為奉獻而逃亡到魯國來。魯文公把他作為諸侯來迎接他，這是不合於禮的。所以《春秋》記載說「郕伯來奔」，但不說奉獻土地的事，是把他作為諸侯來尊重。

杞桓公來魯國朝見，這是文公即位後頭一次來朝見魯文公。他同時請求和叔姬離婚，但不斷絕兩國的婚姻關係，魯文公答應了他。二月，叔姬回魯國後死去了。《春秋》不寫「杞叔姬卒」，是由於杞國和她已斷絕了關係。寫「叔姬卒」，是說她已經出嫁過。

楚國令尹大孫伯去世，就由大孫伯的弟弟成嘉做令尹。一批舒姓國背叛楚國。夏季，子孔（成嘉）領兵拘捕了舒國國君名平的和宗國國君，於是包圍了巢國。

秋季，滕昭公來魯國朝見，他也是第一次來朝見魯文公。

秦康公派西乞術來魯國聘問，而且說將要攻打晉國。魯國上卿襄仲不肯接受玉圭等禮物，說道：「貴國國君沒有忘記和我國先君的友好，光臨魯國，鎮定、安撫我們這個國家，拿如此貴重的禮物贈送給我們，我們國君不敢受玉。」西乞術回答說：「敝國的禮物並不豐厚，您不值得辭謝。」襄仲辭謝三次，西乞術答謝說：「我們國君希望向周公、魯公求福，來事奉貴國國君。這一點微薄的禮物，讓下臣拿來送給您的執事人員，是把它作為祥瑞的信物，相約友好；把它用來表示我們國君的使命，締結兩國的友好關係，因此我才敢把它送來。」襄仲說：「如果沒有這樣的君子，難道能治理國家嗎？秦國雖僻處西方，卻不是鄙陋的國家。」魯國就用重禮贈送給西乞術。

秦國為了令狐戰役失敗的緣故，冬季，秦康公就發兵攻打晉國，攻佔了晉邑羈馬。晉國出兵抵禦，趙盾率領中軍，荀林父輔佐他；郤缺率領上軍，臾駢輔佐他；欒盾率領下軍，胥甲輔佐他。范無恤為趙盾駕御戰車，在河曲迎戰秦軍。臾駢說：「秦軍不能持久，請高築壁壘鞏固軍營以等待戰機。」趙盾聽從了他的意見。秦軍要求出戰，秦康公問士會說：「用什麼辦法作戰？」士會回答說：「趙盾新近提拔他的部下名叫臾駢，必定是他作出這個主意，打算使我軍久駐在外感到疲勞。趙盾有個旁支的子弟名叫趙穿，是晉襄公的女婿，受到寵信但年紀很小；不懂軍事，可喜好勇猛而又狂妄，並且厭惡臾駢作為上軍的將佐。我們如果派些勇敢而不剛強的士兵去襲擊，又迅速退回，以激怒趙穿出來交戰，或許就可取勝。」秦康公把玉璧投入黃河，向河神祈求戰爭勝利。

十二月初四日，秦軍就襲擊晉軍的上軍，惹怒趙穿。趙穿獨自出來追擊，又沒有追上。回到軍營後發怒說：「裝著糧食，披著甲冑，本應尋求敵人交戰。可是敵人來了也不去迎擊，打算等待什麼呢？」軍官說：「將等待戰機呀！」趙穿說：「我不懂什麼計謀，打算獨自出戰。」就帶領他的部屬出戰。宣子（趙盾）說：「秦軍如果俘虜了趙穿，就是俘虜了一位晉卿，秦軍就可勝利回去，而我用什麼向晉國交代呢？」於是就全軍出戰。雙方剛一接戰就彼此退兵。秦軍的使者夜裏來告訴晉軍說：「我們兩國的將士都還沒有痛快地打一仗，明天請再相見。」臾駢說：「使者的眼神不安而聲音失常，這是在害怕我們。秦軍將要逃跑了。如果我們把秦軍逼到黃河邊上，就一定可以打敗他們。」胥甲和趙穿擋住軍營大門大喊說：「死傷的士兵還沒有收集救護就拋棄他們，這是不仁慈。不等到約定的日期而連夜出戰，把敵人逼入險地，這是沒有勇氣。」晉軍就停止當夜出擊。果然秦軍在夜裏逃走了。後來秦軍又入侵晉國，進入瑕地。

魯國在諸邑和鄆邑築城，《春秋》加以記載，是因為築城合於時令。

【說明】今年秦、晉有河曲之戰。戰前秦使西乞術聘問魯國，並贈送寶玉等貴重禮品，一再表明與魯結交的誠意和使命的重大。魯在宋、衛之東，遠離秦國，秦國此舉已是遠交迎攻的謀略了。秦伐晉，先取羈馬之地，然後與晉會師河曲。由於十多年來，秦、晉不斷交戰，互有勝負，晉國實力已大不如前，所以晉軍聽從臾駢之謀，採取深溝高壘、堅守不出的策略，打算打持久戰以老秦師。臾駢已見文公六年傳，確非平庸之輩，而趙穿貴為晉卿，卻年少氣盛，好勇而狂，不知軍事，獨出交戰。趙盾深怕有失，才全軍出擊，但並沒有改變其作戰方針，秦軍也忌憚晉軍，所以兩軍一接觸就「交綏」，彼此退兵，並未血戰。當夜秦軍主動逃遁而歸。

本傳對晉三軍將佐詳為記載，參照文公七、八、九年諸傳，可詳列其將佐更易的人物譜表，而於秦僅書士會一人為謀，而士會本亦晉人。是秦無其人材，抑或左氏於晉事獨詳？

十三年

丁未，西元前六一四年。周頃王五年、齊昭公十九年、晉靈公七年、秦康公七年、楚穆王十二年、宋昭公六年、衛成公二十一年、陳共公十八年、蔡莊公三十二年、曹文公四年、鄭穆公十四年、燕桓公四年、許昭公八年。

經 十有三年春王正月。

夏五月壬午，陳侯朔卒。

邾子蘧蒢卒。

自正月不雨，至于秋七月。

大室屋壞。

冬，公如晉。衛侯會公于沓。

狄侵衛。

十有二月己丑，公及晉侯盟。

公還自晉，鄭伯會公于棐。

傳 十三年春，晉侯使詹嘉處瑕❶，以守桃林之塞❷。晉人患秦之用士會❸也，夏，六卿❹相見於諸浮❺。趙宣子❻曰：「隨會在秦，賈季❼在狄，難日至矣，若之何？」中行桓子❽曰：「請復❾賈季，能外事，且由舊勳❿。」郤成子⓫曰：「賈季亂⓬，且罪大⓭。不如隨會，能賤⓮而有恥，柔而不犯⓯，其知⓰足使也，且無罪。」乃使魏壽餘⓱偽以魏叛者以誘士會。執其帑於晉，使夜逸⓲。請自歸于秦⓳。秦伯許之。履⓴士會之足于朝。秦伯師㉑于河西，魏人在東，壽餘曰：「請東人之能與夫二三有司言者，吾與之先㉒。」使士會，士會辭曰：「晉人，虎狼也。若背其言㉓，臣死，妻子為戮，無益于君，不可悔也。」秦伯曰：「若背其言，所不歸爾帑者，有如河㉔！」乃行。繞朝㉕贈之以策㉖，曰：「子無謂秦無人，吾謀適不用㉗也。」既濟㉘，魏人譟㉙而還。秦人歸其帑，其處者為劉氏㉚。

邾文公㉛卜遷于繹㉜。史曰：「利於民，而不利於君。」邾子曰：「苟利於民，孤之利也！天生民而樹之君㉝，以利之也。民既利矣！孤必與㉞焉。」左右曰：「命可長也，君何弗為？」邾子曰：「命在養民㉟。死之短長，時也㊱。民苟利矣，遷也，吉莫如之！」遂遷于繹。五月，邾文公卒。君子曰：「知命。」

秋七月，大室之屋壞㊲，書，不共也㊳。

冬，公如晉朝，且尋盟㊴。衛侯會公于沓㊵，請平于晉㊶。公還，鄭伯會公于棐㊷，亦請平于晉。公皆成之㊸。鄭伯與公宴于棐，子家㊹賦〈鴻雁〉㊺。季文子㊻曰：「寡君未免於此㊼！」文子賦〈四月〉㊽。子家賦〈載馳〉之四章㊾，文子賦〈采薇〉之四章㊿。鄭伯拜，公答拜。

【注釋】❶使詹嘉處瑕　使大夫詹嘉住在瑕地。即將瑕地作為詹嘉的食邑，故詹嘉又稱瑕嘉。瑕，晉邑，在今山西省芮城縣南。一說在今河南省靈寶縣東。❷桃林之塞　今河南省靈寶縣以西、陝西省華陰市潼關以東，通稱桃林塞。瑕邑與桃林塞隔河相對，故處瑕可守桃林，以遏秦師東向。❸士會　本為晉大夫，士蔿之孫，名會，字季，食邑於隨、范，故下文稱隨會，又稱士季、范會、范武子。曾使秦迎公子雍，後奔秦，為秦康公謀士。見文公六年、七年傳。❹六卿　指晉國上、中、下三軍六位將佐，趙盾、荀林父、郤缺等人。卿，高級官員，官爵在公之下，大夫之上。❺諸浮　地名，當在晉都城外。六卿密謀，怕有洩漏，故聚議城外。❻趙宣子　晉正卿趙盾，「宣」當是諡號。❼賈季　即狐射姑，狐偃之子，食邑於賈，字季。晉襄公時曾任中軍將佐，因主張立公子樂為君，與趙盾意見相左，出奔狄。見文公六年傳。❽中行桓子　即荀林父，晉文公時曾任步軍中行主將，故以中行為氏。「桓」當是諡號。❾復　回國。用作使動。❿舊勳　過去有大功。指其父狐偃（晉文公舅父）有大功。⓫郤成子　即郤缺，郤芮之子。「成」當是諡號。⓬亂　常出亂子；做錯事。如使人召公子樂，欲立為君。見文公六年傳。⓭罪大　指擅殺晉太傅陽處父。亦見文公六年傳。⓮能賤　能處卑賤之位。⓯柔而不犯　性情溫和，不做錯事。柔，柔和。同「剛」相反。不犯，與「亂」對言。⓰知　同「智」。智謀。⓱魏壽餘　魏邑大夫名壽餘。魏，本古國名，在今山西省芮城縣東北七里故魏城。閔公二年晉獻公滅魏，將魏邑賜畢萬為食邑，壽餘當是畢萬之後，與畢萬孫魏犨是近親同族。⓲執其帑二句　謂晉國故意把魏壽餘的妻子兒女抓到晉都，又讓他夜裏逃跑。帑，同「孥」。妻子兒女。逸，逃跑。⓳請自歸于秦　魏壽餘請求將魏地和臣民歸附秦國。⓴履　踩。因不便相語，故暗中踩士會足，示意同歸晉。㉑師　駐軍。用作動詞。㉒請東人二句　請派一位能夠跟魏地幾位官員說話的河東人，我和他一起先渡過黃河。夫，指示代詞。那裏。指魏邑。二三有司，指魏地官員。「能與夫二三有司言」是「東人」的定語，中心詞「東人」前置後，定語加「者」字複指。這樣的「東人」實只有士會。不明說士會，是怕秦有疑。㉓若背其言　意謂如果魏氏違背原來的話，不讓自己回秦。說明士會已知魏氏用意，但怕歸晉後其妻子被秦殺戮，故作此語。可見士會多智謀。㉔所不歸二句　意謂我如果不送還你的妻子兒女，有河神作證（受天懲罰）。這是古時誓詞句式。㉕繞朝　秦國大夫。㉖策　馬鞭。劉勰《文心雕龍・書化》「繞朝贈士會以策」，「策」是用簡策、策書之義。㉗吾謀適不用　我的計謀正好不被採用。繞朝識破晉人誘士會歸晉之計，曾阻止士會過河，而秦康公不聽。《韓非子・說難》謂繞朝後因讒被殺。馬王堆三號墓出土帛書《春秋事語》亦云「君殺繞朝」。㉘濟　渡河。㉙譟　喧嘩。誘得士會，魏人喜而歡呼。㉚其處者為劉氏　士會的隨從族人未返晉而留居秦國的人以劉為姓氏。相傳唐堯之後有劉累，士會是劉累的後裔，故處者復為劉氏。《漢書・高帝紀贊》：「漢帝本系，出自唐堯。降及于周，在秦作劉。」《漢書・敘傳》：「劉氏承堯之祚，著乎春秋。」皆用本傳此語。㉛邾文公　邾國國君，邾子瑣之子，名蘧蒢，在位五十一年（西元前六六五年至前六一四年）。邾國本都邾，在今山東省曲阜市東南。㉜繹　邾邑，在今山東省鄒城市（原鄒縣）東南二十五里嶧山之陽。邾遷都於此，後稱鄒國。㉝樹之君　為百姓置立國君。樹，立。㉞與　在一起。動詞。指同民在一起得利。㉟命在養民　我活著就是撫育百姓。命，生；活著。與下句「死」對言。㊱死之短長二句　死的或早或晚，那是命運的安排。即「死生有命」之意。時，時運；命運。㊲大室之屋壞　太廟正室的屋頂倒塌。大室，太廟正中的房室，有二層。此「屋」指屋頂。㊳書不共也　《春秋》所以記載，是為了讓人看出臣下對宗廟不恭敬。共，同「恭」。㊴尋盟　重溫過去的盟約。指文公八年衡雍之盟。尋，溫；重申。經傳常用詞。㊵沓　衛地。今地不詳。㊶請平于晉　託魯文公去向晉國求和。㊷棐　鄭地，在今河南省新鄭市東二十五里。㊸公皆成之　魯文公都幫助他們達成和議。按，下句「宴于棐」等文字當承「會公于棐」。「公皆成之」是後話，指明年六月新城之盟。㊹子家　鄭國大夫公子歸生，字子家。㊺鴻雁　《詩經・小雅》篇名，首章云：「鴻雁于飛，肅肅其羽。之子于征，劬勞于野。爰及矜人，哀此鰥寡。」傳言賦詩某篇，都是指首章，且多斷章取義。子家賦此章之意，是以鄭國比鰥寡，要魯文公矜憐，為之劬勞奔波，反程去晉請和。㊻季文子　魯大夫，季友之孫，名行父，又稱季孫行父。是跟隨文公至晉會盟的官員。㊼寡君未免於此　謂魯文公也不能免於這種處境。這是推諉之辭。㊽四月　《詩經・小雅》篇名，首章云：「四月維夏，六月徂暑，先祖匪人？胡寧忍予？」文子之意謂思歸祭祖，君王為何如此忍心。蓋不願再反程至晉。㊾載馳之四章　《詩經・鄘風・載馳》第四章云：「我行其野，芃芃其麥。控于大邦，誰因誰極？」子家之意謂鄭國求援於晉國，要因魯至晉。㊿采薇之四章　《詩經・小雅・采薇》第四章，義取後四句「戎車既駕，四牡業業。豈敢定居？一月三捷。」文子之意蓋允其所求，折返至晉，為鄭謀和。

【語　譯】魯文公十三年春季，晉靈公派大夫詹嘉住到瑕地，以防守桃林這個要塞。晉國人擔心秦國重用士會，夏季，六位將佐在城外諸浮相聚密謀。趙宣子說：「士會在秦國，賈季在狄人那裏，禍患每天都可能發生，該怎麼辦？」中行桓子說：「請讓賈季回來，他熟悉境外的事情，而且因為過去有功勞。」郤成子說：「賈季常添亂，做錯事，而且罪過大。不如讓士會回來，他能處卑賤之位而有羞恥之心，性情溫和，不做錯事；他的智謀足以任用，而且沒有罪過。」於是晉國就讓魏壽餘假裝率領魏人叛亂，去引誘士會回來。故意把魏壽餘的妻子兒女抓到晉都，讓魏壽餘夜裏逃跑。魏壽餘請求把自己的魏地和臣民歸附秦國，秦康公答應了。魏壽餘在朝堂上踩了一下士會的腳，示意一起回到晉國。這時秦康公駐軍在黃河西岸，而魏地人在黃河以東。壽餘說：「請派一位東邊人而能跟魏地幾位官員說話的，我跟他一起先過河去。」秦康公就派士會去。士會推辭說：「晉國人像老虎豺狼一樣。如果他們違背原來的話不讓我回來，我死，妻子兒女也將被殺戮，這對您國君沒有好處，而且後悔也來不及。」秦康公說：「如果晉國人違背原來的話不讓你回來，我若不送還你的妻子兒女，有河神作證、懲罰我！」於是壽餘和士會就出發。秦大夫繞朝把馬鞭送給士會，說道：「您別以為秦國沒有人才，只是我的計謀正好不被採用罷了！」士會等人渡過黃河以後，魏地人喜得士會而羣起歡呼，而後回去。秦國人把士會的妻子兒女送回來，那些留居在秦國的士會的族人就以劉為姓氏。

邾文公為了遷都到繹邑而占卜一卦問吉凶，史官說：「卦辭說對百姓有利而對國君不利。」邾文公說：「如果對百姓有利，也就是對我有利的。老天生育了百姓而給他們置立國君，就是為了有利於百姓。百姓既然得到利益，我也必定同百姓一起有利。」左右侍從的人說：「生命是可以延長的，國君為什麼不這樣做呢？」邾文公說：「我活著就是為了撫育百姓，至於死得早或死得晚，那是由命運決定的。百姓如果有利，遷都就是了，沒有比這再吉利的了。」於是就遷都到繹邑。五月裏，邾文公死了。君子說：「邾文公真懂得天命。」

秋季七月，魯國太廟正中屋室的屋頂塌壞了。《春秋》所以記載這事，是為了寫出臣下的不恭敬。

冬季，魯文公到晉國去朝見晉靈公，同時重溫過去的盟約。路過衛國時，衛成公在沓地會見魯文公，請文公到晉國代為求和。魯文公回國路過鄭國時，鄭穆公在棐地會見魯文公，也請文公再到晉國求和。魯文公都幫助他們達成了和議。鄭穆公和魯文公在棐地舉行宴會時，鄭大夫子家朗誦了〈鴻雁〉這首詩，意思是請魯文公顧憐鄭國，為之奔波，去晉請和。魯大夫季文子說：「我們國君也不免有這種處境。」文子就朗誦〈四月〉這首詩，意思是急於回魯國，不想再反程去晉。子家就再朗誦〈載馳〉這首詩的第四章，意思是鄭國求援於大國，要靠魯國去晉國說和。文子就再朗誦〈采薇〉這首詩的第四章，意思是我們「豈敢定居」，答應折返晉國，為鄭謀和。鄭穆公拜謝，魯文公拜禮答謝。

【說　明】本傳寫晉患秦重用士會，因而設計讓魏壽餘以魏地詐降，誘士會歸晉。這實是晉、秦爭奪人才的一段趣事。第一步讓壽餘以魏人叛晉，晉執其妻孥；第二步，壽餘夜遁至秦以求歸附；第三步請派「東人」先過河商談。這是關鍵一著，概是當時河西秦人與河東魏人言語已有不同，故必使「東人」始可通其言語，這又分明只有士會可以勝任，但妙在又不明言士會；第四步，足躁士會，彼此心照不宣。士會識歸晉之意，但恐秦殺其妻兒，故言明虎狼背言，不可悔也。秦康公為貪得魏地，利令智昏，指河神為誓，即使背言，也送還妻兒。如此步步成功，賺得士會歸晉，羣起歡呼。傳文寫得明白而簡潔，也表現出士會足智多謀，後終為晉所用，又表明秦非無人，只是康公不用其謀而已。

邾文公為遷都而說的一席話，置君是為利民，君之命在於養民，這話是有進步意義的。但貴族多言行不一，邾文公在位五十一年，並無善行德政。

本傳寫鄭、魯二君宴於棐地，賓主四次賦詩言志，實是用詩在進行政治會談，雖都是斷章取義，卻又能互通其意。而且「《詩》三百篇未有不可入樂者」（馬瑞辰《毛詩傳箋通釋》），他們賦詩時，是一定奏樂的。賦詩也就是唱歌。即〈樂記〉所謂「詩言其志也，歌詠其聲也」。可見古時詩歌的功用實在大，詩可以言志，可以諷諫，可以教化，可以興，可以樂，還可以用來會談政治問題、國家大事。難怪古時「不學《詩》，無以為大夫」了，此傳可見一斑。

十四年

戊申，西元前六一三年。周頃王六年、齊昭公二十年、晉靈公八年、秦康公八年、楚莊王旅元年、宋昭公七年、衛成公二十二年、陳靈公平國元年、蔡莊公三十三年、曹文公五年、鄭穆公十五年、燕桓公五年、許昭公九年。

經 十有四年春王正月，公至自晉。

邾人伐我南鄙。叔彭生帥師伐邾。

夏五月乙亥，齊侯潘卒。

六月，公會宋公、陳侯、衛侯、鄭伯、許男、曹伯、晉趙盾。癸酉，同盟于新城。

秋七月，有星孛入于北斗。

公至自會。

晉人納捷菑于邾，弗克納。

九月甲申，公孫敖卒于齊。

齊公子商人弒其君舍。

宋子哀來奔。

冬，單伯如齊。

齊人執單伯。

齊人執子叔姬。

傳 十四年春，頃王崩❶。周公閱❷與王孫蘇爭政，故不赴❸。凡崩、薨，不赴則不書。禍、福，不告亦不書。懲不敬也。

邾文公❹之卒也，公使弔焉，不敬。邾人來討，伐我南鄙，故惠伯❺伐邾。

子叔姬妃齊昭公❻，生舍。叔姬無寵，舍無威。公子商人❼驟施於國❽，而多聚士❾，盡其家，貸於公有司❿以繼之。夏五月，昭公卒，舍即位。

邾文公元妃⑪齊姜，生定公⑫；二妃晉姬，生捷菑。文公卒，邾人立定公，捷菑奔晉。

六月，同盟于新城⑬，從於楚者服⑭，且謀邾也。

秋七月乙卯⑮，夜，齊商人弒舍⑯而讓元⑰。元曰：「爾求之久矣！我能事爾，爾不可使多蓄憾，將免我乎⑱？爾為之。」有星孛⑲入于北斗⑳。周內史叔服曰：「不出七年，宋、齊、晉之君皆將死亂㉑。」

晉趙盾以諸侯之師八百乘㉒，納捷菑于邾㉓。邾人辭曰：「齊出貜且長㉔。」宣子㉕曰：「辭順㉖而弗從，不祥。」乃還。

周公將與王孫蘇訟于晉㉗。王叛王孫蘇㉘，而使尹氏㉙與聃啟㉚訟周公于晉㉛。

趙宣子平王室㉜而復之㉝。

楚莊王立㉞，子孔㉟、潘崇㊱將襲羣舒㊲，使公子燮㊳與子儀㊴守，而伐舒蓼㊵。二子㊶作亂，城郢㊷，而使賊㊸殺子孔，不克而還。八月，二子以楚子㊹出，將如商密㊺，廬戢黎及叔麇誘之㊻，遂殺鬬克及公子燮。初，鬬克囚于秦，秦有殽之敗㊼，而使歸求成㊽。成而不得志，公子燮求令尹㊾而不得，故二子作亂。

穆伯之從己氏㊿也，魯人立文伯(51)。穆伯生二子於莒(52)，而求復(53)。文伯以為請，襄仲(54)使無朝聽命(55)，復而不出。三年而盡室(56)以復適莒(57)。文伯疾，而請曰：「穀之子弱(58)，請立難(59)也。」許之。文伯卒，立惠叔。穆伯請重賂(60)以求復，惠叔以為請，許之。將來，九月，卒于齊。告喪，請葬(61)，弗許。

宋高哀為蕭封人(62)，以為卿，不義宋公(63)而出，遂來奔。書曰「宋子哀來奔」，貴之也(64)。

齊人定懿公，使來告難(65)，故書以「九月」。齊公子元不順懿公之為政也，終不曰「公」，曰「夫己氏」(66)。

襄仲使告于王，請以王寵(67)求昭姬于齊，曰：「殺其子，焉用其母？請受而罪之。」冬，單伯(68)如齊，請子叔姬，齊人執(69)之。又執子叔姬。

【注釋】❶頃王崩　周頃王死。頃王，周襄王子，名壬臣，在位六年。❷周公閱　周卿士，名閱，官太宰。周公旦之後，世為周王室卿士，稱周公。❸不赴　周王室沒有發訃告到魯國。赴，同「訃」。❹邾文公　邾國國君，死於去年五月。邾國去年遷都繹，在今山東省鄒城市東南二十五里。❺惠伯　魯卿，叔牙之孫，名彭，又稱叔仲惠伯、叔彭生。❻子叔姬句　子叔姬做齊昭公的夫人。子叔姬，當是魯僖公之女，下文稱昭姬。與文公十二年傳之叔姬並非一人。妃，配；做夫人。齊昭公，齊桓公子，名潘，在位七年。❼公子商人　即齊懿公，齊桓公第五夫人密姬所生，齊昭公之弟，名商人。見僖公十七年傳。❽驟施於國　多次施捨財物給國人。驟，數；屢次。❾聚士　聚集門客。士是古時一個複雜的階層，策士、文士、武士以及無以為生的士民統稱士，依附權貴，為之效勞。公子商人聚士，已開齊養士之風。❿貸於公有司　向掌管公室財物的官員借貸。公，公室。指諸侯國。⓫元妃　第一次娶的夫人。元妃是齊國女，姜姓，故稱齊姜。⓬定公　邾定公，名玃且。⓭同盟

于新城　指晉國正卿趙盾同魯、宋等七國諸侯在新城會盟（見經文），晉為盟主。新城，王夫之《稗疏》謂鄭地，即新密，在今河南省新密市（原密縣）。杜注謂宋地，在今河南省商丘市西南。⑭從於楚者服　指原先順從楚國的鄭、陳、宋三國又順服晉國。⑮乙卯　七月無乙卯日，疑有誤。⑯齊商人弒舍　齊昭公死後，其子舍當年便於殯宮即位為君，故經文作「齊公子商人弒其君舍」。臣殺君為「弒」。⑰元　齊桓公子，少衛姬所生，昭公之弟，懿公商人之兄，後為齊惠公。⑱爾不可二句　意謂你不可使自己多積怨恨（要是讓我為君，你心裏蓄積怨恨，）能讓我免於殺戮嗎。公子元是怕同舍一樣被殺，故作此語。憾，怨恨。⑲孛　彗星。作動詞。彗星光芒四射。《晉書・天文志》：「孛亦彗屬，偏指曰彗，芒氣四出曰孛。」⑳北斗　星座名（二十八宿之一），有七星，呈斗形（斗是舀水漿的勺子）。㉑死亂　死於內亂，即被殺。叔服預言七年之內宋昭公、齊懿公、晉靈公都將被殺。㉒諸侯之師八百乘　指參加新城會盟的八個諸侯國的聯軍。古時一車四馬、甲士三人、步卒七十二人為一乘，八百乘當有士卒六萬人。㉓納捷菑于邾　把捷菑送回邾國去做國君。㉔齊出貜且　齊姜所生的貜且（即定公）年長。㉕宣子　即趙盾，晉正卿，主持國政。「宣」是諡號。㉖辭順　話說得合理。古時宗法制度，君死，嫡長子繼位，故邾人立貜且為君（定公），不立捷菑。捷菑之母雖是晉國之女，趙宣子也認為邾人說話順理。㉗訟于晉　到晉國去爭辯曲直。訟，訴訟；爭辯。晉是諸侯領袖，故訟於晉。㉘王叛王孫蘇　周匡王違背了支持王孫蘇的諾言。匡王名班，頃王之子。㉙尹氏　周王室卿士。㉚聃啟　周大夫。㉛訟周公于晉　到晉國去為周公閱訴冤求理。可見匡王改助周公閱。㉜平王室　使王室官員和解。即調停糾紛。平，和。用作使動。㉝復之　使他們回復原來的官職。㉞楚莊王立　去年楚穆王死，今年其子侶（亦作「旅」）繼立為君，史稱楚莊王。楚未告魯，故《春秋》未書。㉟子孔　楚國令尹。成嘉，字子孔，成得臣（子玉）之子，成大心之弟。㊱潘崇　楚穆王的太師，掌宮廷禁衛。㊲羣舒　舒國，偃姓，同宗支子各建小國（實為部落），統稱羣舒，散居於今安徽省舒城、廬江二縣及巢湖市一帶。㊳公子燮　楚大夫，曾領兵滅蓼國。見文公五年傳。〈楚語上〉：「莊王方弱，申公子儀為師，王子燮為傅。」王子燮即公子燮。㊴子儀　即申公子儀，鬬氏名克，下稱鬬克。曾領兵戍守商密，被秦軍俘虜，囚於秦。見僖公二十五年傳。㊵舒蓼　羣舒之一，在今安徽省舒城縣東、廬江縣北。㊶二子　指公子燮和子儀。㊷城郢　加築郢都的城牆。即抵拒子孔、潘崇之軍入城。郢，楚都城，在今湖北省江陵縣北之紀南城。㊸賊　殺人者，今稱凶手、刺客。㊹楚子　楚莊王。楚始封為子爵，故稱其君為楚子。㊺商密　本是鄀國都城，鄀附庸於楚，後商密降秦，秦因子儀。見僖公二十五年傳。文公五年，秦取商密，併入秦。其地在今河南省淅川縣西南。㊻廬戢黎句　廬邑大夫戢黎和助手叔麇引誘他們到廬地。廬，楚邑，在今湖北省宜城市西北、南漳縣以東五十里。由郢都去商密，必經廬地。〈楚語上〉：「燮及子儀則以王如廬，廬戢黎殺二子而復王。」(47)殽之敗　秦敗於殽之戰，見僖公三十三年傳。(48)使歸求成　使子儀回楚國求和。指秦得商密後，因崤戰敗於晉，故向楚求和，商密又貳屬於楚（見文公五年傳）。一說使子儀去求楚成王與秦合謀伐晉，即成公十三年傳所云「即楚謀我」。揆之傳文，似無此意。(49)令尹　楚國最高長官，掌國政，兼治軍民。(50)穆伯之從己氏　見文公七年、八年傳。穆伯是魯桓公之孫，又稱公孫敖。己氏是莒國美女。(51)文伯　穆伯長子，名穀。(52)莒　國名，在今山東省莒縣一帶。(53)復　返回。(54)襄仲　魯國上卿，主持國政，莊公之子，名遂，又稱公子遂。(55)無朝聽命　不許他上朝堂參與政事。(56)盡室　用盡家財。(57)復適莒　又回到莒國去。適，往。(58)穀之子弱　文伯穀的兒子，指孟獻子仲孫蔑。弱，年幼弱小。(59)難　文伯之弟，名難，字惠叔。(60)重賂　贈送重禮。賂，財物。用作動詞。送禮。(61)請葬　請求歸葬魯國。(62)宋高哀句　宋國大夫高哀鎮守蕭邑。蕭，宋國東部邊邑，在今安徽省蕭縣西北十五里。封人，鎮守邊邑的大夫。(63)不義宋公　認為宋昭公沒有道義。義，以為義。意動用法。(64)書曰二句　《春秋》記載說「宋子哀來奔」，是表示尊重他。子哀，即高哀，名高，字哀，「子」是對男子的敬稱。經文多稱名，不稱字，故稱「子哀」是敬重他。(65)告難　指向魯國報告殺舍的事。齊懿公七月殺舍，國人不服，九月定君位後才「告難」，故經文書於九月「齊公子商人弒其君舍」。(66)夫己氏　彼其人；那個人。懿公母密妃是齊桓公的第五個夫人，稱懿公為「夫己氏」，猶今語所謂「姨娘的那個兒子」。說見《管錐編》。(67)王寵　周匡王的尊榮。(68)單伯　周王卿士。(69)執　拘押。

【語　譯】魯文公十四年春季，周頃王死。周公閱和王孫蘇爭著掌權，所以沒有發布訃告。凡是天子去世、諸侯去世，不發訃告到魯國，《春秋》就不加記載。凡是諸侯國有災禍或喜慶的事，如果不來報告，也不加記載。這是為了懲誡那些辦事不認真的人。

邾文公死的時候，魯文公派使者前去弔喪，禮儀不夠恭敬。所以邾國人前來討伐，攻打魯國南部邊邑，因此惠伯領兵攻打邾國。

魯國的子叔姬嫁給齊昭公做夫人，生的兒子名舍。叔姬不受寵愛，舍也沒有威望。齊桓公的公子商人屢次給國人施賞財物，養著許多門客，把家產都用光了，又向掌管公室財物的官員借貸來繼續施捨。夏季五月，齊昭公去世，舍即位為君。

邾文公的第一個夫人齊姜，生了定公；第二個夫人晉姬，生了捷菑。邾文公死後，邾國人立定公為君，捷菑就逃到晉國去。

六月，魯文公、宋昭公、陳靈公、衛成公、鄭穆公、許昭公、曹文公和晉卿趙盾一起在新城會盟，這是因為以前跟從楚國的鄭、陳、宋三國都順服晉國，同時為了謀劃邾國的事而舉行的。

秋季七月某一天，夜裏，齊公子商人殺死國君舍，而讓公子元為國君，公子元說：「你謀求這個君位已經很久了，我能夠事奉你。你不能使自己蓄積許多怨恨，要是我做國君，你能讓我免於殺戮嗎？你去做國君吧！」有彗星光芒四射行過北斗星區。周王室的內史叔服說：「不出七年，宋國、齊國、晉國的國君都將死於內亂。」

晉國的趙盾率領新城會盟的八國諸侯聯軍共八百輛戰車，把捷菑送回邾國做國君。邾國人辭謝說：「齊姜生的貜且年長。」趙盾說：「話說得順理，如果不聽從，就不吉祥。」於是就退兵回國。

周公閱打算同王孫蘇到晉國去爭辯曲直。周匡王違背了要支持王孫蘇的諾言，派卿士尹氏和大夫聃啟到晉國去為周公閱爭訟。趙宣子調停了王室成員的糾紛，使他們和解，各人回復原來的官職。

楚莊王立為國君，令尹子孔和太師潘崇將要襲擊舒國那些部落，就派公子燮和申公子儀留守都城，而後去攻打舒蓼部落。公子燮和子儀兩人發動叛亂，加築郢都城牆，又派刺客去暗殺子孔，沒有殺成就返回郢都。八月裏，兩人挾持了楚莊王逃出郢都，打算到商密去。廬邑大夫戢黎和叔麇設計引誘他們到廬邑，就把鬬克和公子燮殺死了。當初，子儀曾被囚禁在秦國，秦國在殽山戰敗，就派他回楚國謀求秦、楚和好。秦、楚和好了，子儀的要求並沒有得到滿足，公子燮要求做令尹也沒有做到，所以兩人發動叛亂。

魯國公孫敖穆伯逃奔莒國去跟隨莒女己氏的時候，魯國立了他的長子文伯穀做繼承人。穆伯在莒國生了兩個兒子，要求回到魯國。文伯為他請求。魯上卿襄仲讓穆伯回來後不要上朝參與政事。穆伯答應了，回國後也不外出。三年內用完了家財，就設法又到莒國去。文伯生重病，就請求說：「我的兒子弱小，請立弟弟惠叔難做繼承人吧。」大家同意了。文伯穀死後，就立惠叔為繼承人。穆伯讓惠叔用重禮賄賂當朝要求再次回國。惠叔為父親申請，得到允許。穆伯將要回來時，九月裏死在齊國，向魯國報喪，惠叔請求歸葬魯國，當朝沒有同意。

宋國的大夫高哀擔任蕭邑邊地鎮守官，提升為卿，但高哀認為宋昭公沒有道義而不去都城就職，於是逃奔魯國。《春秋》記載說「宋子哀來奔」，稱「子哀」就是表示尊重他。

齊國人定了懿公的君位，才派人來報告殺死昭公之子舍的事，所以《春秋》把殺舍這件事記在「九月」。齊國公子元不服懿公執政，始終不稱他為「公」，只稱他「那個人」。

魯國上卿襄仲派人報告周匡王，請以周王的尊榮要求齊國讓齊昭公夫人叔姬回娘家，說：「殺了他的兒子舍，哪裏還用得著他的母親？請把她交給魯國去懲辦她。」冬季，周王派卿士單伯到齊國去，請求送回子叔姬，齊懿公逮捕了單伯，又拘押了子叔姬。

【說明】本傳按時間先後交錯記載五國史事，必要時又追敘往事，使歷史發展前後因果相承，脈絡十分清楚。由此也可見作者敘事的非凡能力。這五件史事就是：一、周頃王死，匡王立，周公閱與王孫蘇爭權，晉趙盾調停糾紛，使之和解。二、邾文公死，立長子為定公，次子捷菑奔晉。趙盾與七國諸侯會盟於新城，率諸侯聯軍送捷菑回國為君。邾人辭不接納，趙盾以為有理而退兵回國。三、齊昭公死，其夫人叔姬之子名舍的即位，而昭公之弟公子商人久已捨財養士，蓄謀君位，遂殺舍自立為君，是為齊懿公。他曾假惺惺地要讓位給其兄公子元，公子元知其為人，不願蓄怨，以免不測。魯國請匡王出面，派卿士單伯去求齊國讓叔姬回魯國娘家，齊懿公不給周王一點面子，拘捕了單伯和叔姬。四、楚穆王死，莊王年幼即位，政局動盪，申公子儀和公子燮作亂，被殺於廬地。五、魯國穆伯在文公八年奔莒，從莒女己氏，與上卿襄仲的關係因奪己氏而惡化。故穆伯求得回國，但不能與聞政事，又再去莒國。其長子文伯穀繼承官爵，又先於其父病死；次子惠叔難繼承。穆伯死在齊國，惠叔求歸葬，襄仲弗許。這應了文公元年傳叔服的話「穀也食子，難也收子」。這五件事說明齊、楚等國都因國喪而政局動盪，晉仍為盟主，在中原各國中的影響還無人可以取代。

左氏不只記載本年發生的重大史事，勾勒出列國紛爭的總體輪廓，還記錄了「秋七月，有星孛入于北斗」這一當時所發生和觀察到的重要的自然現象。注釋已引《晉書・天文志》說明彗、孛雖同類，但孛盛而彗弱。《漢書・文帝紀》文穎注亦云：「孛、彗形象小異，孛星光芒短，其光四出，蓬蓬孛孛也。彗星光芒長，參參如埽彗。」故此傳所記的光芒四射而行過北斗星區的孛星，近代天文學家認定就是哈雷彗星，此傳則是世界上哈雷彗星的最早記錄。且查各國史志，記載彗星行道情況的，亦以此傳為最早。哈雷彗星平均每隔七十六年方始行近太陽一次，肉眼即可望見。自此傳以後，凡逢哈雷彗星出現，我國古籍多以「孛」、「茀」星記載。自此次至清末二千餘年，我國共記載三十一次，亦為世界古代文明之最。

十五年

己酉，西元前六一二年。周匡王班元年、齊懿公商人元年、晉靈公九年、秦康公九年、楚莊王二年、宋昭公八年、衛成公二十三年、陳靈公二年、蔡莊公三十四年、曹文公六年、鄭穆公十六年、燕桓公六年、許昭公十年。

經 十有五年春，季孫行父如晉。

三月，宋司馬華孫來盟。

夏，曹伯來朝。

齊人歸公孫敖之喪。

六月辛丑朔，日有食之。鼓，用牲于社。

單伯至自齊。

晉郤缺帥師伐蔡，戊申，入蔡。

秋，齊人侵我西鄙。季孫行父如晉。

冬，十有一月，諸侯盟於扈。

十有二月，齊人來歸子叔姬。

齊侯侵我西鄙，遂伐曹，入其郛。

傳 十五年春，季文子❶如晉，為單伯與子叔姬故也。

三月，宋華耦❷來盟，其官皆從之❸。書曰「宋司馬華孫」，貴之也❹。公與之宴。辭曰：「君之先臣督，得罪於宋殤公❺，名在諸侯之策❻。臣承其祀，其敢辱君❼！請承命於亞旅❽。」魯人以為敏。

夏，曹伯❾來朝，禮也。諸侯五年再相朝❿，以修王命，古之制也。

齊人或為孟氏⓫謀，曰：「魯，爾親也⓬，飾棺⓭寘諸堂阜⓮，魯必取之。」從之。卞人⓯以告，惠叔⓰猶毀⓱以為請，立於朝以待命，許之。取而殯⓲之，齊人送之。書曰：「齊人歸公孫敖之喪。」為孟氏，且國故也⓳。葬視共仲⓴。聲己㉑不視，帷堂而哭㉒。襄仲欲勿哭㉓，惠伯㉔曰：「喪，親之終也。雖不能始㉕，善終㉖可也。史佚㉗有言曰：『兄弟致美㉘。救乏、賀善、弔災、祭敬、喪哀，情雖不同，毋絕其愛，親之道也。』子無失道，何怨於人？」襄仲說㉙，帥兄弟以哭之。他年㉚，其二子㉛來，孟獻子㉜愛之，聞於國㉝。或譖㉞之曰：「將殺子。」獻子以告季文子。二子曰：「夫子㉟以愛我聞，我以將殺子聞，不亦遠於禮乎？遠禮不如死。」一人門于句鼆，一人門于戾丘㊱，皆死。

六月辛丑朔，日有食之。鼓，用牲于社㊲，非禮也。日有食之，天子不舉㊳，伐鼓于社；諸侯用幣㊴于社，伐鼓于朝，以昭事神、訓民、事君，示有等威㊵，古之道也。

齊人許單伯請而赦之，使來致命。書曰「單伯至自齊」，貴之也。

新城之盟㊶，蔡人不與。晉郤缺以上軍、下軍伐蔡，曰：「君弱㊷，不可以怠。」戊申㊸，入蔡㊹，以城下之盟㊺而還。凡勝國，曰滅之㊻；獲大城焉，曰入之㊼。

秋，齊人侵我西鄙，故季文子告于晉。

冬，十一月，晉侯、宋公、衛侯、蔡侯、陳侯、鄭伯、許男、曹伯盟于扈㊽，尋㊾新城之盟，且謀伐齊也。齊人賂晉侯，故不克而還。於是有齊難㊿，是以公不會。書曰「諸侯盟于扈」，無能為故也[51]。凡諸侯會，公不與，不書，諱君惡也[52]。與而不書，後也。

齊人來歸子叔姬，王故[53]也。

齊侯侵我西鄙，謂諸侯不能[54]也。遂伐曹，入其郛[55]，討其來朝也。季文子曰：「齊侯其不免乎！己則無禮[56]，而討於有禮者，曰：『女何故行禮[57]？』禮以順天，天之道也。己則反天[58]，而又以討人，難以免矣！《詩》曰：『胡不相畏？不畏于天[59]。』君子之不虐幼賤[60]，畏于天也！在〈周頌〉曰：『畏天之威，于時保之[61]！』不畏于天，將何能保？以亂取國[62]，奉禮以守[63]，猶懼不終。多行無禮，弗能在[64]矣！」

【注釋】❶季文子　魯卿，即季孫行父，季友之孫。去年傳載：齊懿公殺齊昭公子舍。魯國請周王派卿士單伯至齊，請齊國讓昭公夫人、公子舍之母叔姬回魯國娘家，齊懿公拘捕單伯與叔姬。故今年季文子至晉求晉國幫助處置。下文云齊赦單伯，歸叔姬。❷華耦　宋卿，官司馬，華御事之子，華元之兄。❸其官皆從之　諸侯派使者出國聘問會盟，有很多隨從官員和護衛。定公四年傳云「君行師從，卿行旅從」。華耦官屬備具，故特作此語。❹書曰二句　意謂《春秋》記載說「宋司馬華孫來盟」，稱其官，稱華氏之孫，而不稱其名「耦」，是表示尊重他。❺君之先臣二句　意謂宋國君主的先臣華督殺死宋殤公。這是九十八年以前的事，見桓公二年傳。不說殺，說得罪，是委婉辭令。督，華督，華耦曾祖，殺殤公後，為宋莊公國相；已死，故尊稱先臣。❻策　簡策，古時史書用竹簡書寫。華督殺君的惡名，記載在各國史書上，如《春秋・桓公二年》云：「宋督弒其君與夷。」他國之史當亦如此。宋督即華督，當時還未以華為氏。❼其敢辱君　豈敢屈辱國君。意謂自己是罪人的子孫，不敢與魯文公同席，受魯公宴請之禮。其，豈。❽請承命於亞旅　讓我接受貴國上大夫的宴禮。亞旅，官名，列於司徒、司馬、司空之後，杜注「上大夫也」。❾曹伯　曹文公。曹國始封為伯爵，故稱其君為曹伯。❿五年再相朝　每五年就再次朝見。曹伯於文公十一年來朝，今年再朝。⓫孟氏　指穆伯，即公孫敖，上年九月死於齊國。穆伯之孫孟獻子，其後人世為魯卿，稱孟氏，故追書穆伯為孟氏。⓬魯爾親也　魯國是你的姻親之國。齊與魯世為婚姻，齊昭公夫人叔姬為魯女；魯桓公夫人文姜、莊公夫人哀姜、叔姜、僖公夫人聲姜、文公夫人出姜，都是齊女。⓭飾棺　古時棺木及載柩之車，依死者等級有不同裝飾，穆伯客死於齊，其棺柩當不以卿裝飾，或僅以白布圍之。⓮堂阜　齊地，在齊魯交界處，在今山東省蒙陰縣西北三十里。⓯卞人　卞邑大夫（後稱縣宰）。卞，魯邑，近堂阜，在今山東省泗水縣東五十里。⓰惠叔　穆伯次子，名難。其兄文伯已死，故惠叔繼承卿位。⓱毀　居喪悲哀過度而傷害身體，以致容顏消瘦謂毀。穆伯死於去年九月，至此年夏，猶未歸葬，故惠叔仍服喪哀毀，求當朝取棺歸葬。⓲殯　停放靈柩。先殯，行祭禮，後葬。⓳書曰四句　意謂《春秋》之所以記載「歸公孫敖之喪」，是因為他的子孫孟氏世為魯卿，他又是魯國公族的緣故。⓴葬視共仲　比照共仲的葬禮安葬公孫敖。視，比。共仲，即慶父，魯桓公之子、公孫敖之父，因作亂奔莒，後自殺。因有罪，不按卿之喪禮安葬。見閔公二年傳。㉑聲己　公孫敖的第二個夫人，惠叔難之母。見文公七年傳。㉒帷堂而哭　按古禮，壽終正寢者殯於堂的西階之上，今公孫敖之柩自齊而來，故置於堂中，四周設帷幕，謂之帷堂。聲己怨公孫敖奔莒從己氏女，故不視其柩，帷其堂而哭於堂下。㉓襄仲欲勿哭　按禮，襄仲應率眾兄弟服喪，在堂下北面行哭祭之禮，因怨恨敖奪其妻己氏，故「欲勿哭」，即不願服喪致哀。襄仲，魯桓公孫，魯莊公子，名遂，又稱公子遂，與公孫敖是從父兄弟（堂兄弟）。時為魯上卿，執國政。㉔惠伯　魯桓公曾孫，叔牙之孫，名彭，又稱叔彭生。㉕不能始　兄弟關係開頭不能友好。指公孫敖奪莒女己氏為妻，見文公七年傳。㉖善終　善待親人的喪事。終，指喪事。喪事是人生最後的一件事。㉗史佚　周成王、周康王時的史官，即尹佚。傳文引史佚之言凡五次。㉘致美　盡獻其友愛的美意。㉙說　同「悅」。㉚他年　指以後若干年。㉛二子　指穆伯奔莒從己氏所生的二子。見上年傳。㉜孟獻子　穆伯的長孫，文伯穀之子，孟氏，名蔑，又稱仲孫蔑，此年尚年少，其當政當在惠叔死後。其後人史稱孟孫氏。㉝聞於國　聞名全國；國人都知道。㉞譖　說壞話誣陷別人。㉟夫子　對男子的尊稱，如今稱先生、老人家。此指孟獻子。依行輩說，孟獻子是二子之姪，然為孟氏嫡嗣，繼承卿位，或其年亦長於二子，故二子稱他為夫子。㊱門于句鼆二句　門，守門。動詞。杜注：「句鼆、戾丘，皆魯邑，有寇攻門，二子禦之而死。」二邑今地不詳，當在今山東省曲阜市。㊲鼓用牲于社　在土地神廟擊鼓、用犧牲（牛羊豬）祭祀。按下文所言，日食時，諸侯當擊鼓在朝，不當在社；祭祀社廟當用玉帛，不當用牲。「鼓，用牲于社」是天子之禮，故謂非禮。㊳不舉　減膳撤樂。古時天子以至大夫平日殺牲盛饌謂之舉，士庶謂之食。古人最重早餐，中、晚僅食早餐之餘。舉為盛饌，且以樂助食。㊴幣　玉帛等禮物或祭品。㊵示有等威　顯示威儀有等差。貴賤不同，威儀亦異。㊶新城之盟　見上年傳。陳、鄭、宋三國本順從楚國，上年亦參加新城之盟，順服晉國，獨蔡國未與盟。㊷君弱　晉靈公還年幼。靈公即位時猶在抱（見文公七年傳），今年或已十歲外，主持扈之盟，猶未成年。弱，幼小。㊸戊申　六月初八日。㊹入蔡　進入蔡國都城。蔡國在今河南省上蔡縣、汝南縣一帶。㊺城下之盟　敵人兵臨城下，被迫和敵人訂立屈辱的條約。見宣公十五年傳。㊻凡勝國曰滅之　杜注「絕其社稷，有其土地」謂之滅。此與襄公十三年傳所云「用大師曰滅」者同，晉國並未滅蔡。㊼入之　「獲大城焉曰入之」是入而取其地。而晉軍入蔡是入而不取其地。㊽扈　鄭地，在今河南省原陽縣西約六十里。㊾尋　追溯；重溫。即重申友好盟約。㊿齊難　指「齊人侵我西鄙」。(51)書曰二句　意謂《春秋》之所以記載「諸侯盟于扈」，不詳列八國諸侯名字，是因為他們沒能救援我國的緣故。(52)公不與三句　謂魯公應當參加而沒有參加會盟，《春秋》就不加記載，以隱諱國君的過失。如是不當參加而不參加的會盟，《春秋》仍加記載，例常見。(53)王故　由於周匡王有命令的緣故。(54)不能　指不能伐齊、援魯。(55)郛　外城。(56)無禮　指拘捕單伯、叔姬及侵魯西鄙。(57)女何故行禮　這是齊懿公責備曹國的口吻，你何故行朝見魯公之禮。女，同「汝」。(58)反天　違反天，即違反禮。(59)詩曰三句　見《詩經・小雅・雨無正》，意謂為什麼上下不互相敬畏。是因為不敬畏上天。(60)不虐幼賤　不殘害幼小和卑賤的人。(61)周頌三句　見《詩經・周頌・我將》，意謂敬畏上天的威靈，於是就能保有福祿。于時，於是。(62)以亂取國　指齊懿公殺舍而自立為君。(63)守　保；保有君位。(64)在　終；善終。文公十八年傳，齊人殺懿公。

【語　譯】魯文公十五年春季，魯國派季文子到晉國去，是為了齊國拘捕周王卿士單伯和昭公夫人子叔姬的緣故。

三月，宋國司馬華耦來魯國會盟，他的部屬官員都跟隨前來。《春秋》記載說「宋司馬華孫來盟」，記其官職，不記其名「耦」，是表示尊重他。魯文公要和他同席宴會，華耦婉言辭謝說：「我們國君的先臣華督得罪了宋殤公，他的惡名記載在諸侯的簡冊上。下臣承繼對他的祭祀，怎敢同席屈辱國君？請讓我接受貴國亞旅的命令。」魯國人認為華耦機智，措辭得體。

夏季，曹文公來魯國朝見，這合於禮。諸侯每五年再一次互相朝見，以便研究、實施周天子的命令，這是古代的制度。

齊國有人為魯國孟氏家策劃，對齊國執政說：「魯國，是齊國的親戚，把公孫敖的棺柩圍了白布放到堂阜地方，魯國必定會取去的。」齊國執政聽從了。魯國卞邑大夫就把這事報告當朝，公孫敖的兒子惠叔仍然服喪，悲哀得容顏消瘦，請求當朝去取回棺柩。他立在朝堂上等待命令。魯國執政答應了他的請求，於是取回棺柩停放在家中的堂中。齊國人也來送喪。《春秋》記載說「齊人歸公孫敖之喪」，這是因為公孫敖的子孫孟氏世為魯卿，公孫敖又是魯國公族的緣故。比照安葬共仲的葬禮安葬公孫敖。公孫敖的妻子聲己不肯去看靈柩，堂上圍起布幕，她在堂下哭泣。襄仲不想去服喪哭祭。惠伯勸他說：「辦喪事，是親人的最後一件事。雖然您倆開頭關係不好，現在友好地終結是可以做到的。史佚說過這樣的話：『兄弟之間彼此獻出友愛的美意。救助困乏，祝賀喜慶，慰問災禍，祭祀恭敬，喪事悲哀，這五件事的感情雖然不一樣，但不要斷絕彼此的友愛卻是一樣的，這就是對待親人的正確做法。』您只要自己不喪失道義，怨恨別人做什麼呢？」襄仲聽了很高興，就帶領兄弟們前去服喪哭祭。好幾年以後，公孫敖生在莒國的兩個兒子來到魯國，公孫敖的嫡長孫孟獻子喜歡他倆，國人都知道這事。有人在孟獻子面前誣陷他倆，說：「這兩人是來殺死你的。」孟獻子把這話告訴季文子。那兩人說：「孟獻子因為愛我們，聞名全國；我們卻臭名遠揚，說要殺死他，這不是遠離了禮義了？遠離禮義還不如死。」後來有人去攻打兩兄弟，一人在句鼆守門，一人在戾丘守門，都戰死了。

六月辛丑日初一，發生日食。擊鼓，在土地神廟用祭牲祭祀，這是不合於禮的。按禮，發生日食，天子減膳撤樂，在土地神廟裏擊鼓。諸侯只能用玉帛在土地神廟祭祀，不當用祭牲；擊鼓只能在朝堂上，不應在社廟裏。這表明事奉神靈、教訓百姓、事奉國君，要顯示出貴賤不同，威儀也有等差，這是古代的制度。

齊國人允許了單伯的請求而釋放了他，讓他到魯國來傳送命令。《春秋》記載說「單伯至自齊」，這是表示尊重他。

去年諸侯在新城會盟時，蔡國人不來參加。晉國的郤缺就率領上軍、下軍去攻打蔡國，對將士說：「國君還年少，我們不能因此懈怠。」六月初八日，晉國軍隊攻入蔡國，兵臨都城，和蔡國訂立了「城下之盟」

而後回國。凡是戰勝別的國家，叫做「滅之」；獲得大城，叫做「入之」。

秋季，齊國人侵犯我魯國西部邊境，所以季文子向晉國告急。

冬季十一月，晉靈公、宋昭公、衛成公、蔡莊公、陳靈公、鄭穆公、許昭公、曹文公八個諸侯在扈地結盟，重溫新城盟會的友好，同時商議攻打齊國的事。齊國人給晉靈公饋贈財物，所以諸侯軍沒有去攻打就各自回國了。這時候發生了齊國進攻魯國的災禍，所以魯文公沒有參加扈地的會盟。《春秋》只記載說「諸侯盟于扈」，沒有詳列八個諸侯的名字，是由於他們無能、沒有救援我國的緣故。凡是諸侯會盟，魯公應當去而沒有去參加，《春秋》就不加記載，這是為了隱諱國君的過失。魯公參加了而不加記載，那是由於遲到的緣故。

齊國人把子叔姬送回來，這是周匡王有命令的緣故。

齊懿公領兵侵犯我國西部邊境，他認為各諸侯國不會去討伐他、來救援魯國。齊國接著又攻打曹國，進入曹都外城，這是討伐曹國來魯國朝見。季文子說：「齊侯大概不能免於禍難了！自己就已無禮，反而討伐有禮的國家，對曹文公責備說：『你何故去魯國行朝見禮？』行禮是用來順服上天，這是上天的正道。自己違反上天的正道，反而又因此去討伐別人，這就難免有禍難了。《詩經·雨無正》說：『人們為什麼不互相敬畏？因為不敬畏上天。』君子之所以不殘害弱小和卑賤的人，是由於他敬畏上天。《詩經·周頌》說：『敬畏上天的威靈，於是就保有福祿。』不敬畏上天，如何能保有福祿？齊懿公靠作亂、殺太子舍謀取到國君，如果奉行禮義來保持國君的爵位，還怕得不到善終；現在做了許多無禮的事，這就不能得到善終了。」

【說　明】魯國是周公旦長子伯禽的封國，在各諸侯國中有著特殊的政治地位。春秋以來，逐漸衰落；魯國貴族，比較守舊；較少侵略性，與宋、曹、衛等鄰國關係比較友好。齊國自桓公死後，多次侵魯，兩國關係遂趨惡化。本傳寫魯國求齊國讓子叔姬歸魯及歸葬公孫敖等史事，都表現出魯國講求克制忍讓即所謂禮義之道。齊懿公卻侵魯伐曹，又賄賂盟主晉侯，恣意妄為。晉國主盟，卻未能主持正義，表明晉國霸主地位下降。季文子預言齊懿公不得善終，實為文公十八年傳齊人殺懿公張本。

本傳記錄了發生日食的自然現象，以及古時擊鼓、祭祀社廟的習俗。民間缺少科學知識，以為日食是災象，天狗吃太陽，於是鼓盆祀神以驅陰神等迷信活動，可見是由來已久的了。經傳對古代發生的日食現象共記載三十七次，其中僅文公元年經「二月癸亥，日有食之」是三月癸亥朔日誤為二月癸亥晦日，其他記載多準確無誤，寫明了日食發生的月、日和朔日的就有三十五次，足證當時天文曆算家已經知道日食必在朔日（農曆初一日），為後人留下了寶貴的天文記錄。如莊公二十五年經傳「夏六月辛未朔，日有食之」，以今曆法推知，是西元前六六九年五月二十七日之日環食。本傳「六月辛丑朔，日有食之」，就是西元前六一二年四月二十一日之日食。文公元年三月癸亥朔之日食也是宋、元史志曆算家依《春秋》經文推算補正的。由此可見，我國天文曆算之學，在春秋時期就早已業績輝煌。

十六年

庚戌，西元前六一一年。周匡王二年、齊懿公二年、晉靈公十年、秦康公十年、楚莊王三年、宋昭公九年、衛成公二十四年、陳靈公三年、蔡文公申元年、曹文公七年、鄭穆公十七年、燕桓公七年、許昭公十一年。

經 十有六年春，季孫行父會齊侯於陽穀，齊侯弗及盟。

夏五月，公四不視朔。

六月戊辰，公子遂及齊侯盟于郪丘。

秋八月辛未，夫人姜氏薨。

毀泉臺。

楚人、秦人、巴人滅庸。

冬十有一月，宋人弒其君杵臼。

傳 十六年春王正月，及齊平。公有疾，使季文子❶會齊侯于陽穀❷。請盟，齊侯不肯，曰：「請俟君間❸。」

夏五月，公四不視朔❹，疾也。公使襄仲❺納賂于齊侯，故盟于郪丘❻。

有蛇自泉宮❼出，入于國，如先君之數❽。秋，八月辛未❾，聲姜❿薨。毀泉臺⓫。

楚大饑，戎⓬伐其西南，至于阜山⓭。師于大林⓮。又伐其東南，至于陽丘⓯，以侵訾枝⓰。庸⓱人率羣蠻⓲以叛楚。麇⓳人率百濮⓴聚於選㉑，將伐楚。於是申、息之北門不啟㉒。楚人謀徙於阪高㉓。蒍賈㉔曰：「不可。我能往，寇亦能往，不如伐庸。夫麇與百濮，謂我饑不能師㉕，故伐我也。若我出師，必懼而歸。百濮離居㉖，將各走其邑，誰暇謀人？」乃出師，旬有五日，百濮乃罷。

自廬㉗以往，振廩同食㉘。次于句澨㉙，使廬戢黎㉚侵庸，及庸方城㉛。庸人逐之，囚子揚窗㉜。三宿而逸，曰：「庸師眾，羣蠻聚焉，不如復大師㉝，且起王卒㉞，會而後進。」師叔㉟曰：「不可。姑又與之遇㊱以驕之。彼驕我怒，而後可克。先君蚡冒(37)所以服陘隰(38)也。」又與之遇，七遇皆北(39)，唯裨、鯈、魚人(40)實逐之。庸人曰：「楚不足與戰矣。」遂不設備。

楚子乘馹(41)，會師于臨品(42)，分為二隊。子越(43)自石溪(44)，子貝自仞以伐庸。秦人、巴人(45)從楚師。群蠻從楚子(46)盟。遂滅庸。

宋公子鮑(47)禮於國人，宋饑，竭其粟而貸(48)之。年自七十以上，無不饋詒(49)也，時加羞珍異(50)。無日不數(51)於六卿(52)之門。國之材人，無不事也；親自桓(53)以下，無不恤也。公子鮑美而艷，襄夫人(54)欲通之，而不可，乃助之施。昭公無道，國人奉公子鮑以因夫人。

於是華元(55)為右師，公孫友(56)為左師，華耦(57)為司馬，鱗鱹(58)為司徒，蕩意諸(59)為司城，公子朝為司寇。初，司城蕩卒(60)，公孫壽(61)辭司城，請使意諸為之。既而告人曰：「君無道，吾官近，懼及(62)焉。棄官，則族無所庇。子，身之貳(63)也，姑紓死焉(64)！雖亡子，猶不亡族！」既(65)，夫人將使公田孟諸(66)而殺之。公知之，盡以寶行。蕩意諸曰：「盍適諸侯(67)？」公曰：「不能其大夫至于君祖母以及國人(68)，諸侯誰納我？且既為人君，而又為人臣(69)，不如死。」盡以其寶賜左右而使行。夫人使謂司城去公。對曰：「臣之而逃其難，若後君何(70)？」冬，十一月甲寅71，宋昭公將田孟諸，未至，夫人王姬使帥甸72攻而殺之。蕩意諸死之。書曰「宋人弒其君杵臼」，君無道也73。

文公即位，使母弟須為司城。華耦卒，而使蕩虺74為司馬。

【注釋】❶季文子　魯大夫，季友之孫，又稱季孫行父。❷陽穀　齊邑，在今山東省陽穀縣東北三十里。❸間　空閒；安寧。指病愈。齊懿公不肯與季文子結盟，要等魯文公病愈後結盟。❹視朔　諸侯於每月朔日（初一日）告祭祖廟謂之告朔，告朔以後，聽治當月政事，謂之視朔。魯文公正月患病，二至五月四次沒有視朔，故云「四不視朔」。❺襄仲　魯國上卿，莊公之子，名遂。❻郪丘　魯地，江永《考實》謂魯納賄齊侯，遂結盟，故其地當在齊都附近，即在今山東省淄博市東舊臨淄縣治南側。❼泉宮　在魯都近郊之郎邑，即在今山東省曲阜市南郊。❽先君之數　魯自周公旦之子伯禽至僖公凡十七君，此謂入國都的蛇有十七條。以十七條蛇附會先君之數是無稽怪誕之說。❾辛未　初八日。❿聲姜　魯僖公夫人，文公之母。⓫泉臺　泉宮之臺，在郎邑，亦稱郎臺。⓬戎　山戎，散居今湖北省西北部、今重慶市東部地區。⓭阜山　楚邑，在今湖北省房縣南一百五十里、興山縣之北。⓮大林　楚邑，在今湖北省江陵縣西北六十里。一說在荊門市西北。⓯陽丘　今地不詳。疑在今湖北省枝江縣西北。⓰訾枝　楚邑，沈欽韓說在今湖北省枝江縣。⓱庸　小國名，在今湖北省竹山縣東四十里故上庸城。⓲羣蠻　自成部落的蠻族，散居在今湖北省西北部、今重慶市東部。⓳麇　小國名，在今湖北省鄖縣。見文公十一年傳。⓴百濮　自成部落的濮族，其居地當距麇國不遠，約在今湖北省鄖縣、鄖西縣及十堰市一帶。㉑選　楚地，在今湖北省枝江縣北。㉒申息之北門不啟　申、息是楚國北部屏障，不開啟其北門，是防中原諸侯入侵。申邑在今河南省南陽市，息邑在今河南省息縣。㉓阪高　在今湖北省襄陽縣西，地甚險要。一說即今湖北省當陽市東北二十里之長阪。㉔蔿賈　楚大夫，字伯嬴，孫叔敖之父。見僖公二十七年傳。㉕師　出師；出兵。動詞。㉖離居　散居。㉗廬　楚邑，在今湖北省南漳縣東五十里。㉘振廩同食　打開糧倉，與民同食。以上二句意謂自郢都至廬邑，士兵自帶糧食，自廬以後，就開當地糧倉，與受賑濟的災民同食。振，發；打開。㉙句澨　楚地，在今湖北省丹江口市西北舊均縣廢治西，即鄖縣東南約六十里。㉚戢黎　楚國廬邑大夫，見文公十四年傳。㉛方城　庸國方城，在今湖北省竹山縣東四十五里，城周十餘里，四面險固。㉜子揚窗　戢黎部將，字子揚，名窗。傳文常字名連敘。㉝復大師　再發大軍。指次於句澨的楚軍。㉞王卒　楚王的禁衛部隊，如僖公二十八年傳所云「若敖之六卒」，一卒有三十乘。㉟師叔　楚大夫，名潘尫。見宣公十二年傳。㊱遇　接觸，此謂接戰。㊲蚡冒　即楚厲王，名熊眴，在位十七年。其弟即楚武王熊通。㊳陘隰　散居在陘隰的夷蠻之族，其居處在今湖北省江陵縣、當陽市以東山谿之地。一說在宜昌市以北。㊴北　即「背」，轉身逃跑。這是佯偽敗北以驕敵。㊵裨鯈魚人　都是羣蠻部落名。裨、鯈所在地，今不詳，疑在今重慶市巫山、巫溪縣與湖北省竹山、竹溪縣一帶。魚，在今重慶市奉節縣東五里，古稱魚腹縣。㊶馹　古時驛站專用的傳車。㊷臨品　楚地，在今湖北省丹江口市境內。㊸子越　鬬椒，字子越。㊹石溪　與下句的仞都在今湖北省丹江口市境內。㊺巴人　巴國人。古巴國在今重慶市巴縣，春秋時巴國可能在今湖北省襄樊市附近。見桓公九年傳。㊻楚子　楚莊王。楚始封君為子爵，故稱其君為楚子。㊼公子鮑　宋昭公庶弟，後為宋文公。㊽貸　施與。《說文》：「貸，施也。」㊾饋詒　同義詞連用。以食物送人。㊿時加羞珍異　四時加進珍異的美味。羞，進獻美食，後作「饈」。加羞，同義詞連用。(51)數　屢次；密（與「疏」相對）。(52)六卿　宋國以右師、左師、司馬、司徒、司城、司寇為六卿。卿，高級官員，爵位高於大夫。(53)桓　宋桓公，宋襄公之父，宋昭公曾祖。(54)襄夫人　宋襄公夫人，周惠王之女，周襄王之姊，姬姓，下文稱王姬，是公子鮑的嫡祖母。宋襄公在位十四年，已死二十六年，故襄夫人當已年近六十，此為補敘往事。(55)華元　華督曾孫，華御事次子。(56)公孫友　宋桓公之孫，宋襄公庶兄子魚之子。(57)華耦　華元之兄。(58)鱗鱹　即鱗矔，襄公庶弟公鱗之子。(59)蕩意諸　公子蕩之孫，文公八年奔魯，十一年返宋復位。見前傳。(60)蕩卒　公子蕩死。蕩之死當在魯文公七年、八年之間。見前傳。(61)公孫壽　宋桓公孫，公子蕩之子。(62)懼及　怕遭到禍難。及，及難，傳文常省說為「及」。(63)身之貳　我的代表。身，作「我」、「己」解。貳，副。(64)姑紓死焉　姑且讓我晚點死吧。紓，延緩。兒子代位代死，則己可以緩死。(65)既　既而；不久。(66)田孟諸　到孟諸打獵。孟諸，宋地，在今河南省商丘市東北，多沼澤。(67)盍適諸侯　何不到別的諸侯國去。盍，「何不」的合音詞。適，往。(68)不能句　得不到自己的大夫以至祖母和國人的擁護。能，得。六卿中唯蕩意諸相從，故云「不能其大夫」。君祖母指襄公夫人。宋昭公不禮宋襄夫人，見文公八年傳。國人指貴族。國人奉公子鮑，故昭公云「不能國人」。(69)為人臣　做別人的臣下。指「適諸侯」。(70)若後君何　怎麼能事奉以後的國君。(71)甲寅　二十二日。(72)帥甸　官名，專治公族罪人，相當於特種警衛軍官。即《周禮》之甸師。(73)書曰二句　《春秋》記載說「宋人弒其君杵臼」，稱杵臼之名，意思是說宋昭公杵臼是無道昏君。宣公四年傳云：「凡弒君稱君（名），君無道也。」(74)蕩虺　蕩意諸之弟。

【語譯】魯文公十六年春季，周王曆法的正月，魯國同齊國議和。魯文公生病，派季文子去陽穀和齊懿公相會。季文子請求盟誓，齊懿公不肯，說：「請等候貴國國君病好了再說吧。」

夏季五月，魯文公第四次沒有在朔日聽政，這是因為生病。文公派襄仲向齊懿公送重禮，所以就在郪丘結盟。

有蛇從泉宮游出來，游進國都，共十七條，和先君的數目一樣。秋季八月初八日，魯僖公夫人聲姜去世，因此拆毀了泉宮的泉臺。

楚國發生大饑荒，戎人攻打楚國的西南部，直到阜山。楚軍駐紮在大林以抵禦戎人。戎人又攻打它的東南部，直打到陽丘，以便進攻訾枝。庸國人也率領蠻人各部落背叛楚國，麇國人又率領百濮族各部聚集在選地，準備進攻楚國。在這時，申邑、息邑的北城門也不敢開啟。楚國人商議遷都到阪高去。大夫蔿賈說：「不行。我們能去，敵人也能去，不如攻打庸國。麇國和百濮各部落是認為我們遭到饑荒而不能出兵，所以想進攻我們。如果我們出兵，他們必然害怕而回去。百濮散居各地，將各奔各的地方，誰還有空來打別人的主意？」於是楚國就出兵。過了十五天，百濮就罷兵回去了。

楚軍從廬地出發以後，就打開當地糧倉讓軍民一起食用。大軍駐紮在句澨，派廬邑大夫戢黎領兵進攻庸國，打到庸國的方城。庸國人趕走楚軍，囚禁了戢黎部將子揚窗。過了三夜，子揚窗逃跑回來，說：「庸國軍隊人數眾多，蠻人各部落聚集在那裏。不如再發句澨的大軍，同時起用楚王的直屬部隊，合兵以後再進攻。」大夫師叔說：「不行。你們姑且再跟他們接戰，使他們驕傲輕敵。他們驕傲輕敵，我們奮發，然後就能戰勝。先君蚡冒楚厲王就是用這辦法使陘隰部族歸服的。」戢黎就帶領楚軍又和敵人接戰，七次接戰都假裝敗北，轉身逃跑。蠻人中只有裨人、鯈人、魚人真的來追逐楚軍。庸國人說：「楚國不堪一擊了。」就不再設防備。

楚莊王乘坐驛站專用的傳車，帶領大軍和前方部隊會師在臨品，把軍隊分做兩隊，子越椒從石溪出發，子貝從仞出發，去進攻庸國。秦國人、巴國人跟從楚軍，蠻人各部順從楚莊王，和楚王結盟，這樣就滅亡了庸國。

宋國的公子鮑對待國人很有禮節，宋國發生饑荒，他把糧食全部拿出來施捨給人們。對年紀在七十歲以上的老人，沒有不送給食品的，一年四季還加送珍異的美食。沒有一天不進出六卿的大門。對國內有才能的人，沒有不事奉的；對親屬中宋桓公以後的子孫，沒有不體恤周濟的。公子鮑生得漂亮而且艷麗，宋襄公夫人想和他私通，公子鮑不肯，襄公夫人就幫助他施捨。宋昭公無道，國人都由於襄公夫人的關係而擁護公子鮑。

當時宋國的華元做右師，公孫友做左師，華耦做司馬，鱗鱹做司徒，蕩意諸做司城，公子朝做司寇。當初，司城公子蕩死了，他的兒子公孫壽應繼承司城的官位，但公孫壽辭不接受，讓兒子蕩意諸做司城。後來告訴別人說：「國君無道，司城的官位接近國君，我怕禍難落到身上。但如果丟掉官位不做，家族就無所庇護。兒子是我的代表，他去代我任職，就姑且讓我晚點死。這樣雖然喪失了兒子，還不致喪失家族。」後來不久，襄公夫人將要讓宋昭公到孟諸打獵而乘機殺死他。宋昭公知道以後，就帶上全部珍寶出行。蕩意諸說：「何不到別的諸侯國去？」昭公說：「我不能得到自己的大夫至於君祖母以及國人的擁護，還有哪個諸侯肯接納我？而且我已經做了國君，卻再去做別人的臣下，就不如死了的好。」就把他的珍寶全部賜給左右隨從人員，叫他們離去。襄公夫人派人告訴司城蕩意諸，讓他離開宋昭公。蕩意諸回答說：「做了他的臣下卻逃避他的災難，怎麼去事奉以後的國君呢？」冬季十一月二十二日，宋昭公將要去孟諸打獵，還沒有到孟諸，襄公夫人王姬就派帥甸官進攻，而後殺死了昭公。蕩意諸為此也死去。《春秋》記載說「宋人弒其君杵臼」，寫出昭公的名字杵臼，就是表示昭公是無道的昏君。

宋文公即位，派同母弟名須的做司城。華耦死後，派蕩虺做司馬。

【說明】晉國霸主衰落，中原諸侯又陷入混亂局面。楚國本可乘機崛起，無奈亦遭饑荒，周圍的山戎、羣蠻、百濮紛紛入侵，硝煙瀰漫，烽火四起。在這危急關頭，蔿賈再次表現得機智過人，分析形勢，認為麇國與百濮將不攻自解，主要的敵人是庸國，羣蠻即以庸國為首。於是出兵伐庸，大軍北駐句澨，由廬邑地方軍為先鋒部隊，採取「七遇皆北」的佯敗戰術，麻痺庸軍，使之驕而不備；又爭取秦人、巴人，分化羣蠻，與之結盟，從而孤立庸國，會合大軍，一舉滅庸。這表現出楚莊王有勇有謀，「一鳴驚人」，創造了戰略防禦中由守轉攻的戰例，鞏固了楚國在南方的霸主地位。〈楚世家〉云：莊王即位三年，不出號令，日夜為樂。伍舉入諫，曰：「有鳥在於阜，三年不蜚不鳴，是何鳥也？」楚王曰：「三年不蜚，蜚將沖天；三年不鳴，鳴將驚人。舉退矣！吾知之矣。」於是罷淫樂，聽政。是歲滅庸。本傳未敘伍舉入諫之事，當是史公採之異聞。

宋昭公無道，欲去羣公子而招致穆、襄之族為亂（文公七年傳），又不禮待祖母襄公夫人王姬，招致戴公之族為亂（文公八年傳），今年遇到大饑荒，國人擁護公子鮑，昭公被殺。無道之君，果真難以善終！

十七年

辛亥，西元前六一〇年。周匡王三年、齊懿公三年、晉靈公十一年、秦康公十一年、楚莊王四年、宋文公鮑元年、衛成公二十五年、陳靈公四年、蔡文公二年、曹文公八年、鄭穆公十八年、燕桓公八年、許昭公十二年。

經 十有七年春，晉人、衛人、陳人、鄭人伐宋。

夏四月癸亥，葬我小君聲姜。

齊侯伐我西鄙。六月癸未，公及齊侯盟于穀。

諸侯會于扈。

秋，公至自穀。

冬，公子遂如齊。

傳 十七年春，晉荀林父❶、衛孔達、陳公孫寧、鄭石楚伐宋，討曰：「何故弒君？」猶立文公而還❷。卿不書，失其所也❸。

夏四月癸亥❹，葬聲姜❺。有齊難❻，是以緩❼。

齊侯伐我北鄙，襄仲請盟。六月，盟于穀❽。

晉侯蒐❾于黃父❿，遂復合諸侯于扈，平宋也⓫。公不與會，齊難故也。書曰「諸侯」，無功也⓬。於是⓭晉侯不見鄭伯⓮，以為貳於楚⓯也。鄭子家⓰使執訊⓱而與之書，以告趙宣子⓲，曰⓳：

寡君即位三年⓴，召蔡侯而與之事君。九月，蔡侯入于敝邑以行㉑。敝邑以侯宣多之難㉒，寡君是以不得與蔡侯偕。十一月，克減㉓侯宣多，而隨蔡侯以朝，事于執事㉔。十二年㉕六月，歸生佐寡君之嫡夷㉖，以請陳侯於楚，而朝諸君。十四年㉗七月，寡君又朝，以蕆㉘陳事。十五年㉙五月，陳侯自敝邑往朝于君。往年㉚正月，燭之武㉛往，朝夷㉜也。八月，寡君又往朝。以陳、蔡之密邇㉝於楚，而不敢貳焉，則敝邑之故也。雖㉞敝邑之事君，何以不免？在位之中，一朝于襄，而再見于君㉟。夷與孤㊱之二三臣㊲相及於絳㊳。雖我小國，則蔑㊴以過之矣。今大國曰：「爾未逞吾志㊵。」敝邑有亡，無以加焉㊶。古人有言曰：「畏首畏尾，身其餘幾㊷？」又曰：「鹿死不擇音㊸。」小國之事大國也，德，則其人也㊹；不德，則其鹿也。鋌而走險㊺，急何能擇？命之罔極㊻，亦知亡矣。將悉敝賦㊼以待於鯈㊽，唯執事命之。文公二年㊾六月壬申㊿，朝于齊。四年二月壬戌(51)，為齊侵蔡，亦獲成(52)於楚。居大國之間，而從於強令(53)，豈其罪也？大國若弗圖(54)，無所逃命。

晉鞏朔(55)行成於鄭，趙穿(56)、公壻池(57)為質焉(58)。

秋，周甘歜(59)敗戎于邥垂(60)，乘其飲酒也。

冬，十月，鄭大子夷、石楚為質于晉。

襄仲如齊，拜穀之盟。復曰：「臣聞齊人將食魯之麥。以臣觀之，將不能。齊君之語偷(61)。臧文仲(62)有言曰：『民主(63)偷，必死。』」

【注釋】❶荀林父　晉卿，晉文公時將中行，故又稱中行桓子，以中行為氏。趙盾執政後為中軍佐。去年宋人殺昭公，今年荀林父率領四國聯軍討伐宋國。❷猶立文公而還　還是立宋文公而後退兵回國。文公，宋文公，名鮑。宣公元年傳云：「宋及晉平，宋文公受盟于晉。」晉荀林父本以宋殺昭公興師，然至宋時，文公已立，晉軍仍定文公之位而還，故云「猶」。❸卿

不書二句　意謂《春秋》不寫荀林父、孔達、公孫寧、石楚四位卿的名字，只記「晉人、衛人、陳人、鄭人伐宋」，是因為他們改變了初衷。所，處所；立足地。失其所，猶今言喪失立場，改變初衷。❹癸亥　初四日。❺聲姜　魯僖公夫人，文公之母。❻齊難　指齊國侵魯造成的災難。❼是以緩　因此安葬遲緩了。聲姜死於去年八月，按禮，死後「五月而葬」，今死後九月始葬，故言「緩」。❽穀　齊地，在今山東省東阿縣舊縣治東阿鎮。晉未能救魯，故魯派上卿襄仲請盟，順從齊國。據經文，是魯文公與齊懿公盟於穀。❾蒐　檢閱軍隊。❿黃父　晉地，一名黑壤，在今山西省翼城縣以東六十五里之烏嶺，接沁水縣界。⓫復合諸侯二句　又會合諸侯在扈地結盟，是為了同宋國講和。文公十五年傳云，晉、宋、衛、蔡、陳、鄭、許、曹八國諸侯會盟於扈，今言「復合」，故不再列諸侯國名。⓬書曰二句　意謂《春秋》記載「諸侯會于扈」而不記諸侯名字，是譏諷他們沒有取得成效。⓭於是　在這時。指在扈地會盟時。⓮鄭伯　鄭穆公，名蘭，鄭文公子，被逐奔晉，後從晉文公伐鄭。鄭大夫石甲父、侯宣多迎之以為太子。僖公三十二年，鄭文公死，即位為穆公，在位二十二年。見僖公三十年傳、宣公三年傳。⓯貳於楚　兩屬於楚國。即順從晉國又順從楚國。⓰子家　鄭國執政大夫，名歸生，又稱公子歸生。下文即自稱其名。⓱執訊　負責送信的官吏。⓲趙宣子　晉國上卿趙盾，執掌國政。「宣」是其謚號。⓳曰　「曰」字以下至「無所逃命」一大段，是〈鄭子家與趙宣子書〉，是春秋時期一篇著名的書信。⓴寡君句　我們國君鄭穆公即位第三年，即魯文公二年、晉襄公三年、蔡莊公二十二年。㉑行　前去。指去朝見晉襄公。㉒侯宣多之難　鄭大夫侯宣多以迎立公子蘭有功，穆公三年，恃寵專權，被殺。㉓克減　克滅；消滅。滅，絕滅。㉔執事　對方左右辦事官員，實尊稱對方。㉕十二年　鄭穆公十二年，即魯文公十一年、晉靈公五年、陳共公十六年、楚穆王十年。㉖嫡夷　穆公嫡子名夷，後為鄭靈公。見宣公四年傳。嫡，正妻所生的兒子。㉗十四年　鄭穆公十四年，即魯文公十三年、晉靈公七年。㉘蕆　完成。指完成使陳國順從晉國的事。後來把事情辦好叫「蕆事」，即出於此傳。㉙十五年　鄭穆公十五年，即魯文公十四年、陳靈公元年。故下句「陳侯」指陳靈公。㉚往年　去年。指鄭穆公十七年、魯文公十六年、晉靈公十年。㉛燭之武　鄭國大夫，僖公三十年傳燭之武退秦師時已自稱「老」，至去年當年近八旬。㉜朝夷　使鄭太子夷朝見晉君。朝，動詞的使動用法。㉝密邇　靠近；緊挨著。㉞雖　同「唯」。唯獨。㉟在位之中三句　鄭穆公在位以來，一次朝見晉襄公（穆公三年十一月），兩次朝見晉靈公（十四年七月，往年八月）。㊱孤　小國之君自稱。子家亦稱其君為孤。㊲二三臣　指歸生、燭之武等幾位臣子。㊳相及於絳　相互接著到絳都來。及，到。絳，晉都，在今山西省翼城縣東南十五里。㊴蔑　通「無」。用作無指代詞。沒有誰。㊵逞吾志　讓我稱心如意。逞志，快意。㊶敝邑二句　意謂我們鄭國已竭盡其力，如再不滿意，就只有等待滅亡，無法再增加點什麼了。㊷身其餘幾　它的身子剩下來「不畏」的還有多少。意謂首、尾、身皆畏。㊸鹿死不擇音　鹿臨死時就不會再有呦呦的叫聲招呼大家去吃草了。杜注「音通蔭」，謂鹿死時顧不上選擇庇護的地方了。然先秦至漢皆以音為聲音，見《莊子・人間世》及《後漢書・皇甫規傳》。㊹德則其人也　如果大國有德，則小國乃是人。即小國亦以德相待。㊺鋌而走險　狂奔而入險犯難。意謂在無路可走時，就採取冒險行動。鋌，杜注「疾走貌」。㊻命之罔極　貴國的命令沒有準則。指晉國需索無止境。罔，無。極，則。㊼賦　兵甲車馬。古時諸侯國規定各地按人口多少繳納兵甲車馬，謂之兵賦。故「賦」指士兵。㊽儵　晉鄭交界之地，今地不詳。㊾文公二年　鄭文公二年，即魯莊公二十三年，齊桓公十五年。文公以下文字是追敘鄭文公時事，謂彼時鄭急迫時亦求和於楚，齊未嘗見罪，今晉何以苛求。㊿六月壬申　六月二十日。(51)四年二月壬戌　即魯莊公二十五年、楚成王三年、齊桓公十七年。按曆算，此年二月無壬戌，疑為三月之誤。(52)成　取得和議；講和。(53)強令　強國的命令。指屈從於齊、楚大國之命。(54)弗圖　不諒解小國的難處。圖，考慮。(55)鞏朔　晉大夫，又稱鞏伯、士莊伯。(56)趙穿　趙盾的從父兄弟，趙夙庶孫，晉襄公婿。見文公十二年傳。(57)公壻池　晉大夫，公壻氏名池。見文公八年傳。(58)為質焉　到鄭國做人質。焉，於之。指鄭國。(59)甘歜　周大夫，王子帶甘昭公之後。(60)邥垂　在今河南省洛陽市南，伊川縣北。(61)偷　苟且；不嚴肅。(62)臧文仲　即臧孫辰，魯孝公後代，事莊公、閔公、僖公、文公四朝。文仲是諡號。襄仲在國君面前稱其諡號是表示尊敬。(63)民主　百姓的國君。

【語　譯】魯文公十七年春季，晉國的荀林父、衛國的孔達、陳國的公孫寧、鄭國的石楚共同領兵攻打宋國，質問說：「為什麼要殺死你們的國君宋昭公？」但後來還是立了宋文公就退兵回國。《春秋》不記載荀林父等卿的名字，只說「晉人」等，是由於他們改變了伐宋的初衷。

夏季四月初四日，安葬魯文公的母親聲姜。由於有齊國侵入造成的災難，因此安葬延遲了。

齊懿公攻打我魯國北部邊境，魯國上卿襄仲去請求結盟。六月二十五日，魯文公同齊懿公在穀地結盟。

晉靈公在黃父檢閱軍隊，就再次在扈地會合諸侯，這是為了和宋國講和。魯文公沒有赴會，是由於齊國入侵有災難的緣故。《春秋》記載「諸侯會于扈」，而不記八國諸侯名字，是因為他們會盟沒有成效。當時，晉靈公拒絕會見鄭穆公，認為他背晉而親楚。鄭國執政大夫子家派通信使者去晉國，替他送去一封信，是給晉國趙宣子的，信上說：

我們國君鄭穆公即位三年，就請蔡莊公和他一起事奉晉君襄公。九月，蔡莊公來到敝國前去貴國。敝國由於侯宣多造成的災難，我們鄭君穆公因此不能同蔡莊公一起來朝見。十一月，消滅了侯宣多，就隨同蔡莊公來朝見晉襄公，事奉您左右的執事。鄭穆公十二年六月，鄭國大夫歸生輔佐國君的嫡長子夷，到楚國請求陳共公一同朝見貴國君主晉靈公。鄭穆公十四年七月，我們國君又朝見晉靈公，以完成說服陳國順從晉國的事。鄭穆公十五年五月，陳靈公從我國前去朝見晉君。去年正月，鄭國大夫燭之武前去貴國，是為了使太子夷前來朝見晉君。八月，我們國君穆公又前來朝見。像陳國、蔡國這樣緊挨著楚國的國家，卻不敢對晉國有貳心，那是由於敝國的緣故。唯獨敝國這樣殷勤事奉晉君，為什麼還不能免於誅責？鄭穆公在位期間，一次朝見貴國襄公，兩次朝見貴國靈公。鄭太子夷和國君的幾位臣下相互接著到絳都來。雖然我們是小國，卻沒有誰能比我國事奉貴國更誠意的了。如今您們大國還說：「你沒有讓我稱心如意。」敝國只有等待滅亡，再也不能增加點什麼了。

古人有這樣的話：「畏首畏尾，剩下的身子還有多少是不怕的？」又說：「鹿到臨死時，顧不上選擇可庇護安全的地方。」小國事奉大國，如果大國以德相待，小國就是人，以人道相事奉；如果大國不以德相待，小國就像臨死的鹿一樣，急迫得無路可走，就只能狂奔冒險，急迫時還能選擇什麼安全地方？貴國的命令沒有準則，需索沒有止境，我們也知道面臨滅亡了，只好把敝國的全部兵甲車馬派到儵地等待。該怎麼辦，只有聽憑您的命令了。

我鄭文公二年六月二十日，曾到齊國朝見齊桓公。四年二月壬戌日，為齊國進攻蔡國，我國也和楚國取得和議。處於兩個大國之間，而屈從於強國的命令，這難道是我們的罪過嗎？大國如果不諒解小國，我們小國就沒有地方可以逃命了。

趙盾看到這信以後，就派大夫鞏朔到鄭國講和修好，趙穿、公壻池到鄭國作人質。

秋季，周王室的甘歜在郲垂打敗戎人，一戰取勝，這是趁著戎人正在喝酒而取勝的。

冬季十月，鄭國太子夷、大夫石楚到晉國作人質。

魯國上卿襄仲到齊國去，拜謝穀地的結盟。他回來報告魯文公說：「下臣聽說齊國人將要入侵魯國，吃魯國的麥子。據下臣看來，恐怕做不到。齊國國君講話極不嚴肅。我國臧文仲曾說過：『百姓的君主說話不嚴肅，必然很快會死。』」

【說　明】晉國作為盟主，於文公十五年召八國諸侯會盟於扈，因收取齊國賄賂，未能制止齊國侵魯的無禮行為。魯國無奈，只得與齊盟於穀。宋昭公無道，國人殺昭公而立文公，晉國率領四國聯軍伐宋，又取宋賄賂（見宣公元年傳）而返。晉為了與宋和好，再次召八國諸侯於鄭國扈地會盟，晉靈公又以霸主自居，指責鄭國貳於楚，拒絕會見鄭穆公。鄭國無奈，被迫自衛，用〈鄭子家與趙宣子書〉這篇絕妙的外交辭令讓晉國吃了個「軟中釘」。魯、鄭離心，說明晉國的無能和霸主地位的衰落。

鄭國居於大國之間，有著重要的戰略位置，歷來是大國爭霸的焦點。鄭國只能屈從強國，在夾縫中求生存。遠的不說，近年如文公七年，晉靈公即位，晉趙盾與鄭穆公等六國諸侯會盟於扈，是鄭從於晉。文公九年，楚伐鄭，晉不及救，鄭向楚求和；十年冬，鄭、陳諸侯到楚地息邑拜會楚王，隨楚伐宋，陪楚王圍獵於孟諸，這是鄭屈從於楚。文公十三年，鄭穆公託魯文公向晉求和，十四年遂盟於新城，十五年盟於扈，今年又從晉伐宋，這是鄭國殷勤事奉晉國。朝從楚而暮從晉，鄭國的兩難處境於此可見。如今晉國仍認為鄭國「未逞吾志」，而拒絕會見鄭穆公。鄭國受此污辱，卻不為晉國的霸權所嚇倒，敢於據理力爭。〈與趙宣子書〉列舉鄭穆公即位以來「一朝于襄、再見于君」的事實，說明鄭國再也不能增加一點奉獻了。又追敘往年鄭文公時曾向楚求和，齊桓公並未加罪的事實，說明小國屈從強令，「豈其罪也」。「畏首畏尾，身其餘幾」，只能毫無畏懼了。「鹿死不擇音」，你晉國如此誅求無度，「命之罔極」，我鄭國無路可走，只能「鋌而走險」，拚死自衛了。全文辭詞簡樸，不加藻飾，理勝氣盛，聲情並茂，宣告晉國霸主地位的衰落，充分反映小國維護其主權與尊嚴的強烈要求，是弱小之國聲討大國霸權主義的檄文，與成公十三年傳之〈呂相絕秦書〉風格各異而並為妙文。

末章說齊懿公說話不嚴肅，可由此斷定他不久將亡，連明年的新麥也吃不上。這是為明年傳文齊懿公五月被殺張本。

十八年

壬子，西元前六〇九年。周匡王四年、齊懿公四年、晉靈公十二年、秦康公十二年、楚莊王五年、宋文公二年、衛成公二十六年、陳靈公五年、蔡文公三年、曹文公九年、鄭穆公十九年、燕桓公九年、許昭公十三年。

經 十有八年春王二月丁丑，公薨于臺下。

秦伯罃卒。

夏五月戊戌，齊人弒其君商人。

六月癸酉，葬我君文公。

秋，公子遂、叔孫得臣如齊。

冬十月，子卒。

夫人姜氏歸于齊。

季孫行父如齊。

莒弒其君庶其。

傳十八年春，齊侯戒師期❶，而有疾。醫曰：「不及秋，將死。」公聞之，卜，曰：「尚無及期❷。」惠伯❸令龜❹，卜楚丘占之，曰：「齊侯不及期，非疾也。君亦不聞❺，令龜有咎❻。」二月丁丑❼，公薨。

齊懿公之為公子也，與邴歜之父爭田，弗勝。及即位，乃掘而刖之❽，而使歜僕❾。納閻職之妻，而使職驂乘❿。夏五月，公游于申池⓫。二人浴于池，歜以扑⓬抶⓭職。職怒。歜曰：「人奪女⓮妻而不怒，一抶女，庸何傷⓯？」職曰：「與刖其父而弗能病⓰者何如？」乃謀弒懿公，納諸竹中。歸，舍爵⓱而行。齊人立公子元⓲。

六月，葬文公。

秋，襄仲、莊叔⓳如齊，惠公立故，且拜葬⓴也。

文公二妃㉑。敬嬴生宣公。敬嬴嬖㉒，而私事㉓襄仲。宣公長，而屬㉔諸襄仲。襄仲欲立之，叔仲㉕不可。仲㉖見于齊侯而請之。齊侯新立，而欲親魯，許之。冬十月，仲殺惡及視，而立宣公。書曰「子卒」，諱之也㉗。仲以君命召惠伯，其宰㉘公冉務人止之曰：「入必死。」叔仲曰：「死君命可也！」公冉務人曰：「若君命，可死；非君命，何聽？」弗聽，乃入，殺而埋之馬矢㉙之中。公冉務人奉其帑㉚以奔蔡，既而復叔仲氏㉛。

夫人姜氏歸于齊，大歸㉜也。將行，哭而過市，曰：「天乎！仲為不道，殺適㉝立庶。」市人皆哭。魯人謂之哀姜。

莒紀公㉞生大子僕，又生季佗㉟，愛季佗而黜僕，且多行無禮於國。僕因㊱國人以弒紀公，以其寶玉來奔，納諸宣公。公命與之邑，曰：「今日必授。」季文子㊲使司寇出諸竟㊳，曰：「今日必達㊴。」公問其故。季文子使大史克㊵對曰：

先大夫臧文仲㊶教行父事君之禮，行父奉以周旋㊷，弗敢失隊㊸，曰：「見有禮於其君者事之，如孝子之養父母也。見無禮於其君者誅之，如鷹鸇㊹之逐鳥雀也。」先君周公制《周禮》㊺曰：「則㊻以觀德，德以處事，事以度㊼功，功以食民㊽。」作《誓命》曰：「毀則為賊㊾，掩賊為藏㊿。竊賄(51)為盜，盜器(52)為姦。主藏之名(53)，賴姦之用(54)，為大凶德(55)，有常(56)無赦。在九刑不忘(57)。」行父還觀(58)莒僕，莫可則也。孝敬、忠信為吉德，盜賊、藏姦為凶德。夫莒僕，則其孝敬(59)，則弒君父矣；則其忠信，則竊寶玉矣。其人，則盜賊也；其器，則姦兆(60)也。保而利之，則主藏也(61)。以訓則昏，民無則焉。不度於善(62)，而皆在於凶德，是以去之。

昔高陽氏[63]有才子[64]八人：蒼舒、隤敳、檮戭、大臨、尨降、庭堅、仲容、叔達，齊、聖、廣、淵、明、允、篤、誠[65]，天下之民謂之八愷[66]。高辛氏[67]有才子八人，伯奮、仲堪、叔獻、季仲、伯虎、仲熊、叔豹、季貍，忠、肅、共、懿、宣、慈、惠、和[68]，天下之民謂之八元[69]。此十六族也，世濟其美[70]，不隕其名[71]，以至于堯，堯不能舉。舜臣堯[72]，舉八愷，使主后土[73]，以揆[74]百事，莫不時序[75]，地平天成[76]。舉八元，使布五教[77]于四方，父義、母慈、兄友、弟共、子孝，內平外成。

昔帝鴻氏[78]有不才子，掩義隱賊[79]，好行凶德，醜類惡物[80]。頑嚚[81]不友，是與比周[82]。天下之民謂之渾敦。少皞氏[83]有不才子，毀信廢忠，崇飾惡言[84]，靖譖庸回[85]，服讒蒐慝[86]，以誣盛德。天下之民謂之窮奇[87]。顓頊氏有不才子，不可教訓，不知話言[88]，告之則頑，舍之則嚚，傲很[89]明德，以亂天常。天下之民謂之檮杌[90]。此三族也，世濟其凶，增其惡名，以至于堯，堯不能去。縉雲氏[91]有不才子，貪于飲食，冒[92]于貨賄，侵欲崇侈，不可盈厭，聚斂積實，不知紀極[93]，不分孤寡，不恤窮匱。天下之民以比三凶，謂之饕餮[94]。舜臣堯，賓[95]于四門，流四凶族，渾敦，窮奇，檮杌，饕饕，投諸四裔(96)，以禦螭魅(97)。是以堯崩而天下如一，同心戴舜，以為天子，以其舉十六相(98)，去四凶也。故〈虞書〉(99)數舜之功，曰：「慎徽五典(100)，五典克從。」無違教也。曰：「納于百揆(101)，百揆時序。」無廢事也。曰：「賓于四門，四門穆穆(102)。」無凶人也。舜有大功二十(103)而為天子。今行父雖未獲一吉人，去一凶矣。於舜之功，二十之一也，庶幾免於戾(104)乎！

宋武氏之族(105)道昭公子(106)，將奉司城須(107)以作亂。十二月，宋公殺母弟須及昭公子，使戴、莊、桓之族(108)攻武氏於司馬子伯(109)之館，遂出武、穆之族。使公孫師(110)為司城。公子朝卒，使樂呂(111)為司寇，以靖國人。

【注釋】❶戒師期　下令出兵伐魯的日期。戒，命令下達。師，出師。用作動詞。❷尚無及期　希望他不到發兵的日期就死了。尚，表示祈求的副詞。❸惠伯　即叔仲惠伯，叔牙之孫，名彭，又稱叔彭生。下文稱叔仲。❹令龜　把所要占卜的事告知龜甲。即告知卜官，命其占卜。❺君亦不聞　國君也聽不到齊懿公死的事。意謂魯文公比齊懿公早死。❻令龜有咎　致告龜甲的人將有凶災。意謂叔仲惠伯將被殺。咎，災禍。以上三句是對卜的兆象所作的解釋和預測。❼丁丑　二十三日。❽掘而刖之　掘出他的屍體，砍斷他的腳。刖，古代砍去腳的酷刑。❾僕　駕車的人。用作動詞。為之駕車，做御手。❿驂乘　同「參乘」。站在車右邊陪乘。古時乘車尊者居左，駕車的居中，另一人居右。戰車則稱車右，以護衛主帥，其餘則稱驂乘。⓫申池　齊都城西門名申門，申門外的苑池稱申池，多竹木。其地在今山東省淄博市臨淄鎮西。⓬扑　鞭子。⓭抶　鞭打。⓮女　同「汝」。你的。⓯庸何傷　有什麼妨害?庸亦「何」義。⓰弗能病　意謂不敢怨恨。病，傷害。意動用法。以為傷害。⓱舍爵　設置酒杯，即告祭祖廟。舍，置。爵，古代酒杯，其形似雀，故稱爵。⓲公子元　齊桓公子，名元，少衛姬所生，齊懿公之兄，立為齊惠公。⑲襄仲莊叔　都是魯國執政大夫。襄仲即公子遂，為莊公之子。莊叔即叔孫得臣，叔牙之孫。⑳拜葬　拜謝齊國來參加魯文公的葬禮。㉑二妃　〈魯世家〉云：「文公有二妃，長妃齊女為哀姜，生子惡及視。次妃敬嬴，嬖愛，生子俀。」俀即位後為魯宣公。《史記》所述當本《左傳》，然今傳文「二妃」下似有脫文，以致文意不全。㉒嬖　受寵愛。㉓私事　私下結交。㉔屬　同「囑」。囑託；託付。惡是魯文公嫡長子，俀是庶子。敬嬴要廢嫡立庶，而襄仲時掌國政，故敬嬴私事而屬諸襄仲。㉕叔仲　即惠伯。㉖仲　指襄仲，不是指叔仲。公子遂字仲，襄是諡號，此單稱其字「仲」。下文「請之」、「仲以君命」句皆可證。㉗書曰二句　《春秋》記載說「子卒」，不說「弒」或「殺」，是為了隱諱殺嫡立庶的真相。「子」指文公太子惡，當為嗣君，因在喪期間，不稱君而稱子。惡之弟視亦被殺，因非太子，又年幼，故經未書。㉘宰　卿大夫家臣的首領稱宰。惠伯之宰複姓公冉，名務人。㉙矢　糞便，後作「屎」。長沙馬王堆出土帛書《春秋事語》謂襄仲殺惠伯而埋於路。則未必埋於馬矢中。㉚帑　妻子兒女。㉛叔仲氏　惠伯之子，名皮，繼承父位，稱叔仲氏。㉜大歸　去而不返。㉝適　同「嫡」。封建宗法制度稱正妻所生的兒子為嫡。㉞莒紀公　莒國紀邑夷族的首領，名庶其。夷族無諡法，紀是別號。㉟季佗　名來，後繼父位，號渠丘公。㊱因　依憑。㊲季文子　魯莊公同母弟季友之孫，名行父，稱季孫行父，其後稱季孫氏。下文自稱其名行父。㊳竟　同「境」。國境。㊴達　通達。指逐出國境。㊵大史克　魯國史官，名克，又稱史克、里革。大，同「太」。㊶臧文仲　即臧孫辰，魯孝公之後，歷事莊公、閔公、僖公、文公四朝，諡文仲。在魯宣公面前稱其諡號是表示尊敬。㊷周旋　交際應酬。周，環繞。㊸失隊　失落；丟失。隊，同「墜」。㊹鸇　一種似鷂鷹的猛禽，食肉。㊺周禮　似為周公旦所著之書文，今已亡佚。下文《誓命》亦如此。㊻則　禮。㊼度　衡量。㊽食民　有功者可受邑受田，取食於民。古所謂「大夫食邑，士食田，庶人食力」。㊾毀則為賊　毀棄禮義就是賊。與《孟子・梁惠王下》「賊仁者謂之賊」義相近。㊿掩賊為藏　得賊人財物而隱蔽賊人就是窩贓。藏為臧（贓）之誤。贓，用不正當手段獲取財物。(51)賄　財物。(52)器　指玉器等寶物。見文公十二年傳。(53)主藏之名　窩贓的罪名。(54)賴姦之用　利用姦人盜竊的寶物。賴，利。意動用法。以為有利。用，器用。指寶物。(55)大凶德　最壞的最凶惡的行為。德有吉凶，合於禮為吉德，不合禮為凶德。(56)常　常刑；國家規定的刑罰。(57)在九刑不忘　按照九刑適當處罰。九刑指墨、劓、刖、宮、大辟五刑，加流、贖、鞭、扑（笞）四刑。見《尚書・呂刑》注。忘，讀為「妄」。不妄，即量刑適當。(58)還觀　仔細觀察。同義詞連用。《釋文》：「還，音旋，顧視也。」(59)則其孝敬　按禮考察他是否孝敬。則，禮。用作動詞。(60)姦兆　姦贓，與上句「盜賊」並列，意為贓證。兆，佻；竊取之物。(61)保而利之二句　如果魯宣公保護莒僕而利用其器物，就有窩贓的惡名。(62)不度於善　行為不在善行的範圍內，即都是壞事。度，居；

限度。(63)高陽氏　黃帝之孫顓頊，號高陽氏，為上古五帝之一。(64)才子　有才能的子孫。子，非謂兒子。(65)齊聖句　總言八種美德，義亦相通，即：舉止中正，通達世事，度量寬弘，思慮深遠，明智曉達，守信不違，為人厚道，秉心誠實。(66)愷　和樂。(67)高辛氏　黃帝曾孫帝嚳，顓頊同族之子，號高辛氏，為上古五帝之一。史稱殷周為帝嚳之後。(68)忠肅句　總言八種美德，義亦相通，即：待人忠誠，辦事恭敬，治身勤謹，言行純正，思慮周密，為人慈祥，仁愛濟世，寬和無爭。(69)元　首；長。指善行之長。范文瀾《中國通史簡編》：「八元指以契為首的各族。」八元如同出高辛氏，當是同族後裔，非同父兄弟。(70)世濟其美　世代繼承他們的美德，世代受益。(71)不隕其名　不失其美名，即世代有賢人之意。(72)舜臣堯　舜做了堯的臣下。(73)主后土　主管土地的官。后土，地官。(74)揆　管理。(75)時序　意謂承順、順當。(76)地平天成　地上平和，上天順成，故能化育生長萬物。意謂上下都平和順成。(77)五教　五種倫常教化，亦稱五常，指父義、母慈、兄友、弟共（恭）、子孝。(78)帝鴻氏　《史記集解》謂「帝鴻，黃帝也」。又，《山海經・大荒東經》云：「帝俊生帝鴻。」(79)掩義隱賊　掩蔽仁義，包庇姦賊。(80)醜類惡物　把醜惡的人引為同類。(81)頑嚚　愚昧而頑固的人。僖公二十四年傳云：「心不則德義之經為頑，口不道忠信之言為嚚。」(82)比周　勾結；結黨營私。成語有「朋比為奸」。(83)少皞氏　即少昊，相傳為黃帝之後，名摯，號金天氏。(84)崇飾惡言　意即花言巧語。(85)靖譖庸回　安於聽讒言，信用姦邪小人。譖，說壞話誣陷別人。庸，任用。回，違；邪。(86)服讒蒐慝　用讒言造謠中傷，包庇惡人。蒐，隱蔽。慝，邪惡。(87)窮奇　傳說即共工。(88)話言　指善言。(89)傲很　輕侮而不聽從。《說文》：「很，不聽從也。」(90)檮杌　傳說即鯀。(91)縉雲氏　古代部落首領。相傳為炎帝之後，姜姓，黃帝時為夏官。(92)冒　貪婪。(93)紀極　同義詞連用。限度。(94)饕餮　貪婪凶惡的人。亦用以稱傳說中貪財貪食的惡獸。(95)賓　以賓禮接待賢人。(96)裔　邊遠之地。舜流放四凶既是傳說，四裔之地更難明徵。(97)螭魅　為害人類的怪物。使四凶去禦螭魅，即代善人受害。(98)十六相　即八愷、八元共十六位賢人。相，輔佐國君掌管國事的最高官員。(99)虞書　《古文尚書》（逸書）中的篇名，下引各句見今傳《尚書・舜典》。(100)慎徽五典　謹慎地篤行五教。這是說八元之功。五典，即五教。(101)百揆　百事。把五教納入百事之中，是說八愷之功。(102)四門穆穆　四方來朝見的賓客（羣臣）都恭敬肅穆。這是說去四凶之功。(103)大功二十　指舉十六相與去四凶。(104)戾　罪過。(105)宋武氏之族　宋武公後代族人。武公，戴公之子、宣公穆公之父。(106)道昭公子　領著昭公的兒子。道，同「導」。昭公無道，於前年被殺。見文公十六年傳。(107)司城須　宋文公同母弟名須，官司城。司城為六卿之一。(108)戴莊桓之族　宋國戴公、莊公、桓公後代族人。戴公庶子有華氏、皇氏、樂氏之族；莊公庶子有仲氏之族；桓公庶子有鱗氏、蕩氏、向氏之族。(109)司馬子伯　華耦，字子伯，官司馬，已死。見文公八年、十六年傳。(110)公孫師　宋莊公之孫。(111)樂呂　宋戴公曾孫。

【語　譯】魯文公十八年春季，齊懿公下達了出兵伐魯的日期，就得了病。醫生說：「到不了秋季就要死去。」魯文公聽到以後，就去占卜，說：「希望他不到發兵日期就死了。」叔仲惠伯把要占卜的事告知龜甲，卜官楚丘占卜後說：「齊懿公不到發兵日期就死，但並非是病死的。您國君也聽不到這件事了。致告龜甲的人會有災禍。」二月二十三日，魯文公突然去世。

齊懿公在做公子的時候，和邴歜的父親爭奪田地，沒有勝過他。等到即位以後，就掘出他的屍體，砍斷他的腳，還使邴歜為他駕車。齊懿公奪取閻職的妻子納入宮中，而使閻職作他的陪乘。今年夏季五月，齊懿公到申池遊玩，邴歜、閻職兩人在池子裏洗浴，邴歜拿馬鞭子打閻職。閻職發怒。邴歜說：「別人奪走了你的妻子，你倒不生氣；打你一下，有什麼妨害？」閻職說：「比砍了他父親的腳卻不敢怨恨的人又怎麼樣？」於是二人就一起謀劃，殺死了齊懿公，把屍體丟在竹林中。回去後，就到宗廟設酒祭祀，然後逃跑。齊國人立公子元為國君，就是齊惠公。

六月，安葬魯文公。

秋季，魯國的襄仲、莊叔去齊國，這是為了慶賀齊惠公即位，同時拜謝齊國前來參加魯文公的葬禮。

魯文公有兩個夫人，第二個夫人敬嬴生了宣公。敬嬴受到寵愛，她私下結交執掌國政的襄仲。宣公年長，敬嬴把他囑託給襄仲。文公死後，襄仲要立他為國君，叔仲惠伯不同意。襄仲就到齊國進見齊惠公，請求擁立宣公為君。齊惠公新近即位，想要親近魯國，所以同意了襄仲的請求。冬季十月，襄仲殺死了文公的太子惡和他的弟弟視，擁立宣公為國君。《春秋》記載說「子卒」，不說「弒」或「殺太子」，是為了隱諱殺嫡子立庶子的真相。襄仲又用國君的名義召見叔仲惠伯。惠伯的首席家臣公冉務人勸阻他，說：「你進去必定死。」叔仲說：「死於國君的命令是值得的。」公冉務人說：「如果真是國君的命令，死倒也算了；這不是國君的命令，你聽從幹什麼？」惠伯不聽勸阻，就進宮去，結果被殺死了，屍體埋在馬屎中。公冉務人事奉叔仲惠伯的妻子兒女逃亡到蔡國，以後不久重新立了惠伯的兒子叔仲氏繼承爵位。

魯文公夫人姜氏回到齊國，這是回娘家而不再回魯國了。她離開魯國時，哭著經過鬧市，呼喊說：「老天啊！襄仲無道昏庸，殺死了國君的嫡子，立庶子為國君。」街市上的人都隨著她哭泣，魯國人稱她為哀姜。

莒紀公生了太子僕，又生了次子季佗，喜愛季佗而廢黜太子僕，而且在國內做了許多無禮的事。太子僕依靠國人的力量殺了莒紀公，拿了他的寶玉逃亡來魯國，把寶玉送給魯宣公。魯宣公命令給他城邑，說：「今天一定得給他。」季文子卻讓司寇把他趕出國境，說：「今天一定得執行。」宣公詢問這樣做的緣故。季孫行父讓太史克回答道：

先大夫臧文仲教導行父事奉國君的禮義，行父照著他的教導應酬辦理，不敢丟失禮義。臧文仲說：「見到對國君有禮的，就事奉他，如同孝子奉養父母一樣恭敬；見到對國君無禮的，就誅戮他，如同鷹鸇追逐鳥雀一樣無情。」先君周公旦制作《周禮》說：「按照禮來觀察人的德行，德行是用來辦理事情的，事情辦好了就用來衡量功勞，立了功勞就藉以取食於民。」周公又作《誓命》說：「毀棄禮義就是賊，掩護賊人就是窩贓。偷竊財物就是盜，盜竊寶玉就是姦。有窩贓的罪名，貪得姦人的寶物，這是最壞的行為，要按國家規定的刑法來處罰，不能赦免。這記載在九刑之中，可依情節輕重適當量刑。」行父仔細觀察莒僕這個人，認為他沒有什麼可以效法的。孝敬忠信是好的行為，盜賊贓姦是壞的行為。這個莒僕，按禮考察他是否孝敬，那麼他已殺死國君和父親了；按禮考察他是否忠信，那麼他已偷竊寶玉了。他這個人，就是盜賊；他的器物，就是贓證。如果保護他而用他的器物，那就是窩贓。以此來教育百姓，百姓就迷亂，沒有法則了。莒僕的行為都不是好事，而都屬於壞事，因此要把他驅逐出去。

從前高陽氏有才能強的子孫八人：蒼舒、隤敳、檮戭、大臨、尨降、庭堅、仲容、叔達，他們舉止中正、通達世事、度量寬弘、思慮深遠、明智曉達、守信不違、為人厚道、秉心誠實。天下的百姓稱他們為八愷。高辛氏有才能強的子孫八人：伯奮、仲堪、叔獻、季仲、伯虎、仲熊、叔豹、季狸，他們對人忠誠、辦事恭敬、治身勤謹、言行純正、思慮周密、為人慈祥、仁愛濟世、寬和無爭，天下的百姓稱他們為八元。這十六個氏族，世代繼承他們的美德，沒有喪失他們的美名，代代有賢人，直到唐堯時代。但是唐堯沒有能舉拔任用他們。舜做了唐堯的臣下以後，舉拔八愷，讓他們擔任管理土地的官職，處理各種事務，事情沒有不順當的，地上平和、上天順成，化育萬物。又舉拔八元，讓他們在四方之國宣揚五種倫常教化，使父親有道義，母親慈愛，哥哥友愛，弟弟恭敬，兒子孝順，家族內和家族外都平和順成，沒有禍亂。

從前帝鴻氏有個不學好的兒子，拋棄仁義，包庇奸賊，喜歡做壞事，把醜惡的人引為同類。愚昧而頑固的人、與兄弟不友愛的人，和他勾結在一起。天下的百姓稱他為渾敦。少皞氏有個不學好的兒子，毀棄信義和忠誠，花言巧語，慣聽讒言，任用奸邪小人，造謠中傷，掩蓋罪惡，誣陷盛德的人。天下的百姓稱他為窮奇。顓頊氏有個不學好的兒子，無法教育，不懂好話。教育他，則愚頑聽不進去；丟開他，又奸詐做壞事。鄙視美德，不聽教導，攪亂人們的倫常道德。天下的百姓稱他為檮杌。這三個氏族，世代繼承他們的惡行敗狀，加重了他們的壞名聲，直到唐堯時代，唐堯沒有能除去他們。縉雲氏有個不學好的兒子，貪圖吃喝，貪冒財貨，任性縱慾，崇尚奢侈，無法滿足；聚財積糧不知限度；不分給孤兒寡婦，不體恤幫助窮人，天下的老百姓把他和三凶並列，稱他為饕餮。到舜做了堯的臣下以後，就在四方之門以賓禮接待賢人，流放四個凶惡的氏族：渾敦、窮奇、檮杌、饕餮，把他們趕到四邊荒遠的地方，去抵禦螭魅等怪物，代善人受禍。因此堯死後天下仍像一個人一樣統一，同心擁戴舜做天子，是因為他舉拔了十六位賢人輔佐國政、除去四凶的緣故。所以〈虞書〉列舉舜的功業，說：「謹慎地篤行五教，大家能做到五種倫常的教化。」這是講沒有違背五常之教。又說：「把五教納入百事之中，百事都順當辦成。」這是說沒有荒廢各種政事。又說：「在四方之門以賓禮接待賢人，四方來朝的羣臣都恭敬肅穆。」這是說沒有凶頑的人。舜建立了二十種大功才成為天子，現在行父雖然沒有能舉拔一個好人，但已經趕走一個凶頑的莒僕了。與舜的功業相比，是他的二十分之一，我差不多可免於罪過了吧！

宋武公後代族人領著宋昭公的兒子，將要以司城須為首發動叛亂。十二月，宋文公殺死了同母兄弟須和昭公的兒子，派戴公、莊公、桓公的後代族人到司馬子伯的賓館去攻打武氏，把武公、穆公的後代族人驅逐出境。使公孫師做司城。公子朝去世，使樂呂做司寇，來安定國內的人心。

【說明】本傳寫齊、魯、宋三國內亂之事。文公十四年傳已寫齊懿公為公子時就蓄謀君位，昭公一死，他就殺太子舍自立為君。本傳又追敘他為公子時奪人田地，即位後猶懷恨報復，暴其屍，斷其足，又強令其子為他駕車；又奪人之妻，強令其夫作驂乘。懿公無道，終於被殺。左氏對齊懿公的暴行作了正面揭露，加以斥責，表現出傳書的進步傾向。

魯文公死後，東門襄仲殺太子惡及其弟視，立庶子俀為宣公。叔仲惠伯也由此被殺。襄仲是莊公之子，自僖公朝執政至今將二十五年，竟仗恃權勢，肆行無忌。這必然招致莊公庶弟、桓公三庶子之族所謂「三桓」的強烈不滿。三桓勢力發展成為左右魯君的孟孫氏、叔孫氏、季孫氏，權力之爭將更為激烈。昭公三十二年傳云：「文公薨，東門襄仲殺嫡立庶，魯君於是乎失國，政在季氏。」本傳亦已初見端倪。莒僕來奔，魯宣公貪得寶玉，命與之城邑。季孫行父卻把他逐出國境，並藉周公旦的遺訓，教訓魯宣公，不能掩賊窩贓。表面上是解釋他所以要驅逐莒僕的理由，實際上表明公室已經卑微，而季氏實掌國政，諸侯將聽命於大夫。

◎新譯尚書讀本

郭建勳／注譯

《尚書》即「上古之書」之意，為中國最早的史書。書中涉及中國原始社會末期到春秋時期的歷史，記敘其間的歷史事件和政治、社會制度，甚至有天文地理介紹，內容豐富廣泛。它同時也是中國散文史上最早的文本之一。雖然它的內容古奧難懂，但透過本書準確、簡練而流暢的注譯解析，讓您能更加輕鬆地閱讀《尚書》。

◎新譯國語讀本

易中天／注譯　侯迺慧／校閱

《國語》是中國最早的一部國別史著作，記錄了周朝王室和魯國、齊國、晉國、鄭國、楚國、吳國、越國等諸侯國的歷史，在內容上偏重於記述歷史人物的言論。它歷經兩千多年的時間淘洗卻歷久彌新，沾溉了歷朝歷代無數文人的筆鋒。本書以淺顯的注釋、生動流暢的語譯，消泯今人對於文言文的障礙，讓您能深刻體會中國古代說話寶典《國語》的精采之處。

◎新譯戰國策

溫洪隆／注譯　陳滿銘／校閱

《戰國策》是一部以記載戰國時期策士言行為主的史書。戰國之際各國之間攻伐會盟頻仍，合縱連橫之術盛行，策士們翻手為雲，覆手為雨，朝為布衣，暮為卿相，演出一幕幕驚心動魄的歷史。書中運用大量的寓言故事來說理，在語言藝術上甚具特色，不僅可以當作史書看，也可以當作智慧書、文學書來讀。本書「導讀」析論詳盡，校勘謹嚴，注譯精當，是今人研讀《戰國策》的最佳讀本。

◎新譯明夷待訪錄

李廣柏／注譯
李振興／校閱

《明夷待訪錄》是明末學者黃宗羲以經術為根柢，研究歷代治亂之故和明朝亡國教訓之後的結論，書中提出了一部治國大綱，包括政治、經濟、法律、軍事、教育、文化等各方面的規劃與建議，還有關於政治上最高原理的闡發。而書中激烈的反專制思想和超前的民主意識，對啟蒙近代中國民主思想有著莫大貢獻。

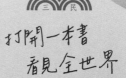

國家圖書館出版品預行編目資料

新譯左傳讀本(上)／郁賢皓,周福昌,姚曼波注譯;傅武光校閱.——二版六刷.——臺北市：三民，2024
冊；　公分.——(古籍今注新譯叢書)

ISBN 978-957-14-3631-9　(平裝)
1.左傳—註釋

621.732

古籍今注新譯叢書

新譯左傳讀本（上）

注譯者｜郁賢皓　周福昌　姚曼波
校閱者｜傅武光

創辦人｜劉振強
發行人｜劉仲傑
出版者｜三民書局股份有限公司（成立於 1953 年）

三民網路書店
https://www.sanmin.com.tw

地　址｜臺北市復興北路 386 號　（復北門市）　(02)2500-6600
臺北市重慶南路一段 61 號（重南門市）　(02)2361-7511

出版日期｜初版一刷 2002 年 9 月
初版二刷 2006 年 3 月
二版一刷 2009 年 1 月
二版六刷 2024 年 5 月
書籍編號｜S032380
ISBN｜978-957-14-3631-9